Réussir mon CRPE

ORAL 2025 2026

ÉPREUVE DE LEÇON

MATHS • FRANÇAIS

DANIEL MOTTEAU, CLAUDE JEGADEN, ANNE-ROZENN MOREL, SYLVIE MÉRIC-PONS

Nathan

LES AUTEURS

DANIEL MOTTEAU
Professeur ESPE formateur Mathématiques 1er degré, ESPE de Bretagne
Responsable ESPE, Master MEEF PLC Maths UBS
Directeur de Profecoles

CLAUDE JEGADEN
Professeur des écoles, maitre formateur
Formateur Profecoles

ANNE-ROZENN MOREL
Formatrice à l'INSPÉ de Bretagne
Elle a consacré sa thèse de littérature aux fictions utopiques pendant la Révolution française. Ses domaines de recherche actuels sont : l'approche sensible des oeuvres d'art, l'utopie et la dystopie dans les romans de science-fiction pour adolescents, les valeurs dans la littérature de jeunesse. Elle est membre du groupe départemental français du Finistère.

SYLVIE MÉRIC-PONS
PEMF, Professeure des écoles
Maitre formatrice à l'INSPÉ de Bretagne
Ses travaux de recherche ont porté sur l'enseignement du lexique en lien avec la production d'écrits au cycle 2. Elle est membre du groupe départemental français du Finistère.

Direction éditoriale : Pascaline Citron
Édition : Stephanie Dizel-Doumenge, Claire Garoux
Fabrication : David Fauro
Conception graphique : Lucille Pachot
Mise en pages : Facompo (Mathématiques), Lucille Pachot (Français)
Illustrations : Pollux

92 avenue de France - 75013 Paris
Dépôt légal : janvier 2025
ISBN : 978-209-504608-8 - ISSN : 2823-9245
Code éditeur : 737856

SOMMAIRE MATHÉMATIQUES

SOMMAIRE FRANÇAIS

PARTIE 3 ◆ ÉCRIRE — P. 363

PARTIE 4 ◆ LANGUE — P. 415

ANNEXE — P. 467

PRÉPAREZ LE CONCOURS AVEC Lea.fr

Inscrivez-vous sur Lea.fr.
C'est gratuit !

https://lea.fr/devenir-enseignant/preparer-crpe

- D'autres sujets inédits
- Des vidéos tuto
- Des activités rituelles
- Des exercices d'entrainement supplémentaires
- Des webconférences
- Et d'autres ressources pour chacune des épreuves et disciplines

ou flashez le QR code suivant

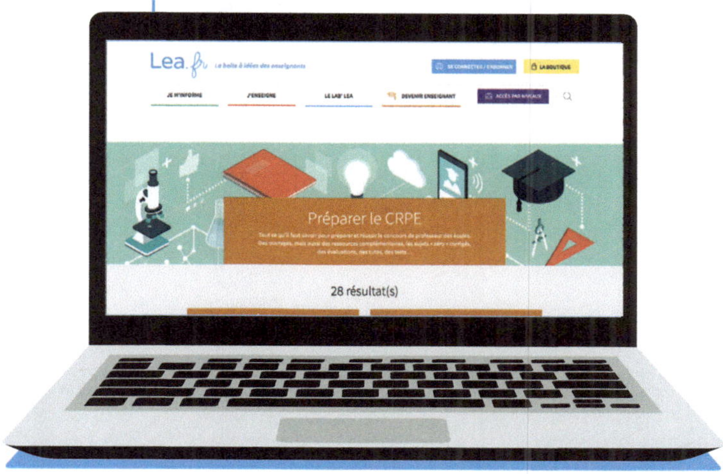

Suivez @reussirmoncrpe sur Instagram pour ne manquer aucune information sur le CRPE !

MATHÉMATIQUES

ÉPREUVE DE LEÇON

Présentation et préparation de l'épreuve

A – L'ÉPREUVE DE LEÇON

L'épreuve de leçon constitue la première épreuve orale **d'admission** au CRPE. Rappelons que les candidats ont au préalable, dans la phase d'admissibilité, été interrogés sur leurs connaissances en mathématiques d'une part, via la résolution d'au moins trois exercices indépendants (épreuve écrite disciplinaire d'admissibilité de 3 heures), en français d'autre part.

1. CADRE GÉNÉRAL DE L'ÉPREUVE

L'objet de l'épreuve de leçon

L'épreuve porte successivement sur le français et les mathématiques. Elle a pour objet **la conception et l'animation d'une séance d'enseignement à l'école primaire** dans chacune de ces matières, permettant d'apprécier la maîtrise disciplinaire et la maîtrise des compétences pédagogiques du candidat.
Les textes officiels précisent que « les concepteurs veilleront à proposer à un même candidat deux sujets de leçons en français et en mathématiques qui portent sur des cycles d'enseignement différents ».

Les sujets

Afin de construire le déroulé de ces séances d'enseignement, le candidat dispose en appui de chaque sujet d'un dossier fourni par le jury et comportant au plus quatre documents de nature variée : supports pédagogiques, extraits de manuels scolaires, traces écrites d'élèves, extraits des programmes...

Le déroulement de l'épreuve

Durée de préparation : 2 heures.
Durée de l'épreuve : 1 heure répartie en :
- français : 30 minutes, l'exposé de 10 à 15 minutes est suivi d'un entretien avec le jury pour la durée restante impartie à cette première partie ;
- mathématiques : 30 minutes, l'exposé de 10 à 15 minutes est suivi d'un entretien avec le jury pour la durée restante impartie à cette seconde partie.

Le candidat présente successivement au jury les composantes pédagogiques et didactiques de chaque leçon et de son déroulement. Chaque exposé est suivi d'un entretien avec le jury lui permettant de faire préciser ou d'approfondir les points qu'il juge utiles, tant sur les connaissances disciplinaires que didactiques.

Le barème du concours

L'épreuve est notée sur 20, elle est affectée d'un coefficient 4.
La note 0 est éliminatoire.

2. L'ÉPREUVE ORALE DE MATHÉMATIQUES

Cette épreuve a pour objet la **conception** et l'**animation** d'une séance d'enseignement des mathématiques à l'école primaire (maternelle et élémentaire) aux cycles 1, 2 ou 3.

Le candidat doit construire le déroulé d'une séance d'enseignement et l'exposer devant le jury.

Il dispose d'un dossier, fourni par le jury, qui comporte au plus, quatre documents de nature variée.

Le sujet

- Il précise le niveau ou les niveaux de classes visés et indique la période de l'année à laquelle se situe la séance à concevoir. Par exemple, il peut s'agir d'une classe CP en période 1 ou d'un cours double CM1-CM2 en période 3.
- Il précise la séquence dans laquelle se situe la séance que doit présenter le candidat, ainsi que le positionnement de la séance dans cette séquence. Par exemple, il peut s'agir de la séance d'introduction d'une nouvelle notion, ou d'une séance de remédiation à la suite d'une évaluation intermédiaire (dans ce cas des productions d'élèves pourront être fournies), ou encore d'une séance située en fin de séquence en amont d'une évaluation.
- Il est explicitement articulé au programme.
- Il porte sur l'un des trois cycles de l'école primaire.

Exemple :
Enseigner les décompositions et recompositions en petite section (dire combien il faut ajouter ou enlever pour obtenir des quantités ne dépassant pas cinq).
Enseigner les tables de multiplication de 6 à 9 au CE2.
Enseigner la résolution de problèmes en deux étapes au CM1.

POINT MÉMO

La **séquence** se définit par un objectif d'enseignement qui est un « attendu », ou une « compétence visée », inscrite dans les programmes.

Atteindre cet objectif peut nécessiter une démarche plus ou moins longue ; chaque étape de cette démarche constitue **une séance** à laquelle sera assigné un objectif spécifique.

La séance constitue une entité temporelle dont la durée est variable, notamment selon l'âge des élèves.

Une séance à l'école maternelle, souvent un atelier, dure environ 20 minutes. Une séance au cycle 3 peut durer jusqu'à 45 minutes.

Le dossier

- Il ne saurait excéder 2 ou 3 pages A4, compte tenu du temps de préparation imparti et de la durée de l'épreuve. Il intègre des éléments variés jugés utiles. Il peut s'agir d'extraits de documents ressources institutionnels, d'extraits de manuels, de documents produits par un enseignant, de travaux d'élèves, etc.

- Si cela est jugé utile par les concepteurs, le dossier fournit un extrait du programme ou d'autres documents institutionnels tels que les « Attendus de fin d'année » ou les « Repères annuels de progression » (voir ci-après les programmes).

L'exposé

Au cours de son exposé oral (10 à 15 minutes) :

- Le candidat indique clairement ses objectifs d'enseignement.
- Le candidat expose, face au jury, le déroulement de sa séance ainsi que ses choix pédagogiques, justifiés par sa réflexion didactique.
- Le candidat intègre l'activité des élèves à sa présentation de séance.
- Le candidat s'appuie sur l'extrait du programme qui lui a été éventuellement fourni. Si les grandes lignes des programmes doivent lui être familières, il n'en est en effet pas exigé une connaissance précise.
- Le candidat exploite le dossier. Il peut, s'il l'estime nécessaire, faire appel à des documents extérieurs au dossier dont il aurait connaissance. Il explicite, lors de l'entretien, les motifs qui l'ont amené à minorer éventuellement un document fourni par le dossier.
- Le candidat est évalué sur sa capacité à construire une réflexion d'ordre didactique et pédagogique et à la justifier ou à la faire évoluer lors de l'entretien.

POINT MÉMO

Rappelons que le candidat dispose d'un temps de préparation d'une heure.

L'oral proprement dit dure une demi-heure :
– l'exposé dure entre 10 minutes et 15 minutes ;
– le reste du temps est consacré à l'entretien avec le jury.

B – LES PROGRAMMES DE MATHÉMATIQUES

Toute séquence, ainsi que toute séance doivent être référées aux programmes de mathématiques édités par le ministère de l'Éducation nationale.

1. LES PROGRAMMES DE L'ÉCOLE MATERNELLE

Il s'agit du cycle 1, cycle des apprentissages premiers : petite section, moyenne section, grande section. Le programme *in extenso* peut être consulté sur le site du ministère de l'Éducation nationale : https://cache.media.education.gouv.fr/file/25/86/5/ensel550_annexe_1413865.pdf.
Ce programme a fait l'objet d'ajustements, notamment pour les domaines d'apprentissage suivants : langage, mathématiques.
Les grandes lignes du domaine « Acquérir les premiers outils mathématiques » sont les suivantes :
– **Découvrir les nombres et leurs utilisations** : construire le nombre pour exprimer des quantités ; stabiliser la connaissance des petits nombres ; utiliser le nombre pour désigner un rang, une position ; utiliser le nombre pour résoudre des problèmes ;
– **Explorer des formes, des grandeurs, des suites organisées**.

2. LES PROGRAMMES DE L'ÉCOLE ÉLÉMENTAIRE

L'école élémentaire couvre le cycle 2 (cycle des apprentissages fondamentaux : CP, CE1, CE2) et le cycle 3 (cycle de consolidation, CM1, CM2, 6e). Les programmes *in extenso* des deux cycles peuvent être consultés sur le site du ministère de l'Éducation nationale :

– pour le cycle 2 : https://eduscol.education.fr/84/j-enseigne-au-cycle-2?menu_id=69
– pour le cycle 3 https://eduscol.education.fr/87/j-enseigne-au-cycle-3?menu_id=72

POINT MÉMO

La classe de 6e bien que faisant partie du cycle 3, ne fait pas partie de l'école élémentaire.

Elle ne peut donc pas être choisie pour cadre d'une préparation de séance au CRPE.

Les grandes lignes du domaine « Mathématiques » sont les suivantes :

Au cycle 2 :
– **Nombres et calculs** : comprendre et utiliser des nombres entiers pour dénombrer, ordonner, repérer, comparer ; nommer, lire, écrire, représenter des nombres entiers ; résoudre des problèmes en utilisant des nombres entiers et le calcul ; calculer avec des nombres entiers ;
– **Grandeurs et mesures** : comparer, estimer, mesurer des longueurs, des masses, des contenances, des durées. Utiliser le lexique, les unités, les instruments de mesures spécifiques de ces grandeurs ; résoudre des problèmes impliquant des longueurs, des masses, des contenances, des durées, des prix ;
– **Espace et géométrie** : (se) repérer et (se) déplacer en utilisant des repères et des représentations ; reconnaître, nommer, décrire, reproduire quelques solides ; reconnaître, nommer, décrire, reproduire, construire quelques figures géométriques ; reconnaître et utiliser les notions d'alignement, d'angle droit, d'égalité de longueurs, de milieu, de symétrie.

Au cycle 3 :
– **Nombres et calculs** : Utiliser et représenter les grands nombres entiers, des fractions simples, les nombres décimaux ; calculer avec des nombres entiers et des nombres décimaux ; résoudre des problèmes en utilisant des fractions, des nombres décimaux et le calcul ;
– **Grandeurs et mesures** : Comparer, estimer, mesurer des grandeurs géométriques avec des nombres entiers et des nombres décimaux : longueur (périmètre), aire, volume, angle ; utiliser le lexique, les unités, les instruments de mesures spécifiques de ces grandeurs ; résoudre des problèmes impliquant des grandeurs (géométriques, physiques, économiques) en utilisant des nombres entiers et des nombres décimaux
– **Espace et géométrie** : (se) repérer et (se) déplacer dans l'espace en utilisant ou en élaborant des représentations ; reconnaître, nommer, décrire, reproduire, représenter, construire quelques solides et figures géométriques ; reconnaître et utiliser quelques relations géométriques.

3. LES COMPLÉMENTS ET PRÉCISIONS

Les repères annuels de progression

Ces documents se présentent sous forme de tableau. Ils indiquent, pour chacune des trois classes des cycles 2 et 3, la manière dont l'enseignement d'une notion doit être progressivement réparti.
Au cycle 1, la grande diversité des compétences des élèves ne permet pas de proposer ce même type d'outil.

Pour le cycle 2 : https://eduscol.education.fr/document/13972/download

Pour le cycle 3 : https://eduscol.education.fr/document/14026/download

Les attendus de fin d'année

Les attendus de fin d'année constituent une courte liste de compétences que doivent avoir acquis les élèves à la fin de chacune des classes des cycles 2 et 3.
Pour la même raison que celle évoquée au paragraphe précédent, ce type d'outil n'existe pas pour le cycle 1.
Attendus et repères : https://eduscol.education.fr/137/attendus-de-fin-d-annee-et-reperes-annuels-de-progression-du-cp-la-3e

Les documents d'accompagnement

Par ailleurs, les documents de cadrage précités (les programmes) sont accompagnés de publications qui approfondissent certaines problématiques d'enseignement, didactiques et pédagogiques.
Elles sont issues des travaux de recherche et viennent en appui des orientations prises dans les programmes.
Voici plusieurs exemples de publication que l'on trouve en ligne sur les sites du ministère de l'Éducation nationale.

- **À l'école maternelle**

Recommandation pédagogique pour l'école primaire :
https://eduscol.education.fr/document/21523/download

Découvrir les nombres et leur utilisation :
https://www.education.gouv.fr/bo/19/Hebdo22/MENE1915454N.htm?cid_bo=142291

Acquérir les premiers outils mathématiques :
https://eduscol.education.fr/2819/acquerir-les-premiers-outils-mathematiques

Se repérer dans le temps et dans l'espace :
https://eduscol.education.fr/2822/se-reperer-dans-le-temps-et-l-espace

- **Au cycle 2**

Ressources d'accompagnement du programme du cycle 2 en mathématiques :
https://eduscol.education.fr/177/mathematiques-cycle-2

- **Au cycle 3**

Ressources d'accompagnement du programme du cycle 3 en mathématiques :
https://eduscol.education.fr/251/mathematiques-cycle-3

C – ENSEIGNER LES MATHÉMATIQUES À L'ÉCOLE PRIMAIRE

Tout au long de l'école primaire l'enseignement des mathématiques vise à développer chez les élèves six grandes compétences, elles-mêmes articulées aux cinq domaines du Socle commun de connaissance et compétences[1].
Ces compétences sont explicitées pour le cycle 3 mais sont des références pour tout cycle :

Compétences travaillées	Domaines du socle
Chercher – Prélever et organiser les informations nécessaires à la résolution de problèmes à partir de supports variés : textes, tableaux, diagrammes, graphiques, dessins, schémas, etc. – S'engager dans une démarche, observer, questionner, manipuler, expérimenter, émettre des hypothèses, en mobilisant des outils ou des procédures mathématiques déjà rencontrées, en élaborant un raisonnement adapté à une situation nouvelle. – Tester, essayer plusieurs pistes de résolution.	2, 4
Modéliser – Utiliser les mathématiques pour résoudre quelques problèmes issus de situations de la vie quotidienne. – Reconnaître et distinguer des problèmes relevant de situations additives, multiplicatives, de proportionnalité. – Reconnaître des situations réelles pouvant être modélisées par des relations géométriques (alignement, parallélisme, perpendicularité, symétrie). – Utiliser des propriétés géométriques pour reconnaître des objets.	1, 2, 4
Représenter – Utiliser des outils pour représenter un problème : dessins, schémas, diagrammes, graphiques, écritures avec parenthésages, etc. – Produire et utiliser diverses représentations des fractions simples et des nombres décimaux. – Analyser une figure plane sous différents aspects (surface, contour de celle-ci, lignes et points). – Reconnaître et utiliser des premiers éléments de codages d'une figure plane ou d'un solide. – Utiliser et produire des représentations de solides et de situations spatiales.	1, 5
Raisonner – Résoudre des problèmes nécessitant l'organisation de données multiples ou la construction d'une démarche qui combine des étapes de raisonnement. – En géométrie, passer progressivement de la perception au contrôle par les instruments pour amorcer des raisonnements s'appuyant uniquement sur des propriétés des figures et sur des relations entre objets. – Progresser collectivement dans une investigation en sachant prendre en compte le point de vue d'autrui. – Justifier ses affirmations et rechercher la validité des informations dont on dispose.	2, 3, 4

1. Voir : https://www.education.gouv.fr/le-socle-commun-de-connaissances-de-competences-et-de-culture-12512

Compétences travaillées	Domaines du socle
Calculer – Calculer avec des nombres décimaux et des fractions simples de manière exacte ou approchée, en utilisant des stratégies ou des techniques appropriées (mentalement, en ligne, ou en posant les opérations). – Contrôler la vraisemblance de ses résultats. – Utiliser une calculatrice pour trouver ou vérifier un résultat.	4
Communiquer – Utiliser progressivement un vocabulaire adéquat et/ou des notations adaptées pour décrire une situation, exposer une argumentation. – Expliquer sa démarche ou son raisonnement, comprendre les explications d'un autre et argumenter dans l'échange.	1, 3

Quel que soit le cycle considéré, les programmes mettent l'accent sur la résolution de problèmes comme étant au cœur des apprentissages :

1. AU CYCLE 1

Comme d'autres domaines, les mathématiques contribuent à la structuration de la pensée. Le développement des premières compétences en mathématiques est donc un des objectifs prioritaires de l'enseignement à l'école maternelle. Cet enseignement structuré et ambitieux est assuré tout au long du cycle, à travers le jeu, la manipulation d'objets et la résolution de problèmes. Il s'attache à stimuler chez les élèves la curiosité, le plaisir et le goût de la recherche. Il leur permet de comprendre et d'utiliser les nombres, de reconnaître des formes et d'organiser des collections d'objets en fonction de différents critères, catégories, propriétés (forme, grandeur : longueur, masse, contenance – couleur, usage, fonction).[1]

Introduire les enfants au plaisir du raisonnement mathématique en maternelle, c'est aussi les faire jouer avec les formes, l'espace, les cartes, les dessins, les puzzles, les séries, la logique, etc. et enrichir leur langage pour parler avec précision de tous ces domaines.

Les particularités du cycle 1
Cet enseignement est assuré tout au long du cycle à travers le jeu et la manipulation d'objets. Il s'attache à stimuler chez les élèves la curiosité, le plaisir et le goût de la recherche.

2. AU CYCLE 2

Au cycle 2, **la résolution de problèmes est au centre de l'activité mathématique des élèves,** développant leurs capacités à chercher, raisonner et communiquer. Les problèmes permettent :
- d'aborder de nouvelles notions,
- de consolider des acquisitions,
- de provoquer des questionnements.

1. Extrait du programme de l'école maternelle publié au BO n° 25 du 24 juin 2021.

Ils peuvent être issus de situations de vie de classe ou de situations rencontrées dans d'autres enseignements, notamment « Questionner le monde », ce qui contribue à renforcer le lien entre les mathématiques et les autres disciplines.
L'enseignant doit veiller aussi à proposer aux élèves, dès le CP, des problèmes pour apprendre à chercher qui ne soient pas de simples problèmes d'application à une ou plusieurs opérations mais nécessitent des recherches avec tâtonnements.

Les particularités du cycle 2
Les problèmes rencontrés ont le plus souvent possible un **caractère ludique.**
La composante écrite de l'activité mathématique devient essentielle.
Ces écrits sont d'abord des écritures et représentations produites en situation par les élèves eux-mêmes qui évoluent progressivement avec l'aide de l'enseignant vers des formes conventionnelles institutionnalisées dans les cahiers par des traces écrites qui ont valeur de référence.
Il est tout aussi essentiel qu'une verbalisation, reposant sur une syntaxe et un lexique adaptés, accompagne le recours à l'écrit et soit favorisée dans les échanges d'arguments entre élèves.
L'introduction et l'utilisation des symboles mathématiques sont réalisées au fur et à mesure qu'ils prennent sens dans des situations basées sur des manipulations, en relation avec le vocabulaire utilisé, assurant **une entrée progressive dans l'abstraction**.

3. AU CYCLE 3

Dans la continuité des cycles précédents, le cycle 3 assure la poursuite du développement des six compétences majeures des mathématiques : **chercher, modéliser, représenter, calculer, raisonner et communiquer**.
La résolution de problèmes constitue le critère principal de la maîtrise des connaissances dans tous les domaines des mathématiques, mais elle est également **le moyen d'en assurer une appropriation qui en garantit le sens.**

Les particularités du cycle 3
Si la modélisation algébrique relève avant tout du cycle 4 et du lycée, la résolution de problèmes permet déjà de montrer comment **des notions mathématiques peuvent être des outils pertinents pour résoudre certaines situations.**
Les situations sur lesquelles portent les problèmes sont, le plus souvent, issues de la vie de classe, de la vie courante ou d'autres enseignements, ce qui contribue à renforcer le lien entre les mathématiques et les autres disciplines.
Les élèves rencontrent également des problèmes issus d'un contexte interne aux mathématiques.
La mise en perspective historique de certaines connaissances (numération de position, apparition des nombres décimaux, du système métrique, etc.) contribue à enrichir la culture scientifique des élèves.
On veille aussi à proposer aux **élèves des problèmes pour apprendre à chercher** qui ne soient pas directement reliés à la notion en cours d'étude, qui ne comportent pas forcément une seule solution, qui ne se résolvent pas uniquement avec une ou plusieurs opérations mais par un raisonnement et des recherches par tâtonnements.

D – MÉTHODOLOGIE D'APPROCHE DES SUJETS : CONCEVOIR UNE SÉANCE ET SON ANIMATION, PRÉPARER UNE PRESTATION ORALE

1. LE SUJET

Le sujet est constitué d'une consigne et d'un corpus de documents.

La consigne

Il faudra la lire de manière approfondie.
Elle comporte les indications suivantes :
- Objectif de la séquence
- Place de la séance dans la séquence
- Objectif de la séance
- Niveau de classe
- Période de l'année
- Toute particularité supplémentaire nécessaire à la bonne conception de la séance

Le corpus de documents

Il faudra en prendre connaissance brièvement dans un premier temps et comprendre leur utilité dans le sujet :
- S'agit-il de documents de cadrage ? Programme etc.
- S'agit-il de documents outils pour la classe ? Manuels etc.
- S'agit-il de documents émanant de la recherche ? Articles etc.

2. MÉTHODOLOGIE DE LA DÉMARCHE POUR ALLER VERS LA CONCEPTION DE LA SÉANCE ATTENDUE

POINT MÉTHODO

La démarche présentée ici est celle proposée pour la préparation de chacun des sujets figurant dans cet ouvrage, selon ce même déroulé.

Mobiliser ses connaissances didactiques

La première lecture des documents et de la consigne a permis de dégager la thématique essentielle du sujet ainsi que le niveau de classe concerné.
Il peut s'agir par exemple de « Nombre et calcul au cycle 2, l'addition au CP ».

Il est alors important de réactiver mentalement et avec quelques notes en appui ses propres connaissances didactiques et pédagogiques sur le sujet.

Exemple :
L'abstraction et la modélisation
Les problèmes de structure additive, etc.
Mais aussi : Quelles sont les particularités du travail dans une classe de CP ?
Pas d'activités trop longues
L'importance de la manipulation avant le passage à l'abstraction, etc.

POINT MÉTHODO

Dans cet ouvrage, pour chaque sujet, vous trouverez un document de synthèse sur les problématiques didactiques relatives au thème abordé dans le sujet. En complément, vous trouverez sur Lea.fr des documents plus complets sur les problématiques didactiques et pédagogiques à connaitre.

Lire et analyser les documents fournis dans le sujet

Il faut maintenant faire une lecture approfondie des documents fournis.

Les supports pédagogiques feront l'objet :
– d'une rapide description des supports proposés : les phases, les démarches, les exercices et problèmes etc.,
– d'une analyse critique des supports proposés dans la perspective de les utiliser ou pas dans la séance préparée. (Ne pas oublier : « Le candidat explicite, lors de l'entretien, les motifs qui l'ont amené à minorer éventuellement un document fourni par le dossier »).

Les documents de cadrage (programmes, attendus, repères) :
– ils devront faire l'objet d'une note de synthèse très courte indiquant ce sur quoi doit porter votre attention au moment de la conception de la séance.

Les articles émanant de la recherche :
– ils devront faire également l'objet d'une courte note dans laquelle vous indiquez l'essentiel à retenir de votre lecture.

Situer la séance

À ce stade, vous pouvez maintenant mieux préciser l'environnement de la séance.
Vous pouvez compléter si nécessaire les indications données dans le sujet sur la place de la séance dans la séquence et une **progression** plus large.
Dans les sujets traités dans cet ouvrage, pour situer la séance, nous avons choisi d'indiquer deux « points de vue » :
– Du côté de l'enseignant : éléments de progression.
– Du côté de l'élève : les prérequis.

Réfléchir aux choix didactiques et pédagogiques

Ces choix doivent guider la conception de la séance et son animation.

Cette partie du traitement du sujet pourra se faire dialectiquement (allers et retours) avec l'étape suivante, la conception pratique elle-même, certains choix étant interdépendants.

Nous allons ranger un peu arbitrairement et pour plus de simplicité, dans la catégorie choix didactiques ceux concernant les grandes problématiques connues faisant l'objet de publications du ministère, et dans la catégorie choix pédagogiques, ceux concernant plutôt l'animation de la séance.

Exemple :
Sur une séance sur la technique opératoire de l'addition avec retenue au CP, il pourrait être noté :
Choix didactiques :
Partir de la résolution d'un problème de structure additive.
Indiquer la nature de la structure additive du problème choisi.
Indiquer l'obstacle épistémologique nouveau rencontré par les élèves (la retenue).
Indiquer la démarche pour aider les élèves à franchir cet obstacle : utilisation de quelle démarche, quel matériel ? etc.
Choix pédagogiques :
Organisation : travail individuel, en binômes en groupes, pour quelles raisons
Motivation des élèves : choix du contexte du problème
Aides à apporter : quand, comment ?
Différenciations possibles

3. CONCEPTION D'UNE SÉANCE ET DE SON ANIMATION

Concevoir et animer une séance d'enseignement consiste, à partir d'un cadre contraint (les programmes), à imaginer et mettre en œuvre un ensemble d'actions susceptibles d'amener un groupe d'élèves hétérogène à maîtriser de nouvelles compétences. Mais il s'agit également de prévoir ce qui va ou peut arriver, d'anticiper ces actions et de réfléchir, en amont, à la résolution des difficultés.

Cela suppose un ensemble d'éléments « incontournables » qui devront faire partie de votre réflexion lors de votre travail de préparation, et être clairement explicités dans votre présentation au jury.

- **Le cadre**

L'aspect institutionnel
La séance, ses objectifs, les compétences travaillées, doivent être inscrites dans les programmes officiels en vigueur, et développer des compétences relatives au Socle commun de compétences, de connaissances et de culture.

Exemples :
« Utiliser le nombre pour exprimer la position d'un objet ou d'une personne dans un jeu, dans une situation organisée, sur un rang ou pour comparer des positions. »
(Extrait du Programme de la maternelle.)

« Exploiter des données numériques, par exemple des relevés de température. »
(Extrait du Programme du cycle 2.)

POINT MÉTHODO

Sans en avoir une connaissance extrêmement précise, vous devez connaître parfaitement les grandes lignes des programmes.

Les objectifs pédagogiques

Ces objectifs relèvent de l'intention du maître et englobent donc tout ce qui suit (compétences visées, démarches et stratégies, animation du groupe classe).

POINT MÉTHODO

Ces objectifs devront être clairement présentés au jury.

Les compétences visées

Les programmes (pour les cycles 2 et 3) parlent des « compétences travaillées », en relation avec les compétences générales en mathématiques (chercher, modéliser, représenter, raisonner, calculer, communiquer). Ces compétences doivent être connues et interprétées. Cependant, dans le cadre de la conception des séances, il est recommandé de se rapporter à celles clairement explicites dans les programmes, et aisément évaluables.

Exemples :

Dire la suite des nombres jusqu'à trente. Lire les nombres écrits en chiffres jusqu'à dix. (Cycle 1)

Mettre en œuvre un algorithme de calcul posé pour l'addition, la soustraction, la multiplication. (Cycle 2)

Estimer la mesure d'une aire et l'exprimer dans une unité adaptée. (Cycle 3).

On définit souvent une compétence en termes de savoir / savoir-faire / savoir-être.

Cela peut être évoqué par exemple dans la maîtrise d'algorithme de calcul, d'utilisation de matériel géométrique... (savoir-faire) ou dans la restitution de procédures ou les comportements dans un groupe chargé d'une résolution de problème... (savoir-être).

La prise en compte de la classe et des élèves (nombre d'élèves, niveau, organisation pédagogique)

Dans le cadre de votre préparation, sauf précisions explicites présentes dans le sujet, il s'agit d'adapter la séance à un groupe classe « standard » (nombre d'élèves moyen, compétences hétérogènes...).

Les « prérequis »

Il s'agit là de déterminer avec précision les connaissances et compétences nécessaires pour aborder et s'approprier le mieux possible le nouvel apprentissage concerné par la séance.

Exemples :

Avant d'introduire l'algorithme de l'addition posée en CP..., les élèves doivent maîtriser suffisamment le sens de l'addition, la numération de position, les tables d'addition...

Au cycle 3, pour reconnaître, nommer, décrire des figures simples ou complexes, les élèves doivent, entre autres, maîtriser l'utilisation d'outils de mesure et de construction géométrique (règle graduée, équerre, compas, rapporteur, gabarits...).

La maîtrise des prérequis se mesure soit grâce aux évaluations organisées lors de séances précédentes, soit lors d'une éventuelle évaluation en début de séance, appelée « Évaluation diagnostique » (voir plus bas).

Les supports et le matériel prévus pour votre enseignement
Les supports : il s'agit des bases proposées aux élèves et sur lesquelles ils vont être amenés à porter leurs éléments de réflexion, leurs démarches, leurs productions individuelles ou collectives leurs calculs, leurs réponses...
Ces supports peuvent être :
- le tableau de classe (« à craie » ou tableau interactif),
- les fichiers, les manuels,
- les supports « mobiles » : ardoises, tablettes,
- les supports « référentiels » (écrits d'aide, synthèses, affichages en classe...),
- parfois des albums de littérature de jeunesse (essentiellement en maternelle),
- les outils numériques (logiciels d'entraînement...).

Le matériel : il s'agit des outils pour aider à l'apprentissage, le guider, l'entretenir..., choisis par l'enseignant ou l'élève.

Exemples :
Dans le domaine « Nombres et calcul » :
– bandes numériques individuelles + une collective affichée,
– objets divers pour le dénombrement et la constitution de collections,
– jetons, cubes, abaques, boîtes à compter, blocs logiques, bouliers, matériel multibase pour la numération et le calcul,
– dés, cartes, pour jouer.

Dans les domaines « Grandeurs et mesures » et « Espace et géométrie » :
– tous les outils de géométrie (règle graduée, équerre, compas, rapporteur),
– solides divers, contenants,
– outils numériques : tableurs, programmation...

POINT MÉTHODO

Ces supports et outils devront être réfléchis, explicités et leurs choix justifiés dans la présentation au jury.

L'ensemble de ces items pourra être résumé dans un cadre comme celui proposé ci-dessous. Vous pourrez l'utiliser si nécessaire comme aide-mémoire lors de votre prestation orale, notamment dans l'introduction.

<table>
<tr><td colspan="2">Domaine disciplinaire : Mathématiques</td><td>Domaine spécifique : Nombres et calculs/
Grandeurs et mesures/Espace et géométrie</td></tr>
<tr><td>Niveau de classe</td><td>Nombre d'élèves</td><td>Période
Place de la séance dans la séquence</td></tr>
<tr><td colspan="2">Objectifs généraux</td><td rowspan="2">Compétence(s) visée(s)</td></tr>
<tr><td colspan="2">Attendu de fin de cycle</td></tr>
<tr><td colspan="2">Matériel</td><td>Supports</td></tr>
<tr><td colspan="3">Prérequis nécessaires</td></tr>
</table>

◆ Le déroulé de séance

Vous devez maintenant concevoir votre séance et son animation. En vous appuyant sur les choix didactiques et pédagogiques que vous avez commencé à lister précédemment (*cf.* la rubrique ci-dessus Choix didactiques et pédagogiques) vous devrez justifier :

• Du choix d'une démarche appropriée et adaptée aux élèves concernés

Les programmes présentent des pistes et fournissent des indications globales sur les démarches à utiliser.

Exemples :

Dans l'apprentissage du nombre à l'école maternelle, il convient de faire construire le nombre pour exprimer les quantités, de stabiliser la connaissance des petits nombres et d'utiliser le nombre comme mémoire de la position. (Programmes cycle 1)
Au cycle 2, la résolution de problèmes est au centre de l'activité mathématique des élèves, développant leurs capacités à chercher, raisonner et communiquer. (Programmes cycle 2)
Les activités géométriques pratiquées au cycle 3... s'en distinguent par une part plus grande accordée au raisonnement et à l'argumentation qui complètent la perception et l'usage des instruments. (Programmes cycle 3).

Tous les documents d'accompagnement sont également à consulter dans ce domaine.
Les « livres du maître », accompagnant les différentes méthodes d'enseignement des mathématiques représentent de bons supports d'explicitation de démarches à s'approprier.

Les choix liés aux organisations pédagogiques du groupe et ceux des supports et du matériel utilisés (voir ci-dessus) participent également à la définition de la démarche voulue.

Le choix enfin d'une méthodologie dominante (par exemple la manipulation) relève également de la démarche.

POINT MÉTHODO

Évitez des démarches trop directives associées à des interventions essentiellement magistrales. Proposez des entrées par la résolution de problèmes et valorisez les situations de recherche.

Il sera cependant possible que certains sujets précisent des contextes d'enseignement particuliers : classes multiniveaux, séances de remédiation proposées à un groupe d'élèves en difficulté...

• D'un découpage en phases

La démarche décrite ci-dessus donnera lieu à un découpage de la séance en phases, pour lesquelles il faudra indiquer les durées prévues : pour l'ensemble de la séance d'une part, mais également pour chacune des phases qui la constituent.
Il faut évidemment penser qu'on ne prévoit pas les mêmes durées pour des séances ou des phases d'apprentissage au cycle 1 et au cycle 3 ! (Approximativement de 15 à 30 minutes en cycle 1 – de la PS à la GS – et pouvant aller jusqu'à 50 minutes/1 heure au cycle 3.)

• D'une organisation pédagogique

Les séances devront présenter des alternances dans les choix des situations pédagogiques prévues : oral/écrit ; collectif/groupes/binômes/individuel.

Exemple :
Pour une séance particulière :
Calcul mental : oral collectif.
Situation de recherche : écrit individuel.
Confrontation des résultats : oral binômes ou petits groupes.
Mise en commun : oral collectif.
Entrainement : écrit individuel.
Corrections : oral collectif.
Structuration : écrit collectif.

POINT MÉTHODO

Évitez de présenter des phases trop longues en durée, en restant sur le même modèle d'organisation.

• Du rôle de l'enseignant dans la conduite de la classe
Il sera très important, au moment de l'épreuve, de convaincre le jury de votre capacité à vous projeter dans votre métier de professeur des écoles, en sachant détailler le sens de l'activité. Il est important dans un premier temps de replacer l'activité dans son contexte et de présenter aux élèves la nouvelle compétence attendue pour donner du sens à l'apprentissage à venir.

POINT MÉTHODO

Lors de la rédaction de votre fiche de préparation (ou déroulé de séance), il vous appartient de réserver quelques instants à la présentation aux élèves de ce qu'ils vont faire, de ce qu'ils vont apprendre.

Les programmes imposent des périodes quotidiennes de calcul mental auxquelles il est nécessaire de penser, éventuellement comme lancement de la séance de mathématiques. Ce type d'activité peut servir de réactivation ou de vérification de certains prérequis nécessaires à la séance. Les pratiques de calcul mental sont nombreuses.

• Des consignes de travail
Il s'agit d'un exercice bien moins simple qu'il n'y paraît. Les consignes données par l'enseignant demandent souvent à être réfléchies (vocabulaire et syntaxes adaptés). Il est ensuite nécessaire de s'assurer de leur appropriation par les élèves (répétition, reformulation, questionnement...) puis éventuellement les rappeler en cours de réalisation de la tâche (oralement ou par écrit).

• De l'étayage
Le rôle de l'enseignant pendant les phases de recherche ou de réinvestissement est essentiel (voir plus bas « L'évaluation formative »). À partir d'une observation attentive des comportements et des productions, l'enseignant apportera les aides ponctuelles nécessaires (ces aides peuvent être « directes », apportées par l'enseignant ou des pairs, consister en un apport en matériel ou encore par une modification du support de travail). Il peut aussi arrêter momentanément l'activité pour réactiver, préciser, relancer la recherche...).

POINT MÉMO

Ayez en tête quelques pratiques possibles pour aider vos élèves en difficulté.

• De l'anticipation des erreurs possibles

Au moment de la préparation de séance, il est nécessaire de prévoir les erreurs probables que vont commettre les élèves, ou au moins certains parmi eux. Vous devez donc en déterminer les causes possibles et anticiper les réponses et les actions adaptées.

• Des modalités de différenciation

La possibilité d'imaginer une classe homogène où le professeur enseigne simultanément à tous les élèves, et avec la même efficacité, n'existe pas. Il est essentiel de tenir compte de la diversité des individus pour mettre en place des principes de « pédagogie différenciée ». On parle de « différenciation successive » (en partant d'un tronc commun, le professeur modifie son enseignement petit à petit en fonction des difficultés rencontrées par certains élèves) ou de « différenciation simultanée » lorsque, au départ de l'apprentissage, le professeur propose des entrées et des activités différentes selon les élèves. Prévoyez, en regard des éventuelles difficultés,

POINT MÉMO

Les contenus, la quantité du travail à réaliser, sa difficulté, le temps pour le faire, les outils et les aides mis à disposition... sont des premiers « leviers » de différenciation auxquels vous pouvez penser.

• D'une phase de synthèse

Synthétiser, structurer, institutionnaliser une nouvelle connaissance : cette phase est elle aussi capitale et relève de la responsabilité du maître. L'enseignant structure la nouvelle connaissance et l'assure par une démonstration, la présentation des réussites et des erreurs, une trace écrite de référence...

• Des tâches proposées aux élèves

Les tâches demandées aux élèves sont la conjonction pertinente, organisée et coordonnée de la compétence visée, des supports et matériels prévus et des consignes données par l'enseignant.

Elles peuvent être différenciées selon les compétences des élèves, adaptées de façon spécifique pour des élèves à besoin éducatif particulier.

En mathématiques, les tâches sont liées aux cinq compétences à travailler : chercher, modéliser, représenter, raisonner, calculer, communiquer.

Dans une liste évidemment non exhaustive, on peut citer comme tâches à réaliser en classe de mathématiques : trier, dénombrer, jouer, construire, observer pour..., résoudre un problème, compter, calculer, décomposer, compléter, écrire, tracer, mesurer...

Les tâches que vous demandez de réaliser à vos élèves doivent être pertinentes par rapport à l'objectif d'apprentissage, adaptées aux élèves et variées.

- **L'évaluation prévue**

Sans que ce soit une nécessité absolue, toute séance (ou séquence) peut se fonder sur une **évaluation diagnostique** des compétences des élèves.

Ensuite, une des habiletés de l'enseignant consiste à observer les difficultés de certains élèves (voire de l'ensemble du groupe), pendant les phases d'apprentissage, et tenter d'y remédier par les moyens appropriés (apporter de l'aide, une médiation, du matériel complémentaire...). On parle alors d'« **évaluation formative** ».

L'évaluation qui consiste à vérifier la maîtrise des compétences visées par la séance est nommée **« évaluation sommative** ». Non seulement il est fortement recommandé qu'elle reste « bienveillante » (en évitant des systèmes de notation déplacés ou des stigmatisations des erreurs), mais elle ne doit pas non plus revêtir un caractère « solennel » (un exercice d'entraînement au « cahier du jour », sur le fichier ou une fiche de travail doit suffire), tout en explicitant suffisamment les éventuelles difficultés rencontrées.

POINT MÉTHODO

L'insertion d'une phase d'évaluation au terme de votre séance, ou au moins sa prévision, est incontournable.

L'ensemble des questions que nous venons de soulever peut-être résumé dans une grille récapitulative qui constitue un outil de travail précieux pour le professeur, **la fiche de préparation** : sorte de partition qu'il faudra suivre, dans le cours de l'action, dans la classe mais sans en être prisonnier.

	Durée prévue	Objectifs spécifiques	Organisation du groupe classe	Tâches des élèves	Rôle de l'enseignant	Erreurs observables	Modalités de différenciation. Aides prévues	Notes
Phase 1								
Phase 2								
Phase 3								
Phase 4								
Modalités de synthèse								
Procédures d'évaluation								
Notes relatives à la séance suivante								

Cependant, celle-ci ne constitue pas un outil très bien adapté pour la présentation orale de votre séance. Aussi avons-nous, le plus souvent, organisé la présentation sous forme d'un déroulé de séance phase après phase – sans mobiliser chaque fois toutes les rubriques à prendre en compte – même si pour chacune d'entre elles vous essayerez d'apporter le maximum d'informations afin que le jury puisse se faire une idée juste de ce qui pourrait se passer en classe.

E – ORGANISATION DE L'OUVRAGE

1. LE CHOIX DES SUJETS

Bien sûr le choix des sujets est infini, aussi nous a-t-il a fallu faire des choix pour ne finalement n'en retenir qu'une douzaine.
Nous avons fait le choix de proposer des sujets dans chacun des trois cycles.
Nous avons fait le choix de proposer des sujets dans chacun des grands domaines des programmes : Nombres et calculs, Espace et géométrie, Grandeurs et mesures.
Nous avons varié les types de sujets :
– selon la place de la séance à concevoir dans la séquence, plus ou moins détaillée du sujet. La séance à concevoir peut être une séance de découverte d'une notion nouvelle aussi bien qu'une séance de remédiation à prévoir après après une évaluation ;
– selon les configurations de classes possibles. Nous avons par exemple un sujet qui a pour cadre une classe à double niveaux ;
– selon la nature des objets mathématiques travaillés, qui peuvent être relativement circonscrits, comme par exemple une technique opératoire, mais qui peuvent aussi porter sur des savoir-faire dont l'apprentissage ne pourra pas se limiter à une seule séance, comme par exemple « la résolution de problèmes ».
Nous avons aussi fait des choix quant à la façon de présenter la séance et son animation.
Nous n'avons pas voulu alourdir la présentation en proposant systématiquement toutes les rubriques à prendre en compte dans une fiche de préparation :
– nous avons fait le choix, parfois, de mettre l'accent sur l'indispensable moment de calcul mental, et d'autre fois d'en faire l'impasse ;
– nous avons fait le choix, parfois, de mettre l'accent sur la diversité des élèves d'une même classe et de prendre en compte la remédiation, les aides, les obstacles, et d'autres fois nous avons fait le pari de l'homogénéité du groupe d'élèves ;
– nous avons fait le choix, parfois, de présenter la fiche de préparation dans un cadre formel, et d'autres fois de nous limiter au déroulé de séance phase après phase en indiquant les données essentielles à fournir au jury au moment de l'oral, afin que celui-ci puisse facilement se représenter ce qui se passe dans la classe.

Les sujets développés dans cet ouvrage sont conformes à l'esprit et la structure des sujets présentés aux candidats aux sessions 2022 et 2023.

2. LA STRUCTURE DES CORRIGÉS

Chacune des propositions de corrigés présentée dans cet ouvrage reprend la méthode développée dans les pages précédentes :

1. Mobiliser les connaissances pédagogiques et didactiques attendues au regard de l'énoncé du sujet et du corpus de documents (première lecture).
2. Lire et analyser les documents.
3. Situer la séance
4. Concevoir sa séance et son animation
5. Présenter sa séance à l'oral
   Un texte rédigé d'introduction et de conclusion est proposé pour chacun des sujets.
6. Répondre aux questions du jury
   Deux ou trois questions sont proposées et pour l'une d'elles, une réponse est détaillée. Si vous êtes en capacité d'y répondre, c'est que vous avez bien préparé votre séance !

Les corrigés tiennent compte des remarques et points d'alerte relevés dans les rapports de jury des sessions 2022 et 2023.

3. ORGANISATION D'UN SUJET CORRIGÉ

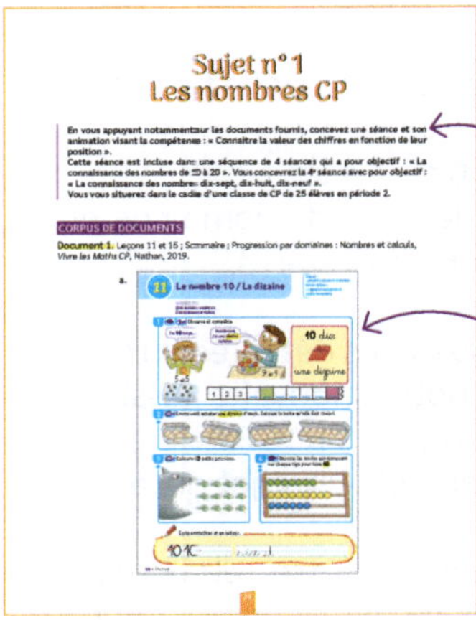

1 Énoncé du sujet.

2 Dossier documentaire composé de 3 à 4 documents.

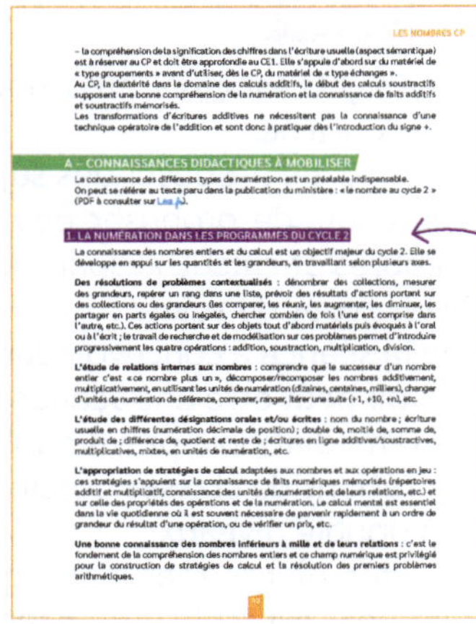

3 Rappel des connaissances à mobiliser…

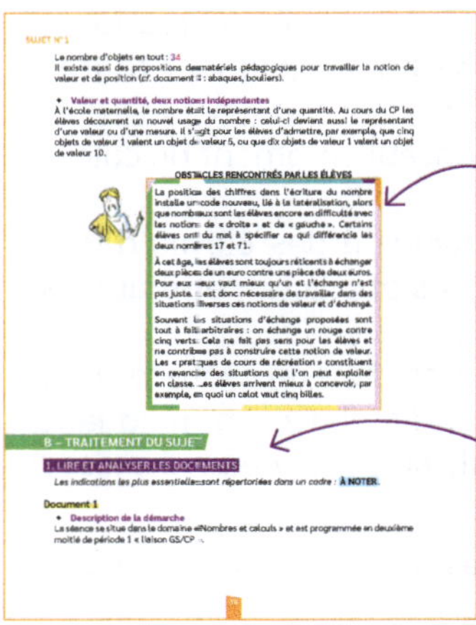

4 … et points de vigilance sur les obstacles que les élèves peuvent rencontrer.

5 Analyse des documents sur lesquels la séance à rédiger doit notamment s'appuyer.

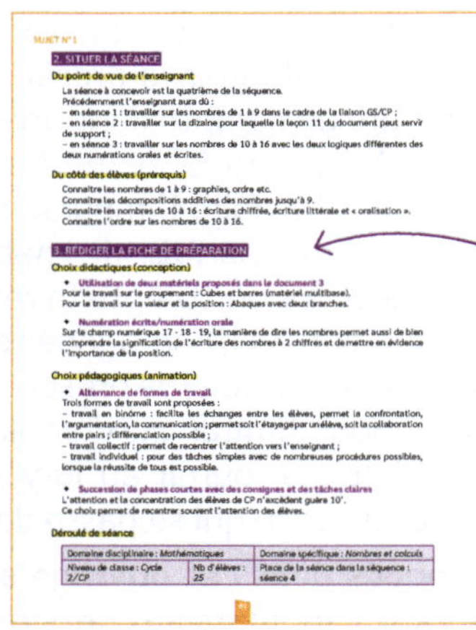

6 Rédaction de la fiche de préparation (votre brouillon pour l'oral) avec les choix didactiques et pédagogiques, et une proposition de déroulé détaillée.

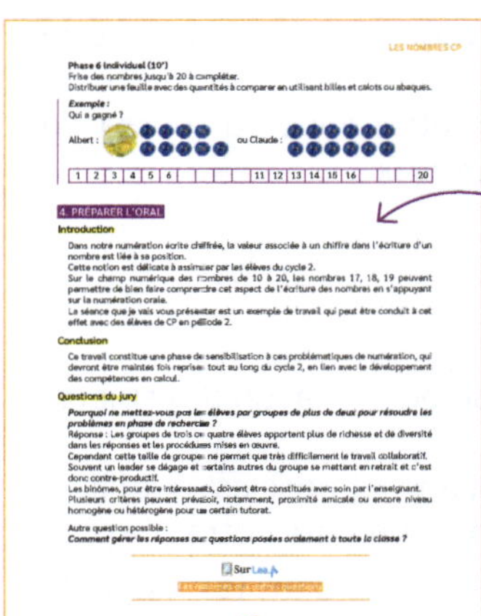

7 Dernière étape : préparation de l'oral avec propositions d'introduction et de conclusion, et exemples de questions possibles du jury.

Sujet n° 1
Les nombres CP

En vous appuyant notamment sur les documents fournis, concevez une séance et son animation visant la compétence : « Connaitre la valeur des chiffres en fonction de leur position ».
Cette séance est incluse dans une séquence de 4 séances qui a pour objectif : « La connaissance des nombres de 10 à 20 ». Vous concevrez la 4e séance avec pour objectif : « La connaissance des nombres dix-sept, dix-huit, dix-neuf ».
Vous vous situerez dans le cadre d'une classe de CP de 25 élèves en période 2.

CORPUS DE DOCUMENTS

Document 1. Leçons 11 et 15 ; Sommaire ; Progression par domaines : Nombres et calculs, *Vivre les Maths CP*, Nathan, 2019.

a.

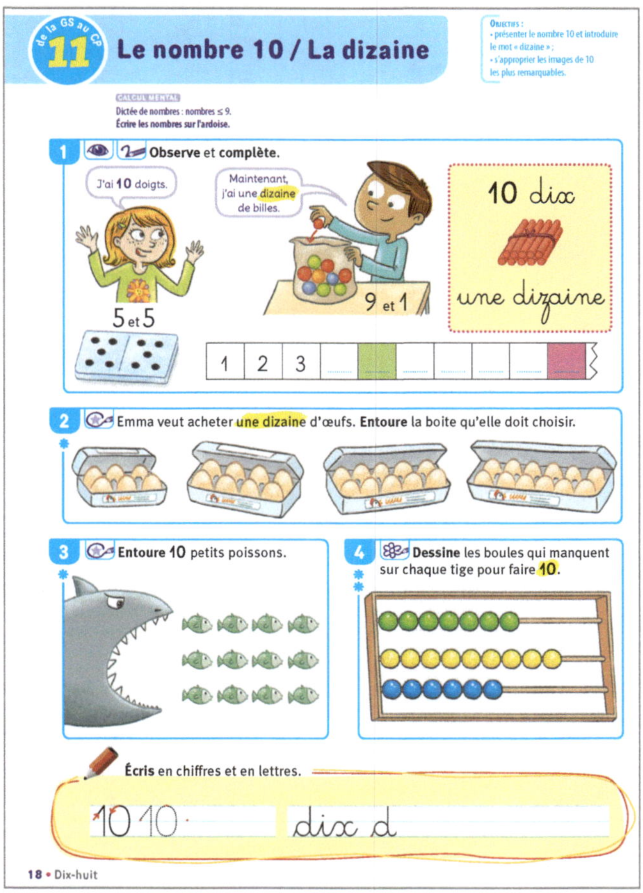

b.

15 La suite des nombres jusqu'à 20

Objectif : découvrir la suite des nombres jusqu'à 20 écrits en chiffres.

CALCUL MENTAL

Écrire deux nombres ≤ 10.
Recopier le plus petit.

....	....	....	....	....	....

1 **Lis** la suite des nombres. **Complète** les morceaux de la bande.

1	2	3	4	5	6	7	8	9	10	11	12	13	14	15	16	17	18	19	20

8	9	....

12	....	14

....	10	....

2 **Écris** les nombres à leur place sur le chemin.

c.

Nombres et calculs

PÉRIODE 1

De la GS au CP

Document 2. Extrait des Repères annuels de progression au cycle 2 en mathématiques : « Nombres et calculs », Eduscol.
Attendus de fin d'année : Mathématiques CP, Eduscol.

Nombres et calculs		
Il est possible, lors de la résolution de problèmes, d'aller au-delà des repères de progression identifiés pour chaque niveau.		
Nombres		
CP	**CE1**	**CE2**
Dès le **début de l'année**, les élèves poursuivent le travail mené à l'école maternelle. Ils dénombrent des collections en utilisant les nombres entiers. Ils utilisent ces nombres pour comparer des collections et apprennent à les ordonner. Ils repèrent les nombres qui sont avant et après, le suivant et le précédent d'un nombre. Ils décomposent et recomposent quotidiennement des collections pour automatiser progressivement les relations entre les nombres, particulièrement avec les nombres 5, 10 et 20. Par exemple, 10, c'est 7 plus 3, mais aussi 9 plus 1. Dès la **période 2**, ils réalisent des groupements par 10. Ils s'exercent à échanger 10 unités pour une dizaine, et inversement. Le travail de groupements par 10 permet d'aborder rapidement les nombres supérieurs à 20 (jusqu'à 60 au moins) pour travailler sur les aspects positionnel et décimal de la numération écrite. Les nombres jusqu'à 100 sont introduits suffisamment tôt (en **période 4** au plus tard) pour pouvoir être maitrisés à la fin du CP. Dès le **début de l'année**, les élèves étudient de façon systématique la numération décimale écrite en chiffres (dizaines, unités simples) pour les nombres jusqu'à 100. La désignation orale des nombres est démarrée **en période 3 :** *« 53, c'est 5 dizaines et 3 unités ; c'est (5 fois 10) et (3 fois 1) ».*	Dès le **début de l'année**, les élèves poursuivent l'étude de la numération décimale en travaillant avec des centaines. La connaissance des nombres jusqu'à 100 est consolidée, notamment pour leur désignation orale et pour le calcul mental. Ils apprennent à multiplier par 10 pour mieux construire mentalement la numération décimale. Ils consolident (réduction du nombre d'erreurs) et optimisent (rapidité accrue du calcul) l'automatisation des relations entre les nombres, particulièrement avec les nombres 5, 10 et 20. Le travail d'automatisation des compléments à 10 se poursuit.	Dès le **début de l'année**, les élèves poursuivent l'étude de la numération décimale en travaillant avec des milliers. Parallèlement, la connaissance des nombres jusqu'à 1 000 est consolidée, notamment pour leur désignation orale et pour le calcul mental. Ils consolident leur connaissance de la multiplication par 10 et apprennent à multiplier par 100.

Nommer, lire, écrire, représenter des nombres entiers

Pour des nombres inférieurs ou égaux à 100

Ce que sait faire l'élève

- Il lit un nombre écrit en chiffres.
- Il écrit en chiffres et en lettres des nombres dictés.
- Il connait et utilise diverses représentations d'un nombre et il passe de l'une à l'autre.
- Il connait la valeur des chiffres en fonction de leur position (unités, dizaines).
- Il connait et utilise la relation entre dizaine et unité.

Exemples de réussite

- Il écrit les chiffres en respectant le tracé (forme, sens).
- Il écrit les nombres en chiffres, y compris quand la numération orale n'est pas transparente (de 11 à 16 et supérieurs à 69).
- Il écrit en lettres les nombres jusqu'à 70 au moins.
- Il connait et associe entre elles diverses représentations d'un nombre :
  - écritures en chiffres (35) ;
  - écritures en lettres (trente-cinq) ;
  - noms à l'oral (« trente-cinq ») ;
  - décomposition en dizaines et unités (30 + 5) ;

– écritures en unités de numération (3 dizaines et 5 unités ou 35 unités) ;
– position sur une demi-droite graduée ;
– représentation avec du matériel (trois barres ; cinq cubes).

Document 3. Extraits du document d'accompagnement « Le nombre au cycle 2. Ressources pour faire classe », Eduscol.

1. Des activités de dénombrement[1] : matériel de « type groupements »
Comme l'une des premières utilisations du nombre est de désigner une quantité, il est légitime de privilégier, dans un premier temps, la tâche de dénombrement et le vocabulaire qui lui est associé.
Une procédure de dénombrement consiste à regrouper les éléments par paquets successifs de dix, d'abord les paquets de dix, puis les paquets de paquets de dix, etc. Les élèves auront plus de facilité à comprendre l'écriture du nombre en retrouvant, dans le vocabulaire utilisé par le professeur, les actions effectuées pour réaliser cette tâche.
Ex : 243 doit alors pouvoir être interprété comme :
– 2 paquets de cent et 4 paquets de dix et 3 éléments isolés[2] ;
– 24 paquets de dix et 3 éléments isolés ;
– mais aussi 23 paquets de dix et 13 éléments isolés ou 1 paquet de cent, 33 éléments isolés et 11 paquets de dix, etc.

Matériels associés : des bâtonnets regroupés par paquets de dix à l'aide d'élastiques ou des cubes mis par dix dans des sachets transparents conviennent bien à la pratique fondamentale de ce type d'activité de dénombrement.
Des cubes emboitables sous forme de barres, puis de plaques et de gros cubes permettent respectivement de bien visualiser le groupement de dix[3] (la dizaine comme une barre de dix cubes), le groupement de cent (la centaine comme une plaque de dix barres) et le groupement de mille (le millier comme un gros cube de dix plaques).

2. Des activités de recherche de la valeur : matériel de « type échanges »
Le nombre entier intervient également comme mesure de grandeurs discrètes.
Par exemple pour indiquer un prix à l'aide de l'unité euro, un objet de valeur 243 euros doit pouvoir être interprété comme ayant la même valeur que :
– 2 objets de valeur cent euros et 4 objets de valeur dix euros et 3 objets de valeur un euro ;
– 24 objets de valeur dix euros et 3 objets de valeur un euro ;
– mais aussi, 23 objets de valeur un euro et 22 objets de valeur dix euros, etc.
Pour les élèves, une difficulté réside dans la distinction entre quantité et valeur. Il faut en effet comprendre qu'un objet de valeur dix peut valoir dix objets de valeur un, qu'un objet de valeur cent peut valoir dix objets de valeur dix, qu'un objet de valeur cent peut valoir cent objets de valeur un.

---

1. Le dénombrement d'une collection est une tâche qui consiste à fournir, à l'oral ou à l'écrit, le nombre d'éléments de cette collection. Plusieurs procédures sont possibles, en particulier les procédures qui utilisent les comptages par paquets de dix.
2. Certains enseignants préfèrent utiliser le vocabulaire « tout seul ».
3. Le matériel « multibase » en bois permet aux élèves de remplacer un groupement de dix cubes par une barre de dix où les dix petits cubes sont encore visibles, de même pour les plaques et les gros cubes. C'est un matériel intermédiaire entre les groupements et les échanges.

Exemple :

A 1 1 1 la quantité est 3, la valeur est 3

B 1 10 la quantité est 2, la valeur est 11

Pour certains élèves, la valeur de la collection A est supérieure à la valeur de la collection B car la collection A contient plus d'éléments que la collection B. Les élèves ont tendance à comparer les quantités au lieu des valeurs.

Pour différencier la valeur de la quantité, les professeurs pourront donc mettre en place des activités de recherche de valeur mettant en jeu des échanges, c'est leur fréquence qui permettra aux élèves d'atteindre cet objectif.
Matériels associés : des plaques, exactement de même aspect[1], munies des écritures symboliques 1, 10 et 100 qui leur confèrent une valeur et qui constituent le matériel de base nécessaire à ce type d'activité.
Il existe de nombreux matériels où forme, taille, couleur, position... signifient la valeur[2].
Il convient de signaler l'abaque triangulaire et le boulier chinois.
Les abaques triangulaires sont des abaques à boules identiques où les mâts peuvent recueillir plus de dix boules. Chacun des trois mâts est identifié par les symboles respectifs u, d et c.
La quantité de 18 boules présente l'intérêt de pouvoir déposer sur un mât un nombre de boules correspondant à la somme 9 + 9 avant d'effectuer l'échange qui convient. La disposition spatiale triangulaire, évite de retrouver l'ordre usuel centaines, dizaines, unités qui peut masquer une incompréhension des élèves. Il faut éviter une effectuation mécanique des tâches d'échange : le fait que les boules soient identiques oblige à la réflexion.
L'intérêt principal du boulier chinois est d'utiliser la valeur intermédiaire cinq et de permettre plusieurs représentations d'une même valeur.
Ainsi 10 peut être représenté par 1 boule de valeur dix ou 2 boules de valeur cinq ou 1 boule de valeur cinq et 5 boules de valeur un (ici 80 000 est représenté par une boule de valeur 50 000, deux boules de valeur 10 000 et deux boules de valeur 5 000).

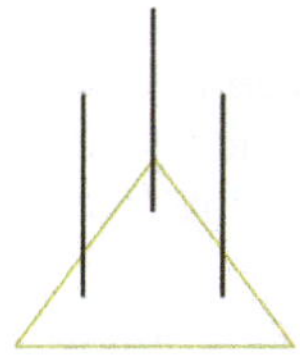
abaque triangulaire

boulier chinois

Progression
Avant d'énoncer des objectifs possibles à atteindre par niveau de classe, nous formulons quelques éléments de repère dans la progression-programmation en numération qui ne peut être envisagée sans relation avec le calcul.
En ce qui concerne la numération écrite :
– en GS, la désignation usuelle d'un nombre familier, dans le domaine de 1 à 31, reste un symbole non analysé, donc non compris. Elle s'acquiert par imprégnation ;
– l'algorithme de fabrication de la suite des écritures chiffrées peut être approché dès la GS ;

1. Le matériel est présenté dans l'exemple ci-dessus. Il convient que les élèves n'utilisent que l'écriture symbolique pour donner une valeur à un objet, évitant ainsi d'associer une valeur à une couleur, une taille ou une forme.
2. Le système monétaire en usage en Europe cumule écriture symbolique, taille et couleur.

– la compréhension de la signification des chiffres dans l'écriture usuelle (aspect sémantique) est à réserver au CP et doit être approfondie au CE1. Elle s'appuie d'abord sur du matériel de « type groupements » avant d'utiliser, dès le CP, du matériel de « type échanges ».
Au CP, la dextérité dans le domaine des calculs additifs, le début des calculs soustractifs supposent une bonne compréhension de la numération et la connaissance de faits additifs et soustractifs mémorisés.
Les transformations d'écritures additives ne nécessitent pas la connaissance d'une technique opératoire de l'addition et sont donc à pratiquer dès l'introduction du signe +.

A – CONNAISSANCES DIDACTIQUES À MOBILISER

La connaissance des différents types de numération est un préalable indispensable.
On peut se référer au texte paru dans la publication du ministère : « le nombre au cycle 2 » (PDF à consulter sur Lea.fr).

1. LA NUMÉRATION DANS LES PROGRAMMES DU CYCLE 2

La connaissance des nombres entiers et du calcul est un objectif majeur du cycle 2. Elle se développe en appui sur les quantités et les grandeurs, en travaillant selon plusieurs axes.

Des résolutions de problèmes contextualisés : dénombrer des collections, mesurer des grandeurs, repérer un rang dans une liste, prévoir des résultats d'actions portant sur des collections ou des grandeurs (les comparer, les réunir, les augmenter, les diminuer, les partager en parts égales ou inégales, chercher combien de fois l'une est comprise dans l'autre, etc.). Ces actions portent sur des objets tout d'abord matériels puis évoqués à l'oral ou à l'écrit ; le travail de recherche et de modélisation sur ces problèmes permet d'introduire progressivement les quatre opérations : addition, soustraction, multiplication, division.

L'étude de relations internes aux nombres : comprendre que le successeur d'un nombre entier c'est « ce nombre plus un », décomposer/recomposer les nombres additivement, multiplicativement, en utilisant les unités de numération (dizaines, centaines, milliers), changer d'unités de numération de référence, comparer, ranger, itérer une suite (+1, +10, +n), etc.

L'étude des différentes désignations orales et/ou écrites : nom du nombre ; écriture usuelle en chiffres (numération décimale de position) ; double de, moitié de, somme de, produit de ; différence de, quotient et reste de ; écritures en ligne additives/soustractives, multiplicatives, mixtes, en unités de numération, etc.

L'appropriation de stratégies de calcul adaptées aux nombres et aux opérations en jeu : ces stratégies s'appuient sur la connaissance de faits numériques mémorisés (répertoires additif et multiplicatif, connaissance des unités de numération et de leurs relations, etc.) et sur celle des propriétés des opérations et de la numération. Le calcul mental est essentiel dans la vie quotidienne où il est souvent nécessaire de parvenir rapidement à un ordre de grandeur du résultat d'une opération, ou de vérifier un prix, etc.

Une bonne connaissance des nombres inférieurs à mille et de leurs relations : c'est le fondement de la compréhension des nombres entiers et ce champ numérique est privilégié pour la construction de stratégies de calcul et la résolution des premiers problèmes arithmétiques.

2. LES NOMBRES AU CP

Parmi les attendus de fin de cycle, on trouve notamment :
– comprendre et utiliser des nombres entiers pour dénombrer, ordonner, repérer, comparer ;
– nommer, lire, écrire, représenter des nombres entiers et les compétences associées (tableau ci-dessous).

Nommer, lire, écrire, représenter des nombres entiers
– utiliser diverses représentations des nombres (écritures en chiffres et en lettres, noms à l'oral, graduations sur une demi-droite, constellations sur des dés, doigts de la main, etc.). – passer d'une représentation à une autre, en particulier associer les noms des nombres à leurs écritures chiffrées ; – interpréter les noms des nombres à l'aide des unités de numération et des écritures arithmétiques ; – utiliser des écritures en unités de numération (5d 6u, mais aussi 4d 16u ou 6u 5d pour 56) : - unités de numération (unités simples, dizaines, centaines, milliers) et leurs relations (principe décimal de la numération en chiffres) ; - valeur des chiffres en fonction de leur rang dans l'écriture d'un nombre (principe de position) ; - noms des nombres.

- **Association des noms des nombres à leur écriture chiffrée**

La chaine numérique à explorer au CP (de 0 à 100) peut faire l'objet de différents découpages et de différentes progressions. L'une des plus classiques consiste à explorer le domaine numérique de manière progressive en le découpant de la manière suivante :
– les nombres de 1 à 9 : les nombres sont aussi des chiffres, associer écriture chiffrée et désignation orale est une compétence en principe déjà acquise en GS ;
– le chiffre et le nombre 0, le nombre 10 : « dix » est le premier nombre qui s'écrit avec deux chiffres, dont le zéro ;
– les nombres de 10 à 16 : l'écriture chiffrée de ces nombres suit une logique différente de celle de leur énonciation. Il existe des propositions pédagogiques consistant à énoncer par exemple 12, « dix et deux ». Cependant ces propositions ne sont pas en accord avec les pratiques culturelles des élèves et pour cette raison difficiles à mettre en œuvre ;
– les nombres de 17 à 19 : l'écriture et l'énonciation de ces nombres suivent une même logique. Dans « dix-sept », on entend « dix » et « sept », et on écrit 10 et 7 qui avec les règles de valeur et de position devient 17 ;
– les nombres de 20 à 29, de 30 à 39, de 40 à 49 et de 50 à 59 : ce champ numérique présente une régularité, tant dans l'écriture chiffrée que dans l'énonciation des nombres. On fait des « paquets de dix » ;
– les nombres de 60 à 79 : afin de mieux accorder écriture et énonciation, on utilise la connaissance des nombres de dix à vingt pour décomposer de manière additive les nombres : 74 est « soixante-quatorze » soit « soixante » plus « quatorze » ;
– les nombres de 80 à 99 : on procède de la même manière que pour les nombres précédents.

OBSTACLES RENCONTRÉS PAR LES ÉLÈVES

Les plus grandes difficultés sont liées aux différences entre la numération utilisée pour écrire les nombres en chiffres et la numération utilisée pour énoncer ces mêmes nombres.

La difficulté se situe donc essentiellement sur le champ numérique de 10 à 20 et se retrouve entre 60 et 79 puis entre 80 et 99. Par exemple, pour certains élèves « soixante-dix-neuf » s'écrit 6019.

Le fait que les nombres dix, onze, douze, treize... seize, s'écrivent avec un seul mot ne facilite pas l'accès à leur écriture avec deux chiffres.

- **Unités de numération (unités simples, dizaines) et leurs relations (principe décimal de la numération en chiffres)**

La procédure de dénombrement qui consiste à énumérer en récitant la comptine entraine, pour les collections importantes, de nombreuses erreurs liées à la lourdeur de la tâche.
Ceci doit motiver l'apprentissage par les élèves d'une nouvelle procédure qui limite l'utilisation de la comptine à dix.
Il s'agit de savoir dénombrer une quantité d'objets pour produire une désignation écrite ou orale en les groupant d'abord par paquets de dix objets, puis en dénombrant le nombre de paquets de dix et le nombre d'objets isolés.
L'élève dénombre en faisant des paquets de dix, puis il dénombre les paquets de dix et les objets isolés. Il obtient ainsi, en respectant les règles de position, une écriture chiffrée du cardinal de la collection.
On peut pratiquer ce type d'activités avec du matériel très commun : buchettes et élastiques, haricots et petits sacs plastiques transparents, etc.
Il existe aussi des propositions de matériel pédagogique pour travailler la notion de groupement (*cf.* document 3 : matériel multibase).

OBSTACLES RENCONTRÉS PAR LES ÉLÈVES

La principale difficulté éprouvée par les élèves tient au fait qu'ils doivent considérer comme « un », un objet qui en contient plusieurs : le paquet (ou groupement).

- **Valeur des chiffres en fonction de leur rang dans l'écriture d'un nombre**

Il s'agit de savoir que, dans une écriture à deux chiffres d'un nombre désignant une quantité, le chiffre de gauche indique le nombre de groupes de dix et le chiffre de droite le nombre d'objets isolés.
Pour bien distinguer le rôle joué par chaque chiffre dans l'écriture du nombre, on peut utiliser des codes couleurs :
- trois paquets de « dix » : 3
- quatre objets isolés : 4

Le nombre d'objets en tout : 34
Il existe aussi des propositions de matériels pédagogiques pour travailler la notion de valeur et de position (*cf.* document 3 : abaques, bouliers).

- **Valeur et quantité, deux notions indépendantes**

À l'école maternelle, le nombre était le représentant d'une quantité. Au cours du CP les élèves découvrent un nouvel usage du nombre : celui-ci devient aussi le représentant d'une valeur ou d'une mesure. Il s'agit pour les élèves d'admettre, par exemple, que cinq objets de valeur 1 valent un objet de valeur 5, ou que dix objets de valeur 1 valent un objet de valeur 10.

OBSTACLES RENCONTRÉS PAR LES ÉLÈVES

La position des chiffres dans l'écriture du nombre installe un code nouveau, lié à la latéralisation, alors que nombreux sont les élèves encore en difficulté avec les notions de « droite » et de « gauche ». Certains élèves ont du mal à spécifier ce qui différencie les deux nombres 17 et 71.

À cet âge, les élèves sont toujours réticents à échanger deux pièces de un euro contre une pièce de deux euros. Pour eux deux vaut mieux qu'un et l'échange n'est pas juste. Il est donc nécessaire de travailler dans des situations diverses ces notions de valeur et d'échange.

Souvent les situations d'échange proposées sont tout à fait arbitraires : on échange un rouge contre cinq verts. Cela ne fait pas sens pour les élèves et ne contribue pas à construire cette notion de valeur. Les « pratiques de cours de récréation » constituent en revanche des situations que l'on peut exploiter en classe. Les élèves arrivent mieux à concevoir, par exemple, en quoi un calot vaut cinq billes.

B – TRAITEMENT DU SUJET

1. LIRE ET ANALYSER LES DOCUMENTS

Les indications les plus essentielles sont répertoriées dans un cadre : **À NOTER**.

Document 1

- **Description de la démarche**

La séance se situe dans le domaine « Nombres et calculs » et est programmée en deuxième moitié de période 1 « liaison GS/CP ».

Les leçons du fichier élève :

Leçon 11
Phase 1 : Il s'agit d'une dictée de nombres jusqu'à 9.
Phase 2 : la consigne donnée est « Observe et complète ».
Le nombre « 10 » est présenté comme :
– le cardinal de la collection des doigts de deux mains ;
– le successeur de 9, 10 = 9 + 1 ;
– le représentant d'un paquet (la dizaine).
La décomposition additive 10 = 5 + 5 est amenée grâce à la constellation des dominos.
Puis, la tâche de l'élève après avoir « observé » est de compléter une frise numérique de 1 à 10.
Phase 3 : l'élève doit entourer la boite qui contient 10 œufs (connaitre le mot dizaine, l'expression « une dizaine »).
Phase 4 : l'élève doit constituer et compléter (recherche du complément) des collections de 10 éléments (poissons, boules).
Phase 5 : l'élève écrit le nombre dix avec les graphies de deux chiffres déjà rencontrés (le 0 et le 1).
Il est confronté à la première différence entre la numération écrite chiffrée (graphies) et la numération orale.
Leçon 15
Phase 1 : l'élève doit compléter des « morceaux » de bande numérique avec des nombres qui s'écrivent avec deux chiffres.
Phase 2 : l'élève doit placer des écritures de nombres inférieurs à 20 sur une frise numérique : 7, 16, 12, 2, 19.

◆ **Analyse de la démarche**

Ces deux leçons peuvent servir d'appui pour des séances de découverte sensibilisation autour de la notion de dizaine et l'utilisation du zéro, mais ne contiennent pas de démarche d'apprentissage proprement dite au-delà d'un simple entrainement.
Le zéro ne fait l'objet d'aucun apprentissage particulier.

Document 2

Il s'agit des extraits de deux documents du ministère de l'Éducation nationale : Repères annuels de progression pour le cycle 2 : Nombres et calculs ; Attendus de fin d'année : Mathématiques CP.

À NOTER
Préconisation de travailler sur les notions de groupements et d'échanges dès la période 2.

Document 3

Il s'agit de propositions d'activités extraites d'un document d'accompagnement publié par le ministère de l'Éducation nationale : « Le nombre au cycle 2 ».

À NOTER
Présentation de matériels et activités pour les notions de groupements et échanges : matériel multibase, abaques, boulier.

2. SITUER LA SÉANCE

Du point de vue de l'enseignant

La séance à concevoir est la quatrième de la séquence.
Précédemment l'enseignant aura dû :
– en séance 1 : travailler sur les nombres de 1 à 9 dans le cadre de la liaison GS/CP ;
– en séance 2 : travailler sur la dizaine pour laquelle la leçon 11 du document peut servir de support ;
– en séance 3 : travailler sur les nombres de 10 à 16 avec les deux logiques différentes des deux numérations orales et écrites.

Du côté des élèves (prérequis)

Connaitre les nombres de 1 à 9 : graphies, ordre etc.
Connaitre les décompositions additives des nombres jusqu'à 9.
Connaitre les nombres de 10 à 16 : écriture chiffrée, écriture littérale et « oralisation ».
Connaitre l'ordre sur les nombres de 10 à 16.

3. RÉDIGER LA FICHE DE PRÉPARATION

Choix didactiques (conception)

- **Utilisation de deux matériels proposés dans le document 3**

Pour le travail sur le groupement : Cubes et barres (matériel multibase).
Pour le travail sur la valeur et la position : Abaques avec deux branches.

- **Numération écrite/numération orale**

Sur le champ numérique 17 - 18 - 19, la manière de dire les nombres permet aussi de bien comprendre la signification de l'écriture des nombres à 2 chiffres et de mettre en évidence l'importance de la position.

Choix pédagogiques (animation)

- **Alternance de formes de travail**

Trois formes de travail sont proposées :
– travail en binôme : facilite les échanges entre les élèves, permet la confrontation, l'argumentation, la communication ; permet soit l'étayage par un élève, soit la collaboration entre pairs ; différenciation possible ;
– travail collectif : permet de recentrer l'attention vers l'enseignant ;
– travail individuel : pour des tâches simples avec de nombreuses procédures possibles, lorsque la réussite de tous est possible.

- **Succession de phases courtes avec des consignes et des tâches claires**

L'attention et la concentration des élèves de CP n'excèdent guère 10'.
Ce choix permet de recentrer souvent l'attention des élèves.

Déroulé de séance

<table>
<tr><td colspan="2">Domaine disciplinaire : Mathématiques</td><td>Domaine spécifique : Nombres et calculs</td></tr>
<tr><td>Niveau de classe : Cycle 2/CP</td><td>Nb d'élèves : 25</td><td>Place de la séance dans la séquence : séance 4</td></tr>
</table>

Objectif général : *Connaitre les nombres de 0 à 20*	Compétence(s) visée(s) : *Être capable de :* - lire un nombre écrit en chiffres (17/ 18 / 19) ; - écrire en chiffres et en lettres des nombres dictés ; - connaitre la valeur des chiffres en fonction de leur position (unités, dizaines) ; - connaitre et utiliser la relation entre dizaine et unité.
Attendu de fin de cycle *Nommer, lire, écrire, représenter des nombres entiers pour des nombres inférieurs ou égaux à 100.*	

Phase 1 Collectif (5')

Une collection de 25 objets (cubes manipulables déplaçables) est posée en tas sur le bureau.
Consigne : « Le maitre voudrait être sûr : Combien y a-t-il de d'objets sur la table ? On va demander à 2 ou 3 élèves de venir au bureau et nous dire combien il y en a. »
Verbalisation : comment ont-ils fait ? Se sont-ils trompés ? Pourquoi ? Etc.

Phase 2 Individuel (10')

Distribuer une feuille à chaque élève (écrire au tableau) :
- billes bleues ×
- billes rouges ×
- billes vertes ×

Sur chaque feuille : une collection de croix (billes) (trois cas possibles : 19 bleues, 18 rouges ou 17 vertes) dispersées.

Exemple : la feuille des billes rouges

Chaque élève doit dénombrer les billes qu'il y a sur la feuille qu'il a reçue.
Écrire le résultat sur une ardoise.
L'enseignant interroge plusieurs élèves : « Émile, combien as-tu trouvé ? »
L'élève doit lever son ardoise et dire le nombre écrit.
Etc.
Au tableau, l'enseignant pose la question complète avec l'écriture des nombres :
19 billes bleues ×
18 billes rouges ×
17 billes vertes ×

Phase 3 Collectif (2')

Frise numérique jusqu'à 20 écrite au tableau.
L'enseignant montre au tableau les écritures chiffrées des nombres, les élèves les lisent à haute voix.
L'enseignant appelle un élève au tableau pour compléter la frise dans le bon ordre (17, 18, 19).
L'enseignant pose la question : « Comment le sait-on ? »
Réponse attendue : le 7 le 8 le 9 (ordre sur les nombres jusqu'à 10) qu'on entend dans dix-sept, dix-huit, dix-neuf.

Phase 4 Binômes (10')
L'enseignant sort de sa poche des billes et des calots et engage un débat avec les élèves :
« Combien un calot vaut-il de billes ? »
Règle d'échange proposée : 1 calot vaut 10 billes.

Situation problème avec billes et calots (feuilles distribuées à chaque binôme).

L'enseignant distribue des feuilles avec des dessins de billes et calots et pose la question :
« À la fin de la partie qui a le plus ? » ou « Qui a gagné la partie ? »

Exemple :
Joseph

Claire

Différenciation possible selon les compétences des élèves.

Laisser un temps de recherche (2 à 3').
Propositions de plusieurs binômes-élèves : les élèves sont invités à expliquer leurs propositions.

Résolutions correctes probables :
Joseph : 1 calot et 8 billes ça vaut 18 billes.
Claire : 17 billes ou 1 calot et 7 billes.
Joseph a gagné la partie.

Phase 5 Binômes (5')
L'enseignant distribue des jetons et des abaques à 2 branches.
19 jetons verts sont distribués dans des boites à chaque binôme.

Consigne : « Rangez les jetons de la boite sur votre abaque. »

Remarque :
Chaque tige d'abaque peut contenir 10 jetons et pas plus.
On peut donc aboutir à deux types de rangement des 19 jetons sur les abaques.

Recueil des propositions : 19 = 10 + 9 ou 19 = 9 + 10.
Relever des propositions : 9-dix ou dix-9.

L'enseignant rappelle la règle des échanges sur les abaques : 10 jetons verts valent un jeton rouge).
Deux élèves (un binôme performant) passent dans les rangs avec chacun une boite pleine de jetons rouges.
Ils donnent à ceux qui le demandent un jeton rouge en échange de dix jetons verts.
Ils s'assurent de la validité de l'échange.
Consigne de l'enseignant : « Maintenant, placez vos jetons sur vos abaques. »
Dire le nombre : « dix-neuf » ou « neuf-dix » ; « dix plus neuf » ou « neuf plus dix ».
Conclure sur l'importance de la position, **la place des jetons rouges sur les abaques.**

Phase 6 Individuel (10')
Frise des nombres jusqu'à 20 à compléter.
Distribuer une feuille avec des quantités à comparer en utilisant billes et calots ou abaques.

Exemple :
Qui a gagné ?

Albert :  ou Claude : 

1	2	3	4	5	6					11	12	13	14	15	16				20

4. PRÉPARER L'ORAL

Introduction

Dans notre numération écrite chiffrée, la valeur associée à un chiffre dans l'écriture d'un nombre est liée à sa position.
Cette notion est délicate à assimiler par les élèves du cycle 2.
Sur le champ numérique des nombres de 10 à 20, les nombres 17, 18, 19 peuvent permettre de bien faire comprendre cet aspect de l'écriture des nombres en s'appuyant sur la numération orale.
La séance que je vais vous présenter est un exemple de travail qui peut être conduit à cet effet avec des élèves de CP en période 2.

Conclusion

Ce travail constitue une phase de sensibilisation à ces problématiques de numération, qui devront être maintes fois reprises tout au long du cycle 2, en lien avec le développement des compétences en calcul.

Questions du jury

Pourquoi ne mettez-vous pas les élèves par groupes de plus de deux pour résoudre les problèmes en phase de recherche ?
Réponse : Les groupes de trois ou quatre élèves apportent plus de richesse et de diversité dans les réponses et les procédures mises en œuvre.
Cependant cette taille de groupes ne permet que très difficilement le travail collaboratif.
Souvent un leader se dégage et certains autres du groupe se mettent en retrait et c'est donc contre-productif.
Les binômes, pour être intéressants, doivent être constitués avec soin par l'enseignant.
Plusieurs critères peuvent prévaloir, notamment, proximité amicale ou encore niveau homogène ou hétérogène pour un certain tutorat.

Autre question possible :
Comment gérer les réponses aux questions posées oralement à toute la classe ?

Sur Lea.fr

Les réponses aux autres questions

Sujet n° 2 : Nombres et calculs CE1

En vous appuyant notamment sur les quatre documents ci-après, concevez une séance de découverte pour une classe de CE1 (25 élèves) visant la compétence : « Mettre en œuvre un algorithme de la soustraction posée en colonnes (avec retenue) ».

CORPUS DE DOCUMENTS

Document 1. Leçon 79 « La soustraction posée à retenue » du fichier élève CE1, *Vivre les maths*, Nathan, 2019.

79 La soustraction posée à retenue

Objectif : mettre en place la soustraction posée avec la technique de l'emprunt.

CALCUL MENTAL
Dire un produit des tables de 2 ou de 5.
Écrire le résultat.

1 Lucie a 62 billes. Elle veut donner 38 billes à son frère.
Combien de billes lui restera-t-il ?
• **Explique** la méthode de calcul de Lucie.

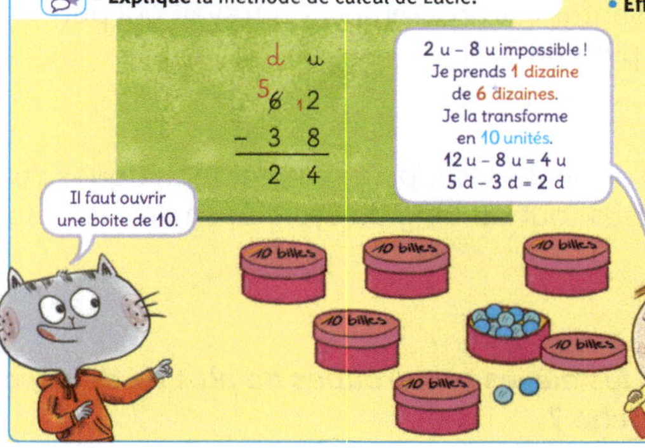

• **Effectue** la soustraction.

d	u
9	3
− 5	6
.	.

2 **Effectue** les soustractions.

  5 3 / − 2 9 / . .

  8 7 / − 6 4 / . .

  9 2 / − 4 8 / . .

  7 1 / − 3 9 / . .

3 **Pose** et **effectue** les soustractions.

91 − 58   83 − 46   582 − 368

  9 1 / − 5 8 / . .

  8 3 / −

  5 8 2 / −

4 Problème Chirine avait 195 planchettes de bois.
Elle a fait une tour et elle a utilisé 128 planchettes.
Combien de planchettes lui reste-t-il ?

Il lui reste ....

Document 2. « Progression par domaine » du fichier élève CE1, *Vivre les maths*, Nathan 2019.

Progression par domaine

Nombres et calculs

Document 3. Extrait des Repères annuels de progression au cycle 2 en mathématiques : « Nombres et calculs », Eduscol.

NOMBRES ET CALCULS (suite)		
Calcul		
En ce qui concerne le calcul, les élèves établissent puis doivent progressivement mémoriser des **faits numériques** et des **procédures**.		
*Les **faits numériques** à mobiliser pour le calcul en ligne, le calcul mental et le calcul posé.*		
Dès le **début de l'année**, les élèves consolident les acquis de l'école maternelle (identifications rapides et répétées de quantités « d'un coup d'œil », automatisation de la reconnaissance de la quantité en situation de jeu type constellations, doigts, dés, collections d'objets). Ils apprennent les compléments à 10, les décompositions additives des nombres inférieurs à 10. Les élèves apprennent au plus tard en **période 2** les doubles des nombres inférieurs à 10 et les moitiés des nombres inférieurs à 20. En **fin d'année**, la plupart des résultats des tables d'addition sont mémorisés.	Dès le **début de l'année**, les élèves apprennent à chercher les compléments à la dizaine supérieure, à la centaine supérieure. Dès le début de la **période 2**, les élèves apprennent des doubles et moitiés de nombres d'usage courant (nombres inférieurs à 10, dizaines entières inférieures à 100, 25, 50, 100), y compris et la table de multiplication par 2. Les élèves apprennent au plus tard en **période 3** les multiplications par 10 ; et les tables de multiplication par 3, 4 et 5. En **fin d'année**, ces faits numériques sont mémorisés.	Dès le **début de l'année**, les élèves apprennent à chercher les compléments à 1 000 et consolident leur aptitude à chercher les compléments à la centaine supérieure. Les élèves apprennent au plus tard en **période 3** les multiplications par 10 et par 100 ; et les tables de multiplication par 6, 7, 8, 9. En **fin d'année**, ces faits numériques sont mémorisés.
*Les **procédures** à mobiliser pour le calcul en ligne et le calcul mental.*		
Tout au long de l'année, les élèves sont conduits à développer des procédures de calcul en mobilisant des propriétés additives : « 2 + 9, c'est pareil que 9 + 2 » ; et des procédures adaptées aux nombres en jeu.	Dès le **début de l'année**, les élèves consolident les procédures de calcul apprises au CP. À partir de la **période 3**, les élèves sont conduits à développer des procédures de calcul en mobilisant des propriétés multiplicatives : « 3 × 5, c'est pareil que 5 × 3 », « 3 × 5 × 2, c'est pareil que 3 × 10 » et sur des exemples très simples : « 12 × 5 = 10 × 5 + 2 × 5 ».	Tout au long de l'année, les élèves consolident les procédures de calcul apprises au CE1. Ils sont aussi conduits à développer des procédures de calcul en mobilisant la propriété suivante pour la soustraction : « 5 × 18 = 5 × 20 – 5 × 2 ». À partir de la **période 3**, les élèves mobilisent des propriétés et développent des procédures de calcul adaptées aux nombres en jeu pour obtenir le quotient et le reste d'une division euclidienne par un nombre à 1 chiffre et par des nombres comme 10, 25, 50, 100. Par exemple à l'écrit : 92 = (9 × 10) + 2 ; et à l'oral : « 92 divisé par 9, il y a 10 fois 9 et il reste 2 ».
Les **procédures** à mémoriser dans le cadre du calcul posé. Les opérations posées permettent l'obtention de résultats notamment lorsque le calcul mental ou écrit en ligne atteint ses limites. Leur apprentissage est aussi un moyen de renforcer la compréhension du système décimal de position et de consolider la mémorisation des relations numériques élémentaires. Il a donc lieu lorsque les élèves se sont approprié des stratégies de calcul basées sur des décompositions/recompositions liées à la numération décimale, souvent utilisées également en calcul mental ou écrit.		
Les élèves enrichissent d'abord la mémorisation de faits numériques et de procédures. Au plus tard en **période 4**, les élèves apprennent à poser les additions en colonnes avec des nombres de deux chiffres.	Dès le **début de l'année**, les élèves consolident la maîtrise de l'addition avec des nombres plus grands et avec des nombres de taille différente. Ils continuent à enrichir la mémorisation de faits numériques et de procédures. Au plus tard en **période 3**, les élèves apprennent une technique de calcul posé pour la soustraction.	Dès le **début de l'année**, les élèves consolident la maîtrise de la technique de la soustraction apprise en CE1. Ils apprennent et entretiennent **tout au long de l'année** une technique de calcul posé pour la multiplication, tout d'abord en multipliant un nombre à deux chiffres par un nombre à un chiffre puis avec des nombres plus grands.
Les techniques de calcul posé sont communes à toutes les classes, elles sont ritualisées avec les mêmes formes et les mêmes mots. Ce choix doit être poursuivi au cycle 3.		

Document 4. Extraits du document d'accompagnement : « Le nombre au cycle 2. Ressources pour faire classe », Eduscol.

Partie 1

Dialectique entre sens et techniques, l'exemple du calcul mental

Ce texte se propose d'éclairer certains éléments des programmes de mathématiques, et notamment ceux qui concernent les apprentissages numériques au cycle 2, d'un double point de vue : celui des relations entre sens et techniques, et celui des passages et des étapes incontournables d'un enseignement de mathématiques à l'école primaire. Ces deux entrées sont à considérer lors de la conception d'une programmation cohérente sur un niveau, un cycle, ou même plusieurs. Il est important de prendre en compte les résultats des recherches en didactique des mathématiques pour d'une part, faire des choix *a priori* (programmations, progressions, temps accordé à l'apprentissage, situations de référence, marges de manœuvre des enseignants, etc.) et pour, d'autre part, comprendre ce qui se joue dans une classe lors de la mise en œuvre des séances (adaptations, régulations, aides, prise en compte des erreurs, des obstacles, outils pour les analyser, etc.).
Les liens qui existent entre maîtrise des techniques de calcul, connaissances sur les nombres et les opérations, et résolution de problèmes numériques sont d'abord précisés. Puis des exemples de situations de référence dans le domaine du calcul mental et de la numération sont développés.

Relations entre maîtrise de techniques de calcul, connaissances sur les nombres et les opérations, et résolution de problèmes arithmétiques

Cette première partie constitue une synthèse de résultats issus de plusieurs recherches menées sur ce thème. Ici la question du lien entre sens et techniques est étudiée plus particulièrement à partir de l'enseignement du calcul mental.
En effet, le calcul mental apparaît comme un champ d'expérience particulièrement riche pour la construction de connaissances relatives aux nombres et aux opérations. L'analyse des effets d'un enseignement de calcul mental, à l'école primaire et au collège a permis de montrer comment maîtrise de techniques de calcul et connaissances sur les nombres et les opérations, se développent en étroite relation.
Deux résultats suffisamment emblématiques permettent d'étayer cette idée. Le premier porte sur la manière dont connaissances sur les nombres et les opérations, et maîtrise de techniques de calcul mental, se développent dialectiquement. Le second concerne les effets d'une pratique de calcul mental sur les performances des élèves relatives à la résolution de problèmes numériques standards.

Le paradoxe de l'automatisme

Pour expliciter ce paradoxe, il convient de distinguer procédure automatisée et automatisme.
Une procédure est automatisée quand elle est restituée par l'élève pour effectuer un calcul sans que celui-ci la reconstruise (Fischer 1987, Boule 1997).
Selon le contexte, un automatisme correspond soit au recours à un ensemble de procédures automatisées installées en mémoire et ayant fait l'objet d'un enseignement ou d'une pratique préalable ; soit à un comportement se caractérisant par une mobilisation quasi systématique de l'élève d'un seul type de procédure quelles que soient les données numériques du calcul à effectuer.
Par exemple pour effectuer le calcul de 45 + 17, les procédures possibles sont les suivantes :
– simulation mentale de l'algorithme écrit, l'élève « pose dans sa tête » l'opération en colonnes :
– utilisation de la décomposition additive canonique de l'un ou des deux termes :
45 + 17 = 45 + 10 +7 = 55 + 7 = 62 **ou** 45 + 17 = 40 + 5 + 10 + 7 = 50 + 12 = 62 ;
– utilisation d'une décomposition additive de l'un des termes s'appuyant sur un passage à une dizaine supérieure :
45 + 17 = 45 + 5 + 12 = 50 + 12 = 62 **ou** 45 + 15 + 2 = 60 + 2 = 62 **ou** 2 + 43 + 17 = 2 + 60 = 62 ;
– utilisation d'une décomposition soustractive de l'un des termes :
45 + 20 – 3 = 65 – 3 = 62 ;
– etc.
Ces procédures se différencient par les connaissances mobilisées, le coût en mémoire et en calcul. L'algorithme écrit simulé mentalement mobilise peu de connaissances sur les propriétés des nombres en jeu mais en revanche, il est très coûteux car il nécessite de mémoriser beaucoup de données. Les procédures basées sur des décompositions canoniques (nombres de dizaines et d'unités) nécessitent de connaître des décompositions souvent fréquentées. Plus économiques que la précédente, elles restent coûteuses. Les deux derniers types de procédures réduisent le coût en mémoire et en calculs intermédiaires mais nécessitent la disponibilité de décompositions moins souvent fréquentées. De plus, très liées aux nombres en jeu, elles ne peuvent être mobilisées dans tous les calculs.
Des recherches ont montré que les procédures mobilisées par les élèves de fin de cycle 2, sont l'algorithme écrit « posé dans la tête » (procédure quasi majoritaire), les différentes procédures mobilisant des décompositions canoniques et, beaucoup plus rarement, celles mobilisant d'autres décompositions additives ou soustractives. Ces dernières nécessitent une prise en compte de la spécificité des nombres intervenant dans le calcul et de leurs propriétés, leur domaine de validité est limité. Un enseignement spécifique préalable semble donc nécessaire.
Les élèves préfèrent, dans un premier temps, utiliser des procédures sûres (qui fonctionnent dans tous les cas et conduisent, à condition d'être menées à terme, au résultat attendu) mais coûteuses plutôt que des procédures mieux adaptées au calcul en jeu. De plus, les élèves les plus en difficulté en mathématiques se limitent davantage et plus longtemps aux premières. Ils font preuve de moins d'adaptabilité.
Sans un enseignement de calcul mental visant spécifiquement à combler le manque d'adaptabilité manifesté par ces élèves, deux dynamiques peuvent s'installer dans la classe. L'absence ou la présence de prérequis numériques des élèves va initialiser ces dynamiques et conduire ou non à un déficit en termes d'apprentissage.

Rapports entre maîtrise de techniques opératoires et résolution de problèmes standards

Des recherches ont montré (Butlen, Pézard 2002) qu'une pratique régulière de calcul mental, en améliorant les habiletés calculatoires des élèves, se traduit, pour un certain type de problèmes standards, par une accélération du processus de reconnaissance de l'opération en jeu. Il s'agit de problèmes relevant de modèles relativement familiers aux élèves mais dont la reconnaissance n'est pas encore automatisée. Ce sont, par exemple des problèmes additifs faisant intervenir des compositions de transformations du type « le jeu de l'autobus » : Dans un autobus, il y a 28 voyageurs. À la prochaine station, 15 voyageurs montent et 17 descendent. Combien y a-t-il de voyageurs dans l'autobus quand il repart ? Ou des problèmes multiplicatifs simples : Pour réaliser un pull, Sylvie achète 18 pelotes de laine à 5 € la pelote. Calcule le montant de la dépense.

A – CONNAISSANCES DIDACTIQUES À MOBILISER

1. SOUSTRACTION : SENS DE L'OPÉRATION / MODÉLISATION

On peut distinguer deux niveaux différents d'approche du sens du signe mathématique : « – ».

Un premier niveau de sens où le signe mathématique est utilisé pour coder une action :

- Avancer / reculer : les jeux de plateau

Exemple d'activité :
On dispose de deux dés : un dé numéroté de 1 à 6 et un dé avec des faces portant la lettre A (pour avancer) et des faces portant la lettre R (pour reculer).
Le joueur situé sur la case 5 lance les deux dés.
Le tirage A,2 pourra être codé par l'opération 5 + 2 =
Le résultat de l'opération indique le numéro de la case où devra maintenant se rendre le joueur, la case 7.
Si le même joueur avait fait le tirage R,2 :
le tirage peut alors être codé par l'opération 5 – 2 = 3.
Le joueur devra poser son pion en case 3.

- Progresser, régresser : la bande numérique

La bande numérique utilisée pour représenter l'ensemble des nombres entiers est organisée selon un ordre croissant de la gauche vers la droite.
Aller plus loin vers la droite signifie progresser, aller vers des nombres plus grands.
A l'inverse aller vers la droite signifie régresser (reculer), aller vers des nombres plus petits.
Le signe « + » est utilisé pour coder une progression.
Le signe « – » est utilisé pour coder une régression (un recul).

Exemples :

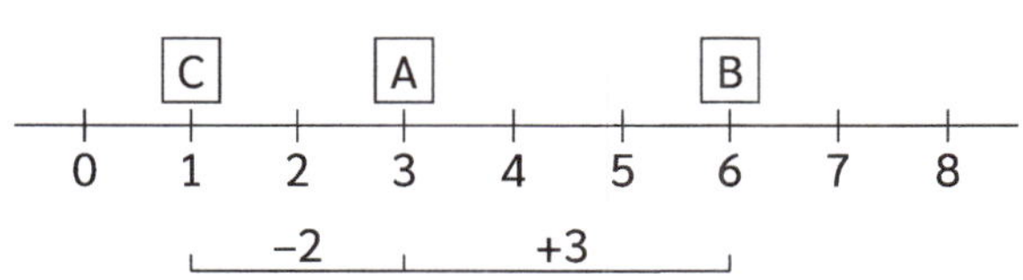

3 + 3 = 6
3 – 2 = 1

- Enlever, retirer

De nombreuses situations peuvent être mises en place avec des boites et des jetons dans lesquelles on ajoute (+) ou on retire (-) une certaine quantité.
Les signes opératoires sont utilisés pour coder ces situations d'action et de manipulation.

- L'écart

La recherche de l'écart peut être modélisée par le signe « – ».
Sur la bande numérique :
Quel est l'écart entre 6 et 1 ?
6 – 1 = 5

Ces différentes situations sont sous-tendues par les mêmes structures que les problèmes dits de structures additives (Voir sur Lea.fr : Les problèmes de structures additives selon G. Vergnaud).
Elles peuvent être utilisées pour accompagner les élèves vers la capacité à modéliser ces problèmes en utilisant les deux signes (+) et (-).
Il est important de bien faire le lien dialectique et logique entre les deux opérations.
Par ailleurs la mémoire des faits numériques nécessaires pour l'une et l'autre opération se constitue dans le même temps.
6 + 2 = 8
6 + ... = 8 recherche du complément de 6 à 8, correspond également à la recherche de l'écart :
8 – 6 = 2
8 – 2 = 6

Ces faits numériques doivent être travaillés et mémorisés par les élèves en même temps.

Un second niveau de sens correspond à la structure des problèmes qui peuvent être modélisés avec le signe « - ».
Le document d'accompagnement « Le nombre au cycle 2 » (Eduscol) dresse par l'exemple une liste des problèmes de structure additive.
Certains parmi eux relèvent plutôt d'une modélisation par la soustraction.
Mais attention :
Une des difficultés que présentent ces situations est liée aux champs sémantiques des termes utilisés dans les énoncés. En effet, *ajouter, gagner, donner, en plus* ... inviteraient plutôt à associer des additions, alors que, *enlever, perdre, reprendre, en moins* ... feraient penser à la soustraction, ce qui est erroné et dépend du nombre recherché ou de la transformation concernée.
Par exemple, dans le problème (problème 12 dans la liste des problèmes de structure additive publiée dans le document « Le nombre au cycle 2 », Eduscol) :
« Léo a 9 billes.
Il en a 5 de moins que Juliette. Combien de billes Juliette a-t-elle ? »

Ici le terme « en moins » renvoie en fait à une modélisation qui utilise le signe « + ».
9 + 5 = 14

2. CALCULS

Calcul Mental

- **Premières procédures : le comptage**

Elles sont fréquemment utilisées spontanément par les élèves dans le contexte des situations où on utilise la bande numérique (avancer – reculer).
Dans ce cadre la recherche du résultat de l'opération peut se faire par comptage :
- surcomptage pour l'addition,
- décomptage pour la soustraction.

Le surcomptage et le décomptage sont des procédures qui ne sont acceptables que transitoirement bien qu'elles s'avèrent cependant, souvent nécessaire pour que les élèves puissent petit à petit se constituer une mémoire de faits numériques indispensables à une bonne pratique du calcul.

Pour le calcul du résultat d'une soustraction, le décomptage peut s'envisager s'il s'agit d'enlever peu :

Exemple :
18 – 2 =

l'élève décompte de deux 17, 16.
Cette pratique est source de nombreuses erreurs :
l'élève pourra conclure que décompter de deux 17,16 nous conduit au nombre 15.
Dans la pratique du surcomptage ou du décomptage, la tâche est double :
il faut énoncer la comptine en avançant ou en reculant, en même temps que l'on compte « un, deux ».
Ceci ne peut se concevoir que si on ajoute ou on enlève « peu » et ne peut être qu'une procédure transitoire.

Lorsqu'on enlève beaucoup, par exemple dans l'opération 18 – 15, le calcul est grandement simplifié si on change le « sens » de l'opération, et plutôt que chercher ce qui reste quand on enlève 15 à 18, il vaut mieux chercher l'écart qu'il y a entre 15 et 18.
La pratique du surcomptage de 15 à 18 permet d'aboutir au résultat mais là encore il y a double tâche :
– réciter la comptine : 16, 17, 18 ;
– et en même temps : 1, 2, 3,
– le résultat de l'opération est 3.
On remarquera la difficulté qu'il peut y avoir pour l'élève de commencer son surcomptage à 16 et non à 15.

Ces premières procédures doivent conduire l'élève à se constituer une mémoire de faits numériques suffisantes pour ensuite passer à des procédures de calcul (et non plus de comptage).

- **Calcul mental automatisé (mémorisation de faits numériques)**

5 – 3 = 2
Le résultat est trouvé sans démarche autre qu'un recours à la mémoire.

- **Calcul mental réfléchi**

12 – 7 =

Le résultat est trouvé à l'issue d'une démarche plus ou moins pertinente (et donc rapide) selon le calcul à effectuer : ici l'élève peut penser à enlever 2 on trouve 10, puis enlever 5 on trouve 5.

Calcul en ligne

Le calcul en ligne donne lieu à des procédures diverses qui utilisent les propriétés des opérations ainsi que des connaissances en numération.

Exemple :
17 – 12 =

Chacun des deux nombres est décomposé de manière canonique.
On enlève la dizaine à la dizaine puis 2 à 7.
Le résultat est 5.

La grande difficulté du calcul de soustraction en ligne est qu'en toute rigueur il nécessite l'utilisation de parenthèses et la connaissance de leurs règles d'utilisation.
On devrait écrire :
17 – 12 = (10 + 7) – (10 + 2) = 10 – 10 + 7 – 2 = 5
Ce qui n'est pas envisageable au cycle 2.
On utilise parfois pour ce genre de calculs des décompositions avec des couleurs :
17 – 12 = (1 – 1) d + (7 – 2) u
On soustrait les dizaines puis les unités ou l'inverse.

La difficulté de ce genre de calculs, les limites rencontrées, sont une bonne raison pour introduire un autre mode calcul, la technique opératoire posée en colonnes.

Calcul posé

- **Soustraction posée sans retenue**

Les élèves doivent apprendre à discerner selon le calcul à effectuer la méthode de calcul à privilégier.
Par exemple il n'est pas souhaitable que pour le calcul de 17 – 5 l'élève « pose » l'opération.
L'élève doit comprendre le caractère « outil » d'une procédure comme la technique posée en colonnes pour certains calculs.
Le passage aux calculs de différences avec des nombres à deux chiffres est assez propice à la systématisation de ce type de calcul.

Exemple :
25 – 13

L'élève devra savoir respecter la relation d'ordre, le plus grand nombre est placé au-dessus.
L'élève devra être capable de bien aligner les nombres en utilisant les unités de numération (ici dizaine, unité).
Même si cela n'a pas d'importance ici, il faut commencer par soustraire les unités puis les dizaines.

```
      2 5
  –   1 3
      ----
      1 2
```

Pour aider les élèves, on peut utiliser un tableau de numération avec deux colonnes.

Pour oraliser la pratique, il existe plusieurs manières de « dire » :
– première façon : 5 moins 3,
– deuxième façon : 3 ôté de 5,
– troisième façon : 3 pour aller à 5.
Ces façons de dire pour calculer les soustractions renvoient à l'utilisation des additions à trous.

3 + ... = 5 équivaut à 5 – 3 = ...
On ne peut donc pas l'utiliser si cela n'a pas fait partie de la progression mise en place.

- **Soustraction posée avec retenue**

$$\begin{array}{rcc} & \not{5}^{4} & {}_{1}2 \\ - & 3 & 8 \\ \hline & 1 & 4 \end{array}$$

Au cycle 2, on s'appuiera sur les connaissances en numération pour transmettre certains procédés aux élèves comme la *méthode anglo-saxonne*.
Soustraire 8 unités de 2 unités est impossible, on ajoute donc 1 dizaine aux 2 unités, ce qui se représente par l'ajout d'un 1 devant le 2 du haut. Cette dizaine ajoutée va s'enlever du nombre de dizaines de 52, il ne comportera plus 5 dizaines mais 4 (5 est barré pour devenir 4). On soustrait donc 3 dizaines à 4 dizaines : d'où le résultat final : 1 dizaine et 4 unités, soit 14.

$$\begin{array}{rcc} & 5 & {}_{1}2 \\ - & \underset{1}{3} & 8 \\ \hline & 1 & 4 \end{array}$$

Au cycle 3, on pourra évoluer vers la méthode par compensation.
Du côté des unités des deux nombres en présence, 2 est inférieur à 8, on ne peut donc pas soustraire 8 de 2, on ajoute donc 1 dizaine à 2 pour faire 12. On soustrait 8 de 12, ce qui donne 4 unités. Cette dizaine ajoutée se compense en enlevant une dizaine au résultat de (5 dizaines – 3 dizaines) pour donner 1 dizaine (cette dizaine à enlever apparait sous la forme d'un 1 dans la colonne de gauche sous 5 et 3), d'où le résultat final : 14, soit 1 dizaine et 4 unités.

Calcul à la calculatrice

Bien utiliser la calculatrice en classe est un défi pour les enseignants.
Deux attitudes extrêmes peuvent exister :
– l'enseignant peut considérer la calculatrice exclusivement comme un obstacle à la mémorisation des tables par les élèves, il en bannira alors l'usage en classe ;
– l'enseignant peut demander à ses élèves de se précipiter sur leur calculatrice au moindre calcul, les élèves ne pourront alors jamais se constituer une mémoire de faits numériques directement accessibles.
Afin d'éviter l'un ou l'autre de ces excès, il est bon de demander aux élèves d'utiliser la calculatrice dans un cadre strict et normé :
– pour vérifier leurs calculs ;
– pour alléger leurs procédures de calcul lorsque les compétences visées relèvent plutôt de la résolution de problèmes ;
– pour résoudre des problèmes utilisant des grands nombres.

B – TRAITEMENT DU SUJET

1. LIRE ET ANALYSER LES DOCUMENTS

CONSEIL MÉTHODOLOGIQUE

Repérer dans les textes proposés tout ce qui peut servir comme élément de cadrage et d'orientations didactiques et pédagogiques (ressources) pour la séance à concevoir.

Les indications les plus essentielles sont répertoriées dans un cadre : **À NOTER**

Document 1

La leçon proposée sur le fichier a pour objectif annoncé : « mettre en place la soustraction par la technique de l'emprunt ».

◆ **Description de la démarche**

La démarche proposée pour cette leçon est décomposée en 5 temps (ou phase dans le cas d'une préparation de séance).

- **Phase 1 :** calcul mental, table de multiplication par 2 et par 5.
- **Phase 2 :** Encadré 1

Résolution d'un problème de structure additive.
On connait l'état initial (62 billes).
On connait la transformation négative (on donne 38 billes).
On cherche l'état final.
La modélisation de ce problème conduit à l'écriture d'une soustraction posée en colonnes.
Celle-ci comporte un obstacle épistémologique non rencontré par les élèves jusque-là : on ne peut soustraire 8 unités à 2 unités.
La tâche de l'élève est d'expliquer la méthode de calcul proposée par Julie, puis d'effectuer une autre soustraction déjà posée en utilisant la même méthode (93 – 56).
Il s'agit de la méthode par emprunt appelée aussi méthode anglo-saxonne ou par cassage (on casse une dizaine pour retrouver dix unités).

- **Phase 3 :** Encadré 2

Phase d'entrainement : l'élève doit effectuer le calcul de quatre soustractions déjà posées (avec ou sans retenue).

- **Phase 4 :** Encadré 3

Trois soustractions sont écrites en ligne.
La tâche de l'élève consiste à compléter et effectuer ces opérations posées en colonnes.
– deux opérations avec des nombres à deux chiffres avec retenue ;
– une opération avec des nombres à trois chiffres avec retenue sur les unités.

- **Phase 5 :** Encadré 4

Résolution d'un problème de structure identique au problème posé au départ.
Les nombres en présence sont des nombres à trois chiffres.
L'élève doit modéliser le problème.
L'élève doit calculer une soustraction de deux nombres à trois chiffres avec une retenue sur les unités.

- **Analyse de la démarche**

La démarche est classique avec résolution de problème, apport de connaissances nouvelles, entrainement et réinvestissement dans la résolution d'autres problèmes.
La phase cruciale est la phase 2 avec une approche particulière : ce n'est pas un enseignement par ostentation (on montre à l'élève comment faire) ni l'élève qui aurait la charge de trouver par lui-même une technique permettant d'effectuer la soustraction lorsqu'il est nécessaire d'utiliser une retenue (constructivisme).
Le procédé utilisé : une soustraction posée en colonnes qui modélise le problème est écrite et effectuée au tableau (traces écrites nécessaires en rouge) et une bulle décrit le déroulé oral de la technique.
L'élève doit comprendre par lui-même le procédé utilisé et doit être capable de transférer la connaissance ainsi acquise à toute autre soustraction à retenue, notamment celle immédiatement proposée ensuite 93 – 56.

Document 2

Il s'agit d'une progression proposée au CE1.
La leçon 79 se situe en période 4.
Dans la rubrique « Nombres et calculs », on constate que l'ouvrage propose comme étapes relatives à la soustraction :

- Leçon 4 : revoir la soustraction.
- Leçons 14, 15, 16 : des situations d'ajouts et de retraits (1) avec des nombres à deux chiffres et des nombres à trois chiffres.
- Leçon 46 : ajouter soustraire des dizaines entières.
- Leçon 53 : des situations d'ajouts et de retraits (2).
- Leçon 65 : la soustraction posée sans retenue.
- Leçon 79 : la soustraction posée avec retenue.
- Leçon 87 : soustraire en ligne.
- Leçon 88 : addition à trous, soustraction.

À NOTER
La soustraction à trous n'apparait que tout à la fin de la progression proposée.

Document 3

Il s'agit d'un document officiel : les repères annuels de progression pour le cycle 2, chapitre « Nombres et calculs ».
Les passages très importants à prendre en considération sont : les procédures à mémoriser dans le cadre du calcul posé. Les opérations posées permettent l'obtention de résultats notamment lorsque le calcul mental ou écrit en ligne atteint ses limites.

À NOTER
*Au CE1, au plus tard en **période 3** les élèves apprennent une technique de calcul posé pour la soustraction.*
Les techniques de calcul posé sont communes à toutes les classes, elles sont ritualisées avec les mêmes mots. Ce choix doit être poursuivi au cycle 3.
L'importance du calcul mental et de la numération est rappelée. Dès le début de l'année les élèves consolident leur capacité à résoudre des problèmes additifs (structures additives) à une ou deux étapes.

Document 4

Il s'agit d'un document d'accompagnement publié par le ministère de l'Éducation nationale et portant sur « Le nombre au cycle 2 ».

Ce texte se propose d'éclairer certains éléments des programmes de mathématiques, et notamment ceux qui concernent les apprentissages numériques au cycle 2, d'un double point de vue : celui des relations entre sens et techniques, et celui des passages et des étapes incontournables d'un enseignement de mathématiques à l'école primaire. Ces deux entrées sont à considérer lors de la conception d'une programmation cohérente sur un niveau, un cycle, ou même plusieurs. Il est important de prendre en compte les résultats des recherches en didactique des mathématiques pour d'une part, faire des choix a priori (programmations, progressions, temps accordé à l'apprentissage, situations de référence, marges de manœuvre des enseignants, etc.) et pour, d'autre part, comprendre ce qui se joue dans une classe lors de la mise en œuvre des séances (adaptations, régulations, aides, prise en compte des erreurs, des obstacles, outils pour les analyser, etc.). Les liens qui existent entre maitrise des techniques de calcul, connaissances sur les nombres et les opérations, et résolution de problèmes numériques sont d'abord précisés. Puis des exemples de situations de référence dans le domaine du calcul mental et de la numération sont développés.

À NOTER

La place à accorder à la résolution de problèmes même pour développer des compétences en calcul est rappelée. Sens et technique sont liés dialectiquement. Rappelons que le sens de la technique doit être éclairé pour les élèves. On ne peut se contenter d'un simple enseignement par ostentation dans lequel de nombreux élèves se perdent et ne réussissent pas à repérer les bonnes structures.

2. SITUER LA SÉANCE

Du point de vue de l'enseignant

Dans le sujet, il est indiqué que la séance à concevoir est une séance de découverte. Cela ne signifie pas nécessairement que la séance est la première de la séquence. En effet assez fréquemment celle-ci sera précédée d'une séance de réinvestissement.

- **Les éléments de progression**

Pour aborder cette séance, auront été vus impérativement (essentiellement dans le champ numérique jusqu'à 100 (2 chiffres) :

- soustractions du CP ;
- résolution de problème de structure additive : recherche état final après transformation négative, ou recherche état initial après transformation positive notamment ;
- calcul mental ;
- calcul en ligne simple ;
- technique posée sans retenue.

- **La séquence**

La séquence se situe en période 3 (document 2).
Une séance unique ne saurait suffire à l'acquisition de la compétence concernée. La séquence portera entièrement et exclusivement sur la soustraction posée avec retenue, et pourra, par exemple, contenir 4 séances.

Séance 1 : les élèves sont amenés à résoudre des problèmes de structure additive pouvant être modélisés par des additions ou des soustractions.
Les calculs comportent des additions avec retenue et des soustractions sans retenue.

Séance 2 : résolution d'un problème dont la modélisation conduit à poser puis effectuer une soustraction nécessitant l'utilisation d'une technique avec retenue.
La méthode par emprunt est amenée par l'utilisation d'un matériel et la confrontation de procédures de types :
- manipulation, comptage,
- schématisation, comptage,
- modélisation, calcul.

Séance 3 : systématisation et entrainements.

Séance 4 : évaluation / remédiations éventuelles.

Du point de vue des élèves (prérequis)

Raisonner, modéliser : les élèves doivent être capables de modéliser par une écriture soustractive un problème de transformation d'état avec transformation négative, recherche de l'état final.
Calculer : les élèves doivent être capables de poser et calculer des soustractions posées en colonnes sans retenues.
Les élèves connaissent le répertoire additif (calcul mental).
Les élèves sont capables de décomposer un nombre selon les différentes unités de numération. Par exemple : 458 = 458 unités = 45 dizaines et 8 unités = 4 centaines et 58 unités = 4 centaines et 5 dizaines et 8 unités etc.
Les élèves connaissent la notion de valeur associée à la position d'un chiffre dans l'écriture d'un nombre.
La maitrise de calculs soustractifs « simples » sur les nombres < 10 (7 – 2, 9 – 6 ....)
La maitrise de calculs soustractifs « simples » sur les nombres < 20 (13 – 5, 12 – 8 ...) : car la méthode de soustraction avec retenue « par cassage » amènera à ce type de différence à calculer. Pour ces calculs, la technique concernée conduit obligatoirement à un résultat à un nombre à un seul chiffre, à partir d'un nombre 18, et suppose éventuellement une bonne maîtrise des décompositions (12 – 5, c'est 12 – 2 = 10, puis 10 – 3 = 7 ...).
La maitrise de la numération décimale : elle permet d'échanger 1 dizaine contre 10 unités, puis plus tard 1 centaine contre 10 dizaines.
La maitrise de la numération de position (principe selon lequel la signification d'un chiffre dépend de sa position dans le nombre), pour justifier la disposition des nombres dans la soustraction posée.
La maitrise de la soustraction posée sans retenue.

3. RÉDIGER LA FICHE DE PRÉPARATION

Choix didactiques (conception)

- **L'importance du calcul mental**

L'objectif d'apprentissage de la séance porte sur une technique opératoire posée ; mais ainsi que développé dans le document 4, la pratique quasi quotidienne du calcul mental automatisé permettra à l'élève un apprentissage plus aisé de toute technique opératoire posée, qui nécessite l'utilisation plutôt experte d'un répertoire de faits numériques souvent appelé « table ».

- **L'importance de la résolution de problème**

L'objectif d'apprentissage de la séance porte sur une technique opératoire posée ; mais ainsi que développé dans le document 4, l'apprentissage d'une telle technique sera d'autant plus efficace si l'on fait le lien entre sens et technique.
Le sens est apporté par la résolution de problème.

- **Le sens de la technique**

L'objectif de cette séance est de donner du sens à la technique opératoire.
Il s'agit de bien comprendre les fondements de l'algorithme final pour éviter les erreurs par la suite (utilisation systématique de retenues).
Ceci est réalisé à partir de la confrontation des modes de résolution d'un problème et du calcul :
- manipulation,
- schématisation, comptage,
- modélisation, calcul.

- **La manipulation**

Nous proposerons aux élèves la résolution d'un problème.
On peut envisager une seconde phase manipulatoire, decontextualisée, en utilisant par exemple un matériel multibase.

- **La confrontation des procédures**

Les élèves seront amenés à expliciter leurs procédures, afin de dégager une procédure particulièrement efficace et transférable à tous calculs de soustractions (nécessitant une retenue).
L'algorithme retenu sera celui présent dans la leçon du document 1 ; la méthode par emprunt (ou cassage).
Les mots à utiliser lors de la procédure sont introduits (document 3).

- **Le passage à l'écrit**

Passage à l'écrit dans la phase de modélisation du problème.
Passage à l'écrit et aux traces essentielles dans la technique (casser une dizaine).

Choix pédagogiques (animation)

Si la mise en petits groupes pour la recherche est toujours intéressante (pour les échanges entre pairs et pour l'exposition des procédures utilisées lors de la mise en commun), il conviendra de faire découvrir l'énoncé aux élèves *individuellement* dans un premier temps de façon à faciliter la coopération dès la mise en groupe, et éventuellement éviter la domination d'un élève.

Nous ne choisirons pas la mise en place en classe de la situation proposée dans le document 1 : billes et boites. Ceci pour des raisons essentiellement « pratiques » : difficultés en termes de préparation pour le maitre, manipulations laborieuses et peut-être trop récréatives pour les élèves.
La situation proposée (*cf.* fiche de préparation) va néanmoins demander quelques

précautions : les enveloppes contenant 10 timbres devront être fermées, et leur ouverture, si jugée nécessaire, exigera l'autorisation de l'enseignant.

Dans une logique d'« évaluation formative », l'enseignant sera attentif à l'observation des erreurs et proposera des outils et des aides :
Anticipation des obstacles et des aides :
- phase de calcul mental : recours à l'utilisation de matériel de numération, à la droite numérique ;
- phase de résolution du problème : aides à l'appropriation de l'énoncé (version orale, écrite, individuelle et collective). Pauses éventuelles pour reformuler la consigne, remobiliser la recherche.

La fiche de préparation

<table>
<tr><td colspan="2">Domaine disciplinaire :
Mathématiques</td><td>Domaine spécifique : Nombres et calculs</td></tr>
<tr><td>Niveau de classe :
Cycle 2 / CE1</td><td>Nb d'élèves : 25</td><td>Séance de découverte : séance 2 de la séquence</td></tr>
<tr><td colspan="2">Objectif :
Savoir poser et effectuer une soustraction en colonne, avec retenue, en utilisant la méthode du « cassage » (nombres inférieurs à 100)</td><td rowspan="2">Compétence(s) visée(s) :
Être capable de mettre en œuvre un algorithme de calcul posé pour la soustraction avec retenue</td></tr>
<tr><td colspan="2">Attendu de fin de cycle
Calculer avec des nombres entiers</td></tr>
<tr><td colspan="2">Matériel :
Enveloppes fermées (5 par groupe contenant chacune 10 images ou timbres) et 2 images supplémentaires.
Outils de numération en base 10 (cubes et réglettes de 10 cubes).
Jetons éventuels.</td><td>Supports :
Ardoises individuelles / Tableau référentiel / Fiche de travail ou cahier du jour.
Affiche préparée détaillant l'algorithme</td></tr>
</table>

<table>
<tr><td colspan="2">Phase 1
Durée prévue : 10'
Objectifs spécifiques : Réactivation des savoirs, vérification des prérequis.
Organisation du groupe classe : Individuel</td></tr>
<tr><td>Tâches des élèves</td><td>Activité de calcul mental en procédé « La Martinière » : les élèves, après un court temps de réflexion, inscrivent la réponse sur leur ardoise et présentent leur résultat.</td></tr>
<tr><td>Rôle de l'enseignant</td><td>Propose des calculs à résolution mentale (7 – 2, 9 – 6 ..., de 3 pour aller à 8...). Pose des questions (combien de dizaines dans 34 ?...). Commente les réponses et interprète les erreurs.</td></tr>
</table>

Erreurs observables	*Erreurs dans le comptage (Ex : 8 – 3 = 6).* *Erreurs ou mauvaises interprétations dans les représentations canoniques (43, c'est 40 + 3, c'est 4 dizaines et 3 unités).*
Modalités de différenciation **Aides prévues**	*Réutilisation de jetons.* *Présentations de nombres par le matériel de numération (les élèves représentent les collections en organisant les barres de 10 et les unités).*
Notes	*Si persistance des erreurs, recours à des séances de remédiations ultérieures.*
Phase 2 **Durée prévue :** 10' **Objectifs spécifiques :** *Recherche : Jérémie collectionne les timbres.* *Il en a 52.* *Il en donne 18 à sa sœur.* *Combien lui en reste-t-il ?* **Organisation du groupe classe :** *Groupes homogènes de 2 ou 3 élèves*	
Tâches des élèves	*À l'issue de ce temps de recherche, tous les groupes disposent du matériel qui sera utilisé pour vérifier la solution proposée. L'ouverture d'une enveloppe si nécessaire est soumise à l'approbation de l'enseignant.*
Rôle de l'enseignant	*Gère les débats au sein des groupes.* *Apporte les aides nécessaires (matériel).*
Erreurs observables	*Tentative de modélisation par une soustraction avec calcul posé.* *Erreur de calcul : 46* *Changement de procédure : schématisation, manipulation.*
Modalités de différenciation **Aides prévues**	*Aide : distribution du matériel lorsque nécessaire.*
Notes	
Phase 3 **Durée prévue :** 5' **Objectifs spécifiques :** *Mise en commun, Solution du problème : 34* **Organisation du groupe classe :** *Collectif*	
Tâches des élèves	*2 ou 3 groupes choisis par l'enseignant exposent leurs procédures de résolution du problème :* *Schématisation* *Modélisation* *Manipulation*
Rôle de l'enseignant	*Gère les débats, propose une représentation de la situation et une modélisation.*

Erreurs observables	
Modalités de différenciation Aides prévues	
Notes	
Phase 4 **Durée prévue :** 5' **Objectifs spécifiques :** *Une technique qui permet de lever l'obstacle de calcul rencontré.* **Organisation du groupe classe :** *Collectif*	
Tâches des élèves	*Mise en avant de l'utilisation de la modélisation du problème :* *52 -18 =* *Puis, le calcul posé.*
Rôle de l'enseignant	*Mise en évidence de l'obstacle nouveau.* *Utilisation de la méthode par emprunt en ouvrant une enveloppe :* *12 – 8 = 4* *4 – 1 = 3* *Résultat : 34* *Mise en place des premières traces écrites et éléments de langage.*
Erreurs observables	
Modalités de différenciation Aides prévues	
Notes	
Phase 5 **Durée prévue :** 10' **Objectifs spécifiques :** *Calcul décontextualisé : (65 – 37)* **Organisation du groupe classe :** *Individuel*	
Tâches des élèves	*Chaque élève dispose de 6* réglettes de 10 cubes et *5 cubes seuls.*
Rôle de l'enseignant	*S'approprier la technique opératoire de la soustraction « par cassage ».* *Connaitre le sens des traces écrites et les façons de dire.*
Erreurs observables	
Modalités de différenciation Aides prévues	*Retour à la manipulation du matériel et mise en évidence des équivalences.*
Notes	

4. PRÉPARER L'ENTRETIEN

Introduction

Comme demandé dans la consigne, je vais vous présenter une séance de découverte, pour une classe de CE1, visant la compétence : « Mettre en œuvre un algorithme de la soustraction posée en colonnes (avec retenue) ». Cette séance procède de nombreux choix didactiques et pédagogiques.
Je vais vous présenter succinctement :

- sa place dans une séquence et une progression dans le cadre des programmes ;
- le matériel utilisé ;
- la démarche d'enseignement avec ses phases et le temps estimé pour chacune ;
- les consignes, les tâches proposées aux élèves ;
- le rôle et les interventions prévues a priori pour l'enseignant en termes de régulation pédagogique, différenciation possible, aides.

Conclusion

Cette séance devra être prolongée par une ou plusieurs séances d'entrainement : techniques de calculs et résolutions de problèmes.
Elles permettront de mettre en place, si besoin est, des remédiations.
Ensuite, il sera nécessaire d'évaluer les compétences des élèves concernant cette compétence : être capable d'utiliser un algorithme de la soustraction posée en colonnes.
Certains élèves pourraient utiliser de manière systématique l'emprunt même si ceci n'est pas nécessaire.

Questions du Jury

Avec quel type d'activité remobiliseriez-vous les connaissances en numération nécessaires pour cette technique ?
Réponse : La technique opératoire de la soustraction fait appel à deux compétences dans le domaine de la numération, compétences qu'il sera nécessaire de réactiver, pour les élèves et, pour l'enseignant, de s'assurer de leurs maitrises :
– la numération décimale : savoir qu'une dizaine représente 10 unités. On pourra proposer aux élèves de CE1 des dénombrements de collections « importantes » (allumettes par exemple, en les amenant à la nécessité du groupement par 10 en utilisant des élastiques. Ces « fagots » pourront être réutilisés régulièrement). L'utilisation de matériel multibases est fortement conseillée (avec des cubes « unité » et des « barres de 10 cubes », représenter 34, 87 unité...) ;
– la numération de position : connaitre la valeur d'un chiffre dans un nombre (dans 56, le 5 indique le nombre de dizaines, le 6 le nombre d'unités, donc le chiffre 5 représente 50 unités...). Dans des activités de calcul mental, on demandera aux élèves : « Dans 28, quel est le chiffre des dizaines, des unités ? Combien ai-je de dizaines, combien d'unités ? »

Autres questions possibles :
Quels sont l'intérêt et les limites de l'addition à trous ?
Pourquoi, selon vous, soustraire est moins accessible aux élèves qu'additionner ?
Comment pensez-vous pouvoir motiver les élèves pour résoudre le premier problème ?

Sur Lea.fr

Les réponses aux autres questions

Sujet n° 3
Multiplication CE2

En vous appuyant sur les documents, concevez une séance et son animation visant la compétence : « Mettre en œuvre un algorithme de calcul posé pour la multiplication. »
Vous vous situerez dans le cadre d'une classe de CE2 de 25 élèves en période 4.
Votre séance sera la quatrième d'une séquence filée sur la technique opératoire de la multiplication :

1. **Sens et propriétés de la multiplication**
2. **Multiplier un nombre à 2 chiffres par un nombre à un chiffre**
3. **Multiplier un nombre à 3 chiffres par un nombre à un chiffre**
4. **Multiplier un nombre à 2 chiffres par un nombre à deux chiffres < 20**
5. **Multiplier un nombre à 2 chiffres par un nombre à deux chiffres > 20**
6. **Entrainement**
7. **Évaluation sommative**

CORPUS DE DOCUMENTS

Document 1. Extraits des Repères annuels de progression au cycle 2 en mathématiques : « Nombres et calculs », Eduscol.

NOMBRES ET CALCULS		
Calcul		
En ce qui concerne le calcul, les élèves établissent puis doivent progressivement mémoriser des **faits numériques** et des **procédures.**		
Les **faits numériques** à mobiliser pour le calcul en ligne, le calcul mental et le calcul posé.		
Dès le **début de l'année**, les élèves consolident les acquis de l'école maternelle (identifications rapides et répétées de quantités « d'un coup d'œil », automatisation de la reconnaissance de la quantité en situation de jeu type constellations, doigts, dés, collections d'objets). Ils apprennent les compléments à 10, les décompositions additives des nombres inférieurs à 10. Les élèves apprennent au plus tard en **période 2** les doubles des nombres inférieurs à 10 et les moitiés des nombres inférieurs à 20. En **fin d'année,** la plupart des résultats des tables d'addition sont mémorisés.	Dès le **début de l'année**, les élèves apprennent à chercher les compléments à la dizaine supérieure, à la centaine supérieure. Dès le début de la **période 2**, les élèves apprennent des doubles et moitiés de nombres d'usage courant (nombres inférieurs à 10, dizaines entières inférieures à 100, 25, 50, 100), y compris et la table de multiplication par 2. Les élèves apprennent au plus tard en **période 3** les multiplications par 10 ; et les tables de multiplication par 3, 4 et 5. En **fin d'année**, ces faits numériques sont mémorisés.	Dès le **début de l'année**, les élèves apprennent à chercher les compléments à 1 000 et consolident leur aptitude à chercher les compléments à la centaine supérieure. Les élèves apprennent au plus tard en **période 3** les multiplications par 10 et par 100 ; et les tables de multiplication par 6, 7, 8, 9. En **fin d'année**, ces faits numériques sont mémorisés.
Les **procédures** à mobiliser pour le calcul en ligne et le calcul mental.		

<table>
<tr><th colspan="3">NOMBRES ET CALCULS</th></tr>
<tr><th colspan="3">Calcul</th></tr>
<tr><td>Tout au long de l'année, les élèves sont conduits à développer des procédures de calcul en mobilisant des propriétés additives : « 2 + 9, c'est pareil que 9 + 2 » ; et des procédures adaptées aux nombres en jeu.</td><td>Dès le début de l'année, les élèves consolident les procédures de calcul apprises au CP.
À partir de la période 3, les élèves sont conduits à développer des procédures de calcul en mobilisant des propriétés multiplicatives : « 3 × 5, c'est pareil que 5 × 3 », « 3 × 5 × 2, c'est pareil que 3 × 10 » et sur des exemples très simples : « 12 × 5 = 10 × 5 + 2 × 5 ».</td><td>Tout au long de l'année, les élèves consolident les procédures de calcul apprises au CE1.
Ils sont aussi conduits à développer des procédures de calcul en mobilisant la propriété suivante pour la soustraction :
« 5 × 18 = 5 × 20 − 5 × 2 ».
À partir de la période 3, les élèves mobilisent des propriétés et développent des procédures de calcul adaptées aux nombres en jeu pour obtenir le quotient et le reste d'une division euclidienne par un nombre à 1 chiffre et par des nombres comme 10, 25, 50, 100.
Par exemple à l'écrit : 92 = (9 × 10) + 2 ; et à l'oral : « 92 divisé par 9, il y a 10 fois 9 et il reste 2 ».</td></tr>
<tr><td colspan="3">Les procédures à mémoriser dans le cadre du calcul posé.
Les opérations posées permettent l'obtention de résultats notamment lorsque le calcul mental ou écrit en ligne atteint ses limites. Leur apprentissage est aussi un moyen de renforcer la compréhension du système décimal de position et de consolider la mémorisation des relations numériques élémentaires. Il a donc lieu lorsque les élèves se sont approprié des stratégies de calcul basées sur des décompositions/recompositions liées à la numération décimale, souvent utilisées également en calcul mental ou écrit.</td></tr>
<tr><td>Les élèves enrichissent d'abord la mémorisation de faits numériques et de procédures. Au plus tard en période 4, les élèves apprennent à poser les additions en colonnes avec des nombres de deux chiffres.</td><td>Dès le début de l'année, les élèves consolident la maîtrise de l'addition avec des nombres plus grands et avec des nombres de taille différente.
Ils continuent à enrichir la mémorisation de faits numériques et de procédures. Au plus tard en période 3, les élèves apprennent une technique de calcul posé pour la soustraction.</td><td>Dès le début de l'année, les élèves consolident la maîtrise de la technique de la soustraction apprise en CE1.
Ils apprennent et entretiennent tout au long de l'année une technique de calcul posé pour la multiplication, tout d'abord en multipliant un nombre à deux chiffres par un nombre à un chiffre puis avec des nombres plus grands.</td></tr>
<tr><td colspan="3">Les techniques de calcul posé sont communes à toutes les classes, elles sont ritualisées avec les mêmes formes et les mêmes mots. Ce choix doit être poursuivi au cycle 3.</td></tr>
</table>

Document 2. Extrait du document d'accompagnement : « Le calcul aux cycles 2 et 3 », Éduscol.

Stratégies d'enseignement

La place consacrée au calcul mental et au calcul en ligne dans les temps d'apprentissage et d'entrainement est plus importante que celle accordée au calcul posé.
Les différentes formes de calcul sont travaillées dans le cadre de la résolution de problème, mais aussi pour elles-mêmes dans des temps spécifiques d'apprentissage, d'entrainement et d'évaluation.

Calcul mental et calcul en ligne

Des activités d'apprentissage ou d'entrainement sont proposées quotidiennement en diversifiant les modalités. Un énoncé donné à l'écrit (en vidéoprojection ou sur feuille) plutôt qu'à l'oral allège la mobilisation de la mémoire de travail. Chaque séance d'entrainement permet à l'élève de s'autoévaluer et à l'enseignant d'effectuer une

prise d'information, de façon globale, sur les acquis et les points nécessitant un travail d'explicitation complémentaire ou de nouveaux entrainements.
L'évaluation des acquis des élèves est réalisée régulièrement, mais non systématiquement et l'évaluation d'une connaissance (d'une procédure particulière, d'un fait numérique, etc.) est toujours précédée de temps d'apprentissage, d'institutionnalisation et d'entraînement.
Une programmation des apprentissages est nécessaire sur chacun des cycles. Au sein de celle-ci, le calcul mental et le calcul en ligne sont travaillés conjointement.
Une large place est donnée à la différenciation :

- des situations différentes, adaptées aux différents profils d'élèves, peuvent vivre simultanément ;
- un élève fragile entrera plus aisément dans la pratique du calcul mental si la possibilité lui est donnée d'écrire des étapes ou des résultats intermédiaires ;
- le calcul en ligne permet aussi aux élèves performants en calcul mental d'effectuer des calculs plus complexes sans les poser.

Lors des activités d'apprentissage et d'entrainement, des temps de mise en commun sont régulièrement organisés ; ils permettent d'amener les élèves à expliciter oralement leurs démarches, qu'elles soient correctes ou erronées, abouties ou non, en s'appuyant sur leurs écrits éventuels. La validation est dévolue à la classe, à l'issue d'un débat. L'utilisation d'un visualiseur est propice à ces mises en commun.
Un temps de synthèse permet ensuite l'élaboration collaborative et progressive d'une trace écrite ; évolutive sur la durée du cycle, elle sera conservée dans un document de type « recueil d'écrits de savoir ».
Les connaissances développées dans le cadre du calcul mental et du calcul en ligne (particularités des nombres, propriétés des opérations, procédures numériques de base, etc.) servent de point d'appui pour en construire de nouvelles.
Chaque élève mémorise ou automatise ces savoirs qui s'enrichissent petit à petit et donnent davantage d'efficacité aux démarches de calcul qu'il met en œuvre.

Calcul posé

Pour chaque opération, le calcul posé n'est introduit qu'en aval d'activités proposées en calcul mental ou en ligne. Cet apprentissage doit être mené en relation étroite avec la poursuite du travail mené en calcul mental et en ligne.
L'entrainement au calcul posé est prévu dans la durée, de façon filée plutôt que massée.
Pour faire progresser les élèves en calcul posé, il est important de développer chez chacun d'eux, une attitude réflexive face à l'origine de ses erreurs. Des activités d'analyse de productions erronées ou non abouties sont pour cela efficaces (l'utilisation d'un visualiseur est adaptée).
Le choix des algorithmes de calcul posé travaillés tout au long de la scolarité d'un élève doit être cohérent, par exemple :
Où positionne-t-on les retenues pour les additions et les multiplications ?
Quel algorithme choisit-on pour la soustraction ? (« par cassage », « par compléments », « par ajouts simultanés », etc.). Ceci ne signifie pas que la trace écrite ne peut pas évoluer, ainsi pour la division les soustractions peuvent ne plus apparaître et être effectuées mentalement quand le diviseur est simple et que l'élève est en mesure de gérer ces soustractions mentalement.

Calcul instrumenté

Le matériel est présenté et son utilisation est explicitée. Il est ensuite mis à disposition des élèves pour être utilisé en fonction des besoins. Pour être efficace, son utilisation doit être régulière.

Document 3. Leçon 96 « La multiplication posée », *Vivre les maths CE2*, Nathan, 2019.

96 La multiplication posée (3)

OBJECTIF : poursuivre la mise en place de la multiplication posée (multiplication d'un nombre à deux chiffres par un nombre à deux chiffres inférieur à 20).

CALCUL MENTAL
Faire diviser des nombres par 10, 10, 1 000.
Combien de dizaines dans 80 ? de centaines dans 700 ?
Écrire le nombre.

1 • Leïla a calculé le nombre de fleurs dessinées sur cette feuille. **Explique** son calcul.

$$\begin{array}{rrrl} & 2 & 3 & \\ \times & 1 & 4 & \\ \hline & 9 & 2 & \rightarrow 4 \text{ fois } 23 \\ 2 & 3 & 0 & \rightarrow 10 \text{ fois } 23 \\ \hline 3 & 2 & 2 & \end{array}$$

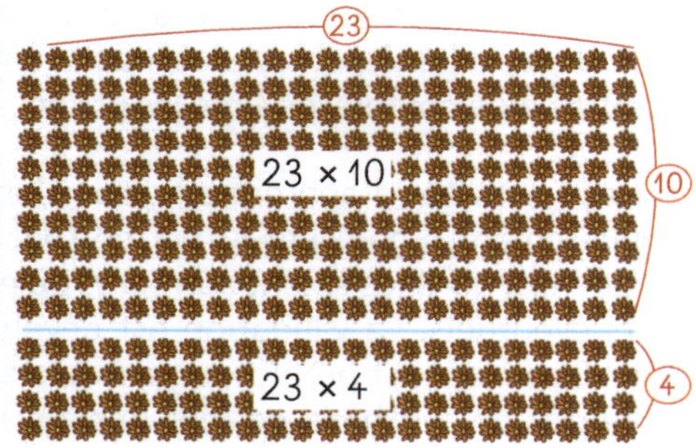

14 fois 23, c'est 4 fois 23 + 10 fois 23
23 × 14 = (23 × 4) + (23 × 10)

• **Calcule** le nombre de carreaux.

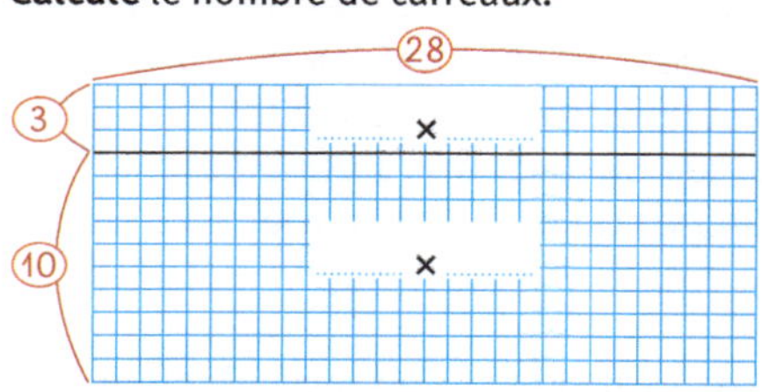

$$\begin{array}{rrrl} & 2 & 8 & \\ \times & 1 & 3 & \\ \hline & . & . & \rightarrow \ldots \text{ fois } \ldots \\ . & . & . & \rightarrow \ldots \text{ fois } \ldots \\ \hline . & . & . & \end{array}$$

13 fois 28, c'est 3 fois .... + 10 fois ....

28 × 13 = (28 × ......) + (28 × ......)

2 **Effectue** les multiplications en ligne. **Commence** par les unités.

23 × 2 = ... 53 × 3 = ... 62 × 3 = ... 143 × 2 = ...

3 **Calcule.**

$$\begin{array}{rrrl} & 4 & 6 & \\ \times & 1 & 3 & \\ \hline . & . & 8 & \rightarrow 3 \text{ fois } 46 \\ . & . & . & \rightarrow 10 \text{ fois } 46 \\ \hline . & . & . & \end{array}$$

$$\begin{array}{rrrl} & 3 & 7 & \\ \times & 1 & 4 & \\ \hline . & . & . & \rightarrow \ldots \text{ fois } \ldots \\ . & . & . & \rightarrow \ldots \text{ fois } \ldots \\ \hline . & . & . & \end{array}$$

A – CONNAISSANCES À MOBILISER

1. LE CALCUL POSÉ

Les techniques opératoires – ou calculs posés – représentent une des stratégies de calcul parmi d'autres, le calcul mental, le calcul en ligne et le calcul instrumenté. L'objectif principal est de mémoriser et utiliser un algorithme permettant de trouver le résultat d'un calcul lorsque les limites du calcul mental ou en ligne sont atteintes (en particulier des calculs sur des grands nombres).
Le calcul posé oblige à réinvestir un certain nombre de faits numériques mémorisés, et des connaissances en numération.

2. LA TECHNIQUE USUELLE DE LA MULTIPLICATION

L'algorithme utilisé majoritairement fait appel explicitement ou implicitement à certaines **propriétés de la multiplication**.

- **La commutativité** a × b = b × a

Ainsi l'opération 5 × 47 qui pourrait être la modélisation d'un problème (« Dans une pinède, on compte 47 rangées de 5 sapins... ») sera posée (pour des raisons pratiques 47 × 5). Cette propriété n'est pas évidente pour tout le monde. Pour des enfants en début d'apprentissage de la multiplication, le prix de 3 objets à 50 euros sera plus facilement trouvé (probablement par addition itérée 50 + 50 + 50), que le prix de 50 objets à 3 euros, pour lequel l'addition itérée (3 + 3 + 3 + 3...) sera complexe et sujette à erreurs. Les élèves doivent donc être amenés à comprendre et utiliser cette propriété.

- **L'associativité** (a × b) × c = a × (b × c)

Cette propriété est utilisée dans le calcul de 24 × 20, par exemple :

24 × 20 = 24 × (2 × 10) = (24 × 2) × 10 = 480

- **La distributivité** de la multiplication par rapport à l'addition (ou la soustraction)

56 × 4 = (50 + 6) × 4 = (50 × 4) + (6 × 4) = 200 + 24 = 224

On utilise également certaines règles qui sont avant tout des moyens pratiques et mnémotechniques, comme :

- **La règle**, parfois appelée « **règle du (ou des) zéro(s)** »

« Pour multiplier un nombre par 10, on écrit (et non pas on ajoute !) un zéro à la droite du nombre. » Cette règle gagne à être justifiée et construite par les élèves :
– par le calcul : 27 × **10** = 27 + 27 + 27 + 27 etc.... = 27**0 ;**
– par la numération : 27 × 10, c'est 27 **dizaines**, c'est 270.
On étend cette « règle » au produit par 100, 1 000 et autres puissances de 10.

Rappelons enfin certains termes :
– **L'élément « neutre »** pour la multiplication est le nombre **1** :

a × 1 = 1 × a = a

– L'élément « absorbant » pour la multiplication est le nombre **zéro** :

b × 0 = b × 0 = 0

3. DISTINCTION ENTRE NOTATION ET FORMULATION

En calcul mental, comment dicter 2 × 13 ? Deux fois treize ? Treize fois deux ? Deux multiplié par treize, ou treize multiplié par deux comme il était d'usage lorsque la multiplication était systématiquement associée à une unité précise : « Quel est le prix de 13 objets à 2 euros ? » : treize fois deux, ou deux multiplié par treize.
Pour un calcul décontextualisé, « deux fois treize » est la formulation qui permettra d'obtenir le plus facilement le bon résultat.

4. LES REPRÉSENTATIONS DE LA MULTIPLICATION

Les premières approches de la multiplication au cycle 2 se fondent sur différentes représentations :

- La disposition rectangle qui permet le mieux de visualiser la commutativité :

0 0 0 0 0 0
0 0 0 0 0 0 3 × 6 = 6 × 3 (3 lignes de 6 éléments, ou 6 colonnes de 3 éléments)
0 0 0 0 0 0

- La disposition par paquets :

0 0 0 0 0 0
0 0 0 0 0 0 6 « paquets » de 3 éléments
0 0 0 0 0 0

- Ou encore les « sauts de puces » :

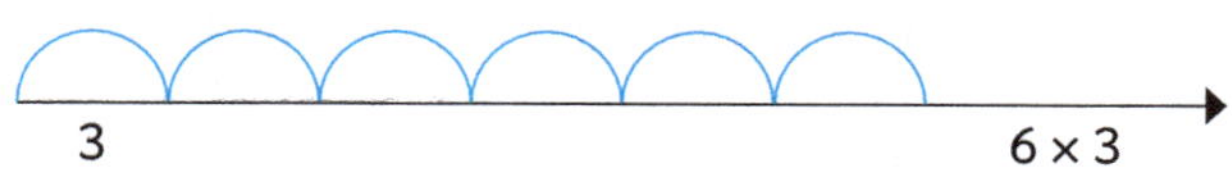

5. LA MÉMORISATION DES RÉPERTOIRES MULTIPLICATIFS

L'apprentissage des « tables de multiplication » ne peut se faire par mémorisation directe, c'est-à-dire de demander aux élèves un apprentissage systématique « par cœur ».
Il est indispensable qu'il repose sur :
– une représentation affirmée du sens de la multiplication ;
– une progressivité dans leur construction ;
– le recours à des résultats connus et mémorisés pour en construire de nouveaux ; si 5 × 5 = 25 est mémorisé, 6 × 5, c'est 25 et encore 5, c'est 30.

La mémorisation de ces faits numériques relève donc d'une démarche **procédurale**, avant d'être **automatisée.**
Il existe de nombreuses techniques et moyens mnémotechniques pour aider les élèves à apprendre leurs tables de multiplication mais, répétons-le, une mémorisation fiable et efficace relèvera de procédures de construction.

Pour cet apprentissage, on privilégie donc :
– la forme (table de 3 par exemple) : une fois trois, deux fois trois, trois fois trois etc.
– à la forme : trois fois un, trois fois deux, trois fois trois etc.
La première facilitant la reconstruction de résultats oubliés.

Néanmoins, l'objectif est bien d'obtenir chez chacun des élèves une mémoire automatique des calculs inscrits dans les « tables » de Pythagore.

6. LA DISPOSITION USUELLE

Comme pour la plupart des calculs posés, les élèves ne peuvent construire eux-mêmes leur disposition. C'est donc bien à l'enseignant que revient le fait de présenter et institutionnaliser la disposition usuelle et la façon de calculer une multiplication posée, lorsque tous les prérequis nécessaires sont prêts à être mobilisés.

En dehors de méthodes anciennes (« per gelosia », méthodes grecque ou romaine, « en croix »...) ou plus contemporaines (méthode russe, ou égyptienne « par duplication »...), les algorithmes de la multiplication sont tous basés sur les propriétés déjà évoquées :

$67 \times 48 = (60 + 7) \times (40 + 8) = (60 \times 40) + (60 \times 8) + (7 \times 40) + (7 \times 8)$

$= 2400 + 480 + 280 + 56 = 24 \times 100 + 48 \times 10 + 28 \times 10 + 56$

Et donc en respectant l'ordre unités, dizaines, centaines : $56 + 480 + 280 + 2400 = 3216$

Ce qui donne en modifiant la disposition

```
      6 7                              6 7
  ×   4 8                         ×    4 8
     ----                            ------
      5 6  }                         5 3 6
    4 8 0  }  ------------------->
    2 8 0  }  ------------------->
  2 4 0 0  }                       2 6 8 0
  -------                          -------
  3 2 1 6                          3 2 1 6
```

OBSTACLES RENCONTRÉS PAR LES ÉLÈVES

Les répertoires multiplicatifs ne sont pas mémorisés.

Les élèves oublient l'écriture du ou des zéro(s) relative à la multiplication par 10, 100... et les erreurs de disposition qui en découlent.

Ils confondent occasionnellement multiplication et addition.

La gestion des retenues est mal maitrisée.

D'autre part, la question de l'écriture des retenues se pose :

– faut-il les écrire et où (avec le risque important de l'oublier ou, erreur fréquente, de l'ajouter au nombre à multiplier avant la multiplication) ? ;

– faut-il les mémoriser (le célèbre « J'écris 5 et je retiens 2 ») en utilisant éventuellement ses doigts ?

B – TRAITEMENT DU SUJET

1. LIRE ET ANALYSER LES DOCUMENTS

Document 1

Il s'agit d'un extrait des repères de progression en mathématiques, cycle 2.
Après l'exposé des repères de progression concernant les nombres puis la résolution de problèmes, le texte propose la progression en calcul.
Les éléments suivants du document peuvent aider dans la conception de la séance :
– en amont du calcul posé, il s'agit pour les élèves de cycle 2 de rencontrer puis de **progressivement mémoriser** des faits numériques et des procédures.
Concernant le calcul multiplicatif :

	CE1	CE2
Faits numériques	Doubles et moitiés de nombres remarquables Tables × 2, × 3, × 4, × 5	× 10 × 100 Tables × 6, × 7, × 8, × 9
Procédures	Commutativité 5 × 3 = 3 × 5 Associativité 3 × 5 × 2 = 3 × 10 Distributivité 12 × 5 = (10 × 5) + (2 × 5)	Consolider les procédures apprises au CE1 Distributivité 5 × 18 = (5 × 20) – (5 × 2)

– pour le calcul posé, le texte revient sur la nécessaire maitrise de la numération de position et les décompositions des nombres ;
– la technique opératoire de la multiplication n'apparait qu'au CE2, de façon progressive, et filée sur l'ensemble de l'année ;
– cette technique opératoire doit être harmonisée avec celle utilisée au cycle 3, d'où la nécessaire concertation entre les enseignants.

Document 2

Il s'agit d'un extrait d'un document Éduscol : « Le calcul aux cycles 2 et 3 ».
Le texte précise, pour les différents types de calcul, certaines stratégies d'enseignement.
Pour le calcul posé :
– la durée globale des apprentissages attribuée au calcul posé est inférieure à celle consacrée au calcul mental ou en ligne (priorité donc au calcul « réfléchi ») ;
– les compétences en calcul posé sont travaillées dans le cadre de la résolution de problèmes, mais aussi pour elles-mêmes (séances d'analyse d'erreurs, entrainement, évaluation) ;
– les apprentissages de techniques opératoires suivent toujours ceux réalisés en calcul mental ou en ligne, après l'approche et la mémorisation de faits numériques qui s'y rapportent ;
– l'apprentissage de chaque technique opératoire se fait dans la durée (on parle d'apprentissage plus « filé » que « massé ») ;
– une place importante doit être réservée à la réflexion sur ses propres erreurs, ou sur les erreurs potentielles ;
– sur l'ensemble de la scolarité, une cohérence certaine doit être conservée (choix de l'algorithme, emplacement des retenues).

Document 3

Il s'agit d'un extrait du manuel *Vivre les maths CE2*, Nathan, 2019.

- **Description de la démarche**

L'objectif est clairement formulé : « Poursuivre la mise en place de la multiplication posée » (multiplier un nombre à 2 chiffres par un nombre à 2 chiffres < 20).
La leçon se situe en période 4, le fait de répartir un apprentissage progressif sur toute l'année scolaire est respecté.
Cet aspect très progressif pourrait justifier le choix de limiter le multiplicateur à 19. En effet, la multiplication par 10 est maitrisée, alors que celle par un multiple de 10 demandera une étape supplémentaire, en particulier la capacité à gérer une seconde gestion de la retenue.

- **Analyse de la démarche**

Le fichier propose pour commencer une activité de calcul mental basée sur les compétences en numération (combien de dizaines dans 80 ? de centaines dans 700 ?). Ce rappel sera utile pour comprendre la technique proposée par la suite.
Le principe du calcul proposé consiste à « transformer » une opération impossible à effectuer pour l'élève en une succession d'opérations plus simples et maitrisées (en l'occurrence la **multiplication d'un nombre par 10** et celle d'un **nombre à 2 chiffres par un nombre à un chiffre**).
Ceci ne constitue qu'un rudiment d'algorithme qui explicite simplement la place des résultats intermédiaires.
La phase de recherche propose une procédure qui part d'une représentation « en rectangle » d'une collection à dénombrer, en modélisant cette quantité par l'opération 23 × 14. Le « découpage » de la représentation amène à considérer l'opération comme l'addition des produits 23 × 4 et 23 × 10, opérations connues des élèves. L'opération est présentée sous sa forme « en ligne » et sa forme posée, accompagnée de justificatifs.
La même procédure est explicitée ensuite mais sous la forme d'un quadrillage. Cette fois, les justificatifs sont à compléter par l'élève.
L'exercice suivant propose des multiplications par un nombre à un chiffre « en ligne », en précisant le fait de commencer par les unités. On peut supposer que l'objectif est, d'une part, de réactiver les compétences liées à la multiplication par un nombre à un chiffre, utile pour l'objectif concerné, et d'autre part d'habituer les élèves à commencer le calcul par les unités.
Le dernier exercice est un entrainement guidé (il est rappelé de prendre en compte les retenues). L'exercice insiste implicitement sur le fait de commencer par les unités du multiplicateur.
On peut imaginer que cette page de fichier a été précédée par une phase de recherche et de manipulation, suivant probablement la même démarche, à savoir le décompte d'une collection d'objets « en rectangle » et du dénombrement de cases d'un quadrillage. De la même façon, la modélisation des situations et le déroulé « pas à pas » de l'algorithme auront été explicités.

2. SITUER LA SÉANCE

Du côté de l'enseignant

Conformément aux recommandations institutionnelles, l'apprentissage de la technique de la multiplication se fait de façon progressive sur la totalité de l'année de CE2, avant d'être rappelée et réactivée au cycle 3.

Le champ numérique concernant le CE2 s'arrête à 10 000. Au CE2 donc, la technique de la multiplication se borne à multiplier un nombre à 3 chiffres par un nombre à 1 chiffre ou multiplier deux nombres à 2 chiffres.

Du côté des élèves (prérequis)

- Maitriser le sens de la multiplication comme étant l'opération représentant × fois la répétition de la même quantité, et son utilisation pour résoudre des problèmes.
- Maitriser explicitement la notion de commutativité de la multiplication.
- Maitriser suffisamment les répertoires additifs et multiplicatifs (ou au moins être capable de reconstruire un résultat).
- Connaitre quelques faits numériques supplémentaires (× 10, × 100).
- Maitriser la numération positionnelle et la valeur des chiffres dans un nombre.
- Avoir la capacité à réaliser des calculs multiplicatifs réfléchis simples, mentalement ou « en ligne ».
- Maitriser la technique opératoire usuelle de l'addition.
- Maitriser la technique opératoire de la multiplication d'un nombre à 2 chiffres, par un nombre à 1 chiffre.

3. PRÉPARER LA SÉANCE

Choix pédagogiques et didactiques

◆ Démarche

En amont des séances sur l'algorithme de la multiplication, il semble important de revenir sur le sens et les propriétés de la multiplication. On pourra proposer un problème tel que : « À la fin de la journée, le directeur du supermarché compte ce qu'il y a dans sa caisse : 19 pièces de 2 €, 14 billets de 5 €, 24 billets de 10 €, 36 billets de 20 €, 23 billets de 50 € et 34 billets de 100 €. Peux-tu l'aider à compter la somme d'argent ? ».
Cet énoncé fait appel à l'ensemble des propriétés de la multiplication et demande une explicitation attentive des procédures utilisées.
Pour des multiplications par un nombre à un chiffre, les représentations en « paquets » reproduits autant de fois que le multiplicateur sont pertinentes.

Exemple :
39 × 6

c'est 6 fois 3 dizaines et 6 fois 9 unités.

C'est moins facile pour des produits d'un nombre à 2 chiffres par un nombre à 2 chiffres.
En suivant la démarche proposée dans le document 3 et pour introduire la recherche, nous ferons donc le choix d'une représentation rectangulaire d'abord sous forme d'une représentation d'objets identiques puis sous la forme de quadrillage.
Cependant, quand l'enseignant se sera assuré de la compréhension par les élèves de ce qui justifie l'algorithme, l'utilisation d'un guidage pas à pas, puis dégressif, semble nécessaire.

- **Différenciation**

Le recours aux tables de multiplication sera autorisé (affichage possible dans la classe des tables de Pythagore ou recours au calcul instrumenté)

Déroulé de séance

Cadre

<table>
<tr><td colspan="2">Domaine disciplinaire : Mathématiques</td><td>Domaine spécifique : Nombres et calculs</td></tr>
<tr><td rowspan="2">Niveau de classe :
Cycle 2 / CE2
Période : 4</td><td>Nb d'élèves : 23</td><td rowspan="2">Place de la séance dans la séquence :
Séance 4</td></tr>
<tr><td>Durée : 50'</td></tr>
<tr><td colspan="2">Objectif général :
S'approprier la notion d'aires, découvrir et utiliser des techniques pour les comparer par la résolution de problèmes.</td><td rowspan="2">Compétence(s) visée(s) :
Mettre en œuvre un algorithme de calcul posé pour la multiplication.</td></tr>
<tr><td colspan="2">Attendu de fin de cycle :
Calculer avec des nombres entiers</td></tr>
<tr><td colspan="2">Matériel :
Tableau blanc interactif.</td><td>Supports : Fiche individuelle énoncé du problème
Fiche quadrillée (34 × 16)
Fiche d'entrainement</td></tr>
</table>

Phase 1 Collectif (5')

Calcul mental. Cette phase consiste à proposer des exercices oraux de réactivation des répertoires multiplicatifs :
– compter de 3 en 3, de 5 en 5, dans un ordre croissant ou décroissant (en partant de 60...) ;
– parmi des séries de 5 nombres affichées au tableau interactif, retrouver pour chacune d'elles le ou les nombre(s) « qui ne sont pas dans la table de 4, de 7 » etc.
On peut aussi proposer quelques multiplications posées d'un nombre à deux chiffres par un nombre à un chiffre pour réactiver l'algorithme normalement connu.

Phase 2 Individuel puis petits groupes (10')

Résolution de problème. Énoncé du problème reproduit sur le tableau interactif : « Un agriculteur a planté dans son potager 26 rangs de 15 choux. Combien de choux a-t-il plantés ? »
La fiche individuelle porte la représentation des choux en disposition rectangulaire.
L'enseignant lit, fait lire, reformule, questionne pour s'assurer d'une bonne compréhension.
L'énoncé est proposé sur fiches individuelles et sur le TBI.
Procédures possibles attendues :
- Comptage un à un.
- Recours à la numération : entourage de paquets de 10 choux.
- Recours à l'addition itérée : 26 + 26 + 26...
- Recours à une modélisation correcte (26 × 15 ou 15 × 26) mais erreurs dans le calcul (essais de calcul en ligne ou en colonnes).

– Modélisation correcte et recours à la procédure 26 × 15 = (26 × 10) + (26 × 5), ou toute autre décomposition.

Le problème est d'abord proposé individuellement (5').
Les élèves sont ensuite placés en petits groupes de 4 élèves pour confronter les résultats de leurs recherches (5').
Ils se mettent d'accord et rédigent leur procédure et solution sur une feuille A3.
L'enseignant observe, commente éventuellement, aide.

Phase 3 Groupes (10')
Mise en commun. Chaque groupe propose sa réponse et sa procédure de résolution. Celles-ci sont mises en débat, géré par l'enseignant qui valide ou invalide les résultats, pose des questions (avantages et inconvénients de telle ou telle procédure, en particulier).

Sur le tableau interactif où est reproduit l'énoncé du problème, l'enseignant propose sa propre résolution et le calcul associé :
Il partage la collection de choux en deux blocs 26 × 10 et 26 × 5 et écrit en montrant l'illustration et son découpage :

26 × 15 = 26 × 10 + 26 × 5

Les deux calculs intermédiaires sont effectués de diverses manières selon les procédures des élèves :

Calcul de 5 × 26 :
- calcul mental réfléchi,
- calcul en ligne,
- calcul posé,
- calcul instrumenté.

Calcul de 10 × 26 :
- utilisation de la commutativité : 10 × 26 = 26 × 10,
- utilisation du vocabulaire de la numération : 26 paquets de 10 ou 26 dizaines = 260.

Une première disposition de l'opération en colonnes est présentée :

```
          2 6
  ×       1 5
        -----
        1 3 0        5 × 26
  +     2 6 0        10 × 26
        -----
        3 9 0
```

Phase 4 Collectif (10')
Calcul affiché au TBI de 5 × 26 posé en colonnes (rappel).

```
          2 6    3
  ×         5
        -----
        1 3 0
```

Envoi d'un élève au tableau qui explicite tout haut la procédure :
« 5 fois 6 égale 30.
Je pose 0 et je retiens 3 (écriture du 0 à la place du chiffre des unités du résultat).
5 fois 2 égale 10 et 3 de la retenue : 13 » (écriture de 13 à gauche du 0).

Calcul affiché au TBI :

$$\begin{array}{r} 26 \\ \times \quad 10 \\ \hline 260 \end{array}$$

Rappel du moyen pratique pour multiplier un nombre par 10.

Calcul affiché au TBI :

$$\begin{array}{rl} 26 & \quad 3 \\ \times \quad 15 & \\ \hline 130 & \\ 260 & \\ \hline 390 & \end{array}$$

L'enseignant effectue l'opération en explicitant l'algorithme utilisé.

Phase 5 Binômes (5')
Effectuer l'opération posée en colonnes 34 × 16.
Relevé des erreurs, explicitation : rôle et place de la retenue.

Phase 6 Groupes (5')
Nouvelle recherche. Toujours en groupe, les élèves sont amenés à trouver le nombre de carreaux d'un quadrillage de 34 × 23 par le calcul.
L'enseignant identifie rapidement pour les élèves le nouvel obstacle rencontré :
« Multiplier par 20 ».
L'enseignant aide au réinvestissement du calcul d'un produit par un nombre multiple de 10 :
« Pour multiplier par 20 on multiplie par 2 puis par 10. »

Le calcul est projeté au TBI, un élève est envoyé au tableau pour effectuer l'opération en utilisant la procédure de son choix.
L'enseignant explicite l'algorithme de la multiplication d'un nombre à deux chiffres par un nombre à deux chiffres.

Phase 7 Individuel (5')
Entrainement individuel. Deux multiplications sont à effectuer, sans aide.
Cette production servira de première évaluation. L'enseignant observe attentivement les travaux. Il repère et aide les élèves rencontrant des difficultés.

4. PRÉPARER L'ORAL

Introduction

La séance de mathématiques que je vais vous présenter appartient au domaine « Nombres et calculs » des programmes officiels de l'école élémentaire. Elle s'inscrit dans une progression sur l'ensemble d'une année en classe de CE2 pour amener tous les élèves à maitriser une pratique de calcul posé : la technique opératoire de la multiplication, et portera sur la compétence spécifique « utiliser un algorithme de calcul posé pour multiplier un nombre à deux chiffres par un nombre à deux chiffres ». J'ai choisi de débuter par une situation problème qui permettra de faire découvrir aux élèves les différentes étapes de l'algorithme et les propriétés qui les justifient.

Conclusion

Cette séance sera suivie par des moments d'entrainements, puis par une évaluation sommative qui consistera à vérifier la maitrise de l'algorithme et sa réutilisation dans des résolutions de problèmes multiplicatifs. La dernière séance de cette séquence portera sur la multiplication par un nombre à deux chiffres, supérieur à 20.
La technique opératoire de la multiplication sera à réactiver dès le début du cycle 3, puis appliquée progressivement aux multiplications de nombres décimaux.

Questions du Jury

Pour parvenir au même objectif, comment envisager la séance suivante ?
Réponse : Pour continuer l'apprentissage de la technique opératoire de la multiplication, la séance suivante consistera à amener les élèves à multiplier un nombre à deux chiffres par un nombre à deux chiffres, cette fois supérieur à 20. Les élèves vont donc rencontrer deux fois la multiplication par un nombre d'un chiffre, avec la difficulté supplémentaire de la gestion de la retenue.
La représentation en quadrillage pourra être conservée, mais avec un problème de plus :

	50	4
30	50 × 30	4 × 30
6	50 × 6	4 × 6

54 × 36

Les calculs de 30 × 50 et de 4 × 30 renvoient tous les deux à la commutativité et à la distributivité de la multiplication.
Nous envisagerons donc de recourir à nouveau aux quadrillages, avec, lors du passage à la disposition usuelle, une attention particulière portée à l'utilisation de la retenue.

Autre question possible :
En phase 2, sur quel(s) critère(s) constituez-vous vos groupes de 4 élèves ?

Sur Lea.fr

Les réponses aux autres questions

Sujet n° 4
Division euclidienne CM1

Dans votre classe de CM1, vous mettez en place une séquence d'enseignement dans la perspective de l'attendu de fin de cycle : « Calculer avec des nombres entiers et des nombres décimaux » et visant la compétence spécifique : « Connaitre et mettre en œuvre un algorithme de calcul posé pour effectuer la division euclidienne d'un entier par un entier ».
En vous appuyant sur les documents proposés, vous détaillerez la deuxième séance de votre séquence, qui précèdera la séance d'apprentissage de l'algorithme proprement dit.

CORPUS DE DOCUMENTS

Document 1. Extrait du document d'accompagnement en mathématiques : « Le calcul aux cycles 2 et 3 », Eduscol.

Stratégies d'enseignement

La place consacrée au calcul mental et au calcul en ligne dans les temps d'apprentissage et d'entrainement est plus importante que celle accordée au calcul posé.
Les différentes formes de calcul sont travaillées dans le cadre de la résolution de problème, mais aussi pour elles-mêmes dans des temps spécifiques d'apprentissage, d'entrainement et d'évaluation.

Calcul mental et calcul en ligne

Des activités d'apprentissage ou d'entrainement sont proposées quotidiennement en diversifiant les modalités. Un énoncé donné à l'écrit (en vidéoprojection ou sur feuille) plutôt qu'à l'oral allège la mobilisation de la mémoire de travail. Chaque séance d'entrainement permet à l'élève de s'autoévaluer et à l'enseignant d'effectuer une prise d'information, de façon globale, sur les acquis et les points nécessitant un travail d'explicitation complémentaire ou de nouveaux entrainements.
L'évaluation des acquis des élèves est réalisée régulièrement, mais non systématiquement et l'évaluation d'une connaissance (d'une procédure particulière, d'un fait numérique, etc.) est toujours précédée de temps d'apprentissage, d'institutionnalisation et d'entrainement.
Une programmation des apprentissages est nécessaire sur chacun des cycles. Au sein de celle-ci, le calcul mental et le calcul en ligne sont travaillés conjointement.
Une large place est donnée à la différenciation :

- des situations différentes, adaptées aux différents profils d'élèves, peuvent vivre simultanément ;
- un élève fragile entrera plus aisément dans la pratique du calcul mental si la possibilité lui est donnée d'écrire des étapes ou des résultats intermédiaires ;
- le calcul en ligne permet aussi aux élèves performants en calcul mental d'effectuer des calculs plus complexes sans les poser.

Lors des activités d'apprentissage et d'entrainement, des temps de mise en commun sont régulièrement organisés ; ils permettent d'amener les élèves à expliciter oralement leurs démarches, qu'elles soient correctes ou erronées, abouties ou non, en s'appuyant sur leurs écrits éventuels. La validation est dévolue à la classe, à l'issue d'un débat. L'utilisation d'un visualiseur est propice à ces mises en commun.
Un temps de synthèse permet ensuite l'élaboration collaborative et progressive d'une trace écrite ; évolutive sur la durée du cycle, elle sera conservée dans un document de type « recueil d'écrits de savoir ».
Les connaissances développées dans le cadre du calcul mental et du calcul en ligne (particularités des nombres, propriétés des opérations, procédures numériques de base, etc.) servent de point d'appui pour en construire de nouvelles.
Chaque élève mémorise ou automatise ces savoirs qui s'enrichissent petit à petit et donnent davantage d'efficacité aux démarches de calcul qu'il met en œuvre.

Calcul posé

Pour chaque opération, le calcul posé n'est introduit qu'en aval d'activités proposées en calcul mental ou en ligne. Cet apprentissage doit être mené en relation étroite avec la poursuite du travail mené en calcul mental et en ligne.
L'entrainement au calcul posé est prévu dans la durée, de façon filée plutôt que massée.
Pour faire progresser les élèves en calcul posé, il est important de développer chez chacun d'eux, une attitude réflexive face à l'origine de ses erreurs. Des activités d'analyse de productions erronées ou non abouties sont pour cela efficaces (l'utilisation d'un visualiseur est adaptée).
Le choix des algorithmes de calcul posé travaillés tout au long de la scolarité d'un élève doit être cohérent, par exemple :
Où positionne-t-on les retenues pour les additions et les multiplications ?
Quel algorithme choisit-on pour la soustraction ? (« par cassage », « par compléments », « par ajouts simultanés », etc.). Ceci ne signifie pas que la trace écrite ne peut pas évoluer, ainsi pour la division les soustractions peuvent ne plus apparaitre et être effectuées mentalement quand le diviseur est simple et que l'élève est en mesure de gérer ces soustractions mentalement.

Calcul instrumenté

Le matériel est présenté et son utilisation est explicitée. Il est ensuite mis à disposition des élèves pour être utilisé en fonction des besoins. Pour être efficace, son utilisation doit être régulière.

Document 2. Séquence 47 « Vers la technique écrite de la division », extrait du guide d'utilisation, *J'apprends les maths CM1*, Editions Retz, 2017.

47 Vers la technique écrite de la division

CALCUL MENTAL
Tables de 3 et de 5, puis divisions par 3 et par 5 ($q \leq 10$) et quelques cas de division par 2 ($q \leq 10$). Voir p. 12.

Je découvre

1

584 : 3 ?

Le chef des brigands veut partager 584 pièces d'or en 3 parts égales.

a Partage des centaines :

Monsieur Cubus a préparé 5 centaines, 8 dizaines et 4 unités.
Il partage d'abord les centaines.

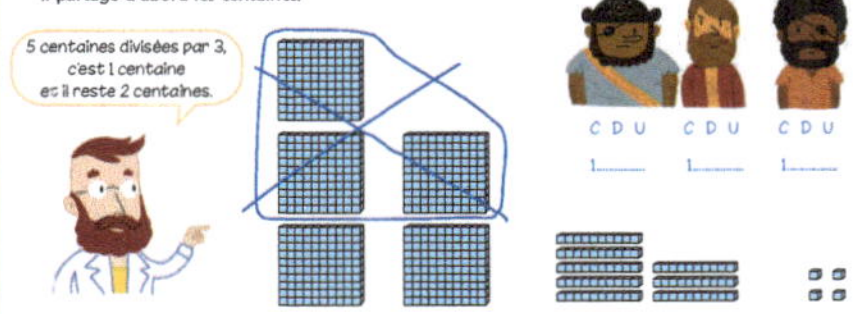

b Partage des dizaines :

Monsieur Cubus a séparé les dizaines qui étaient dans les 2 centaines restantes.
Il voit ainsi toutes les dizaines qu'il faut partager.
Il effectue ce partage.

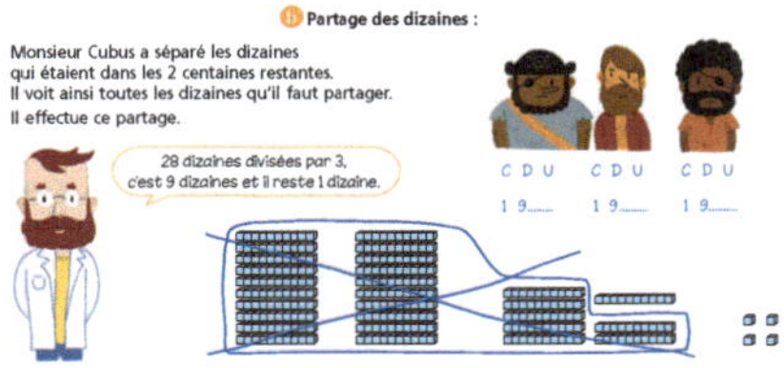

72

c Partage des unités :

Monsieur Cubus a séparé les unités qui étaient dans la dizaine restante.
Il voit ainsi toutes les unités qu'il faut partager.
Il effectue ce partage.

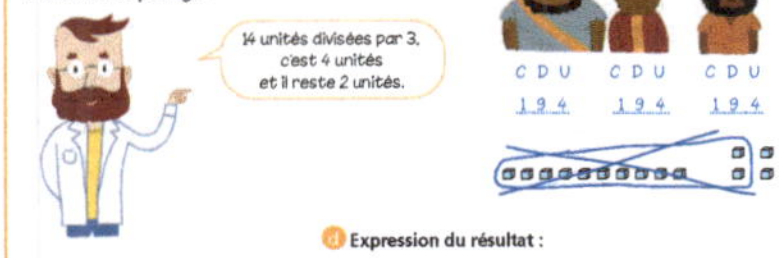

d Expression du résultat :

584 : 3 ? q = 194 ; r = 2 car 584 = (194 x 3) + 2

J'ai appris

Dans une division par partages successifs des centaines, des dizaines et des unités, après avoir partagé les centaines, il faut partager deux sortes de dizaines :

- les dizaines « qu'on ne voit pas » et qui sont dans les centaines qui restent,
- les dizaines « qu'on voyait » dès le début.

Après avoir partagé les dizaines, il faut partager deux sortes d'unités...

2 → Cahier d'activités page 10

Je deviens performant

A Effectue ces conversions.
Attention ! il faut convertir dans des unités tantôt plus petites, tantôt plus grandes.

- 246 minutes *(il faut faire apparaitre les heures)*
- 175 minutes *(il faut faire apparaitre les secondes)*
- 181 pieds *(il faut faire apparaitre les pouces)*
- 398 mm *(il faut faire apparaitre les cm)*
- 751 g *(il faut faire apparaitre les hg)*
- 54 dm *(il faut faire apparaitre les mm)*

B Problèmes

1. Une montgolfière est restée en vol pendant 206 heures sans revenir au sol.
Exprime cette durée en jours et heures.

2. Un producteur de fruits a pressé sa récolte de pommes et a recueilli 32 hl de jus.
Combien est-ce de litres de jus de pomme ?

C Le nombre mystérieux

6 709 | 6 873 | 7 286 | 8 633 | 9 243

39 × 237 ; 87 × 79 ; 9 685 – 2 976 ; 8 043 – 757

73

Guide d'utilisation

7 conseils pour bien utiliser *J'apprends les maths CM1*

1. S'appuyer sur la progression proposée

Les 120 séquences de J'apprends les maths CM1 ont été expérimentées pendant trois années dans plusieurs classes. La progression définitive, telle qu'elle apparait ici dans la succession des séquences, est le résultat de cette expérimentation. L'emploi optimal de cet outil repose en grande partie sur le respect de cette progression. Nous déconseillons vivement de « sauter » des séquences ou d'en changer l'ordre. En effet, des savoir-faire ou des notions abordés dans telle séquence conditionnent la réussite de telle autre séquence qui se déroule parfois aussitôt après, parfois bien plus tard.

2. Utiliser le cahier d'activités et le matériel individuel

Les tâches proposées sur le cahier et avec le matériel individuel sont indispensables à un apprentissage réussi. Considérons par exemple l'apprentissage de la technique de la division par partages successifs des centaines, dizaines et unités. Sur le fichier, à 6 reprises à partir de la sq 47, les élèves sont amenés à réaliser par l'action un tel partage, en s'appuyant sur le dessin d'un matériel de numération :

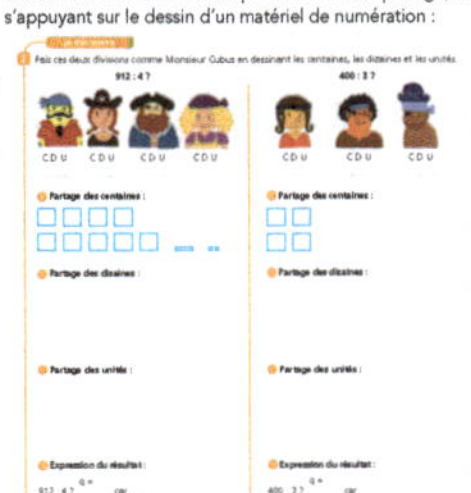

Lorsqu'ils découvrent la technique écrite (sq 51), celle-ci apparait comme le résumé d'une action familière. Par exemple, il leur sera facile de comprendre qu'il y a deux sortes de dizaines... (voir le J'ai appris).

3. Utiliser un matériel complémentaire

À diverses reprises, dans la description d'activités collectives, nous conseillons l'utilisation d'un matériel qui permet de simuler la résolution de certains problèmes. C'est par exemple le cas de la sq 45, où les élèves apprennent (ou revoient) que la division permet aussi de résoudre des problèmes de partage. Ce matériel peut être composé, de manière simple, de jetons ou de cubes en grand nombre qu'on rangera par piles ou sachets de 10 afin de pouvoir constituer rapidement une collection donnée.

En outre, dans le livre de l'élève et dans le fichier, on trouve de nombreuses activités avec la représentation d'un matériel de numération, dit de « M. Cubus », où 10 cubes-unités forment une barre-dizaine, 10 barres-dizaines forment une plaque-centaine, 10 plaques-centaines forment un cube-millier (voir par exemple sq 6). Un matériel comparable, « en vraie grandeur », appelé « Base 10 », est diffusé par Nathan-Matériel éducatif.

Enfin, pour certaines séquences, nous conseillons d'utiliser des damiers collectifs pour aider à la mémorisation des multiples de 25 et 250 (voir sq 19), et des gabarits d'angles collectifs (à se fabriquer soi-même) qui constituent un agrandissement du matériel individuel correspondant. De même, certaines activités nécessitent la manipulation d'une horloge collective.

4. Ne pas négliger les activités d'entrainement

Les activités d'entrainement proposées dans la zone **Je deviens performant** du livre de l'élève (et quelquefois sur le fichier d'activités) sont nécessaires à la mémorisation et à l'automatisation des savoir-faire de base. C'est à cette condition que l'enfant en disposera le moment venu pour comprendre une notion nouvelle introduite plus tard dans la zone **Je découvre**.

5. Consacrer le début de chaque séquence au calcul mental

Au début de chaque séquence, nous proposons des activités de calcul mental. Celles-ci ne sont pas un « supplément d'âme » qu'on pourrait trouver secondaire au regard de l'apprentissage des techniques opératoires. Aider les enfants à devenir habiles en calcul mental, c'est les aider à progresser dans la résolution de problèmes (voir Présentation chapitres 2 et 3).

Mais c'est aussi favoriser l'apprentissage des techniques. Par exemple, une bonne connaissance des tables de multiplication aide grandement à calculer les divisions (de nombreuses activités de calcul mental sont consacrées à la mémorisation de ces tables).

C'est enfin favoriser l'apprentissage d'opérations ou de nombres comme la division et les décimaux (cf. notre premier conseil), ou de notions comme la proportionnalité. Le contenu de ces activités et leur succession ont, eux aussi, été conçus en relation étroite avec la progression.

6. En géométrie, faire tracer sur des supports non structurés

Dans diverses séquences de géométrie, les élèves vont apprendre à tracer des polygones : triangles, parallélogrammes, rectangles, losanges, carrés. On cherche à ce qu'ils acquièrent des savoir-faire qui leur permettent de tracer ces figures, même quand le le support n'est pas structuré (papier

62

Document 3. Extrait des Repères annuels de progression au cycle 3 en mathématiques : « Nombres et calculs », Eduscol.

<table>
<tr><th colspan="3">NOMBRES ET CALCULS (suite)</th></tr>
<tr><th colspan="3">Nombres décimaux</th></tr>
<tr><td colspan="3">Tout au long du cycle, les désignations orale et écrite des nombres décimaux basées sur les unités de numération contribuent à l'acquisition du sens des nombres décimaux (par exemple pour 3,12 : « trois unités et douze centièmes » ou « trois unités, un dixième et deux centièmes » ou « trois cent douze centièmes »).</td></tr>
<tr>
<td>À partir de la période 2, les élèves apprennent à utiliser les nombres décimaux ayant au plus deux décimales en veillant à mettre en relation fractions décimales et écritures à virgule (ex : $3{,}12 = 3 - \frac{12}{100}$).
Ils connaissent des écritures décimales de fractions simples ($\frac{1}{2} = 0{,}5 = \frac{5}{10}$; $\frac{1}{4} = \frac{25}{100} = 0{,}25$; la moitié d'un entier sur des petits nombres).</td>
<td>Dès la période 1, les élèves rencontrent et utilisent des nombres décimaux ayant une, deux ou trois décimales.
Ils connaissent des écritures décimales de fractions simples ($\frac{1}{5} = 0{,}2 = \frac{2}{10}$; $\frac{3}{4} = \frac{75}{100} = 0{,}75$; la moitié d'un entier).</td>
<td>Dès la période 1, dans le prolongement des acquis du CM, on travaille sur les décimaux jusqu'à trois décimales. La quatrième décimale sera introduite en période 2 au travers des diverses activités.</td>
</tr>
<tr><th colspan="3">Calcul</th></tr>
<tr><td colspan="3">Tout au long du cycle, la pratique régulière du calcul conforte et consolide la mémorisation des tables de multiplication jusqu'à 9 dont la maitrise est attendue en fin de cycle 2.</td></tr>
<tr><td colspan="3">Calcul mental</td></tr>
<tr>
<td>Dans la continuité du travail conduit au cycle 2, les élèves mémorisent les quatre premiers multiples de 25 et de 50.
À partir de la période 3, ils apprennent à multiplier et à diviser par 10 des nombres décimaux ; ils apprennent à rechercher le complément au nombre entier supérieur.</td>
<td>Dès le début de l'année, les élèves apprennent à diviser un nombre décimal (entier ou non) par 100.
En période 3 les élèves apprennent à multiplier un nombre décimal (entier ou non) par 5 et par 50.
Au plus tard en période 4, ils apprennent les critères de divisibilité par 3 et par 9.</td>
<td>Dès la période 1, dans le prolongement des acquis du CM, on réactive la multiplication et la division par 10, 100, 1 000.
À partir de la période 2, les élèves apprennent à multiplier un nombre entier puis décimal par 0,1 et par 0,5 (différentes stratégies sont envisagées selon les situations).</td>
</tr>
<tr>
<td>Tout au long de l'année, ils stabilisent leur connaissance des propriétés des opérations (ex : $12 + 199 = 199 + 12$; $5 \times 21 = 21 \times 5$; $45 \times 21 = 45 \times 20 + 45 \times 1$; $6 \times 18 = 6 \times 20 - 6 \times 2$).
À partir de la période 3, ils apprennent les critères de divisibilité par 2, 5 et 10.
En période 4 ou 5, ils apprennent à multiplier par 1 000 un nombre décimal.</td>
<td>Tout au long de l'année, ils étendent l'utilisation des principales propriétés des opérations à des calculs rendus plus complexes par la nature des nombres en jeu, leur taille ou leur nombre (exemples : $1{,}2 + 27{,}9 + 0{,}8 = 27{,}9 + 2$; $3{,}2 \times 25 \times 4 = 3{,}2 \times 100$).
Ils étendent l'utilisation des principales propriétés des opérations (notamment la commutativité de la multiplication) à des calculs rendus plus complexes par la nature des nombres en jeu, leur taille, ou leur nombre (exemple : $1{,}2 + 27{,}9 + 0{,}8 = 27{,}9 + 2$; $3{,}2 \times 10 = 10 \times 3{,}2$; $3{,}2 \times 25 \times 4 = 3{,}2 \times 100$).</td>
<td>Tout au long de l'année, ils stabilisent la connaissance des propriétés des opérations et les procédures déjà utilisées à l'école élémentaire, et utilisent la propriété de distributivité simple dans les deux sens (par exemple : $23 \times 12 = 23 \times 10 + 23 \times 2$ et $23 \times 7 + 23 \times 3 = 23 \times 10$).</td>
</tr>
<tr><td colspan="3">Calcul en ligne</td></tr>
<tr>
<td colspan="2">Les connaissances et compétences mises en œuvre pour le calcul en ligne sont les mêmes que pour le calcul mental, le support de l'écrit permettant d'alléger la mémoire de travail et ainsi de traiter des calculs portant sur un registre numérique étendu.</td>
<td>Dans des calculs simples, confrontés à des problématiques de priorités opératoires, par exemple en relation avec l'utilisation de calculatrices, les élèves utilisent des parenthèses.</td>
</tr>
</table>

NOMBRES ET CALCULS (suite)		
Calcul (suite)		
Calcul posé		
Dès la **période 1**, les élèves renforcent leur maitrise des algorithmes appris au cycle 2 (addition, soustraction et multiplication de deux nombres entiers). En **période 2**, ils étendent aux nombres décimaux les algorithmes de l'addition et de la soustraction. En **période 3** ils apprennent l'algorithme de la division euclidienne de deux nombres entiers.	Les élèves apprennent les algorithmes : – de la multiplication d'un nombre décimal par un nombre entier (dès la **période 1**, en relation avec le calcul de l'aire du rectangle) ; – de la division de deux nombres entiers (quotient décimal ou non : par exemple, 10 : 4 ou 10 : 3), dès la **période 2** ; – de la division d'un nombre décimal par un nombre entier dès la **période 3**.	Tout au long de l'année, au travers de situations variées, les élèves entretiennent leurs acquis de CM sur les algorithmes opératoires. Au plus tard en **période 3**, ils apprennent l'algorithme de la multiplication de deux nombres décimaux.

A – CONNAISSANCES DIDACTIQUES À MOBILISER

1. LA DIVISION DANS LES PROGRAMMES

« Calculer avec des nombres entiers et des nombres décimaux » est un attendu de fin de cycle 3 (programmes officiels d'après le BOEN n° 31 du 30 juillet 2020).

Calcul mental et calcul en ligne
Les élèves doivent :
Connaitre des procédures élémentaires de calcul, notamment :
– multiplier ou diviser un nombre décimal par 10, par 100, par 1000 ;
– multiplier par 5, par 25, par 50, par 0,1, par 0,5 ;
Connaître des propriétés de l'addition, de la soustraction et de la multiplication, et notamment :
– 12 + 199 = 199 + 12
– 5 × 21 = 21 × 5
– 27,9 + 1,2 + 0,8 = 27,9 + 2
– 3,2 × 25 × 4 = 3,2 × 100
– 45 × 21 = 45 × 20 + 45
– 6 × 18 = 6 × 20 – 6 × 2
– 23 × 7 + 23 × 3 = 23 × 10 ;
Connaitre les critères de divisibilité par 2, 3, 5, 9 et 10 ;
Vérifier la vraisemblance d'un résultat, notamment en estimant un ordre de grandeur.

Calcul posé
Les élèves doivent connaitre et mettre en œuvre un algorithme de calcul posé pour effectuer :
– l'addition, la soustraction et la multiplication de nombres entiers ou décimaux ;
– la division euclidienne d'un entier par un entier ;
– la division d'un nombre décimal (entier ou non) par un nombre entier.

2. PROBLÉMATIQUES DIDACTIQUES RELATIVES À LA DIVISION EUCLIDIENNE

Comment les élèves acquièrent le sens de la division

Une première approche de la division peut être réalisée par des problèmes de partage équitables sans reste, qui ne nécessitent pas d'écriture mathématique.

Problèmes de partage

Exemple :
Une boite de 24 feutres est posée sur la table. Ils doivent être répartis équitablement entre les quatre élèves présents autour de la table.

Il s'agit d'un problème de partage avec **recherche de la valeur d'une part**, appelé aussi problème de **division partition**.
Les procédures sont d'abord de l'ordre de la manipulation des objets :
1. Distribution des feutres un à un jusqu'à épuisement de la collection.
2. Distribution par paquets équipotents : l'élève émet alors l'hypothèse qu'en en donnant « tant » à chacun, il n'aura pas épuisé toute la collection en moins d'un tour. Ensuite peuvent apparaitre, selon le matériel imposé par l'enseignant, des procédures par représentation : le dessin de la situation et la schématisation de la distribution. Le résultat de la division est obtenu par le comptage de la part effective de chacun : avec 24 feutres, on peut faire quatre parts de six feutres.

Problèmes de groupement

Exemple :
Matériel : des œufs en bois.
Consigne :
« Une fermière vient de ramasser les œufs pondus par ses poules. Il y en a 24, elle souhaite les ranger dans des boites de 6.
Combien lui faut-il de boites ? »

Il s'agit d'un problème de groupement. Ou encore d'un problème de partage avec **recherche du nombre de parts,** appelé aussi problème de **division quotition**.
Les procédures sont les suivantes :
1. Répartition effective dans les boites, comptage des boites.
2. En faisant évoluer la situation :
- remplacement des objets réels par des œufs dessinés ;
- représentation des groupements de six par des traits « enfermant » six œufs ;
- comptage des groupements.

OBSTACLES RENCONTRÉS PAR LES ÉLÈVES

Au moment de compter les groupements, les élèves ont des difficultés à considérer comme « un », un groupement de plusieurs objets, et cela entraine de nombreuses confusions.

Il s'agit de la difficulté essentielle rencontrée pour l'apprentissage de la numération.

Les procédures de calcul de la division

◆ Les procédures par addition réitérée et soustraction réitérée

Au CP, les élèves peuvent commencer à résoudre les problèmes de partage et de groupement en mobilisant les deux opérations qu'ils connaissent.
Les problèmes avec reste peuvent être introduits.

Addition réitérée

Cette procédure permet de concevoir que les problèmes de recherche du nombre de parts et les problèmes de recherche de la valeur d'une part recèlent des difficultés différentes.

– Recherche du nombre de parts

Exemple :
Problème 1 : Combien de dessins va-t-on pouvoir afficher dans une salle de classe si l'on met 4 punaises par dessin et que l'on dispose de 12 punaises en tout ?

Procédure de résolution
Les élèves peuvent écrire des additions réitérées correspondant à des affichages successifs de dessins : 4 + 4 + 4 + ...
La difficulté consiste à savoir où s'arrêter dans cette écriture. Pour cela les élèves doivent calculer au fur et à mesure, ce qui donne souvent lieu à des écritures du type :

$$\begin{array}{r} 4 \\ +\,4 \\ \hline 8 \\ +\,4 \\ \hline 12 \end{array}$$

Pour trouver la solution au problème posé, les élèves doivent ensuite compter le nombre de termes de l'addition réitérée ou combien de fois on a ajouté le nombre 4.

– Recherche de la valeur d'une part

Exemple :
Problème 2 : On doit répartir équitablement le contenu d'une boite de 24 feutres entre les 6 élèves présents autour d'une table.
Les élèves procèdent par essais successifs puisque la résolution du problème nécessite une anticipation du résultat, le calcul additif, par exemple, n'intervenant que pour valider ou invalider l'hypothèse émise.

Procédure de résolution
Distribution de trois feutres selon la conjecture « la part de chacun est de trois feutres » :
3 + 3 + 3 + 3 + 3 + 3 = 18.
Recherche de l'écart au nombre-cible 24 : 24 – 18 = 6.
On peut envisager de distribuer un feutre supplémentaire : 4 + 4 + 4 + 4 + 4 + 4 = 24.

Soustraction réitérée

Les soustractions réitérées sont aussi une manière de résoudre les problèmes de partage.

Exemple :
– Pour le problème 1, recherche du **nombre de parts**, la procédure devient : 12 – 4 = 8, 8 – 4 = 4, etc.

La solution du problème est le nombre de fois que l'on peut soustraire 4 successivement à partir de 12.
– Pour le problème 2, recherche de la **valeur d'une part**, la procédure est identique à celle utilisée pour le problème 1 mais avec émission d'une conjecture.
Il faut atteindre le nombre-cible 24 en lui soustrayant six fois successivement le nombre de la conjecture émise (hypothèse).

OBSTACLES RENCONTRÉS PAR LES ÉLÈVES

Dans le cas des problèmes de partition résolus avec ces procédures, les élèves doivent émettre une conjecture : ils doivent avoir *a priori* une bonne estimation du quotient cherché, ce qui ne va pas toujours de soi.

Avec ces procédures, le résultat cherché, le quotient, s'obtient en comptant des termes dans une opération réitérée, ce qui nécessite une grande abstraction pour l'élève.

- **Les procédures par essais multiplicatifs**

Au CE1, les élèves peuvent commencer à savoir mobiliser les essais multiplicatifs sur le champ numérique qu'ils maitrisent.
C'est donc l'occasion de poser des problèmes de partage et de groupement.

Problèmes de partage

Exemple :
Quatre amis se partagent équitablement 36 bonbons ; quelle sera la part de chacun ?

Les procédures sont les suivantes.

– **Calcul en ligne** : l'élève écrit une multiplication à trou. 4 × ... = 36
Puis il utilise sa connaissance de la table de 4 pour déterminer le résultat attendu.

OBSTACLES RENCONTRÉS PAR LES ÉLÈVES

Ce type de procédure nécessite une bonne connaissance des tables de multiplication, qui ne sont encore qu'en cours d'apprentissage.

– **Calcul mental** : l'élève cherche « en 36 combien de fois 4 ».

OBSTACLES RENCONTRÉS PAR LES ÉLÈVES

Cette façon de procéder qui ne correspond pas exactement à la situation utilise implicitement la commutativité, elle demande donc à l'élève une abstraction importante.

Problèmes de partition

Exemple :
Trente-six balles de tennis doivent être rangées dans des boites de quatre. Combien de boites seront nécessaires ?

Les procédures sont les suivantes.

– **Calcul mental** : l'élève cherche « en 36 combien de fois 4 », ce qui cette fois correspond à la structure du problème, et la résolution du problème par calcul mental est ainsi plus accessible pour l'élève.

– **Calcul en ligne ou posé** : l'élève écrit une multiplication à trou. ... × 4 = 36
Puis il utilise sa connaissance de la table de 4 pour déterminer le résultat attendu.
Le calcul posé en colonne pour résoudre ce type de problème ne présente aucun caractère outil pour l'élève, il serait perçu comme une simple convention sans grand intérêt, ce qui pourrait être préjudiciable pour la suite de l'apprentissage.

◆ Les techniques opératoires de la division euclidienne, diviseur à un chiffre

À partir du CE1 les problèmes proposés aux élèves sont des problèmes de partage avec reste. Ils conduisent à une écriture du type :
$a = bq + r$ avec r inférieur à b (a : dividende ; b : diviseur ; q : quotient ; r : reste).

Problème avec un dividende à deux chiffres

Exemple :
Trente-huit balles de tennis doivent être rangées dans des boites de quatre.
Combien de boites seront nécessaires ?

Les procédures sont les suivantes.

– **Multiplication à trou**
L'élève écrit ... × 4 = 38.
Il cherche dans la table de multiplication par 4, le résultat le plus grand inférieur à 38, il trouve 4 × 9 = 36.
Ensuite, il calcule l'écart entre le « nombre cible » 38 et le résultat de la table : 38 – 36 = 2.
D'où finalement :
38 = 9 × 4 + 2.
Il faut prévoir 9 boites et alors 2 balles ne seront pas rangées. Ou alors il faut prévoir 10 boites.

OBSTACLES RENCONTRÉS PAR LES ÉLÈVES

Les élèves doivent être capables de bien interpréter chacun des nombres présents dans les calculs, le dividende, le diviseur, le quotient et le reste.

Cela demande une très bonne appropriation de la structure de ces problèmes.

– **Division en potence**

38	4
2	9

Cette disposition est ici purement conventionnelle.

Problème avec un dividende à trois chiffres

Exemple :
Cent-vingt-six balles de tennis doivent être rangées dans des boites de quatre. Combien de boites seront nécessaires ?

La procédure est la suivante.
La disposition en potence peut commencer à être utilisée par les élèves avec un certain bénéfice. En effet, la simple connaissance des tables ne suffit plus. Les essais multiplicatifs seront plus nombreux.

$$\begin{array}{r|l} 126 & \underline{4} \\ -\ 100 & 4 \times 25 = 100 \\ 26 & 4 \times 6 = 24 \\ -\ 24 & \\ 2 & \end{array}$$

Calcul du quotient : 25 + 6 = 31.
D'où 126 = 4 × 31 + 2.

◆ **La technique opératoire de la division posée, dite en potence**
Au CM1 et au CM2, la technique opératoire porte sur la division euclidienne de deux entiers avec quotient décimal et sur la division d'un nombre décimal par un nombre entier.
Les programmes n'imposent pas de technique particulière, mais la plus couramment enseignée en France est la suivante.
Dans les classes de CM1 et CM2, la recherche du quotient prend un aspect systématique.
La technique opératoire de la division euclidienne peut être approchée de deux manières qui peuvent être distinctes ou complémentaires :

- la première manière consiste pour l'essentiel à mener les calculs tels que décrits précédemment avec essais multiplicatifs, soustractions successives, de façon systématique et organisée.

Exemple :
Calculer le quotient de 256 par 9.

Résolution
On pourra trouver dans un premier temps :

$$\begin{array}{ll} & 256 \div 20 \\ (20 \times 9) & \underline{180} \\ & 76 \div 8 \\ (8 \times 9) & \underline{72} \\ & 4 \end{array}$$

D'où le résultat final : 256 = 9 × 28 + 4.
À terme, cela deviendra la technique « en potence ».
Les essais seront ciblés au mieux par encadrement préalable du quotient et détermination de son nombre de chiffres.

- la deuxième manière consiste à appliquer les propriétés de la numération.

La technique opératoire de la division peut être abordée par cette voie, en posant la question du partage pour le nombre de centaines du dividende, pour son nombre de dizaines et son nombre d'unités.

Exemple :

Recalculer $\frac{256}{9}$

Résolution

On utilise directement la technique en potence.
256 est un nombre dont le nombre de centaines est 2 (on débute par le nombre de centaines puisque le nombre est inférieur à 1 000).
Combien de parts de 9 peut-on prendre dans 2 ou quel est le facteur tel que 9 × ... = 2 ? Le problème n'a ici pas de réponse autre que zéro.
On passe alors au nombre de dizaines : 256 est un nombre dont le nombre de dizaines est 25. Combien de fois 9 en 25 ? Réponse : 25 = 9 × 2 + 7.
Et cette démarche devient :

256	9
− 18	28
7 ↓	
− 76	
72	
4	

OBSTACLES RENCONTRÉS PAR LES ÉLÈVES

La première procédure peut pour certains élèves nécessiter de nombreuses étapes. Les élèves finissent par s'y perdre.
La seconde méthode nécessite une bonne compréhension de la numération, notamment la distinction entre « chiffre de » et « nombre de » dans un même nombre.
Dans les deux cas la connaissance des tables de multiplication est impérative. On peut penser à aider les élèves en difficulté en leur fournissant des aide-mémoire.

La compréhension de cette technique suppose de nombreuses connaissances préalables :
– la maitrise des deux « sens » de la division : « quelle est la valeur de chaque part ? » (diviser 2 782 par 26 revient à partager 2 782 en 26 parts égales et chercher la valeur d'une part), « combien de fois ? » (diviser 2 782 par 26 revient à chercher combien de fois 26 est contenu dans 2 782) ;
– la maitrise des tables de multiplication (ce qui englobe la recherche de « combien de fois 7 dans 59 ? », qui n'est pas directement dans la table de multiplication par 7) ;
– la capacité à prévoir le nombre de chiffres du quotient, par encadrement ou par partage d'une partie du dividende.
Un temps préalable suffisant doit être consacré au calcul réfléchi de quotients et de restes. En effet, ce type de calcul donne l'occasion aux élèves de mettre en œuvre des compétences également sollicitées dans l'exécution de la technique opératoire. Ainsi, diviser mentalement 1 548 par 7 incite à décomposer 1 548 en 1 400 + 148, après avoir repéré que 1 400 est divisible par 7 (200), puis 148 en 140 + 8 pour déterminer les deux autres composantes du

quotient (20 et 1) et le reste (1). Le quotient s'obtient par addition des quotients partiels : 200 + 20 + 1 = 221. D'où 1 548 = 7 × 221 + 1 (quotient : 221 ; reste : 1).
Trois recommandations peuvent être faites :
– commencer le calcul par une estimation du nombre de chiffres du quotient, ce qui permet un premier moyen de contrôle sur le quotient ;
– s'autoriser à poser des produits annexes à la suite d'une première estimation du chiffre cherché dans le quotient ;
– encourager la pose effective des soustractions, sans interdire toutefois aux élèves qui le souhaitent de s'en dispenser.
L'exemple suivant montre ce qui peut être attendu en fin d'école primaire.

7 8 0 5	2 7
– 5 4	2 8 9
2 4 0	*c d u*
– 2 1 6	
2 4 5	
– 2 4 3	
2	

$$\begin{array}{r} 27 \\ \times \quad 9 \\ \hline 243 \end{array} \qquad \begin{array}{r} 27 \\ \times \quad 8 \\ \hline 216 \end{array}$$

Pour la division euclidienne, il n'existe pas de signe conventionnel pour désigner le quotient entier. Pour rendre compte complètement du calcul (quotient entier et reste), on utilise l'égalité caractéristique de la division : 37 = (5 × 7) + 2 (en soulignant que le reste est inférieur au diviseur).
On évitera d'utiliser des écritures du type 37 ÷ 5 = 7 (reste 2).

B – TRAITEMENT DU SUJET

1. LIRE ET ANALYSER LES DOCUMENTS

Document 1

Le document proposé, extrait du document d'accompagnement « Le calcul aux cycles 2 et 3 » (Eduscol), revient sur la nécessité en termes de stratégie d'enseignement, de situer l'enseignement d'une technique opératoire en aval d'un enseignement régulier au calcul mental et en ligne.
La mémoire que vont se constituer les élèves au cours de ces activités va devenir un outil indispensable et sur lequel nous allons pouvoir prendre appui pour l'enseignement de la technique.
Cela permet d'acquérir les connaissances et compétences nécessaires à toute technique opératoire de manière progressive et ne pas cumuler tous les objectifs en même temps.

Document 2

Les deux documents proposés sont extraits, pour une part du manuel *J'apprends les maths CM1*, et d'autre part du guide pédagogique associé (Éditions Retz). La page de manuel peut être un outil pour la classe. Elle est structurée de la manière suivante :
– une situation de découverte : partage équitable, on connait le nombre de parts, on cherche la valeur d'une part. Il y aura un reste car 584 n'est pas un multiple de 3 ;
– un encadré : « J'ai appris ».

Au cours de l'activité intitulée « Je découvre », l'élève est guidé dans la tâche de résolution du problème. Très vite on décompose le nombre à partager (dividende) en centaines, dizaines, unités, puis on partage le nombre de centaines puis le nombre de dizaines restantes puis le nombre d'unités restantes.
Une représentation associée à un matériel multi base est utilisé.
Dans l'encadré « J'ai appris », l'accent est mis sur la nécessité de transformer les centaines puis les dizaines restantes respectivement en dizaines et en unités pour effectuer les partages.
Il s'agit ici d'anticiper sur ce qui, dans la technique, relève du « j'abaisse ».
Le guide pédagogique attire l'attention de l'enseignant sur la nécessité d'utiliser avec le manuel le matériel associé qui permet aux élèves de manipuler des objets pour résoudre concrètement un problème.
Il s'agit ici du matériel multibase constitué de petits cubes (unités), barres (dizaines) et plaques (centaines).
Le matériel préconisé ici permet de distinguer les deux sortes de centaines, celles restantes qu'il faudra ajouter après transformation, à celles à partager (par exemple une plaque d'une centaine devient dix barres de dizaines).

Document 3

Il s'agit d'un extrait des repères annuels de progression du cycle 3 dans le domaine du calcul :
Calcul : Tout au long du cycle, la pratique du calcul conforte et consolide la mémorisation des tables de multiplication jusqu'à 9 dont la maitrise est attendue en fin de cycle 2.
En classe de CM1 :
– calcul mental : critères de divisibilité par 2, 5, 10 ;
– calcul en ligne : compétences attendues identiques à celles nécessaires pour le calcul mental, extension du champ numérique ;
– calcul posé : en période 3 les élèves apprennent l'algorithme de la division euclidienne.

À NOTER

Pour confirmer le fait que ces apprentissages se font sur le long terme, la plupart des compétences liées à la division apparaissent déjà dans les attendus de fin de cycle 2.
Quelques exemples :
CP : Il dénombre des collections en utilisant des groupements par 10
Il sait répondre à des questions comme : quelle est la moitié de 18 ?
Il résout, des problèmes du champ multiplicatif en une étape (recherche d'un produit ou recherche de la valeur d'une part ou du nombre de parts dans une situation d'un partage équitable).
CE1 : Il résout des problèmes de partage (ceux où l'on cherche combien de fois une grandeur contient une autre grandeur, ceux où l'on partage une grandeur en un nombre donné de grandeurs).
Il connait les moitiés de nombres pairs d'usage courant (nombres pairs de 1 à 30, 40, 50 et 100).
CE2 : Il sait répondre à des questions comme « 56, c'est 7 fois... » « 56, c'est 8 fois... ».
Il sait obtenir le quotient et le reste d'une division euclidienne par un nombre à 1 chiffre et par des nombres comme 10, 25, 50, 100.

2. SITUER LA SÉANCE

Du point de vue de l'enseignant

L'apprentissage de l'algorithme de la division euclidienne, dans les programmes les plus récents, se situe pendant l'année de CM1.

Les repères de progressivité placent cet apprentissage en période 3 du CM1 (soit janvier / février de l'année scolaire en cours). Cependant, il s'agit d'une indication, certes pertinente, mais qui ne revêt pas un caractère obligatoire. L'hétérogénéité des élèves de la classe peut amener à le déplacer dans le temps.
Le « sens » de l'opération (c'est-à-dire l'identification des situations dont la modélisation, pour obtenir la solution, nécessitera l'opération concernée) est depuis longtemps abordé (dès le cycle 1 dans des situations de partage).

Pour l'année de CM1, on pourra imaginer la progression suivante pour la division :

		Calcul mental / en ligne
Période 1	Sens de la division : quotition.	Notions de multiples / mémorisation des multiples de 25 et 50.
Période 2	Sens de la division : partition.	Critères de divisibilité par 2, 5 et 10.
Période 3	Technique de la division euclidienne, diviseur à un chiffre.	Calculs du type ? × 7 = 35 (ou combien de fois 7 pour avoir 35).
Période 4	Technique de la division euclidienne, diviseur à deux chiffres.	Calculs du type 35 : 7 = ? (sans reste) puis 37 divisés par 7 = ? + ?
Période 5	Activités d'entrainement.	

... puis la séquence suivante pour les périodes 3 et 4, ayant pour objectif : « Connaitre et mettre en œuvre un algorithme de calcul posé pour effectuer la division euclidienne d'un entier par un entier ».

Séance 1	Réactivation de la notion de division partition. Recherche de procédures de résolution de problèmes de partage.
Séance 2	Présentation de la procédure experte à partir d'un problème.
Séance 3	Algorithme de la division euclidienne : diviseur à un chiffre.
Séance 4	Algorithme de la division euclidienne : diviseur à deux chiffres.
Séance 5	Entrainement / Évaluation / Remédiation.

Du côté des élèves (prérequis)

- Une maitrise suffisante de faits numériques (tables d'addition, **tables de multiplication**). Les élèves devront commencer à être familiarisés avec le calcul de « *tables de division* » (« Combien de fois 6 dans 30 ? »...) dans les activités de calcul mental ou en ligne (6 × ? = 30).
- Une maitrise de la numération décimale de position :
  - Décomposition « canonique » d'un nombre : 2 546 = 2 000 + 500 + 40 + 6 = (2 × 1 000) + (5 × 100) + (4 x 10) + (6 × 1)
  - Des équivalences comme 2 546, c'est 25 centaines, et 46 unités, c'est aussi 2 milliers, 54 dizaines et 6 unités, ou encore 254 dizaines et 6 unités ...
- Une maitrise de l'algorithme de la soustraction de deux entiers.

- Une familiarisation avec le sens de la division grâce à une fréquentation régulière de situations de partage (depuis le cycle 1).
- Une attitude positive et engagée devant la résolution de problèmes.

3. RÉDIGER LA FICHE DE PRÉPARATION

Choix didactiques (conception)

À nouveau, le choix se porte sur l'entrée par la résolution de problème. Il conviendra de revenir sur les liens entre sens et technique ainsi que l'importance de la place laissée à la manipulation et à la confrontation des procédures utilisées par les élèves (*cf.* sujet 2 page 44).
De même, ce choix renvoie également aux pratiques liées à cette activité (motivation, énoncés...) (*cf.* sujet 12 page 189).

Choix de l'énoncé :

Choisir un problème de division partition va faciliter la compréhension du déroulement de l'algorithme par le partage explicite d'une certaine quantité d'objets entre plusieurs éléments (partage successif). En effet, les deux énoncés « On partage équitablement 330 € entre 15 personnes. Quelle est la part de chacun ? » (partition) et « On partage équitablement 330 € entre des amis. Chacun reçoit 15 €. Combien y a-t-il d'amis ? » (quotition) ne présentent pas pour l'élève la même évidence de modélisation. Nous favorisons donc ce type de division (partition) avec laquelle les élèves sont censés être familiarisés depuis le cycle 1 (on a 12 gâteaux, je vais en donner combien à chacun d'entre nous ?). Il conviendra par la suite, lorsque les élèves maitriseront la technique opératoire, de les amener à modéliser de la même manière les problèmes de division quotition.
Dans ces problèmes, le terme « ***Partage équitable*** » n'est pas à négliger. Les situations sont alors nombreuses et certaines très « classiques » :
– le partage de pièces d'or par un groupe de pirates, comme dans le document 2 ;
– le partage de 345 poissons entre x pêcheurs ;
– le découpage d'un ruban en morceaux de même longueur (avec la difficulté éventuelle de la conversion pour les unités de longueur) ;
– le partage d'un certain nombre d'élèves en 8 équipes pour une rencontre sportive (combien d'élèves dans chaque équipe ?) ;
– Etc ...
Il faudra être prudent dans le choix d'un problème de partage d'une somme d'argent entre plusieurs individus, en raison d'un échange possible « non décimal » du fait de la présence de billets de 50, 20 ou 5 €, de pièces de 2 €, de centimes...
Nous faisons le choix d'une division d'un nombre à trois chiffres par un diviseur à un seul chiffre. Ce choix évacue en premier lieu la difficulté supplémentaire de la soustraction posée pour trouver le reste, ainsi que la nécessité éventuelle de « construire » la table de multiplication du diviseur. Ces apprentissages auront lieu progressivement pour aboutir à la division par un nombre à 2 ou 3 chiffres.
Nous choisissons enfin une situation identique à celle présentée dans le document 2 : « 4 pirates se partagent équitablement le trésor volé sur un autre navire.
Ce trésor est composé de 6 coffres contenant chacun 10 bourses, 7 bourses contenant chacune 10 pièces d'or et deux pièces d'or. Combien chaque pirate aura-t-il de pièces d'or ? »

Pour les supports élèves, une représentation de ce type pourra être utile :

Choix pédagogiques (animation)

À l'occasion de cette séance préparatoire à l'apprentissage de l'algorithme, l'accent est clairement mis sur la manipulation.
L'utilisation du matériel multibase (centaines dizaines unités) est privilégiée comme unités de transition. La fabrication de coffres/bourses/pièces semble trop compliquée.
Éléments de différenciation en raison de difficultés observables :
– schématiser la situation pour décomposer la suite chronologique des actions.
On pourra également, suivant les difficultés rencontrées :
– réduire le champ numérique ;
– organiser des remédiations dans le domaine du calcul mental et en ligne ;
– prévoir la possibilité d'aides individuelles ciblées, éventuellement en proposant un matériel plus explicite (par exemple grandes enveloppes contenant 10 petites enveloppes contenant elles-mêmes 10 pièces...).

Déroulé de séance

Le cadre

<table>
<tr><td colspan="2">Domaine disciplinaire : Mathématiques</td><td>Domaine spécifique : nombres et calculs</td></tr>
<tr><td>Niveau de classe :
Cycle 3/CM1</td><td>Nb d'élèves : 24</td><td>Place de la séance dans la séquence
Séance 2 Durée : 60 min</td></tr>
<tr><td colspan="2">Attendu de fin de cycle
Calculer avec des nombres entiers et des nombres décimaux.</td><td rowspan="2">Compétence(s) visée(s) :
Trouver le résultat d'une division par partages successifs</td></tr>
<tr><td colspan="2">Objectif général
Connaitre et mettre en œuvre un algorithme de calcul posé pour effectuer la division euclidienne d'un entier par un entier.</td></tr>
<tr><td colspan="2">Matériel :
Matériel multibase.
Enveloppes et pièces pour remédiation</td><td>Supports :
Fiche de calcul en ligne
Fiche énoncé du problème
Éventuellement fichier pour réinvestissement
Affiche récapitulative</td></tr>
</table>

Phase 1 Collectif (10')

Calcul en ligne. L'enseignant présente aux élèves le nouvel apprentissage et son contexte. Il précise que l'activité de calcul en ligne est proposée pour faciliter les activités suivantes. Chaque élève reçoit une fiche portant des calculs à compléter avec des formes diverses : 6 × ... = 36 ; Combien de fois 7 pour avoir 49 ? ; 47 = (9 × ...) + ...
Critères de différenciation : aides individuelles, accès aux tables de multiplication, simplification des champs numériques, recherche par binômes...
Correction collective.

Phase 2 Individuel (10')

Recherche. La fiche de l'énoncé du problème est proposée à chaque élève.
L'enseignant s'assure d'une bonne compréhension de la situation.
Procédures possibles :
➔ Recherche par essais/erreurs et réajustement, avec éventuellement recours à des encadrements (100 ce n'est pas assez, 200 c'est trop ...).
➔ Certains élèves utiliseront peut-être déjà les partages successifs.

Phase 3 Collectif (10')

Mise en commun. Les élèves volontaires proposent leur solution et la démarche utilisée. Chaque présentation est mise en débat. L'enseignant gère les échanges.
Il annonce que les élèves vont maintenant vérifier leurs résultats et apprendre la technique de la division.

Phase 4 Groupes de 4 élèves (10')

Nouvelle recherche. Distribution du matériel multibase. Chaque groupe est en possession de 6 centaines, 7 dizaines et 2 unités. Ils doivent se partager les cubes équitablement entre les 4 membres du groupe.
L'enseignant veille à ce que le lien entre la manipulation du matériel et l'énoncé de problème précédent soit bien établi.
L'erreur la plus fréquente sera de partager ce qui est matériellement possible (4 centaines et 4 dizaines) en ignorant le reste.
L'enseignant aide éventuellement à réaliser les échanges pour finaliser les partages.

Phase 5 Collectif (10')

Mise en commun. Nouvelle confrontation des procédures utilisées, validation des résultats et présentation de la « méthode ».
Elle pourra se faire de la même façon que la présentation du fichier proposé en document 2.
L'enseignant propose une nouvelle manipulation avec la division de 841 par 5 par exemple, qui induira un reste, non partageable dans le cadre de la division euclidienne.

Phase 6 Individuel (10')

Entrainement. Calculs sur fichier ou fiche individuelle. Selon le niveau de chaque élève, on pourra adapter la présentation « en potence » (conserver les représentations des coffres/bourses/pièces, celles du matériel multibase, conserver les termes C, D, U...).

4. PRÉPARER L'ORAL

Introduction

La séance de mathématiques que je vais vous détailler appartient au domaine « Nombres et calculs » des programmes officiels de l'école élémentaire. Elle concerne plus précisément la construction et l'apprentissage de l'algorithme de la division euclidienne de deux nombres entiers (*éventuellement définition de cette division comme procédure de calcul qui associe à deux nombres entiers – dividende et diviseurs – deux autres entiers – un quotient et un reste –*), dans une classe de CM1, première année du cycle 3.
Le sens de la division est abordé dès le cycle 1 (*un exemple...*) et tout au long de la scolarité primaire. Elle est présente également dans de nombreuses compétences de calcul mental et en numération, ainsi que dans les situations de proportionnalité au cycle 3.
L'algorithme de calcul usuel est travaillé une première fois au CE2, mais son appropriation se fait en cycle 3, d'abord sous le terme de division euclidienne puis, au CM2, en abordant la division décimale.
La séance proposée représente les activités préparatoires à la compétence « *Connaitre et mettre en œuvre un algorithme de calcul posé pour effectuer la division euclidienne d'un entier par un entier* ».

Conclusion

La division est souvent présentée comme l'opération la plus complexe parmi les quatre, tant pour la maitrise du sens que pour son algorithme de calcul. C'est pourquoi son apprentissage doit être étroitement lié à la manipulation, au travers de situations problèmes, et abordée très tôt dans la scolarité.

Questions du jury

Comment peut-on prévoir de passer de la division euclidienne à la division décimale ?
Réponse : Tous les contextes ne peuvent pas être utilisés pour évoluer de la division euclidienne à la division décimale.
Il faudra poser la question du partage du reste et que ce reste soit fractionnable en dixièmes, centièmes.
Il est indispensable d'utiliser un contexte qui permet d'utiliser la numération décimale.

Autres questions possibles :
Comment envisagez-vous le déroulement de la séance suivante ?
La technique opératoire de la division euclidienne utilisée au cours de cette séance s'appuie grandement sur des connaissances et compétences relatives à la numération. Connaissez-vous une autre technique pour effectuer une division euclidienne ?

Sur Lea.fr
Les réponses aux autres questions

Sujet n° 5 CRPE 2023
Formes et grandeurs GS

Vous êtes enseignant en Grande Section, en période 3.
En vous appuyant sur les documents proposés, vous présenterez une séance sur l'exploration des formes, des grandeurs, des suites organisées en prenant en compte la diversité des élèves.

CORPUS DE DOCUMENTS

Document 1. Programme d'enseignement de l'école maternelle (extraits), Bulletin officiel n° 25 du 24 juin 2021.

Acquérir les premiers outils mathématiques : Explorer des formes, des grandeurs, des suites organisées

Très tôt, les jeunes enfants discernent intuitivement des formes (carré, triangle, etc.) et des grandeurs (longueur, contenance, masse, aire, etc.). À l'école maternelle, ils construisent des connaissances et des repères sur quelques formes et grandeurs. L'approche des formes planes, des objets de l'espace, des grandeurs, se fait par la perception visuelle, la manipulation et la coordination d'actions sur des objets. Cette approche est soutenue par le langage : il permet de décrire ces objets et ces actions et favorise l'identification de premières caractéristiques descriptives. Ces connaissances qui resteront limitées constituent une première approche de la géométrie et de la mesure qui seront enseignées aux cycles 2 et 3.

4.2.1. Objectifs visés et éléments de progressivité

Très tôt, les enfants regroupent les objets, soit en fonction de leur aspect, soit en fonction de leur utilisation familière ou de leurs effets. À l'école, ils sont incités à « mettre ensemble ce qui va ensemble » pour comprendre que tout objet peut appartenir à plusieurs catégories et que certains objets ne peuvent pas appartenir à celles-ci.
Par des observations, des comparaisons, des tris, les enfants sont amenés à mieux distinguer différents types de critères : forme, longueur, masse, contenance essentiellement. Ils apprennent **progressivement** à reconnaître, distinguer, décrire des solides puis des formes planes. Ils commencent à appréhender la notion d'alignement qu'ils peuvent aussi expérimenter dans les séances d'activités physiques. L'enseignant est attentif au fait que l'appréhension des formes planes est plus abstraite que celle des solides et que certains termes prêtent à confusion (carré/cube). L'enseignant utilise un vocabulaire précis (cube, boule, pyramide, cylindre, carré, rectangle, triangle, cercle ou disque – à préférer à « rond ») que les enfants sont entraînés ainsi à comprendre d'abord puis amenés progressivement à utiliser.

Par ailleurs, **dès la petite section**, les enfants sont invités à organiser des suites d'objets en fonction de critères de formes et de couleurs ; les premiers algorithmes qui leur sont proposés sont constitués d'alternances simples. **Dans les années suivantes, progressivement**, ils sont amenés à reconnaître un rythme dans une suite organisée et à continuer cette suite, à inventer des « rythmes » de plus en plus compliqués, à compléter des manques dans une suite organisée.

4.2.2. Ce qui est attendu des enfants en fin d'école maternelle

– Classer des objets en fonction de caractéristiques liées à leur forme.
– Reconnaître quelques solides (cube, pyramide, boule, cylindre).
– Savoir nommer quelques formes planes (carré, triangle, cercle ou disque, rectangle) et ce dans toutes leurs orientations et configurations.
– Classer ou ranger des objets selon un critère de longueur ou de masse ou de contenance.

Document 2. Extrait de Marie-Jeanne Perrin-Glorian. Jouer avec des formes en maternelle : premiers pas vers la géométrie. 2015. hal-01296515.

La reproduction d'un modèle

Dans la reproduction d'un modèle, on peut jouer sur plusieurs variables pour faire évoluer les connaissances nécessaires pour réussir :
Dans le cas où le modèle est à la même taille que l'assemblage à réaliser, la situation la plus basique consiste à reproduire l'assemblage sur le modèle lui-même. On peut ensuite demander de reconstituer la figure à côté du modèle en gardant le modèle à la même taille.
Les élèves peuvent alors encore superposer les pièces sur le modèle pour vérifier le choix des pièces et leur orientation plus facilement, notamment en petite section (PS) voire moyenne section (MS).
Cependant ils doivent alors repérer et reproduire des alignements et des coïncidences de sommets qui, dans le premier cas, étaient pris en charge par le modèle.

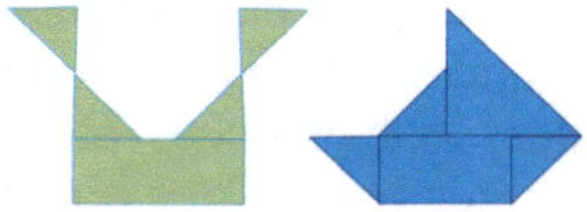

Dans un encastrement de formes géométriques, même avec plusieurs pièces, les alignements et coïncidences de sommets sont en général pris en charge par le matériel : l'encastrement n'est pas possible sinon.
La vérification des pièces par superposition est importante pour aider à dissocier la forme de sa position. Elle préfigure de plus la superposition d'un transparent comme moyen de validation pour des figures dessinées sur papier.
S'il y a un nombre relativement important de pièces, la reproduction d'un modèle peut, par exemple en PS, être organisée par une histoire qui met un ordre sur les pièces à assembler, chaque page amenant une nouvelle pièce. On n'a alors à examiner la forme et la position que d'une pièce à la fois. Si les élèves ne disposent que du modèle, ils doivent eux-mêmes choisir un ordre dans lequel agencer les pièces.

Pour reproduire un modèle disponible à une taille différente, il faut reconnaître la forme des pièces, leur taille relative (pour les triangles dans le cas du tangram par exemple), et aussi la position qu'elles occupent dans le dessin. Je vais prendre le cas où chaque pièce est dessinée sur le modèle ; le cas où les pièces ne sont pas dessinées me paraît trop difficile pour la plupart des élèves de maternelle, sauf s'il y a très peu de pièces.
Plusieurs notions géométriques peuvent être à l'œuvre dans la reproduction d'un modèle. (...)
Dans la reproduction de figures simples ou d'assemblages, suivant que le modèle est présent sur la table de l'enfant ou éloigné, suivant qu'il est à la même taille (ce qui permet la superposition) ou non (ce qui demande de repérer des rapports de grandeurs), les connaissances à mettre en œuvre ne sont pas les mêmes.

(https://hal.science/hal-01296515/document)

Document 3. Exemples de travaux d'élèves.

Consignes : « Reproduis le modèle proposé. »

Modèle A proposé — Quelques réponses

Modèle B proposé — Quelques réponses

A – CONNAISSANCES DIDACTIQUES À MOBILISER

1. LA FIGURE GÉOMÉTRIQUE

Une figure géométrique est un concept, une abstraction et pas seulement une forme ou un tracé.

Le dessin ci-contre ou tracé représente un carré.

Il représente le concept d'une figure géométrique qui est un quadrilatère fermé non croisé qui a quatre côtés de longueurs égales et des angles droits.

Pour l'enfant, ce concept s'élabore petit à petit en passant par diverses étapes.

Très tôt l'enfant distingue les formes : carré, rond, rectangle, triangle.

Il en a une connaissance perceptive qui lui permet de réussir des exercices de type emboitement.

Au cours de ces exercices, l'élève manipule des volumes de forme particulière : cube, sphère, cylindre, pyramide etc.

L'approche des formes et des grandeurs s'opère d'abord dans l'espace.

Cette approche perceptive, qui petit à petit permettra à l'enfant d'accéder aux concepts des différentes formes, doit être accompagnée d'activités langagières.

Les activités de manipulation des volumes se poursuivent avec des jeux de construction de plus en plus sophistiqués.

2. DES EXEMPLES D'OUTILS UTILISABLES À L'ÉCOLE

Solides	Figures planes
Boites à formes Tous jeux de construction (Bois/plastique, différents systèmes de fixation...) avec solides constitués, ou à construire à partir de faces (matériel Polydron...) Allumettes, piques à brochettes (arêtes), pâte à modeler (sommets)	Puzzles divers (dont le Tangram) : à encastrement ou pas. Formes diverses reproduites sur carton / plastique... Bandes de papier Blocs logiques Géoplan Allumettes, piques à brochettes (côtés), pâte à modeler (sommets)

La manipulation des volumes et les activités langagières associées mènent l'élève vers une première connaissance des formes et des grandeurs.
Cependant les formes qu'il s'agit de travailler à l'école maternelle sont des formes planes. Pour ce faire, il est nécessaire d'utiliser un intermédiaire entre les volumes et les formes planes pour permettre à l'élève d'aller vers la conception des formes planes.
Ces intermédiaires sont des formes en volume mais plates, en bois ou en plastique, que l'on peut manipuler et mettre dans des positions diverses.
Il s'agit notamment d'approcher avec l'élève, la permanence de la forme, lorsque l'on fait varier son orientation.
Dans une approche perceptive, l'élève reconnait aisément un triangle représenté ainsi :

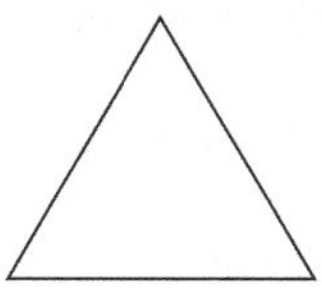

On parle de disposition canonique (standardisé) du triangle.
Mais plus difficilement, si le triangle est présenté de la sorte :

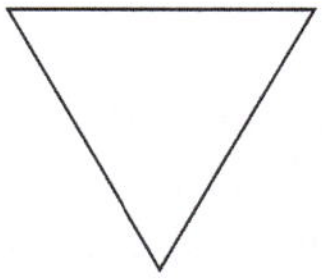

Par ailleurs, le vocabulaire que nous utilisons est parfois inducteur de certaines difficultés, ne dit-on pas que le triangle a des sommets ?

OBSTACLES RENCONTRÉS PAR LES ÉLÈVES

Pour de nombreux élèves, le carré change de nature ; par une simple rotation, il devient losange ou cerf-volant.

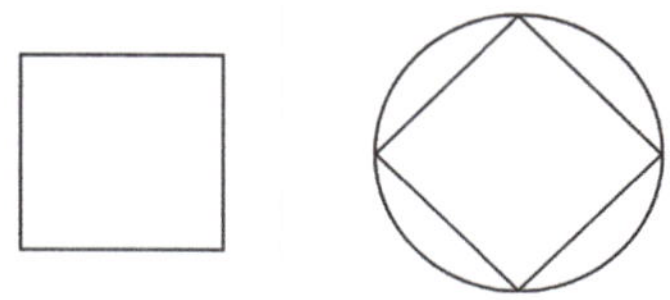

La connaissance d'une forme nécessite de proposer aux élèves des activités de manipulation des formes (presque) planes **du type puzzle**, dans lesquelles les formes pour être mises en place doivent être tournées (orientées) un peu dans tous les sens.
Cette perception relative concerne également les représentations des formes, sur une feuille par exemple. Celles-ci seront plus aisément identifiées lorsque les côtés sont parallèles au bord du support.
Parmi tous ces puzzles il y en a un qui est particulièrement utilisé dans le cadre scolaire parce qu'il permet de travailler progressivement les compétences des élèves. Il s'agit du **tangram** :

Le tangram est un puzzle d'origine chinoise composé de 7 pièces :
- deux petits triangles isocèles rectangles ;
- un triangle isocèle rectangle moyen ;
- deux grands triangles isocèles rectangle ;
- un carré ;
- un parallélogramme (c'est souvent cette pièce qui peut poser des problèmes aux enfants en raison de différence de perception de l'orientation après retournement).

Un pavage particulier de ces pièces permet d'obtenir un grand carré.
D'autres agencements variés permettent d'obtenir des figures diverses :

Pour une utilisation en cycle 1, les pièces, dans un souci de différenciation, pourront être colorées ou monochromes.
Dans des activités de reproductions de figures, on pourra proposer des gabarits :

Avec contours des pièces

ou sans

L'utilisation du tangram permet de travailler connaissances et compétences :
- Reconnaitre et nommer les formes, les grandeurs.
- Orienter les formes dans l'espace et le plan.
- Juxtaposer des formes par coïncidence des côtés, des sommets avec d'autres sommets.
- Apprécier les longueurs en cas de décalage.
- Imaginer des formes.

Attention : le tangram ne présente jamais de chevauchement de formes géométriques.
Voir sur Lea.fr des informations complémentaires sur son utilisation en classe.

L'utilisation du tangram va permettre également de développer chez l'élève au-delà d'une approche perceptive des figures, une vision plus analytique en apprenant notamment à décomposer une figure complexe en figures simples :

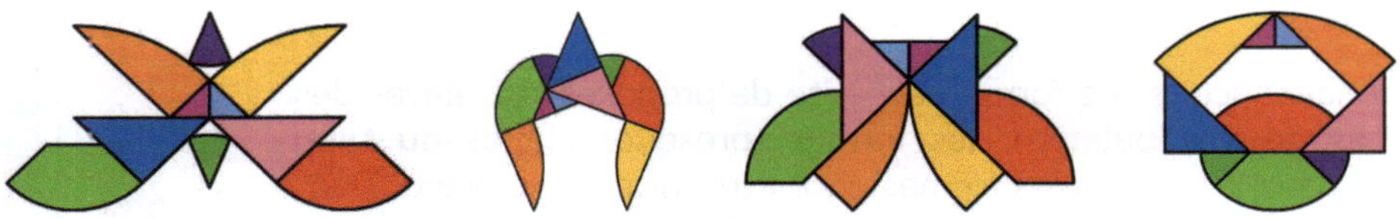

Les activités de tri et classement permettront également de forger les concepts des différentes formes.

Enfin, dans des tâches libres ou contraintes, le tangram va placer les élèves en face de véritables problèmes à résoudre.

B – TRAITEMENT DU SUJET

1. LIRE ET ANALYSER LES DOCUMENTS

Les indications les plus essentielles sont répertoriées dans un cadre : **À NOTER**

Document 1

Le document 1 est un extrait des programmes de l'école maternelle en vigueur, datant de juin 2021 (« Acquérir les premiers outils mathématiques ») et concernant précisément la partie « Explorer les formes, les grandeurs, les suites organisées ».

« L'enseignement » de la géométrie à l'école primaire suit une progression qui peut être résumée avec ce tableau :

À NOTER

Les orientations didactiques données dans ce document :
– l'importance des activités langagières et de l'utilisation **d'un vocabulaire précis** *;*
*– la progression dans l'apprentissage des formes : d'abord les solides, avant les figures planes, considérées comme « **plus abstraites** » et vues comme les « empreintes » des faces d'un solide ;*
– les formes doivent être reconnues dans « **toutes les orientations et configurations** *».*

Géométrie	Perceptive	Instrumentée	Déductive
Cycle 1	■		
Cycle 2	■	■	
Cycles 3 et 4		■	■

À l'école maternelle (cycle 1), la géométrie est approchée de manière exclusivement perceptive. Les activités proposées aux élèves sont des activités de tri, classement, construction, pavage, et dessin. La part de la manipulation y est prépondérante. Ces activités seront complétées par des activités liées au repérage dans le temps et dans l'espace, elles permettront à l'enfant de structurer sa pensée.

Document 2

Il s'agit d'un extrait d'un article didactique « Jouer avec des formes en maternelle : premiers pas vers la géométrie » de Marie-Jeanne Perrin-Glorian.

À NOTER

Le document apporte quelques bonnes idées de leviers de différenciation pour la prise en charge de l'hétérogénéité des élèves.

Le passage concerné évoque la reproduction d'un modèle avec des pièces de tangram.
Il propose plusieurs variables de situations pour la progression des élèves :
– L'échelle :
– identique par rapport au modèle :
La tâche de l'élève est de :
soit reconstituer la figure par superposition directe sur le modèle ;
soit reconstituer la figure à côté du modèle. Des difficultés apparaissent alors (reconnaissance des formes, orientation, alignements et coïncidences de sommet). Dans ce cas cependant, on pourra faire en sorte que l'élève puisse avoir recours à des « superpositions intermédiaires » (poser sur le modèle pour repérer la forme, la grandeur et l'orientation, avant de poser à côté du modèle) ;
– différente du modèle : la tâche demande alors la mobilisation de compétences plus développées (reconnaissance relative des formes, repérage de l'orientation). L'auteure précise que ce travail, dans ce cas, sans les contours de pièces sur le modèle, n'est pas adapté à des élèves de maternelle.
– L'utilisation d'un ordre précis dans la reconstitution du modèle : une figure à la fois, dans l'ordre indiqué.

Document 3

Ces exemples de travaux d'élèves, tous basés sur l'utilisation des pièces d'un tangram, permettent de mettre en évidence les différentes difficultés rencontrées par les élèves et les erreurs qui en découlent.

À NOTER

La formulation de la consigne, telle qu'elle est présentée, peut ne pas être très explicite pour certains élèves.

◆ Modèle A

Les pièces utilisées dans cet exercice ne correspondent pas aux pièces « standard » du tangram (présence d'un rectangle au lieu du carré, triangles non isocèles...). Ceci n'affecte en rien, ni la tâche et la compétence visée dans l'exercice, ni l'analyse des erreurs.
Dans cette figure à reproduire, les contours des pièces reliées par les sommets sont présents, pas ceux des côtés communs.
La tâche de l'élève consiste pour une part à reconnaitre les formes et à bien les ajuster sur le support en faisant varier leur orientation et d'autre part à décomposer analytiquement le corps pour le recouvrir de deux triangles ou à procéder empiriquement en faisant des essais.
On constate sur les travaux des deux élèves que la première partie de la tâche a été réussie. Les élèves reconnaissent les formes dont on perçoit les contours et orientent plus ou moins précisément celles qui les recouvrent.

La deuxième tâche n'est pas du tout réussie pour le premier élève, et partiellement réussie pour le second.

- **Modèle B**

La tâche de l'élève consiste à reproduire une figure par superposition des pièces sur un gabarit sans contours intérieurs. Là non plus, les pièces positionnées par leur sommet ne posent pas de problème.
La tâche de l'élève est ici plus complexe. On peut imaginer que les élèves reconnaissent les formes et les égalités de longueur, et qu'ils valident par la superposition.
Deux procédures possibles :
– une vision analytique qui décompose mentalement la silhouette en formes simples dont l'élève dispose. Puis l'élève pose les formes au fur et à mesure pour reproduire la silhouette ;
– une deuxième procédure plus empirique dans laquelle l'élève procède par essais erreurs successifs.
On peut également penser qu'une procédure envisageable est un mixte des deux précédentes. L'élève commence par placer une ou deux formes de manière empirique. Cela suffit à développer une vision analytique de la silhouette et lui permet de la compléter.
Aucun des deux travaux d'élèves proposés n'est une totale réussite.

2. SITUER LA SÉANCE À CONCEVOIR

Du côté de l'enseignant

En cohérence avec l'activité proposée dans l'annexe 3, nous choisirons de mettre en œuvre un apprentissage sur la reconnaissance et la reproduction de figures planes à partir de l'utilisation du **tangram**.
Notre séance se situe en GS, mais le travail sur le tangram a fait l'objet d'un apprentissage depuis la PS, selon ce tableau d'activités qui doit être pris en compte dans la conception de séance.

PS	MS	GS
Repérage « empirique » des formes Découverte et simple manipulation libre du matériel. Réaliser des empreintes des formes (peinture, pâte à modeler...). Tracer les contours. Positionner une pièce correctement sur son gabarit.	**Reconnaissance des formes** Trier les pièces. Reproduire les formes à main levée. Nommer les formes. Commencer à reproduire des pavages avec contours visibles. Réaliser des créations libres. Commencer à donner des indications orales sur les formes.	**Réinvestir en accentuant les difficultés** Identifier sommets et côtés des pièces, égalités de longueur. Reproduire des figures sur des gabarits avec puis sans contours des pièces. Reproduire une figure à côté du modèle. Reproduire une figure à une échelle différente du modèle.

Du côté de l'élève (prérequis)

Concernant le travail spécifique sur le tangram, il s'agira de faire apparaitre les compétences attendues :

Activités	Compétences visées
Observer, trier, classer des formes planes.	Reconnaitre, nommer et décrire des carrés, des rectangles, des triangles, dans différentes configurations.
Explorer le tangram : Réaliser des formes libres sans puis avec contraintes : – nombre et couleur des pièces utilisées – contacts par les sommets, les côtés Paver des figures de plus en plus complexes : – avec contours intérieurs des pièces – sans contours intérieurs – à l'échelle identique ou pas	Identifier des figures planes simples et connues dans une figure complexe. Orienter des pièces par rotation ou retournement. Utiliser des représentations mentales des formes connues.

L'intégralité des activités donne lieu à la verbalisation de la description des formes (et de leurs propriétés implicites) et des procédures de réalisation des reproductions.

Pour rappel, la séance décrite se situe en période 3 de GS (janvier / février de l'année scolaire).

3. PRÉPARER LA SÉANCE

Choix didactiques (conception)

L'intitulé du sujet laisse une certaine liberté au candidat pour choisir un domaine d'apprentissage et les activités proposées, entre l'exploration des formes, l'exploration des grandeurs et celle des suites organisées.
Dans notre cas, et pour une utilisation optimale des documents fournis, nous choisissons de proposer une séance sur le tangram, en valorisant les termes « **en prenant en compte la diversité des élèves** » présents dans l'énoncé du sujet.
Dans ce but, et pour mettre en évidence les difficultés éventuelles de certains élèves, nous proposerons une séance comportant des évaluations formatives régulières qui pourront nous permettre de proposer des situations de remédiation pour les élèves en difficultés.
Cette séquence est construite autour des activités précisées dans le tableau ci-dessus.

Ce type d'activités, comme toutes celles de maternelle, invite à mettre en évidence l'importance du langage : quelles sont les compétences spécifiques dans ce domaine ?
– Nommer les formes.
– Formuler des propriétés d'une façon empirique (« c'est plus grand », « ils se touchent par le coin », « il a 3 bords », « c'est pareil – ou pas » etc.).
– Formuler des actions (placer, déplacer, tourner, retourner, poser, etc.).
– Utiliser un lexique topologique (à côté, contre, en dessous, etc.).
Le tout en utilisant progressivement le vocabulaire le plus exact et précis possible.

Choix pédagogiques (animation)

Généralement, à l'école maternelle, l'organisation de la classe et des apprentissages est basée sur la composition de groupes hétérogènes, dans le cadre d'ateliers « tournants », planifiés sur deux jours, ou sur une semaine.
Cette organisation favorise l'entraide, la confrontation des démarches, une émulation positive du côté de l'élève et, pour l'enseignant, la possibilité de prise en charge plus individualisée.
Dans l'organisation d'une journée à l'école maternelle, certains moments peuvent devenir d'importantes phases d'apprentissage : l'accueil par exemple peut être sujet à l'observation de difficultés particulières, et à la mise en place de courts moments de remédiation individuelle par l'enseignant.
Dans cette activité spécifique, il faudra veiller à ce que chaque élève soit amené à manipuler d'une façon autonome et à verbaliser ses productions et ses démarches.
Variables à mettre en œuvre pour gérer la différenciation :

- nombre de pièces de tangram,
- présence ou pas des contours intérieurs,
- utilisation de pièces colorées ou monochromes,
- reproduction à l'échelle ou pas.

Plus quelques constantes habituelles que sont le temps laissé à l'élève, l'étayage de l'enseignant, l'aide et la coopération d'un pair, etc.
Concernant la diversité des élèves, il est nécessaire d'avoir à l'esprit que, à l'école maternelle encore davantage, les « difficultés » peuvent apparaitre en fonction de la maturité de l'enfant. Pour la séance concernée, située en janvier/février, dans le même groupe d'élèves, l'écart d'âge peut aller jusqu'à 10 ou 11 mois, ce qui est énorme !

À ce niveau de classe, l'atelier n'excédera pas 20' ou 25'.
En maternelle, une attention particulière doit être apportée à la formulation des consignes de travail et à l'assurance de leur appropriation par les élèves.
Nous faisons le choix d'une séance en atelier dirigé de 6 élèves, durant laquelle les difficultés attendues, semblables à celles décrites dans le document 3, permettront de proposer des aides individualisées au regard des erreurs relevées.
Il s'agira de proposer aux élèves plusieurs tâches successives, de difficulté croissante.

Choix du matériel. En grande section de maternelle, les tangrams peuvent éventuellement être découpés aux ciseaux à partir du « grand carré », sur les contours intérieurs. Il s'agit d'un bon exercice de motricité fine, associée à une imprégnation implicite des formes. Cependant, ces découpages peuvent présenter des imperfections, incompatibles avec les activités proposées (ils auront fait partie de séances antérieures). Pour notre séance, nous utiliserons des formes prédécoupées, soit issues de tangrams du commerce, soit fabriquées en carton et plastifiées.
Certaines fiches de travail sont présentées sur feuilles photocopiées.
Les figures à reconstituer sont également sur fiches ou supports plastifiés.

Déroulé de la séance :

Domaine disciplinaire : *Mathématiques*		Domaine spécifique : *Acquérir les premiers outils mathématiques*
Niveau de classe : *Cycle 1 / GS* *Durée 20'*	Nb d'élèves : *6*	Période 3 Explorer des formes

Objectif général *Explorer des formes, des grandeurs, des suites organisées*	Compétence(s) visée(s) : *Réaliser la reproduction d'une figure par superposition de pièces d'un tangram*
Attendu de fin de cycle *Reproduire un assemblage à partir d'un modèle*	
Matériel et supports Pièces de tangram noires et colorées. Fiches de travail : – Pièces éclatées de 6 tangrams complets – 6 boites – Figures à compléter – Figures à reproduire	

Phase 1 Individuel (5')
Recherche. L'enseignant présente les pièces d'un tangram étalées sur la table.
Consigne : « (re)connaissez-vous ce jeu ? Qui peut me montrer un carré / un triangle ? Quelle est cette forme (en montrant un triangle) ? Comment la reconnaissez-vous ? »
Consigne(en montrant le parallélogramme) : « Quelle est cette forme ? »
L'enseignant prend en compte les réponses, modifie si nécessaire.

L'enseignant présente les pièces des six tangrams étalées sur la table.
Consigne : « Vous avez une boite devant vous. Chacun prend un carré et le met dans sa boite. »
L'enseignant réitère sa question avec les autres pièces (un grand triangle, un petit triangle, un triangle moyen, la pièce qui n'est ni un carré, ni un triangle).
Chaque élève du groupe a désormais une boite contenant un jeu des 7 pièces du tangram noires (ou monochromes).
Consigne : « Vous devez poser chaque pièce sur la même forme du modèle (fiche individuelle distribuée aux élèves). »

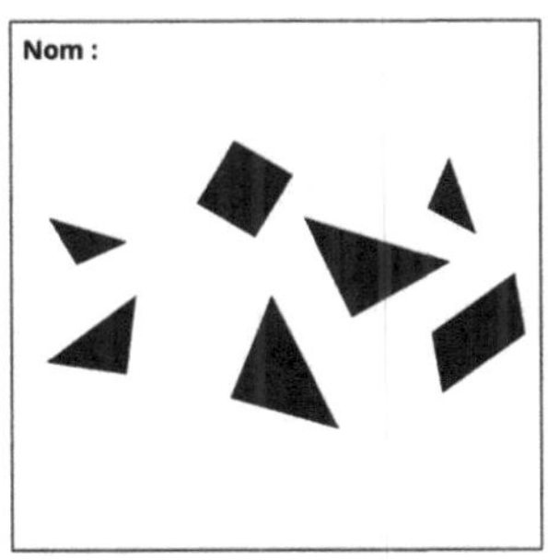

Erreurs observables :
– mauvaise reconnaissance de la forme,
– reconnaissance de la forme, mais pas de la grandeur,
– orientation,
– difficultés liées au parallélogramme,
– difficultés de verbalisation des procédures.

Phase 2 Collectif (2')
Validation. L'enseignant montre successivement aux élèves les différentes productions et interroge chacun : « Comment as-tu fait ? »
Puis tous : « Que pensez-vous de la fiche de... (un élève qui a fait une ou plusieurs erreurs) ? »

Les élèves donnent leurs avis sur les erreurs. Le(s) élève(s) concerné(s) sont invités à corriger leurs erreurs

Phase 3 Individuel (3')

Recherche. L'enseignant propose cette figure sur fiche individuelle.
Consigne : « Vous regardez bien les 3 pièces noires. Vous choisissez les mêmes dans votre boite et vous les posez sur le modèle. »
Pour l'élève, cette phase mobilise à la fois la notion de forme, de grandeur et d'orientation.
Validation par l'enseignant, nouveaux échanges sur les procédures utilisées.

Erreurs observables :
– tâche incomplète,
– erreurs sur la dimension du triangle,
– mauvaise orientation des pièces.

Phase 4 Individuel (5')

Nouvelle recherche. Il s'agit de recouvrir plusieurs formes complètes en utilisant toutes les pièces du tangram.

– Les contours intérieurs sont visibles

– Contours non visibles

Erreurs observables :
– probablement les mêmes que celles relevées dans le document 3.

Phase 5 Individuel (10')

Activités ludiques et remédiation. On propose aux élèves en réussite d'autres figures à compléter, et/ou des figures à concevoir et à faire reproduire par d'autres. Ces productions seront présentées au groupe et affichées en classe.
L'enseignant propose aux élèves en difficulté quelques tâches simplifiées avec un étayage individualisé :
– Proposer une fiche avec seulement 2 ou 3 figures à recouvrir, au lieu des sept demandées.
Il est possible également d'avoir recours à des pièces colorées pour les élèves les plus en échec.
– Pour ceux qui présentent des difficultés dans la manipulation et l'orientation du parallélogramme, l'enseignant donne à l'élève un parallélogramme plastifié et la fiche suivante :
Consigne : « Recouvre chaque figure avec celle que tu as dans ta main. »

Pour les erreurs relevées en phase 3 :
– diminuer encore le nombre de pièces à placer (1 ou 2) ;
– utiliser des pièces colorées et les identifier sur un modèle complet ;
– fractionner la tâche en prenant en compte une pièce à la fois.

Pour clôturer la séance, l'enseignant présente les productions de la phase 5, procède au rangement du matériel.

4. PRÉPARER L'ORAL

Introduction

La séance que je vais vous présenter se situe en période 3 de l'année scolaire, dans une classe de GS. Les élèves travaillent depuis la PS sur la reconnaissance des formes géométriques : les solides et les formes planes. Dans ce contexte a été proposée une séquence sur le tangram. Les objectifs de cette séquence sont d'affirmer la reconnaissance et la description des formes, de les utiliser pour reproduire des figures géométriques et d'utiliser le langage pour verbaliser les descriptions et les procédures mises en place. Aux termes de cette séquence et en tenant compte des difficultés observées, je propose plusieurs activités évolutives et différenciées qui pourront servir d'évaluation des compétences acquises par les élèves de la classe.

Conclusion

Dans le cours de l'année, le tangram pourra encore être utilisé d'une façon plus libre et ludique pour reproduire des figures. Ces activités, alliées à d'autres tâches sur la connaissance des figures géométriques, permettront de faciliter l'entrée des élèves dans une géométrie instrumentée, au cycle 2.

Questions du jury

Le tangram peut-il représenter un support d'apprentissage en cycle 3 ? De quelles façons ?

Le tangram est un outil à fonction pédagogique durant toute la scolarité. Nous venons de voir ses diverses utilisations et les compétences développées en maternelle. Il pourra être régulièrement proposé par la suite en activités ludiques :
- pavages de pièces de plus en plus complexes,
- agencements personnels.

Mais il prendra aussi toute sa place en cycle 3 lors de l'apprentissage des aires, en tant qu'objet privilégié pour mettre en évidence la notion de l'invariance de l'aire de surfaces de formes différentes.

Autres questions possibles :

À quels autres domaines des programmes de l'école maternelle votre séance fait-elle référence ? De quelle manière ?

Pourquoi la verbalisation, à l'école maternelle, est-elle importante dans ce type d'apprentissage ?

Sur Lea.fr

Les réponses aux autres questions

Sujet n° 6
Décomposition additive GS

Dans le cadre d'une séquence visant la compétence : « Dire combien il faut ajouter ou enlever pour obtenir des quantités ne dépassant pas dix ». un enseignant prévoit un atelier pour un groupe de 12 élèves de GS en période 4 visant spécifiquement la connaissance des décompositions additives des nombres de 2 à 9.
Vous concevrez cet atelier et son animation.
Dans les séances qui précèdent, les élèves ont eu l'occasion de revoir les multiples représentations des nombres – de 1 à 9 – à leur disposition : graphie, dé, domino, doigts de la main.

CORPUS DE DOCUMENTS

Document 1. Extrait du programme de l'école maternelle (BOEN du 24 juin 2021).

Ce qui est attendu des enfants en fin d'école maternelle

– Évaluer et comparer des collections d'objets avec des procédures numériques ou non numériques.
– Réaliser une collection dont le cardinal est donné.
– Utiliser le dénombrement pour comparer deux quantités, pour constituer une collection d'une taille donnée ou pour réaliser une collection de quantité égale à la collection proposée.
– Utiliser le nombre pour exprimer la position d'un objet ou d'une personne dans un jeu, dans une situation organisée, sur un rang ou pour comparer des positions.
– Mobiliser des symboles analogiques, verbaux ou écrits, conventionnels ou non conventionnels pour communiquer des informations orales et écrites sur une quantité.
– Avoir compris que le cardinal ne change pas si on modifie la disposition spatiale ou la nature des éléments.
– Avoir compris que tout nombre s'obtient en ajoutant un au nombre précédent et que cela correspond à l'ajout d'une unité à la quantité précédente.
– Quantifier des collections jusqu'à dix au moins ; les composer et les décomposer par manipulations effectives puis mentales. Dire combien il faut ajouter ou enlever pour obtenir des quantités ne dépassant pas dix.
– Parler des nombres à l'aide de leur décomposition.
– Dire la suite des nombres jusqu'à trente. Lire les nombres écrits en chiffres jusqu'à dix.

Document 2. Séquence « Fabriquer un album à compter », publiée par l'académie de Nancy – Metz, circonscription de Jarville.

FABRIQUER UN ALBUM À COMPTER

Les PS et MS vont fabriquer un livre proposant la recette de la soupe de légumes.
À travers différentes activités concernant les albums à compter, les enfants construiront 4 albums à compter.

Ce livre permettra aux GS de l'école de cuisiner la soupe de légumes.
Ils suivront la recette et dénombreront les légumes nécessaires.

1. Lecture d'albums à compter

Objectif : Écouter une histoire jusqu'à la fin et repérer les nombres lus
Situation : En collectif
Déroulement : sur une quinzaine de jours, les élèves vont écouter une histoire à compter chaque jour.
Après plusieurs histoires lues, on demande aux enfants de repérer ce qui est commun aux histoires : les nombres.

2. Tri d'albums

Objectif : Différencier les albums à compter des autres
Situation : Groupe de 5 ou 6 enfants avec la maitresse

Préalable pour les PS et MS : Les enfants ont travaillé sur l'écriture chiffrée des nombres

Déroulement : Une dizaine d'albums à compter ou non sont étalés devant le groupe d'enfants. Les albums à compter sont en écriture chiffrée (1, 2, 3...)

Consigne : « Triez les albums dans lesquels vous voyez ou avez entendu des chiffres »

3. Manipulations autour des livres à compter

Objectif : S'approprier la succession des nombres
Ex : remettre dans l'ordre les pages photocopiées d'un livre à compter.
Objectif : Repérer un chiffre précis et les quantités associées
Ex : photocopier les pages de plusieurs albums et associer les pages qui concernent une quantité précise.

4. Fabrication de l'album : Notre soupe

La maitresse explique aux enfants qu'ils vont créer un album à compter. Ils vont écrire dans le livre la recette d'une soupe de légumes que les Grandes Sections réaliseront. Il va falloir nommer et dénombrer les ingrédients (Un travail de langage sur les légumes est fait en parallèle.). On définit ensemble quels légumes et quelle quantité entrent dans la recette :
- 1 oignon
- 2 navets
- 3 poireaux
- 4 carottes
- 5 tomates
- 6 pommes de terre

A. Jeu de la marchande

Objectif : Dénombrer une quantité, reconnaitre un chiffre associé à une quantité

Déroulement : Par petits groupes, les enfants font les courses. Chaque enfant a un panier et une carte :
- soit une carte avec le dessin de la quantité (3 carottes dessinées)
- soit une carte avec le chiffre et le légume voulus

Consigne : « Cherchez dans le coin marchande les légumes demandés »

B. Décorer les chiffres associés à la recette

Objectif : Décorer les chiffres

Déroulement : La maitresse donne à chaque enfant un chiffre différent découpé dans de la cartoline et met à sa disposition différents outils et matériaux, l'activité se faisant en petits groupes de 6 enfants.

Consigne : « Avec ce qui est sur la table, décore ton chiffre. »

C. Réalisation des photos des quantités de légumes

Objectif : Dénombrer les légumes

Déroulement : Par petits groupes, on travaille au coin marchande ; un enfant va chercher 1 oignon, un autre enfant va chercher 2 navets... etc, jusqu'à obtenir la liste entière des légumes nécessaires.
La maitresse prend chaque quantité en photo.

D. Réalisation du livre

Objectif : Associer les quantités aux écritures chiffrées
Ordonner les pages

Déroulement : Par petits groupes, les enfants associent chaque chiffre à la photo correspondante. Ils collent sur une feuille (cela fait une page de l'album).
Puis, ils ordonnent les pages par ordre croissant.
En activité plastique, les enfants produisent une couverture associée au thème du livre.

Remarque : Pour adapter au niveau de chaque section, la première partie du livre concerne les quantités de 1 à 3 et sera produite par la petite section.
Les pages des livres concernant les quantités de 4 à 6 seront produites par les moyennes sections.

Source : https://sites.ac-nancy-metz.fr/dsden54-circo/ienjarville/spip.php?rubrique52

Document 3. Albums à calculer.

Il existe de nombreux « Albums à compter ». Les « Albums à calculer » font leur apparition petit à petit. En jouant, les enfants vont apprendre toutes les décompositions des 10 premiers nombres. Les albums à calculer les font entrer dans différentes histoires. Ces histoires se transforment en jeux **grâce aux deux rabats de la couverture** : quand une page est cachée, les enfants cherchent à l'imaginer. C'est ainsi qu'ils apprennent, par exemple, que 5 est la somme de 1 et 4, de 2 et 3, etc.

Album à calculer - GS - 5, 6, 7, 8, 9, 10 avec les animaux de la maison, dir. Rémi Brissiaud, coll. « J'apprends les maths maternelle », Retz.

A – CONNAISSANCES DIDACTIQUES À MOBILISER

1. LES SENS DU MOT « CALCULER »

Le mot « calculer » a plusieurs sens :
– le « calculer » des consignes d'exercices, qui signifie « **trouver le résultat** » de telle ou telle opération ;
– « calculer » au sens d'« **appliquer une procédure** ». Pour calculer le résultat d'une addition, un élève qui surcompte ne calcule pas, au sens de la procédure, mais il peut néanmoins trouver le bon résultat du calcul.
Le calcul fait appel à une mémoire des nombres et de faits numériques (décompositions additives, complément à 10, doubles et moitiés…) qui dépasse la simple connaissance de la suite des nombres.

2. LES DIFFÉRENTS TYPES DE CALCULS

Le calcul mental automatisé

C'est la constitution d'une mémoire par l'apprentissage des tables d'addition, la capacité de l'élève à dire sans autre intermédiaire : « 4 + 3 égale 7 ».

Le calcul mental réfléchi

C'est un procédé de calcul qui utilise la mémoire du calcul automatisé et les propriétés des opérations.

Exemple :
« 8 + 7 » peut être calculé de tête de la manière suivante par un élève qui n'a pas encore mémorisé ce résultat : « 8 + 7 = 7 + 7 + 1 = 14 + 1 = 15 ».
L'élève utilise alors sa connaissance des doubles et l'associativité de l'addition.
Ou encore : « 8 + 7 = 8 + 2 + 5 = 10 + 5 = 15 ».
Dans ce cas, l'élève utilise sa connaissance des compléments à 10 et l'associativité de l'addition.

Le calcul en ligne

Les mêmes procédés de calcul que ceux du calcul mental réfléchi sont utilisés, mais accompagnés par l'écriture.

Exemple :
À partir de la consigne : « Calcule 12 + 15 », l'élève écrit : 12 + 15 = 10 + 2 + 10 + 5 puis calcule : 10 + 10 + 2 + 5 = 20 + 7 = 27.

Les techniques opératoires

Ce sont les suites de règles opératoires reproductibles, autrement dit des algorithmes, permettant d'effectuer des opérations.
En général, le terme « technique opératoire » désigne les calculs posés en colonnes. Ceux-ci peuvent être effectués de diverses manières.

3. COMMENT LES ÉLÈVES ACQUIÈRENT LE SENS DES OPÉRATIONS

L'acquisition du code matérialisé par les signes opératoires

Les signes opératoires « + » et « – » ne sont introduits qu'au CP.
Ils sont alors utilisés pour symboliser des actions et des situations qui, en grande section déjà, ont été vécues par les élèves et les ont amenés à vivre des situations de progression, régression, ajout, retrait.

Exemple :
En maternelle la situation suivante pourra être vécue par les élèves :
on dépose dans une urne trois jetons, puis on en ajoute quatre autres et on pose la question : « Combien y a-t-il maintenant de jetons dans l'urne ? ».
Au CP, on attendra des élèves qu'ils utilisent le signe « + » et le signe « = » pour transcrire de façon symbolique la situation en écrivant :
3 + 4 = 7
Le « + » code l'action d'ajout de jetons, le signe « = » code la possibilité de déterminer le nombre de jetons finalement présents dans l'urne.

L'acquisition de la capacité à reconnaitre une structure correspondant à l'opération

Ensuite, les élèves devront pouvoir reconnaitre dans une situation, puis un texte de problème, les structures qui correspondent aux différentes opérations.

Exemple :
« Dans un vase il y a trois roses et cinq marguerites, combien y a-t-il de fleurs en tout ? »
On attend de l'élève de cycle 2 qu'à la lecture ou à l'écoute de ce problème, il soit capable de le transcrire sous la forme : 3 + 5 =
puis de calculer le résultat.

4. L'ADDITION À L'ÉCOLE MATERNELLE

La procédure la plus utilisée par les élèves pour déterminer le résultat d'un ajout est celle du **surcomptage**.
Le surcomptage est une tâche complexe pour les élèves de GS parce qu'elle est double.
En effet, pour calculer « 7 + 5 » l'élève part de 7 puis, souvent en utilisant la « collection témoin » des doigts, il surcompte : 8, 9, 10 etc.
Mais pour savoir où s'arrêter, il doit dans le même temps compter 1, 2, 3, 4, 5 pour s'arrêter de surcompter à 12.

On conçoit immédiatement que le surcomptage ne peut être efficace que s'il s'agit d'ajouter peu.
Il est judicieux d'initier l'élève à l'utilisation de la commutativité de l'addition pour certains calculs de ce type : il est beaucoup plus simple de calculer « 7 + 3 » que « 3 + 7 » selon la procédure du surcomptage.
La constitution d'une mémoire de faits additifs doit commencer dès la grande section de maternelle avec les décompositions additives des nombres inférieurs à 9 ou à 10.

5. L'ADDITION AU CYCLE 2

L'acquisition du code matérialisé par les signes opératoires

Au CP puis au CE1, on commence à utiliser l'écriture symbolique, le signe « + » et le signe « = », dans des situations :
– de réunion d'ensembles,
– d'ajout de quantités, de valeurs, de mesures,
– de progression sur une file numérique.

OBSTACLES RENCONTRÉS PAR LES ÉLÈVES

La principale difficulté éprouvée par les élèves tient au fait qu'à ce stade de l'apprentissage, le nombre est attaché à la nature des objets.

Pour pouvoir additionner des voitures et des bicyclettes (moyens de transport), il est nécessaire que l'élève accède à un certain degré d'abstraction dans l'usage du nombre.

Une autre difficulté est liée à l'utilisation du signe « = ».

La plupart des élèves conçoivent le signe « = » comme un signe qui signifie approximativement « ce qui donne », ils pourraient le remplacer par une flèche.

Ils oublient le sens véritable de l'égalité.

Ils conçoivent bien que 4 + 3 = 7 mais ils ont davantage de difficultés avec l'écriture des décompositions additives comme : 7 = 4 + 3.

B – TRAITEMENT DU SUJET

Les indications les plus essentielles sont répertoriées dans un cadre : **À NOTER**.

Document 1

Il s'agit d'un extrait du programme de l'école maternelle (BOEN du 24 juin 2021), pour le domaine « Acquérir les premiers outils mathématiques », indiquant les attendus de fin de cycle.

À NOTER

Points essentiels des attendus à retenir :
– Quantifier des collections jusqu'à dix au moins ; les composer et les décomposer par manipulations effectives puis mentales. Dire combien il faut ajouter ou enlever pour obtenir des quantités ne dépassant pas dix.
– Parler des nombres à l'aide de leur décomposition.

Document 2

Il s'agit d'une séquence proposant la fabrication d'un album à compter, publiée sur le site de l'académie de Nancy – Metz (circonscription de Jarville).
Au cours de cette séquence, les élèves vont fabriquer collectivement un album à compter.

À NOTER

C'est un album qui pourra servir d'outil pour comparer les nombres, dire le nom des nombres, associer le mot nombre à l'écriture chiffrée, dénombrer des constellations, connaitre plusieurs représentations d'un même nombre.

Document 3

Il s'agit d'un exemple d'album à calculer (ici Éditions Retz).

À NOTER

Dans les albums à calculer, les rabats permettent de cacher une partie des collections. Ainsi, en jouant avec, les enfants vont apprendre toutes les décompositions additives des nombres jusqu'à 10.

2. SITUER LA SÉANCE

Du point de vue de l'enseignant

L'objectif principal de la séance est d'amener les élèves à mémoriser des faits numériques (décompositions additives des nombres de 2 à 9) et de passer de pratiques de surcomptage à des pratiques de calcul.

Du côté des élèves (prérequis)

Les élèves doivent connaitre les différentes représentations d'un même nombre : graphie, dé, domino, doigts de la main.
Ils doivent être capables de surcompter pour dénombrer une collection dont le cardinal n'excède pas 9.

3. RÉDIGER LA FICHE DE PRÉPARATION

Choix didactiques (conception)

Le livre à calculer est un outil intéressant si les élèves le fabriquent eux-mêmes.
C'est en le faisant que les élèves vont mémoriser les faits numériques requis, davantage qu'en manipulant un album déjà tout fait, et ce même si les auteurs insistent sur l'aspect censément ludique pour favoriser les apprentissages.
Nous utiliserons un livre à calculer avec des rabats.
Chaque page aura la même structure et nous permettra de la remplir avec les images de notre choix.
En rabattant un quart de la feuille on ne laisse apparente qu'une demi-feuille.

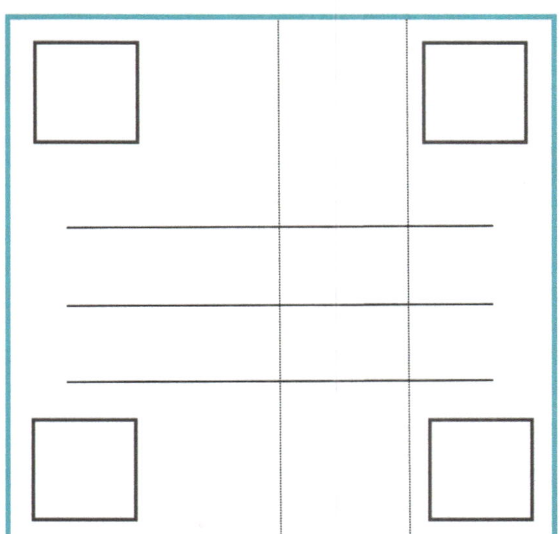

Choix pédagogiques (animation)

Il est important que chaque élève soit impliqué dans la tâche à effectuer.
Nous pourrions individualiser chaque tâche mais nous préférerons un travail en binôme de façon à favoriser certains étayages par tutorat.
Nous choisirons des images d'oiseaux. On peut imaginer un travail sur les différents types d'oiseaux ainsi qu'un atelier peinture ou autre.

Déroulé de séance

Le cadre

<table>
<tr><td colspan="2">Domaine disciplinaire : Mathématiques</td><td>Domaine spécifique : Étudier les nombres</td></tr>
<tr><td rowspan="2">Niveau de classe : GS
Période : 4</td><td>Nb d'élèves : 12</td><td rowspan="2">Place de la séance dans la séquence :
Séance 2</td></tr>
<tr><td>Durée : 30'</td></tr>
<tr><td colspan="2">Objectif de séquence :
Attendu de fin de cycle : Dire combien il faut ajouter ou enlever pour obtenir des quantités ne dépassant pas dix.</td><td>Compétence(s) visée(s) :
Mémoriser et être capable de mobiliser, les décompositions additives des nombres de 2 à 9</td></tr>
<tr><td colspan="2">Matériel :
Tableau blanc interactif
Un livre à compter jusqu'à 6</td><td>Supports :
Des feuilles préparées pour le livre à calculer
Gommettes oiseaux</td></tr>
</table>

Atelier dirigé de 12 élèves.
Matériel : Une boite d'images (gommettes) représentant des oiseaux.

Phase 1 Collectif (5')
Combien y a-t-il d'oiseaux perchés sur le fil ? (projeté ou affiché au tableau)

Les élèves dénombrent mentalement les oiseaux.
Expliquer : « Regardez, j'ai amené un **album à compter** (jusqu'à 6) avec des oiseaux sur un fil comme ceux qu'on trouve dans la bibliothèque de la classe. »
L'enseignant feuillette l'album, les élèves énoncent le nombre d'oiseaux sur la page, soit en utilisant la graphie du nombre, soit la constellation du dé, soit en comptant.

Remarque :
Il s'agit ici d'une proposition d'image à projeter que le candidat devra avoir imaginée en préparant son exposé et être en capacité de présenter devant le jury. Idem pour les images des phases suivantes.

Phase 2 Collectif (5')
Consigne : « Aujourd'hui nous allons fabriquer un album **à calculer !** »
Montrer la page du 3 déjà faite : la graphie, le dé, les doigts de la main, les oiseaux sur les fils.

L'enseignant décrit la page : les oiseaux, les fils, les diverses représentations du nombre 3.
Il montre comment par le pliage, en fermant la porte, il peut cacher un oiseau.
Il énonce : « Trois oiseaux, c'est deux oiseaux et un oiseau ».
Il écrit au tableau : 2 et 1 ou 2 + 1.

L'enseignant montre maintenant une deuxième page possible pour le nombre trois et pose la question : « Combien d'oiseaux sont cachés derrière la porte ? »
L'enseignant laisse les élèves répondre.

L'enseignant ouvre la porte : « Trois oiseaux, c'est un oiseau et deux oiseaux. »
Il écrit 1 et 2 ; 1 + 2.

Phase 3 Binômes (5')
Constitution de six binômes.
Chaque binôme reçoit une feuille vierge avec les cases pré-dessinées et les traits de pliage.

Chaque binôme tire au hasard une des cartes tendues par l'enseignant (4, 5, 6, 7, 8, 9).
Consigne : « Vous allez faire une page du livre pour le nombre que vous avez sur la carte que vous venez de tirer. Écrivez ce qu'il faut dans les cases bleues. »
L'enseignant vérifie.

Les images à coller (oiseaux) sont sur la table au fond de la classe.
« Vous devez aller chercher le nombre qu'il vous faut en un seul trajet et vous revenez les coller sur les fils, comme vous voulez, en vous mettant d'accord. Il faut que quand on ferme la porte il y ait des oiseaux cachés. »

Phase 4 Binômes (5')
« Tout le monde est d'accord ? Alors on ferme la porte, allez-y. »
« Combien d'oiseaux voyez-vous ? Écrivez le nombre. » (Ardoise)
« Combien d'oiseaux sont cachés ? Écrivez le nombre. » (Ardoise)
« Écrivez ce qu'il faut dans la case vide en bas. »

Une fois terminée, on échange sa page avec un autre binôme et on dit si on est d'accord ou pas.

Phase 5 Binômes (5')
« Vous allez faire une autre page, avec le même nombre, mais il ne faudra pas qu'on voie le même nombre d'oiseaux »
« Allez-y, allez chercher les gommettes des oiseaux »
Les élèves réalisent une autre page en autonomie, l'enseignant valide ou pas.
L'enseignant lit à haute voix les nouvelles décompositions additives trouvées.

Phase 6 Collectif (5')
L'enseignant réunit toutes les pages (porte fermée) et les pose en tas au milieu de la table.
« On va les mettre dans l'ordre. Je le fais mais c'est vous qui me dites. Par quoi je commence ? »

Chaque fois, l'enseignant montre la page, porte fermée puis ouverte, et énonce le nombre et la décomposition additive trouvée. Ensuite, etc.
Une fois les pages rangées dans l'ordre, l'enseignant les agrafe ensemble.

Conclusion
« Demain nous ferons un atelier peinture pour faire une jolie couverture à notre nouvel album à calculer. Sur la couverture vous devrez dessiner tous les nombres, en haut en bas, tout droit, de travers etc. On va bien s'amuser ! »

4. PRÉPARER L'ORAL

Introduction

Au cours de l'atelier que je vais vous présenter, les élèves vont réaliser collectivement un album à calculer qui va leur permettre de mémoriser petit à petit les décompositions additives des nombres compris entre 2 et 9.
L'enjeu est collectif mais les tâches sont à réaliser en binôme ou individuellement de manière à s'assurer de l'implication de chacun dans la tâche.

Conclusion

L'album à calculer ainsi réalisé sera mis à disposition de chacun dans la bibliothèque de la classe. Il pourra servir de recours aux élèves dans le cadre de la mémorisation des décompositions additives et des premières tables.

Questions du jury

Le surcomptage est-il une procédure de calcul ?
Réponse : Le mot calcul peut avoir deux sens.
Il est souvent employé dans les consignes passées aux élèves dans le sens : « Trouve le résultat ».
Par exemple : « Calcule 7 + 3 = ».
Alors, peu importe la manière de trouver ce résultat.
Pour l'opération que vous avez énoncée, de nombreux élèves procéderont par surcomptage.
Mais le mot calcul désigne aussi une procédure : dans le cas du calcul que vous proposez, c'est la procédure qui consiste à énoncer sans autre intermédiaire le résultat 10.
Dans ce cas précis, on parle de calcul automatisé.
La constitution de la mémoire de faits numériques organisés pour chacun des élèves est un objectif essentiel pour qu'ensuite les élèves développent des compétences en calcul : mental, réfléchi, posé.

Autre question possible :
Comment pourriez-vous prolonger cette séance et faire en sorte que les élèves utilisent ce livre à calculer ?

Sur Lea.fr

Les réponses aux autres questions

Sujet n° 7
Fractions simples CM1

En vous appuyant sur les documents fournis, concevez une séance et son animation visant la compétence : « Être capable d'utiliser les fractions simples dans le cadre de partage de grandeurs ou de mesures de grandeurs ».
Objectif de la première séance d'une séquence qui en comportera 4 : « Découvrir les fractions simples : introduire l'écriture fractionnaire ».

CORPUS DE DOCUMENTS

Document 1. Extrait des Repères annuels de progression au cycle 3 en mathématiques : « Nombres et calculs », Eduscol.

NOMBRES ET CALCULS		
Les nombres entiers		
CM1	**CM2**	**6e**
Les élèves apprennent à utiliser et à représenter les grands nombres entiers jusqu'au million. Il s'agit d'abord de consolider les connaissances (écritures, représentations…).	Le répertoire est étendu jusqu'au milliard.	En période 1, dans un premier temps, les principes de la numération décimale de position sur les entiers sont repris jusqu'au million, puis au milliard comme en CM, et mobilisés sur les situations les plus variées possibles, notamment en relation avec d'autres disciplines.
La valeur positionnelle des chiffres doit constamment être mise en lien avec des activités de groupements et d'échanges.		
Fractions		
Dès la **période 1** les élèves utilisent d'abord les fractions simples (comme $\frac{2}{3}$, $\frac{1}{4}$, $\frac{5}{2}$) dans le cadre de partage de grandeurs. Ils travaillent des fractions inférieures et des fractions supérieures à 1. Dès la **période 2**, les fractions décimales sont régulièrement mobilisées : elles acquièrent le statut de nombre et sont positionnées sur une droite graduée. Les élèves comparent des fractions de même dénominateur. Ils ajoutent des fractions décimales de même dénominateur. Ils apprennent à écrire des fractions décimales sous forme de somme d'un nombre entier et d'une fraction décimale inférieure à 1.	Dès la **période 1,** dans la continuité du CM1, les élèves étendent le registre des fractions qu'ils manipulent (en particulier $\frac{1}{1\,000}$) ; ils apprennent à écrire des fractions sous forme de somme d'un nombre entier et d'une fraction inférieure à 1.	En **période 1**, sont réactivées les fractions comme opérateurs de partage vues en CM, puis les fractions décimales en relation avec les nombres décimaux (par exemple à partir de mesures de longueurs) ; les élèves ajoutent des fractions décimales de même dénominateur. En **période 2** l'addition est étendue à des fractions de même dénominateur (inférieur ou égal à 5 et en privilégiant la vocalisation : deux cinquièmes plus un cinquième égale trois cinquièmes). En **période 3**, les élèves apprennent que $\frac{a}{b}$ est le nombre qui, multiplié par b, donne a (définition du quotient de a par b).

Document 2. Module 2 « Les fractions simples », *Tandem CM1/CM2*, Nathan, 2019.

a.

module 2

Les fractions simples

Les MATHS en vie

1 Apprentis jardiniers

Deux jardiniers cultivent ce terrain potager. Ils souhaitent planter de nouveaux légumes et te demandent de l'aide.

CM1 : J'aimerais cultiver des carottes sur la moitié du terrain… L'autre moitié doit être partagée en trois parties égales car je souhaite y cultiver trois types de salades différents.

CM2 : J'aimerais que les choux recouvrent $\frac{9}{12}$ de la surface du terrain potager et que les navets en recouvrent $\frac{1}{4}$. Est-ce possible ? Le potager sera-t-il entièrement cultivé ?

PAS à PAS

CM1

1. Fais un plan d'un découpage possible du terrain potager.
2. Trouve au moins une autre solution.

CM2

1. Fais le plan d'un partage possible du terrain potager.
2. Propose un plan plus simple du même terrain.

22

b.

2 Apprentis couturiers

M. Sholl demande à un couturier de personnaliser son sac en faisant un patchwork de tissus différents.

CM2 : Chaque côté du sac doit être recouvert avec $\frac{9}{12}$ de la surface en tissu noir et $\frac{1}{4}$ en tissu jaune. Est-ce possible ? Allez-vous alors tout recouvrir ?

CM1 : Le devant doit être recouvert à moitié de tissu rouge à pois. Le derrière doit être partagé en trois parties égales car je souhaite utiliser trois tissus différents.

PAS à PAS

CM1

1. Fais un plan des découpages possibles du devant du sac.
2. Cherche au moins une autre solution.
3. De la même manière, fais un plan du derrière du sac.

CM2

1. Fais un plan d'un découpage possible du devant du sac.
2. Propose un plan du derrière avec moins de coutures.

Si tu n'as pas toutes les réponses, pas de panique ! Grâce à tes cartes MISSIONS, tu vas apprendre à :

1. Partager une unité et nommer une fraction de cette unité
2. Lire, écrire et représenter une fraction
3. Décomposer des fractions
4. Utiliser la droite graduée pour mieux comprendre les fractions
5. Comprendre la notion d'égalité de fractions

23

c.

Entraînement

Comprendre le sens des fractions

1 a. Trace un segment de longueur neuf carreaux sur ton cahier. Fabrique deux bandes-unité :
– une de longueur trois carreaux ;
– une de longueur quatre carreaux.

b. Mesure la longueur du segment à l'aide de chaque bande-unité.

c. Explique comment tu aurais pu trouver la réponse, en t'aidant des carreaux, sans utiliser les bandes.

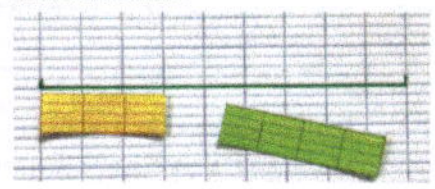

2 **Associe chaque représentation à son nom (un numéro/une lettre).**

Bande-unité
1
2
3
4

a. un quart de bande-unité
b. une demi bande-unité
c. un dixième de bande-unité
d. un huitième de bande-unité

3 **Associe chaque représentation à son nom (un numéro/une lettre).**

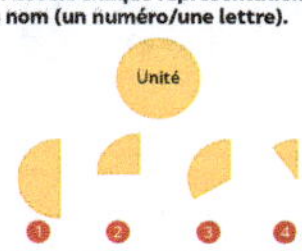

a. un quart d'unité
b. une demi unité
c. un tiers d'unité
d. un dixième d'unité

4 **Désigne la part coloriée sous la forme d'une fraction de l'unité.**

a. u
b. u
c. u
d. u
e. u
f. u

5 **Voici un quart de bande-unité. Reconstitue la bande-unité de départ.**

6 Tu sais déjà comment plier une bande pour obtenir huit parts égales.

a. Comment dois-tu t'y prendre pour obtenir 32 parts égales, avec la même technique ?

b. Comment s'appellerait alors une des parts obtenues ?

7 Pour mesurer la largeur de la porte de la classe, Francky a utilisé les bandes ci-dessous.

u

Voici ce qu'il écrit sur son cahier :

> La porte a une largeur de 13 bandes-unité entières plus 1 demi bande-unité plus 3 quarts de bande-unité.

La maitresse lui fait remarquer qu'il aurait pu utiliser plus de bandes-unité entières.

Que penses-tu de cette remarque ?
Peux-tu corriger la réponse de Francky ?

24

d.

BILAN du module

MISSION 1 **J'ai appris à partager une unité et à nommer une fraction de cette unité.**

- On peut **partager une unité** en parts égales.
- Chaque part représente une **fraction de l'unité**.

- **On a partagé la bande-unité en quatre parts égales. Écris le nom de la part coloriée.**

unité

La part coloriée représente un quart de la bande-unité.

MISSION 2 **J'ai appris à lire, écrire et représenter une fraction.**

- Le **numérateur** est le **nombre de parts** que l'on prend.
- Le **dénominateur** est le **nombre de parts égales** qui partage l'unité.

un tiers $\frac{1}{3}$ — 1 : **numérateur** ; 3 : **dénominateur**

- **Nomme la part coloriée.**

un demi $\frac{1}{2}$

un quart $\frac{1}{4}$

sept cinquièmes $\frac{7}{5}$

MISSION 3 **J'ai appris à décomposer des fractions.**

- Une fraction peut s'écrire sous différentes formes :

$\frac{7}{4}$ ou $1 + \frac{3}{4}$

- **Décompose $\frac{15}{6}$ en un nombre entier et une fraction inférieure à 1.**

$\frac{15}{6}$ *c'est* $2 + \frac{3}{6}$.

MISSION 4 **J'ai appris à utiliser la droite graduée pour mieux comprendre les fractions.**

- Une fraction peut être **inférieure à 1**, **supérieure à 1** ou **égale à 1**.

$\frac{16}{3} = 5 + \frac{1}{3}$

0 1 2 3 4 5 6

$\frac{16}{3} > 1$ $\quad 5 < \frac{16}{3} < 6$

- **Place la fraction sur la droite et indique si elle est > 1, < 1 ou = 1.**

$\frac{5}{8}$ $\frac{8}{8}$ $\frac{13}{8}$

0 1 2

$\frac{5}{8} < 1 \quad \frac{8}{8} = 1 \quad \frac{13}{8} > 1$

32

Document 3. Extraits des Attendus de fin d'année de CM1 en mathématiques, Eduscol.

Fractions

Ce que sait faire l'élève

- L'élève utilise les fractions simples (comme $\frac{2}{3}, \frac{1}{4}, \frac{5}{2}$) dans le cadre de partage de grandeurs ou de mesures de grandeurs, et des fractions décimales ($\frac{1}{10}, \frac{1}{100}$) ; il fait le lien entre les formulations en langage courant et leur écriture mathématique (par exemple faire le lien entre « la moitié de » et $\frac{1}{2}$ dans l'expression « une demi-heure »).
- L'élève manipule des fractions jusqu'à $\frac{1}{1\,000}$.
- L'élève donne progressivement aux fractions le statut de nombre.
- Il connaît diverses désignations des fractions : orales, écrites et des décompositions additives et multiplicatives (ex : quatre tiers ; $\frac{4}{3}$; $\frac{1}{3} + \frac{1}{3} + \frac{1}{3} + \frac{1}{3}$; $1 + \frac{1}{3}$; $4 \times \frac{1}{3}$).
- Il les positionne sur une droite graduée.
- Il les encadre entre deux entiers consécutifs.
- Il écrit une fraction décimale sous forme de somme d'un entier et d'une fraction inférieure à 1.
- Il compare deux fractions de même dénominateur.
- Il ajoute des fractions décimales de même dénominateur.

Exemples de réussite

- Il partage des figures ou des bandes de papier en $\frac{1}{2}, \frac{1}{3}, \frac{1}{4}, \frac{2}{3}, \frac{3}{4}$.
- Une unité d'aire étant donnée, il écrit sous forme de fraction des aires de surfaces données (supérieures ou inférieures à l'unité).

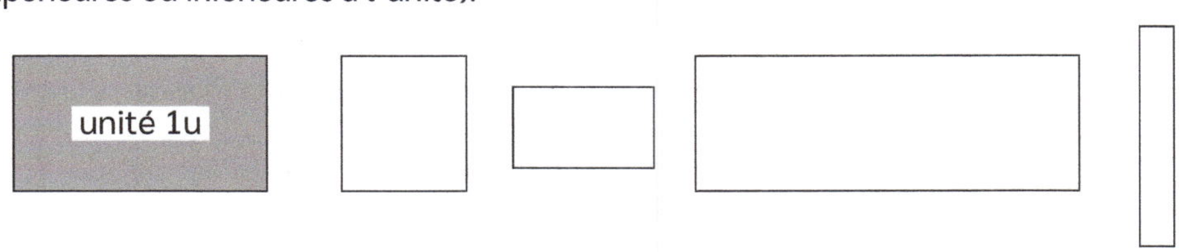

- Il écrit les nombres suivants sous forme de fractions décimales : 0,1 ; 0,01 ; 0,11 ; 1,2 ; 12,1 ; 34,54 ; 7,845…
- Quelle est la moitié de la moitié ? Quel est le double de la moitié ?
- Quel est le dixième d'une centaine ? Quel est le centième d'une dizaine ?
- $\frac{1}{2}, \frac{1}{4}$ peuvent-ils s'écrire sous forme de fractions décimales ?
- La réglette orange vaut deux unités. Quelle est la longueur des réglettes jaunes, blanches, marron et roses. (réglettes Cuisenaire ou bandes de papier)

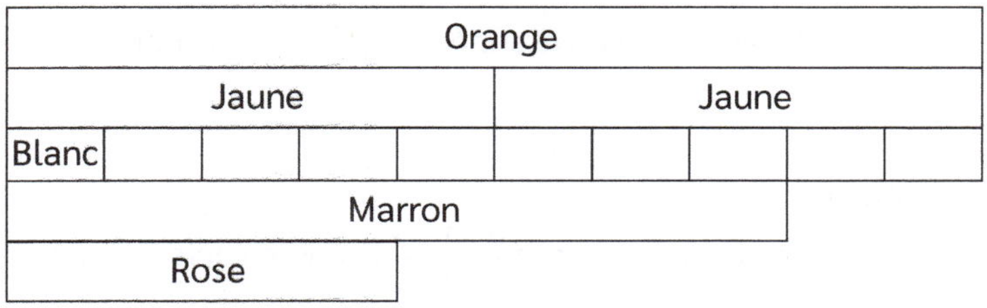

La réglette marron vaut « une unité plus trois cinquièmes de l'unité » ou encore « huit cinquièmes de l'unité » ou « deux unités moins deux cinquièmes de l'unité ».

A – CONNAISSANCES DIDACTIQUES À MOBILISER

1. LES DIFFÉRENTS SENS DE L'ÉCRITURE FRACTIONNAIRE

L'écriture fractionnaire recèle différents sens :

La fraction est une proportion

« J'ai mangé une demi-pomme.
Il a couru pendant un quart d'heure. »

La fraction est une division

$\frac{17}{4} = 4 + \frac{1}{4}$

La fraction est un nombre

$\frac{17}{4}$, est un nombre compris entre 4 et 5.

Ces différents sens se conjuguent au fil de l'apprentissage et finissent par trouver leur unité.

Néanmoins, selon la progression adoptée dans les apprentissages et la manière d'introduire la fraction, l'un de ces sens pourra être prépondérant :

- La fraction peut être introduite comme un nouveau nombre qui permet de résoudre certains problèmes pour lesquels les entiers se révèlent insuffisants.
C'est alors le sens *nombre* qui est prépondérant.
- La fraction peut être introduite pour résoudre une nouvelle classe de problèmes : ceux pour lesquels le reste est encore partageable.
C'est alors le sens *division* qui est prépondérant.
- La fraction peut être introduite pour coder des partages d'une entité.
C'est alors le sens *proportion* qui est prépondérant.

La fraction est un opérateur

« J'ai mangé les $\frac{3}{4}$ d'une tablette de chocolat de 400 g.
Quelle masse de chocolat ai-je mangée ? (6e). »

2. L'INTRODUCTION DU SENS DE L'ÉCRITURE FRACTIONNAIRE

La fraction est une division

Dans *J'apprends les maths* (Retz), Rémi Brissiaud préconise d'introduire l'écriture fractionnaire selon le mode suivant, qui suppose de faire évoluer les contextes des problèmes.
D'abord le contexte fera que le reste n'est pas partageable.

Exemple :
Un groupe de quatre amis doit se partager de manière équitable un sac de 17 billes.
Combien chacun en recevra-t-il ?
$17 = 4 \times 4 + 1$
Chaque ami recevra 4 billes et il en restera une.

Ensuite le contexte évolue vers un problème au reste partageable.

Exemple :
Un groupe de quatre amis doit se partager de manière équitable 17 baguettes de pain. Quelle sera la part de chacun ?
$\frac{17}{4} = 4 + \frac{1}{4}$

La part de chacun sera de quatre baguettes entières et un quart de baguette.
Cette manière d'introduire la fraction n'est pas la plus répandue, ce sens de la fraction sera surtout travaillé au collège.
Il permet néanmoins de faire apparaitre deux types de fractions :
– les fractions supérieures à l'unité :
$\frac{17}{4} = 4 + \frac{1}{4}$;
– les fractions inférieures à l'unité qui correspondent au partage du reste : $\frac{1}{4}$.

La fraction est un nombre

Un nombre est un élément d'un ensemble ordonné sur lequel on peut définir des opérations. Ainsi, la fraction acquiert pour l'élève son statut de nombre lorsqu'il sait ordonner les fractions, les ranger, les additionner, etc. Le placement sur une droite numérique constitue un outil pour travailler ces compétences.
Ceci constitue un objectif à l'horizon du collège.
À l'école, on s'attache à poser les fondements de cette conception de la fraction.

OBSTACLES RENCONTRÉS PAR LES ÉLÈVES

Dans l'écriture $\frac{3}{4}$, longtemps les élèves ne voient pas un nombre mais deux nombres.

Il est très difficile pour eux de passer d'un univers, celui des entiers, à un autre, celui des nombres rationnels.

La fraction est une proportion

Dans le manuel *Cap Maths* (Hatier), Roland Charnay préconise d'introduire la fraction comme l'écriture de la proportion d'une unité.
Par exemple, pour la mesure de longueurs avec une bande unité :

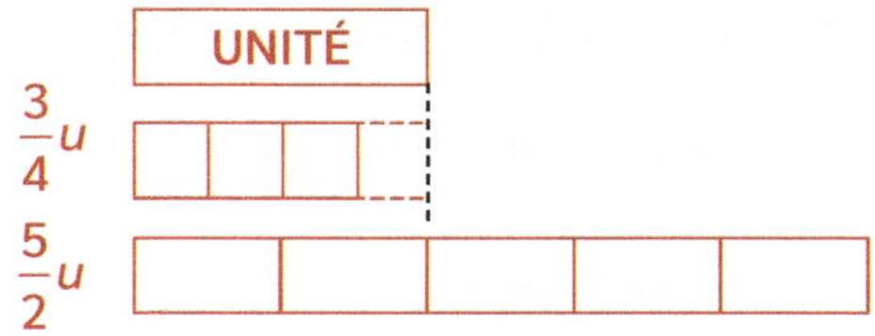

ou pour la mesure des aires.
Cette approche est conforme aux programmes. Par ailleurs, elle n'impose pas de différencier les fractions inférieures à l'unité et fractions supérieures à l'unité.
Dans la progression proposée par *Cap Maths*, l'écriture est petit à petit allégée, $\frac{3}{4}u$ devient $\frac{3}{4}$, et on passe ainsi du sens proportion de la fraction au sens nombre.

OBSTACLES RENCONTRÉS PAR LES ÉLÈVES

Cette approche impose une écriture un peu lourde pour les élèves, avec la référence à l'unité partagée, *u*.

Cette manière d'approcher la fraction nécessite de la part de l'élève une capacité d'abstraction importante.

3. LES FRACTIONS INFÉRIEURES À L'UNITÉ

Les situations de partage d'une entité

Une entité étant partagée en plusieurs parts, l'élève est amené à déterminer la fraction représentée par un certain nombre de parts, ou à l'inverse à déterminer le nombre de parts correspondant à une fraction donnée. Ces situations sont appelées codage et décodage. (Retrouvez un exemple sur Lea.fr).

OBSTACLES RENCONTRÉS PAR LES ÉLÈVES

Ces situations s'appuient sur des partages équitables. Or, il n'est pas rare que des élèves codent ainsi :

		$\frac{1}{3}$

Il est donc souhaitable de prévoir des activités dans lesquelles les élèves ont eux-mêmes à effectuer les partages avant d'utiliser la fraction pour coder une part.
On constate que si l'on ne prend pas la précaution de varier la forme de l'entité, nombreux sont les élèves qui seront incapables de transférer les activités de codage/décodage d'une forme à une autre.
Les entités choisies dans les diverses situations doivent être rondes, carrées, rectangulaires, triangulaires, etc.

Les mesures de longueur

Une bande-unité peut être utilisée pour exprimer la mesure de segments dont les longueurs ne sont pas des mesures entières.
Les fractions qui ont pour dénominateurs 2, 4, 8 présentent l'avantage de pouvoir être obtenues par une succession de pliages en deux.

4. LES FRACTIONS SUPÉRIEURES À L'UNITÉ

Seule l'introduction de la fraction s'appuyant sur des situations de partage équitable conduit d'emblée à des écritures comme $\frac{9}{4}$.
Mais cette écriture ne pourra vraiment prendre sens que lorsque l'écriture $\frac{1}{4}$ aura elle-même pris sens pour les élèves.
Donc, dans tous les cas, après un travail sur la fraction inférieure à 1, il faut faire franchir le pas aux élèves et passer à des fractions supérieures à 1.
On passe par la voie des opérations sur les premières fractions introduites, qui peuvent être représentées et manipulées par les élèves.

Exemple :

$\frac{1}{4} + \frac{1}{4} + \frac{1}{4} + \frac{1}{4} + \frac{1}{4} = \frac{5}{4}$ ou encore $3 \times \frac{1}{2} = \frac{3}{2}$

Dès cette étape, pour ne pas avoir à utiliser des écritures trop lourdes, les fractions sont écrites comme de nouveaux nombres $\left(\frac{3}{2}\right)$ et non plus seulement comme deux entiers séparés par une barre et codant une proportion résultant d'un partage équitable $\left(\frac{3}{2}\right)u$.
On est ainsi passé de $\frac{3}{2}$ correspondant à « 3 partagé en deux parts égales », à $\frac{3}{2}$ correspondant à « 3 parts d'une demi-unité ».
Cela va être utilisé pour situer les fractions, nouveaux nombres, par rapport aux entiers et on va pouvoir employer une droite graduée. (Retrouvez un exemple sur Lea.fr)

OBSTACLES RENCONTRÉS PAR LES ÉLÈVES

Les élèves peuvent développer une représentation erronée de la fraction, illustrée par l'exemple suivant.
Problème : quelle fraction représentent les parts colorées ?

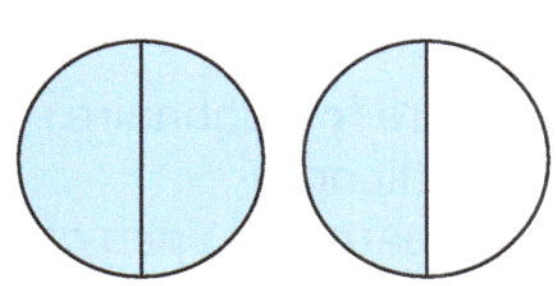

Réponse : $\frac{3}{4}$
(au lieu de : 3 parts sur les 4 parts présentes ce qui aurait été une écriture plus juste)

Il ressort de l'analyse de cette erreur qu'à ce stade de la progression (introduction de l'écriture fractionnaire), les élèves ne conçoivent la fraction que comme l'expression d'une proportion (3 par rapport à 4 dans l'exemple précédent), le tout étant pris pour le 1, ce qui signifie que toute fraction serait nécessairement inférieure à 1.

Cela signifie également que les élèves ne sont pas encore prêts à donner un statut de nombre à la fraction : $\frac{3}{4}u$ n'est pas encore $\frac{3}{4}$, un nombre qui va venir se situer entre 0 et 1.

Il parait donc nécessaire dans les progressions de prendre en considération différentes étapes dans lesquelles on aborde :
- les fractions inférieures à l'unité ;
- les fractions supérieures à l'unité.

La progression d'enseignement adoptée doit aussi se fixer pour objectif de permettre aux élèves de comprendre comment $\frac{3}{4}u$ (fraction de quelque chose) devient $\frac{3}{4}$ (un nombre à part entière) et quel changement de statut s'opère pour la fraction dans le même temps.
Ce changement de statut n'est pas particulièrement mis en évidence pour les élèves de l'école primaire, il viendra par la force de l'habitude et l'économie d'écriture.

B – TRAITEMENT DU SUJET

1. LIRE ET ANALYSER LES DOCUMENTS

Les indications les plus essentielles sont répertoriées dans un cadre : **À NOTER**.

Document 1

Il s'agit d'un extrait du document du ministère de l'Éducation nationale : les repères annuels de progression pour le cycle 3 en mathématiques, « Nombres et calculs ».

> **À NOTER**
> *Les fractions simples sont introduites en période 1. Les fractions travaillées sont inférieures et supérieures à l'unité. Les fractions décimales sont utilisées dès la période 2.*

Document 2

Il s'agit d'un extrait du manuel de mathématiques *Tandem CM1-CM2, Nathan.*

- **Description de la démarche**

La tâche de l'élève :
- proposer deux partages d'un champ rectangulaire : par moitié, puis trois parts égales ;
- partager par moitié puis partager en trois parts égales les deux faces d'un sac.

- **Analyse de la démarche**

Toute l'activité s'appuie sur une connaissance supposée de la signification de moitié et parts égales.
Le problème est résolu par un tracé.
Il n'y a pas d'utilisation par l'élève d'une écriture fractionnaire.
Le vocabulaire utilisé renvoie à la division euclidienne.
Les deux problèmes mobilisent les mêmes compétences : peu ou pas d'apprentissage pour l'élève dans cette activité.

Document 3

Il s'agit d'un extrait du document du ministère de l'Éducation nationale : les attendus de fin d'année de CM1 en mathématiques.

> **À NOTER**
> *L'élève fait le lien entre les formulations du langage courant et les écritures mathématiques.*

2. SITUER LA SÉANCE

Point de vue de l'enseignant

Il s'agit d'une séance de découverte d'une notion nouvelle : la fraction.
Les progressions possibles sont multiples notamment quant à l'articulation des deux notions, fraction, proportionnalité.

Du côté des élèves (prérequis)

- Partages équitables.
- Ils doivent connaitre les expressions du langage courant : moitié, quart.

3. RÉDIGER LA FICHE DE PRÉPARATION

Choix didactiques (conception)

La séance débutera par un travail sur le sens de l'écriture fractionnaire qui prendra appui sur les connaissances culturelles des élèves : les expressions demi et quart.
Ce premier travail permettra de faire le lien entre fraction et partages équitables (en 2 ou en 4 pour simplifier la tâche des élèves).
La tâche du partage équitable, nécessaire à la représentation de toute fraction, sera entièrement laissée à l'initiative de l'élève :
On trouve souvent des exercices du type :
– Colorier le quart de la tarte

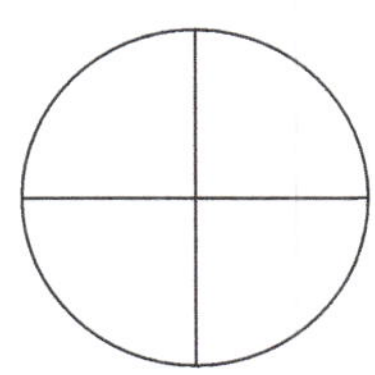

– Nous préférerons :
Colorier le quart de la tarte :

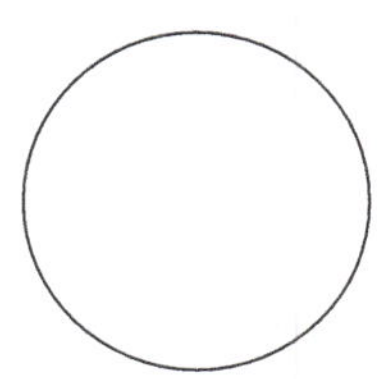

La séance ne proposera pas d'exercices avec des entités déjà partagées.
Le choix est d'utiliser très rapidement des représentations multiples de l'unité : bande, cercle, carré etc.
Lors de chacune des phases les tâches des élèves seront multiples, d'ordre divers et complémentaires dans l'approche de la fraction : lire, écrire, représenter des fractions simples.
Seront utilisées des fractions inférieures à l'unité et des fractions supérieures à l'unité.

Choix pédagogiques (animation)

Il sera proposé le plus souvent possible un travail en binôme pour permettre la confrontation des représentations et des démarches.

Déroulé de séance

Phase 1 Collectif (10')
Utilisation de trois images.
Mobiliser les expressions demi, quart.
Afficher au tableau les trois images l'une après l'autre (pas en même temps).
Capacité :
Quelle est la capacité de chacune de ces bouteilles ?
Combien de petites bouteilles faut-il pour remplir la grande bouteille ?
Litre et demi-litre.

Durée :
Combien de temps s'écoule sur les périodes rouges ?
Demi heure et quart d'heure :

Combien de demi-heure dans une heure ?
Combien de quart d'heure dans une heure ?
Combien de quart d'heure dans une demi-heure ?

Capacité :

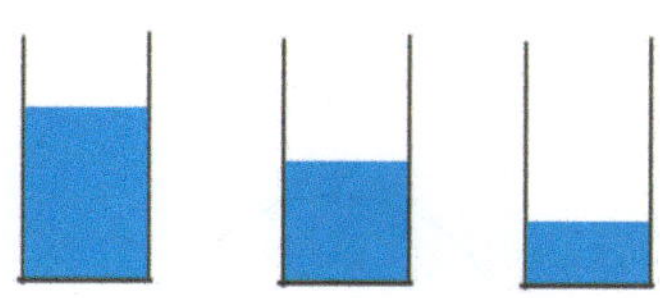

3/4 1/2 1/4

Combien contient le verre du milieu ?
Réponses attendues : moitié du verre, un demi-verre.
Deux demi-verres égalent un verre.
Combien contient le verre de droite ?
Réponses attendues : un quart du verre, la moitié du verre d'avant.
Combien contient le verre de gauche ?
Réponses attendues : Trois-quarts de verre.
Afficher au tableau :

Le verre est rempli au $\frac{3}{4}$.

Envoyer un élève au tableau pour tracer le niveau correspondant.
Démarche attendue :
– Trace un trait arbitrairement (vision globale)
– Démarche de partage en quatre parts équitables et en prendre trois (approximativement ou par mesurage).

Phase 2 Collectif (10')

Consigne : « Dessinez sur vos ardoises (à la suite) :

Une pizza, une moitié de pizza, un quart de pizza, trois-quarts de pizza.
Une demi pizza, $\frac{1}{2}$ pizza.
Une pizza et demi. »

Phase 3 Individuel (5')

Consigne : « Dessinez sur votre cahier de brouillon :

5/8 de pizza et 5/4 de pizza et 3/2 de pizza »

Envoyer au tableau un élève en réussite pour dessiner et expliquer la démarche.

Représenter : partager l'unité en parts égales (8).
Colorier la part (5).
Écrire 5/8 de la pizza etc.

Phase 4 Binômes (5')

Mesurer avec une bande unité.

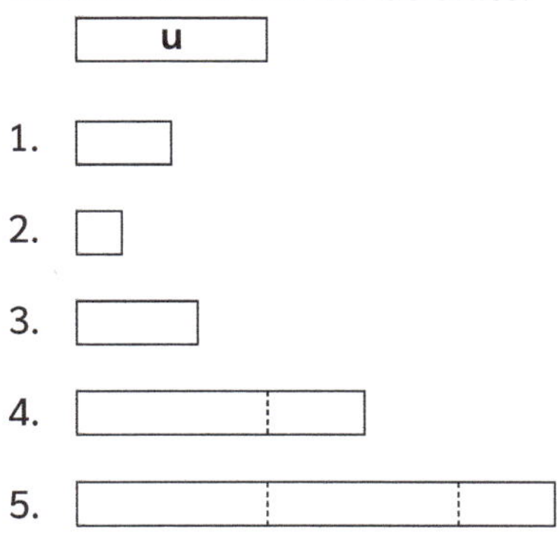

Réponses attendues : $\frac{1}{2}$ u, $\frac{1}{4}$ u, $\frac{3}{4}$ u, $\frac{3}{2}$ u, $\frac{5}{2}$ u.

Phase 5 Binômes (10')

(5' de recherche et 5' pour le corrigé).

Résolution de problème :

4 amis 3 baguettes : quelle est la part de chacun ?
4 amis 5 baguettes : quelle est la part de chacun ?

Phase 6 Binômes (10')

(5' de recherche et 5' pour le corrigé).

Problème : « Une tablette de chocolat comporte 24 carrés : combien de carrés pour $\frac{3}{4}$ de la tablette ? »

4. PRÉPARER L'ORAL

Introduction

La séance que je vais vous présenter est une séance de découverte de la fraction simple en CM1.

Je m'appuierai au départ sur les connaissances culturelles des élèves qui utilisent des mots comme demi et quart dans la vie courante.
J'introduirai ainsi l'écriture fractionnaire et je prolongerai ensuite par des activités de codage (utiliser la fraction pour coder une quantité) et décodage (représenter une quantité unité représentée par une fraction).
J'utiliserai ces premières fractions simples dans des contextes de mesure de longueurs et de résolution de problèmes relevant de la division euclidienne et dans lesquels le reste est partageable.

Conclusion

J'attends de cette séance dans laquelle l'élève résout de nombreux problèmes sans être trop guidé que la notion de fraction prenne sens pour les élèves.
Cette séance devra être prolongée par un travail plus systématique tel qu'on en trouve dans de nombreux manuels.
Il sera ensuite temps d'évaluer la compétence « utiliser les fractions simples dans des activités de mesure ».

Questions du jury

Ne prenez-vous pas un risque, en vous appuyant sur une connaissance culturelle qui pourrait n'être pas partagée par tous vos élèves ?
Réponse : Il y a toujours un risque à supposer qu'une connaissance est commune dans une classe de 25 élèves. Dans ces moments-là, il est important que l'enseignant soit très attentif aux réactions des élèves, de façon à repérer ceux pour qui la notion pourrait être inconnue, et soit tenter de favoriser leur expression, soit envisager un étayage par tutorat notamment au moment de la constitution des binômes.

Autres questions possibles :
Pourquoi constituez-vous des binômes et non pas des groupes de trois ou quatre ?

Sur Lea.fr
Les réponses aux autres questions

Sujet n° 8
Nombres décimaux CM2

Dans une classe de CM2 lors d'une séance de calcul en ligne, un enseignant a proposé le calcul suivant : 12,47 + 2,7.
Concevez une séance visant la compétence « Additionner deux nombres décimaux », dans laquelle vous veillerez à remédier à tous les types d'erreurs que l'on trouve dans les travaux de quatre élèves (document 1).

CORPUS DE DOCUMENTS

Document 1. Productions d'élèves.

12,47 + 2,7

Voici les productions de quatre élèves :

Amina 12,47 + 2,7 = 12,74 14 6 12	Tony 12,47 + 2,7 = 14,47 + 0,7 = 15,17
Zoé 12,47 + 2,7 = 14,117	Ugo 12,47 + 2,7 = 14,54

Document 2. Extraits du document d'accompagnement : « Le nombre au cycle 3. Ressources pour faire classe », Eduscol.

Addition et soustraction des nombres décimaux

Elles prolongent naturellement les techniques[1], choisies par l'équipe d'école, stabilisées au cycle 2 dans l'ensemble des nombres entiers. Il n'y a pas lieu d'en changer.
Les réactiver et les oraliser avec les nombres décimaux redonne sens au fractionnement décimal, à la retenue (« quatre dixièmes et huit dixièmes font douze dixièmes ») et aux décompositions (« un dixième, c'est dix centièmes... »).

1. Rappel des techniques présentées dans Le Nombre au cycle 2, (pages 46 et 47) : par exemple, technique anglo-saxonne de droite à gauche ou technique traditionnelle française.

Le sens de ces opérations s'inscrit dans une continuité sur les nombres entiers.
Explorer des situations qui amènent à constater l'insuffisance du seul recours aux nombres entiers reste pour autant nécessaire : précision d'une mesure pour le calcul d'un périmètre, limites du découpage en unités pour l'addition d'aires, différences de volumes...

Des points de vigilance

– le placement des nombres (l'alignement des chiffres par la droite, repère construit pour les entiers, n'est plus valide avec les nombres décimaux) ;
– le traitement des parties décimales (il s'agit bien de considérer le nombre décimal comme un nombre dont on ne peut traiter les parties entières et décimales séparément comme deux nombres entiers de chaque côté la virgule).

Volontairement, les exemples choisis ici pour les techniques opératoires ne permettent pas d'utiliser facilement des procédures mentales sans support écrit.
Néanmoins, il peut être intéressant d'essayer deux procédures pour un même calcul pour les trois principales raisons suivantes : vérifier que l'on obtient bien le même résultat (qui est indépendant de la technique), mieux comprendre comment fonctionne une procédure (les mises en parallèle sont fructueuses), en tester les efficiences relatives en fonction de la situation.

Les techniques opératoires se prolongent facilement en s'aidant, dans un premier temps, des tableaux de numération prolongés aux nombres décimaux.

Remarque : les calculs posés en colonnes illustrent les techniques et ne sont pas des exemples à utiliser obligatoirement en classe.

Exemples : additions 246,56 + 57,8 et 4,967 + 8,76 + 32,6

Technique anglo-saxonne de droite à gauche

100	10	1	$\frac{1}{10}$	$\frac{1}{100}$
Centaines	Dizaines	Unités ,	Dixièmes	Centièmes
2 +	4 5	6 7	5 8	6
~~1~~3	~~1~~0	~~1~~4	3	6

10	1	$\frac{1}{10}$	$\frac{1}{100}$	$\frac{1}{1000}$
Dizaines	Unités ,	Dixièmes	Centièmes	Millièmes
 + + 3	4 8 2	9 7 6	6 6 0	7 0 0
14	~~2~~6	~~1~~3	2	7

Technique française

100	10	1	$\frac{1}{10}$	$\frac{1}{100}$
Centaines 1	Dizaines 1	Unités , 1	Dixièmes	Centièmes
2 +	4 5	6 7	5 8	6 0
3	0	4	3	6

10	1	$\frac{1}{10}$	$\frac{1}{100}$	$\frac{1}{1000}$
Dizaines 1	Unités , 2	Dixièmes 1	Centièmes	Millièmes
 + + 3	4 8 2	9 7 6	6 6	7
4	6	3	2	7

Les techniques prennent du sens grâce aux égalités de type : 10 millièmes c'est 1 centième, 10 centièmes c'est 1 dixième, 10 dixièmes c'est 1 unité qui permettent de changer de colonnes dans le tableau de numération.

Remarque : les chiffres en gris constituent une mise au même format à droite mais ne sont pas indispensables à la compréhension des techniques.

Exemples : soustractions 238,43 – 147,367 et 145,3 – 7,658

Technique anglo-saxonne de droite à gauche

Dans cette technique, 2 centaines 3 dizaines 8 unités 4 dixièmes 3 centièmes sont transformées en 1 centaine 13 dizaines 8 unités 3 dixièmes 12 centièmes 10 millièmes, de proche en proche et de droite à gauche, pour permettre d'effectuer les retraits successifs.

10	10	1	$\frac{1}{10}$	$\frac{1}{100}$	$\frac{1}{1\,000}$
Centaines	Dizaines	Unités ,	Dixièmes	Centièmes	Millièmes
1 ~~2~~	13 ~~3~~	8	3 ~~4~~	~~12~~ 3	10
– 1	4	7	3	6	7
0	9	1	0	6	3

1 centaine 4 dizaines 5 unités 3 dixièmes c'est aussi 1 centaine 3 dizaines 15 unités (car 1 dizaine c'est 10 unités) 2 dixièmes 9 centièmes 10 millièmes (car 1 dixième c'est 10 centièmes mais c'est aussi 9 centièmes et 10 millièmes).

10	10	1	$\frac{1}{10}$	$\frac{1}{100}$	$\frac{1}{1\,000}$
Centaines	Dizaines	Unités ,	Dixièmes	Centièmes	Millièmes
1	3 ~~4~~	1 5	2 ~~3~~	~~10~~ 9	10
–		7	6	5	8
1	3	7	6	4	2

Technique française

Cette technique utilise des retenues usuelles qui figurent dans les calculs, elle est basée sur la propriété suivante : on ne change pas la valeur d'une différence en ajoutant un même nombre aux deux termes de la différence.

Elle est plus difficile à comprendre :

238,43 – 147,367

(238,43 + 10 millièmes + 10 centièmes + 10 dixièmes) – (147,367 + 1 centième + 1 dixième + 1 centième).

Car 10 millièmes c'est 1 centième et 1 dixième c'est 10 centièmes et 10 dixièmes c'est 1 centième.

10	10	1	$\frac{1}{10}$	$\frac{1}{100}$	$\frac{1}{1\,000}$
Centaines	Dizaines	Unités ,	Dixièmes	Centièmes	Millièmes
2	1 3	8	4	1 3	1 0
– 1	4	7	3	6	7
1			1	1	
0	9	1	0	6	3

145,3 – 7,658

(145,3 + 10 millièmes + 10 centièmes +10 dixièmes + 10 unités) – (7,658 + 1 centième + 1 dixième + 1 unité + 1 dixième)

10	10	1	$\frac{1}{10}$	$\frac{1}{100}$	$\frac{1}{1\,000}$
Centaines	Dizaines	Unités ,	Dixièmes	Centièmes	Millièmes
1	4	1 5	1 3	1 0	1 0
–		7	6	5	8
	1	1	1	1	
1	3	7	6	4	2

Document 3. Séquence « Addition et soustraction de nombres Décimaux », CM2, Edumoov.

CM2 — **Nombres et calculs**

Addition et soustraction de nombres décimaux

Au cours de cette séquence, les élèves (re)découvrent la technique opératoire de l'addition et la soustraction posées de deux nombres décimaux.

Informations générales

Objectif	**- Connaître l'addition, la soustraction avec des nombres décimaux** **- Comprendre le sens des opérations** **- Résoudre des problèmes relevant des structures additives**
Auteur	G. VARLET
Licence	Créative Commons - liberté de reproduire, distribuer et communiquer cette création au public sous conditions : citation de la paternité, pas d'utilisation commerciale, pas de modification.

Séquence - **Addition et soustraction de nombres décimaux** - 26/12/2016

Nombres et calculs

1 Séance de découverte

Objectif(s) de séance	**Connaître la technique opératoire de l'addition et de la soustraction posées de deux nombres décimaux** — **45 minutes** (4 phases)
Matériel	Fiche de problème d'application Trace écrite
Informations théoriques	Addition posée de deux nombres décimaux Soustraction posée de deux nombres décimaux

1. Présentation

(collectif) | découverte | **5 min.**

Activité de l'enseignant

Présentation - Au cours de cette séquence, vous allez revoir comment additionner et soustraire des nombres décimaux (c'est à dire des nombres à virgules).
Je vous présenterai la technique opératoire (qui est exactement la même pour l'addition que pour la soustraction), puis vous vous entrainerez en effectuant quelques opérations et en résolvant un problème.

2. Présentation de la technique opératoire

(collectif) | découverte | **15 min.**

Activité de l'enseignant

L'enseignant présente la technique opératoire de l'addition posée de deux nombres décimaux. Il veille à :
- utiliser deux nombres n'ayant pas le même nombre de chiffres dans la partie entière et dans la partie décimale (ex : 137,42 + 12,567)
- insister sur l'alignement des virgules
- insister sur l'alignement des chiffres avant la virgule (la partie entière) et après la virgule (la partie décimale)
- préciser que si un chiffre n'est aligné avec rien, on peut compléter le vide par un zéro, qui ne changera pas le calcul final

Attention

Pendant la présentation, il utilise expressément des couleurs (une pour la partie entière, une pour la virgule, une pour la partie décimale).

Activité de l'enseignant

Il présente ensuite la technique opératoire de la soustraction posée, en respectant les mêmes critères. (ex : 45,78 - 2,651)

Activité des élèves

Les élèves peuvent poser des questions à tout moment de l'explication. Ils seront amenés rapidement à calculer eux-même des opérations.

3. Exercices d'application

(individuel) | entraînement | **20 min.**

Consigne

Exercice 1 - Poser et calculer les opérations suivantes :
56,32 + 34,17 = 90,49
591,4 + 9,739 = 601,139
78,93 - 3,52 = 75,41
Exercice 2 - Vérifie les calculs dans le problème suivant :
Yanis veut s'acheter un pantalon à 19,95€ et une veste à 28,85€. Il a 98,50€ dans son porte-feuille.
1. Il déclare avoir dépensé 48,80€. Calcule ses dépenses pour vérifier s'il a raison.
2. Il affirme qu'il lui reste 49,70€. Calcule ce qu'il lui reste pour vérifier s'il a raison.

4. Complétion de la trace écrite

(collectif) | mise en commun / institutionnalisation | **5 min.**

Consigne

Compléter la trace écrite en classe entière et la coller dans le classeur de leçons.

Séquence - **Addition et soustraction de nombres décimaux** - 26/12/2016

Nombres et calculs

2 Séance d'entrainement / de prolongement

Objectif(s) de séance	**Poser des additions et des soustractions avec tous les nombres**	**45 minutes** (3 phases)
Matériel	Fiche d'exercices et de problèmes	
Remarques	Cette séance peut-être découpée en plusieurs temps de classe	
Informations théoriques	Poser des additions avec des nombres entiers et décimaux Poser des soustractions avec des nombres entiers et décimaux	

1. Rappel des faits et présentation de la séance

(collectif) | découverte | **5 min.**

Consigne

Rappeler ce qui a été dit lors de la séance précédente concernant les soustractions et les additions de décimaux, notamment sur les alignements de chiffres et de virgules.

Activité de l'enseignant

Présentation - Au cours de cette séance, vous devrez résoudre des problèmes dans lesquels le calcul d'additions et de soustractions posées sera nécessaire.
Vous serez également amené à calculer des additions ou des soustractions avec des entiers et des décimaux.

2. Problèmes

(individuel) | entraînement | **30 min.**

Consigne

Résoudre les problèmes proposés en respectant la présentation habituelle :
- Calcul clair ou schéma de recherche
- Phrase de réponse entièrement rédigée

Les problèmes sont disponibles dans la fiche annexe.

Différenciation

Les élèves en grosses difficultés seront guidés par l'enseignant afin de déterminer le calcul à effectuer. Cette phase de recherche peut se faire en groupe (recherche collective).
Les élèves en avance peuvent créer un problème qui sera proposé à leurs camarades dans un temps de classe futur.

3. Calcul posé

(individuel) | entraînement | **10 min.**

Activité de l'enseignant

Chaque matin, l'enseignant propose un calcul posé d'addition ou de soustraction de nombres décimaux et entiers.

G. Varlet | **https://www.edumoov.com** | page **4**

Fiche rédigée par Gaël Varlet, professeur des écoles, et publiée sur : https://www.edumoov.com/fiche-de-preparation-sequence/63378/nombres-et-calculs/cm2/addition-et-soustraction-de-nombres-decimaux#session_147541

A – CONNAISSANCES DIDACTIQUES À MOBILISER

1. L'ÉCRITURE DÉCIMALE À VIRGULE

Les écritures décimales à virgule peuvent être présentées aux élèves comme un autre moyen d'écrire une fraction ou une somme de fractions décimales.

Exemples :

- $\frac{4}{10} = 0{,}4$.
- $1 + \frac{7}{10} + \frac{3}{100} = 1{,}73$.
- $2 + \frac{9}{100} = 2{,}09$.

Afin d'aider les élèves à comprendre cette convention d'écriture que sont les écritures décimales à virgule, on utilise le tableau de numération pour les entiers, étendu aux fractions décimales.

Exemple :

Centaines	Dizaines	Unités	Dixièmes	Centièmes	
		2,	3	6	$\leftarrow 2 + \frac{3}{10} + \frac{6}{100}$

La disposition de $2 + \frac{3}{10} + \frac{6}{100}$ dans le tableau amène à l'écriture 2,36.

Toutefois, le lien avec le repérage de points sur une droite graduée est primordial pour éviter les confusions, entre dixième et centième par exemple, en particulier si le tableau de numération reste d'usage délicat pour les élèves.
Ainsi, les nombres 2,01 ; 2,10 ; 2,7 ou 2,07, qui diffèrent les uns des autres par la position de leurs zéros ou de leurs chiffres de la partie décimale, placés sur une droite graduée, donnent des points très éloignés l'un de l'autre, ce qui permet à l'enfant de se rendre compte de l'importance de la position des chiffres.
Le travail peut être complété avec la mesure d'aires de figures composées de rectangles, grâce à l'utilisation d'une unité (un carré) fractionnée en 10 ou 100 parties.
Tous ces travaux visent la maitrise des équivalences de notations du type :

$$\frac{126}{100} = 1 + \frac{26}{100} = \frac{12}{10} + \frac{6}{100} = 1 + \frac{2}{10} + \frac{6}{100} = 1{,}26.$$

L'emploi du système métrique permet ensuite aux élèves un usage des nombres décimaux dans un autre contexte : les écritures décimales vont permettre de « simplifier » les expressions des mesures utilisant unités, multiples et sous-multiples (dites mesures complexes).

Exemple :
Dans le cadre des mesures de longueur, « 3 m 8 cm » peut à présent s'écrire « 3,08 m ».

OBSTACLES RENCONTRÉS PAR LES ÉLÈVES

Pour certains élèves, 28/100 est interprété comme 28,100. De même, il n'est pas rare de voir des élèves écrire 7,10 quand on leur demande d'écrire en chiffres le nombre « sept dixièmes ».

Pour ces élèves, l'enseignant attend un « nombre à virgule », ce qu'ils produisent, sans donner de sens à ce qu'ils font. Pour eux, un nombre décimal est composé de deux entiers séparés par une virgule sans qu'ils connaissent la signification des chiffres selon leur place dans le nombre.

Certains élèves affirmeront que dans 4,567 le chiffre 5 est le chiffre des centaines, car il l'est dans 567. D'autres diront que 5 est le chiffre des centièmes, car ils auront en plus intégré que, dans la partie décimale, il faut dire «-ième ».

2. DIRE LES NOMBRES DÉCIMAUX

Prenons l'exemple de 42,37. On doit éviter, dans un premier temps en tout cas, de lire ce nombre « quarante-deux virgule trente-sept ». Il est préférable de le lire « quarante-deux et trente-sept centièmes » ou « quarante-deux, trois dixièmes et sept centièmes » (manières de lire porteuses de sens et s'appuyant sur les décompositions) afin de ne pas laisser à penser aux élèves qu'un décimal est formé par un couple d'entiers (un entier pour la partie entière et un entier pour la partie décimale).

OBSTACLES RENCONTRÉS PAR LES ÉLÈVES

Des confusions sont possibles entre les mots « dixième » et « dizaine », « centaine » et « centième ».

Ainsi, dans le nombre 36,287, certains élèves diront que 2 est le chiffre des dizaines (confusion dizaine/dixième), d'autres affirmeront que 8 est le chiffre des centaines.

3. ORDRE SUR LES DÉCIMAUX

Pendant une longue période, les élèves conservent des représentations fortement marquées par les nombres entiers.
Ainsi, on sait que pour de nombreux élèves : $2,3 < 2,25$. On peut émettre deux hypothèses concernant la source de cette erreur :

– hypothèse 1. Les élèves s'appuient sur la conception suivante du nombre décimal : deux nombres entiers séparés par une virgule. Ils comparent séparément les parties entières et les parties décimales des deux nombres. Ils en concluent que, puisque 3 est inférieur à 25, alors 2,3 est inférieur à 2,25 ;

– hypothèse 2. Les élèves peuvent aboutir au même résultat en faisant tout simplement abstraction de la virgule. Ils comparent alors 23 et 225 comme on le fait dans l'ensemble des entiers naturels.
La problématique sous-jacente, très difficilement accessible aux élèves, est le fait que l'on passe d'un univers discret (ensemble des entiers) à un univers continu (ensemble des décimaux).

Remarque
Univers discret des entiers
Pour passer d'un nombre entier à son successeur, il y a comme un saut à effectuer :

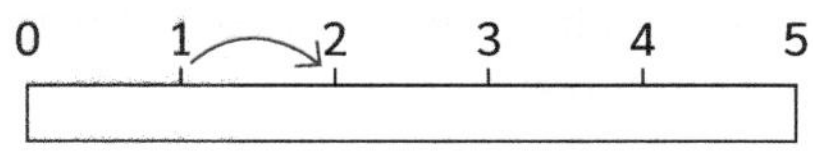

Univers dense des décimaux
Les nombres sont « serrés les uns contre les autres », on ne peut même plus faire le « saut » permettant de passer d'un nombre à son successeur.

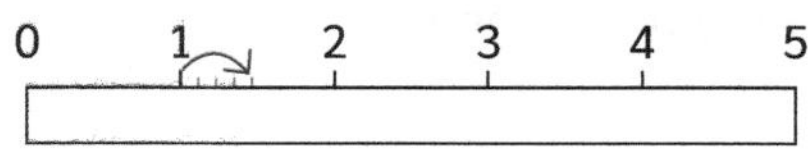

Dans un univers dense, voire continu, la question du successeur et du prédécesseur n'a plus aucun sens. De nombreux élèves penseront que le successeur de 1,9 est 2 voire 1,91, mais auront beaucoup de mal à concevoir que ce successeur est en réalité impossible à trouver. Entre deux nombres décimaux, il y a une infinité de décimaux.
Pour amener petit à petit les élèves à une conception juste du nombre décimal et à la prise en compte du caractère dense de cet ensemble par rapport au caractère discret de l'ensemble des entiers naturels, on va utiliser des exercices et des situations menant les élèves à :

– comparer ;

Exemple :
Ordonner du plus petit au plus grand les nombres suivants : 1,2 – 1,10 – 1,15 – 1,02.

– situer des nombres décimaux sur une droite graduée ;
– encadrer des nombres ;

Exemple :
Encadrer les nombres suivants par deux entiers consécutifs : 1,8 – 0,45 – 3,15 – 31,5 – 3,015 – 30,15.

– déterminer des valeurs approchées.

La comparaison d'une fraction avec des entiers peut être effectuée en décomposant la fraction à l'aide de la somme d'un entier et d'une fraction plus petite que 1.

Exemple :
$\frac{7}{3} = 2 + \frac{1}{2}$ donc $2 < \frac{7}{3} < 3$

Pour comparer deux nombres décimaux, on peut utiliser deux méthodes :
– la mise au même format ;
– l'utilisation des fractions décimales.

Exemple :
Pour comparer 3,24 et 3,3 :
1. on compare d'abord leurs parties entières ;
2. si elles sont égales, on compare leurs parties décimales et c'est là que les procédures divergent :
   - soit on ajoute des zéros pour que les deux parties décimales aient autant de chiffres (si ce n'est pas le cas) puis on compare les parties décimales « obtenues » comme si c'était des entiers : 3,24 < 3,30 car 24 < 30 ;
   - soit on compare les parties décimales « chiffre à chiffre » en commençant par le chiffre des dixièmes jusqu'à ce qu'il y ait une différence : 3,24 < 3,3 car dans 3,2 le chiffre des dixièmes est 2 alors que dans 3,3 le chiffre des dixièmes est 3 et 3 est plus grand que 2.

OBSTACLES RENCONTRÉS PAR LES ÉLÈVES

Pour comparer les nombres décimaux, plusieurs difficultés apparaissent du fait qu'un décimal peut être perçu comme un couple d'entiers.

– Pour comparer 8,35 ; 8,007 et 8,6 par exemple, certains élèves produiront la réponse : 8,6 < 8,35 < 8,007, en pensant : « Comme la partie entière est la même, je vais comparer les parties décimales en appliquant la règle de comparaison des entiers : un nombre est grand s'il a beaucoup de chiffres. »

– Pour comparer 8,35 et 8,6 par exemple, certains élèves produiront la réponse : 8,6 < 8,35, en pensant : « Comme les parties entières sont identiques et que 6 < 35, alors 8,6 < 8,35. »

Cette dernière façon de penser produit les comparaisons voulues dans le cas où les parties décimales comportent le même nombre de chiffres, d'où « l'intérêt » d'ajouter des zéros à la partie décimale des nombres à comparer pour obtenir les bons résultats... au détriment du sens ! La procédure de comparaison des décimaux (de même partie entière) chiffre à chiffre est évidemment préférable.

B – TRAITEMENT DU SUJET

1. LIRE ET ANALYSER LES DOCUMENTS

Les indications les plus essentielles sont répertoriées dans un cadre : **À NOTER**

Document 1

Le calcul demandé est : 12,47 + 2,7

Tâche de l'élève :
Additionner deux nombres décimaux (calcul en ligne) dont les parties décimales n'ont pas la même « longueur » (nombre de chiffres après la virgule).
Analyse des erreurs commises par les élèves :
– Amina : ne tient pas compte de la virgule, additionne comme pour les entiers (à la manière de la technique opératoire posée en colonnes) ;
– Zoé : ne transforme pas 11 dixièmes en une unité et un dixième (cloisonnement des deux parties, entière et décimale) ;
– Ugo : additionne indépendamment les parties décimales et les parties entières

Document 2

Il s'agit de d'un extrait du document du ministère de l'Éducation nationale, « Le nombre au cycle 3 ».

À NOTER

Les techniques opératoires pour les nombres décimaux prolongent naturellement les techniques, choisies par l'équipe d'école, stabilisées au cycle 2 dans l'ensemble des nombres entiers. Il n'y a pas lieu d'en changer. Les réactiver et les oraliser avec les nombres décimaux redonne sens au fractionnement décimal, à la retenue (« quatre dixièmes et huit dixièmes font douze dixièmes ») et aux décompositions (« un dixième, c'est dix centièmes... »). Le sens de ces opérations s'inscrit dans une continuité sur les nombres entiers.

Document 3

La démarche utilisée dans cette séance peut être qualifiée d'apprentissage par ostentation.
L'enseignant montre aux élèves comment il faut faire sans autre justification.
Ensuite les élèves appliquent.

À NOTER

La résolution de problème est absente de cette séance.

2. SITUER LA SÉANCE À CONCEVOIR

Du côté de l'enseignant

La séance peut être considérée comme une séance de remédiation, face aux difficultés rencontrées par les élèves dans les exercices proposés.
Dans cette séance, il faut tenir compte des différentes approches possibles du nombre décimal.

Du côté des élèves (prérequis)

- Connaitre les techniques opératoires posées sur les nombres entiers
- Connaitre la valeur associée à chaque chiffre selon la place qu'il occupe dans l'écriture du nombre.

3. PRÉPARER LA SÉANCE

Choix didactiques (conception)

L'analyse des travaux d'élèves conduit à envisager de prendre en compte dans la conception de la séance les remédiations suivantes :
– contextualiser par la mesure : aide pour Amina ;

– place de la virgule dans le tableau de numération : Zoé ;
– dire de manière explicite les nombres décimaux : les trois ;
– retour à la fraction décimale : Ugo.

On pourrait concevoir une séance par ateliers avec pour chacun la prise en compte d'une des difficultés analysées.

Cependant, le spectre des erreurs étant assez large, nous choisissons de prendre en considération pour l'ensemble du groupe classe toutes les voies de remédiation que nous pourrons identifier.

Ainsi, nous retiendrons les choix didactiques suivants :
– utiliser des problèmes concrets (avec mesure) pour donner du sens aux décimaux ;
– utiliser un tableau de numération ;
– bien dire les nombres décimaux.

Choix pédagogiques (animation)

- Travail en groupes pour favoriser les échanges et permettre aux élèves de « bien dire » les nombres décimaux.
- Faire des groupes plutôt homogènes pour tenter de rester au plus près des compétences de chaque élève.
- Phase de recherche avec résolution de problème et confrontation des procédures.

Déroulé de séance

Le cadre

<table>
<tr><td colspan="2">Domaine disciplinaire : Mathématiques</td><td>Domaine spécifique : Nombres et calculs</td></tr>
<tr><td>Niveau de classe :
Cycle 3 / cm2</td><td>Nb d'élèves : 25</td><td>Place de la séance dans la séquence :
séance de remédiation après analyse de travaux d'élèves.</td></tr>
<tr><td colspan="2">Attendu de fin de cycle :
– Calculer avec des nombres entiers et des nombres décimaux.
– Résoudre des problèmes en utilisant des fractions simples, les nombres décimaux et le calcul.</td><td>Compétence(s) visée(s) :
Être capable de
D'additionner en ligne deux nombres décimaux avec des parties décimales de « longueurs » différentes.</td></tr>
</table>

Phase 1 Collectif (5')

L'enseignant dit des nombres décimaux, les élèves les écrivent en chiffres sur leurs ardoises.
L'enseignant écrit au tableau une liste de nombres décimaux, les élèves les lisent.

Phase 2 Groupes (quatre élèves) (10')

Résolution d'un problème avec plusieurs étapes.
Problème :
« Un agriculteur veut acheter du grillage pour entourer un champ rectangulaire.
Longueur : 12,76 m
Largeur : 8,9 m
Prix du grillage : 4,50 € le mètre (pas fractionnable).
Quelle somme devra-t-il payer ? »
Résolution sur affiche, traces de recherche, calculs.

Phase 3 Collectif (10')

Confrontation des démarches des différents groupes.

Explicitation par l'enseignant d'une démarche :
Sens de l'écriture : 12,76 m = 12 m et 76 cm ou 12 m et 7 dixièmes de mètre et 6 centimètres (centièmes de mètre).
Dire 12,76 centièmes de mètres.
Calcul du demi-périmètre.
Calcul du périmètre.
Calcul du métrage nécessaire.
Prix à payer.

L'enseignant dit ce qu'il fallait trouver : 198 €
Constats pour les groupes : résultat juste ou erroné.

Phase 4 Individuel + collectif (15')
Retour sur les calculs nécessaires :
1 12,76 + 8,9 = ?
L'enseignant propose 4 résultats possibles.
Quel est le résultat juste ?
12,76 + 8,9 = 20, 85 (à la manière de Ugo)
12,76 + 8,9 = 13,65 (à la manière d'Amina)
12,76 + 8,9 = 20,166 (à la manière de Zoé)
12,76 + 8,9 = 21,66

Les élèves recopient sur leur ardoise le résultat qu'ils pensent juste.
Vérification :
L'enseignant affiche au TBI un tableau de numération :

Dizaine de mètres	Mètres	Décimètres	Centimètres	Millimètres
1	2	7	6	
	8	9		

puis il envoie un élève en réussite pour :
– placer la virgule et expliquer pourquoi (la mesure est donnée en mètres) ;
– écrire les deux termes de l'addition dans le tableau l'un sous l'autre.

L'enseignant envoie un autre élève (qui commet le même type d'erreur que Zoé) au tableau pour effectuer l'addition à l'aide du tableau :

Dizaine de mètres	Mètres	Décimètres	Centimètres	Millimètres
1 (1)	2 (1)	7	6	
	8	9	0	
2	0	16	6	
2	1	6	6	

Ajout des zéros si nécessaire.
Solliciter les élèves en réussite pour indiquer l'impossibilité d'avoir deux chiffres dans une même colonne.
Écrire au tableau : 16 décimètres = 10 décimètres + 6 décimètres = 1 mètre + 6 décimètres.

Utiliser les écritures fractionnaires :

$$\frac{16}{10} = \frac{10}{10} + \frac{6}{10} = 1 + \frac{6}{10}$$

Placer les retenues nécessaires.

Effectuer le même calcul en ligne, expliciter la démarche en utilisant les unités de numération ou les mesures de longueurs.

Phase 5 Individuel (5')
21,66 + 21,66 = ?
Les élèves effectuent le calcul en ligne, montrent leurs résultats écrits sur leurs ardoises.
Les élèves disposent de quelques minutes pour achever la résolution du problème.
L'enseignant termine les derniers calculs qui permettent d'aboutir au résultat du problème.
Périmètre = 43,32.
Il faut acheter 44 m de grillage.
Le prix à payer : 44 × 4,50 = 198 €.

Phase 6 Individuel (10')
Effectuer les opérations posées en colonnes :
13,25 + 4,72 =
7,46 + 3,1 =

Effectuer les calculs en ligne :
4,36 + 2,21 =
3,75 + 1,2 =
2,8 + 4,35 =
3,52 + 2,5 =

4. PRÉPARER L'ORAL

Introduction

La séance que je vais vous présenter vise la compétence « Savoir additionner deux nombres décimaux ».
Il s'agit d'une séance de remédiation faite à l'issue d'une évaluation qui recèle encore des erreurs chez certains élèves.
La conception de la séance tient donc compte du relevé d'erreurs effectué sur les travaux d'élèves et les choix didactiques et pédagogiques qui s'imposent pour essayer d'y remédier dans une large mesure.

Conclusion

Nous avons utilisé le contexte de la mesure pour donner sens aux nombres décimaux.
Nous avons différencié les tâches en fonction des besoins
Nous avons utilisé un tableau de numération et nous avons insisté sur la façon de bien dire les nombres décimaux pour leur donner du sens et éviter les erreurs à l'avenir.

Questions du jury

Vous n'avez donné aucun calcul dans lequel le zéro joue un rôle important, pourquoi ?

Réponse : compte tenu des travaux analysés on peut conclure que certains élèves ne sont pas encore très à l'aise avec l'addition des décimaux.
On sait que la présence de zéros dans l'écriture de certains décimaux crée une difficulté supplémentaire.
Nous pourrons introduire cette difficulté ultérieurement lorsque nous sentirons tout le monde à l'aise avec cette première étape.

Autres questions possibles :

Quelle autre grandeur que la longueur auriez-vous pu utiliser pour contextualiser les calculs ?
Quels sont les avantages et les inconvénients de ces autres choix possibles ?

Sur Lea.fr

Les réponses aux autres questions

Sujet n° 9
Longueurs CP-CE1

Dans une classe de CP/CE1, un enseignant se propose de bâtir une séquence visant la compétence « comparer, mesurer des longueurs » à partir des quatre documents (A1, A2, A3, A4), extraits d'un manuel de mathématiques.
Chacun de ces documents, dans l'ordre indiqué, servira de support pour la conception d'une des séances de la séquence.
Concevez une séance et son animation en prenant appui sur le document A2.
Vous préciserez l'objectif précis de cette séance et son rôle dans la démarche générale de la séquence programmée.

CORPUS DE DOCUMENTS[1]

Document 1A

Repasse en rouge le segment le plus long et en bleu le segment le plus court. Utilise les bandelettes.

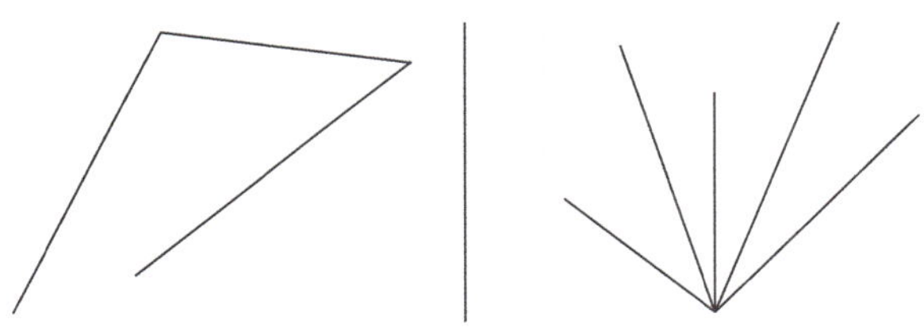

1. **Trace** un segment **rouge** plus long que le segment bleu.
Trace un segment **vert** plus court que le segment bleu.

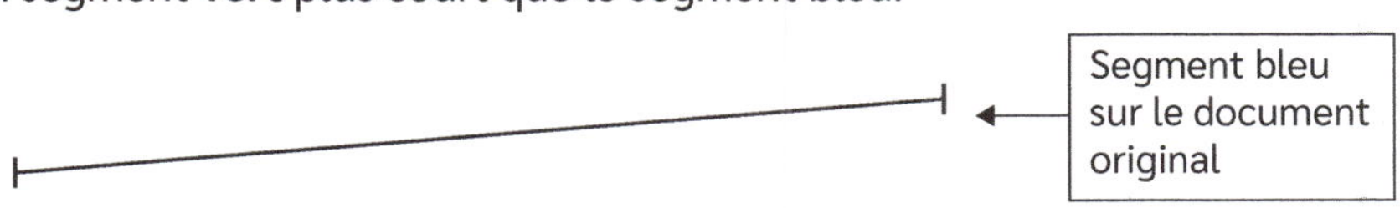

2. **Trace** un segment plus long que le segment **rouge** et plus court que le **vert**.

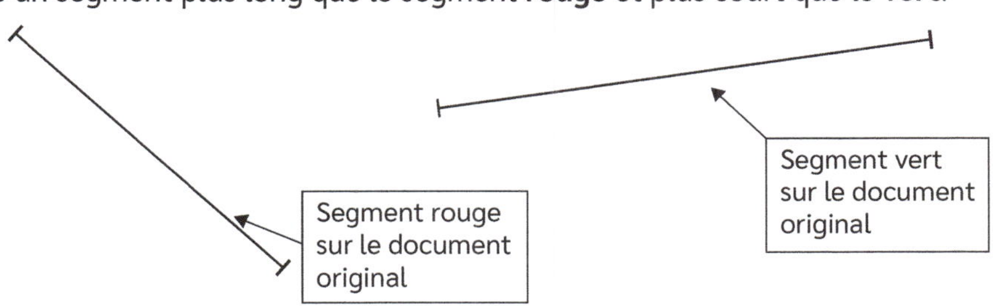

1. Documents 1A, 1B, 1C et 1D d'après *Pour comprendre les mathématiques – CP*, J.P. Blanc, P. Bramand, P. Debû, J. Gély, D. Peynichou, A. Vargas, Hachette Éducation, 1999.

Document 1B

Louna, Paul et Théo mesurent la longueur de la salle de classe avec leurs pieds.

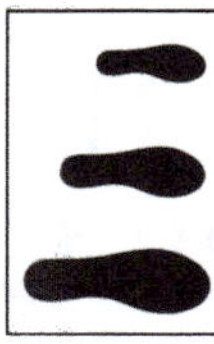

pied de **Louna**

pied de **Paul**

pied de **Théo**

 ....

 ....

 ....

Colorie :

- en rouge l'étiquette de celui qui mesure mal ;
- en vert l'étiquette de celui qui trouvera le plus grand nombre de pieds.

Louna	**Paul**	**Théo**

1. Quatre enfants ont mesuré leur bureau avec des crayons et des gommes.

Max

Olga

Prune

Malik

- Qui a bien mesuré ?
- **Exprime** la longueur d'un bureau < en crayons : / en gommes :

Lourine mesure le bureau de Max avec un autre crayon. Elle trouve 10 crayons. Son crayon est-il plus court que celui de Max ?

Colorie la réponse. | OUI | NON |

Document 1C

Comparer, mesurer par report d'une unité arbitraire.

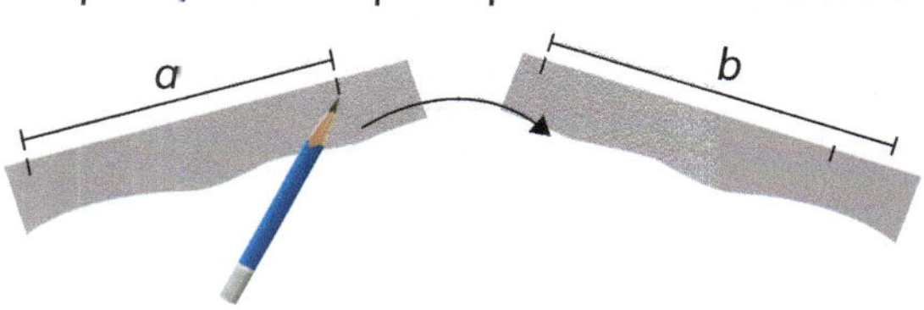

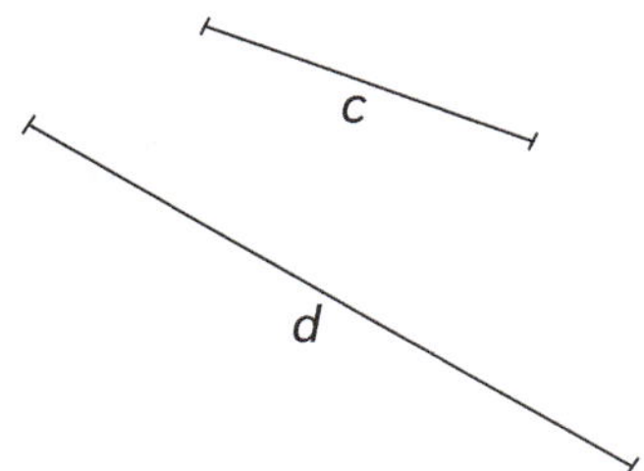

Le segment *b* est plus long que le segment *a*.

À l'aide d'une bande de papier, compare les segments *d*, *e* et *f* et complète.
Le plus court est le segment : ....
Le plus long est le segment : ....
Découpe l'unité **U**.
Mesure les segments *c*, *d*, *e*, *f* avec l'unité **U**.

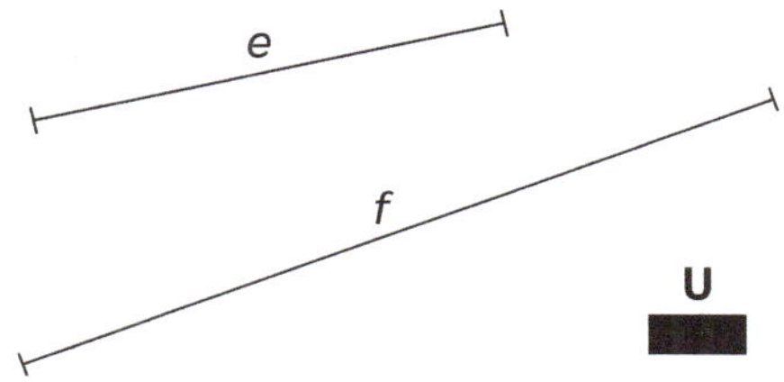

Mesure de c = ... **U**
Mesure de *d* = ... **U**
Mesure d'*e* = ... **U**
Mesure de *f* = ... **U**

1. Compare les segments à l'aide d'une bande de papier et complète les phrases.

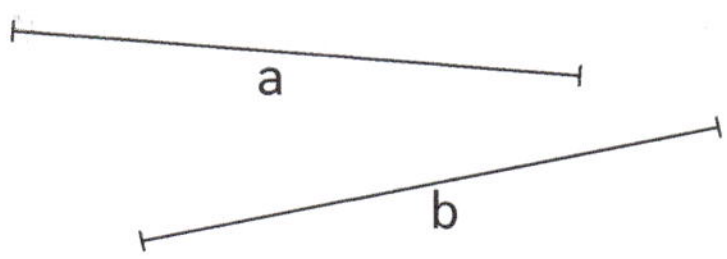

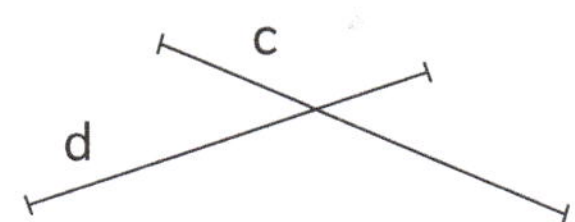

Le plus long est le segment : ....
Le plus court est le segment : ....

2. Mesure les segments *a*, *b* et *c* avec l'unité **U**.

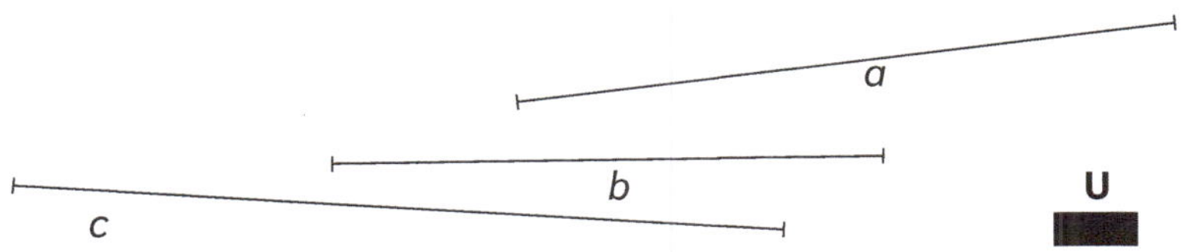

Mesure de *a* = ... **U.** Mesure de *b* = ... **U.** Mesure de *c* = ... **U.**

Écris les noms des segments du plus court au plus long : ....

Document 1D

Construire et utiliser une règle graduée.

① ② ③ ④ ⑤

U

① Plie une feuille de papier. ①
② Trace un trait pour repérer le zéro. ②
③ Gradue ta règle, à l'aide de l'unité **U**, comme sur les dessins ③, ④, ⑤.
Tu as construit une règle graduée.
Utilise-la pour mesurer la longueur du segment bleu et complète.

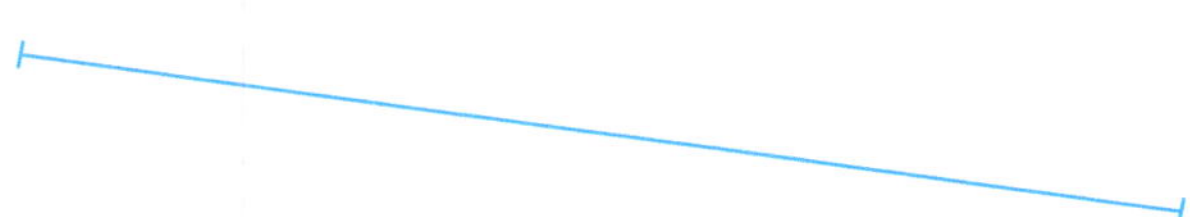

Mesure du segment **bleu** : .... **U.**

1. Avec la règle que tu as construite, mesure la longueur de chaque segment.

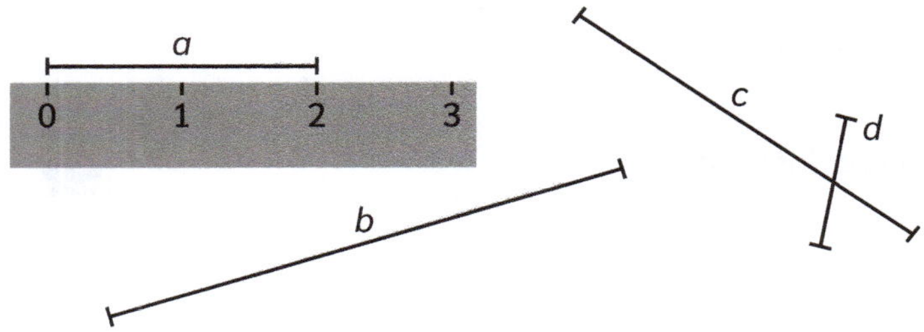

Mesure de *a* = 2 **U**.
Mesure de *b* = ... **U**.
Mesure de *c* = ... **U**.
Mesure de *d* = ... **U**.

Écris les noms des segments du plus court au plus long : ....

2. Trace un segment AB de longueur 4 **U**.

3. Trace un segment de 15 carreaux.
Mesure sa longueur avec la règle graduée que tu as construite.

A – CONNAISSANCES DIDACTIQUES À MOBILISER

1. LES GRANDEURS SIMPLES

Longueur, masse, durée sont les trois grandeurs simples abordées à l'école primaire.

À l'école maternelle

Les premières activités menées avec les élèves visent **à construire** le **sens de la grandeur**, indépendamment de la mesure et avant que celle-ci n'intervienne.

Au cycle 2

Les activités de comparaison des grandeurs peuvent être menées :
– par **comparaison directe** : juxtaposition, superposition, mise en regard des deux objets ;
– par **comparaison indirecte** : recours à un objet intermédiaire, à un instrument de report (longueur servant de gabarit, masse fixée) ou transformation de l'un des objets pour le rendre comparable à l'autre (par exemple, une ligne non rectiligne peut être transformée en ligne rectiligne).

Les activités de comparaison sont essentielles. C'est à travers elles que l'élève accède aux grandeurs considérées et distingue progressivement la longueur d'un objet de la place qu'il occupe.

Les élèves sont aussi habitués progressivement à anticiper mentalement les résultats des comparaisons avant de les valider par l'expérience.

Les comparaisons amènent à pointer des rapports de grandeurs : les élèves ont accès à la compréhension des relations entre grandeurs (égalités, inégalités, rapports simples) avant d'être capables de mesurer ces grandeurs. Ainsi il leur est facile, sans recourir à la mesure, de dessiner un crayon *deux fois (trois fois) plus long qu'un autre.*

2. LA GRANDEUR LONGUEUR

La progression relative à la grandeur longueur débute généralement en grande section de maternelle.
Les activités se déploient d'abord dans l'espace vécu.
Dans ce cadre, les enfants sont souvent amenés à échanger sur des problèmes de comparaison :
– comparaison de taille : « Je suis plus grand que toi, non c'est moi... » ;
– comparaison de hauteur : « Qui a la chaise la plus haute ? » ;
– comparaison de longueur : « Qui a sauté le plus loin ? ».
Tous ces problèmes que se posent spontanément les enfants peuvent être l'occasion pour l'enseignant d'engager un apprentissage organisé de la grandeur longueur et de la mesure.
Pour chacune de ces questions, les élèves isolent implicitement une dimension des objets qu'ils souhaitent comparer. Ils comparent, de façon intuitive, des grandeurs rectilignes (droites).
Cette activité de comparaison nécessite déjà une capacité d'abstraction importante. Ce travail se mène donc en parallèle de celui sur l'alignement et la ligne droite, premiers éléments de la géométrie euclidienne.
L'objectif d'apprentissage est essentiellement tourné vers la grandeur, la mesure viendra dans un second temps.
On distingue deux types de problèmes de comparaison :

1. Problèmes relatifs aux grandeurs déplaçables :
– comparaison de la taille de deux élèves que l'on peut mettre côte à côte ;
– comparaison de la longueur de deux bâtons, etc.
Dans ce type de problème, la comparaison des longueurs s'effectue par vision globale : une grandeur « dépasse » l'autre, elle est plus longue.
Il est cependant nécessaire de systématiser le fait que la comparaison menée ainsi n'est valable que si les deux grandeurs déplaçables sont mises côte à côte en prenant bien soin de **faire coïncider une de leurs extrémités**.

Exemple :
Dans les problèmes de comparaison de taille, il faut veiller à :
– enlever ses chaussures ;
– vérifier que le sol est bien plat ;
– se mettre dos à dos, etc.

Ce premier registre d'activités va contribuer à mettre en place la **notion d'origine** : origine du repère, origine du comptage, rôle du zéro, etc.

2. Problèmes relatifs aux grandeurs non déplaçables :
– comparaison de la hauteur de deux armoires dans la classe ;
– comparaison de la hauteur de deux arbustes dans la cour, etc.
Pour résoudre ce type de problèmes, on pourra dans un premier temps montrer l'utilité de se munir d'une grandeur déplaçable afin de ramener le problème à la résolution de deux problèmes du type précédent, avec un raisonnement transitif en plus.

Exemple :
Comment comparer la hauteur de deux piquets qui se trouvent dans la cour, mais à des endroits très différents, et sans que l'on puisse les avoir tous les deux simultanément dans notre champ de vision ?

Solution envisageable
On dispose d'un bâton, qui lui est une grandeur déplaçable.
On compare le bâton avec le premier piquet et on constate que le bâton est plus grand que le premier piquet.
On compare ensuite le bâton avec le second piquet et on constate que le bâton est plus petit que le second piquet.
On peut donc conclure par transitivité que le piquet n° 1 est plus petit que le piquet n° 2.

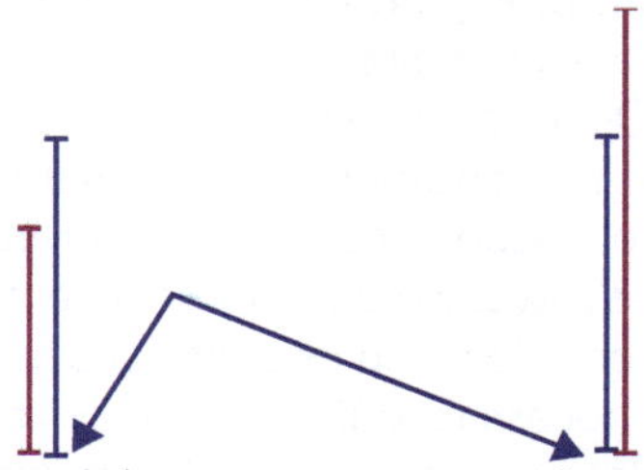

La résolution de ce problème montre tout l'intérêt qu'il peut y avoir à se munir, dans les problèmes de comparaison de grandeurs non déplaçables, d'un objet déplaçable. Sa longueur étant choisie, on pourra conclure avec justesse la comparaison par transitivité.
C'est un premier pas vers la **notion d'unité** ou de **grandeur étalon**. Comment faire si l'on ne dispose pas d'un objet de longueur idéale ?

Exemple :
Comment comparer deux sauts en longueur effectués par deux élèves à des endroits différents ?

Première solution envisageable : pour résoudre ce problème sans procéder par **comparaison directe** (juxtaposition des origines et mise côte à côte), on peut utiliser une **comparaison indirecte**, en utilisant par exemple une ficelle (qui fait office ici de grandeur déplaçable).

Deuxième solution envisageable : compter le nombre de pas contenus « dans le premier saut » puis le nombre de ceux contenus « dans le second saut » et comparer ensuite les nombres de pas obtenus.

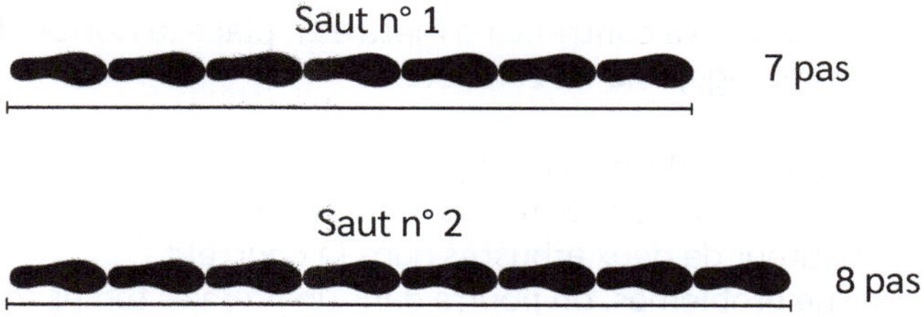

Nous entrons ainsi dans un processus de **quantification** qui sera appelé **mesure**.
Ce processus nécessite lui aussi le respect de certaines règles d'action qui ne vont pas de soi en grande section, ni même encore au CP :
– respect de l'origine ;
– respect de l'alignement ;
– respect de la juxtaposition des unités.

Résoudre ce type de problème à cette étape de la progression consiste à :
– choisir une grandeur unité appropriée à la situation et facilement accessible (une partie du corps : pied, pouce, etc.) ;
– reporter la grandeur unité selon le protocole établi ci-dessus ;
– compter ;
– comparer des nombres.

Il deviendra ensuite nécessaire de faire porter l'attention des élèves sur le fait que la mesure de la grandeur dépend de l'unité choisie. Il parait donc indispensable de se munir tous d'une unité commune : unité légale de mesure des longueurs.
Il sera également important de sensibiliser les élèves à :
– la pertinence de l'unité choisie (le mètre, unité légale, pourra être utilisé pour exprimer la mesure de la longueur de la classe ; le centimètre sera un meilleur choix pour exprimer la mesure d'un segment tracé sur une feuille de papier) ;
– l'estimation des longueurs pour qu'elles fassent sens.
Ce deuxième registre d'activités va contribuer à mettre en place la notion d'**unité de mesure**, d'abord au cycle 2. Elle sera approfondie au cycle 3, les longueurs n'étant plus exclusivement rectilignes.
Les notions de mesure de longueur déterminée par calcul et de longueur curviligne se généralisent, notamment avec la notion de périmètre.

3. MESURER DES LONGUEURS

Fabriquer et utiliser un instrument de mesure

Les objets mesures doivent être de nature et de dimensions variées, le choix de l'instrument approprié constituant un objectif important.
Au cycle 2, dans le cas des longueurs, la fabrication d'un instrument de mesure par les élèves constitue une aide à la compréhension du fonctionnement des instruments usuels et à leur utilisation.

Exemple :
Pour graduer une bande de papier, il faut **déterminer une origine**, lui attribuer le nombre 0, **reporter régulièrement une même longueur**, appelée unité. Chaque report est en général matérialisé par un trait, chaque trait est affecté d'un nombre entier.

Comptage 10 unités

Un premier instrument de mesure peut être construit :
– on plie une feuille de papier pour obtenir une ligne bien droite (ou on prend une bande de papier) ;
– on choisit une unité u ;
– on reporte à partir de l'extrémité la longueur unité, on inscrit des marques repères, et on écrit les nombres du comptage.

On peut ensuite opérer un premier glissement. Les nombres du comptage seront inscrits maintenant sous les marques repères, l'usage du nombre s'en trouve légèrement modifié, on passe d'un usage exclusivement quantifiant à un usage du nombre qui permet de repérer.

On montre ensuite que sur les instruments courants mis à notre disposition, l'origine du comptage et du repérage ne coïncide pas nécessairement avec l'extrémité de la règle, mais que l'on trouve en lieu et place de l'origine le chiffre 0.

La règle graduée

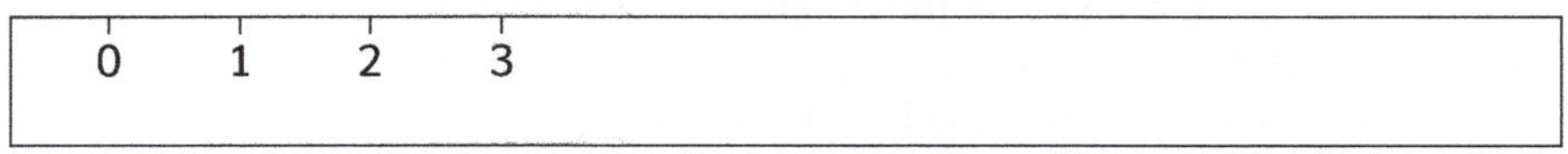

OBSTACLES RENCONTRÉS PAR LES ÉLÈVES

Une erreur fréquente des élèves consiste à prendre comme origine du mesurage le bord de la règle et non le zéro.

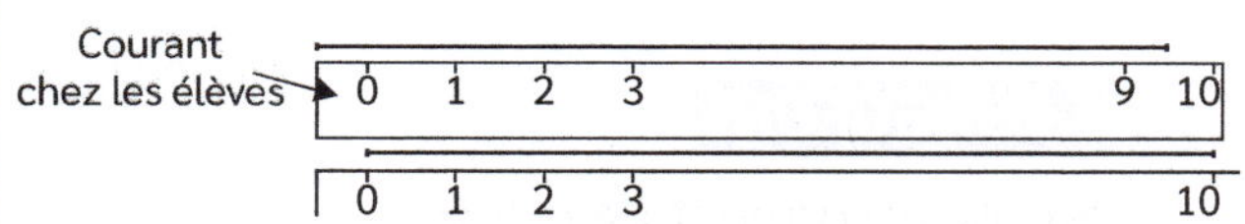

Dorénavant, la mesure ne s'opère plus par comptage mais par simple lecture.

S'approprier les unités de mesures

Au cycle 3, l'accent sera mis sur l'appropriation des différentes unités et des différents instruments de mesure utilisés en fonction du contexte, et surtout la mesure sera présente dans la résolution de nombreux problèmes.

Les élèves devront avoir une bonne connaissance des relations entre les unités les plus utilisées pour les longueurs :

1 m = 100 cm,

1 cm = 10 mm,

1 dm = 10 cm,

1 km = 1000 m.

Ces relations devront être mémorisées et donc utilisables sans recours obligatoire à un tableau de conversion.

À la fin du CM2, lorsque l'utilisation des nombres décimaux se généralisera, un travail est conduit sur l'égalité d'expressions comme 1 m 7 cm et 1,07 m.

B – TRAITEMENT DU SUJET

1. LIRE ET ANALYSER LES DOCUMENTS

Document A1

- **Descriptif de la démarche**

La tâche des élèves est de déterminer les segments les plus courts et les plus longs parmi des segments tracés, puis de tracer des segments plus courts ou plus longs que des segments donnés.

- **Analyse de la démarche**

L'objectif de cette séance est « la comparaison de grandeurs non déplaçables ».

Document A2

- **Descriptif de la démarche**

La tâche des élèves consiste à discriminer les bonnes pratiques de mesurage parmi celles représentées.

- **Analyse de la démarche**

L'objectif de cette séance est de déterminer un protocole d'action pour « bien mesurer ».
Les élèves n'agissent pas par eux-mêmes.
Attention portée à :
– l'origine dans la pratique du mesurage,
– l'unité commune,
– l'alignement juxtaposition.

Document A3

- **Descriptif de la démarche**

La tâche des élèves est de comparer, ordonner des segments de longueurs différentes en utilisant une unité de référence.

- **Analyse de la démarche**

Mesurer pour comparer et ordonner des grandeurs non déplaçables.

Document A4

- **Descriptif de la démarche**

La tâche des élèves est de construire et de commencer à utiliser un instrument de mesure des longueurs : une règle graduée.

- **Analyse de la démarche**

Construction d'une règle graduée : un instrument de mesure qui prend en charge tous les impératifs du protocole d'action établi précédemment : origine, unité, alignement, mesurage par comptage.

2. SITUER LA SÉANCE À CONCEVOIR

Du point de vue de l'enseignant

La séance 2 intervient après que les élèves ont été amenés dans la séance précédente à comparer des grandeurs non déplaçables en utilisant une grandeur intermédiaire.

Du point de vue des élèves (prérequis)

- Savoir comparer des longueurs déplaçables : la notion d'origine.
- Savoir comparer des longueurs non déplaçables en utilisant un objet de transition.

3. RÉDIGER LA FICHE DE PRÉPARATION

Choix didactiques (conception)

L'objectif étant d'établir un protocole d'action pour mesurer pour pouvoir comparer des longueurs, il est nécessaire de mettre en place une séance dans laquelle les élèves vont devoir agir et résoudre des problèmes d'ordre pratique.
Les élèves prennent ainsi conscience de la nécessité de l'origine commune de l'unité commune et du bon alignement/juxtaposition.

Choix pédagogiques (animation)

Objectif de la séance : établir un protocole pour mesurer les longueurs :
– notion d'origine,
– alignement,
– juxtaposition,
– une grandeur de référence : la notion d'unité de mesure des longueurs.

Déroulé de séance

Séance de mathématiques en deuxième partie de matinée après la récréation.

Anticipation
Au moment de la récréation, passer la consigne suivante : « Combien de pas mesure la largeur du préau ? ». Préciser bien le sens du mot « pas ».

Rentrée en classe.

Phase 1 Individuel (5')
Consigne : « Prenez vos ardoises et écrivez ce que vous avez trouvé pour la mesure de la largeur du préau en nombre de pas. Levez vos ardoises. »
Lire quelques-uns des résultats et faire part de son étonnement quant à la diversité des résultats trouvés. Demander aux élèves comment ils ont mesuré (petits pas, grands pas).

Phase 2 Collectif (5')
En classe, faire constater la diversité des résultats trouvés.
Qui a raison ? Pourquoi ? Débat.
Premières prises de conscience de la nécessité de « bien agir » pour « bien mesurer ».

Phase 3 Collectif (5')
En classe, faire mesurer la longueur de la classe par deux élèves (ou choisir une longueur tracée au sol 20 à 25 pas/longueurs de pieds nettement différentes pour avoir un écart significatif).
20 et 25 par exemple.

1er constat : pour comparer des longueurs en comptant, on dit « mesurer », il faut utiliser la même grandeur de référence.

Phase 4 Collectif (5')
Pendant la récréation, l'enseignant a tracé (ou collé) à deux extrémités de la classe deux bandes (ou dans la cour ou sous le préau, assez éloignées l'une de l'autre) de longueurs différentes mais presque égales.
Consigne : « Quelle est la plus longue ? Comment va-t-on faire pour le savoir si on ne dispose d'aucun matériel ? »
Recueillir des propositions, faire réaliser des actions par un ou deux élèves et conclure sur la marche à suivre pour comparer des longueurs en mesurant.

Utiliser le TBI pour faire apparaitre au fur et à mesure les étiquettes **illustrées** :

Il faut décider d'une longueur de référence commune, unité.

Il faut bien partir du début, origine.

Il faut bien aligner et juxtaposer les unités.

Phase 5 Binômes (CP/CE1) (5')
Distribuer ce support.
Consigne : « Indiquez la mesure du bureau trouvée par Max, Olga.
Pourquoi ne trouvent-ils pas pareil ?
Puis celle trouvée par Prune et Malik.
Pourquoi ne trouvent-ils pas pareil ? »

Max

Olga

Prune

Malik

Phase 6 Collectif (10')
Synthèse. Pour bien mesurer des longueurs et pouvoir les comparer il faut :
– Choisir la même longueur de référence : UNITÉ

u

– Bien commencer au début : ORIGINE

Max

Olga

– Bien aligner et coller les unités

Prune

Malik

Phase 7 Binômes (10')
Ranger selon leurs hauteurs quatre objets non déplaçables de la classe.
Fournir des pailles en papier.

Phase 8 Individuel (10')
Mesurer et ranger du plus petit au plus grand les trois segments a, b, c.

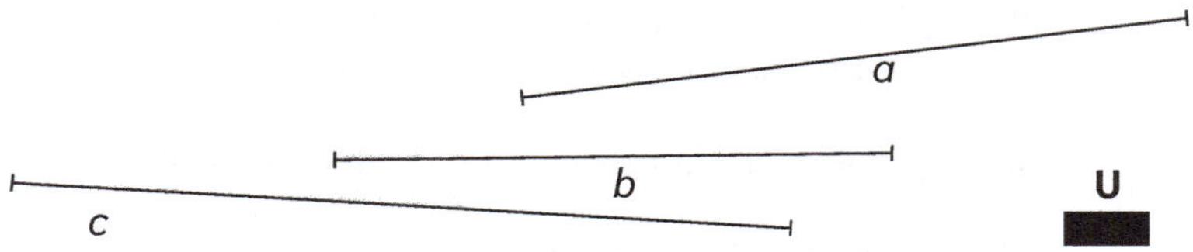

4. PRÉPARER L'ORAL

Introduction

Pour enseigner aux élèves l'utilité et l'usage de la règle graduée, on peut procéder par ostentation. On montre aux élèves comment il faut faire et on attend des élèves qu'ils fassent pareil.
Ce n'est pas le choix didactique opéré dans la séquence de 4 séances qui nous est proposé en annexe du sujet.
Cette séquence vise à faire prendre conscience aux élèves des enjeux dans les pratiques de mesurage et à les conduire vers la construction et l'appropriation par l'usage d'une règle graduée avec une unité de mesure arbitraire.

Conclusion

On peut penser que cette manière d'approcher le mesurage de la grandeur longueur permettra d'éviter les nombreuses erreurs commises par les élèves, comme par exemple la confusion entre l'origine du mesurage et l'extrémité de la règle et d'autres encore.

Questions du jury

Pourquoi faites-vous le choix de ne pas introduire dans cette séquence l'unité de référence pour les longueurs : le cm ?
Réponse : Le cm est l'unité la mieux adaptée aux longueurs des segments qui peuvent être tracés sur une feuille de format A4.
Cependant, dans la démarche que nous avons choisie il est important que les élèves découvrent par eux-mêmes la nécessité des diverses contraintes liées au mesurage.
Dans le cas de l'unité, on débute par une unité arbitraire qui peut être choisie par les élèves (longueur d'une gomme, d'un crayon etc.).
Ensuite, on montre aux élèves la nécessité d'une unité commune à tous les élèves de la classe, puis une unité commune au sens large avec le système décimal.
On introduit alors le centimètre puis le mètre.

Quelles traces laisseriez-vous sur le cahier du jour à l'issue de cette séance ?

Sur Lea.fr
Les réponses aux autres questions

Sujet n° 10
Grandeurs et mesures : les aires CM1-CM2

En vous appuyant, entre autres, sur les documents fournis, concevez une séance et son animation visant la compétence : « Comparer des surfaces selon leurs aires sans avoir recours à la mesure, par superposition ou par découpage et recollement ».
Vous vous situerez dans le cadre d'un cours double CM1/CM2 de 20 élèves (12 CM1 et 8 CM2) en période 3.
Cette séance est la deuxième d'une séquence qui peut être ainsi résumée :

CM1	1. Découvrir les notions de surface et d'aire ↓ 2. Comparer des aires sans recours au calcul ↓ 3. Estimer des aires grâce à pavages ou une surface de référence ↓ 4. Mesurer une aire grâce à un pavage ou une surface de référence (notion d'unité de mesure d'aires) ↓ 5. Passage aux unités usuelles ↓ 6. Découverte et mémorisation des formules de calcul d'aires	Résolution de problèmes

La séance à détailler sera la deuxième de la séquence.

CORPUS DE DOCUMENTS

Document 1. Extrait du document d'accompagnement : « Grandeurs et mesures au cycle 3 », Eduscol.

Introduction

Les grandeurs et les mesures de grandeurs sont enseignées du cycle 1 au cycle 4. Elles font l'objet d'un thème d'étude spécifique des programmes de mathématiques pendant toute la scolarité obligatoire. Au cycle 2, dans la poursuite des premiers apprentissages réalisés en maternelle à partir de manipulations et d'observations sur la longueur, la masse et la contenance, les connaissances sur ces grandeurs commencent à se structurer en même temps que sont progressivement introduites quelques unités de mesure du système international d'unités. Deux autres grandeurs, la durée et la monnaie ainsi que quelques unités associées sont progressivement introduites. Au cycle 3, le travail sur les grandeurs étudiées au cycle 2 se poursuit avec l'élargissement du champ des unités et de nouvelles grandeurs sont introduites : les aires, les volumes et les angles.

Objectifs

L'enseignement des grandeurs et de leurs mesures doit permettre aux élèves de comprendre le sens des mesures de grandeurs qu'ils rencontrent à l'école ou dans leur vie quotidienne et qu'ils rencontreront dans un cadre professionnel. Pour cela, ils doivent, d'une part, comprendre à quoi correspond la grandeur dont on leur parle, et d'autre part, avoir une représentation la plus précise possible de ce à quoi correspond une mesure donnée. Pour ce faire, l'acquisition de connaissances et la construction des compétences visées à la fin de chacun des cycles doit s'appuyer sur des situations concrètes, en abordant les apprentissages au travers de situations problèmes le plus souvent empruntées à la vie courante ou issues d'autres disciplines.

Les compétences acquises concernant les grandeurs ou les mesures étudiées en mathématiques sont en effet utiles et nécessaires dans les autres disciplines, qui offrent de nombreuses occasions de réinvestissement : distance en géographie, durée en EPS, masse en sciences, etc. Ces acquisitions, et en particulier la compréhension des systèmes de mesures et le sens des préfixes, vont aussi faciliter les apprentissages menés sur d'autres grandeurs étudiées dans les autres disciplines : capacité de stockage de données en technologie, repérage dans le temps en histoire, température ou densité en sciences, etc.

Liens avec les domaines du socle

La résolution de problèmes portant sur les notions de grandeurs et mesures contribue au développement des compétences du domaine « les langages pour penser et communiquer » (domaine 1). La compréhension des énoncés de problèmes dans lesquels apparaissent des grandeurs et l'expression des solutions requièrent en effet le plus souvent l'utilisation de la langue française et la maitrise d'un vocabulaire mathématique adapté : masse, périmètre, aire, unité, etc., Ces situations mobilisent la compréhension du sens de la grandeur en présence, mais aussi du fait qu'une même grandeur peut être désignée par des mots différents, porteurs d'un sens plus précis. Ainsi par exemple la largeur d'une route est-elle une longueur, comme l'épaisseur d'une ramette de papier, l'altitude d'un sommet ou le diamètre d'un bassin circulaire. La résolution de problèmes portant sur les notions de grandeurs et mesures est également naturellement liée au domaine « les méthodes et outils pour apprendre » (domaine 2), qui concerne plus généralement l'ensemble des résolutions de problèmes en mathématiques.

Enfin, le thème grandeurs et mesures contribue au domaine « les systèmes naturels et techniques » (domaine 4) : la connaissance de grandeurs et de mesures associées, l'utilisation d'instruments de mesure, les calculs effectués avec des mesures et la résolution de problèmes vont contribuer à faire acquérir aux élèves les fondements de la culture mathématique, scientifique et technologique nécessaire à une découverte de la nature et de ses phénomènes, ainsi que des techniques développées par les femmes et les hommes.

Document 2. Extraits des programmes du cycle 3 (BOEN n° 31 du 30 juillet 2020)

Grandeurs et mesures

Au cycle 3, les connaissances des grandeurs déjà rencontrées au cycle 2 (longueur, masse, contenance, durée, prix) sont complétées et structurées, en particulier à travers la maîtrise des unités légales du Système International d'unités (numération décimale ou sexagésimale, pour les durées) et de leurs relations. Un des enjeux est d'enrichir le concept de grandeur notamment en abordant la notion d'aire d'une surface ainsi que celle de périmètre, en les distinguant clairement. Les élèves approchent la notion d'angle. Ils se familiarisent avec la notion de volume, en lien avec celle de contenance.

Mesurer une grandeur consiste à déterminer, après avoir choisi une unité, combien d'unités ou de fractionnements de cette unité sont contenus dans cette grandeur, pour lui associer un nombre (entier ou non). Les opérations sur les grandeurs permettent de donner du sens aux opérations sur leurs mesures (par exemple, la somme 30 cm + 15 cm peut être mise en relation avec la longueur de deux bâtons de 30 cm et 15 cm, mis bout à bout). Les notions de grandeur et de mesure de la grandeur se construisent dialectiquement, en résolvant des problèmes faisant appel à différents types de tâches (comparer, estimer, mesurer). Dans le cadre des grandeurs, la proportionnalité sera mise en évidence et convoquée pour résoudre des problèmes dans différents contextes. Dans la continuité du cycle 2, le travail sur l'estimation participe à la validation de résultats et permet de donner un sens concret aux grandeurs étudiées et à leur mesure (estimer en prenant appui sur des références déjà construites : longueurs et aire d'un terrain de basket, aire d'un timbre-poste, masse d'un trombone, masse et volume d'une bouteille de lait, etc.).

Attendus de fin de cycle

– Comparer, estimer, mesurer des grandeurs géométriques avec des nombres entiers et des nombres décimaux : longueur (périmètre), aire, volume, angle.
– Utiliser le lexique, les unités, les instruments de mesures spécifiques de ces grandeurs.
– Résoudre des problèmes impliquant des grandeurs (géométriques, physiques, économiques) en utilisant des nombres entiers et des nombres décimaux.
– Comparer, estimer, mesurer des grandeurs géométriques avec des nombres.

Aires

Comparer des surfaces selon leurs aires sans avoir recours à la mesure, par superposition ou par découpage et recollement.
Différencier périmètre et aire d'une figure.
Estimer la mesure d'une aire et l'exprimer dans une unité adaptée.
Déterminer la mesure de l'aire d'une surface à partir d'un pavage simple ou en utilisant une formule.
– Unités usuelles d'aire et leurs relations : multiples et sous-multiples du m^2.
– Formules de l'aire d'un carré, d'un rectangle, d'un triangle, d'un disque.

Document 3. Planches de surfaces de formes différentes

Planche A

Planche B

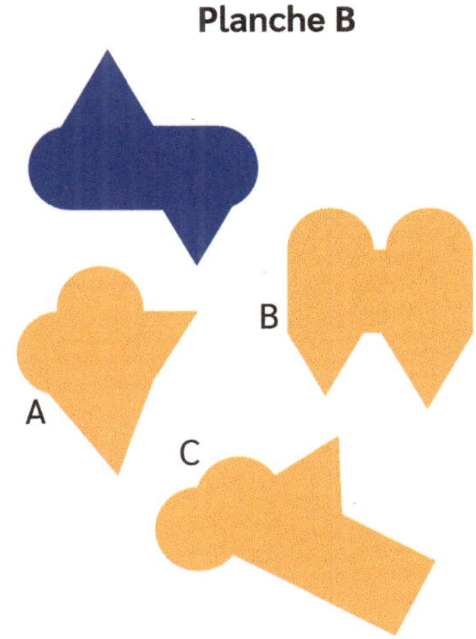

Document 4. Extraits du module 6 « Les aires », *Tandem Maths CM1 et CM2*, Nathan, 2021.

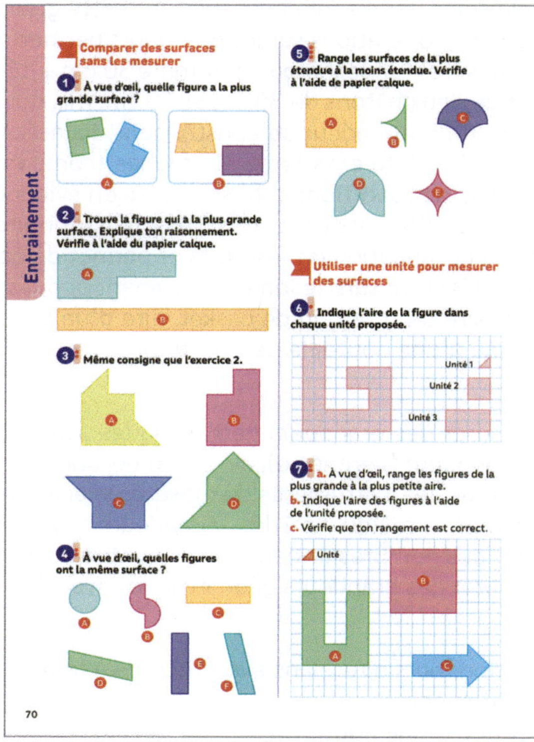

Entraînement

Comparer des surfaces sans les mesurer

1 À vue d'œil, quelle figure a la plus grande surface ?

2 Trouve la figure qui a la plus grande surface. Explique ton raisonnement. Vérifie à l'aide du papier calque.

3 Même consigne que l'exercice 2.

4 À vue d'œil, quelles figures ont la même surface ?

5 Range les surfaces de la plus étendue à la moins étendue. Vérifie à l'aide de papier calque.

Utiliser une unité pour mesurer des surfaces

6 Indique l'aire de la figure dans chaque unité proposée.

Unité 1 Unité 2 Unité 3

7 a. À vue d'œil, range les figures de la plus grande à la plus petite aire.
b. Indique l'aire des figures à l'aide de l'unité proposée.
c. Vérifie que ton rangement est correct.

Unité

70

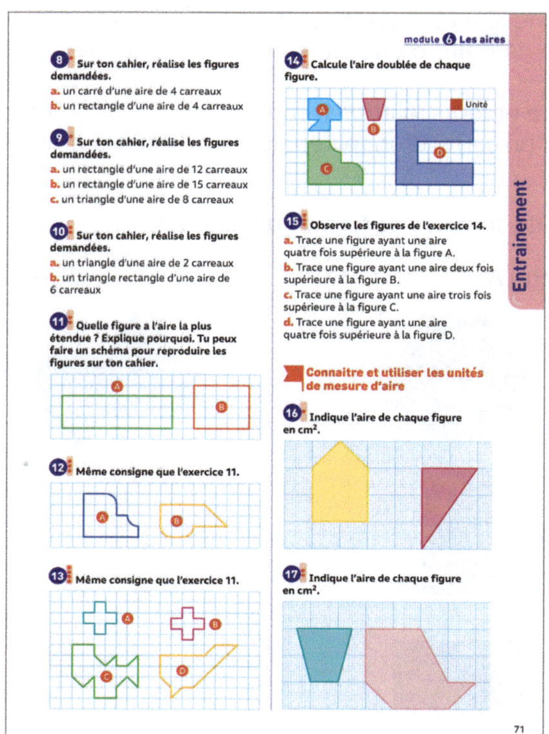

module 6 Les aires

8 Sur ton cahier, réalise les figures demandées.
a. un carré d'une aire de 4 carreaux
b. un rectangle d'une aire de 4 carreaux

9 Sur ton cahier, réalise les figures demandées.
a. un rectangle d'une aire de 12 carreaux
b. un rectangle d'une aire de 15 carreaux
c. un triangle d'une aire de 8 carreaux

10 Sur ton cahier, réalise les figures demandées.
a. un triangle d'une aire de 2 carreaux
b. un triangle rectangle d'une aire de 6 carreaux

11 Quelle figure a l'aire la plus étendue ? Explique pourquoi. Tu peux faire un schéma pour reproduire les figures sur ton cahier.

12 Même consigne que l'exercice 11.

13 Même consigne que l'exercice 11.

14 Calcule l'aire doublée de chaque figure.

Unité

15 Observe les figures de l'exercice 14.
a. Trace une figure ayant une aire quatre fois supérieure à la figure A.
b. Trace une figure ayant une aire deux fois supérieure à la figure B.
c. Trace une figure ayant une aire trois fois supérieure à la figure C.
d. Trace une figure ayant une aire quatre fois supérieure à la figure D.

Connaitre et utiliser les unités de mesure d'aire

16 Indique l'aire de chaque figure en cm^2.

17 Indique l'aire de chaque figure en cm^2.

Entraînement

71

A – CONNAISSANCES DIDACTIQUES À MOBILISER

1. UNE NOUVELLE GRANDEUR : L'AIRE

La grandeur aire est une grandeur composée plus complexe à appréhender par les élèves que la grandeur simple longueur, par exemple.

Remarque :
La grandeur nouvelle pour les élèves est la surface.
On peut les comparer, les ordonner.
L'aire est la mesure de la surface.
Par exemple, on pourra dire, l'aire du carré est égale à 36 cm^2.
Si l'aire et la surface ne sont pas exactement des concepts identiques, dans le langage courant il est très fréquent que l'on emploie indifféremment, les mots « aire » ou « surface ».
On dira indifféremment l'aire du rectangle est égale à 28 m^2 ou la surface du rectangle est 28 cm^2.

Le mot **aire** est peu évocateur, c'est pourquoi, pour aborder cette nouvelle grandeur, on utilise souvent le mot **étendue** et des formulations approximatives comme « l'étendue d'une surface s'appelle son aire ».
Ce qui est très imprécis puisque l'aire est une mesure, donc un nombre.
Il est souhaitable de dissocier le travail permettant aux élèves de s'approprier une nouvelle grandeur, de la mesure de cette grandeur. Ceci est particulièrement vrai pour la grandeur surface (ou étendue) qui va être assez difficile d'accès pour les élèves.
Pour travailler ce nouveau concept pour les élèves on s'appuie sur deux types de pratiques :

- **Distinguer aire et périmètre**

Des représentations erronées vont se forger chez les élèves, telles que « plus l'étendue d'une surface est grande, plus le pourtour de cette surface est grand » : il y a confusion entre la notion d'aire et de périmètre. Ou du moins, ces notions sont conçues comme deux grandeurs qui varient dans le même sens.

Dans la plupart des progressions proposées dans les manuels scolaires on s'attache à bien distinguer ces deux notions.
On met souvent en place des activités qui permettent de montrer :
– qu'à aire constante, on peut faire varier le périmètre ;
– que l'on peut faire varier dans des sens opposés aire et périmètre, c'est-à-dire augmenter, par exemple, le périmètre et diminuer l'aire.

En même temps que l'on effectue ce travail de distinction entre la notion d'aire et de périmètre, on va insister sur celle qui est véritablement nouvelle, la surface.
Les concepts de périmètre et d'aire ne doivent pas se réduire pour l'élève à des nombres ou des formules associés à des figures. Il est nécessaire de mettre en place des activités qui permettent aux élèves de bien distinguer les deux notions.

Exemple :
On peut proposer aux élèves de construire des rectangles différents d'aire 24 cm^2 dont on calcule le périmètre ou des rectangles différents de périmètre 20 cm dont on calcule l'aire.

- **Comparer des surfaces selon leur « étendue »**

On peut comparer, classer, ranger des surfaces selon leur étendue par **superposition** et **recomposition** réelles ou mentales.
Avec ces procédés, on peut également réaliser des surfaces de même aire. Cela nécessite la prise de conscience par l'élève du fait que l'aire d'un assemblage de figures ne change pas lorsque l'assemblage est modifié.

L'aire d'un assemblage de figures ne change pas lorsque l'assemblage est modifié.

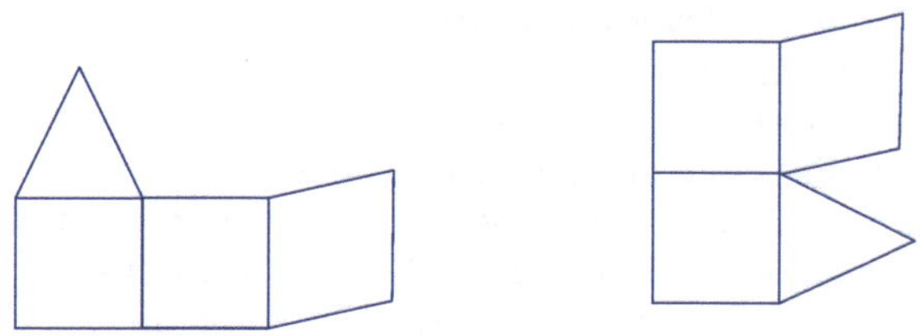

Les activités à base de puzzles sont particulièrement intéressantes pour montrer que deux figures non superposables peuvent avoir la même aire.
Un des outils privilégiés pour fixer implicitement cette notion d'invariance, utilisé dès la maternelle est le **tangram**.

La variété des procédures qui permettent de comparer des surfaces selon leur étendue aide la construction chez l'élève de la relation « avoir même aire » et par conséquent du concept d'aire.

Exemple d'activités :
Fabriquer, sur papier uni ou par découpage et juxtaposition avec du ruban adhésif, des surfaces de même aire qu'une surface de référence, mais qui ont des formes différentes, puis faire expliquer aux élèves comment ils ont trouvé et pourquoi ils sont sûrs de la validité de leurs propositions.

2. MESURER DES AIRES : PAVAGE ET SURFACE DE RÉFÉRENCE

Pour aboutir à la pratique de mesures d'aires, la progression sera identique à celle mise en place pour la grandeur longueur.
Nous passerons par les étapes :

- **Comparaison directe ou indirecte de grandeurs déplaçables**

On procède par recouvrement.

Exemple :
L'étendue du carré est supérieure à l'étendue du disque parce que le carré recouvre complétement le disque.

Mais on rencontrera très vite des cas où le recouvrement ne suffira plus, il faudra alors procéder à des comparaisons sur un mode indirecte.

Exemple :
Comment savoir, dans la figure ci-après, si l'étendue du carré est supérieure à l'étendue du rectangle ou l'inverse ?
On aura alors recours, lorsque c'est possible, à des décompositions et recompositions des figures dont il faut comparer les étendues.
Pour comparer les étendues du carré et du rectangle, on peut découper le rectangle de façon à recouvrir le carré si possible :
Conclusion : le carré a une étendue supérieure à celle du rectangle.

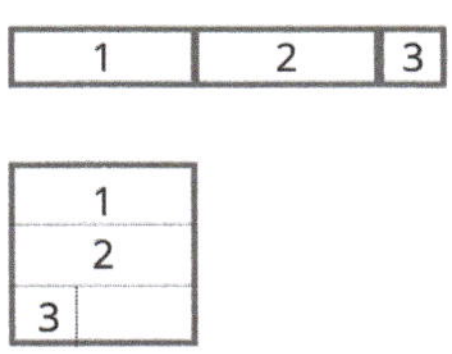

- **Comparaison de grandeurs non déplaçables en utilisant une surface de référence**

Ensuite on procède au pavage des surfaces à comparer avec une surface de référence

Exemple :
Dans l'exemple précédent, le rectangle est composé de trois surfaces de références et le carré de 4 surfaces de référence.
Donc l'aire du carré est supérieure à l'aire du rectangle

- **On peut également utiliser des quadrillages**

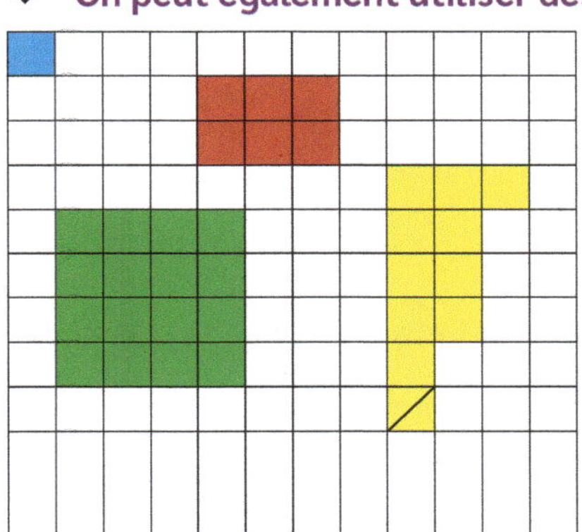

Donner la mesure des aires des différentes surface en utilisant le carré bleu comme unité.

On fera évoluer le carré de référence vers un carré de 1 cm de côté : le cm^2.

L'abandon progressif du quadrillage pourra être envisagé.

Dès le CM1, les programmes recommandent le recours aux fractions. Ces mesures peuvent faire appel à des nombres tels que $\frac{1}{2}$, $\frac{1}{4}$, $\frac{1}{3}$ avec des unités adaptées.

L'utilisation des réseaux quadrillés affirme la notion d'invariance des aires en facilitant des agencements différents des surfaces. Il permet donc pour l'élève de représenter facilement des surfaces de formes différentes mais de même aire.

3. MESURER DES AIRES : LES UNITÉS LÉGALES

Choix d'une unité

Le choix de l'unité dans l'exemple précédent est essentiel.
Sa forme doit permettre un pavage complet des deux surfaces dont il faut comparer les étendues.
Mais ceci ne sera possible que dans un nombre de cas relativement restreint.

Détermination de l'aire

Si le problème du choix de l'unité est résolu, alors on peut procéder au pavage puis au comptage et ainsi déterminer l'aire de la surface.
Pour comparer les étendues, on peut dès lors recourir à la mesure et comparer les aires. Si l'on se réfère à la progression relative à la grandeur longueur, l'étape suivante consiste en l'appropriation par les élèves d'un instrument de mesure.
Celui-ci permettait de passer d'une pratique de comptage à une simple lecture sur l'instrument de la mesure.
Un tel instrument existe-t-il pour les aires ? Non.
En revanche, on montrera que dans certains cas, **les aires peuvent se calculer**.

4. CALCULER UNE AIRE

On pourra utiliser comme unité d'aire un carré de 1 cm de côté (son aire est de 1 cm^2) et définir ainsi l'unité d'aire du système métrique.
Mais l'unité d'aire n'est pas nécessairement un carré (le centimètre ou le mètre carré), elle est **protéiforme**, c'est une entité abstraite.
Le pavage du rectangle, en référence aux activités relatives à la multiplication, permettra d'introduire la première formule du calcul d'aire.
Si une surface est un rectangle alors : Aire (rectangle) = longueur × largeur.

À l'école élémentaire, on se limitera aux figures pouvant se ramener au cas du rectangle :
– Le rectangle : Aire = longueur × largeur
– le carré, avec Aire (carré) = côté × côté ;
– le triangle, avec Aire (triangle) = $\frac{\text{base} \times \text{hauteur}}{2}$;
– on introduira le calcul de l'aire du disque avec la formule :
Aire = $\pi \times r^2$

Le travail sur les égalités de mesure et les conversions ne pourra être engagé que si ces premières notions sont parfaitement assimilées.

OBSTACLES RENCONTRÉS PAR LES ÉLÈVES

Sauf à recourir à nouveau au « découpage/pavage » la compréhension de pouvoir exprimer l'aire d'un triangle par exemple en cm^2 pose un problème. C'est encore plus délicat pour l'aire d'un disque, ou toute autre figure de ce type, impossible à paver avec des carrés d'1 cm de côté.

En référence aux six compétences travaillées en mathématiques, détaillées par les programmes, on pourra noter, dans le domaine « grandeurs et mesures » :
Chercher : résoudre des problèmes relevant des grandeurs et mesures. Chercher, par exemple, un découpage permettant de comparer les aires de deux figures de formes différentes.
Modéliser : dans le cas des grandeurs et mesures, la modélisation consistera par exemple, à transformer un problème de pavage en formule (dans une pièce rectangulaire, je peux poser 15 carreaux dans la longueur et 8 carreaux dans la largeur. Combien me faut-il de carreaux ? **15 × 8**)
Représenter : Là aussi, avant ou après la modélisation, la situation fera l'objet d'une représentation sous forme de dessin, schéma ...
Raisonner : La résolution d'un problème, la confrontation à une « situation problème » (« Comment partager ce rectangle en 4 surfaces égales ? ») feront appel aux différentes étapes du raisonnement chez l'élève : compréhension de l'énoncé et de la consigne, recherche, production et rédaction d'une solution.
Calculer : suite à la modélisation des situations mathématiques, les élèves sont amenés à effectuer des calculs sur des nombres entiers ou décimaux.
Communiquer : rendre compte des résultats des recherches, des réponses trouvées, des procédures utilisées.

B – TRAITEMENT DU SUJET

1. LIRE ET ANALYSER LES DOCUMENTS

Les indications les plus essentielles sont répertoriées dans un cadre : **À NOTER**

Document 1

Il s'agit d'un extrait du document d'accompagnement publié par le ministère de l'éducation nationale / Mathématiques : « Grandeurs et mesures au cycle 3 ».
Le texte porte globalement sur l'ensemble des apprentissages liés aux grandeurs et mesures. Il revient sur un apprentissage réparti sur l'ensemble de la scolarité.
Cet apprentissage, tout d'abord lié à des perceptions empiriques, s'oriente progressivement vers l'utilisation d'objets intermédiaires référents, puis celle des unités du système international.
Le texte confirme l'introduction des **mesures d'aires** au cycle 3.
Il revient sur l'importance de la maitrise des notions de grandeurs et mesures et de leur calcul dans **la vie courante**. Par là-même, il insiste sur le fait que les problèmes et situations proposés (aussi bien pour les phases de recherche que de réinvestissement) soient le plus souvent possible empruntés à la vie courante ou à des apprentissages venant d'autres disciplines.

Le texte enfin met en relation les apprentissages dans le domaine des grandeurs et mesures avec les différents domaines du Socle Commun de Connaissance, Compétences et Culture.
– la résolution de problèmes sous-entend une bonne maîtrise de la langue pour éclairer et comprendre les énoncés (domaine 1) ;
– cette même résolution de problèmes renvoie à l'importance de la recherche pour construire des méthodes et outils pour apprendre (domaine 2) ;
– l'utilisation des connaissances sur les grandeurs et mesures dans les apprentissages liés aux systèmes naturels et techniques (domaine 4).

Document 2

Il s'agit d'extraits des programmes du cycle 3 (BOEN n° 31 du 30 juillet 2020).
La compétence proposée par le sujet apparait clairement dans les programmes : Comparer des surfaces selon leurs aires sans avoir recours à la mesure, par superposition ou par découpage et recollement.
Mais elle est nécessairement adossée à des prérequis indispensables (Comparer, estimer, mesurer des grandeurs géométriques avec des nombres entiers et des nombres décimaux : longueur (périmètre), aire…)
Il revient sur l'importance de la résolution de problèmes et leur contextualisation dans l'univers proche de l'élève, pour faciliter la prise de sens.

Document 3

Il s'agit d'une planche de surfaces de formes différentes pouvant servir de supports pour divers exercices relatifs aux aires.

Document 4

Il s'agit d'un extrait du manuel *Tandem Maths* CM1 et CM2.

◆ Présentation de la démarche

Le manuel choisi est commun aux deux niveaux avec les avantages suivants :
– les situations de recherche peuvent être menées avec le groupe classe entier. Le manuel propose, à partir d'une même situation, des activités différentes suivant le niveau ;
– l'opportunité de mettre en place des situations différenciées (par exemple pour certains élèves de CM2 rencontrant des difficultés ou inversement pour proposer « d'aller plus loin » à des élèves de CM1 performants). Il s'agit là d'un des avantages fondamentaux des classes multi-niveaux ;
– les extraits présentés comportent des exercices d'entraînement sur la compétence « Comparer des surfaces sans les mesurer ».

À NOTER

Nous utiliserons dans une large mesure les supports de travail proposés dans le manuel Tandem ainsi que ceux de la planche de surfaces (document 3). Comme nous l'avons spécifié dans la présentation et l'analyse de la démarche proposée dans ce manuel, celle-ci nous parait bien adaptée aux objectifs de notre séance.

◆ Analyse de la démarche

Les exercices présentés, a priori progressifs, proposent des comparaisons d'aires :
– par perception visuelle directe,
– par réagencement des parties de la surface,
– par découpage/collage.
Ils proposent ensuite le passage sur réseau quadrillé avec introduction d'unités, et de fractions d'unité.

Un exercice propose une consigne plutôt énigmatique pour les élèves : « Calcule *l'aire doublée* de chaque figure ».
Les derniers exercices, réservés aux CM2, introduisent les unités usuelles.

2. SITUER LA SÉANCE

Du point de vue de l'enseignant

Les notions de surfaces et d'aires n'apparaissent dans les programmes qu'à partir du cycle 3, même si on a vu que des activités de pavages, par exemple, ou l'utilisation du tangram se font dès le cycle 1.
La place de la séance dans la séquence (ou la progression ici) est indiquée dans le sujet :

CM1	1. Découvrir les notions de surface et d'aire ↓ 2. Comparer des aires sans recours au calcul ↓ 3. Estimer des aires grâce à pavages ou une surface de référence ↓ 4. Mesurer une aire grâce à un pavage ou une surface de référence (notion d'unité de mesure d'aires) ↓ 5. Passage aux unités usuelles ↓ 6. Découverte et mémorisation des formules de calcul d'aires	Résolution de problèmes

Du côté des élèves (prérequis)

Les acquis de la séance 1 :
– distinguer aire et périmètre ;
– donner du sens aux notions d'aire et de surface.

3. RÉDIGER LA FICHE DE PRÉPARATION

Choix didactiques (conception)

Pour la compétence décrite par le sujet, des options d'activités sont possibles. Proposer des activités de manipulation décontextualisées :
– partager de différentes façons des feuilles de format superposable en 2 ou 4 morceaux directement superposables eux aussi ;
– découvrir plusieurs façons de partager un rectangle en 4 parties de même aire, directement superposables **ou non** ;
– proposer un ensemble de formes différentes à classer selon la perception de leur aire, ou autres techniques ;
– découvrir des techniques permettant de comparer les aires de surfaces diverses.

Choix pédagogiques (animation)

Le fait d'être en double niveau impose, pour la majorité des activités, et en tous cas sur les compétences à acquérir (*cf.* les repères de progressivité), de différencier les activités et les exigences. Mais ce principe de différenciation est aussi à mettre en place dans des niveaux uniques dont les élèves présentent des niveaux de compétence hétérogènes.
La bonne gestion de cours multiples nécessite d'alterner de la façon la plus précise possible les périodes d'autonomie et celles de présence magistrale. La passation des consignes doit être suffisamment précise pour assurer cette autonomie.

Éléments de différenciation

Des difficultés liées au lexique (les mots « surfaces », « aire », « grandeur »...) peuvent présenter un obstacle, en particulier dans la réalisation des tâches. Pour certains élèves concernés, l'enseignant pourra utiliser un vocabulaire plus évocateur, même si cela peut présenter des approximations sur le plan mathématique. *On acceptera par exemple des formulations comme figure « plus grande », des expressions comme « ça rentre » etc...*
La complexité des formes des figures proposées pourra être adaptée pour certains élèves.
Au moment des pavages de surfaces, après découpage, il faudra porter une attention particulière aux éventuelles pertes ou au chevauchement.

Déroulé de séance

Le cadre

<table>
<tr><td colspan="2">Domaine disciplinaire : Mathématiques</td><td>Domaine spécifique : Grandeurs et mesures</td></tr>
<tr><td>Niveau de classe :
Cycle 3/CM1/CM2</td><td>Nb d'élèves : 20
(12 CM1, 8 CM2)</td><td>Place de la séance dans la séquence :
Séance 2</td></tr>
<tr><td colspan="2">Objectif général :
S'approprier la notion d'aires, découvrir et utiliser des techniques pour les comparer par la résolution de problèmes</td><td rowspan="3">Compétence(s) visée(s) :
Comparer des surfaces selon leurs aires sans avoir recours à la mesure, par superposition ou par découpage et recollement</td></tr>
<tr><td colspan="2">Prérequis :
Distinguer aire et périmètre
Donner du sens aux notions d'aire et de surface</td></tr>
<tr><td colspan="2">Attendu de fin de cycle
Comparer, estimer, mesurer des grandeurs géométriques avec des nombres entiers et des nombres décimaux : longueur (périmètre), aire, volume, angle.</td></tr>
<tr><td colspan="2">Matériel :
Tableau blanc interactif
Figures prédécoupées pour la phase 2</td><td>Supports :
Fiches avec figures reproduites pour la phase 4
Fiches d'évaluation
Affiches de référence</td></tr>
</table>

Phase 1 Collectif (5')

Calcul mental. Annoncer : « Nous commencerons par une activité de **calcul mental**, rituel d'entrée dans la séance de mathématiques. » On pourra proposer par exemple, sur le tableau interactif, une série de calculs additifs en ligne, sur des nombres entiers, dont les différentes procédures seront discutées (par exemple $316 + 59$ $316 + 50 + 9$ $316 + 60 - 1$ $300 + 10 + 50 + 9 + 6$ etc.).
L'activité sera commune aux 2 niveaux, avec des champs numériques distincts.

Phase 2 Individuel (10')

Recherche. L'enseignant renseigne les élèves sur l'activité qui va suivre (« Nous allons aujourd'hui travailler sur les surfaces et en particulier réfléchir à la façon de les comparer »). Une situation problème est alors proposée aux élèves de CM1, avec **résolution individuelle.** Il semble important que dans ce contexte, chaque élève soit amené à manipuler seul. Nous laisserons bien sûr se faire d'éventuelles concertations entre eux.
Support d'activité : Document 3
Consigne : « Parmi toutes ces figures, quelle est celle qui a la plus grande aire ? Y a-t-il des surfaces ayant des aires égales ? Vous pouvez utiliser les instruments de votre choix, y compris des ciseaux. »

Remarque :
Cette dernière partie de consigne pourra être discutée. Elle induit fortement d'une part les procédures de découpage, mais peut d'autre part libérer des élèves qui, enfermés dans un certain « contrat didactique* » se refuseraient le droit de recourir aux ciseaux.

L'enseignant est amené à s'assurer de la bonne appropriation de l'énoncé. Il observe les procédures adoptées, guide certains élèves, marque des pauses pour relancer les

* Voir une définition du contrat didactique sur Lea.fr.

recherches. Il faudra par exemple, pour certains élèves, revenir sur le lexique utilisé pour le préciser (*remplacer « la plus grande aire » par « qui prend le plus de place »).*
Les CM2 sont mis simultanément sur une activité de recherche en binômes : quelles sont les différentes façons de partager une feuille A4 en 4 surfaces de même aire ? L'enseignant a préparé un ensemble de fiches à la disposition des CM2 pour gérer les temps de travail (par exemple, sur des réseaux quadrillés, construire le plus possible de surfaces ayant la même aire qu'une surface de référence).

Phase 3 Collectif (5')
Mise en commun. Les élèves donnent et comparent leurs solutions, explicitent les procédures qu'ils ont utilisées.
L'enseignant donne les bonnes réponses, clarifie les procédures et propose une synthèse intermédiaire, écrite au tableau.
Les élèves seront naturellement amenés à proposer les comparaisons directes par superposition, et les procédures de découpage/recollement pour d'autres figures.

Remarque :
La technique du découpage/recollement peut être parasitée par la superposition de parties des figures découpées.

Phase 4 Individuel (10')
Nouvelle recherche. Dans le cadre des nécessaires alternances autonomie / présence de l'enseignant propres aux classes multiniveaux et/ou aux organisations différenciées, l'enseignant profitera de ce temps de recherche pour assurer la mise en commun de l'activité des CM2.
Pour les CM1, l'activité consiste cette fois à découvrir les surfaces ayant la même aire.
Consigne : « En vous aidant de ce qu'on vient d'apprendre, quelles sont, parmi ces figures, celles qui possèdent la même aire que la figure bleue ? »
Cette fois, le fait d'induire le découpage ne sera pas explicite.
Support d'activité : Document 3

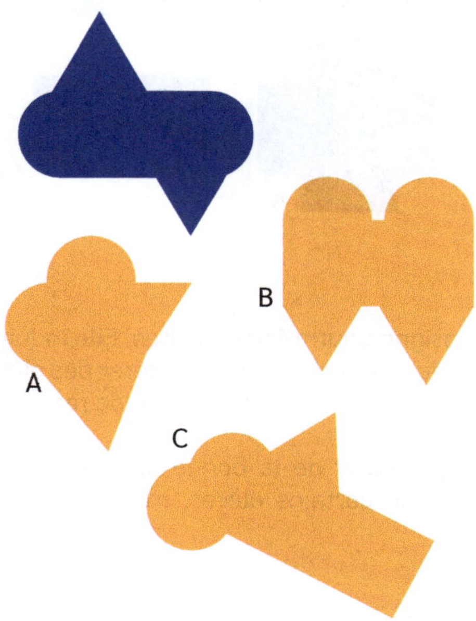

Phase 5 Collectif (5')
Nouvelle mise en commun. Les élèves volontaires présentent leurs résultats et leurs procédures. Ils sont commentés et mis en débat géré par l'enseignant.

Phase 6 Collectif (5')
Institutionnalisation. L'enseignant, lors de la préparation de la séance, aura agrandi la fiche « élève », et présentera au moins un découpage de vérification d'égalité (ou pas) d'aire égale à celle de la figure bleue.
L'enseignant propose et commente ensuite une fiche ou un affichage récapitulatif de référence.
On peut comparer des surfaces :
– en les superposant ;
– en les découpant et en les recollant ;
– deux figures qui ont des formes différentes peuvent avoir la même aire.
L'affichage portera également des illustrations visuelles.

Phase 7 Individuel (10')
Évaluation. Pour les CM1 : on proposera des exercices semblables aux exercices 3, 4 et 5 de la page de manuel document 4).

4. PRÉPARER L'ORAL

Introduction

La séance de mathématiques que je vais vous détailler appartient au domaine « Grandeurs et mesures » des programmes officiels de l'école élémentaire. Elle concerne plus précisément la découverte de la notion de comparaison d'aires dans une classe à double niveau – CM1/CM2 – de 20 élèves.
Les documents mis à ma disposition m'ont permis de resituer l'importance dans la vie courante de la maitrise dans ce domaine des grandeurs et mesures, ainsi que leur utilisation dans d'autres disciplines. Ils ont également précisé les attendus institutionnels des programmes en vigueur ainsi que certains éléments de progressivité. L'extrait de manuel enfin, éclaire sur les activités de réinvestissement possibles. Une première séance sur ce thème aura permis aux élèves de CM1 d'appréhender la notion de surface et d'aire par la manipulation de figures superposables.
L'objectif de la séance est précis. Il s'agit pour les élèves de pouvoir comparer des surfaces selon leurs aires sans avoir recours à la mesure, par superposition ou par découpage et recollement.
J'ai choisi de proposer aux élèves de commencer cette séance par une situation de recherche visant à amener les élèves à découvrir des procédures de comparaison d'aires.

Conclusion

L'évaluation de la séance se fera sur des exercices amenant les élèves à réinvestir le découpage/pavage pour comparer des aires. Des exercices sur des figures plus simples, avec un guidage adapté sera proposé aux élèves rencontrant des difficultés.
Il s'agira par la suite d'amener progressivement les élèves, de CM1 en particulier, à comprendre l'utilité du recours à des unités pour mesurer des aires. Ce sera rendu possible par l'utilisation de réseaux quadrillés dans un premier temps, avec une surface de

référence, puis par l'introduction des unités du système international. Au CM2, le recours à l'utilisation de formules sera introduit, puis poursuivi en 6e sur des figures de plus en plus complexes et des champs numériques plus vastes.

Questions du jury

Dans le cadre de votre séance, comment envisagez-vous les alternances entre autonomie et présence magistrale sur les deux niveaux CM1 et CM2 ?

Réponse : C'est une importante question d'organisation ! Il est préférable, pour un résultat efficace, que les élèves soient familiarisés avec ce type de fonctionnement et que l'enseignant tolère des pratiques de coopération entre élèves. Il y a deux points en particulier à surveiller :

– les consignes doivent être claires et relayées par une forme écrite, de façon à ce que l'enseignant puisse se consacrer à un groupe sans être dérangé. Un peu de temps doit donc leur être consacré (explicitation des termes, reformulation, questionnement...). Le mot « étendue » pourra être utilisé à la place de « aire », le choix des outils doit être précisé... C'est dans ce cadre, que la coopération entre pairs est autorisée, voire favorisée ;

– les supports doivent être conçus pour gérer les différents rythmes de travail (exercices supplémentaires par exemple, ou réalisation de travaux autonomes en cours).

Quelle(s) distinction(s) faites-vous entre grandeurs et mesures ?

Quelle(s) distinction(s) faites-vous entre surface et aire ?

À votre avis, quels sont les avantages et les inconvénients d'une classe multiniveaux ?

Pourquoi dans votre séance ne proposez-vous aucun problème contextualisé ?

Sur Lea.fr

Les réponses aux autres questions

Sujet n° 11
Symétrie axiale CE2

En vous appuyant sur les documents fournis, concevez une séance et son animation visant la compétence : « Reconnaitre et utiliser les notions de symétrie. »
Vous vous situerez dans le cadre d'une classe de CE2 de 25 élèves, *en période 3*.
La séquence prévue de géométrie sur la symétrie axiale comporte 5 séances :
1. **Reconnaitre des figures symétriques**
2. **Repérer et tracer l'axe de symétrie d'une figure**
3. **Compléter une figure symétrique sur un quadrillage ou un espace pointé (axes parallèles aux bords du support).**
4. **Compléter une figure symétrique sur un quadrillage ou un espace pointé (axes obliques).**
5. **Compléter une figure symétrique sans quadrillage ou points.**

Vous concevrez et animerez la séance 3 de cette séquence.

CORPUS DE DOCUMENTS

Document 1. Extrait des Repères annuels de progression au cycle 2 en mathématiques : « Espace et géométrie », Eduscol.

ESPACE ET GÉOMÉTRIE (suite)		
Reconnaitre, nommer, décrire, reproduire, construire quelques figures géométriques		
Les propriétés géométriques sont engagées progressivement dans la reproduction et la description de figures (alignement, report de longueur sur une droite et égalités de longueur en début de cycle, puis angle droit en milieu de cycle).		
Les élèves reproduisent un carré, un rectangle et un triangle ou des assemblages de ces figures sur du papier quadrillé ou pointé, sans règle ou avec une règle.	Les élèves consolident la reproduction d'un carré, un rectangle et un triangle, sur un support uni (une feuille blanche par exemple), connaissant la longueur des côtés, avec règle et équerre. Les élèves construisent des cercles sans contraintes, avec un instrument tel qu'une ficelle ou un compas.	Les élèves consolident la construction d'une figure géométrique sur tout support, quelle que soit la longueur des côtés. Les élèves construisent des cercles à partir du centre et du rayon à partir du centre et du diamètre.
Reconnaitre et utiliser les notions d'alignement, d'angle droit, d'égalité de longueurs, de milieu, de symétrie		
L'utilisation des instruments se fait graduellement.		
Les élèves utilisent la règle comme un outil de tracé de segment. Ils utilisent la règle graduée comme un outil de mesure ou de report de longueur.	Les élèves consolident l'utilisation de la règle graduée comme outil de mesure et de report de longueur. Les élèves utilisent l'équerre pour tracer ou reconnaitre des angles droits. Ils utilisent le compas pour tracer des cercles.	Les élèves consolident l'utilisation de la règle graduée, de l'équerre et du compas. Ils peuvent aborder le report de longueur sur une droite déjà tracée, avec le compas.
La symétrie		
Les élèves perçoivent des éléments symétriques dans leur environnement proche de l'école.	Les élèves consolident la perception d'éléments symétriques. Ils reconnaissent si une figure présente un axe de symétrie (à trouver), visuellement et/ou en utilisant du papier calque, des découpages, des pliages.	Les élèves complètent une figure pour qu'elle soit symétrique par rapport à un axe donné.

Document 2. Extraits des programmes du cycle 2 (BOEN n° 31 du 30 juillet 2020)

Espace et géométrie

Au cycle 2, les élèves acquièrent à la fois des connaissances spatiales comme l'orientation et le repérage dans l'espace et des connaissances géométriques sur les solides et sur les figures planes. Apprendre à se repérer et se déplacer dans l'espace se fait en lien étroit avec le travail dans « Questionner le monde » et « Éducation physique et sportive ». Les connaissances géométriques contribuent à la construction, tout au long de la scolarité obligatoire, des concepts fondamentaux d'alignement, de distance, d'égalité de longueurs, de parallélisme, de perpendicularité, de symétrie.

Les compétences et connaissances attendues en fin de cycle se construisent à partir de manipulations et de problèmes concrets, qui s'enrichissent tout au long du cycle en jouant sur les outils et les supports à disposition, et en relation avec les activités mettant en jeu les grandeurs géométriques et leur mesure.

Dans la suite du travail commencé à l'école maternelle, l'acquisition de connaissances spatiales s'appuie sur des problèmes visant à localiser des objets ou à décrire ou produire des déplacements dans l'espace réel. L'oral tient encore une grande place dans l'ensemble du cycle mais les représentations symboliques se développent et l'espace réel est progressivement mis en relation avec des représentations géométriques. La connaissance des solides se développe à travers des activités de tri, d'assemblages et de fabrications d'objets. Les notions de géométrie plane et les connaissances sur les figures usuelles s'acquièrent à partir de manipulations et de résolutions de problèmes (reproduction de figures, activités de tri et de classement, description de figures, reconnaissance de figures à partir de leur description, tracés en suivant un programme de construction simple). La reproduction de figures diverses, simples et composées est une source importante de problèmes de géométrie dont on peut faire varier la difficulté en fonction des figures à reproduire et des instruments disponibles. Les concepts généraux de géométrie (droites, points, segments, angles droits) sont présentés à partir de tels problèmes.

En géométrie comme ailleurs, il est particulièrement important que les professeurs utilisent un langage précis et adapté et introduisent le vocabulaire approprié au cours des manipulations et situations d'action où il prend sens pour les élèves, et que ceux-ci soient progressivement encouragés à l'utiliser.

Attendus de fin de cycle

- (Se) repérer et (se) déplacer en utilisant des repères et des représentations.
- Reconnaitre, nommer, décrire, reproduire quelques solides.
- Reconnaitre, nommer, décrire, reproduire, construire quelques figures géométriques.
- Reconnaitre et utiliser les notions d'alignement, d'angle droit, d'égalité de longueurs, de milieu, de symétrie.

- Reconnaitre si une figure présente un axe de symétrie (à trouver), visuellement et/ou en utilisant du papier calque, des découpages, des pliages.
- Reconnaitre dans son environnement des situations modélisables par la symétrie (papillons, bâtiments, etc.).
- Compléter une figure pour qu'elle soit symétrique par rapport à un axe donné :
  - symétrie axiale ;
  - une figure décalquée puis retournée qui coïncide avec la figure initiale est symétrique : elle a un axe de symétrie (à trouver) ;
  - une figure symétrique pliée sur son axe de symétrie, se partage en deux parties qui coïncident exactement.

Document 3. Figures de géométrie, cahier de géométrie, *Graine de maths CE2*, Nathan, 2018.

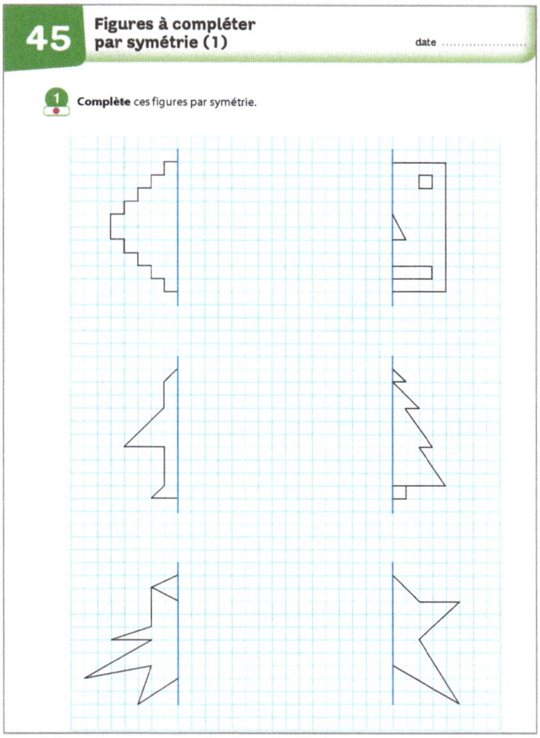

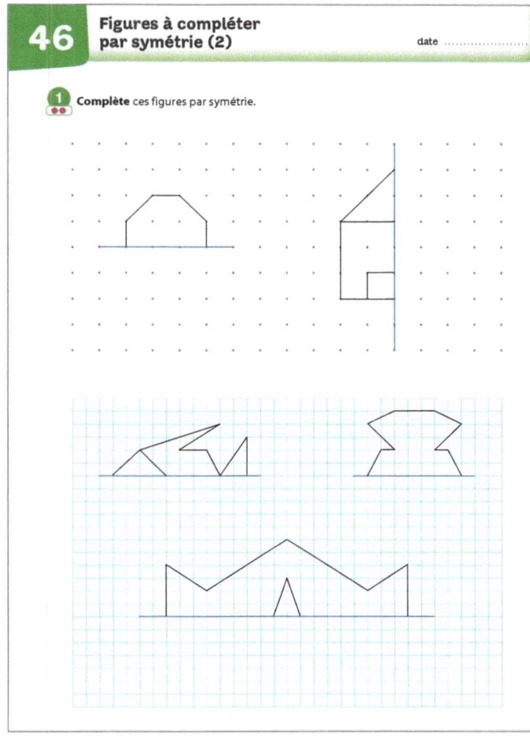

Document 4. Travaux d'élèves

Complète le dessin comme si tu pliais la feuille en suivant le grand trait.

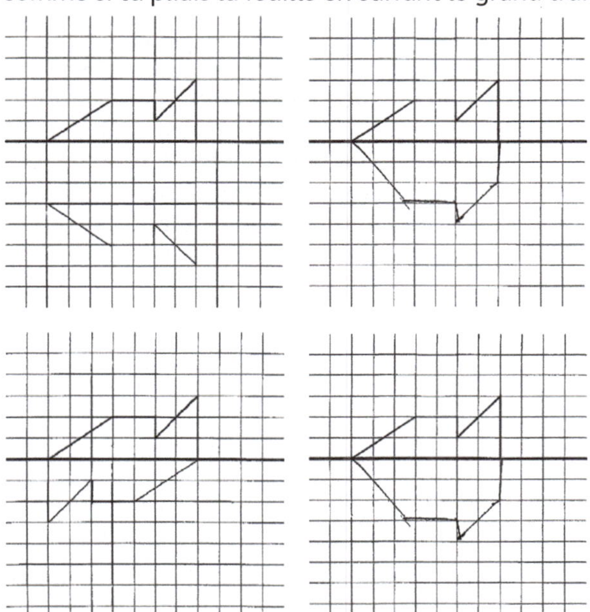

A – CONNAISSANCES DIDACTIQUES À MOBILISER

1. PLUSIEURS TRANSFORMATIONS GÉOMÉTRIQUES PLANES

Une transformation plane est une application du plan dans lui-même.
À tout point du plan (nommé antécédent) elle associe un point appelé image.
Voici quatre exemples de transformation plane :

Translation : – La translation est un « glissement » rectiligne de la figure. 	– La rotation : 
– La symétrie Axiale : 	Centrale : 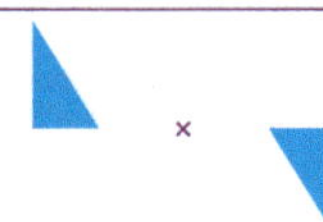

Ces quatre transformations sont des isométries : elles conservent les mesures de longueurs et d'angles.

Deux figures sont symétriques par rapport à une droite si elles se superposent par pliage le long de cette droite, appelée axe de symétrie.
Dans une symétrie, il y a conservation des longueurs et des angles, et donc de la forme de la figure.

Remarque :
La symétrie axiale orthogonale n'est pas un déplacement. Les images s'obtiennent par retournement.

OBSTACLES RENCONTRÉS PAR LES ÉLÈVES

La connaissance de ces différentes transformations géométriques est importante pour l'enseignant. En effet, beaucoup d'erreurs rencontrées dans la construction de figures symétriques relèveront, entre autres, de confusions avec d'autres transformations et en particulier la translation.

Il n'est pas rare de rencontrer ce type de construction :

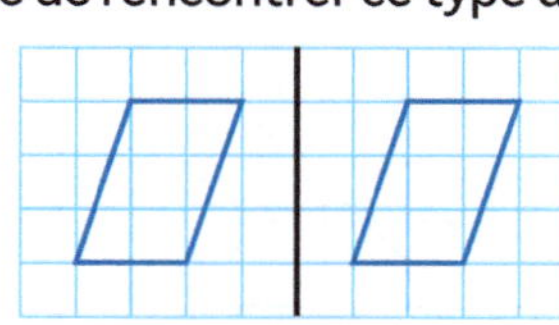

... surtout si la figure ne touche pas l'axe de symétrie. Il y a donc là une confusion entre symétrie et translation.

Le recours au pliage et à la vérification de la superposition exacte reste, pour l'élève, le meilleur constat de l'erreur.

2. LA SYMÉTRIE AXIALE À L'ÉCOLE

Au cycle 1

Comme de nombreuses notions géométriques, la symétrie axiale peut être abordée au cycle 1 sous une forme uniquement perceptive. Il s'agit d'une sensibilisation à cette notion. C'est aussi une approche structurante pour les élèves qui doivent notamment apprendre à distinguer leur gauche et leur droite et leur caractère relatif.

◆ **Explorer le monde des objets**

À l'occasion de divers événements, les élèves pourront fabriquer des objets utilisant la symétrie :
– des éléments de décor pour Noël (sapins, bonhommes de neige...),
– des masques,
– des coccinelles, papillons...

Dans ces activités, les élèves sont amenés à :
– plier une feuille de papier ou carton ;
– découper selon une ligne ;
– déplier pour observer l'effet obtenu.

Ces premières manipulations permettent aux élèves de concevoir la symétrie comme le résultat d'un pliage autour d'un axe, mais le vocabulaire n'est pas introduit.

◆ **Se repérer dans l'espace**

Dans ce cadre, les élèves sont invités à observer les symétries qui les entourent.
On proposera essentiellement des objets à compléter dans un contexte de symétrie axiale :
– colorier des espaces pour faire apparaitre la symétrie ;
– compléter des dessins ou des figures...

Au cycle 2

Les activités relatives à la symétrie vont dès lors se situer davantage dans l'espace de la feuille. L'apprentissage systématique se fera en CE2, dernière année du cycle.
Comme en maternelle, la notion de symétrie se retrouve dans un certain nombre d'activités (agencement d'objets géométriques – puzzles, cubes – réalisations de motifs décoratifs – frises, ribambelles – travaux manuels divers...).
Au cycle 2, un travail spécifique sur les repérages et les déplacements sur quadrillage, en s'appuyant sur les travaux effectués en maternelle, aide à la construction de figures symétriques. Il s'agira notamment de savoir repérer des cases et des nœuds les uns par rapport aux autres, ainsi que la description de déplacement pour aller de l'un à l'autre (deux cases vers la droite et une case vers le haut, par exemple...).

Proposer des constructions de figures symétriques sur des quadrillages ou réseaux pointés permet de prendre en compte uniquement l'isométrie, l'équidistance par rapport à l'axe, sans avoir à s'occuper de l'orthogonalité.

Au cycle 3

« Au cycle 3, la symétrie axiale est progressivement introduite en lien avec la notion d'axe de symétrie, les consignes vont évoluer progressivement, de « compléter la figure pour que la droite soit un axe de symétrie » à « dessiner le symétrique de la figure par rapport à l'axe » (Eduscol : Espace et géométrie au cycle 3).

L'usage de papier calque ou de pliages ne doit plus servir qu'à vérifier ses constructions. Si l'utilisation de réseaux quadrillés ou pointés est conseillée en début de cycle (en travaillant sur des figures de plus en plus complexes), l'apprentissage s'oriente progressivement vers la construction de figures symétriques sur papier uni, par l'utilisation de règles ou compas pour reporter des longueurs et de l'équerre pour construire les orientations perpendiculaires à l'axe.

3. LES PROCÉDURES DE CONSTRUCTION

◆ La reproduction à main levée

Il s'agit le plus souvent de compléter des dessins par symétrie (tête de clown, sapin, maison, papillons, feuilles d'arbres). Une vérification peut se faire par pliage. Ces productions sont souvent approximatives.

◆ Utilisation du papier calque

L'élève décalque la figure, puis la reproduit par **retournement** du calque de l'autre côté de l'axe.

◆ Sur quadrillage ou réseau pointé

L'élève repère directement les points sans comptage de carreaux, puis les relie.
L'élève compte les carreaux pour placer tous les points symétriques sur les nœuds. Il relie ensuite ces points pour construire la figure.
L'élève place le premier point, puis procède par cheminement à partir de ce point.

◆ Utilisation du papier blanc uni

Sur papier blanc uni, l'élève place les sommets symétriques de la figure en utilisant l'équerre pour l'orthogonalité, puis la règle graduée ou le compas pour reporter des longueurs.

OBSTACLES RENCONTRÉS PAR LES ÉLÈVES

Le quadrillage est mal utilisé : les tracés ne suivent pas les lignes, les nœuds ne sont pas reliés dans l'ordre correct pour construire le symétrique, mauvais report des longueurs, mauvaise orientation.

Des repères sont pris par rapport au bord du support (la feuille en général) et non par rapport à l'axe de symétrie. D'où la nécessité de ne pas centrer l'axe sur le support.

Attention : si l'on propose des constructions de figures symétriques par rapport à une droite (d), et que la figure initiale admet elle-même un axe de symétrie parallèle à la droite (d), il sera impossible de savoir si l'élève effectue une symétrie ou une translation.

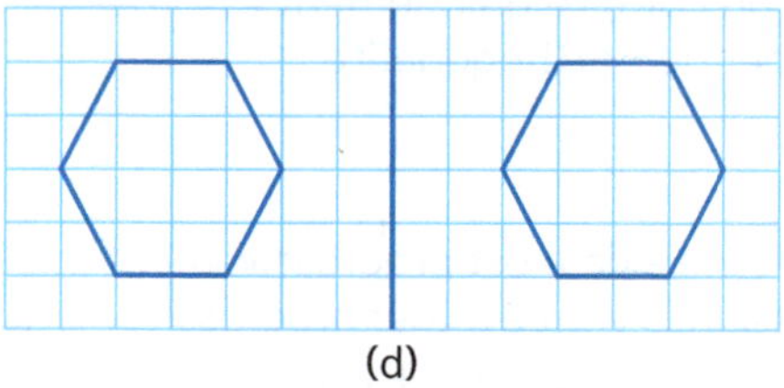

B – TRAITEMENT DU SUJET

1. LIRE ET ANALYSER LES DOCUMENTS

Les indications les plus essentielles sont répertoriées dans un cadre : **À NOTER**

Document 1.

Il s'agit d'un extrait du document du ministère de l'Éducation nationale : Repères annuels de progression en mathématiques au cycle 2.

L'extrait présente la progression sur l'ensemble du cycle 2, des contenus en mathématiques pour le domaine « Espace et Géométrie ». Il aide à la nécessaire continuité des apprentissages.
Progression :

À NOTER

Pour le sujet qui nous concerne, la progression est explicite (cf. tableau de progression ci-dessous).
La construction du concept de symétrie fera appel à d'autres compétences préalables :
– repérage sur quadrillages et réseaux pointés,
– utilisation de la règle pour tracer,
– report de longueurs,
– reproduction de figures.

CP	CE1	CE2
L'approche est **perceptive**. L'élève reconnait dans son environnement des éléments présentant une symétrie.	Cette perception est consolidée. L'élève doit de plus percevoir l'existence d'un **axe de symétrie**, et **le trouver**. Il le trouve : – visuellement, – à l'aide d'outils : • papier calque : l'élève décalque une figure. Par pliage et transparence, il superpose les deux parties et découvre l'axe. • découpage : l'élève découpe la figure sur l'axe présumé et compare par superposition. • pliage : l'élève plie une figure prédécoupée de façon à ce que les deux parties viennent se superposer.	Les activités du CE1 sont reprises. L'élève est maintenant amené à **construire**, à **tracer** le symétrique d'une figure par rapport à un axe.

Document 2.

Il s'agit d'extraits des programmes du cycle 2 (BOEN n° 31 du 30 juillet 2020) et plus précisément de l'introduction aux programmes de géométrie pour le cycle 2.

Le document précise les compétences travaillées relatives à la symétrie. Elles portent :
– sur la reconnaissance de l'existence d'un axe de symétrie sur une figure donnée ;
– sur la reconnaissance d'éléments dans l'environnement, modélisables par la symétrie.
Elles induisent les outils et procédures à utiliser.

Remarques :
Localiser des objets, décrire et produire des déplacements sont des compétences utiles pour les repérages et déplacements sur quadrillage, dans l'enseignement qui concerne le sujet.

À NOTER

2 notions fondamentales :
– l'orientation et le repérage dans l'espace, précisant le lien incontournable avec d'autres disciplines (et en particulier « EPS » et « Questionner le monde ») ;
– les connaissances géométriques sur les solides et les figures planes.
L'enseignement est basé sur la manipulation et les problèmes concrets.

Le texte précise également la nécessité d'employer un langage précis et adapté, et d'introduire le vocabulaire approprié que les élèves devront progressivement utiliser.

Document 3.

Il s'agit d'un extrait du cahier de géométrie *Graine de maths,* Nathan, 2018 : figures de géométrie.

- **Présentation de la démarche**

Les exercices proposent de compléter par symétrie des figures sur des quadrillages (exercices 1 et 2.b) ou sur des réseaux de points (exercice 2.a).

- **Analyse de la démarche**

La difficulté est très progressive. Toutes les figures sont représentées par des segments qui relient des nœuds du quadrillage. Pour les deux premières constructions, ces segments suivent les lignes du quadrillage. Il n'y a qu'à partir de la troisième qu'apparaissent des segments obliques.
Certaines constructions sont figuratives (visage, avion, sapin, maison...), d'autres sont plus abstraites.
Tous les axes de symétrie suivent une ligne du quadrillage, ou une rangée de points alignés. Pas d'axe oblique à ce stade.
Toutes les figures « touchent » l'axe de symétrie.
La configuration de la page devrait éviter à certains élèves de se repérer par rapport à autre chose que les axes.
La première figure de l'exercice 1 et la première de l'exercice 2 sont les seules à admettre un second axe de symétrie « horizontal ». Les deux dernières figures de l'exercice 2 admettent un deuxième axe de symétrie « vertical ». Dans toutes ces situations, les deux axes sont perpendiculaires.
Pour toutes ces constructions, l'élève n'a pas à faire appel explicitement à l'orthogonalité du segment reliant deux points associés et l'axe de symétrie.
Il n'aura pas non plus besoin de faire explicitement appel à la mesure. Le décompte de cases et la maitrise des déplacements sur quadrillage suffiront.
Toutes les figures présentes se situent du même côté de l'axe de symétrie, aucune ne le chevauche.

Document 4

Il s'agit de 4 productions d'élèves répondant à la consigne : Complète le dessin comme si tu pliais la feuille en suivant le grand trait.
Les travaux d'élèves présentés comportent tous des erreurs. Il s'agit d'erreurs récurrentes dans ce type d'exercice.

Production	Acquis	Difficultés
A	La figure tracée est bien un symétrique de la figure initiale. La figure après pliage et retournement est anticipée.	L'axe de symétrie n'est pas celui imposé par la consigne.
B	La figure obtenue n'est pas le symétrique de la première par rapport à l'axe, mais elle respecte : – la mesure des longueurs, – les positions relatives des différents segments, – et donc la forme globale de la figure à tracer.	Une difficulté peut provenir de la consigne. Elle renvoie à une action qui ne sera pas effective ici. Elle sert simplement de modèle d'action, ce qui permet d'anticiper la figure qui serait obtenue par pliage effectif.

Production	Acquis	Difficultés
C	La figure obtenue ressemble à la figure qu'il faudrait avoir tracée. La distance à l'axe est respectée, la plupart des mesures aussi.	L'élève opère une sorte de double retournement de la figure initiale. La figure obtenue est superposable à la figure initiale.
D	La figure obtenue ressemble à la figure qu'il faudrait avoir tracée. La distance à l'axe est respectée, la plupart des mesures aussi.	Certaines orientations de segments ne sont pas satisfaisantes. Certaines longueurs ne sont pas respectées. Le quadrillage n'est pas convenablement utilisé.

On remarquera que :

– l'élève A aboutit à la composition d'une symétrie axiale et une translation (3 carreaux vers le bas) ;

– l'élève B effectue en fait une **symétrie centrale**.

À NOTER

La consigne proposée n'utilise pas le vocabulaire de la symétrie mais associe la tâche à un geste mental qui est une aide pour les élèves. La tâche de l'élève devrait être simplifiée du fait qu'après le tracé de la figure symétrique devrait apparaitre un poisson stylisé.

2. SITUER LA SÉANCE

Du point de vue de l'enseignant

La séquence détaillée dans le sujet nous renseigne sur sa progressivité interne, conforme aux programmes.

La séance 1 consiste à repérer dans l'environnement ou sur des figures la notion de symétrie.

La séance se polarise sur la reconnaissance d'un axe de symétrie.

Les repères de progressivité (*cf.* document 1) sont clairs : c'est la construction de figures symétriques qui compose principalement le programme de la classe de CE2.

Les séances suivantes portent donc sur les constructions de figures symétriques, avec des difficultés progressives.

Du côté des élèves (prérequis)

Les élèves sont capables de :

– se repérer, coder et décoder des déplacements sur un quadrillage ;

– percevoir des éléments symétriques ;

– reconnaitre et trouver l'axe de symétrie d'une figure ;

– vérifier une symétrie par pliage ou en utilisant du papier calque ;

– maitriser l'usage de la règle comme outil de traçage.

3. RÉDIGER LA FICHE DE PRÉPARATION

Choix didactiques (conception)

Se situant en début de période 3 du CE2, la phase de calcul mental consiste à développer des procédures pour obtenir le quotient et le reste d'une division euclidienne (débuter par des divisions par 10, 100).

Nous considérons qu'en raison des séances précédentes, les élèves maitrisent les notions liées à la symétrie décrites précédemment.

Les fiches utilisées dans la phase 2 de la séance à concevoir comporteront des constructions :
– exactes ;
– erronées en fonction des erreurs déjà décrites : isométrie non respectée, autres transformations (translations, rotations, combinaison des deux...).
À ce stade de la séquence, tous les axes de symétrie suivent les lignes du quadrillage. Par contre sont déjà proposées des figures éloignées de l'axe.

Un vocabulaire précis sera utilisé aussi souvent que possible pour la plupart des élèves (**figure symétrique** par rapport à **l'axe de symétrie**).

Choix pédagogiques (animation)

Dans ce type d'activités, chaque élève doit être amené à expérimenter, construire individuellement. Il n'y aura donc pas de production commune à plusieurs élèves.
Une attention particulière est portée à la verbalisation des procédures et des techniques utilisées pour la construction des figures.

Éléments de différenciation
La différenciation pourra être basée sur un certain nombre de variables didactiques :
– les outils proposés : le papier calque, le découpage, éventuellement un miroir, l'accès au pliage ;
– le support : fond uni, réseau quadrillé ou pointé ;
– la figure :
- elle est plus ou moins complexe ;
- elle touche l'axe, le chevauche ou en est éloignée ;
- elle possède elle-même un ou plusieurs axes de symétrie ;
- elle possède axe parallèle ou perpendiculaire à l'axe de la feuille ;
- elle possède axe oblique (en général en diagonale par rapport aux cases du quadrillage). Le passage d'un axe parallèle ou perpendiculaire au quadrillage à un axe oblique oblige à une représentation mentale complexe et génère des erreurs. Il est possible de proposer des quadrillages en biais par rapport aux bords de la feuille.

Déroulé de séance

Le cadre

<table>
<tr><td colspan="2">Domaine disciplinaire : Mathématiques</td><td>Domaine spécifique : Espace et géométrie</td></tr>
<tr><td>Niveau de classe :
Cycle 2 CE2
Durée 50'</td><td>Nb d'élèves :
25</td><td>Place de la séance dans la séquence
Séance 3</td></tr>
<tr><td colspan="2">Attendu de fin de cycle :
Reconnaitre et utiliser les notions de symétrie</td><td>Compétence(s) visée(s) :
L'élève est capable de construire le symétrique d'une figure par rapport à un axe, sur un quadrillage.</td></tr>
<tr><td colspan="2">Matériel :
Tableau blanc interactif.
Ardoises. Ciseaux, miroirs.</td><td>Supports : Fiches pour la phase 2 :
– 2 niveaux de fiches pour les phases 4 et 5
– Affichage pour la phase de structuration</td></tr>
</table>

Phase 1 Collectif (5')

Calcul mental, calcul en ligne. Un premier exercice est proposé en procédé La Martinière : « Combien y a-t-il de dizaines dans 75, 38... ? Combien de centaines dans 456, 217... ? »

Des fiches sont distribuées aux élèves portant des calculs en ligne du type :

37 = (.... × 10) + ... 512 = (..... × 100) + ...

Mise en commun, explicitation des procédures.

Phase 2 Individuel puis binômes (10')

Recherche. L'enseignant présente le contexte de la séance, explique sur quoi ils vont travailler, ce qu'ils vont apprendre. Il rappelle les termes de la trace écrite précédente.

Il distribue des fiches comportant des quadrillages et des figures symétriques ou non. (à imaginer par le candidat, exemples de figures sur Lea.fr)

Consigne : « Repasse en rouge les axes qui sont bien des axes de symétrie pour les figures tracées ».

Exemples de figures proposées :

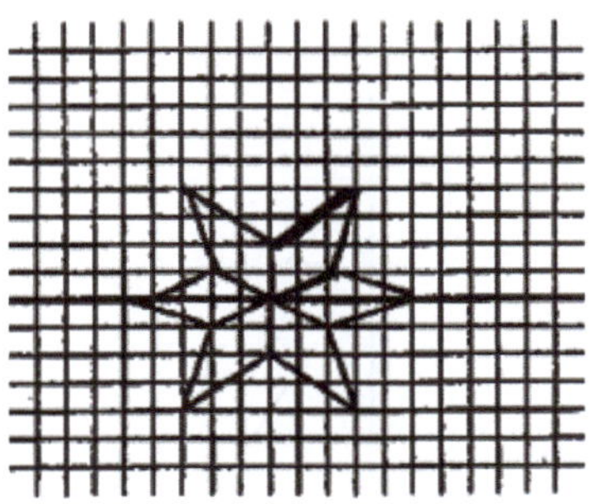

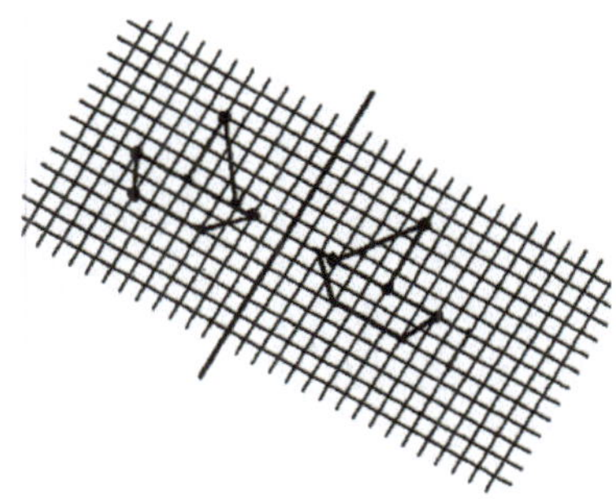

Les élèves sont ensuite placés en binômes. Consigne : « Comparez vos productions et repérez celles pour lesquelles vous n'êtes pas d'accord.

Essayez de convaincre votre binôme que vous avez raison et réciproquement.

Écrivez un argument avec lequel vous avez essayé de convaincre. »

Phase 3 Collectif (10')

Mise en commun. Les figures sont affichées au TBI. Les arguments avancés sont mis en débat.

Question : « Comment peut-on faire pour vérifier que les figures sont symétriques ou pas ? »

Réponses attendues possibles :

– Ça se voit à l'œil nu.
– On plie la feuille sur l'axe de symétrie et on vérifie que les deux côtés se superposent.
– On décalque un côté et on retourne pour voir s'il se superpose à l'autre côté.
– On utilise un miroir posé verticalement sur l'axe de symétrie.
– On compte les carreaux du quadrillage.

Cette dernière proposition sera précisée : Comment ? À partir d'où ? Par rapport à quoi ?

Phase 4 Travail individuel (10')

Nouvelle recherche avec différenciation. Deux groupes sont constitués :

Groupe 1 : les élèves qui n'ont pas fait d'erreur en phase 2.

Consigne : « Complétez ces figures par symétrie ». On proposera 2 exercices de l'activité 45 du document 3.

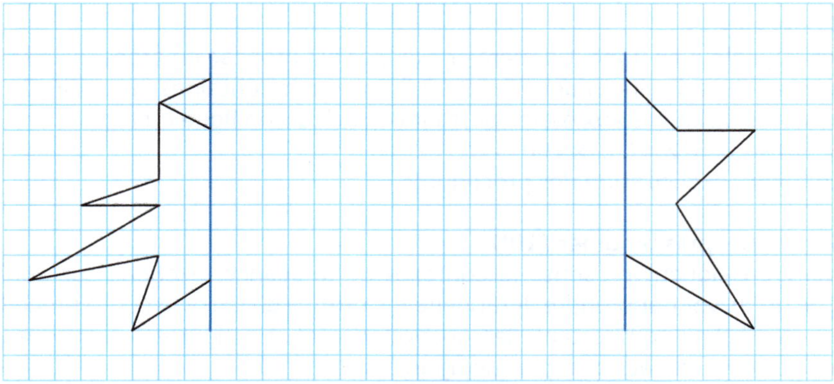

(figures abstraites)

Groupe 2 : les élèves qui ont fait des erreurs en phase 2.
Consigne : Idem mais les figures « concrètes » permettent plus aisément l'anticipation.

Les figures complétées ressemblent à un avion, un sapin, ce qui constitue une aide pour les élèves.
On explicite une procédure point par point qui utilise les nœuds du quadrillage.

Phase 5 Collectif (10')
Corrigé des figures concrètes au TBI :
- mise en évidence des nœuds du quadrillage utilisés ;
- utilisation du calque pour l'orientation des segments.

Il s'agit ici d'une procédure mentalisée.
Corrigé des figures abstraites : Idem.

Phase 6 Collectif (5')
Institutionnalisation. Pour compléter les traces écrites précédentes sur la symétrie, on pourra proposer : « Pour tracer le symétrique d'une figure sur un quadrillage, il faut compter les carreaux entre un point et l'axe, et reporter le même nombre de cases de l'autre côté de l'axe de symétrie. On relie ensuite les points à la règle ». Le texte sera accompagné d'une illustration explicative.

Évaluation

L'observation attentive des productions des phases d'entrainement permettra dans un premier temps à l'enseignant de repérer des élèves en difficulté, et de leur proposer des séances de remédiations.

Une évaluation sommative pourra ensuite être proposée. Elle proposera, à l'image de la séance :

– de repérer des productions erronées ;
– de compléter des figures par symétrie ;
– de vérifier la maitrise du vocabulaire associé.

4. PRÉPARER L'ORAL

Introduction

La séance de mathématiques que je vais vous détailler appartient au domaine « Espace et géométrie » des programmes officiels de l'école élémentaire. Elle concerne plus précisément la découverte de la notion de symétrie axiale dans une classe de CE2, en cycle 2.

La symétrie axiale est une transformation plane, que les élèves de maternelle ont déjà rencontrée de façon perceptive. Au cycle 2, les élèves seront amenés à identifier des figures symétriques et les axes de symétrie, visuellement ou en utilisant des outils. À la fin du cycle, en CE2, ils commencent à construire des figures symétriques sur des réseaux quadrillés ou pointés.

L'objectif de la séance que je vais vous présenter est précisément d'amener des élèves de CE2 à compléter des figures symétriques sur un quadrillage. Ils seront amenés à vérifier leurs productions grâce à du papier calque et des pliages effectifs.

Conclusion

La maitrise de la notion de symétrie axiale pourra être réinvestie dans d'autres disciplines ou activités. Je pense à la fabrication de décorations de Noël, à la confection de masques pour le Carnaval ou pour illustrer des séances de Langues vivantes pour servir de base à des motifs décoratifs. Il sera possible de l'utiliser pour mettre en œuvre un projet en Arts plastiques.

Au cycle 3, les élèves seront amenés à construire des figures symétriques en utilisant l'équerre, le compas et la règle, s'appropriant ainsi les propriétés conservées par symétrie axiale.

Questions du jury

Pourquoi la manipulation est-elle importante dans l'appropriation de la notion de symétrie ?

Réponse : Si la perception visuelle reste un élément prédominant dans cette appropriation, la manipulation en est forcément complémentaire. Des activités consistant à faire apparaitre des figures symétriques (taches de peintures reproduites par pliage, reproduction d'une forme par pliage et découpage…) sont incontournables pour aborder cette notion.

La manipulation est surtout l'outil privilégié de vérification des productions dans le domaine de la symétrie. Pour l'élève en difficulté, plier sa figure sur l'axe de symétrie et observer que les deux côtés ne se superposent pas est une découverte particulièrement efficace pour réguler son apprentissage. En amont, le fait d'émettre des hypothèses sur des constructions symétriques, et les vérifier par pliage et superposition constitue un fort vecteur de maitrise de la notion de symétrie.

Quelles sont les erreurs les plus fréquentes observées chez des élèves de CE2, concernant la symétrie axiale ?

Quels sont les avantages et inconvénients de l'utilisation des quadrillages pour fixer la notion de symétrie axiale ?

Quelle est la place des représentations mentales dans ce contexte ?

Sur Lea.fr

Les réponses aux autres questions

Sujet n° 12
Proportionnalité CM1

Dans une classe de CM1, un enseignant conçoit une séquence, de 5 séances, qui se déroulera sur les périodes 1 et 2, et vise la compétence « Reconnaitre et résoudre des problèmes relevant de la proportionnalité en utilisant une procédure adaptée ».
Séquence :
La séance 1 aura pour objectif d'introduire la compétence « Reconnaitre et traiter une situation de proportionnalité en utilisant les propriétés de linéarité additive ».
La séance 2 aura pour objectif d'introduire la compétence « Reconnaitre et traiter une situation de proportionnalité en utilisant les propriétés de linéarité multiplicative ».
La séance 3 sera une séance d'institutionnalisation et de systématisation des procédures découvertes au cours de la séance 1.
La séance 4 sera une séance d'entrainement à l'utilisation de ces deux propriétés de linéarité.
La séance 5 sera une séance d'évaluation.

Vous concevrez la séance 1 et son animation.

CORPUS DE DOCUMENTS

Document 1. Module 15 « La proportionnalité », *Tandem CM1-CM2*, Nathan, 2021.

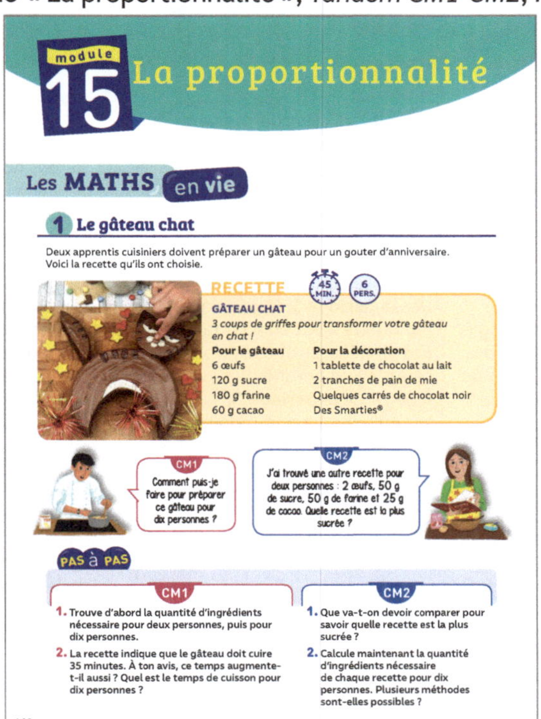

module 15 La proportionnalité

Les MATHS en vie

1 Le gâteau chat

Deux apprentis cuisiniers doivent préparer un gâteau pour un gouter d'anniversaire.
Voici la recette qu'ils ont choisie.

RECETTE 45 MIN. 6 PERS.

GÂTEAU CHAT

3 coups de griffes pour transformer votre gâteau en chat !

Pour le gâteau
6 œufs
120 g sucre
180 g farine
60 g cacao

Pour la décoration
1 tablette de chocolat au lait
2 tranches de pain de mie
Quelques carrés de chocolat noir
Des Smarties®

CM1 : Comment puis-je faire pour préparer ce gâteau pour dix personnes ?

CM2 : J'ai trouvé une autre recette pour deux personnes : 2 œufs, 50 g de sucre, 50 g de farine et 25 g de cacao. Quelle recette est la plus sucrée ?

PAS à PAS

CM1
1. Trouve d'abord la quantité d'ingrédients nécessaire pour deux personnes, puis pour dix personnes.
2. La recette indique que le gâteau doit cuire 35 minutes. À ton avis, ce temps augmente-t-il aussi ? Quel est le temps de cuisson pour dix personnes ?

CM2
1. Que va-t-on devoir comparer pour savoir quelle recette est la plus sucrée ?
2. Calcule maintenant la quantité d'ingrédients nécessaire de chaque recette pour dix personnes. Plusieurs méthodes sont-elles possibles ?

168

Document 2. Extraits des Attendus de fin d'année CM1 en mathématiques, Eduscol.

Problèmes relevant de la proportionnalité

Ce que sait faire l'élève

- Dans chacun des trois domaines « nombres et calculs », « grandeurs et mesures » et « espace et géométrie » des problèmes relevant de la proportionnalité sont proposés à l'élève.
- Il mobilise pour les traiter des formes de raisonnement spécifiques et des procédures adaptées, comme les propriétés de linéarité (additive et multiplicative).

Exemples de réussite

- Indique si les affirmations sont vraies ou fausses. Justifie ta réponse.
  Si Max mesure 1 m 10 cm à 9 ans, il mesurera 2 m 20 cm à 18 ans.
  Si je prends 5 litres d'essence, je paie 8 €. Si je prends 15 litres, je paierai 24 €.
  Si 4 billes identiques pèsent 20 g, que 8 billes pèsent 40 g alors 2 billes pèsent 10 g.
- Sachant qu'une bouteille coûte 2 €, complète le tableau suivant :

Nombre de bouteilles achetées	2	4	6	8	10	12	15	20	30	50
Prix payé										

- Il résout des situations de type : « si j'ai deux fois, trois fois... plus d'invités, il me faudra deux fois, trois fois... plus d'ingrédients » ; « je dispose de briques de masses identiques. Si 10 briques pèsent 5 kg, combien pèsent 25 briques ? »

<table>
<tr><th colspan="3">NOMBRES ET CALCULS (suite)</th></tr>
<tr><th colspan="3">La résolution de problèmes</th></tr>
<tr><td colspan="3">Dès le début du cycle, les problèmes proposés relèvent des quatre opérations.
La progressivité sur la résolution de problèmes combine notamment :
- les nombres mis en jeu : entiers (tout au long du cycle) puis décimaux dès le CM1 sur des nombres très simples ;
- le nombre d'étapes que l'élève doit mettre en œuvre pour leur résolution ;
- les supports proposés pour la prise d'informations : texte, tableau, représentations graphiques.
La communication de la démarche prend différentes formes : langage naturel, schémas, opérations.</td></tr>
<tr><td colspan="3">Problèmes relevant de la proportionnalité</td></tr>
<tr><td>Le recours aux propriétés de linéarité (multiplicative et additive) est privilégié. Ces propriétés doivent être explicitées ; elles peuvent être institutionnalisées de façon non formelle à l'aide d'exemples verbalisés (« Si j'ai deux fois, trois fois... plus d'invités, il me faudra deux fois, trois fois... plus d'ingrédients » ; « Je dispose de briques de masses identiques. Si je connais la masse de 7 briques et celle de 3 briques alors je peux connaitre la masse de 10 briques en faisant la somme des deux masses »).
Dès la période 1, des situations de proportionnalité peuvent être proposées (recettes...). L'institutionnalisation des propriétés se fait progressivement à partir de la période 2.</td><td>Dès la période 1, le passage par l'unité vient enrichir la palette des procédures utilisées lorsque cela s'avère pertinent.
À partir de la période 3, le symbole % est introduit dans des cas simples, en lien avec les fractions d'une quantité (50 % pour la moitié ; 25 % pour le quart ; 75 % pour les trois quarts ; 10 % pour le dixième).</td><td>Tout au long de l'année, les procédures déjà étudiées en CM sont remobilisées et enrichies par l'utilisation explicite du coefficient de proportionnalité lorsque cela s'avère pertinent.
Dès la période 2, en relation avec le travail effectué en CM, les élèves appliquent un pourcentage simple (en relation avec les fractions simples de quantité : 10 %, 25 %, 50 %, 75 %).
Dès la période 3, ils apprennent à appliquer un pourcentage dans des registres variés.</td></tr>
</table>

Document 3. Extraits du document d'accompagnement : « Le nombre au cycle 3. Ressources pour faire classe », Eduscol.

Différents types de problèmes pour une progressivité dans les procédures de résolution

Les exemples ci-dessous n'ont pas la prétention d'être des situations de référence mais plutôt des exemples représentatifs des différentes approches possibles. Le travail du maitre par le jeu sur les variables didactiques des situations, l'entrainement des élèves par la répétition de problèmes du même style (dans des cadres et des habillages variés) pourront créer les conditions favorables d'un apprentissage de la notion de proportionnalité (reconnaissance des situations et mise en œuvre de procédures de résolution).

Travail sur les procédures et le raisonnement dans le cas de situations de proportionnalité

Deux types de travaux peuvent être menés de front pour introduire la proportionnalité.

Un travail sur les propriétés additives et multiplicatives (linéarité) dès le début du cycle 3

Exemple : 3 bandes superposables de papier bleu mises bout à bout ont la même longueur que 2 bandes superposables de papier rouge mises bout à bout. Combien de bandes rouges vont être nécessaires pour réaliser la même longueur que 6 bandes bleues ? 15 bandes bleues ? 42 bandes bleues ? Combien de bandes bleues vont être nécessaires pour réaliser la même longueur que 12 bandes rouges ?

Cet exemple (tout comme l'exemple de l'empilement des cubes) présente plusieurs intérêts majeurs. Le rapport 3 pour 2 peut être modifié pour différencier le niveau de difficulté. Les questions peuvent également impliquer des changements de procédure (passer du champ additif pour les petits nombres au champ multiplicatif pour les grands nombres, étudier les bandes bleues en fonction des bandes rouges et vice-versa). Enfin cette situation propose une validation par le milieu matériel simple et efficace (l'élève doit anticiper les réponses et peut les vérifier par manipulation).

Un travail sur le retour à l'unité[1] (proportion) dès le CM1

Exemple : Dans un magasin A, on vend des stylos, 4 pour 2 euros. Dans un magasin B, on vend les mêmes stylos 2,50 euros les 6. Dans quel magasin trouve-t-on les stylos les moins chers ?

Dans cet exemple, on privilégiera le retour aux prix unitaires des stylos. Le rapport entre prix et nombre de stylos peut être modifié pour différencier le niveau de difficulté. L'habillage concret de la situation devra être discuté avec les élèves pour lever les ambiguïtés (ce ne sont pas des lots de stylos, on peut acheter les stylos à l'unité, on n'a pas de remise si on en prend beaucoup, etc.)
On notera que l'exemple sur les bandes de papier peut se traiter par retour à l'unité (1 bande rouge vaut 1,5 bande bleue) et que l'exemple des stylos peut se traiter par linéarité (dans A, 12 (3 × 4) stylos coûtent 6 (3 × 2) euros alors que dans B, 12 stylos ne coûtent que 5 euros).

1. Attention, dans certains contextes, le retour à l'unité n'a pas de sens concret (ainsi, avec 2 baguettes je prépare les sandwiches de 5 élèves, donc avec 1 baguette je prépare les sandwiches de 2,5 élèves…).

Ces situations permettent de mettre en relief les procédures des élèves (additions réitérées, multiplication, division, retour à l'unité, etc.) et aussi de repérer les procédures erronées pour les mettre en débat afin de les dépasser :

> Exemple : Si 3 bandes bleues valent 2 bandes rouges, alors 6 bandes bleues valent 5 bandes rouges (« on soustrait 1 »). Si 4 stylos valent 2 euros, alors 6 stylos valent 4 euros (« on ajoute 2 »). Cette erreur bien identifiée dans la littérature provient de la persistance du modèle additif (« pour 2 stylos de plus, je paye 2 euros de plus »).

Reconnaissance de situations de proportionnalité

Dans beaucoup de cas, la proportionnalité relève du contexte de l'énoncé (connaissance sociale). Il s'agit de lever les implicites par discussion avec les élèves et de comparer des situations de proportionnalité avec des situations de non-proportionnalité. Certaines situations sont classiques pour travailler la proportionnalité (et peuvent être abordées, pour certaines, dès le CP) :

> Exemple : Le change de monnaie (euros/dollars...). Les conversions d'unités (centimètres/inches...). Les recettes de cuisine. Prix à payer en fonction du nombre de pains achetés. Prix à payer en fonction de la masse achetée...

Attention, les conversions d'unités du type kilogrammes/grammes sont des cas particuliers de situations de proportionnalité avec un coefficient 1 000 et apparaissent de ce fait comme des problèmes de numération, c'est-à-dire mettant en œuvre des connaissances relatives à la désignation des nombres.
D'autres situations peuvent sembler relever du modèle proportionnel mais n'en relèvent pas.

> Exemple : Taille et poids. Tarifs de taxi. Nombre de buts par matchs. Nombre d'enfants par famille...

Il s'agit de comprendre la distinction entre proportionnalité et croissance (toujours dans l'optique de dépasser l'obstacle de la persistance du modèle additif). Il est important de bien préparer l'argumentation pour prouver qu'une situation relève, ou non, du modèle proportionnel. La confrontation de l'élève à des situations de non-proportionnalité est primordiale pour la reconnaissance du modèle proportionnel.
Cet aspect peut être abordé avec des élèves de CM2 qui ont déjà travaillé sur la proportionnalité.

> Exemple : Prix à payer en fonction du nombre d'entrées au cinéma.

– si le billet est à tarif unique il y a proportionnalité pour six personnes on paye deux fois plus que pour trois personnes (utilisation de la propriété multiplicative ou additive) ou six fois plus cher que pour une personne (retour à l'unité) ;
– si le billet n'est pas à tarif unique (un prix pour les adultes, un prix pour les enfants) alors il n'y a pas proportionnalité (six personnes ne paieront pas forcément deux fois plus cher que trois personnes). Il serait intéressant de comprendre qu'il y a proportionnalité dans chaque catégorie (les enfants et les adultes), car dans la vie courante la proportionnalité apparait généralement sous cette forme.

> Exemple : Reconnaitre un agrandissement de polygone tracé sur papier quadrillé.

Il s'agit de comprendre qu'un agrandissement respecte les proportions (les rapports entre les mesures des côtés). Comme beaucoup de termes mathématiques, le mot agrandissement est ambigu. En effet dans le langage courant un agrandissement désigne généralement une augmentation sans conservation des rapports (« agrandir une maison » par exemple).

Alors qu'en mathématiques le mot agrandissement désigne une transformation qui conserve les proportions (au sens des homothéties).
Cette polysémie peut être la source d'incompréhensions et d'obstacles.

Introduction du tableau de proportionnalité

Le tableau de proportionnalité classique (en lignes ou en colonnes) est une schématisation qui condense l'information d'un énoncé ainsi que la question posée. La partie « organisation et gestion de données » du programme officiel de l'école élémentaire insiste sur « les capacités d'organisation et de gestion des données », et « apprendre à trier des données, à les classer, à lire ou à produire des tableaux ». Résumer un énoncé de problème de proportionnalité en un tableau nécessite un apprentissage et un entrainement. Les tableaux peuvent être introduits de manière relativement naturelle (lecture de tableau au CP/CE1 et réalisation de tableau dès le CE2).

Exemple : Jeux du banquier et change de monnaie. Les élèves collent les étiquettes qui se correspondent en euros et en dollars les unes en face des autres et font apparaitre les opérateurs qui justifient les correspondances.

« Construire un tableau de proportionnalité » et « compléter un tableau de proportionnalité » donné sont des travaux à mener avec les élèves. Construire un tableau permet d'identifier les grandeurs en jeu dans un énoncé, les classer et gérer les données. Compléter un tableau permet de travailler spécifiquement les techniques de recherche de quatrième proportionnelle (connaissant trois termes d'une proportion, on demande de calculer le quatrième). Il est également important de confronter les élèves avec des tableaux préremplis qui ne résument pas des situations de proportionnalité pour parer à l'amalgame « tableau, donc proportionnalité » (en CM2).

Exemple : Un cycliste se chronomètre sur différentes distances. Il obtient le tableau suivant :

Distance (en kilomètres)	15	30	60
Durée (en minutes)	45	90	210

La durée est-elle proportionnelle à la distance parcourue ?

Le travail sur les tableaux de proportionnalité peut être accompagné de construction d'une représentation graphique de la fonction linéaire sous-jacente. L'étude du graphique permet de trouver de nouvelles correspondances.

A – CONNAISSANCES DIDACTIQUES À MOBILISER

1. RECONNAITRE UNE SITUATION DE PROPORTIONNALITÉ

Par le contexte

Pour pouvoir utiliser les connaissances outils propres aux situations de proportionnalité, il faut en principe s'assurer d'abord que la situation du problème est bien une situation de proportionnalité.
Ceci a longtemps conduit à une progression des apprentissages dans laquelle on s'attachait en premier lieu à donner aux élèves des outils pour reconnaitre des situations de proportionnalité, pour ensuite leur donner des outils pour les traiter.

Mais de fait, ces outils sont souvent les mêmes, et reconnaitre une situation équivaut dans bien des cas à la traiter.
Aussi la progression envisagée aujourd'hui dans les programmes est un peu différente.
Au départ, les situations de proportionnalité sont rattachées à des problèmes de la vie courante dans lesquels la notion de proportionnalité est très souvent implicite, mais que l'enseignant se devra d'expliciter.
En résumé lors de l'introduction de la notion, seul le contexte des situations permet de décider que nous sommes face à une situation de proportionnalité.
Les pratiques marchandes et les recettes de cuisine sont les contextes les plus fréquemment utilisés.

Exemple :
À la boulangerie de M. Martin, deux croissants sont vendus 1 euro 50 centimes. Combien coutent six croissants ?

Seul le **contexte** permet ici de décider que six croissants couteront trois fois plus que deux croissants.

OBSTACLES RENCONTRÉS PAR LES ÉLÈVES

Certains contextes sont évocateurs de la proportionnalité pour certains élèves, mais pas pour d'autres.

Les contextes favorables doivent être appréciés avec justesse par l'enseignant.

On voit par exemple des exercices qui s'appuient sur le contexte de l'échange de devises. Il n'est pas certain que beaucoup d'élèves aient une connaissance culturelle associée à ce contexte.

Le contexte de la recette de cuisine, très largement utilisé dans de nombreux manuels comme situation d'introduction de la notion de proportionnalité, a l'avantage de motiver les élèves mais présente aussi des inconvénients. En effet, la recette se limite rarement à deux grandeurs et cela multiplie le nombre de situations de proportionnalité présentes dans le problème.

Exemple :
La recette pour faire des crêpes pour 8 personnes :
100 g de farine
1 dl de lait
3 œufs
25 g de sucre

Quelle sera la recette pour faire des crêpes pour 16 personnes ?

Cet exemple est assez simple et pourra être aisément résolu par les élèves. Néanmoins, il n'est modélisable que par de nombreuses situations de proportionnalité puisque celles-ci mettent chacune en jeu deux grandeurs.

Il serait préférable de se limiter à une recette ne faisant intervenir que deux ingrédients, par exemple une boisson composée d'eau et de sirop.

Par la reconnaissance de la fonction de proportionnalité

Ainsi, dans de nombreux cas, la proportionnalité relève uniquement du contexte de l'énoncé, c'est la « connaissance sociale ». Il s'agit ensuite de lever progressivement avec les élèves cet aspect implicite.
L'enseignant doit d'abord dégager avec les élèves le caractère de fonction de la situation.

> ***Exemple :***
> « À la boulangerie de M. Martin, deux croissants coutent 1 euro 50 centimes, **et il en est toujours ainsi quelle que soit la quantité achetée**. Quel sera alors le prix de six croissants ? »

Ainsi est explicité un premier critère de reconnaissance d'une situation de proportionnalité. Ensuite, il faut faire apparaitre les particularités de cette fonction qui sont spécifiques des situations de proportionnalité. Cela peut être mis en évidence en comparant des situations de proportionnalité avec des situations de non-proportionnalité.

> ***Exemple :***
> Dans un vidéoclub, pour louer des DVD, je paie un abonnement annuel de 20 euros et ensuite la location de chaque DVD coute 2 euros.

Le modèle mathématique sous-jacent est une fonction. Cette fonction est croissante : plus je loue de DVD, plus je paie. Mais je ne peux pas établir de lien multiplicatif constant entre le nombre de DVD loués et le prix à payer :
– si je loue 10 DVD dans l'année, cela coute 40 euros ;
– si je loue 20 DVD dans l'année, cela coute 60 euros.

Cette situation n'est pas une situation de proportionnalité, par conséquent je ne peux pas utiliser les outils propres aux situations de proportionnalité.
Par exemple, je ne peux pas affirmer que si je loue deux fois plus de DVD alors je paierai deux fois plus cher.
En fait, la fonction qui modélise la situation ici est une fonction affine f telle que : $f(x) = 2x + 20$; x est le nombre de DVD loués dans l'année, $f(x)$ le prix à payer pour la location de ces x DVD.
On pourra mettre à la disposition des élèves divers outils pour reconnaitre si une situation est ou non une situation de proportionnalité :
– les éléments de langage : sommes-nous dans une situation dans laquelle, de façon systématique, si l'une des grandeurs double alors l'autre double également ? On s'appuie aussi sur des formulations du type « fois plus » ou « fois moins » ;
– les tableaux à double entrée.

2. RÉSOUDRE DES PROBLÈMES RELEVANT DE LA PROPORTIONNALITÉ

Linéarité multiplicative

Cette procédure s'appuie sur une des caractéristiques des fonctions de proportionnalité : si l'une des grandeurs est multipliée par un nombre, alors l'autre grandeur est multipliée par le même nombre.

> ***Exemple :***
> À la boulangerie de M. Martin, deux croissants sont vendus 1 euro 50 centimes. Combien coutent six croissants ?

Les procédures sont les suivantes :
Je connais le prix de deux croissants, je cherche le prix de 6 croissants. $6 = 3 \times 2$, six c'est « trois fois plus » que deux. Comme la situation est une situation de proportionnalité, alors le prix à payer est lui-même à multiplier par 3.
$1,50 \times 3 = 4,50$.
Le modèle mathématique est le suivant : Soit x le nombre de croissants achetés, y le prix à payer. On a ici comme modèle mathématique sous-jacent une fonction linéaire f et donc : $f(3x) = 3f(x)$.Le scalaire 3 multiplie chacune des deux grandeurs.
– En utilisant le tableau à double entrée :

x	2	6
t	1,50	?

Linéarité additive

Cette procédure s'appuie sur une autre des caractéristiques des fonctions de proportionnalité.

Exemple :
À la boulangerie de M. Martin, deux croissants sont vendus 1,50 euro, six croissants coutent 4,50 euros. Combien coutent huit croissants ?

La procédure est la suivante :

• **En s'appuyant sur la décomposition 8 = 6 + 2**
Comme la situation est une situation de proportionnalité, alors pour acheter 8 croissants, je devrai payer le prix de 6 croissants plus le prix de 2 croissants, soit : $4,50 + 1,50 = 6$ euros.
Le modèle mathématique est le suivant :
$f(8) = f(2 + 6) = f(2) + f(6) = 1,50 + 4,50$.

• **En utilisant le tableau à double entrée**

x	2	6	8
t	1,50	4,50	?

OBSTACLES RENCONTRÉS PAR LES ÉLÈVES

Une erreur se retrouve très fréquemment dans les travaux des élèves qui essaient d'utiliser la propriété de linéarité pour traiter une situation de proportionnalité. Dans l'exemple ci-dessus, qui met en jeu la linéarité additive, ils pourraient écrire comme résultat :

$1,50 + 6 = 7,50$ euros, ce qui est un résultat erroné correspondant au raisonnement : $f(8) = f(2) + 6$.

L'élève, au lieu d'ajouter au prix de deux croissants le prix de six croissants, lui additionne le nombre de croissants à ajouter à 2 pour obtenir 8.

Il peut s'agir d'une confusion avec l'utilisation de la propriété de linéarité multiplicative, qui consiste à passer d'une valeur à une autre en la multipliant par un opérateur (scalaire).

En utilisant le coefficient de proportionnalité

Il est bien sûr indispensable de montrer aux élèves l'importance d'un nombre particulier présent dans toute situation de proportionnalité : le **coefficient de proportionnalité.** Toute situation peut être traitée en utilisant ce nombre, qui peut être ou non explicité dans l'énoncé de la situation.

Exemple :
À la boulangerie de M. Martin, deux croissants sont vendus 1 euro 50 centimes. Combien coutent six croissants ?

La procédure est la suivante.

Dans cette situation, le coefficient de proportionnalité n'est pas explicité. Le modèle mathématique sous-jacent est une fonction linéaire du type $f(x) = ax$.

a est le coefficient de proportionnalité. C'est le nombre qui permet de passer d'une valeur de x à la valeur de y correspondante, par une multiplication toujours identique.

Ici on a $f(x) = 0{,}75\ x$.

En effet, si deux croissants coutent 1,50 euro, un croissant coutera moitié moins cher, donc 0,75 euro.

0,75 est le prix d'un croissant, il est aussi le coefficient de proportionnalité.

Lorsque l'on connait ce nombre, on peut par une seule multiplication, répondre à n'importe quelle question concernant la situation.

Par exemple, si l'on cherche le prix de 27 croissants, il suffira de calculer : 27 × 0,75 = 20,25 euros.

On appelle cette procédure : « retour à l'unité » ou « recherche du coefficient de proportionnalité ».

OBSTACLES RENCONTRÉS PAR LES ÉLÈVES

L'utilisation de la procédure de retour à l'unité peut nécessiter de savoir multiplier un nombre entier par un nombre décimal, comme c'est le cas dans l'exemple précédent. Au CM1 cette compétence ne sera maitrisée qu'en fin d'année scolaire. Il faut donc bien analyser les nombres en jeu lorsque l'on donne un problème à ses élèves. Il faut également enseigner d'autres procédures possibles.

On peut trouver des situations de proportionnalité dans lesquelles le coefficient de proportionnalité est un nombre rationnel non décimal, ce qui rend encore plus délicat l'utilisation de cette procédure en début d'approche de la notion.

B – TRAITEMENT DU SUJET

1. LIRE ET ANALYSER LES DOCUMENTS

Les indications les plus essentielles seront répertoriées dans un cadre : **À NOTER**

Document 1

Il s'agit d'un extrait d'un manuel de mathématiques *Tandem CM1-CM2* : module portant sur la proportionnalité.

- **Description de la démarche**

Tâche des élèves : établir la recette d'un gâteau donnée initialement pour 6 personnes, pour 10 personnes.
Les élèves devront d'abord établir la recette pour 2 personnes en remarquant que c'est 3 fois moins, puis la recette pour 10 personnes en remarquant que c'est 5 fois plus.
La recette de cuisine : le modèle mathématique sous-jacent n'est pas la fonction linéaire mais celui des suites proportionnelles.

- **Analyse de la démarche**

La situation suppose que les élèves sachent traiter des situations de proportionnalité en utilisant la propriété de linéarité multiplicative.
Dans cette activité, comme les élèves ne sont pas en capacité de valider leurs résultats, il ne peut pas y avoir de démarche d'apprentissage.

Document 2

Il s'agit de deux extraits de documents officiels du ministère de l'Éducation nationale : le repère de progression cycle 3 et les attendus de fin d'année CM1 en mathématiques.

À NOTER
L'élève mobilise des formes de raisonnement spécifiques et des procédures adaptées. Le recours aux propriétés de linéarité est privilégié.

Document 3

Il s'agit d'un extrait du document d'accompagnement : « Le nombre au cycle 3. Ressources pour faire classe », Eduscol.

À NOTER
Deux types de travaux peuvent être menés de front pour introduire la notion de proportionnalité : un travail sur les propriétés de linéarité et un travail sur le retour à l'unité.

2. SITUER LA SÉANCE

Du côté de l'enseignant

La séance à concevoir est la première de la séquence. Il s'agit d'une séance de découverte. On peut faire abstraction de la place de cette séquence dans une progression plus large qui prendrait en considération la division et les fractions. Mais il est indispensable de bien cerner les prérequis pour les élèves.

Du côté des élèves (prérequis)

Les élèves connaissent les décompositions additives de nombres simples.
Les élèves calculent aisément mentalement des additions et des multiplications simples.

3. RÉDIGER LA FICHE DE PRÉPARATION

Choix didactiques (conception)

La séance débutera par une phase de sensibilisation à la notion de proportionnalité : on pourrait choisir une approche empirique qui permettrait une validation sensible de la résolution du problème posé (par exemple faire le **même** gâteau) mais pour des raisons pédagogiques nous resterons ici sur le mode de la représentation (nul n'interdit de penser une séance en amont pour ce faire).
Par ailleurs nous choisirons des situations modélisables par une fonction linéaire plutôt que par deux suites proportionnelles.
Une recette avec deux ingrédients (eau et sirop) se prête bien à ce type de travail introductif.
L'introduction sera faite de manière intuitive sans nécessairement l'utilisation de données numériques.

À la phase suivante, nous introduirons des problèmes avec des données numériques.
Nous utiliserons des problèmes avec des contextes marchands que les élèves peuvent avoir rencontrés.
Dès lors, nous pourrons commencer à utiliser des tableaux à double entrée pour synthétiser les données du problème.
Pour cette séance, l'accent est mis sur la propriété de linéarité additive à la fois dans le traitement et la reconnaissance d'une situation de proportionnalité.

Choix pédagogiques (animation)

Nous choisirons le plus possible le travail en binôme qui favorise les échanges entre élèves mais sans trop de dispersion.
Il permet de se mettre plus facilement d'accord que dans un groupe plus large, même si l'on peut perdre en diversité des représentations et donc en erreurs éventuelles.

Déroulé de séance

Phase 1 Binômes (5' recherche + 5' échange)
Feuille distribuée à l'avance :

Pour réaliser une boisson sucrée, on mélange dans un récipient de l'eau et du sirop.

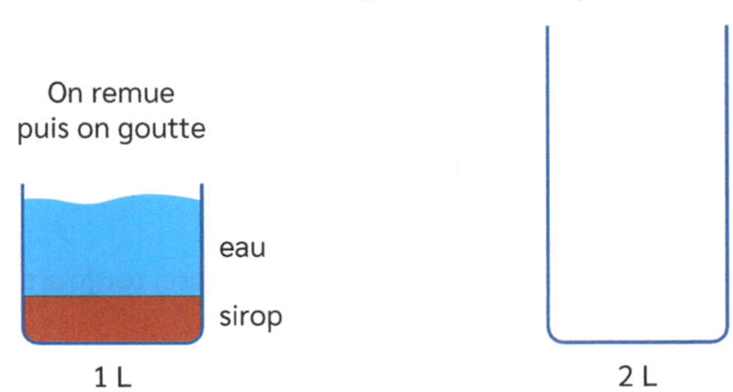

Faire la « même » boisson sucrée dans le deuxième récipient.
Vous avez juste un trait à tracer pour indiquer la hauteur de sirop.
Vous ne le tracez que lorsque vous vous êtes mis d'accord.

Confrontation des propositions : affichage au tableau des différentes propositions.
Démarches possibles :
– mesurage avec la règle, même hauteur, ne marche pas,
– un peu plus haut, etc.

Débat
« Comment peut-on savoir si c'est bien la même boisson ? »
Il faudrait pouvoir goûter.

Phase 2 Binômes (5' recherche + 5' confrontation)
Problème :
« Pour faire une boisson sucrée dans un récipient qui contient 1 litre, on verse d'abord 10 cl de sirop.
Quelle capacité de sirop doit-on verser d'abord pour faire la même boisson dans un récipient qui contient 2 litres ? »

Tableau pour résumer les données du problème :

Nb de litres de boisson	1	2
Volume de sirop en cl	10	? 20

Consigne : « Vous devez vous mettre d'accord avant d'écrire la réponse dans la case vide ».

Premiers éléments de langage :
« Pour que ce soit la **même boisson**, il faut respecter les **mêmes proportions**.
Si on met 10 cl pour 1 l, on mettra 20 cl pour 2 litres parce que 2 litres c'est le double de 1 litre. »

Extension du problème : et pour 3 litres, 4 litres ?

Phase 3 Binômes (5' recherche + 5' confrontation)
Problème :
« Trois kilos de pommes de terre coûtent 6 euros et 5 kg coûtent 10 €.
Combien coûtent 8 kg de pommes de terre ? »

Consigne : « Faites un tableau pour résumer la situation et résoudre le problème. »

Résolution.
Confrontation des solutions.
Confrontation des démarches.
Mise en question du résultat 16 € selon les façons d'y aboutir.

Mise en évidence du caractère fonctionnel de la situation :
Quel que soit le poids acheté, les pommes de terre coûtent toujours le même prix.

Au tableau :

+

Nombre de kilos	5	3	8
Prix	10	6	16

+

Phase 4 Individuel (15’ recherche + débat)
Série de problèmes avec des données simples projetées successivement au tableau par l’enseignant.
Élève : brouillon/Ardoise.

Problème 1 :
« Des boules d’acier prises au hasard sont pesées et on trouve : »

Nb de boules	5	10	15
Poids	3 kg	5 kg	?

Constat : on ne peut pas savoir que toutes les boules ne pèsent pas le même poids.

Problème 2 :
« Dans une boulangerie, quatre croissants coûtent 3 € et 7 croissants coûtent 5 €.
Combien vais-je payer si j’achète 6 croissants ? »
Constat : non proportionnel.

Problème 3 :
« Pour faire un gâteau de 1 kg, il faut 500 g de farine.
Quelle quantité de farine faut-il pour faire un gâteau de 2 kg ? »
Proportionnel si on fait le « même » gâteau.
Réponse 1 kg.

Problème 4 :
« Dans une boulangerie, 3 croissants coûtent 3 € et 6 croissants coûtent 6 €.
Combien vais-je payer si j’achète 9 croissants ? »
Situation de proportionnalité : 9 €.

L’enseignant constitue de groupes en fonction des réussites des uns et des autres.

4. PRÉPARER L’ORAL

Introduction

La séance que je vais vous présenter est une séance d’introduction à la compétence « Reconnaitre et traiter une situation de proportionnalité en utilisant une procédure adaptée ».
J’ai choisi de ne pas utiliser la recette de cuisine comme on trouve dans de nombreux ouvrages, notamment celui proposé dans le corpus de documents, mais de proposer une approche plus intuitive à partir d’un modèle de proportionnalité entre deux grandeurs seulement.
L’accent est mis sur la propriété de linéarité additive comme outil de traitement et de reconnaissance d’une situation de proportionnalité.
J’ai choisi comme modalité d’apprentissage pour les élèves le travail en binôme qui favorise les confrontations sans trop de dispersion.

Conclusion

Cette séance est une séance de sensibilisation à la notion de proportionnalité et devra être prolongée par l’utilisation de la linéarité multiplicative et assez rapidement par la procédure de retour à l’unité.

Questions du Jury

En quoi le choix de privilégier la procédure additive plutôt que la procédure multiplicative qui s'appuie sur des formulations simples du type « deux ou trois fois plus » vous parait-il plus pertinent pour introduire la proportionnalité ?

Réponse : L'objectif essentiel de cette séance est l'introduction d'une connaissance nouvelle : la proportionnalité. Au cours de cette phase d'introduction, reconnaitre et traiter vont de paire, aussi faisons nous le choix de la procédure qui nous apparait la plus simple. Les locutions du type « trois fois plus » sont des obstacles pour certains élèves qui ont des difficultés à concevoir le sens de cette juxtaposition de deux termes que l'on utilise dans des contextes mathématiques bien précis: « fois » et « plus ».

Avez-vous pensé à la motivation des élèves dans votre préparation de séance ?

Sur Lea.fr

Les réponses aux autres questions

Sujet n° 13
Résolution de problèmes – structures additives CE1

En vous appuyant, entre autres, sur les documents fournis, concevez une séance et son animation visant la compétence : « Résoudre des problèmes en utilisant des nombres entiers et le calcul ». La séance portera précisément sur la résolution de problèmes relevant des structures additives (addition/soustraction) en période 2.
Elle sera inscrite dans une séquence « filée » sur l'ensemble de l'année et concernera les types de problèmes additifs de compositions d'états.
Vous vous situerez dans le cadre d'une classe de CE1 de 24 élèves.

CORPUS DE DOCUMENTS

Document 1. Extraits du document d'accompagnement : « Le nombre au cycle 2. Ressources pour faire classe », Eduscol.

Problèmes additifs, soustractifs et multiplicatifs

Développer des compétences pour résoudre des problèmes additifs et soustractifs

De la GS au CE1, il s'agit de conduire les élèves à résoudre des problèmes, essentiellement additifs (cela regroupe addition et soustraction) et multiplicatifs, « problèmes simples à une opération » et de les amener à automatiser le processus de reconnaissance de l'opération. L'apprentissage suppose d'être attentif à différents points :
– la compréhension de l'énoncé (y compris le jeu symbolique, scolaire, qui consiste à s'emparer d'un problème ; devenir élève de ce point de vue est essentiel) ;
– la diversité des formes de présentation (variété des habillages) ;
– la progressivité de l'élaboration de procédures plus efficaces et de l'automatisation des procédures utilisées.

De la situation non écrite à l'énoncé écrit

Le rapport à la langue écrite des élèves de la maternelle impose la présentation des problèmes par des « situations » proches de la vie courante de l'élève (des pratiques où le rapport à l'objet et les manipulations sont directs). Dès la GS, il est nécessaire d'enseigner le passage de la « situation » à des « représentations » (verbales, dessinées, schématiques et numériques). Au CP, quand l'écrit sera installé, il sera question de faire comprendre que l'énoncé écrit d'un problème n'est souvent que l'habillage particulier d'une histoire que les élèves, ou d'autres personnes, auraient pu vivre.
Le passage de situations réellement vécues à des problèmes évoqués, et qu'il faut mentalement se représenter, est à aménager par l'enseignant au cours du cycle 2.
La progression conduit à se dégager progressivement des manipulations et à amener l'élève à dépasser le simple stade de l'action afin de s'engager dans un processus de conceptualisation.

Les énoncés écrits méritent un travail d'analyse spécifique prenant notamment en compte l'ordre de présentation des informations, le contexte ou le vocabulaire, les redondances, la présence d'informations implicites, la place de la question...
Divers facteurs peuvent être à l'origine des difficultés des élèves : l'utilisation des termes relationnels comme « moins que », « plus que », « de plus », ou encore le domaine numérique mobilisé. La place de la question peut également influer sur les performances des élèves. Dans certains contextes, un travail spécifique autour de la lecture d'énoncés peut s'avérer nécessaire afin d'aider les élèves à prendre la distance nécessaire pour appréhender cette nouvelle forme de texte. Ces échanges pourront avoir pour but de compléter des énoncés lacunaires pour éviter qu'un élève ne refuse que Juliette puisse donner des pommes car « elle n'en a pas » dans l'exemple « Léo a 3 pommes. Juliette lui en donne 5 de plus » ou de remettre les événements dans l'ordre de leur survenue en précisant les états initiaux, les étapes... en racontant une histoire.
De plus, le professeur amènera les élèves à mettre en relation ces énoncés avec ceux de problèmes rencontrés antérieurement dans le but de les conduire à identifier progressivement des catégories de problèmes.

La variété maitrisée des problèmes proposés

D'un point de vue plus « strictement mathématique », dans leur variété, les situations additives ne présentent pas une égale difficulté selon la catégorie à laquelle elles appartiennent. Il est nécessaire d'en tenir compte lors de l'élaboration d'une progression. La progression présentée plus loin vise à les établir et à aider à amorcer une identification de certaines de ces catégories de problèmes, par exemple à l'aide d'affiches de référence. L'écriture collective de ces affiches de référence menée avec la classe participe à la construction de la notion et à la structuration des connaissances. Pour les élaborer, le support de l'affiche (avec l'énoncé du problème choisi pour représenter le type de problèmes auquel sera associée la procédure de résolution retenue) permet de composer un exemple générique auquel seront apparentés les énoncés de la même catégorie de problèmes rencontrés lors des séances d'entrainement, de réinvestissement ou d'évaluation.
Progressivement, pour une catégorie de problèmes donnée, l'enseignant amènera les élèves à optimiser les procédures mobilisées, à les comparer et à se rapprocher des procédures les plus adaptées. Cette mise en relation des problèmes d'une même catégorie amènera aussi les élèves à réinvestir les procédures précédentes et à les associer à la catégorie de problèmes ainsi construite.

Les aides à la résolution

De nombreux facteurs peuvent faciliter la résolution du problème et favoriser la conceptualisation des notions mathématiques en jeu :
– la clarification du contexte et des références culturelles supports de l'énoncé (découverte du monde, vie courante : le sens et l'expérience des contextes de la vie d'enfant) ;
– les habiletés calculatoires (mentales ou écrites : évidemment dépendantes des données numériques et des opérations auxquelles elles peuvent donner lieu). Pour la phase d'abstraction, l'élaboration d'une représentation correcte n'assure pas nécessairement l'accès à une procédure de résolution adaptée...
Pour un problème donné, des échanges verbaux, le recours au mime (un jeu de rôles), la production de dessins ou de croquis constituent des aides susceptibles d'étoffer la différenciation pour aider les élèves à se représenter le problème puis à le résoudre. Cette représentation et cette résolution peuvent être également facilitées par le fait que l'élève est capable de replacer le problème dans une catégorie de problèmes et mette en œuvre

ensuite des procédures adaptées. Ce travail de construction d'une représentation dans le cas d'un problème particulier ou d'une catégorie de problèmes peut être facilité par des activités préparatoires qui mettent en relation, énoncé de problème, croquis, dessin et procédure de résolution.

Afin d'amener l'élève à résoudre le problème, l'enseignant pourra jouer sur une schématisation progressive des représentations pouvant être produites. Ainsi pour l'exemple suivant : dans un autobus, il y a 27 personnes ; à un arrêt, il en descend 13. Combien y a-t-il de personnes quand l'autobus repart ? L'élève peut apprendre à passer progressivement du dessin figuratif de la situation (des passagers par exemple) à la production d'un schéma plus au moins épuré (un trait pour représenter les passagers) puis à la production d'un schéma ou à des écritures plus formalisée du type (27 → ?) (13 + ? = 27 ou 27 – 13 =). Ces différents niveaux de représentation sont des étapes possibles à construire avec les élèves, sans les imposer à tous.

L'introduction d'un signe opératoire « + », « – » peut être justifiée soit par le souci de lever toute ambiguïté d'écriture soit pour traduire le traitement de la situation par une écriture mathématique.

Document 2. Extrait des Attendus de fin d'année CE1 en mathématiques, Eduscol.

Résoudre des problèmes en utilisant des nombres entiers et le calcul

Les nombres sont inférieurs à 1 000

Ce que sait faire l'élève

- Il résout des problèmes du champ additif (addition et soustraction) en une ou deux étapes.
- Il modélise ces problèmes à l'aide de schémas ou d'écritures mathématiques.
- Il connait le sens des signes – et +.
- Il résout des problèmes du champ multiplicatif (itération d'addition).
- Il connait le sens du signe ×
- Il résout des problèmes multiplicatifs qui mettent en jeu un produit.
- Il résout des problèmes à deux étapes mixant additions, soustractions et/ou multiplications.
- Il résout des problèmes de partage (ceux où l'on cherche combien de fois une grandeur contient une autre grandeur, ceux où l'on partage une grandeur en un nombre donné de grandeurs).

Exemples de réussite

Exemples de problèmes du champ additif en une étape

- Dans le train, il y a 125 passagers dans le premier wagon, 37 passagers dans le deuxième wagon et 8 dans le troisième wagon.
  Combien y a-t-il de passagers au total dans ce train ?
- Dans mes deux coffres, j'ai 227 billes. J'en ai 113 dans mon coffre vert.
  Combien en ai-je dans mon coffre rouge ?
- Il y avait 451 animaux dans le zoo. Il n'en reste plus que 321.
  Combien d'animaux se sont échappés ?
- Dans ma boite, il y avait des images. J'en ai distribuées 56 et il m'en reste encore 217.
  Combien y avait-il d'images dans ma boite avant que j'en distribue ?
- Dans l'école, il y a 111 garçons et 257 filles.
  Combien y a-t-il de filles de plus que de garçons ?

- Léo a 188 billes. Lucie en a 75 de plus que Léo.
  Combien Lucie a-t-elle de billes ?
- Un album peut contenir 650 photos. Lucie a 287 photos et Léo en a 372.
  L'album peut-il contenir toutes les photos de Lucie et Léo ?

Exemples de problèmes du champ additif en deux étapes

- Dans la bibliothèque de l'école, il y a 363 livres. Le professeur en apporte 125 de plus. Les élèves en empruntent 175. Combien y a-t-il de livres dans la bibliothèque de l'école ?
- Dans la bibliothèque de l'école, il y a 484 livres. Il y a 135 romans policiers, 221 bandes dessinées. Les autres sont des livres documentaires. Combien y a-t-il de livres documentaires ?
- À la pâtisserie, madame Martin achète une tarte à 17 euros et un gâteau à 26 euros. Elle donne un billet de 50 euros à la vendeuse. Combien la vendeuse va-t-elle rendre ?

Document 3. Module 53 « Situations d'ajout ou de retrait (2) », *Vivre les maths CE1*, Nathan, 2019.

Problèmes

53 Situations d'ajout ou de retrait (2)

Objectif : rechercher la transformation dans les situations d'ajout ou de retrait (additive ou soustractive).

CALCUL MENTAL
Problème : recherche du tout ou d'une partie.
« Tom a 7 balles jaunes et 3 rouges. Combien de balles a-t-il en tout ? »

1 Sur l'étang, ce matin, il y avait 12 canards. Maintenant, il y en a 15.
Combien de canards sont arrivés ?

2 Agathe va acheter un casque pour faire du vélo.
Elle a un billet de 20 €. Quand elle sort du magasin, il lui reste 8 €.
Combien coute le casque ?

3 Pour son anniversaire, Juliette a préparé 35 crêpes.
À la fin du gouter, il reste 3 crêpes dans le plat.
Combien de crêpes ont été mangées ?

4 Dans le bateau, 18 personnes attendent le départ. Un groupe de touristes arrive et monte dans le bateau. Maintenant, il y a 28 personnes dans le bateau.
Combien de touristes y avait-il dans ce groupe ?

A – CONNAISSANCES DIDACTIQUES À MOBILISER

1. DIFFÉRENTES TYPOLOGIES DE PROBLÈMES

Un problème, en mathématiques, est une situation, décrite dans un énoncé, qui génère une ou plusieurs questions auxquelles l'élève ne peut répondre qu'après avoir raisonné et agi.

◆ **Des problèmes à données numériques ou non**

Les problèmes à données numériques sont ceux dont l'énoncé comporte des nombres et dont la résolution, après modélisation des situations, fera appel au calcul.

Exemple :
Marcel possède 248 €. Paul a 150 € de plus que lui. Quelle somme possède Paul ?

Mais il existe également des problèmes à données non numériques. Il s'agira :
– de problèmes de type logique ou énigme à résoudre ;
– de problèmes liés aux activités de géométrie (constructions, reproductions) ou encore de grandeurs et mesures lorsqu'il s'agit par exemple de comparer des aires par pavage (*cf.* Sujet n° 9 Grandeurs et mesures : les aires).

◆ **Des problèmes classés selon le but recherché :**

– des problèmes pour découvrir et introduire une nouvelle notion souvent nommés « situations problèmes » : il s'agit d'énoncés, souvent inclus dans les situations de recherche. Ce type de problèmes pourrait dans un premier temps ressembler à un problème pour apprendre à chercher, mais ils doivent amener les élèves à maitriser une nouvelle connaissance experte (par exemple un problème de partage, à résoudre dans un premier temps par des procédures « primitives », pour introduire la division) ;
– des problèmes d'application ou « pour s'entrainer » ;
– des problèmes pour évaluer ;
– des problèmes pour apprendre à chercher : ce sont des problèmes dont les élèves ne possèdent pas les outils nécessaires à leurs résolutions. Ils doivent donc construire eux-mêmes les procédures (essais/ajustements, trouver toutes les possibilités, par déduction...).

◆ **Des problèmes classés selon le type d'énoncé :**

– oral/écrit ;
– texte, dessin, schéma, graphique, tableau, photographie, BD... ;
– choix du contexte :
  • vie courante,
  • en rapport avec d'autres disciplines,
– décontextualisé (ou contexte purement mathématique).

L'énoncé comporte généralement une ou plusieurs questions, habituellement placée(s) à la fin. Il contient normalement les données nécessaires à la (aux) réponse(s) à ces questions.

◆ **Des problèmes classés selon leur structure**

Le sujet porte ici sur les structures additives.
Rappelons la classification des situations additives de Gérard Vergnaud.

• Problèmes de transformation d'états

Nous pouvons caractériser ces problèmes de la façon suivante :

Situation initiale ⟶ Transformation additive ou soustractive ⟶ Situation finale

Dans leurs énoncés, deux des données sont présentes. Il s'agit de découvrir la troisième.

Exemple :
En arrivant à l'école ce matin, Paul avait des billes. Il a joué pendant la récréation et a gagné 7 billes (**transformation additive**). Ce soir, il a 19 billes (**situation finale**). Combien avait-il de billes en arrivant à l'école le matin (**recherche de la situation initiale**) ?

Il est à noter que malgré une transformation additive, la modélisation de la situation se fera par une soustraction : **19 – 7**.

- Problèmes de composition d'états

Ces énoncés ne comportent pas de transformation, ni d'état initial et final.

Une partie → une autre partie → Un tout

On trouvera deux types d'énoncé : « Je connais les deux parties, je dois trouver le tout » ou bien « Je connais une partie et le tout, je dois trouver l'autre partie. »

Exemple :
Chez le fleuriste, j'ai acheté un bouquet de 8 tulipes (partie 1) et 5 roses (**partie 2**). Combien y a-t-il de fleurs dans mon bouquet (**recherche du tout**) ?

- Problèmes de comparaison d'états

Ces énoncés contiennent très souvent les expressions « de plus que » ou « de moins que » et consistent à comparer deux états.

État 1 → comparaison additive ou soustractive → État 2

On trouvera trois types d'énoncés selon les données présentes.

Exemple :
Paul a 6 crayons (état 1), Jules en a 12 (**état 2**). Combien Jules en a-t-il de plus que Paul (**recherche de la comparaison**) ?
Jules a 12 billes (état 1). Il en a 10 de moins que Paul (**comparaison**). Combien de billes possède Paul (**recherche de l'état 2) ?**

- Problèmes de composition de transformations

Situation initiale → Transformation 1 additive ou soustractive → Transformation 2 additive ou soustractive → Situation finale

◆ **Des problèmes classés selon leur complexité :**
– les problèmes simples : une seule étape permet d'obtenir la solution ;
– les problèmes « à étapes » qui demandent plusieurs opérations pour arriver au résultat ;
– les tâches complexes.

OBSTACLES RENCONTRÉS PAR LES ÉLÈVES

La lecture des énoncés peut présenter des difficultés linguistiques : lexique inconnu, structures syntaxiques complexes...

La difficulté souvent évoquée est la représentation mentale (ou gestion mentale) de la situation présentée dans l'énoncé.

2. LA REPRÉSENTATION MENTALE DES SITUATIONS ET MODÉLISATION

Le recours à différents types de présentation d'un même problème aidera à la représentation mentale des situations, en particulier pour des élèves en difficulté :
– **la possibilité de la manipulation**, lorsque le champ numérique le permet, soit avec les objets réels concernés par l'énoncé, soit à l'aide d'objets censés représenter les objets réels ;
– **les versions orales** des énoncés, lus (par le professeur ou les élèves), enregistrés, habillés sous forme d'histoires... ;
– **les versions « visuelles »** écrites, illustrées de différentes formes (voir plus haut), ou encore accompagnées de dessins ou schémas qui aideront à se représenter la situation, mais aussi aider à la procédure de résolution ;
– **le questionnement, les reformulations, les présentations sous différentes formes**, qui aideront également à s'approprier les énoncés ;
– **la fréquentation très régulière de l'activité de résolution de problèmes mathématiques** qui permet de construire des associations entre le contexte de l'énoncé et les opérations numériques pour arriver à un résultat.

OBSTACLES RENCONTRÉS PAR LES ÉLÈVES

L'élève reste bloqué sur certaines conceptions. Il n'envisage pas de sortir du cadre qu'il s'est fixé, même si ce n'est pas efficace.

L'élève conserve des automatismes inappropriés (modéliser systématiquement par l'addition les problèmes additifs).

L'élève manque de confiance en lui, il s'interdit de pouvoir faire des recherches, de tester des actions, au risque de se tromper.

L'élève a des difficultés pour organiser sa recherche.

L'élève ne parvient pas à expliquer sa démarche, à communiquer ou à rédiger ses résultats.

L'élève, en cas d'erreur, n'est pas capable de réaliser l'impossibilité de son résultat.

3. LES SIX COMPÉTENCES

La résolution de problème illustre parfaitement les compétences travaillées en mathématiques :
- **Chercher** : résoudre des problèmes relevant des grandeurs et mesures. Chercher, par exemple, un découpage permettant de comparer les aires de deux figures de formes différentes.
- **Modéliser** : transformer la situation de l'énoncé en écriture mathématique.
- **Représenter** : la situation présente dans l'énoncé pourra faire l'objet d'une représentation sous forme de dessin, schéma, qui aidera à la représentation mentale et à la modélisation.
- **Raisonner** : la résolution d'un problème, la confrontation à une « situation problème » feront appel aux différentes étapes du raisonnement chez l'élève : compréhension de l'énoncé et de la consigne, recherche, production et rédaction d'une solution.

- **Calculer** : suite à la modélisation des situations mathématiques, les élèves sont amenés à effectuer des calculs sur des nombres entiers, en l'occurrence additions et soustractions.
- **Communiquer** : rendre compte des résultats des recherches, des réponses trouvées, des procédures utilisées.

B – TRAITEMENT DU SUJET

1. LIRE ET ANALYSER LES DOCUMENTS

Document 1

Il s'agit d'un extrait du document d'accompagnement : « Le nombre au cycle 2. Ressources pour faire classe », Eduscol.
Le texte rappelle la focalisation de la résolution de problèmes sur les situations additives et multiplicatives de la GS au CE1 et l'importance d'apprendre progressivement à automatiser les processus.
Il reprécise l'importance de la compréhension d'énoncés, en mentionnant le nécessaire « métier d'élève », c'est-à-dire le rapport entre l'élève, l'enseignant et la tâche. Il doit avoir compris qu'il s'engage dans un travail après une consigne, il construit des intentions, il pilote son attention pour produire un résultat.
Le cycle 2 est propice au passage de la manipulation à des représentations schématiques des situations, à la progression vers l'abstraction.
Il semble important également que les élèves mettent progressivement en relation les types de problèmes « identiques ».
Les problèmes proposés doivent être variés. Le texte précise que dans le champ additif, les difficultés sont en rapport avec la structure du problème (*cf.* Connaissances à mobiliser). Il précise également que peuvent être affichées en classe des références aux résolutions selon la structure.
Le texte précise enfin les modalités d'aides à la résolution de problèmes :
– aide à la lecture et à l'appropriation des énoncés ;
– optimisation des habiletés en calcul ;
– aides à la représentation mentale des situations (*cf.* Connaissances à mobiliser).

Document 2

Il s'agit d'un extrait des Attendus de fin d'année CE1 en mathématiques, Eduscol.
En référence à la compétence concernée dans le sujet, ce texte précise ce que les élèves doivent maitriser à la fin du CE1 :
– les élèves résolvent des problèmes en utilisant des nombres entiers et le calcul ;
– le champ numérique est < ou = à 1 000 ;
– les élèves résolvent des problèmes du champ additif en une ou deux étapes ;
– ils modélisent les situations par un schéma ou l'écriture mathématique et pour cela, ils connaissent le sens des signes + et – ;
– ils peuvent être amenés à résoudre des problèmes en 2 étapes « mixant » l'addition et la soustraction ou la multiplication.
Le document propose ensuite un ensemble d'énoncés (problèmes du champ additif en une ou deux étapes) susceptibles d'être résolus par les élèves de CE1. Les problèmes couvrent toutes les différentes structures des situations du champ additif.

Document 3

Il s'agit d'un module extrait du manuel *Vivre les maths CE1,* Nathan, 2019.
La fiche d'entrainement correspond à l'intitulé « Situations d'ajout ou de retrait ».
Les problèmes proposés ont tous la même structure : transformations d'états avec recherche de la transformation.
Deux des transformations sont positives (1 et 4), et deux négatives (2 et 3).
Chacun de ces problèmes peut être modélisé de façon experte par une soustraction.

Pour synthétiser les problèmes proposés :

Sit.	Situation initiale	Transformation positive ou négative	Situation finale
1	12 canards	T+	15 canards
2	20 €	T–	8 €
3	35 crêpes	T–	3 crêpes
4	18 personnes	T+	28 personnes

À noter enfin que le fichier propose :
– des illustrations des situations (aide à la représentation mentale ?) ;
– deux types de modélisation : des cadres pour la schématisation, une ligne pour l'écriture mathématique ;
– apparemment une demande de rédaction d'une « phrase réponse ».

2. SITUER LA SÉANCE

Du point de vue de l'enseignant

La séquence est « filée » sur toute l'année de CE1, avec **une logique de progression dans la difficulté** rencontrée. En effet, le document 1 pointe, à juste titre, le fait que « les situations additives ne présentent pas une égale difficulté selon la catégorie à laquelle elles appartiennent ».
Les problèmes de composition d'états présentent des niveaux de difficultés différents selon que l'on cherche à déterminer une partie ou le tout.
Les problèmes de transformation d'états induisent nécessairement une temporalité qui peut être une difficulté supplémentaire.
Les problèmes de comparaison d'états sont d'un accès encore plus difficile pour les élèves. Les « plus » et « moins » ne renvoient plus à des actions mais à des comparaisons.

Au CE1, on peut proposer une progression dans la difficulté :

Période 1	Période 2	Période 3	Période 4	Période 5
Problèmes de transformations d'états (1), une étape Problèmes de compositions d'états avec recherche du tout	Problèmes de transformations d'états (2), à une ou deux étapes Problèmes de compositions d'états	Problèmes de comparaisons d'états avec recherche d'une partie Problèmes multiplicatifs	Problèmes à deux étapes mixant addition et/ou multiplication Problèmes de partage	Entrainement sur les types de problèmes étudiés

Du côté des élèves (prérequis)

Les élèves ont une maitrise suffisante de faits numériques (tables d'addition, calculer des différences) et du système décimal.
Une première familiarisation avec les problèmes du champ additif depuis le cycle 1 a été faite. Au CP, tout au long de l'année, les élèves rencontrent des problèmes additifs et soustractifs.
Au CE1 (*cf.* progression ci-dessus), les élèves ont déjà résolu des problèmes additifs et une structuration a déjà été proposée.
La fréquentation régulière avec des situations additives simples réalisées dans le cadre des activités de calcul mental a été assurée.

3. RÉDIGER LA FICHE DE PRÉPARATION

Choix didactiques (conception)

Dans le cadre des séances de résolutions de problèmes, et surtout au cycle 2, il est capital que les élèves s'engagent spontanément et avec plaisir dans les tâches demandées. Ce qui peut rendre cela possible :
– une pratique très régulière de ce type d'activités ;
– des habillages d'énoncés attrayants ;
– des énoncés « parlants ». Soit directement utilisables dans le cadre de la classe, soit relativement proches de la vie réelle et quotidienne des élèves. Lorsque cela est difficile, l'élève doit faire appel à sa conscience scolaire (« métier d'élève » document 1) ;
– le regard bienveillant de l'enseignant sur les difficultés et les erreurs.

En résolution de problèmes mathématiques, entre autres, le recours aux travaux de groupes est essentiel, afin d'assurer des « conflits sociocognitifs » entre pairs, capables d'ébranler des certitudes, de discuter des procédures divergentes, de comparer des résultats, de se mettre d'accord...
Cependant, cela n'exonère en aucune façon :
– les temps de recherche individuelle.
– les temps d'institutionnalisation, de structuration d'une nouvelle connaissance, qu'il revient à l'enseignant de concevoir et de proposer.

Éléments de différenciation
L'appropriation des situations décrites dans les énoncés reste le premier point sur lequel doivent porter les aides aux élèves en difficulté. Pour certains élèves, il sera donc judicieux de :
– proposer des lectures différenciées de l'énoncé : écrit/oral, reformulation, habillage sous forme d'« histoire » racontée, illustrations diverses, recours à la manipulation directe avec les objets concernés, ou des objets intermédiaires ;
– schématiser la situation pour décomposer la suite chronologique des actions.

On pourra également, suivant les difficultés rencontrées :
– réduire le champ numérique ;
– organiser des remédiations dans le domaine du calcul.

Choix pédagogiques (animation)

Nous avons choisi de proposer trois problèmes contextualisés, portant tous les trois sur des compositions d'états et directement reliés à la vie de la classe qui prévoit d'organiser une rencontre sportive interclasses sur le thème des jeux collectifs avec ballons.

Les trois énoncés sont les suivants :

1. Notre classe compte 24 élèves et le CE1 invité compte 18 élèves. Combien d'enfants de CE1 participeront à la rencontre ?
2. Le car qui amènera la classe de CE1 invitée peut transporter 30 passagers. Combien restera-t-il de places libres dans le car ?
3. Nous avons à l'école 15 ballons. Il en faudra 25 pour les jeux prévus. Combien de ballons allons-nous demander à nos amis de rapporter ?

Remarque : cette dernière situation pourrait correspondre à une situation de transformation d'état. En effet, elle sous-entend la notion de chronologie. Il existe une situation initiale (les ballons de l'école) et une situation finale (l'ensemble des ballons) par ajout des ballons des invités.

Déroulé de séance

Le cadre

Domaine disciplinaire : *Mathématiques*		Domaine spécifique : *nombres et calculs*
Niveau de classe : *Cycle 2/CE1*	Nb d'élèves : *24*	Place de la séance dans la séquence *Séance 4* *Durée : 50'*
Objectif général : *Apprendre à résoudre des problèmes mathématiques en utilisant des procédures expertes.*		Compétence(s) visée(s) : *Résoudre des problèmes relevant des structures additives (addition/soustraction), spécifiquement des problèmes à composition d'états.*
Attendu de fin de cycle *Résoudre des problèmes en utilisant des nombres entiers et le calcul*		
Matériel : *Tableau blanc interactif.* *Boite et jetons. Ardoises* *Matériel figuratif pour la manipulation (élèves en difficulté)*		Supports : *Fiches individuelles présentant les 3 énoncés* *Fiches format A3* *Affiches de référence pour affichage.* *Fiche individuelle pour entrainement*

Phase 1 Collectif (10')

Calcul mental. L'activité de calcul mental consistera en une manipulation « passive », cherchant à activer les différentes structures additives.

L'enseignant dispose d'une boite et de jetons.

« J'ai 12 jetons dans la boite. J'en ajoute 5. Combien en ai-je maintenant ?

J'ai des jetons dans la boite. J'en enlève 3 et maintenant j'en ai 7. Combien en avais-je avant ?

J'ai 15 jetons dans la boite. J'en ajoute (jetons cachés dans la main) et maintenant j'en ai 20. Combien en ai-je ajouté ? Etc... »

Après un court temps de réflexion, les élèves écrivent leur réponse sur une ardoise ou sur une feuille.

La vérification se fait immédiatement.

Les erreurs éventuelles peuvent provenir de la compréhension syntaxique des énoncés, de mauvaises représentations mentales des situations, ou d'erreurs de calcul (surcomptage erroné en particulier), même si l'enseignant présente réellement des situations observables par les élèves.

Phase 2 Individuel (5')

Recherche. L'enseignant annonce le contenu de la séance. Il rappelle le contexte de la rencontre sportive et propose les énoncés sur fiches individuelles et écrits au tableau. Il les lit, les fait lire à certains élèves, commente, questionne, répond aux questions...

Tous les élèves, sur un court temps de réflexion, s'approprient les problèmes et commencent à les résoudre.

L'enseignant observe, répond à de nouvelles questions éventuelles.

Phase 3 Petits groupes (10')

Recherche. L'enseignant fait le choix de constituer des groupes homogènes de 4 élèves pour éviter que des élèves « dominants » imposent leurs résultats et leurs procédures. Il portera donc une attention particulière aux groupes plus faibles.

En amont, il a préparé des outils d'aide sous des formes schématiques, par exemple :

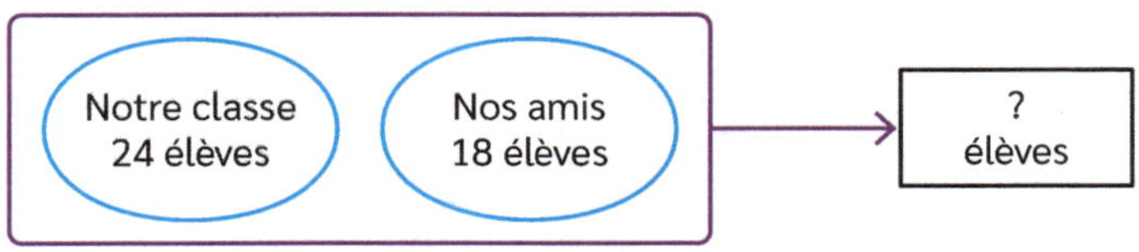

Ou même pour des élèves en grande difficulté

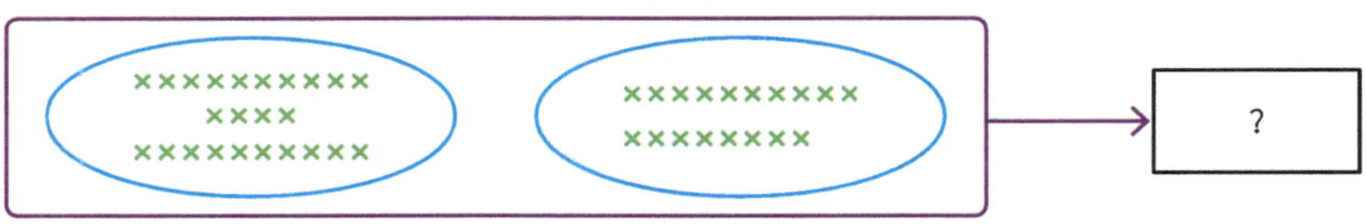

On pourra éventuellement proposer des représentations des enfants, ou des objets de transition à manipuler (jetons par exemple).

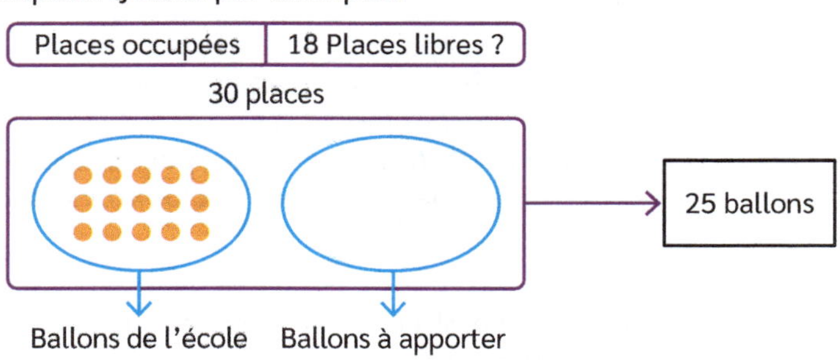

Consigne : « Dans chaque groupe, vous allez comparer vos résultats et vous mettre d'accord sur les bonnes réponses aux problèmes. Vous écrirez vos réponses sur la fiche prévue. Dans les cadres, vous expliquerez comment vous avez fait. » Cette consigne est écrite au tableau et peut être réactivée régulièrement.

Les fiches de format A3 comprennent les énoncés. Pour chacun d'eux, un cadre est prévu pour la description de la procédure utilisée.

Procédures probables de résolution observées :

– procédures « primitives » par recours à la schématisation et au dénombrement :
  – situation 1 : l'élève dessine les 24 élèves, puis ajoute les 18 et décompte l'ensemble ;
  – situations 2 et 3 : l'élève représente le premier ensemble, puis dessine le reste jusqu'à l'obtention de la quantité totale attendue. Il décompte ensuite la quantité ajoutée ;

– la procédure relève d'un niveau de Grande section. Elle est sujette à erreurs dans la schématisation et dans le comptage. Mais elle doit représenter une étape vers l'abstraction.
– une procédure experte pour la situation 1 : le recours à la modélisation mathématique 24 + 18 ;
– deux modélisations pour les situations 2 et 3 :
  – l'addition « à trou » : 18 + ? = 30 et 15 + ? = 25
  – la procédure « experte » : le recours à la soustraction
30 – 18 = ? et 25 – 15 = ?

Remarque : des procédures correctes n'excluent pas des erreurs de calcul, par exemple dans l'addition 24 + 18 (avec retenue). Ces erreurs demanderont aussi à être traitées.

Phase 4 Collectif (10')
Mise en commun. Chaque groupe vient présenter ses réponses.
L'enseignant désigne éventuellement dans chaque groupe le « rapporteur » chargé de rendre compte du travail du groupe, en le choisissant parmi ceux qui présentent des difficultés de verbalisation, ou ceux présentant encore des difficultés de compréhension des procédures de résolution.
Les réponses et procédures sont mises en débat, géré par l'enseignant. La question de l'enseignant « Cette méthode est-elle rapide, efficace,... ? » est récurrente.

Phase 5 Collectif (5')
Structuration, institutionnalisation. En grand groupe, l'enseignant valide ou invalide les procédures. Il modélise et présente les procédures expertes en vue d'un affichage en classe. Il utilise un vocabulaire simple et compréhensible :
– dans le premier problème, on cherche combien il y a d'éléments « en tout » ;
– dans les deux autres problèmes, on cherche « ce qu'il manque ».

L'affichage pourra reprendre les énoncés et la schématisation. Il devra aussi préciser les termes « ce qu'il y a en tout » et « ce qu'il manque » et insister sur la modélisation experte : « On résout ce problème en faisant une addition / une soustraction ».

Phase 6 Individuel (10')
Entrainement. Plusieurs problèmes additifs de compositions d'état sont proposés individuellement aux élèves. **Ils serviront de première évaluation**, pour mettre en évidence les difficultés persistantes chez certains élèves.
Une correction collective, animée par l'enseignant, fera systématiquement le rapprochement entre la situation du problème concerné et celui qui lui correspond (en termes de procédure) parmi ceux affichés.

4. PRÉPARER L'ORAL

Introduction

La séance de mathématiques que je vais vous détailler appartient au domaine « Nombres et calculs » des programmes officiels de l'école élémentaire. Elle concerne plus précisément la résolution de problèmes en CE1. Elle porte sur les problèmes du champ additif à composition d'états.
À ce niveau de scolarité, le champ numérique est limité au nombre 1 000, et la résolution de problème se situe dans le champ additif (addition et soustraction) et multiplicatif.

Les énoncés doivent se situer le plus possible proche du vécu des élèves, à la fois pour justifier l'intérêt de leur résolution et pour motiver le désir d'obtenir un résultat. Les énoncés doivent en être variés dans la forme et aisément compréhensibles. Nous avons donc choisi des énoncés simples en rapport avec une rencontre sportive interclasses à venir. La séance proposée devra permettre aux élèves d'enrichir en particulier le sens de l'addition et de la soustraction.
L'objectif de ma séance est donc d'apprendre à mes élèves à résoudre des problèmes du champ additif à composition d'états.

Conclusion

La résolution de problèmes se situe au cœur de l'activité en mathématiques. **Sa fréquentation régulière est une nécessité à l'école.** Elle ne se limite pas aux seules séances dédiées. La motivation des élèves sera liée aussi à des énoncés proches de leur univers, ou en rapport avec d'autres disciplines. Ils doivent être mis en confiance grâce au traitement bienveillant des erreurs et des difficultés.
L'enseignant devra veiller à assurer l'appropriation des énoncés et préparer des aides efficaces aux représentations mentales pour les élèves en difficulté. L'évaluation des compétences dans ce domaine demandera une observation attentive et mènera à des séances de remédiation. Les problèmes du champ additif seront travaillés tout au long du CE2, avec des énoncés de plus en plus complexes, puis tout au long du cycle 3, avec l'introduction de calculs additifs sur les fractions et les nombres décimaux.

Questions du jury

Quelles peuvent être les autres disciplines susceptibles d'alimenter des énoncés de problèmes additifs ? Donner des exemples.
Réponse : En EPS, au-delà des situations proposées dans le sujet, les problèmes qui engagent les situations additives sont nombreuses, par exemple les calculs de scores dans les jeux (avec éventuellement soustractions de points pour pénalité...).
Au cycle 2, le domaine des programmes Questionner le monde offre des occasions de problèmes additifs : par exemple calculer des écarts de température, des écarts d'âge (« Quel âge avait ton grand-père quand tu es né ? Quel âge avait-il en l'an 2000 ? »...).
Nous pourrons rappeler enfin que, sans être directement liés à d'autres disciplines, les énoncés gagneront à être proches de la vie quotidienne des élèves (les jeux et les loisirs, la monnaie, l'actualité, les sorties scolaires - tarifs, longueur des trajets - etc.).

Quels sont les avantages et inconvénients de la constitution de petits groupes de travail hétérogènes ?

Quels sont les avantages et inconvénients de la constitution de petits groupes de travail homogènes ?

Pourquoi la résolution de problèmes doit-elle faire l'objet d'un enseignement explicite et structuré ?

Comment donner confiance aux élèves face à la résolution de problèmes ?

Sur Lea.fr
Les réponses aux autres questions

Sujet n° 14 CRPE 2023
Espace et géométrie CM1

Construire et présenter une séance d'enseignement en respectant les six critères présentés ci-dessous. La construction et la présentation pourront s'appuyer sur les documents proposés.
Cycle : 3
Niveau : CM1
Période : 5 – fin de l'année
Objectifs de la séquence : lire un programme pour construire une figure géométrique
Positionnement de la séance dans la séquence : découverte
Compétence visée en lien avec le programme : réaliser, compléter et rédiger un programme de construction ?

CORPUS DE DOCUMENTS

Document 1. MENJS, Espace et géométrie au cycle 3 – Les programmes de construction

Le programme de construction : un type de texte particulier

On pourra relever les caractéristiques et propriétés de ce type de texte particulier qui s'apparente pour les élèves à une recette de cuisine.
Son objectif est de permettre de construire une figure. Il est décrit sous forme de phrases courtes, le plus souvent à l'impératif ou à l'infinitif, une liste d'actions mathématiques à suivre dans l'ordre chronologique.
Les actions décrites et les objets énoncés sont mathématiques et non techniques (par exemple on dira « Construire le cercle de centre O et qui passe par le point A » mais pas « Prendre le compas, placer la pointe sèche sur le point O et la mine sur A puis tourner » et inversement).
Pour réaliser une figure géométrique à partir d'un programme de construction, un élève doit :

- lire et comprendre les différentes phrases du programme de construction ;
- connaître la signification du vocabulaire employé ;
- réunir les outils nécessaires (règle, équerre, compas) ;
- exécuter les consignes dans l'ordre où elles sont données ;
- faire éventuellement un tracé à main levée pour anticiper la construction ;
- faire des tracés propres et précis.

Document 2. Isabelle Petit-Jean. Les nouveaux outils pour les maths CM1, Magnard, 2016 (extrait)

Lis les 3 programmes de construction et choisis celui qui permet de construire cette figure.

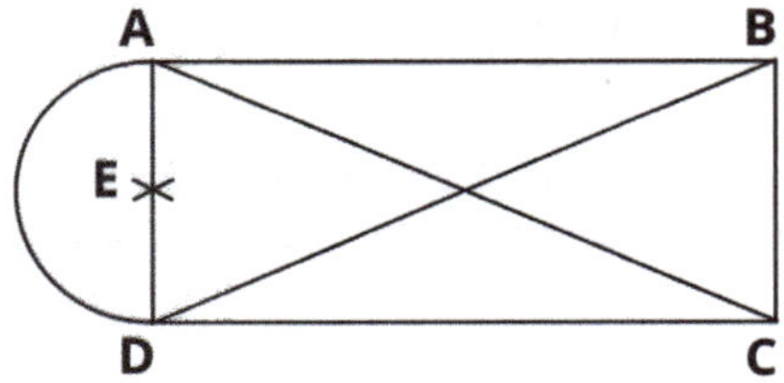

a. Trace un rectangle ABCD.
Marque le point E milieu de [DA].
Trace les segments [AC] et [BD].
Trace le demi-cercle de centre E et de diamètre [AB].

b. Trace un rectangle ABCD.
Marque le point E milieu de [AD].
Trace les segments [AC] et [BD].
Trace le demi-cercle de centre E et de diamètre [AE].

c. Trace un rectangle ABCD.
Marque le point E milieu de [AD].
Trace les segments [AC] et [BD].
Trace le demi-cercle de centre E et de diamètre [AD].

Document 3. Éduscol. Espace et géométrie cycle 3. MEN février 2018.

Différents types de tâches en géométrie

Afin de faire émerger et d'enrichir les concepts géométriques, le programme invite à proposer différents types de tâches aux élèves :

- **Reconnaître** : identifier, de manière perceptive, en utilisant des instruments ou en utilisant des définitions et des propriétés, une figure géométrique plane ou un solide. Exemple : reconnaître qu'un quadrilatère est un rectangle ou reconnaître un rectangle parmi un ensemble de figures géométriques.
- **Nommer** : utiliser à bon escient le vocabulaire géométrique pour désigner une figure géométrique plane ou un solide ou certains de ses éléments. Exemple : nommer différents éléments d'un disque : rayon, diamètre, centre.
- Vérifier : s'assurer, en recourant à des instruments ou à des propriétés, que des objets géométriques vérifient certaines propriétés (points alignés, droites perpendiculaires, etc.), ou s'assurer de la nature d'une figure géométrique ou d'un solide.
- **Décrire** : élaborer un message en utilisant le vocabulaire géométrique approprié et en s'appuyant sur les caractéristiques d'une figure géométrique pour en permettre sa représentation ou son identification. Exemple : jeu du portrait.
- **Reproduire** : construire une figure géométrique à partir d'un modèle fourni avec les mêmes dimensions ou en respectant une certaine échelle. Exemple : reproduire une figure complexe en la décomposant en plusieurs figures simples.
- **Représenter** : reconnaître ou utiliser les premiers éléments de codage d'une figure géométrique plane ou de représentation plane d'un solide (perspective, patron).
- **Construire** : réaliser une figure géométrique plane ou un solide à partir d'un programme de construction, un texte descriptif, une figure à main levée, etc.

A – CONNAISSANCES DIDACTIQUES À MOBILISER

1. QUELQUES PRÉCISIONS DE VOCABULAIRE

Figure et **dessin** géométriques ne sont pas synonymes.

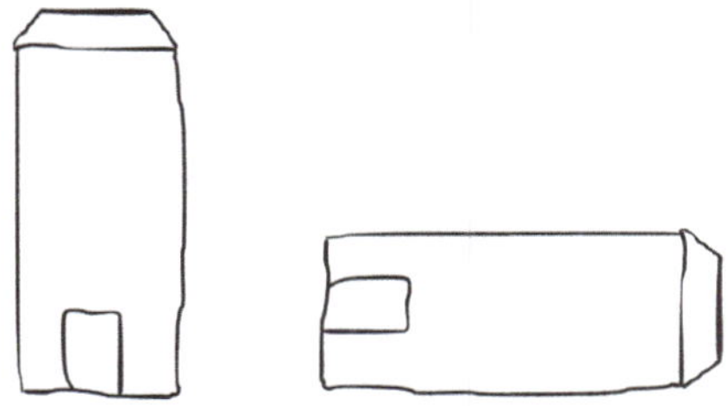

Ces deux **dessins** ne sont pas identiques : l'un figure une maison selon l'imagerie traditionnelle, pas l'autre.
Ces deux **figures** sont identiques : elles sont superposables exactement, si on utilise un papier calque par exemple.

2. QU'EST-CE QU'UN PROGRAMME DE CONSTRUCTION ?

Un programme de construction n'est pas assimilable à une simple description de figure.
Un programme de construction est **une suite ordonnée** d'instructions de tracés élémentaires, qui permettent la reproduction à l'identique d'une figure, **sans aucune imprécision ni ambigüité**.

Un programme de construction peut contenir des données de mesures si l'on vise une reproduction de figure exactement superposable à la figure initiale, mais celles-ci ne sont pas nécessaires si on ne s'intéresse qu'à la nature et à la composition de la figure.

On peut également attendre des reproductions de figures à main levée.

Le programme de construction suppose par essence deux protagonistes :

– celui qui voit la figure et doit rédiger la suite d'instructions de tracés. (On l'appellera l'émetteur.) ;
– celui qui lit le programme et doit tracer la figure en suivant précisément les instructions. (On l'appellera le récepteur.)

Les conditions de réussite d'une situation de communication mettant en jeu l'écriture d'un programme et le tracé de la figure nécessitent des connaissances et compétences communes, et d'autres spécifiques, pour l'émetteur et le récepteur.
L'émetteur et le récepteur connaissent :
– le vocabulaire précis de la géométrie,
– des propriétés des figures simples,
– les instruments nécessaires au tracé de certaines figures.

Pour l'émetteur plus spécifiquement :
– il est capable de décomposer une figure complexe en figures simples ;
– il est capable d'ordonner les instructions de tracé nécessaires à la construction de la figure ;
– il a une capacité de décentration qui lui permet de « se mettre à la place » du récepteur.

Et pour le récepteur :
– il connait l'utilisation géométrique des instruments de tracé ;
– il est capable de s'en servir avec précision et soin.

3. QUELS TYPES DE FIGURES POUR UN ÉLÈVE DE CM1 ?

Les programmes de CM1 fixent les attendus en termes de complexité de la figure initiale. Par un exemple, en fin de CM1, les élèves doivent être capables d'écrire un programme de construction pour une figure de ce niveau de complexité :

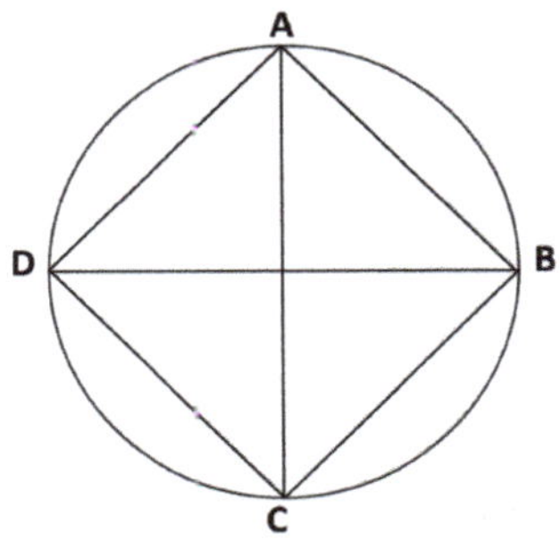

Cette figure peut néanmoins conduire à l'écriture de nombreux programmes de constructions différents.
Les programmes seront fonction de la manière dont le rédacteur « voit » la figure :
– un cercle avec un carré à l'intérieur, on trace les diagonales du carré ;
– un carré avec ses diagonales avec un cercle autour ;
– des segments de même longueur qui se croisent perpendiculairement. En joignant leurs extrémités, on voit un losange, il est entouré par un cercle.

Ces trois propositions qui sont des descriptions plus ou moins pertinentes de la figure montrent différentes « visions », « analyses » de la figure.

Voici un programme de construction de cette figure en 4 instructions :
– Trace un cercle de rayon 3 cm.
– Trace un diamètre du cercle et nomme ses extrémités A et C.
– Trace un diamètre du cercle perpendiculaire à AC et nomme ses extrémités B et D.
– Joins les points ABCD.

4. PROGRESSION

L'exercice de rédaction d'un programme de construction est un exercice difficile qui nécessite de nombreuses connaissances et compétences. Elles ne s'acquièrent qu'au travers de nombreuses pratiques et **d'une progression bien pensée.**
Les éléments de progression et la diversité des activités à proposer aux élèves font l'objet de nombreuses propositions dans un des documents d'accompagnement proposés par le ministère et consultable sur le site Éduscol : http://cache.media.education.gouv.fr/file/Geometrie/40/9/RA16_C3_MATH_Espace-geometrie_programmes-construction_897409.pdf

◆ Exemples d'activités

- Figures téléphonées ou échange par internet de programmes de construction : il s'agit de faire construire une figure à un autre élève en lui donnant les consignes de construction par téléphone.
- Écriture d'un programme de construction à partir d'un tracé à main levée.
- Carte au trésor ou image cachée : il s'agit de trouver un endroit sur une carte en suivant un programme de construction.
- Restauration de figure : voici un exemple de reproduction de figures : on a une figure modèle qu'on veut reproduire. Au lieu de donner des mesures ou de permettre de les prendre avec une règle graduée, on fournit une figure déjà démarrée qui comporte des caractéristiques de la figure à reproduire, sur lesquelles doivent s'appuyer les élèves pour poursuivre la construction.

On pourra ajouter :
– programmes rédigés instructions découpées, ordre à reconstituer ;
– programmes caviardés à compléter ;
– associer instruction et image du tracé.

OBSTACLES, DIFFÉRENCIATION ET PROGRESSIVITÉ

Les éléments qui font varier ce type de situation sont le choix de la figure (complexité, nature des sous-figures en jeux), celui de l'amorce (nature et éléments déjà présents), le fait que la taille du modèle soit ou non la même que celle de la figure à reproduire, le choix des instruments disponibles...

B – TRAITEMENT DU SUJET

1. LIRE ET ANALYSER LES DOCUMENTS

Les indications les plus essentielles sont répertoriées dans un cadre : **À NOTER**.

Document 1

Ce document provient du dossier dédié à l'enseignement de la géométrie à l'école élémentaire et est publié sur Éduscol. Il rappelle les particularités d'un texte qu'on appelle « programme de construction » et liste les compétences et connaissances nécessaires tant pour l'élève émetteur que pour l'élève récepteur.

À NOTER

Pour notre séance, nous retiendrons essentiellement :
- *Ce texte est écrit avec des phrases courtes, souvent à l'impératif, dans l'ordre chronologique du tracé.*
- *Les instructions concernent les objets mathématiques et non l'instrumentation nécessaire pour les tracer.*

Document 2

Le document 2 est un exemple d'activité à proposer à des élèves dans une progression vers la compétence « Écrire un programme de construction ».
Il comporte une figure et trois programmes.
Les consigne et tâche pour les élèves sont : « Choisir celui qui permet de construire cette figure ».
Dans cette activité les connaissances et compétences sollicitées sont d'abord celles de l'élève récepteur en charge du tracé. L'élève devra choisir le programme 3 bien qu'il manque une indication : le demi-cercle est extérieur au rectangle.
La procédure attendue est : lire les programmes. Pour chacun d'entre eux, s'engager dans la construction et vérifier que l'on aboutit nécessairement au tracé attendu. (Voir sur Lea.fr le détail des trois programmes.)

Aucun des trois programmes proposés n'est complètement satisfaisant.
Le troisième est néanmoins bien meilleur que les deux précédents. Il ne contient pas d'erreur, seulement une certaine ambiguïté sur la position du tracé du demi-cercle par rapport au rectangle.

À NOTER

L'enseignant doit être très attentif aux énoncés des exercices qu'il propose à ces élèves.

Document 3

Le document 3 précise le vocabulaire à utiliser pour les différentes tâches à effectuer en géométrie.

Ce sont aussi des compétences requises. Retenons :

– pour l'émetteur :

Reconnaitre : identifier une figure géométrique.
Nommer : utiliser à bon escient le vocabulaire géométrique.
Vérifier : s'assurer de la nature d'une figure géométrique.
Décrire.
Représenter : utiliser les premiers éléments de codage d'une figure géométrique plane.

– pour le récepteur :

Reproduire.
Représenter : reconnaître les premiers éléments du codage d'une figure géométrique plane.
Construire : réaliser une figure géométrique plane à partir d'un programme de construction.

2. SITUER LA SÉANCE

Du côté de l'enseignant

Les élèves peuvent rencontrer des programmes de construction dès le cycle 1.

Cycle 1	L'élève est récepteur. Tracés à main levée, vocabulaire simplifié, figures simples. *Ex : Dessine un carré avec un cercle à l'intérieur.*
Cycle 2	L'élève est récepteur. Tracés instrumentés, vocabulaire précis, figures simples, exigence de précision (tracés et longueurs). *Trace un carré de 5 cm de côté. Trace un cercle de centre O et de rayon 5 cm…*
Cycle 3	L'élève est récepteur, puis progressivement émetteur. « Réaliser, compléter et rédiger un programme de construction d'une figure plane. » Tracés instrumentés, vocabulaire précis, figures de plus en plus complexes.

Il s'agit de concevoir une séance CM1 en fin d'année.
Objectif de la séquence : lire un programme pour construire une figure géométrique.
On se situe donc du côté du **récepteur** uniquement.
Positionnement de la séance dans la séquence : découverte. Autrement dit, il s'agit de la première séance d'une séquence qui pourra se décomposer comme suit.

À NOTER
Au cycle 3, nous sommes du côté de l'émetteur et du récepteur. La hiérarchisation est primordiale : seuls les élèves capables de lire et réaliser un programme seront à même d'en écrire correctement.

Séance 1	Découverte d'un programme de construction. Réalisation d'un premier programme simple, à main levée d'abord, puis instrumenté. Observation des difficultés.
Séance 2	Faire coïncider les consignes et les constructions correspondantes. Ordonner les différentes actions d'un programme de construction.

Séance 3	Compléter : - des consignes lacunaires avec les termes appropriés (la construction est visible) ; - des constructions lacunaires à partir des consignes.
Séance 4	Entrainement : construction de figures de plus en plus complexes à partir d'un programme. Activité ludique : retrouver l'emplacement d'un trésor sur une carte à partir d'un programme de construction.
Séance 5	Évaluation.

De plus, il est possible de mettre en place des activités « décrochées » en français, pour éclairer sur certains types de textes particuliers, comme celui du programme de construction en géométrie :
– tri et caractérisations de textes (reconnaissance d'un programme de construction géométrique parmi d'autres textes...) ;
– relevé de lexiques spécifiques ;
– analyse des régularités syntaxiques.

Du côté des élèves (prérequis)

Les repères de progression pour le CM1 en géométrie nous renseignent sur l'ensemble des compétences à acquérir en fin de CM1, compétences utiles à la compréhension et à la réalisation d'un programme de construction adapté à ce niveau de classe.

Lexique spécifique à connaître	Utiliser des instruments	Construire	Raisonner
Nommer les figures planes. Points alignés. Côté, sommet, angle, angle droit, milieu, droite, segment.	Règle graduée ou non Bandes de papiers. Équerre et autres gabarits d'angles. Compas pour tracer ou reporter des longueurs.	Tracer avec l'équerre une droite perpendiculaire à une autre et passant par un point de cette droite. Tracer un carré, un rectangle de dimensions données. Tracer un cercle de centre et de rayons donnés. Tracer un triangle rectangle de dimensions données. Les tracés seront propres et précis.	Verbaliser la nature et les propriétés des figures planes. Prendre appui sur certains codages (marque de l'angle droit, égalité de longueurs). Nature du support (quadrillé, à réseau de points, uni...). Utiliser le vocabulaire précis d'une façon appropriée et pertinente.

Certains programmes de construction peuvent faire appel explicitement ou implicitement aux compétences liées à la symétrie axiale.

3. PRÉPARER LA SÉANCE

Choix didactiques (conception)

La définition d'un programme de construction géométrique donnée précédemment est une définition destinée à l'enseignant. Pour les élèves, il conviendra de la transposer : « Un programme de construction est un texte qui donne les instructions, dans le bon ordre, pour tracer une figure géométrique », par exemple.

Le problème du sens de l'activité pour les élèves peut se poser. Idéalement, pour donner du sens, un objectif identifié et concret pourrait être choisi : retrouver un point précis sur un plan (course d'orientation), construire une figure décorative, communiquer avec d'autres classes dans le cadre d'un « défi math », etc. Cependant, le simple fait, pour l'enseignant, d'expliquer le contenu et le but des activités donne déjà du sens au nouvel apprentissage.

Le niveau de classe limite les élèves au rôle de récepteur du programme. Cela reporte au CM2 certaines compétences liées à l'apprentissage des programmes de construction.

Le tracé à main levée est utilisé depuis le cycle 1. Ce choix permet :

– une perception globale de la figure à réaliser (formes, grandeurs et propriétés) ;

– la vérification rapide d'une compréhension du programme ;

– une absence **relative** de contrainte de précision ou de grandeurs ;

– l'utilisation de notations géométriques (L pour l'orthogonalité par exemple) qui facilite le message ;

– la rapidité de la réalisation ;

– l'anticipation sur les outils à utiliser pour la réalisation définitive.

Le tracé à main levée en géométrie est une des compétences attendues à la fin du cycle 3

Choix pédagogiques (animation)

Comme préconisé dans les programmes, nous « baliserons » notre séance de mathématiques en commençant par un court moment de calcul mental, sans lien direct avec le contenu de la séance de géométrie, mais en rapport avec les apprentissages numériques de la période concernée.

Pour cette séance de découverte, nous choisissons volontairement des figures peu complexes.

Les échanges verbaux entre élèves sur les productions géométriques pour les valider ou les invalider restent primordiaux.

Cependant, ce type d'activité impose également des recherches et des productions individuelles, ainsi que des validations institutionnalisées.

L'utilisation du papier calque pour les constructions permettra des validations rapides par rapport aux constructions exactes, mais aussi pour des comparaisons entre élèves par superposition.

En amont de la séance (la veille, le matin même, juste avant la récréation...), dans le but de faire émerger certaines représentations, l'enseignant pourra demander aux élèves d'écrire individuellement ce qu'est, à leur avis, un programme de construction en géométrie.

Éléments de différenciation :

– accès à des aides référentielles : recours si nécessaire à un répertoire illustré des prérequis géométriques (individuels ou collectifs) ;

– propositions de figures plus simples ;

– début des tracés déjà réalisés ;

– dimensions et caractéristiques du support, orientation des figures ;

– aides individualisées de l'enseignant ou d'un tiers.

Déroulé de séance

Cadre

Domaine disciplinaire : *Mathématiques*		Domaine spécifique : *Espace et géométrie*
Niveau de classe : Cycle 3 / CM1	Nb d'élèves : 25	Place de la séance dans la séquence Séance 1 (découverte)
Objectif général : *Réaliser, compléter et rédiger un programme de construction* Compétences visées : *Lire un programme pour construire une figure géométrique*		Objectifs spécifiques de la séance : *Découverte de ce qu'est un programme de construction en géométrie* *Réalisation à main levée d'un programme de construction simple* *Réalisation du même programme en utilisant les instruments*
Matériel : *Feuilles de papier blanc et calque* *Matériel d'affichage*		Supports : *TBI Liste de nombres pour le calcul mental / Définition d'un programme de construction / Programme de construction pour la phase 4* *Fiche avec programme et différentes constructions pour la phase 3* *Fiches individuelles avec la figure correcte pour la phase*

Phase 1 Individuel /collectif (5')
Calcul mental. Ordonner les nombres décimaux.
Une série de nombres décimaux, sous différentes écritures, est proposée sur le TBI.

$\frac{7}{10}$, $2 + \frac{4}{100}$, 2,5 etc...

Consigne : « Observez ces nombres. Écrivez sur votre cahier ceux qui sont compris entre 2 et 3 ».

Phase 2 Collectif (5')
Présentation de la séquence sur les programmes de construction. Retour sur les représentations initiales de ce qu'est un programme de construction en géométrie : élimination des représentations erronées, débat.
Présentation de quelques exemples au TBI, avec un ou plusieurs intrus à reconnaitre.
Une définition, apportée par l'enseignant, est présentée et affichée en classe :
« En géométrie, un programme de construction est un ensemble de consignes, placées dans l'ordre chronologique, et qui permettent de construire une figure. »

Phase 3 Binômes puis collectif (10')
L'organisation pédagogique en binômes permettra un échange et des justifications dans les choix.
Recherche. L'enseignant propose un exercice semblable à l'annexe 2, mais inversé (un programme, plusieurs figures).

PROGRAMME
- **Trace** un triangle équilatéral.
- **Nomme** le ART.
- **Trace** le segment AH perpendiculaire à RT.
- **Place** le point M au milieu du côté AT.
- **Trace** le segment RM.

Et plusieurs constructions :

une figure exacte

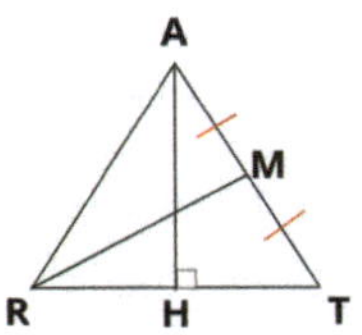

trois figures fausses

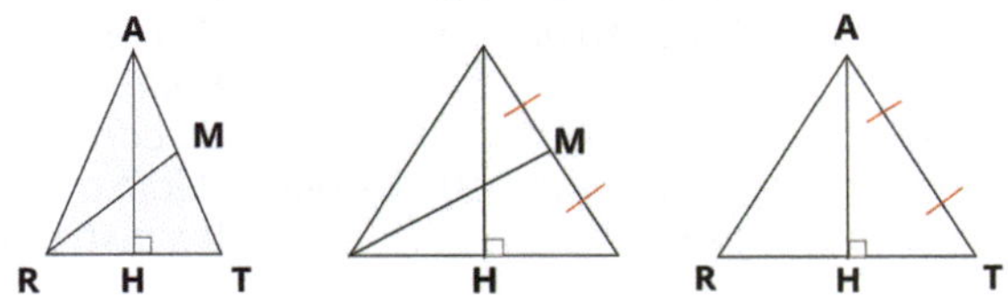

Consigne : « Voici 4 constructions. Vous choisissez celle(s) qui correspond(est) exactement au programme et vous écrivez pourquoi les autres ne correspondent pas au programme. »
L'enseignant reviendra sur les codages (marque de l'orthogonalité, signe d'égalités de longueurs).
Mise en commun collective.
Les figures erronées peuvent amener les remarques des élèves :
– « Le triangle n'est pas équilatéral. »
– « Les points ne sont pas placés aux sommets du triangle. »
– « AH n'est pas perpendiculaire à RT. »
– « Le point M est mal placé. »
– « Le segment RM est absent. »

L'enseignant valide les réponses, revient sur la figure correcte et explicite les erreurs des autres figures.

Phase 4 Individuel (10')
Nouvelle recherche. Consigne : « Voici un nouveau programme de construction :
- Trace un carré ABCD.
- Trace les diagonales du carré.
- Appelle O le point d'intersection des diagonales
- Trace le cercle de centre O et de rayon OA. »

Le programme est affiché au tableau (ou sur le TBI) et sur fiches individuelles.
L'enseignant pourra rapidement et oralement demander pourquoi il s'agit bien d'un programme de construction géométrique.
Une aide magistrale à l'appropriation est ensuite proposée : repérage des verbes « tracer », « appeler », retour sur les termes géométriques « carré », « diagonales », « intersection », « cercle », « centre », « rayon ».
Consigne : « Pour commencer, sur une feuille blanche, vous allez construire chacun cette figure à main levée, c'est-à-dire sans utiliser d'outils. N'oubliez pas les éléments de codage ».
Les élèves effectuent les constructions à main levée, sur papier blanc.

Phase 5 Binômes puis collectif (10')
Mise en commun. Consigne : « Vous allez vous remettre par deux et comparer vos figures. Écrivez ou retenez les erreurs observées. »

Erreurs possibles :
– Rectangle au lieu de carré (ou autre figure).
– Éléments manquants (noms des points, codage des angles droits).
– Erreurs dans le tracé des diagonales.
– Cercle ne respectant pas le rayon demandé.
Le point A appartient au cercle mais pas les points B, C et D.

Consigne : « Vous allez maintenant construire la véritable figure sur du papier calque. Il y a une contrainte supplémentaire : les côtés du carré ABCD mesurent 6 cm. Faites la liste des instruments dont vous aurez besoin. »
Réponse attendue : crayon, règle graduée (ou équerre graduée), équerre, compas.

Phase 6 Binôme / individuel /Collectif (5')
Validation. Consigne : « Par binômes, vous allez comparer vos figures en les superposant. Vous discuterez entre vous pour repérer des erreurs s'il y en a. Vous les corrigerez sur vos feuilles. »
Les élèves comparent leurs productions et échangent sur les erreurs observées. Il s'agit d'un moment particulièrement riche concernant l'ensemble des compétences à développer dans la séquence.
Consigne : « Pour finir, je vous donne une fiche avec la construction exacte. Vous la comparez à votre figure en les superposant. Vous corrigerez en cas d'erreurs. »
Puis collectivement : « Quelles erreurs avez-vous observées dans votre travail ? »
La liste est inscrite au tableau.

Phase 7 Collectif (5')
Institutionnalisation. Retour sur la définition d'un programme de construction.
Mise en évidence des différentes actions nécessaires à l'exécution correcte d'un programme de construction :
- Je lis bien le programme.
- Je m'assure de bien connaître tous les termes (les verbes et les éléments de géométrie), sinon, je vais vérifier dans mon cahier référentiel.
- Je peux faire un premier tracé à main levée en suivant bien les instructions dans l'ordre.
- Je prépare le matériel dont j'aurai besoin.
- Je construis la figure, toujours en suivant l'ordre des consignes.
- Mes tracés sont soignés et précis.

4. PRÉPARER L'ORAL

Introduction

La séance décrite se situe dans une classe de CM1 en fin d'année et concerne le domaine mathématique « Espace et géométrie ». Elle vise la compétence « Réaliser, compléter et rédiger un programme de construction ».
Les élèves de CM1 se limiteront dans un premier temps à lire et construire des figures à partir d'un programme.
Ma séance débutera par un court moment de calcul mental. Il s'agira ensuite d'amener les élèves à comprendre et s'approprier ce qui caractérise un programme de construction. J'ai fait ensuite le choix de les familiariser avec les représentations à main levée pour favoriser l'approche d'une vision globale des figures, avant les constructions réelles instrumentées. L'accent sera mis sur le soin et la précision apportés aux figures, et sur les pratiques de validation des productions.

Conclusion

Aux termes de ma séquence, je souhaite amener mes élèves à comprendre ce qui caractérise un programme de construction en réinvestissant leurs connaissances géométriques, à prendre conscience de la chronologie des actions et à anticiper, puis utiliser correctement et avec précision les instruments nécessaires.
Au CM2, pour poursuivre cet apprentissage, ils seront amenés à lire mais aussi à écrire des programmes de constructions géométriques de figures qui deviendront de plus en plus complexes en 6e.

Questions du jury

Comment envisagez-vous globalement la séance suivante ?
On pourrait garder le même dispositif avec une figure plus complexe et l'utilisation nécessaire du compas.

Quelle utilisation possible des outils numériques imaginez-vous pour ce type d'apprentissage ?
On peut utiliser une situation de communication pour apprendre à maitriser les instructions de tracé propres à des outils comme géogébra.

Quelles utilités peuvent représenter l'exécution et la production de programmes de construction géométrique dans la vie courante ?
Vous marchez sur le trottoir, un automobiliste vous interpelle : « S'il vous plait comment aller à la bibliothèque de la ville ? » Vous allez devoir lui donner une succession d'indications claires dans un ordre chronologique qui vont lui permettre d'arriver sans souci à sa destination.

Sur Lea.fr

Les réponses aux autres questions

Sujet n° 15
La méthode de Singapour CE2

Sujet :
« À l'aide de ces documents, vous présenterez une séance d'apprentissage de la modélisation des problèmes multiplicatifs en CE2 période 2, en prenant en compte la diversité des élèves. Cette séance pourra s'appuyer sur le problème énoncé dans le document 1. »
Ce sujet posé à l'oral 1 du CRPE dans l'académie de Lille en 2022 porte en lui les germes des modifications du programme et des pratiques pédagogiques qui s'annoncent dans les propositions de nouveaux programmes pour 2025.
Par ailleurs, en décembre 2023 le gouvernement avait annoncé engager un « grand sursaut mathématique pour notre école », qui passerait notamment par l'adoption progressive de la méthode de Singapour pour les mathématiques.
Les documents fournis avec ce sujet datent de 2018 mais contiennent déjà des références que l'on retrouvera dans la « méthode de Singapour ».
En effet, il y est fait explicitement référence à l'enseignement explicite et à la schématisation utilisant des diagrammes en barres, ainsi qu'à une démarche allant de la manipulation à l'abstraction en passant par la représentation et la verbalisation pour résoudre les problèmes d'arithmétique, de structures additive et multiplicative.

CORPUS DE DOCUMENTS

Document 1. Problème et premières recherches d'élèves de CE2

Problème : lors de la prochaine rencontre sportive, l'intervenant constituera 6 équipes de 8 élèves. Combien d'élèves y aura-t-il en tout ?

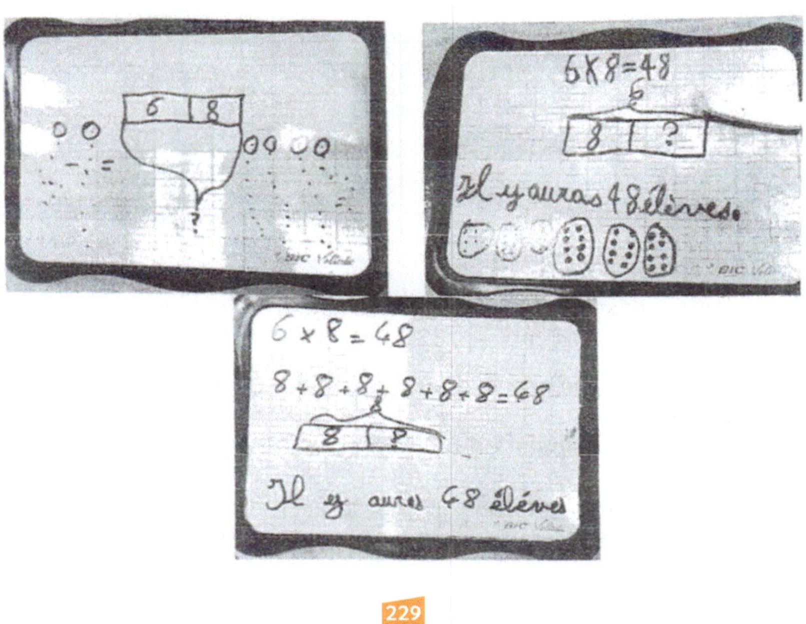

Document 2. *La résolution de problèmes à l'école élémentaire*, publié au Bulletin officiel spécial n° 3 du 26 avril 2018 (extrait)

1. Un enseignement structuré et explicite de la résolution de problèmes

[...] Un enseignement explicite de la résolution de problèmes doit s'appuyer sur des temps spécifiques qui structurent les savoirs et compétences travaillés : des références construites avec les élèves et notées dans les cahiers prévus à cet effet (cahier de référence en mathématiques) permettent de garder traces de l'aboutissement du travail effectué. Ces références peuvent être des résolutions de problèmes types sur lesquelles les élèves pourront s'appuyer lors de séances ultérieures pour résoudre correctement d'autres problèmes proposés. Références « construites avec les élèves » ne signifie en rien qu'il s'agit de productions imparfaites ; bien au contraire, il s'agit de modèles dont les élèves pourront s'inspirer pour leurs propres travaux. Ces exemples types doivent servir de références systématiques lors des résolutions de problèmes ultérieures (« c'est comme... »). Idéalement, ces références seront communes à l'école, voire au réseau d'écoles, pour permettre de les utiliser pendant plusieurs années.

La formalisation de ces exemples-types doit être l'occasion d'introduire des représentations, sous forme de schémas bien adaptés, permettant la modélisation des problèmes proposés. Ces représentations sont systématiquement utilisées lors des résolutions de problèmes menées face à la classe, afin de servir de référence aux élèves. Elles ne sont bien sûr jamais rendues obligatoires (en particulier pour les élèves en réussite qui n'en ont pas besoin), mais doivent servir de point d'appui, lors des séances d'enseignement, avec les élèves rencontrant des difficultés lors de la résolution de problèmes. [...]

Les représentations schématiques associées à ces quatre problèmes peuvent ainsi prendre la même forme et correspondre au même « modèle » :

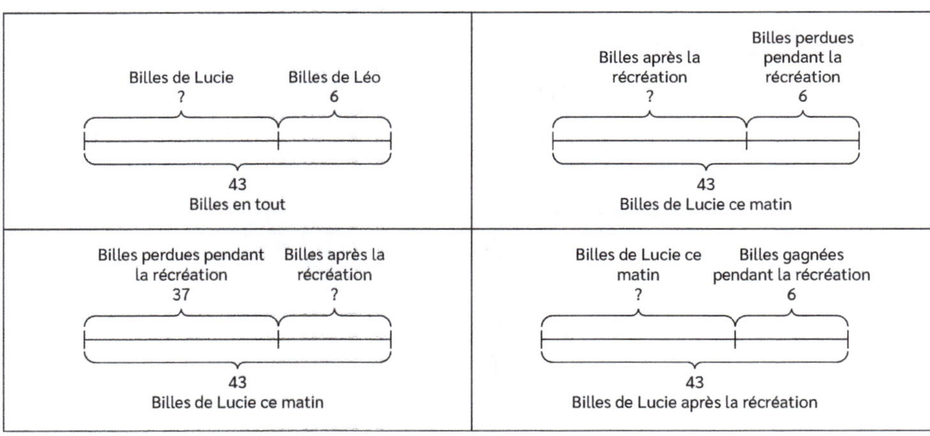

Document 3. Guide pour enseigner les nombres, le calcul et la résolution de problèmes au CP, en ligne sur le site EDUSCOL – (extraits – p. 83 à 86)

Les fondamentaux de la démarche d'enseignement de la résolution de problèmes (maternelle/cycle 2)

Vers l'abstraction : de la manipulation à la représentation symbolique en passant par la verbalisation

L'accès à l'abstraction est un long processus. En mathématiques, ce processus fondamental est associé à la maîtrise d'un langage symbolique et des compétences de haut niveau que sont le raisonnement et la modélisation, convoquées dans la résolution de problèmes. Abstraire correspond à l'opération mentale qui consiste à isoler une (ou plusieurs) propriété(s) d'un objet afin de la (les) considérer pour elle(s)-même(s). Cela nécessite donc de se détacher du réel, du contexte dans lequel on a manipulé et/ou représenté l'objet. L'abstraction prend appui sur trois étapes concomitantes essentielles, la manipulation, la représentation et la verbalisation, qui permettent le passage progressif vers l'abstraction.

La manipulation

La manipulation consiste à agir sur des objets tangibles (par exemple des cubes) ou symboliques (par exemple des nombres). Cette étape passe par l'action. Pour l'élève qui n'a qu'une expérience encore limitée des objets mathématiques, il s'agit d'apprendre « par le faire » dans des situations qui mobilisent du matériel. Cependant, il est important de distinguer la manipulation passive de la manipulation active vis-à-vis d'un apprentissage mathématique visé. En effet, la manipulation permet à l'élève de s'approprier la situation, de s'en faire une première représentation. Mais cette première phase n'est pas suffisante : cette étape doit également conduire à une anticipation d'une solution au problème. [...]

De la manipulation à la représentation symbolique

Cette étape est fondamentale dans la résolution de problèmes : elle convoque la représentation imagée qui amène à se représenter quelque chose sans l'avoir sous les yeux. Il peut s'agir de représenter par une image, un dessin, une photo, un pictogramme, un schéma, etc. L'action est transformée en image mentale. Les représentations sont d'abord proches de la réalité du problème (représentation des objets tangibles), puis elles évoluent progressivement vers des représentations plus abstraites et génériques telles que les schémas ou l'écriture mathématique. Toutes ces représentations ne se valent pas et n'ont pas la même portée, notamment dans la résolution de problèmes. [...]

Lien avec la maternelle et importance du matériel

Les enjeux pour l'école maternelle sont doubles. Il s'agit d'une part d'installer des attitudes préparant à la résolution de problèmes, attitudes qui mobilisent les actions « anticiper, choisir, décider, essayer, recommencer, s'interroger sur la validité de la réponse proposée » (BOEN du 29 mai 2019), et d'autre part d'utiliser les connaissances sur les nombres pour résoudre des problèmes. Les problèmes en maternelle sont définis comme « des situations dans lesquelles la réponse n'est pas d'emblée disponible » ; ils doivent permettre de « trouver une quantité donnée d'objets, [de donner] le nombre nécessaire d'objets pour compléter une boîte dont le nombre de cases est donné ou connu [...] Les activités d'apprentissage proposées s'appuient sur un matériel varié [...] permettant la manipulation de quantités tangibles » (BOEN du 29 mai 2019). Le fait de pouvoir agir ou non sur les objets (les déplacer ou non) constitue une première étape vers une manipulation mentale et provoque la nécessité d'anticiper la réponse lorsque les objets sont absents ou éloignés. Ces situations feront l'objet d'une reprise à l'entrée du CP. Les situations d'apprentissage liées à la résolution de problèmes seront répétées autant que nécessaire ; elles contribueront à constituer une première mémoire de problèmes et à installer une culture scolaire de la résolution de problèmes. Il s'agit donc de penser cette articulation entre école maternelle et CP. Afin de préparer les élèves de maternelle à accéder à ces représentations, le matériel tangible devra être progressivement remplacé par des objets manipulables moins figuratifs, comme des cubes emboîtables (cf. chapitre 4, paragraphe intitulé « Cubes emboîtables sécables », p. 108). Les situations dans lesquelles une commande « écrite » est nécessaire peuvent être proposées dès la moyenne section.

Document 4. Ollivier Hunault, *L'enseignement des mathématiques au cycle 2 : Construction des schémas en barres pour mes modèles additif et multiplicatif*, Plan nationale de Formation, 2018 (Extrait)[1]

Schéma	... représentant le tout et les parties	Schéma	... représentant le tout et les parties...
... pour l'addition et la soustraction	**Partie-Partie-Tout** Tout | Partie A | Partie B | Tout = Partie A + Partie B Partie B = Tout – Partie A	... pour la multiplication et la division	**Parts égales d'un tout** Tout | Part | Part | Part | Part | Tout = Nombre de parts × Part Part = Tout ÷ Nombre de parts Nombre de parts = Tout ÷ Part

A – CONNAISSANCES DIDACTIQUES À MOBILISER

1. QU'APPELLE-T-ON LES « MATHEMATIQUES DE SINGAPOUR » ?

Les Singapouriens ont une réponse très intéressante à cette question. Pour eux, **il n'existe pas de « mathématiques de Singapour »**. C'est le nom que le monde donne à ce qu'ils font, alors qu'eux estiment simplement faire **des mathématiques de qualité**.

D'excellentes mathématiques, certes, qui les classent en tête de tous les classements mondiaux : TIMSS[2] depuis 1995, Pisa[3] depuis 2009.

Ces mathématiques **placent l'enfant au centre**, en tenant compte de sa maturité, de sa curiosité, et surtout du **plaisir qu'il a naturellement** avec les nombres et les formes, c'est-à-dire l'arithmétique et la géométrie. Elles veillent à le **stimuler** et ne pas le laisser décrocher.

Si nous apprenons à nos enfants à réfléchir, à trouver un sens à ce qu'ils font, ils pourront tout apprendre.

2. QUELS SONT LES PRINCIPES FONDAMENTAUX DE CETTE MÉTHODE ?

Elle repose d'abord sur **l'approche « concrète, imagée, abstraite »**. Cette approche s'inspire du travail du psychologue Jerome Bruner, qui a défini trois stades du développement intellectuel : « énactif, iconique, symbolique ». Les Singapouriens ont clarifié la formule en « concret, imagé, abstrait » pour une meilleure compréhension, par le professeur comme par l'élève. En France, nous traduisons maintenant cette formule, dite « CIA », en **« manipuler, représenter, abstraire »**.

Nous, les adultes, sommes **très à l'aise avec des symboles** sur une feuille de papier, et nous oublions que les enfants, eux, ne le sont pas encore. La méthode singapourienne permet **d'accompagner l'enfant *progressivement* du concret perceptible vers l'abstraction mathématique**. Chaque étape a son importance pour bien comprendre les concepts.

---

1. http://maths.dsden80.acamiens.fr/IMG/pdf/20181207_conference_hunault_canope_diffusion.pdf
2. https://www.education.gouv.fr/timss-evaluer-les-competences-des-eleves-de-cm1-et-de-4e-en-mathematiques-et-en-sciences-303600
3. https://www.education.gouv.fr/pisa-programme-international-pour-le-suivi-des-acquis-des-eleves-41558

Toutes les notions – que ce soit l'addition, les fractions, la proportionnalité, etc. – **commencent dans le réel, dans le quotidien de l'enfant, avec des manipulations d'objets, des mises en scènes de situations.**
La phase de manipulation est suivie d'une phase de **représentation** qui peut prendre différentes formes : un schéma, un diagramme, un dessin, **un modèle en barres,** etc. Cette phase intermédiaire est essentielle pour atteindre la phase d'abstraction.

Plusieurs éditeurs ont récemment publié des ouvrages sur la méthode de Singapour. On y retrouve des guides pédagogiques, des fichiers élèves, des fichiers photocopiables pour les classes. On peut désormais également se fournir en matériel destiné à la pratique de cette méthode (des kits de numération en base 10, des cubes emboitables, des bûchettes et réglettes de calcul, etc.).

À noter que ce matériel n'est pas révolutionnaire. Il existe et est utilisé depuis longtemps dans les classes primaires françaises (comme les célèbres réglettes Cuisenaire).

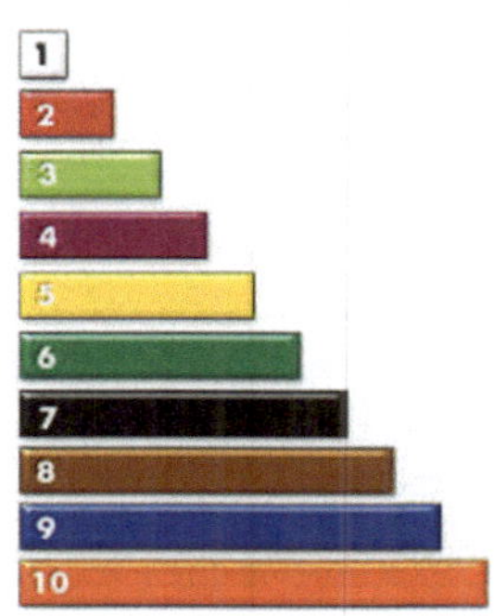

Un autre principe fondamental de la méthode de Singapour est **le rôle de l'enseignant** qui ici s'inscrit dans une démarche d'enseignement explicite.
Cette pratique est donc différente de l'approche socioconstructiviste qui, elle, place les élèves dans des situations de recherche autonome ou en groupe où les échanges, les confrontations et les interactions vont favoriser l'apprentissage. L'enseignant est dans ce cas chargé de proposer aux élèves des situations de recherche pertinentes, ce qui ne l'empêche pas de structurer et d'institutionnaliser les nouvelles connaissances lui-même.

Dans l'enseignement explicite le rôle de l'enseignant est différent puisque, dans la phase de manipulation par exemple, c'est lui qui indique comment faire. On pourrait donc, pour simplifier, séparer cette démarche en quatre phases pédagogiques : ***je fais, nous faisons ensemble, vous faites tout seul,*** suivi d'une phase de ***synthèse*** faite par l'enseignant.
Faut-il penser que, dans ce cas, l'investissement intellectuel des élèves est moindre, la prise d'initiative moins importante, puisqu'ils sont amenés à répéter recopier un geste qu'on leur montre ?[1]
Dans ces deux démarches, on va toutefois retrouver trois éléments communs :
– l'importance de la verbalisation ;
– le statut et la prise en compte des erreurs ;
– la métacognition (voir plus bas).

Dans le sujet étudié ici :

Document 3

La manipulation

La manipulation consiste à agir sur des objets tangibles (par exemple des cubes) ou symboliques (par exemple des nombres). Cette étape passe par l'action. Pour l'élève qui n'a qu'une expérience encore limitée des objets mathématiques, il s'agit d'apprendre « par le faire » dans des situations qui mobilisent du matériel. Cependant, il est important de distinguer la manipulation passive de la manipulation active vis-à-vis d'un apprentissage mathématique visé. En effet, la manipulation permet à l'élève de s'approprier la situation, de s'en faire une première représentation. Mais cette première phase n'est pas suffisante : cette étape doit également conduire à une anticipation d'une solution au problème. [...]

Document 2

Les représentations schématiques associées à ces quatre problèmes peuvent ainsi prendre la même forme et correspondre au même « modèle » :

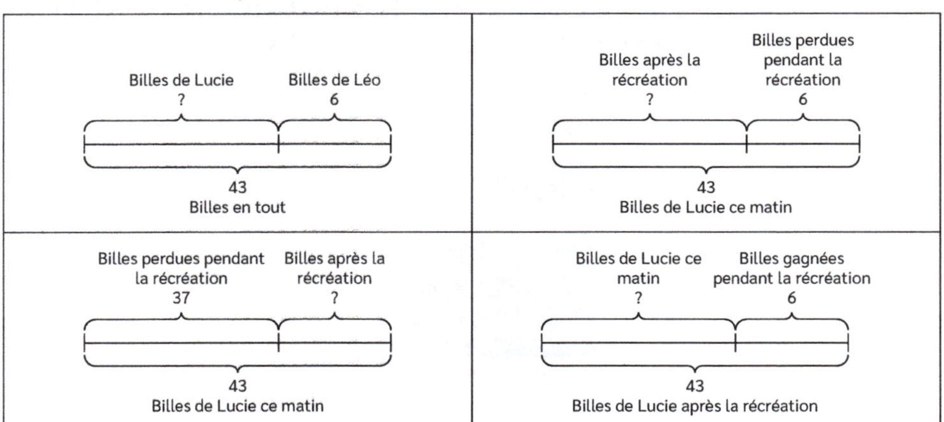

Et tout au long de ces trois phases d'apprentissage, **la verbalisation est clé ; les connaissances se construisent dans le dialogue.**

1. https://www.reseau-canope.fr/fileadmin/user_upload/Projets/conseil_scientifique_education_nationale/CSEN_Synthese_enseignement-explicite_juin2022.pdf

Document 3

Vers l'abstraction : de la manipulation à la représentation symbolique en passant par la verbalisation

L'accès à l'abstraction est un long processus. En mathématiques, ce processus fondamental est associé à la maîtrise d'un langage symbolique et des compétences de haut niveau que sont le raisonnement et la modélisation, convoquées dans la résolution de problèmes. Abstraire correspond à l'opération mentale qui consiste à isoler une (ou plusieurs) propriété(s) d'un objet afin de la (les) considérer pour elle(s)-même(s). Cela nécessite donc de se détacher du réel, du contexte dans lequel on a manipulé et/ou représenté l'objet. L'abstraction prend appui sur trois étapes concomitantes essentielles, la manipulation, la représentation et la verbalisation, qui permettent le passage progressif vers l'abstraction.

La résolution de problèmes et la modélisation sont au cœur de l'apprentissage à Singapour. Nous devons être des « résolveurs de problèmes » et cesser **d'être uniquement focalisés sur les réponses « justes » ou « fausses »**. Ce qui est important, c'est de se demander : « Quelle est ma stratégie ? Qu'ai-je fait pour atteindre ce résultat ? À quoi ai-je pensé ? Comment ai-je résolu ceci ? ». **Si je suis conscient(e) de ce que je fais, de pourquoi je l'ai fait, je pourrais mieux faire le transfert à d'autres contextes.**

Être bon en mathématiques ne se réduit pas à savoir résoudre une équation ou **connaître les algorithmes de calcul**. Oui, bien sûr, les savoir-faire sont importants. Mais tous ces enfants, adultes demain, utiliseront des machines pour calculer, pour simuler, pour produire des informations… **Ce qui compte, c'est de leur apprendre à réfléchir, à raisonner, à analyser, à comparer, à résoudre des problèmes**. Il faut cultiver chez tout enfant un niveau de réflexion bien plus élevé que la simple exécution d'opérations, de procédures, de règles.

La **métacognition**, qui est l'un des éléments importants de la méthode. Il y a un **dédoublement** entre l'enfant qui « fait » – qui calcule, construit, trace, résout, etc. – et l'enfant qui se regarde faire. Cela lui permet de comprendre ce qu'il fait, pourquoi il le fait et de **savoir expliquer comment il a fait**. C'est une étape qui lui permet de **devenir un penseur mathématique**.

L'attitude compte beaucoup dans la réussite. Elle doit être positive, empreinte de persévérance et de confiance : « Je sais qu'avec le temps je vais trouver et que si je me trompe, ce n'est pas grave ». **Une erreur est un outil d'apprentissage.**

3. COMMENT TRANSPOSER CETTE MÉTHODE EN FRANCE ?

Cela impliquerait d'adopter la « **pédagogie de la maîtrise** » ou « enseignement explicite ». En France, aujourd'hui, l'enseignement n'est **pas séquentiel** : on voit l'addition au chapitre un, puis quatre, puis six… À Singapour, ils entrent dans un chapitre pour y rester cinq, sept, voire dix jours. **Ils vont en profondeur, pour permettre de comprendre chaque étape.**

Document 2

1. Un enseignement structuré et explicite de la résolution de problèmes

[…] Un enseignement explicite de la résolution de problèmes doit s'appuyer sur des temps spécifiques qui structurent les savoirs et compétences travaillés : des références construites avec les élèves et notées dans les cahiers prévus à cet effet (cahier de référence en mathématiques) permettent de garder traces de l'aboutissement du travail

effectué. Ces références peuvent être des résolutions de problèmes types sur lesquelles les élèves pourront s'appuyer lors de séances ultérieures pour résoudre correctement d'autres problèmes proposés. Références « construites avec les élèves » ne signifie en rien qu'il s'agit de productions imparfaites ; bien au contraire, il s'agit de modèles dont les élèves pourront s'inspirer pour leurs propres travaux. Ces exemples types doivent servir de références systématiques lors des résolutions de problèmes ultérieures (« c'est comme... »). Idéalement, ces références seront communes à l'école, voire au réseau d'écoles, pour permettre de les utiliser pendant plusieurs années.
La formalisation de ces exemples-types doit être l'occasion d'introduire des représentations, sous forme de schémas bien adaptés, permettant la modélisation des problèmes proposés. Ces représentations sont systématiquement utilisées lors des résolutions de problèmes menées face à la classe, afin de servir de référence aux élèves. Elles ne sont bien sûr jamais rendues obligatoires (en particulier pour les élèves en réussite qui n'en ont pas besoin), mais doivent servir de point d'appui, lors des séances d'enseignement, avec les élèves rencontrant des difficultés lors de la résolution de problèmes. [...]

Par ailleurs, à Singapour, **la pensée algébrique est introduite très tôt, dès les petites classes.** Penser algébriquement, c'est voir des connexions, des structures. On manipule des cubes pour comprendre les chiffres pairs ou impairs. **On peut « voir » avec les modèles de cubes, puis comprendre, que la somme de deux nombres pairs comme la somme de deux nombres impairs est paire. Ces images mentales construites au primaire les aideront en algèbre pour la suite.**

Il faut cependant pour cela qu'il y ait **une cohérence dans une école de classe en classe.** Qu'on ait un langage mathématique et une **culture mathématique communes**. On ne peut pas adopter la méthode pour une seule classe, un seul niveau.

B – TRAITEMENT DU SUJET

1. LIRE ET ANALYSER LES DOCUMENTS

Document 1 Problème et premières recherches d'élèves de CE2

Problème : lors de la prochaine rencontre sportive, l'intervenant constituera 6 équipes de 8 élèves. Combien d'élèves y aura-t-il en tout ?

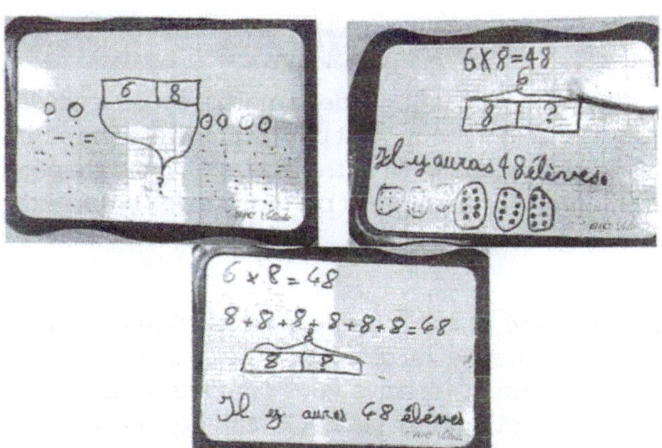

Deux élèves sur trois trouvent le bon résultat pour ce problème.
Tous les deux transcrivent la situation avec une écriture multiplicative $6 \times 8 = 48$.
Rien n'indique quelle fut leur technique de calcul.
On peut émettre diverses hypothèses :
- Connaissance des tables de multiplication.
- Dénombrement.
- Calcul additif en arbre.

Les trois élèves mobilisent une représentation par un diagramme en barres qu'ils semblent avoir l'habitude d'utiliser pour la résolution de problèmes de structures additives (partie – tout). Leur utilisation semble être davantage une contrainte conventionnelle qu'un outil d'aide à la résolution, car, malgré des diagrammes correspondants a des structures additives, aucun de ces trois élèves n'a donné 14 comme résultat.
Notons cependant que le sujet précise : « **Premières** recherches d'élèves ».

De ce fait les élèves ne schématisent pas correctement ce problème de structure multiplicative. Pourtant deux élèves sur les trois travaux présentés ont trouvé par le calcul direct la bonne réponse, ce qui pourrait nous faire penser que le diagramme en barres n'a pas été un élément essentiel pour résoudre ce problème.

L'objectif de la séance sera de les amener à produire et utiliser un diagramme en barres pour un problème de structure multiplicative.

2. SITUER LA SÉANCE À CONCEVOIR

Du point de vue de l'enseignant

On peut proposer cette progression sur la résolution de problèmes multiplicatifs à l'école primaire. En parallèle, il s'agira d'affirmer le sens de la multiplication et les compétences en calcul associées (doubles/moitiés, tables de multiplication...).

Cycle 1		Résoudre des problèmes concrets à données numériques. Par exemple : *je dois mettre 2 gâteaux dans chacune des 3 assiettes combien de gâteaux dois-je préparer ?*	Place centrale donnée au jeu, à la manipulation et à la verbalisation.
Cycle 2	CP	Période 3 : problèmes multiplicatifs avec additions itérées pour la construction du sens	Systématisation de la schématisation des situations.
	CE1	Période 3 : problèmes multiplicatifs avec utilisation des premières tables de x.	Utilisation des diagrammes « en barres » pour schématiser les situations multiplicatives et de division.
	CE2	Problèmes multiplicatifs sur des nombres plus grands ou relevant de plusieurs opérations.	
Cycle 3	CM1	Problèmes multiplicatifs plus complexes et proportionnalité d'abord liée à la linéarité puis passant par l'unité : échelle / vitesse constante / agrandissement-réduction de figures...	
	CM2		
	6^{e}		

Comme déjà mentionné plus haut, pour des raisons d'efficacité, il sera nécessaire que les programmations et les pratiques soient harmonisées sur l'ensemble de la scolarité y compris lors de la liaison école/collège.
C'est également grâce à une fréquentation dense et régulière de la résolution de problèmes que les élèves construiront des automatismes qui faciliteront son traitement.

Concernant la programmation des apprentissages, la méthode de Singapour possède une autre particularité : celle de « masser » un thème sur une même période (par exemple, traiter en classe de CE1 toutes les séances sur les nombres jusqu'à 1000, à la suite, avant de passer au thème suivant). Ce n'est pas le cas dans la plupart des autres ouvrages ou un même sujet est dispersé sur une période ou sur l'année.
Le travail en CE2 sur la multiplication et la division sera donc regroupé sur une période, disons la période 3 : les tables de multiplication, le calcul mental, la technique opératoire et la résolution de problèmes.

Notre séance se situera en classe de CE2, en période 3, au cœur de la séquence « La multiplication et la division ».

Du côté des élèves (prérequis)

Au CP, les élèves auront construit le sens de la multiplication et résolu des problèmes souvent en utilisant des schémas et l'addition itérée.
Au CE1, les élèves auront abordé la multiplication et la division par 2, 3, 4, 5 et 10 et résolu des problèmes en utilisant des schématisations des situations.
Avant de résoudre des problèmes multiplicatifs au CE2, les élèves auront travaillé sur la multiplication et la division par 6, 7, 8 et 9, en introduisant la représentation des problèmes par des diagrammes en barres.
Suivront les techniques opératoires et de nouveaux problèmes à partir de champs numériques élargis.

3. RÉDIGER LA FICHE DE PRÉPARATION

Choix didactiques (conception)

➔ La séance sera organisée autour des principes de la méthode dite « de Singapour ».
Certaines phases cependant, pas toujours vraiment détaillée dans cette méthode, sont conservées :
– Pratiques de vérification de la compréhension de l'énoncé.
– Et surtout (comme indiqué dans le sujet), prise en compte de la diversité des élèves.
Dans la démarche utilisée (concrète/imagée/abstraite), et dans un souci de prise en compte de l'hétérogénéité des élèves, la difficulté est d'identifier le moment de se séparer du matériel pour passer à la phase de schématisation, puis quand et comment revenir éventuellement à la manipulation si cela est nécessaire pour certains.
On rencontrera le même souci lors du passage de la phase imagée à la phase abstraite. Il est probable que ces moments de transition ne soient pas identiques pour tous les élèves.

➔ Entre autres schématisations, l'utilisation du diagramme en barres est privilégiée. Il semble que la familiarisation de ce type de représentation pourrait faciliter la résolution très précoce de certains problèmes (fractions, proportionnalité...), plutôt réservés en principe à des résolutions algébriques (dans le sens traitement des équations).

➔ La méthode de Singapour met l'accent sur la métacognition, « le *feedback* » : donner du sens à l'apprentissage à venir, aider l'élève à porter un regard sur sa propre démarche cognitive (et peut-être l'expliquer, la justifier), sur ses erreurs s'il en commet, valoriser pour assurer la confiance en soi.

Choix pédagogiques (animation)

Ces choix didactiques conditionnent certains gestes pédagogiques ainsi que la structure de la séance.

Nous choisissons de travailler sur l'énoncé proposé dans le sujet.
« Lors de la prochaine rencontre sportive, l'intervenant constituera 6 équipes de 8 élèves chacune. Combien d'élèves y aura-t-il en tout ? »

- En accord avec la méthode de Singapour, on prévoira :
  – une phase issue du réel,
  – une phase avec manipulation d'objets représentatifs,
  – une phase de schématisation des situations par des diagrammes en barres,
  – une phase de modélisation par l'écriture mathématique,
  – une phase de structuration de la nouvelle connaissance.

La séance débutera quand même par une courte activité de calcul mental.

- En accord avec l'approche d'un enseignement explicite :
  L'enseignant :
  – présente les activités et le but de la séance et rappelle les connaissances précédentes nécessaires au nouvel apprentissage. Il détaille ce que les élèves devront savoir à la fin de la séance.
  – Montre sa propre démarche pour réaliser la tâche demandée.
  – Met les élèves en activité en appliquant un fort guidage/étayage, échanges verbaux. *(C'est pendant cette phase que l'enseignant repère les élèves en difficulté, les aide oralement, leur propose des supports différenciés, revient sur sa démarche présentée antérieurement, accepte des schématisations différentes si celles-ci se révèlent efficaces...)*
  – Propose aux élèves des applications en autonomie.
  – Institutionnalise la nouvelle connaissance et confronte ce que les élèves ont appris avec ce qu'ils devaient apprendre.

Déroulé de séance

Le cadre

Domaine disciplinaire : *Mathématiques*		Domaine spécifique : *Nombres et calculs / résolution de problèmes*
Niveau de classe : *Cycle 2 / CE2*	Nb d'élèves *24*	Place de la séance dans la séquence *Séance 5 (voir plus haut « situer la séance à concevoir »)* *Durée : 50 mn*

Attendu de fin de cycle *Résoudre des problèmes en utilisant des nombres entiers et le calcul*	Compétence(s) visée(s) : *Produire et utiliser un diagramme en barres dans un problème de structure multiplicative.*
Objectif général *Résoudre un problème multiplicatif*	
Matériel : TBI Ardoises / Brouillon	Supports : – Affiche pour la séance d'EPS – Fiches « énoncés » – Objets pour les activités de remédiation – Affiche bilan pour la classe et fiches de référence

En amont de la séance, lors de la précédente activité d'EPS, l'enseignant aura pris soin d'anticiper la situation.
« Pour jouer à la balle au capitaine, j'ai préparé 4 équipes de 6 joueurs : les bleus, les rouges, les verts et les jaunes. »
Il présentera alors à la classe une affiche de ce type, avec les prénoms des élèves.

Il précisera : « Nous avons 4 équipes de 6 joueurs c'est-à-dire 4 × 6 égalent 24. », en mettant bien en relation les 4 équipes et le tableau.

Phase 1 Calcul mental / collectif (5')
L'enseignant annonce aux élèves que pour le nouvel apprentissage qui va suivre, il est nécessaire de bien connaître les tables de multiplication. Il propose donc un moment de calcul mental en procédé Lamartinière (l'enseignant propose un calcul – 7 × 3 –, les élèves ont quelques secondes de réflexion et, au signal, écrivent et présentent leur résultat sur une ardoise).
L'enseignant valide, repère les erreurs éventuelles et corrige.

Phase 2 Présentation du problème (5')
➔ Annonce du nouvel apprentissage : « Nous allons aujourd'hui apprendre à résoudre des problèmes de multiplication en utilisant des schémas en barres ». Il pourra préciser que ce type de schémas a déjà été utilisé pour des problèmes additifs, mais que ceux-ci sont différents (retour rapide sur des traces écrites précédentes).
➔ L'enseignant commence par montrer à nouveau le tableau ci-dessus. Il fait verbaliser les élèves sur la situation il présente à nouveau le calcul et le résultat.
➔ Voici un nouveau problème : « Lors de la prochaine rencontre sportive l'intervenant constituera 6 équipes de 8 élèves chacune. Combien d'élèves y aura-t-il en tout ? »
L'enseignant s'assure de la bonne compréhension de l'énoncé et questionne les élèves :
« Que va faire l'intervenant ? Quand ? Quelle est la question qui nous est posée ? Y a-t-il des mots que vous ne comprenez pas dans l'énoncé ? La situation est-elle la même que celle qu'on a rencontrée ensemble l'autre jour ? Qu'est-ce qui est identique ? Qu'est-ce qui est différent ? »

Phase 3 Résolution par l'enseignant / collectif (10')
L'enseignant présente 6 bandes de ce type :

Il les affiche côte à côte au tableau, en ayant soin de bien faire correspondre les côtés des feuilles. Collectivement, l'enseignant (en détaillant clairement chaque action) et les élèves cherchent la réponse. Les calculs en addition itérée sont acceptés, mais l'écriture 6 × 8 = 48 est finalement imposée.
Il explique ensuite que de telles représentations sont impossibles à chaque problème. « *Je vais donc représenter chaque élève par un point* ».
Le schéma suivant est présenté, commenté et justifié, avec le concours des élèves. L'enseignant introduit le terme de « diagramme en barres ».

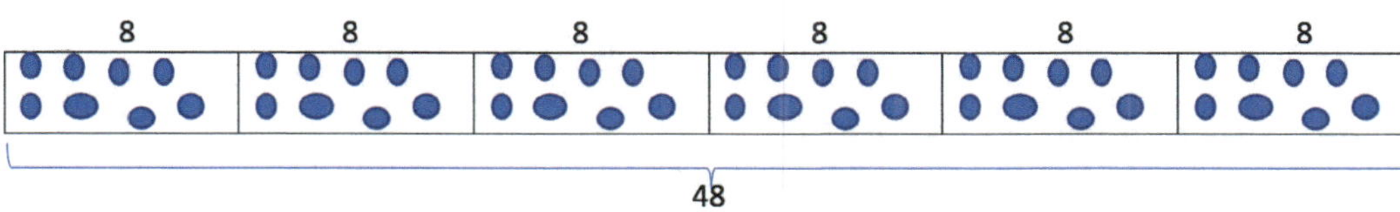

8 + 8 + 8 + 8 + 8 + 8 = 6 × 8 = 48
Il y aura 48 élèves en tout.

Phase 4 « Pratique guidée » (15')
Les élèves sont maintenant amenés à résoudre des problèmes multiplicatifs en binômes, avec un étayage dégressif. ***Le choix des binômes se fera en fonction de l'observation de difficultés éventuelles chez certains.*** Les fiches de travail sont distribuées, le même support est affiché au tableau interactif.

Problème 1 :
La maîtresse a commandé 5 pochettes de 8 feutres. Combien y aura-t-il de feutres en tout ?
Observe :

Représente les feutres par des points :

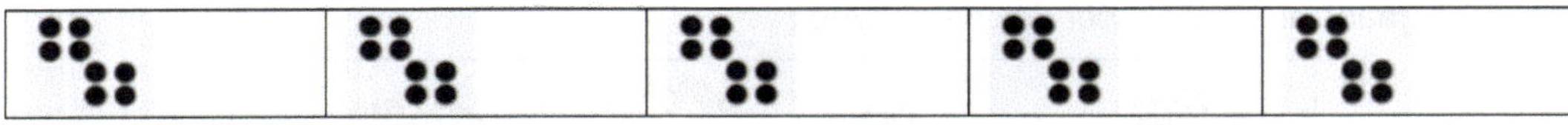

Écris ta réponse
8 + 8 + 8 + 8 + 8 = ...
5 × 8 = ...
En tout, il y aura .... feutres.

Problème 2 :
Dans la bibliothèque, il y a 5 étagères et 9 livres sur chaque étagère. Combien y a-t-il de livres en tout dans cette bibliothèque ?
Dans le diagramme en barres suivant, chaque case représente une étagère. Utilise une croix pour représenter chaque livre. Effectue les calculs et rédige ta réponse.

Problème 3 :
Résous ce problème en utilisant un diagramme en barres.
Lola a 8 paquets de 7 images ? Combien a-t-elle d'images en tout ?

Corrections collectives
Pendant l'ensemble de cette phase conduite par l'enseignant, celui-ci s'assure de la compréhension par un questionnement régulier et précis *(« que représente chaque point ? Pourquoi mon diagramme compte-t-il 5 cases ? etc...).* **Il demande des reformulations, des justifications et favorise éventuellement les interactions entre élèves.**

Phase 5 Structuration/Trace écrite (5')
L'enseignant synthétise le nouvel apprentissage et propose, à l'affichage dans la classe et sur un support référent individuel un document expliquant qu'on peut résoudre un problème de multiplication en utilisant un diagramme en barres et présentant un exemple de problème et sa résolution.

Phase 6 Entrainement/Individuel (10')
Des énoncés sont proposés sur une fiche individuelle, avec la consigne : *« Résoudre ces problèmes en construisant et en utilisant des diagrammes en barres. »*

L'enseignant profite de cette phase pour réunir, si nécessaire, les élèves qui ont rencontré des difficultés, en revenant sur les phases délicates. Il pourra utiliser des objets à manipuler, des supports pour représenter les cases d'un diagramme en barres, etc. selon les besoins des élèves.

4. PRÉPARER L'ORAL

Introduction

À la suite d'un certain nombre d'études, d'évaluations et de recommandations, le ministère souhaite mettre en place pour l'enseignement des mathématiques des pratiques basées

sur ce qu'on nomme « la méthode de Singapour » qui, semble-t-il, a fait ses preuves. Cette méthode, qui place la résolution de problèmes en tant que compétence première, est basée sur les trois principes suivants : manipulation, représentation, abstraction, et sur la pratique d'un enseignement plus explicite.
Les documents fournis mettent en lumière ces différents éléments, rappellent le rôle fondamental de la verbalisation et proposent des exemples de diagrammes en barres, ainsi que les travaux de trois élèves, pour résoudre un problème multiplicatif.

La séance de mathématiques que je vais vous détailler appartient au domaine « Nombres et calculs » des programmes officiels de l'école élémentaire. Elle concerne plus précisément la résolution de problèmes multiplicatifs dans une classe de CE2, en période 3.
L'objectif principal sera d'utiliser et de systématiser le recours à des « diagrammes en barres » dans la phase de représentation, afin de faciliter la résolution des problèmes de ce type en essayant de prendre en compte l'hétérogénéité des élèves de la classe.

Conclusion

Comme le répètent les programmes, la résolution de problèmes doit être au cœur de l'enseignement des mathématiques. Il est nécessaire que ces problèmes soient le plus possible ancrés dans le réel des élèves. Son enseignement doit être explicite, pertinent et les séances fréquentes. Les trois phases de résolution de problèmes (manipuler, représenter, abstraire) sont indispensables et il est donc nécessaire de familiariser les élèves avec des pratiques harmonisées de représentation des situations.

Questions du jury

Faut-il, à votre avis, systématiser cette méthode pour tous les élèves ?

Sur Lea.fr

Les réponses aux autres questions

FRANÇAIS

ÉPREUVE DE LEÇON

Introduction

A - PRÉSENTATION DE L'ÉPREUVE DE LEÇON

1. L'ÉPREUVE

L'épreuve orale de leçon consiste en l'exposé d'une séance d'enseignement, suivi d'un entretien avec le jury. Le cadre réglementaire de l'épreuve est décrit dans les annexes de l'arrêté du 25 janvier 2021, publié dans le *Journal officiel*[1]. Des précisions sur le sujet, les documents du dossier et les critères d'évaluation sont apportés dans la note de commentaire datée du 21 octobre 2021[2].

« L'épreuve porte successivement sur le français et les mathématiques. Elle a pour objet la conception et l'animation d'une séance d'enseignement à l'école primaire dans chacune de ces matières, permettant d'apprécier la maîtrise disciplinaire et la maîtrise des compétences pédagogiques du candidat.

Le jury soumet au candidat deux sujets de leçon, l'un dans l'un des domaines de l'enseignement du français, l'autre dans celui des mathématiques, chacun explicitement situé dans l'année scolaire et dans le cursus de l'élève.

Afin de construire le déroulé de ces séances d'enseignement, le candidat dispose en appui de chaque sujet d'un dossier fourni par le jury et comportant au plus quatre documents de nature variée : supports pédagogiques, extraits de manuels scolaires, traces écrites d'élèves, extraits des programmes...

Le candidat présente successivement au jury les composantes pédagogiques et didactiques de chaque leçon et de son déroulement. Chaque exposé est suivi d'un entretien avec le jury lui permettant de faire préciser ou d'approfondir les points qu'il juge utiles, tant sur les connaissances disciplinaires que didactiques.

Durée de préparation : deux heures; durée de l'épreuve : une heure (français : trente minutes, l'exposé de dix à quinze minutes est suivi d'un entretien avec le jury pour la durée restante impartie à cette première partie; mathématiques : trente minutes, l'exposé de dix à quinze minutes est suivi d'un entretien avec le jury pour la durée restante impartie à cette seconde partie).

Coefficient 4.

L'épreuve est notée sur 20. La note 0 est éliminatoire. »[3]

Le temps de préparation de la leçon est d'une heure pour le français. Le temps de l'épreuve est de 30 minutes : 10 à 15 minutes pour l'exposé et 15 à 20 minutes pour l'entretien avec le jury.

2. LE SUJET

L'énoncé du sujet comporte les éléments suivants :

- le niveau de classe de la séance;
- la période de l'année à laquelle se situe la séance;
- la séquence dans laquelle se situe la séance;
- le positionnement de la séance dans la séquence.

1. https://www.legifrance.gouv.fr/jorf/id/JORFTEXT000043075701
2. https://media.devenirenseignant.gouv.fr/file/crpe/98/8/sujet_zero_2022_crpe_lecon_francais_1421988.pdf
3. https://www.legifrance.gouv.fr/jorf/id/JORFTEXT000043075701

3. LES DOCUMENTS DU DOSSIER

Le dossier se compose d'éléments jugés utiles pour la construction de la séance, qui ne peuvent excéder 2 à 3 pages A4 avec un maximum de 4 documents. Ces derniers peuvent être de nature diverse, soit des extraits :

- des programmes ;
- des ressources institutionnelles ;
- d'œuvres de littérature de jeunesse ;
- de manuels scolaires ;
- de travaux d'élèves ;
- de documents produits par un enseignant ;
- etc.

4. LES CRITÈRES D'ÉVALUATION

Cette épreuve a pour objectif d'évaluer les connaissances didactiques et pédagogiques du candidat, autrement dit les **connaissances et compétences du candidat** et son aptitude à les mobiliser pour concevoir et organiser un enseignement s'inscrivant dans les programmes d'une classe de l'école maternelle ou élémentaire, ainsi que sa capacité à **expliquer et justifier** ses choix didactiques et pédagogiques. La note du commentaire du 21 octobre 2021 précise ce qui pourra être attendu du candidat :

« - Le candidat indique clairement ses objectifs d'enseignement.

- Le candidat expose, face au jury, le déroulement de sa séance ainsi que ses choix pédagogiques, justifiés par sa réflexion didactique. Il s'agit d'un exposé et non de la simulation d'une situation de classe.

- Le candidat intègre l'activité des élèves à sa présentation de séance.

- Le candidat s'appuie sur l'extrait du programme qui lui a été éventuellement fourni. Si les grandes lignes des programmes doivent lui être familières, il n'en est en effet pas exigé une connaissance précise.

- Le candidat exploite le dossier. Il peut, s'il l'estime nécessaire, faire appel à des documents extérieurs au dossier dont il aurait connaissance. Il explicite, lors de l'entretien, les motifs qui l'ont amené à minorer éventuellement un document fourni par le dossier.

- Le candidat est évalué sur sa capacité à construire une réflexion d'ordre didactique et pédagogique et à la justifier ou à la faire évoluer lors de l'entretien. »[1]

B- CONCEVOIR UNE SÉANCE ET CONSTRUIRE UNE FICHE DE PRÉPARATION

Afin de concevoir une séance, nous vous recommandons de suivre les étapes suivantes :

- définir les objectifs ;
- concevoir le déroulement de la séance ;
- choisir les activités ;
- déterminer les modalités ;
- préciser le rôle de l'enseignant ;
- évaluer.

1. https://media.devenirenseignant.gouv.fr/file/crpe/98/8/sujet_zero_2022_crpe_lecon_francais_1421988.pdf

1. DÉFINIR LES OBJECTIFS

Pour concevoir une séance d'enseignement, il s'agit en premier lieu de déterminer l'objectif visé, autrement dit de se demander : *Qu'est-ce que je veux que les élèves aient appris à la fin de la séance ?* Il est important de bien cibler l'objectif visé et de le formuler en termes compréhensibles pour les élèves. Il est nécessaire de ne pas multiplier les objectifs visés car une séance est limitée dans le temps et nécessite donc des choix.

2. CONCEVOIR LE DÉROULEMENT DE LA SÉANCE

La séance comporte différentes phases et respecte une progressivité. Pour construire cette dernière, différents types de démarches sont possibles : elles sont déterminées par le domaine du français visé. Par exemple, une séance (ou plusieurs séances) en étude de la langue comprend les phases suivantes : observation, institutionnalisation, automatisation, réinvestissement. Vous pouvez vous reporter au paragraphe « Connaissances didactiques et pédagogiques à mobiliser » de chaque sujet proposé dans l'ouvrage pour avoir le détail de ces démarches.

CONSEIL MÉTHODO

Pour concevoir votre séance, vous devez partir de l'objectif final (ce que vous voulez que les élèves aient appris à la fin de la séance) pour déterminer les sous-objectifs correspondant aux différentes phases de votre séance.

Par exemple, si l'objectif poursuivi par l'enseignant est « amener les élèves à apprendre à accorder le verbe avec le sujet », les élèves doivent, pour ce faire, savoir identifier le sujet et le verbe, connaitre les règles d'accord et savoir les appliquer. Les différentes phases de la séance pourraient être les suivantes :

- vérifier que les élèves savent reconnaitre le sujet et le verbe par des exercices ;
- leur faire observer que le verbe s'accorde avec le sujet en leur faisant manipuler des énoncés ;
- construire la règle et la copier ;
- l'appliquer dans une série d'exercices.

Attention à la faisabilité de ce que vous proposez en terme de durée. Si vous vous rendez compte que vous avez prévu trop d'activités pour le temps imparti, il faut soit réduire le nombre d'exercices ou d'activités, soit scinder votre séance.

REMARQUE

Il est utile de commencer une séance par un rappel de la séance précédente pour que les élèves se remémorent ce qu'ils ont fait et retenu, et de la terminer par un bilan final où les élèves explicitent ce qu'ils ont appris au cours de la séance, ce qui leur permet de donner du sens aux différents apprentissages.

Après avoir défini la démarche de votre séance, vous devez préciser les différentes phases en les minutant : chaque phase correspond à un sous-objectif menant à l'objectif général de la séance. Chaque phase comprend une ou plusieurs activités.

CONSEIL MÉTHODO

Donner un titre à chaque phase vous permet de vous assurer que vous travaillez une seule notion.

3. CHOISIR LES ACTIVITÉS

Construire une séance implique de réfléchir en amont aux activités qui seront proposées aux élèves. Il convient de les choisir en fonction de l'objectif fixé. Selon le domaine disciplinaire, l'objectif de la séance, les compétences visées, le niveau de la classe, l'enseignant va proposer des activités diverses et variées. L'objectif de la séance peut être décliné en sous-objectifs à atteindre. Chaque activité permettra alors de travailler ce sous-objectif. Chaque activité induit la mobilisation de compétences spécifiques.

- **Les rituels** favorisent la mémorisation. Ils permettent à l'élève d'être focalisé sur le contenu d'apprentissage puisque la forme et le cadre sont habituels et donc connus des élèves.

- **La manipulation** permet à l'élève de s'impliquer dans l'activité et donc dans ses apprentissages. Les activités dans lesquelles il est sollicité pour chercher, essayer, tâtonner, comparer, explorer, questionner, expérimenter… lui permettent de s'approprier de façon plus efficace les nouvelles connaissances. La manipulation est souvent source de motivation. Cette mobilisation est essentielle dans l'appropriation des savoirs. Les recherches en sciences cognitives l'attestent : l'attention de l'élève qui manipule est plus élevée, la mémorisation est optimisée. C'est par l'action et la manipulation que les apprentissages s'ancrent véritablement. Ces activités participent à la construction du sens et à la compréhension des concepts et connaissances notionnelles ou des savoir-faire. Le dessin, la schématisation, la représentation abstraite vont pouvoir se construire suite à cette phase de manipulation porteuse de sens et suscitant l'intérêt et l'implication de l'élève dans ses apprentissages.

- **Le jeu** est lui aussi un moyen privilégié de mobiliser l'attention et l'intérêt de l'élève. L'activité ludique facilite l'entrée dans l'activité et donc dans l'apprentissage. Le plaisir de jouer est moteur.

- **Les supports et outils numériques** offrent des possibilités multiples. Ils permettent de varier les modalités de travail. L'implication, la motivation et l'attention des élèves peuvent s'en trouver améliorées. Toutefois, le rapport de synthèse du Cnesco[1] rappelle que « le numérique fait partie d'un tout, et ne détermine pas à lui seul les résultats d'un enseignement; c'est avant tout le scénario pédagogique qui importe [...], et non le numérique en tant que tel. » (Nissen, 2019). « Certaines études confondent la motivation scolaire avec la satisfaction ou l'envie des élèves. Le fait qu'un outil plaise ou donne envie aux élèves n'entraîne pas nécessairement une amélioration de la motivation, de l'engagement réel de l'élève dans l'activité scolaire proposée. Pour être motivé, il faut en effet croire que l'on est capable d'apprendre et de mettre en œuvre l'activité proposée. »

- **Les activités proposées doivent être motivantes** pour favoriser l'implication des élèves. Elles doivent être proches de leurs préoccupations, insérées dans des projets porteurs de sens. Pour exemple, les élèves s'impliqueront davantage dans leur tâche d'écriture si la production d'écrit qui leur est demandée est destinée à un véritable lectorat : blog, affiche, expo, correspondance par lettres ou mails...

4. DÉTERMINER LES MODALITÉS

La préparation de votre séance doit faire apparaitre des modalités de travail variées. Ces dernières conditionnent elles aussi l'implication des élèves. Alterner les phases d'oral et d'écrit, de travail individuel, collectif, en groupe ou en binôme, impulse un rythme à la séance qui préserve de la lassitude et du désengagement des élèves. Cette diversité des modalités favorise l'**attention**.

5. PRÉCISER LE RÔLE DE L'ENSEIGNANT

La présentation de votre séance précise les objectifs, les prérequis, les activités des élèves... elle doit aussi décrire le rôle de l'enseignant.
Les consignes doivent être précisément formulées pour être comprises par l'ensemble des élèves. Elles doivent permettre à chacun d'eux de comprendre ce qui est attendu mais aussi pourquoi cette activité lui est proposée.

CONSEIL MÉTHODO

Votre enseignement doit être explicite. L'élève à qui on a expliqué quel objectif est visé par telle activité peut focaliser son attention sur ce qui va lui permettre d'atteindre cet objectif. Il devient partenaire de ses apprentissages.

Le rôle de l'enseignant s'adapte à l'activité des élèves : lors des temps d'échanges collectifs, il est conduit à réguler les prises de parole, à solliciter les « petits parleurs », à préserver l'implication de chacun dans l'activité.

1. https://www.cnesco.fr/events/event/numerique-et-apprentissages-scolaires/

Lors des temps de travail individuel, écrit, il peut circuler dans la classe et accompagner les élèves qui en auront besoin : aider l'élève à entrer dans la tâche, répondre aux sollicitations, guider la démarche, orienter vers un étayage indirect, c'est-à-dire renvoyer aux affichages, aux cahiers de leçons ou à tout autre outil disponible dans la classe, établir des connexions avec ce qui a été déjà fait en classe, rappeler, encourager...
L'enseignant identifie les obstacles et les difficultés que peuvent rencontrer les élèves. Ces dernières peuvent être liées :

› aux supports utilisés : par exemple, un texte de littérature jeunesse sera plus difficile à comprendre s'il contient des informations implicites.
› à la notion elle-même : par exemple, tel graphème complexe (/euil/, /ain/...) est plus difficile à lire que des graphèmes simples.

L'enseignant a soin d'adapter le travail demandé aux compétences des élèves par une **différenciation** des activités proposées ou un accompagnement plus ou moins individualisé. Plusieurs variables peuvent être ajustées : quantité, durée, supports adaptés : police et taille d'écriture, questions à choix multiple plutôt que phrases à rédiger, dictée à l'adulte, support imagé, accompagnement par un pair, présentation orale, individuelle, des consignes... Autrement dit, il s'agit lors de la phase de conception de la séance de réfléchir à comment rendre l'activité accessible à tous les élèves en prenant en compte le rythme de chacun et en variant les processus d'apprentissage.
Dans chaque temps d'apprentissage, l'enseignant peut faire reformuler, expliciter, justifier, argumenter.
Anticiper le rôle de l'enseignant lors de la phase de préparation d'une séance lui permet d'optimiser ses interactions avec les élèves en vue d'atteindre l'objectif fixé.
Connaitre la typologie des postures enseignantes établie par Dominique Bucheton[1] permet à l'enseignant d'affiner l'analyse de sa pratique et d'être vigilant quant à ses interactions avec la classe. Voici les différentes postures :

- **La posture de contrôle** vise à mettre en place un certain cadrage serré de la situation. L'enseignant cherche à faire avancer tout le groupe en synchronie.
- **La posture d'accompagnement** vise à apporter une aide ponctuelle, en partie individuelle, en partie collective, en fonction de l'avancée de la tâche et des obstacles à surmonter.
- **La posture du lâcher-prise** assigne aux élèves la responsabilité de leur travail et l'autorisation à expérimenter les chemins qu'ils choisissent.
- **La posture de sur-étayage ou contre-étayage** est une variante de la posture de contrôle. L'enseignant pour avancer plus vite, si la nécessité s'impose, peut aller jusqu'à faire à la place de l'élève.
- **La posture dite du « magicien »** permet à l'enseignant de capter momentanément l'attention des élèves par des jeux, des gestes théâtraux, des récits frappants.

D. Bucheton précise que les enseignants experts mobilisent cinq à sept d'entre elles tandis que les enseignants débutants n'en mobilisent le plus souvent que deux : contrôle et enseignement.

1. Dominique Bucheton, Yves Soulé, « Les gestes professionnels et le jeu des postures de l'enseignant dans la classe : un multi-agenda de préoccupations enchâssées », *Éducation et Didactique*, vol. 3 n° 3, octobre 2009.

6. ÉVALUER

Comme le précise le glossaire (voir annexe en fin d'ouvrage), il existe plusieurs types d'évaluations : l'évaluation diagnostique, formative et sommative. La forme de l'évaluation peut également varier : l'enseignant peut choisir d'évaluer lui-même, de faire s'auto-évaluer les élèves ou de les faire s'évaluer entre pairs. Quelle que soit l'évaluation choisie, elle se veut positive, c'est-à-dire qu'elle doit mettre en valeur les acquis et les progrès des élèves. L'évaluation mesure tout autant les compétences acquises que l'engagement dans la tâche. Par exemple, en production d'écrit, l'enseignant peut évaluer le respect de la consigne, les caractéristiques du type de texte concerné, le respect des normes syntaxiques et orthographiques mais aussi l'investissement de l'élève dans la tâche d'écriture et sa prise de risque par rapport aux idées énoncées. L'évaluation doit être claire et compréhensible par les élèves, en s'appuyant sur des critères précis, élaborés de préférence avec les élèves[1]. Elle doit être lisible par les familles et permettra de les informer des progrès réalisés par leur enfant. Enfin, elle constitue un acte pédagogique, autrement dit elle permet à l'enseignant d'ajuster son enseignement et son étayage, de mettre en place un accompagnement pédagogique individualisé afin de motiver chaque élève et de le faire progresser. L'erreur, élément constitutif des situations d'apprentissage, est à interroger par l'enseignant afin d'identifier la nature des difficultés rencontrées par les élèves. Il amène les élèves à identifier leurs erreurs, à les verbaliser afin d'en prendre conscience.

CONSEIL MÉTHODO

Les éléments indispensables pour concevoir une séance doivent figurer dans votre exposé :

- le domaine d'enseignement dans lequel s'inscrit la séance ;
- les objectifs de la séance ;
- les compétences visées ;
- les différentes phases de travail minutées ;
- la tâche des élèves pour chaque activité ;
- le rôle de l'enseignant ;
- l'anticipation des difficultés des élèves, et si nécessaire la part de différenciation ;
- les modalités de travail ;
- la prise en compte de la dimension matérielle de la séance (supports divers, traces écrites...) ;
- la rédaction des consignes et des synthèses écrites ;
- les modalités d'évaluation prévues.

1. Pour la maternelle, vous pouvez consulter les propositions d'observables d'indicateurs de progrès dans les ressources Eduscol : https://eduscol.education.fr/document/5641/download?attachment

C - MÉTHODOLOGIE DE L'ÉPREUVE PAS À PAS

Vous disposez d'une heure pour concevoir votre séance et mettre en forme vos notes pour l'exposé : il s'agit d'optimiser ce temps très court en procédant de manière organisée et méthodique. Nous vous proposons de procéder en 7 étapes. Leurs durées sont indicatives et peuvent être adaptées en fonction de vos différentes compétences.

10 min Étape 1. Lecture et analyse du sujet et des documents

Prenez le temps de bien comprendre le sujet, d'identifier le niveau et le domaine du français concerné, éléments essentiels pour ne pas faire un hors sujet et pour concevoir avec précision l'objectif visé dans votre séance. Tous ces éléments sont présents dans le libellé du sujet. Vous devez ensuite lire les documents en vous demandant ce qu'ils vont vous apporter pour construire votre séance. Les principales informations que vous en retirerez seront présentées dans l'introduction. Vous n'êtes pas obligé de vous servir de l'ensemble de chaque document. Par exemple, s'il s'agit d'un manuel scolaire, vous pouvez reprendre la démarche du document ou seulement un exercice présent dans le manuel.
S'il s'agit d'un document théorique, vous pouvez vous en servir pour justifier l'un de vos choix didactiques ou pédagogiques ou fonder toute votre séance sur les idées présentes dans le document. En revanche si vous écartez un document ou en faites une utilisation moindre, vous devez le justifier. De plus, comme l'indique la note de commentaire du 21 octobre 2021, vous pouvez vous servir de documents de votre connaissance, c'est-à-dire qui ne sont pas présents dans le dossier : par exemple, vous pourrez bâtir votre séance de compréhension sur une œuvre de littérature de jeunesse que vous connaissez et qui n'est pas mentionnée dans le dossier.

10 min Étape 2. Insertion de la séance dans la séquence et progression

Même si l'épreuve consiste en la présentation d'une seule séance, il est nécessaire de placer cette dernière au sein d'une séquence dans laquelle elle prend tout son sens et de l'articuler logiquement aux autres séances pour viser un objectif général. En outre, cela vous permet de réfléchir aux prérequis nécessaires à votre séance et aux prolongements de cette dernière.

15 min Étape 3. Déterminer précisément l'objectif de la séance, ses phases et son évaluation (si nécessaire)

Une fois la séquence bâtie, vous pouvez réfléchir à la séance que vous allez présenter. Commencez par déterminer son objectif (Que voulez-vous que les élèves aient appris à la fin de la séance ?), puis les sous-objectifs de chaque phase de votre séance. Vous devez également décider si vous procédez à une évaluation au sein de la séance. Il faut alors vous interroger sur le type d'évaluation que vous mettrez en place et déterminer précisément les critères de réussite. Une fois votre objectif déterminé, vous pouvez réfléchir aux différentes phases nécessaires pour l'atteindre, qui vous donnent les sous-objectifs de votre séance.

10 min Étape 4. Choisir les activités et les supports

Pour chaque sous-objectif de votre séance, déterminez l'activité la plus efficace pour l'atteindre, ainsi que les supports sur lesquels vous allez vous appuyer. Veillez à ce que les activités que vous proposez soient en cohérence avec l'objectif à atteindre.

Étape 5. Réfléchir aux modalités de mise en œuvre/pédagogiques et au rôle de l'enseignant

Pour chaque phase de la séance, il faut choisir une modalité de travail (écrit, oral, travail individuel ou en groupe, etc.). Afin de maintenir l'attention et la motivation des élèves, il convient de varier ces modalités tout au long de la séance.
Il vous reste à déterminer le rôle de l'enseignant lors des différentes activités. Vous devez réfléchir aux besoins des élèves et aux difficultés qu'ils pourraient rencontrer lors de ces activités et en déduire le rôle de l'enseignant : différenciation, étayage...

Étape 6. Mise en forme des notes pour l'exposé

Vous n'aurez pas le temps de rédiger l'introduction et la conclusion mais nous vous conseillons de lister les éléments qu'elles doivent contenir.

- **Contenu de l'introduction**
  - Présentation de la séance : niveau, domaine du socle, domaine du français, période, situation dans la séquence
  - Présentation succincte et analytique des documents
  - Explicitation de l'objectif général de la séance, de l'enjeu d'apprentissage et des compétences visées
- **Contenu de la conclusion**
  - Rappel succinct de la démarche de la séance pour atteindre l'objectif
  - Prolongements possibles à la séance/ou remédiation/adaptation prévues

L'exposé consiste à présenter le déroulé de la séance en précisant les consignes données par l'enseignant, la nature des activités proposées et la tâche des élèves, le rôle de l'enseignant.

Étape 7. Préparer l'entretien

Vous devez être capable de justifier tous vos choix didactiques et pédagogiques en vous appuyant sur vos connaissances personnelles (programmes, expériences de classe, savoirs disciplinaires) et sur les documents fournis dans le dossier. Il est nécessaire de réfléchir aux justifications de vos divers choix didactiques et pédagogiques pendant la phase de préparation de l'épreuve, et ainsi anticiper les éventuelles questions du jury. À l'issue de votre exposé, vous devez :

› être capable de justifier vos choix didactiques et pédagogiques ;
› avoir réfléchi aux autres séances de la séquence ;
› être capable de justifier le recours ou non au dossier, voire l'ajout d'autres éléments dans la séance ;
› avoir réfléchi à des variables didactiques et pédagogiques.

D - UN EXEMPLE DE SUJET INÉDIT CORRIGÉ

Nous vous proposons un sujet inédit afin de mettre en œuvre la méthodologie présentée précédemment. Nous vous conseillons d'essayer de faire le sujet avant de prendre connaissance du corrigé.

1. LE SUJET

À partir du corpus proposé, vous concevrez une séance portant sur l'acquisition de procédures pour mieux comprendre un texte littéraire en classe de CM2. La séance se déroule au début de la première période et s'inscrit dans une séquence visant la compréhension des nouvelles à chute. Vous détaillerez le déroulement de cette séance en explicitant vos choix didactiques et pédagogiques.

Document 1. *Soupçon*, in *Histoires pressées*, Bernard Friot, © Éditions Milan, 1988.

J'ai tout de suite compris qu'il s'était passé quelque chose de grave. Dès que je l'ai vu. Il avait sauté sur mon lit et il se léchait les babines d'une manière qui m'a semblé bizarre. Je ne saurais expliquer pourquoi, mais ça me semblait bizarre. Je l'ai regardé attentivement, et lui me fixait avec ses yeux de chat incapables de dire la vérité.
Bêtement, je lui ai demandé :
– Qu'est-ce que tu as fait ?
Mais lui, il s'est étiré et a sorti ses griffes, comme il fait toujours avant de se rouler en boule pour dormir.

Inquiet, je me suis levé et je suis allé voir le poisson rouge dans le salon. Il tournait paisiblement dans son bocal, aussi inintéressant que d'habitude. Cela ne m'a pas rassuré, bien au contraire. J'ai pensé à ma souris blanche. J'ai essayé de ne pas m'affoler, de ne pas courir jusqu'au cagibi où je l'ai installée. La porte était fermée. J'ai vérifié cependant si tout était en ordre. Oui, elle grignotait un morceau de pain rassis, bien à l'abri dans son panier d'osier.
J'aurais dû être soulagé mais en regagnant ma chambre, j'ai vu que la porte du balcon était entrouverte. J'ai poussé un cri et mes mains se sont mises à trembler. Malgré moi, j'imaginais le spectacle atroce qui m'attendait. Mécaniquement, à la façon d'un automate, je me suis avancé et j'ai ouvert complètement la porte vitrée du balcon.
J'ai levé les yeux vers la cage du canari suspendue au plafond par un crochet. Étonné, le canari m'a regardé en penchant la tête d'un côté, puis de l'autre. Et moi, j'étais tellement hébété qu'il m'a fallu un long moment avant de comprendre qu'il ne lui était rien arrivé, qu'il ne lui manquait pas une plume.
Je suis retourné dans ma chambre et j'allais me rassoir à mon bureau lorsque j'ai vu le chat soulever une paupière et épier mes mouvements. Il se moquait ouvertement de moi.
Alors, j'ai eu un doute. Un doute horrible. Je me suis précipité dans la cuisine et j'ai hurlé quand j'ai vu...
Le monstre, il a osé ! Il a dévoré...
Je me suis laissé tomber sur un tabouret, épouvanté, complètement anéanti. Sans y croire, je fixais la table, l'assiette retournée... Il a dévoré mon gâteau au chocolat !

Document 2. Ressources Eduscol cycle 3, Lecture et compréhension de l'écrit, « Les stratégies de compréhension », https://cache.media.eduscol.education.fr/file/Lecture_Comprehension_ecrit/87/6/RA16_C3_FRA_04_lect_comp_strat_N.D_612876.pdf

Rappel des stratégies du lecteur expert

Enseigner la compréhension consiste à doter les élèves des stratégies du lecteur expert, à savoir :

- assigner un but à son activité avant de commencer la lecture en s'interrogeant sur la ou les raisons qui amènent à lire un texte particulier (apprendre, s'informer, etc.);
- s'intéresser aux relations causales;
- fabriquer une représentation mentale de ce qui est lu;
- déterminer ce qui est important et le mémoriser;
- répondre à des questions et savoir s'en poser tout seul;
- produire des inférences;
- utiliser ses connaissances antérieures;
- prévoir la suite;
- résumer;
- contrôler et réguler sa compréhension.

Document 3. François Jarraud, « Cnesco Ifé : J.-L. Dufays : Comment développer les compétences en lecture littéraire ? », *Le café pédagogique*, 17 mars 2016.

Un va-et-vient entre plaisir et interprétation

J.-L. Dufays attend beaucoup de la lecture littéraire. Elle doit redonner du goût à l'enseignement de la lecture et de la littérature, donner aux élèves une capacité réflexive sur leurs lectures, faire de la classe un espace de partage et de construction commune.

La notion de lecture littéraire repose sur l'idée d'un va-et-vient entre la distanciation (lecture analytique, interprétation savante) et la participation (lecture « ordinaire », subjective). Les jeunes doivent à la fois s'immerger dans des textes qui leur plaisent et apprendre à les analyser et les interpréter. Elle vise le rapport à la littérature, l'ouverture à la diversité et l'acquisition de référents et de prototypes. Ce mouvement veut prendre en compte toute la richesse du rapport à la littérature et faire acquérir des référents pour que l'élève crée sa culture personnelle.

Elle suppose une attention à l'activité de l'élève lecteur et une conception de la classe comme communauté interprétative. C'est une manière de lire à installer et pas une compétence.

Se projeter dans les personnages

Comment développer la lecture littéraire ? J.-L. Dufays invite à utiliser les lectures des élèves et à stimuler la participation affective et le rapport imaginaire au texte. En même temps, et c'est le côté distanciation, il demande un travail réflexif sur le processus de lecture, une initiation au repérage des genres et à l'évaluation des textes.

« Il faut amener les élèves à se projeter dans les personnages », dit J.-L. Dufays, « mais aussi travailler tout ce qui stimule la réflexivité sur la lecture ». Par exemple il recommande la technique du dévoilement progressif où on peut jouer sur l'interaction entre lecture et écriture et inviter les élèves aux échanges sur ce qu'ils ont compris du texte.

2. LE CORRIGÉ

Reprenons la méthode en 7 étapes pour suivre celle-ci pas à pas.

Étape 1. Lecture et analyse du sujet et des documents

Le domaine concerné par ce sujet est la compréhension d'un texte littéraire. Il s'agit d'analyser le texte de Bernard Friot pour déterminer s'il nécessite un travail de compréhension littérale, fine et/ou d'interprétation. Il s'agit également de déterminer les difficultés de compréhension que pourraient rencontrer des élèves de CM2 à la lecture de ce texte.
Le **document 1** est une nouvelle extraite du recueil *Histoires pressées* de B. Friot. Il s'agit d'une nouvelle à chute, écrite à la première personne (ce qui facilite l'identification du lecteur). Elle comporte une structure répétitive (chaque épisode est similaire) avec une progression de la peur du narrateur, jusqu'à la chute finale. Elle repose sur la volonté de piéger le lecteur : l'auteur fait croire au lecteur que le chat a commis un horrible méfait.
Le **document 2**, ressource Eduscol, précise les stratégies à travailler avec les élèves pour les amener à comprendre des textes de manière distanciée et autonome.
Le **document 3** est un article de J.-L. Dufays intitulé « Comment développer les compétences en lecture littéraire ? » ; il présente un des aspects de la lecture littéraire, qui nécessite un va-et-vient entre l'investissement affectif des élèves et la distanciation réflexive qui leur permet d'analyser le texte. Il insiste également sur le fait que la lecture littéraire doit être à la fois personnelle et partagée au sein de la classe.

Étape 2. Insertion de la séance dans la séquence et progression

La séance à concevoir s'inscrit dans la séquence suivante dont le contenu est présenté de manière succincte :

- Séance 1 - Découverte de la nouvelle *Soupçon* jusqu'à « j'ai hurlé quand je l'ai vu » et hypothèses sur la fin. Questions visant la compréhension globale de l'œuvre (narrateur, personnages, principales actions). Débat interprétatif et dévoilement de la fin.
- Séance 2 - Travail sur les procédés utilisés par l'auteur pour piéger le lecteur, la création du suspens et en particulier la progression du sentiment de peur du narrateur
- Séance 3 - Insertion d'un nouvel épisode dans la nouvelle
- Séances 4 - Lecture et compréhension d'autres nouvelles à chute : *Cœur de lion* de R. Boudet ; *Enquête* de B. Friot

Étape 3. Déterminer précisément l'objectif de la séance, ses phases, son évaluation (si nécessaire)

REMARQUE

Les étapes 3, 4 et 5 correspondent aux trois colonnes (consigne, tâche des élèves, rôle de l'enseignant) de la fiche de préparation qui suit. Nous avons choisi de formaliser le déroulement et les différents éléments de la séance dans une fiche de préparation afin de rester au plus près de la pratique de classe. Elle vous permettra également de présenter facilement ces différents éléments lors de l'exposé.

Étape 4. Choisir les activités et les supports

Étape 5. Réfléchir aux modalités de mises en œuvre/pédagogiques et au rôle de l'enseignant

SÉANCE - La lecture littéraire

DATE : Fin septembre

DOMAINE DU SOCLE COMMUN : 1

NIVEAU DE CLASSE : CM2

NOMBRE D'ÉLÈVES : 23

SÉANCE N° : 2

DURÉE : 50 minutes

PLACE DE LA SÉANCE DANS LA SÉQUENCE :
Séance 1 - Découverte de la nouvelle *Soupçon* de B. Friot jusqu'à « j'ai hurlé quand je l'ai vu » et hypothèses sur la fin - Questions visant la compréhension globale de l'œuvre (narrateur, personnages, principales actions) - Débat interprétatif et dévoilement de la fin
Séance 2 - Travail sur les procédés utilisés par l'auteur pour piéger le lecteur, la création du suspens et en particulier la progression du sentiment de peur du narrateur
Séance 3 - Insertion d'un nouvel épisode dans la nouvelle
Séance 4 - Lecture et compréhension d'autres nouvelles à chute : *Cœur de lion* de R. Boudet ; Enquête de B. Friot

INTITULÉ DE LA SÉQUENCE :
Comprendre une nouvelle à chute

OBJECTIFS DE LA SÉANCE :
Comprendre une nouvelle à chute (les procédés utilisés par l'auteur pour piéger le lecteur).

PRÉREQUIS :
Avoir découvert la nouvelle *Soupçon* de B. Friot.
Savoir ce qu'est un narrateur.

COMPÉTENCES VISÉES :
Comprendre les sentiments du personnage : progression de la peur à chaque épisode.
Comprendre ce qu'est une chute.
Confronter son point de vue avec ses pairs.
Relever des indices textuels.

MATÉRIEL – SUPPORTS :
La nouvelle *Soupçon* de B. Friot ; tableau de lecture globale de l'œuvre (phase 2).

Épisodes	Que fait le narrateur ?	Que ressent le narrateur ?	Justification/indice relevé dans le texte
Début dans la chambre			
Poisson rouge dans le salon			
Souris blanche dans le cagibi			
Canari sur le balcon			
Fin dans la cuisine			

PHASE 1 **DURÉE PRÉVUE :** 5 minutes **MODALITÉ :** oral/collectif		
Consigne	**Tâche des élèves**	**Rôle de l'enseignant**
<u>Rappel de la séance précédente</u> Les élèves ont émis des hypothèses sur le méfait du chat et ont été amenés à identifier la chute, définie comme une fin inattendue. *Nous avons lu la nouvelle de B. Friot :* Soupçon. *Qu'avez-vous ressenti à la lecture de ce texte ?*	Les élèves répondent de manière spontanée à la question.	Préciser les réponses des élèves, encourager et aider ceux qui n'osent pas s'exprimer ou ceux qui ne savent pas comment exprimer ce qu'ils ont ressenti.
Critères de réussite : Être capable d'exprimer un ressenti face à une œuvre littéraire.		
REMARQUES *Il est stipulé dans les programmes de s'interroger sur les modalités du suspens et d'imaginer des possibles narratifs, d'où le choix de leur faire inventer la fin.* *Il est important de partir du ressenti des élèves lors d'une séance de lecture littéraire pour engager la « participation affective » de l'élève (cf. doc 3).*		

PHASE 2
DURÉE PRÉVUE : 15 minutes
MODALITÉ : écrit/individuel

Consigne	Tâche des élèves	Rôle de l'enseignant
<u>Travail sur la structure de la nouvelle : les différents épisodes</u> *Que se passe-t-il dans ce texte ? Afin de repérer les principales actions, trouvez les différents lieux et les personnages de la nouvelle. Vous travaillez seuls. Vous avez 5 minutes.* <u>Correction collective</u> Élaboration de la première colonne du tableau de lecture globale (voir tableau ci-après). Après discussion émerge la notion d'épisode : à chaque fois, un lieu nouveau associé à un animal. Demander de quel type d'animal il s'agit.	Les élèves surlignent dans le texte les lieux et entourent le nom des animaux. Ils donnent leurs réponses et se mettent d'accord pour remplir la première colonne du tableau. Ils concluent que les animaux convoqués sont des victimes potentielles du chat. La chute joue sur le fait que le méfait commis ne concerne pas un animal mais un gâteau au chocolat.	Passer dans les rangs et aider les élèves qui le sollicitent. Rappeler la consigne. Valider les réponses, demander aux élèves de justifier leur propos.

Critères de réussite :
Être capable de :
- repérer les principales actions d'un texte, sa structure ;
- échanger avec ses pairs, écouter les autres et donner son avis, argumenter.

REMARQUE
Pour comprendre un texte littéraire, il convient de s'intéresser aux personnages et à leurs relations ainsi qu'aux principales actions (cf. programmes).

Tableau de lecture globale de l'œuvre (phase 2)

Épisodes	**Que fait le narrateur ?**	**Que ressent le narrateur ?**	**Justification/ indice relevé dans le texte**
Début dans la chambre			
Poisson rouge dans le salon			
Souris blanche dans le cagibi			
Canari sur le balcon			
Fin dans la cuisine			

PHASE 3
DURÉE PRÉVUE : 15 minutes
MODALITÉ : en groupes/écrit et oral

Consigne	**Tâche des élèves**	**Rôle de l'enseignant**
<u>Travail sur un procédé utilisé par l'auteur : les sentiments du personnage</u> *Vous allez vous mettre par groupes de 4 et chaque groupe va remplir une ligne du tableau et ensuite on mettra vos réponses en commun.* *Je vais vous expliquer les différentes entrées du tableau.*	Les élèves relisent le passage concerné, discutent au sein du groupe, se mettent d'accord et remplissent les cases vierges du tableau.	Passer dans les différents groupes, répondre aux différentes questions.

Critères de réussite :
Être capable de relever des indices textuels, de synthétiser des informations explicites.

Différenciation :
Prévoir une liste de mots sur le lexique de la peur pour les élèves ne parvenant pas à trouver le mot juste (inquiétude, frayeur, soupçon, terreur, horreur...).

REMARQUES

Travailler sur les procédés utilisés par l'auteur permet de travailler sur la distanciation par rapport à l'œuvre littéraire. Elle développe une attitude réflexive chez le lecteur (cf. doc 2 et 3).

Le travail avec un tableau mettant en relation les personnages et leurs réactions, les lieux et les actions du texte permet de travailler la compréhension globale de l'œuvre.

PHASE 4
DURÉE PRÉVUE : 15 minutes
MODALITÉ : individuel/oral/collectif

Consigne	Tâche des élèves	Rôle de l'enseignant
Correction collective du tableau Une fois le tableau corrigé (voir tableau renseigné ci-après), poser la question suivante : *Observez l'avant-dernière colonne du tableau : quelle remarque pouvez-vous faire ?* Après discussion, faire un lien avec la fin de l'histoire pour amener les élèves à comprendre ce qu'est une chute : insister sur la structure répétitive avec une progression du sentiment de peur du narrateur à chaque épisode pour piéger le lecteur avec une fin décalée.	Les élèves observent le tableau et discutent ensemble sur les procédés utilisés par l'auteur pour piéger le lecteur.	Mener la discussion, valider ou invalider les réponses, demander des justifications aux élèves.

Critères de réussite :
Être capable de :
- interpréter un relevé et un tableau ;
- échanger entre pairs.

REMARQUE

Dans le cadre de la lecture littéraire, il est préférable de poser des questions ouvertes afin de laisser la place à l'interprétation des élèves. L'enseignant pourra par la suite préciser la question (ici : Quelle remarque pouvez-vous faire sur l'évolution des sentiments du narrateur ?*).*

Tableau de lecture globale de l'œuvre renseigné lors de la correction collective (phase 4)

Épisodes	Que fait le narrateur ?	Que ressent le narrateur ?	Justification/ indice relevé dans le texte
Début dans la chambre	Conscience d'un danger	Soupçon	« bizarre »
Poisson rouge dans le salon	Va voir le bocal	Inquiétude	« inquiet »
Souris blanche dans le cagibi	Court au cagibi	Inquiétude	« pas rassuré »
Canari sur le balcon	N'ose pas aller voir	Frayeur	« cri » « mains qui tremblent »
Fin dans la cuisine	Se précipite	Horreur	« j'ai hurlé », « épouvanté », « anéanti »

10 min Étape 6. Mise en forme des notes pour l'exposé

Vous n'aurez pas le temps de rédiger votre exposé mais nous vous conseillons de lister (voire de rédiger) les éléments qui figureront dans votre introduction et votre conclusion. Le format de la fiche de préparation que nous vous proposons pour préparer votre exposé sera un support utile pour présenter votre séance au jury.
Voici un exemple d'introduction et de conclusion rédigées.

◆ **Introduction**

La séance que je vais vous présenter concerne l'enseignement de la compréhension et plus particulièrement l'acquisition de procédures pour mieux comprendre un texte en classe de CM2 et elle s'inscrit dans une séquence visant la compréhension des nouvelles à chute. Elle se déroule au milieu de la période 1. Pour la construire, je me suis appuyée sur le corpus de documents fournis par le dossier. Le texte de Bernard Friot intitulé *Soupçon* (**document 1**) est une nouvelle : ses principaux intérêts littéraires sont la narration à la première personne du singulier, la structure répétitive, la chute, le jeu avec le lecteur (qui représente la principale difficulté de ce texte). Le **document 2**, ressource Eduscol, précise les stratégies à travailler avec les élèves pour les amener à comprendre des textes de manière distanciée et autonome. Le **document 3** présente un des aspects de la lecture littéraire, qui selon J.-L. Dufays nécessite un va-et-vient entre l'investissement affectif des élèves et la distanciation réflexive qui leur permet d'analyser le texte. Il insiste également sur le fait que la lecture littéraire doit être à la fois personnelle et partagée au sein de la classe. La séance a une durée de 50 minutes. Il s'agit de la deuxième séance de la séquence ; lors de la séance 1, les élèves ont découvert la nouvelle jusqu'à « j'ai hurlé quand j'ai vu » et ont imaginé la fin de la nouvelle. L'objectif général de cette séance est de rendre les élèves capables de comprendre les procédés utilisés par l'auteur pour piéger le lecteur dans une nouvelle à chute. Plus précisément, les sous-objectifs de cette séance sont de rendre l'élève capable de :

- comprendre les sentiments du personnage : progression de la peur à chaque épisode ;
- comprendre ce qu'est une chute ;
- confronter son point de vue avec celui de ses pairs ;
- relever des indices textuels.

Voici le déroulé et les composantes didactiques et pédagogiques de cette séance.

◆ **Conclusion**

Cette séance de compréhension d'un texte littéraire en CM2 a permis aux élèves un va-et-vient entre une participation affective et une distanciation réflexive. Ils ont pu comprendre les procédés utilisés par l'auteur pour piéger le lecteur dans une nouvelle à chute. Ils ont été amenés à échanger sur cette œuvre, créant ainsi une communauté interprétative. Dans la séance suivante, il sera proposé aux élèves d'insérer un nouvel épisode au sein de la nouvelle afin de vérifier s'ils ont bien compris la structure répétitive de la nouvelle. Enfin, d'autres nouvelles à chute seront analysées afin que les élèves puissent ressentir à la fois le plaisir de découverte « naïve » et le plaisir intellectuel de comprendre comment l'auteur les a piégés.

Étape 7. Préparer l'entretien

Les « remarques » présentes dans la fiche de préparation pourront être utilisées lors de l'entretien. Elles précisent ou justifient les choix didactiques et pédagogiques effectués tout au long de la séance.

◆ **Questions du jury**

Vous avez fait le choix d'une lecture individuelle silencieuse. Comment pourriez-vous faire découvrir la nouvelle aux élèves qui ont encore des difficultés à lire seuls ?

L'enseignant peut choisir de faire une lecture magistrale : les élèves, n'ayant pas à fournir d'efforts pour le déchiffrage, peuvent se concentrer davantage sur la compréhension du texte. De plus, le ton utilisé par l'enseignant lors de sa lecture est une aide supplémentaire à la compréhension. Pour les élèves en grande difficulté, l'enseignant peut résumer l'œuvre avant la découverte du texte, en insistant sur les éléments essentiels : le narrateur, les autres personnages, le lieu, les principales actions.

Vous faites un travail en groupes, la lecture n'est-elle pas une activité individuelle ?

S'il est important que la découverte de l'œuvre se fasse de manière individuelle afin que chaque élève puisse se faire sa propre représentation mentale, on sait que la discussion collective autour d'une œuvre permet un accès à la compréhension plus large. Les échanges entre les élèves sur ce qu'ils ont compris du texte ou sur les stratégies qu'ils ont utilisées pour le comprendre sont très fructueux. Dans le document 3, J.-L. Dufays insiste sur l'importance de créer cette communauté interprétative.

Combien d'œuvres devez-vous travailler en CM2 ? Dans cette séquence, vous avez étudié une œuvre courte, une nouvelle. Quelles autres œuvres choisiriez-vous pour travailler la lecture littéraire avec des CM2 ?

En CM2 doivent être étudiés 4 ouvrages de littérature de jeunesse et 3 œuvres du patrimoine. Mon choix des œuvres étudiées pourra être guidé par la « Liste de référence cycle 3 » consultable sur Eduscol, en m'appuyant sur le document mis à jour en février 2022 : « Les notices des ouvrages de la liste de référence cycle 3 ». Je pourrais choisir une œuvre romanesque plus longue : *La Villa d'en face* de P.-L. Boileau et T. Narcejac. Ce roman policier permettra de continuer à travailler sur le suspens. Il permet d'appréhender le

genre policier. Les deux enquêteurs étant des enfants, les élèves entrent plus facilement dans cette œuvre en s'identifiant aux personnages.
Il serait également intéressant d'étudier une œuvre théâtrale afin de montrer aux élèves les spécificités de ce genre littéraire (par rapport au roman et à la poésie) : par exemple, *La Jeune Fille, le Diable et le Moulin* d'O. Py. Cette œuvre permettra d'aborder la notion d'intertextualité avec les élèves et de travailler sur un texte patrimonial (le conte des frères Grimm, *La Jeune Fille sans mains*) et de travailler sur les valeurs du bien et du mal.

E - CONSEILS POUR VOUS PRÉPARER À LA LEÇON

1. ACQUÉRIR DES CONNAISSANCES

a) Les savoirs didactiques

Vous devez maitriser le vocabulaire didactique ainsi que les notions liées aux 4 domaines du français : la lecture, l'oral, l'écriture, l'étude de la langue.

ATTENTION !

Il est indispensable de maitriser les termes présentés dans le glossaire en fin d'ouvrage et indiqués en orange dans chaque sujet : activité, compétence, démarche, didactique, différenciation, étayage, évaluation, institutionnalisation, objectif, pédagogie, phase, programmation, progression, remédiation, séance, séquence et tâche.

Il est également nécessaire que vous ayez des connaissances disciplinaires, comme les caractéristiques des différents types de textes, les règles d'accord du participe passé, les différents types de phrases. Pensez à vous appuyer sur toutes les connaissances acquises en vous préparant à l'épreuve écrite du CRPE. Nous vous conseillons d'organiser vos révisions par domaine du français et par cycle : par exemple, vous révisez le langage en maternelle et le langage oral aux cycles 2 et 3. Puis vous passez à l'écriture : le graphisme en maternelle et la production écrite aux cycles 2 et 3, et ainsi de suite pour mieux percevoir la progressivité des apprentissages et la progression au fil des cycles.

b) Les programmes officiels et les documents institutionnels

Même si le dossier peut comprendre des textes officiels, comme le précise la note de commentaire du 21 octobre 2021, vous devez avoir une bonne connaissance :

- du programme officiel pour les 3 cycles, notamment des attendus de fin de cycle, mais aussi des attendus de fin d'année pour chaque niveau[1] ;

1. La partie « connaissances didactiques pédagogiques à mobiliser » placée en début de chaque corrigé s'appuie sur le Programme en vigueur en septembre 2024. À compter de la rentrée 2025, le Programme officiel faisant autorité correspondra à l'arrêté du 22 octobre 2024 fixant les programmes d'enseignement pour le développement et la structuration du langage oral et écrit et pour l'acquisition des premiers outils mathématiques de l'école maternelle (cycle 1) et de français et de mathématiques du cycle des apprentissages fondamentaux (cycle 2).

- des différents guides institutionnels[1] (cycle 1 : « Pour enseigner le vocabulaire à l'école maternelle » et « Pour préparer l'apprentissage de la lecture et de l'écriture à l'école maternelle »; cycle 2 : « Pour enseigner la lecture et l'écriture au CP » et « Pour enseigner la lecture et l'écriture au CE1 »; cycle 3 : « La compréhension au cours moyen »).

Ces connaissances vous permettront de déterminer des objectifs précis et en cohérence avec les attentes institutionnelles. Vous pourrez également y trouver les démarches spécifiques à chaque domaine du français. De plus, les programmes comprennent des tableaux proposant des pistes de supports et d'activités en lien avec les compétences à acquérir. Ces derniers vous seront d'une aide précieuse pour trouver des activités pour votre séance. Il est donc fortement conseillé de fréquenter assidument les programmes pendant votre préparation au concours. Pour vous aider, vous trouverez en début de chaque sujet corrigé un condensé des programmes et des ressources institutionnelles, sous l'intitulé « A - Connaissances didactiques et pédagogiques à mobiliser ».

c) La culture littéraire

La littérature de jeunesse est l'un des supports privilégiés pour l'apprentissage du français. Il vous est recommandé de vous forger une culture des œuvres de littérature de jeunesse. Pour vous guider, vous pouvez vous reporter aux trois listes d'œuvres préconisées par le ministère de l'Éducation nationale. Ce dernier a publié en 2021 une notice des ouvrages de la liste de référence de 2018[2] qui comporte, pour chaque œuvre référencée, un résumé ainsi que les intérêts littéraires et pédagogiques de l'œuvre. Elle constitue une ressource pour choisir et analyser les œuvres littéraires à faire découvrir aux élèves.

d) Les compétences professionnelles

Tout ce que vous avez pu observer ou apprendre lors de vos différentes pratiques professionnelles ou en visionnant des vidéos vous sera très utile pour concevoir la séance à présenter ou pour justifier vos choix didactiques ou pédagogiques lors de l'entretien. Les activités que vous proposez doivent être adaptées à l'âge et au niveau des élèves. Vous devez montrer que vous possédez une connaissance des contraintes réelles liées à la classe et que vous êtes en mesure de vous y adapter[3].

2. S'ENTRAINER À CONCEVOIR DES SÉANCES

Dans l'ouvrage, vous trouverez 15 sujets conformes aux attentes du jury depuis la session 2022. Ces sujets corrigés sont complétés par 2 sujets à télécharger sur Lea.fr (voir p. 7). Ces sujets sont classés en fonction des 4 domaines du français afin de vous montrer des exemples de démarches différentes selon le domaine concerné. Après avoir étudié la méthodologie de l'épreuve, nous vous conseillons de faire les sujets pas à pas, seul(e), et de vous autocorriger ensuite. Nous vous proposons une correction sous forme de fiche de préparation pour rester au plus près de votre future pratique de professeur des écoles, avec une introduction et une conclusion rédigées. Le jour de l'examen, vous n'aurez pas

1. Tous les guides institutionnels sont disponibles sur Eduscol : https://eduscol.education.fr/3107/guides-fondamentaux-pour-l-enseignement
2. https://eduscol.education.fr/document/11999/download
3. Vous pouvez consulter la Banque de séquences didactiques (BSD) qui propose de nombreuses vidéos commentées par des enseignants, des inspecteurs de l'Éducation nationale, des formateurs de l'INSPE : https://www.reseau-canope.fr/BSD/index.aspx

le temps nécessaire pour détailler aussi précisément votre fiche de préparation que ce qui est présenté ici. Toutefois, un entrainement régulier à cette épreuve en utilisant ce modèle vous permettra d'en mémoriser les différents constituants et donc de ne rien oublier. Cet outil vous sera aussi très utile dans votre future pratique professionnelle, une bonne habitude à prendre dès à présent! Pour l'épreuve orale, l'objectif est double : vous permettre d'accroitre vos connaissances didactiques et pédagogiques en détaillant les différents éléments de chaque séance proposée, et vous apporter une proposition de réponse au sujet et des éléments de réponses aux questions du jury qui peuvent porter sur la présentation. Enfin, pour tester vos connaissances, des questions complémentaires du jury vous attendent dans l'ouvrage et sur Lea.fr.

3. RÉUSSIR LA PRESTATION ORALE : L'EXPOSÉ ET L'ENTRETIEN

Le jury évaluera le contenu de votre exposé mais il sera également très sensible à votre manière de vous présenter et de vous exprimer. Il est donc très important de vous entrainer à l'oral pour parvenir à vous exprimer clairement et à respecter le temps imparti pour l'exposé (de 10 à 15 minutes).

a) Le comportement

Il convient d'adopter une attitude appropriée pour un oral de recrutement de professeurs des écoles : une attitude neutre et respectueuse aussi bien dans le choix de la tenue vestimentaire que dans l'attitude générale et la manière d'être lors de la prestation orale. Tenez-vous droit, maitrisez les gestes répétitifs qui traduisent votre stress (pieds ou jambes qui bougent...).

b) L'expression

Exprimez-vous de manière audible, sans parler trop vite, en évitant les tics de langage (*euh*, *ben*, *en fait*...). Veillez à vous exprimer correctement en bannissant le langage familier et les imprécisions lexicales (vous devez maitriser le vocabulaire didactique).
Soyez précis et concis. Vous ne pourrez pas détailler toutes vos idées et l'entretien est justement l'occasion pour le jury de revenir sur certains de vos propos.
Mettez en évidence les éléments essentiels de votre exposé en modulant le ton de votre voix. Marquez également les articulations de votre exposé pour permettre au jury de se repérer et de suivre votre propos. Annoncez le plan de votre exposé en introduction et suivez-le scrupuleusement.
Détachez-vous de vos notes pour présenter votre séance de manière vivante et convaincante.
Utilisez la communication non verbale pour appuyer vos propos.
Gérez votre temps de parole pour montrer au jury que vous maitrisez l'exercice.

c) Les aptitudes de communication

L'entretien a pour but d'évaluer votre aptitude à entrer en communication, c'est-à-dire à écouter, à répondre à des questions, à faire évoluer votre pensée. Appuyez-vous sur vos connaissances (didactiques, pédagogiques, textes officiels) et sur votre expérience personnelle et professionnelle. N'hésitez pas à convoquer des exemples concrets issus de votre pratique ou de vidéos que vous aurez pu visionner pour appuyer vos propos. Soyez dans l'écoute et dans l'échange : regardez le jury, montrez votre envie de communiquer, votre ouverture d'esprit et votre intérêt pour le métier. Projetez-vous en tant que professeur des écoles pour montrer au jury que vous êtes prêt à enseigner. Mettez en avant vos qualités pédagogiques (accompagnement différencié pour amener chaque élève à progresser, confiance dans la perfectibilité de chacun, bienveillance, écoute, viser l'autonomisation des élèves...).

REMARQUES

Si vous n'avez pas compris une question posée par le jury, n'hésitez pas à la faire reformuler.

Si vous ne connaissez pas la réponse à une question, prenez un temps de réflexion (qui ne doit pas être trop long) et proposez une réponse en essayant de définir les termes de la question, en faisant un parallèle avec une autre situation, en vous référant à votre pratique de classe.

Si le jury vous interroge sur le bien-fondé de l'une de vos idées, évitez les réactions extrêmes (c'est-à-dire revenir totalement sur votre idée ou la maintenir coute que coute) : essayez de comprendre pourquoi le jury revient sur cette idée, réexpliquez celle-ci en prenant en compte la remarque du jury. Par exemple, si le jury vous fait remarquer que telle activité est trop difficile pour le niveau visé, précisez ce que vous avez travaillé auparavant avec les élèves, rapportez une expérience de stage similaire, etc.

ORGANISATION D'UN SUJET CORRIGÉ

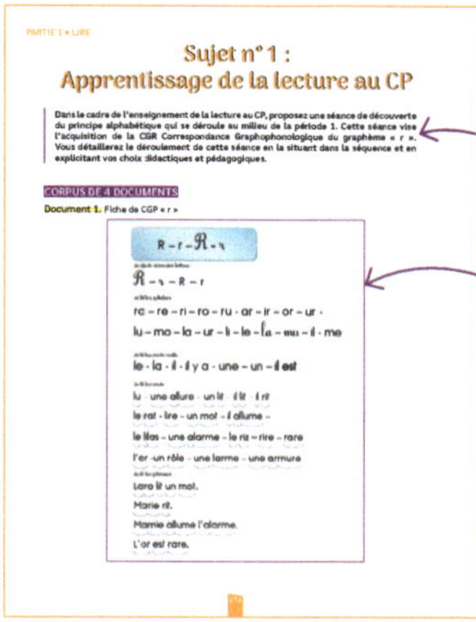

1 Énoncé du sujet

2 Dossier documentaire composé de 3 à 4 documents

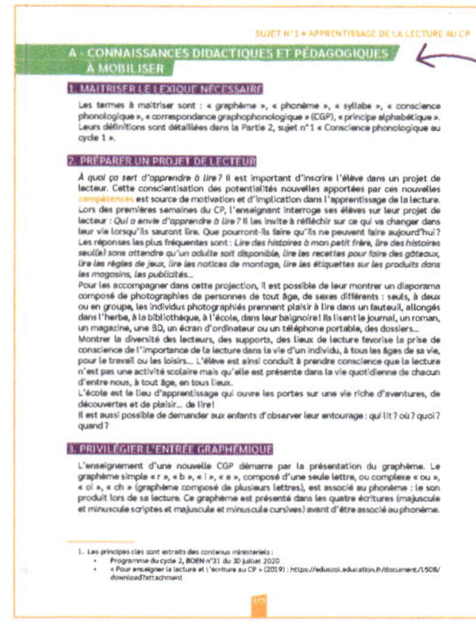

3 Rappel des connaissances à mobiliser…

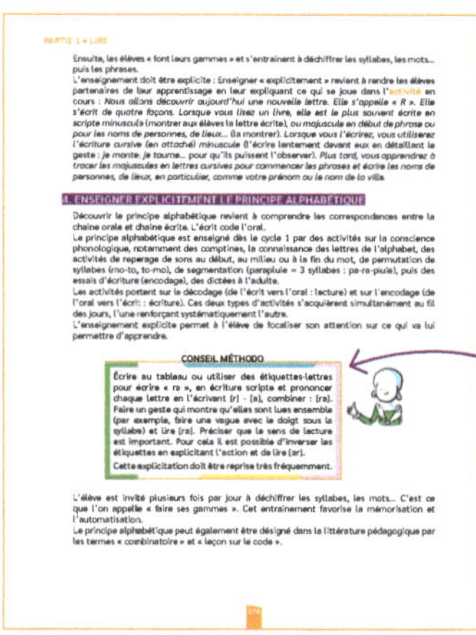

4 Conseils méthodologiques portant sur la pratique de l'enseignement

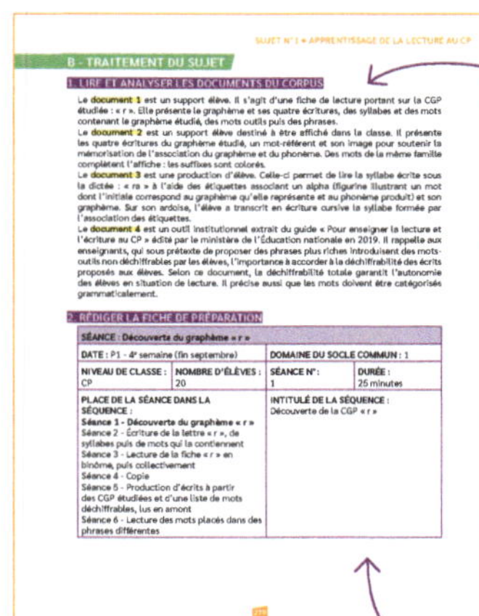

5 Analyse des documents sur lesquels la séance à rédiger doit notamment s'appuyer

6 Rédaction de la fiche de préparation (votre brouillon pour l'oral) avec les choix didactiques et pédagogiques, et une proposition de déroulé détaillée.

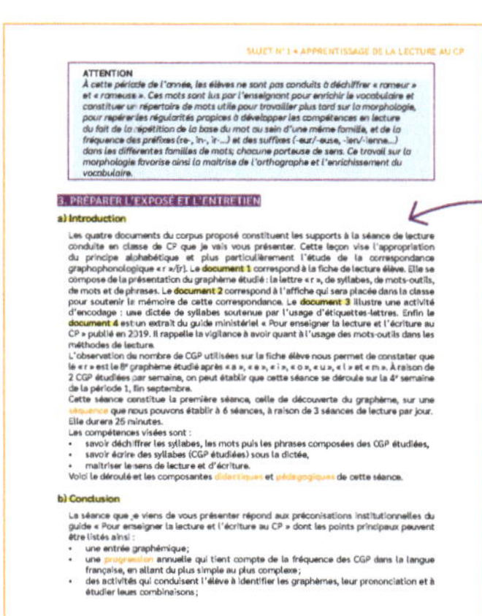

7 Dernière étape : préparation de l'oral avec propositions d'introduction et de conclusion, et exemples de questions possibles du jury.

PARTIE 1

LIRE

Sur Lea.fr

Retrouvez deux sujets supplémentaires :
- *« Étudier une œuvre intégrale »*
- *« Construire une culture littéraire »*

Sujet n° 1 : Apprentissage de la lecture au CP

Dans le cadre de l'enseignement de la lecture au CP, proposez une séance de découverte du principe alphabétique qui se déroule au milieu de la période 1. Cette séance vise l'acquisition de la CGR Correspondance Graphophonologique du graphème « r ». Vous détaillerez le déroulement de cette séance en la situant dans la séquence et en explicitant vos choix didactiques et pédagogiques.

CORPUS DE 4 DOCUMENTS

Document 1. Fiche de CGP « r »

R – r – *R* - *r*

Je dis le nom des lettres :

R – *r* – R – r

Je lis les syllabes :

ra – re – ri – ro – ru - ar – ir – or – ur -

lu – mo – la – ur – li – le – *la* – *mu* – il - me

Je lis les mots outils :

le - la - il - il y a - une – un – **il est**

Je lis les mots :

lu – une allure – un lit – il lit – il rit –

le rat - lire – un mot – il allume –

le lilas – une alarme – le riz – rire – rare

l'or -un rôle – une larme – une armure

Je lis les phrases :

Lara lit un mot.

Marie rit.

Mamie allume l'alarme.

L'or est rare.

Document 2. Affichage de classe

Document 3. Dictée de syllabes

Document 4. Extrait : « Pour enseigner la lecture et l'écriture au CP », Eduscol, 2019, p. 31-32

L'usage des mots-outils

Certains pédagogues ont pu penser pertinent d'introduire des **mots-outils** (« un », « des », « dans », « est », etc.) dans les leçons d'apprentissage de la lecture. La justification de l'introduction des mots-outils tiendrait essentiellement au fait **qu'elle permet de proposer des mots parmi les plus fréquents, partiellement irréguliers, afin de construire des phrases structurées, cohérentes, chargées de sens et motivantes.**

Certains manuels en proposent beaucoup, et bien des mots-outils ne s'imposent pas de façon évidente et pressante, sauf à penser qu'il convient de s'écarter de la déchiffrabilité totale. **Or celle-ci est garante de la construction chez l'apprenti lecteur des compétences de lecture qui lui procurent toute l'autonomie de déchiffrage dont il a besoin pour lire avec assurance, efficacité et intelligence.**

Les listes de mots-outils, disponibles dans certaines classes en cours préparatoire, entretiennent une confusion certaine. Ont le statut de mots-outils les mots invariables, les connecteurs, les mots appartenant à un champ lexical spécifique (outils de l'écolier, lieux de l'école, jours de la semaine, noms de couleurs, etc.), mots issus de « banques de mots » fournies aux élèves lors des activités de rédaction.

Cependant, tous les mots, même irréguliers, doivent être catégorisés selon des critères de tri clairement explicités aux élèves (catégories grammaticales, catégories lexicales) ; ils ne peuvent se regrouper sous le vocable mots-outils au prétexte qu'ils contiennent des graphèmes non étudiés ou qu'ils sont d'un usage très fréquent.

Parmi les mots-outils que nous pouvons lire dès les toutes premières leçons dans les manuels qui en font usage, nous trouvons par exemple : « il y a », « était », « aussi », « il », « de », « dans », « sur », « mais », « trop », « des », « le », « c'est », « une », etc. Sans compter que certains de ces mots peuvent être déchiffrés très tôt, la valeur motivante des phrases qui les intègrent est loin d'être toujours supérieure à celle des phrases des manuels syllabiques. De plus, on peut être étonné de voir que, même à la toute fin de l'année, il est possible de trouver dans la catégorie des mots-outils, des mots tels que « après », « comment », « plus », « aucun », alors que tous ces mots sont normalement déchiffrables à ce moment.

Au tout début de l'année, des phrases telles que « L'otarie lisse sa moustache », « Milo a avalé la fumée. », peuvent être totalement déchiffrées dans des manuels qui ne proposent pas de mots-outils. En revanche, lire dans d'autres manuels : « Il y a un pyjama. » ou « Mais il est fort, il s'en sort ! C'est la folie ! » nécessite l'apprentissage de mots-outils déjà nombreux. Ces exemples, et beaucoup d'autres, ne sont pas particulièrement démonstratifs de l'intérêt majeur de disposer de mots-outils pour construire des phrases qui peuvent avoir un intérêt motivant qui les distinguerait.

L'absence de mots-outils connecteurs logiques dans les phrases simples ne désoriente pas nécessairement les enfants. Dans l'exemple « Le rat a vu le chat. Il fuit. », les élèves voient la relation de cause à effet entre la fuite du rat et la vue du chat.

Introduits au fil de la programmation, beaucoup de mots dits outils (« je », « il », « tu », « avec », « le », « la », « sur », « dans ») se déchiffreront aisément, dans le cadre d'un enseignement **explicite des correspondances entre graphèmes et phonèmes**. Les mots répondant à des règles de lecture plus complexes seront étudiés si leur usage est nécessaire. Rares sont les mots à la fois irréguliers et très fréquents. Concevoir une démarche d'enseignement en fonction des exceptions est un choix qui prive les élèves d'une clarification du système d'écriture.

A - CONNAISSANCES DIDACTIQUES ET PÉDAGOGIQUES À MOBILISER

1. MAITRISER LE LEXIQUE NÉCESSAIRE

Les termes à maitriser sont : « graphème », « phonème », « syllabe », « conscience phonologique », « correspondance graphophonologique » (CGP), « principe alphabétique ». Leurs définitions sont détaillées dans la Partie 2, sujet n° 1 « Conscience phonologique au cycle 1 ».

2. PRÉPARER UN PROJET DE LECTEUR

À quoi ça sert d'apprendre à lire ? Il est important d'inscrire l'élève dans un projet de lecteur. Cette conscientisation des potentialités nouvelles apportées par ces nouvelles compétences est source de motivation et d'implication dans l'apprentissage de la lecture.
Lors des premières semaines du CP, l'enseignant interroge ses élèves sur leur projet de lecteur : *Qui a envie d'apprendre à lire ?* Il les invite à réfléchir sur ce qui va changer dans leur vie lorsqu'ils sauront lire. Que pourront-ils faire qu'ils ne peuvent faire aujourd'hui ?
Les réponses les plus fréquentes sont : *Lire des histoires à mon petit frère, lire des histoires seul(e) sans attendre qu'un adulte soit disponible, lire les recettes pour faire des gâteaux, lire les règles de jeux, lire les notices de montage, lire les étiquettes sur les produits dans les magasins, les publicités...*
Pour les accompagner dans cette projection, il est possible de leur montrer un diaporama composé de photographies de personnes de tout âge, de sexes différents : seuls, à deux ou en groupe, les individus photographiés prennent plaisir à lire dans un fauteuil, allongés dans l'herbe, à la bibliothèque, à l'école, dans leur baignoire ! Ils lisent le journal, un roman, un magazine, une BD, un écran d'ordinateur ou un téléphone portable, des dossiers...
Montrer la diversité des lecteurs, des supports, des lieux de lecture favorise la prise de conscience de l'importance de la lecture dans la vie d'un individu, à tous les âges de sa vie, pour le travail ou les loisirs... L'élève est ainsi conduit à prendre conscience que la lecture n'est pas une activité scolaire mais qu'elle est présente dans la vie quotidienne de chacun d'entre nous, à tout âge, en tous lieux.
L'école est le lieu d'apprentissage qui ouvre les portes sur une vie riche d'aventures, de découvertes et de plaisir... de lire !
Il est aussi possible de demander aux enfants d'observer leur entourage : qui lit ? où ? quoi ? quand ?

3. PRIVILÉGIER L'ENTRÉE GRAPHÉMIQUE

L'enseignement d'une nouvelle CGP démarre par la présentation du graphème. Le graphème simple « r », « b », « i », « a », composé d'une seule lettre, ou complexe « ou », « oi », « ch » (graphème composé de plusieurs lettres), est associé au phonème : le son produit lors de sa lecture. Ce graphème est présenté dans les quatre écritures (majuscule et minuscule scriptes et majuscule et minuscule cursives) avant d'être associé au phonème.

---

1. Les principes clés sont extraits des contenus ministériels :
   - Programme du cycle 2, BOEN n°31 du 30 juillet 2020
   - « Pour enseigner la lecture et l'écriture au CP » (2019) : https://eduscol.education.fr/document/1508/download?attachment

Ensuite, les élèves « font leurs gammes » et s'entrainent à déchiffrer les syllabes, les mots... puis les phrases.

L'enseignement doit être explicite : Enseigner « explicitement » revient à rendre les élèves partenaires de leur apprentissage en leur expliquant ce qui se joue dans l'activité en cours : *Nous allons découvrir aujourd'hui une nouvelle lettre. Elle s'appelle « R ». Elle s'écrit de quatre façons. Lorsque vous lisez un livre, elle est le plus souvent écrite en scripte minuscule* (montrer aux élèves la lettre écrite), *ou majuscule en début de phrase ou pour les noms de personnes, de lieux...* (la montrer). *Lorsque vous l'écrirez, vous utiliserez l'écriture cursive (en attaché) minuscule* (l'écrire lentement devant eux en détaillant le geste : *je monte, je tourne...* pour qu'ils puissent l'observer). *Plus tard, vous apprendrez à tracer les majuscules en lettres cursives pour commencer les phrases et écrire les noms de personnes, de lieux, en particulier, comme votre prénom ou le nom de la ville.*

4. ENSEIGNER EXPLICITEMENT LE PRINCIPE ALPHABÉTIQUE

Découvrir le principe alphabétique revient à comprendre les correspondances entre la chaine orale et chaine écrite. L'écrit code l'oral.

Le principe alphabétique est enseigné dès le cycle 1 par des activités sur la conscience phonologique, notamment des comptines, la connaissance des lettres de l'alphabet, des activités de repérage de sons au début, au milieu ou à la fin du mot, de permutation de syllabes (mo-to, to-mo), de segmentation (parapluie = 3 syllabes : pa-ra-pluie), puis des essais d'écriture (encodage), des dictées à l'adulte.

Les activités portent sur le décodage (de l'écrit vers l'oral : lecture) et sur l'encodage (de l'oral vers l'écrit : écriture). Ces deux types d'activités s'acquièrent simultanément au fil des jours, l'une renforçant systématiquement l'autre.

L'enseignement explicite permet à l'élève de focaliser son attention sur ce qui va lui permettre d'apprendre.

CONSEIL MÉTHODO

Écrire au tableau ou utiliser des étiquettes-lettres pour écrire « ra », en écriture scripte et prononcer chaque lettre en l'écrivant [r] - [a], combiner : [ra]. Faire un geste qui montre qu'elles sont lues ensemble (par exemple, faire une vague avec le doigt sous la syllabe) et lire [ra]. Préciser que le sens de lecture est important. Pour cela il est possible d'inverser les étiquettes en explicitant l'action et de lire [ar].

Cette explicitation doit être reprise très fréquemment.

L'élève est invité plusieurs fois par jour à déchiffrer les syllabes, les mots... C'est ce que l'on appelle « faire ses gammes ». Cet entrainement favorise la mémorisation et l'automatisation.

Le principe alphabétique peut également être désigné dans la littérature pédagogique par les termes « combinatoire » et « leçon sur le code ».

5. PRENDRE APPUI SUR DES TEXTES 100 % DÉCHIFFRABLES

Un texte est dit 100% déchiffrable lorsque chacune des CGP qui le composent a été étudiée. L'enseignant peut utiliser la plateforme Anagraph[1] pour calculer la part déchiffrable d'un texte. Le guide « Pour enseigner la lecture et l'écriture au CP » (cf. doc 4) invite à être vigilant sur l'utilisation des mots-outils que de nombreuses méthodes introduisent peu à peu pour enrichir les phrases et textes proposés aux élèves.

6. ASSOCIER RÉGULIÈREMENT LECTURE ET ÉCRITURE

Faire écrire des syllabes, des mots, plusieurs fois par jour, favorise l'apprentissage de la lecture. Ces activités favorisent l'acquisition des CGP par la prise de conscience des combinaisons possibles.

Écrire des lettres, c'est se les approprier : au-delà de l'encodage, le geste d'écriture en lui-même améliore l'apprentissage de la lecture. « Les sciences cognitives permettent de comprendre que l'apprentissage du geste de l'écriture améliore l'apprentissage de la lecture et le simple tracé de lettres avec les doigts y contribue dès la maternelle. Le geste d'écriture va permettre à l'élève de s'orienter dans l'espace et de comprendre le sens de lecture mais aussi favoriser le déchiffrage de la lecture manuscrite. Les caractères sont ainsi en partie reconnus en reconstituant le geste qui les a engendrés. Le geste répété va également permettre au cerveau de désapprendre la ressemblance des lettres miroirs (b, p, d, q). »[2]

Lecture et écriture sont intimement liées. Écrire des mots, les encoder, permet à l'élève de développer des compétences de lecteur : sens de la lecture et de l'écriture (de gauche à droite), combinaison de graphèmes pour construire des phonèmes (b + a = ba), combinaison de syllabes pour former des mots (pa + pi = papi)... Ces compétences sont à nouveau travaillées lorsqu'il s'agit de décoder les mots : on décompose cette fois le mot en syllabes pour pouvoir le déchiffrer, puis on assemble ces syllabes pour accéder au sens.

De plus, l'écriture de mots déchiffrés permet d'en mémoriser l'orthographe.

Le travail conduit sur les familles de mots multiplie les rencontres avec les préfixes et les suffixes, en lecture comme en écriture. Les élèves vont pouvoir repérer les régularités au niveau :

- de l'orthographe : les mots en « eux » s'écrivent le plus souvent « euse » au féminin ;
- du lexique : sens des affixes, comme « re » (redire, refaire, reconstruire...), qui indique l'idée de faire à nouveau ;
- de la grammaire : accords en genre et en nombre.

Les affixes sont porteurs de sens et participent à la compréhension en lecture.

7. L'ENSEIGNEMENT DE LA LECTURE NE SE LIMITE PAS À L'ACQUISITION DU PRINCIPE ALPHABÉTIQUE

Le but ultime de la lecture est la compréhension, qui fait aussi l'objet d'un enseignement explicite. Cet enseignement s'appuie sur des séances spécifiques au cours desquelles sont enseignées les stratégies de lecture permettant d'accéder à la compréhension. Elles s'appuient sur des textes extraits de la littérature de jeunesse : récits, documentaires, poèmes, pièces de théâtre, écrits fonctionnels... Une « Liste de référence des ouvrages de

1. http://anagraph.ens-lyon.fr/app. php
2. « Pour enseigner la lecture et l'écriture au CP », Eduscol p. 74.

littérature de jeunesse pour le cycle 2 » est disponible sur Eduscol[1] et guide les enseignants dans le choix des œuvres à étudier.
Des temps de lecture « libre », quotidiens, en classe – quart d'heure lecture ou « Silence, on lit ! » – ainsi que la fréquentation des lieux de lecture tels que les médiathèques, les librairies, les coins-lectures, la BCD (Bibliothèque Centre de Documentation) de l'école favorisent le transfert de ces compétences.

8. ÉVALUER

a) Attendus de fin d'année

Le document publié par Eduscol[2] indique pour le domaine « Lecture et compréhension de l'écrit » les « Attendus de fin d'année CP » :
Identifier des mots de manière de plus en plus aisée
En lien avec l'écriture : décodage associé à l'encodage, l'analyse de la langue et le vocabulaire.
Ce que sait faire l'élève

- Discriminer de manière auditive et savoir analyser les constituants des mots (conscience phonologique). [...]
- Discriminer de manière auditive et connaitre le nom des lettres ainsi que le son qu'elles produisent. [...]
- Établir les correspondances graphophonologiques ; combinatoire (produire des syllabes simples et complexes). [...]
- Mémoriser les composantes du code. [...]
- Mémoriser les mots fréquents (notamment en situation scolaire) et irréguliers. »

b) Évaluer les élèves

La lecture est évaluée de façon permanente par les lectures quotidiennes de syllabes, de mots et de phrases que l'élève est invité à lire à voix haute. Mais il est important de prévoir des temps d'observation plus spécifiques pour affiner l'**évaluation**. Elles doivent avoir lieu de façon régulière pour accompagner l'élève au plus près de ses besoins et adapter son enseignement. Pour évaluer les élèves sur des compétences de décodage, il est possible d'organiser une passation individuelle, selon les modalités suivantes : l'élève lit entre 10 et 15 syllabes et puis 10 à 15 mots correspondants aux CGP étudiées. L'enseignant note dans sa grille d'observation les difficultés éventuelles de l'élève comme une confusion de sons ou une incapacité à déchiffrer tel graphème afin d'orienter les futures séances.
Ces évaluations régulières permettent à l'élève de prendre conscience de ses progrès.
Dans un second temps, les élèves sont également évalués sur la lecture de textes.
Il est possible de calculer le nombre de mots lus en une minute (fluence), mais ce critère ne doit pas être prioritaire sur la compréhension. Avoir une lecture fluide permet à l'élève de soulager sa mémoire de travail pour faciliter l'accès à la compréhension. Il convient d'être explicite sur ce point avec les élèves pour ne pas les laisser penser que celui qui lit bien est celui qui lit vite !
Il est encore possible d'évaluer les élèves par des exercices écrits divers tels que « Lis Le mot/la phrase puis dessine ce qui est écrit. »

1. https://cache.media.eduscol.education.fr/file/Litterature/58/0/La_litterature_a_l_ecole_liste_de_reference_C2_110323_171580.pdf
2. https://eduscol.education.fr/137/attendus-de-fin-d-annee-et-reperes-annuels-de-progression-du-cp-la-3e

B - TRAITEMENT DU SUJET

1. LIRE ET ANALYSER LES DOCUMENTS DU CORPUS

Le **document 1** est un support élève. Il s'agit d'une fiche de lecture portant sur la CGP étudiée : « r ». Elle présente le graphème et ses quatre écritures, des syllabes et des mots contenant le graphème étudié, des mots outils puis des phrases.

Le **document 2** est un support élève destiné à être affiché dans la classe. Il présente les quatre écritures du graphème étudié, un mot-référent et son image pour soutenir la mémorisation de l'association du graphème et du phonème. Des mots de la même famille complètent l'affiche : les suffixes sont colorés.

Le **document 3** est une production d'élève. Celle-ci permet de lire la syllabe écrite sous la dictée : « ra » à l'aide des étiquettes associant un alpha (figurine illustrant un mot dont l'initiale correspond au graphème qu'elle représente et au phonème produit) et son graphème. Sur son ardoise, l'élève a transcrit en écriture cursive la syllabe formée par l'association des étiquettes.

Le **document 4** est un outil institutionnel extrait du guide « Pour enseigner la lecture et l'écriture au CP » édité par le ministère de l'Éducation nationale en 2019. Il rappelle aux enseignants, qui sous prétexte de proposer des phrases plus riches introduisent des mots-outils non déchiffrables par les élèves, l'importance à accorder à la déchiffrabilité des écrits proposés aux élèves. Selon ce document, la déchiffrabilité totale garantit l'autonomie des élèves en situation de lecture. Il précise aussi que les mots doivent être catégorisés grammaticalement.

2. RÉDIGER LA FICHE DE PRÉPARATION

<table>
<tr><td colspan="4">SÉANCE : Découverte du graphème « r »</td></tr>
<tr><td colspan="2">DATE : P1 - 4e semaine (fin septembre)</td><td colspan="2">DOMAINE DU SOCLE COMMUN : 1</td></tr>
<tr><td>NIVEAU DE CLASSE :
CP</td><td>NOMBRE D'ÉLÈVES :
20</td><td>SÉANCE N° :
1</td><td>DURÉE :
25 minutes</td></tr>
<tr><td colspan="2">PLACE DE LA SÉANCE DANS LA SÉQUENCE :
Séance 1 - Découverte du graphème « r »
Séance 2 - Écriture de la lettre « r », de syllabes puis de mots qui la contiennent
Séance 3 - Lecture de la fiche « r » en binôme, puis collectivement
Séance 4 - Copie
Séance 5 - Production d'écrits à partir des CGP étudiées et d'une liste de mots déchiffrables, lus en amont
Séance 6 - Lecture des mots placés dans des phrases différentes</td><td colspan="2">INTITULÉ DE LA SÉQUENCE :
Découverte de la CGP « r »</td></tr>
</table>

<table>
<tr><td>OBJECTIFS DE LA SÉANCE :
Enseignement de la correspondance graphophonologique (CGP) de la lettre « r ».</td><td>PRÉREQUIS :
Connaissance des CGP : a, e, i, o, u, l et m.
Les mots-outils ayant été découverts précédemment : il y a, un et une.</td></tr>
<tr><td>COMPÉTENCES VISÉES :
Savoir déchiffrer les syllabes, les mots puis les phrases composées des CGP étudiées.
Savoir écrire des syllabes (CGP étudiées) sous la dictée.
Maitriser le sens de lecture et d'écriture.</td><td>MATÉRIEL – SUPPORTS :
Fiche de lecture (doc 1); 1 ardoise; affichage de la classe (doc 2); étiquettes du graphème découvert (lettre « r » en script) pour chaque élève et autres étiquettes des CGP étudiées (doc 3); étiquettes plus grandes à afficher ou (vidéo-)projeter.</td></tr>
<tr><td colspan="2">REMARQUE
Cette activité sollicite la mémoire de travail et l'attention des élèves de manière importante. Les séances de lecture doivent donc être courtes et réparties sur l'ensemble de la journée.</td></tr>
</table>

<table>
<tr><td colspan="3">PHASE 1
DURÉE PRÉVUE : 4 minutes
MODALITÉ : écrit/collectif</td></tr>
<tr><td>Consigne</td><td>Tâche des élèves</td><td>Rôle de l'enseignant</td></tr>
<tr><td><u>Rappel des CGP précédentes sous forme de dictée de syllabes</u>
Nous allons écrire 3 syllabes. Je vais vous les dicter et vous allez les écrire sur votre ardoise. Écoutez bien : « la ». Écrivez « la ». Au signal, levez les ardoises.
Idem avec « il » et « mo ».
Après chaque syllabe dictée, on procède à la correction : Levez vos ardoises!</td><td>Les élèves écoutent, encodent en écrivant en lettres cursives et se corrigent suite à la correction collective.
Ils lèvent leur ardoise et observent les différentes productions montrées par l'enseignant.
Puis ils corrigent leurs syllabes si nécessaire.</td><td>Circuler pour aider les plus fragiles.
Choisir 2 ou 3 ardoises, les faire lire à un élève pour faire apparaitre les erreurs : inversions de lettres ou une erreur d'encodage, confusion de son... Montrer une production correcte et faire corriger.</td></tr>
<tr><td colspan="3">Critères de réussite :
Syllabes correctement encodées, sens de lecture respectée, écriture conventionnelle des lettres tracées.</td></tr>
<tr><td colspan="3">REMARQUES
Pour aider les élèves, demander : Quel est le son que tu entends en premier ?

Découper oralement la syllabe en faisant « trainer » les sons pour permettre aux élèves de mieux les dissocier. Exemple : Mmmmm, Ooo, mo.</td></tr>
</table>

PHASE 2
DURÉE PRÉVUE : 5 minutes
MODALITÉ : oral/collectif

Consigne	Tâche des élèves	Rôle de l'enseignant
1. <u>Présentation du nouveau graphème : « r » dans les 4 écritures : r, R, 𝓇, ℛ</u> *Nous allons aujourd'hui découvrir une nouvelle lettre* (écrire « r » en minuscule scripte au tableau). *Elle se nomme « r »* (nom de la lettre) et se lit [r].		1. Faire prononcer le son aux élèves en montrant la lettre au tableau.
2. Présenter les 4 écritures. Préciser pour chacune d'elles : *Lorsque nous voyons ces lettres dans les livres, pour les lire, elles sont représentées en minuscule et majuscule scriptes. Lorsque nous écrivons, nous utilisons le plus souvent l'écriture cursive (en attaché). Un peu plus tard, vous apprendrez à tracer cette* lettre en *majuscule pour les prénoms, les noms... et les débuts de phrases.*	2. Les élèves mémorisent les 4 écritures de « r ». Ils répètent le son [r] en observant les lettres tracées au tableau pour associer son écriture au son qu'elles produisent.	2. Expliciter les différences d'écriture et leur utilité.
3. <u>Repérage de la lettre « r » sur l'alphabet mural de la classe et sur la fiche élève (doc 1)</u> *Cherchez la lettre « r » dans l'alphabet de la classe.*	3. Les élèves repèrent la lettre « r » dans l'alphabet. Ils observent les 4 écritures.	3. Amener les élèves à observer l'alphabet mural pour en faire un outil d'étayage auquel ils pourront ensuite se référer.

REMARQUES
Corriger si besoin la prononciation.

Noter les éventuelles difficultés : confusions de sons, difficultés pour tracer, etc.

PHASE 3
DURÉE PRÉVUE : 10 minutes
MODALITÉ : oral/collectif

Consigne	Tâche des élèves	Rôle de l'enseignant
<u>Décodage (doc 1)</u> *Les syllabes* *Nous allons lire chacune de ces syllabes en faisant le « jeu du furet ».*	Chacun à son tour, les élèves lisent une syllabe pointée par l'enseignant.	Vidéo-projeter la fiche pour faciliter le suivi puis faire lire les élèves dans l'ordre de leur place. Valider ou corriger puis passer à la suivante.
Les mots-outils (doc 4) Procéder de la même façon avec les mots-outils. Penser lors de la lecture de chacun d'eux à l'introduire dans une phrase pour lui donner sens. Présenter « il est » : *Vous savez déjà lire le premier mot « il », le suivant se lit « est ».* Proposer quelques phrases : *« Il est grand. », « Il est tard », « Il est venu chez mamie. »*... Bien montrer le mot en disant les phrases.	Idem avec les mots-outils.	Présenter le nouveau mot-outil « il est ».
Les mots Reprendre la même démarche pour la lecture des mots.	Idem avec les mots.	Laisser le temps à l'élève de recomposer le mot si besoin.
Les phrases Selon le temps restant, les phrases peuvent être lues à la suite, si les élèves sont encore disponibles. Proposer aux élèves de lire les phrases, seuls, puis en binômes. Valider par une lecture faite par 3 élèves. Chacun lit une phrase.	Idem avec les phrases.	Circuler pour aider les plus fragiles dans le décodage des mots.

Critères de réussite :
Déchiffrer les syllabes, les mots-outils puis les mots et les phrases.

REMARQUE
L'assemblage syllabique peut être encore fragile au bout d'un mois d'apprentissage.
Pour aider les élèves, découper le mot en syllabes, les faire lire une à une puis reprendre la lecture du mot en associant les syllabes, ensuite relire la phrase pour permettre l'accès au sens. Procéder à un étayage individuel ou en petit groupe.

PHASE 4
DURÉE PRÉVUE : 5 minutes
MODALITÉ : écrit/individuel

Consigne	Tâche des élèves	Rôle de l'enseignant
Encodage (doc 3) Dicter « ra ». *Placez toutes vos étiquettes devant vous, en ligne, pendant que je vous donne la nouvelle étiquette, celle de la lettre « r ». Maintenant à l'aide de vos étiquettes, écrivez « ra ». Écoutez bien : « a »… Puis écrivez-la en attaché sur votre ardoise.*	*Dictée* Les élèves assemblent les étiquettes pour former la syllabe « ra » et la copient en lettres cursives sur l'ardoise.	Distribuer des étiquettes de la lettre « r ». Toutes les étiquettes acquises précédemment sont étalées dans le sens de lecture sur la table.
La correction est faite immédiatement. La syllabe est ensuite écrite au tableau en scripte (grandes étiquettes lettres) et en cursive, au crayon. Procéder de la même façon pour les syllabes « ir », « ru » et le mot « rame ».	*Correction* Les élèves lèvent leur ardoise au signal et échangent sur d'éventuelles erreurs.	Circuler et apporter de l'aide aux élèves qui en ont besoin : accompagnement pour identifier les sons de la syllabe, pour le geste graphique… Mot « rame » : bien scinder la diction de chaque syllabe pour faire apparaitre le découpage syllabique.

Critères de réussite :
Écrire les syllabes dictées en utilisant les graphèmes correspondants, en respectant l'écriture normée et le sens de lecture.
Savoir identifier la CGP étudiée.
Repérer les régularités de la langue française.

REMARQUES

Il est important de démarrer chaque séance par un rappel des séances précédentes, permettant de faire le point sur la maitrise des prérequis. Les élèves doivent maitriser les CGP précédemment étudiées.

Le choix d'une dictée de syllabes, lors de la phase de rappel, s'explique : cette modalité oblige la récupération en mémoire des CGP découvertes précédemment, ce qui favorise leur mémorisation et donc la fluence de leur déchiffrage.

Pour la lecture collective des syllabes, la fiche est vidéo-projetée pour permettre aux élèves de suivre la lecture.

PHASE 5
DURÉE PRÉVUE : 1 minute
MODALITÉ : oral/collectif

Consigne	**Tâche des élèves**	**Rôle de l'enseignant**
<u>Clôture de la séance</u> Demander à un élève quelle lettre a été découverte aujourd'hui et comment elle se prononce. *Regardez cette nouvelle affiche (doc 2). Peux-tu me lire le mot écrit ici ?* Le montrer. *C'est bien « rame ». Dans la famille de « rame » nous trouvons le mot « ramer ». C'est l'action d'utiliser des rames pour permettre au bateau d'avancer par exemple ; le mot « rameur » : c'est un garçon qui utilise les rames et le mot « rameuse » si c'est une fille.* *Regardez bien le début de chaque mot. Que remarquez-vous ?*	Les élèves rappellent la CGP découverte au cours de la séance. Ils se rendent compte des régularités de la langue en observant la famille de mots. Les mots commencent tous par les lettres de « rame » et ils parlent tous des rames. C'est une famille de mots.	Interroger les élèves sur ce qui vient d'être étudié. Positionner l'affiche correspondant à la CGP étudiée sur le mur prévu à cet effet.

Critères de réussite :
Identifier la lettre « r » dans les 4 écritures sur l'alphabet mural.

ATTENTION
À cette période de l'année, les élèves ne sont pas conduits à déchiffrer « rameur » et « rameuse ». Ces mots sont lus par l'enseignant pour enrichir le vocabulaire et constituer un répertoire de mots utile pour travailler plus tard sur la morphologie, pour repérer les régularités propices à développer les compétences en lecture du fait de la répétition de la base du mot au sein d'une même famille, et de la fréquence des préfixes (re-, in-, ir-...) et des suffixes (-eur/-euse, -ien/-ienne...) dans les différentes familles de mots; chacune porteuse de sens. Ce travail sur la morphologie favorise ainsi la maitrise de l'orthographe et l'enrichissement du vocabulaire.

3. PRÉPARER L'EXPOSÉ ET L'ENTRETIEN

a) Introduction

Les quatre documents du corpus proposé constituent les supports à la séance de lecture conduite en classe de CP que je vais vous présenter. Cette leçon vise l'appropriation du principe alphabétique et plus particulièrement l'étude de la correspondance graphophonologique « r »/[r]. Le **document 1** correspond à la fiche de lecture élève. Elle se compose de la présentation du graphème étudié : la lettre « r », de syllabes, de mots-outils, de mots et de phrases. Le **document 2** correspond à l'affiche qui sera placée dans la classe pour soutenir la mémoire de cette correspondance. Le **document 3** illustre une activité d'encodage : une dictée de syllabes soutenue par l'usage d'étiquettes-lettres. Enfin le **document 4** est un extrait du guide ministériel « Pour enseigner la lecture et l'écriture au CP » publié en 2019. Il rappelle la vigilance à avoir quant à l'usage des mots-outils dans les méthodes de lecture.

L'observation du nombre de CGP utilisées sur la fiche élève nous permet de constater que le « r » est le 8e graphème étudié après « a », « e », « i », « o », « u », « l » et « m ». À raison de 2 CGP étudiées par semaine, on peut établir que cette séance se déroule sur la 4e semaine de la période 1, fin septembre.

Cette séance constitue la première séance, celle de découverte du graphème, sur une séquence que nous pouvons établir à 6 séances, à raison de 3 séances de lecture par jour. Elle durera 25 minutes.

Les compétences visées sont :

- savoir déchiffrer les syllabes, les mots puis les phrases composées des CGP étudiées,
- savoir écrire des syllabes (CGP étudiées) sous la dictée,
- maitriser le sens de lecture et d'écriture.

Voici le déroulé et les composantes didactiques et pédagogiques de cette séance.

b) Conclusion

La séance que je viens de vous présenter répond aux préconisations institutionnelles du guide « Pour enseigner la lecture et l'écriture au CP » dont les points principaux peuvent être listés ainsi :

- une entrée graphémique;
- une progression annuelle qui tient compte de la fréquence des CGP dans la langue française, en allant du plus simple au plus complexe;
- des activités qui conduisent l'élève à identifier les graphèmes, leur prononciation et à étudier leurs combinaisons;

- la nécessité d'éviter de confronter l'élève au déchiffrage de mots dont les correspondances n'ont pas été étudiées ;
- la liaison explicite entre les activités de lecture et d'écriture.

c) Question du jury

Pourquoi des familles de mots sur la fiche de lecture ?
Cette familiarisation avec la morphologie des mots facilite l'entrée des élèves dans la lecture par la récurrence des affixes qui favorise la mémorisation et donc la lecture par voie directe. L'élève gagne en fluence et donc en accès au sens. De plus, le travail régulier et explicite sur les familles de mots permet la mémorisation de l'orthographe des terminaisons (en *-eux/-euse*, *-ien/-ienne*, *-ier/-ière*, etc.) ainsi que le choix des lettres muettes en fin de mots. La découverte des familles de mots est aussi intéressante pour enrichir le vocabulaire des élèves.

Sur Lea.fr

Retrouvez deux autres questions du jury

Sujet n° 2 : La fluence en CE1 : lecture à voix haute de textes et de mots

DOMAINE DISCIPLINAIRE : Français **NIVEAU :** Cycle 2 - CE1
PROGRAMMATION : Période 1 (octobre) - 4e séance de la séquence qui en compte 5.

Les élèves ont été évalués en septembre dans le cadre des évaluations nationales prévues par le ministère de l'Éducation nationale. Les résultats d'une classe de CE1 font apparaître des disparités entre les élèves. Concernant les exercices proposés de lecture à voix haute de mots et de texte, les scores obtenus sont les suivants :

- **6 élèves ont obtenu un score inférieur à 45 mots lus par minute,**
- **10 élèves ont obtenu un score compris entre 55 et 75 mots lus par minute,**
- **8 élèves ont obtenu des scores supérieurs à 95 mots lus par minute,**

Dans le cadre d'une séquence d'enseignement de la lecture, proposez une séance permettant de développer la fluence de lecture de ces élèves en prenant appui sur les documents proposés.

CORPUS DE 3 DOCUMENTS

Document 1. Résultats des évaluations nationales CE1- septembre 2022

4.1.3 CE1 français, résultats 2022

Les exercices les moins réussis sont ceux de lecture à voix haute de texte et de mots (68,2 % et 72 %), de compréhension orale de mots et d'écriture des mots (77,2 % et 74,8 %). Les mieux réussis sont ceux d'écriture de syllabes sous la dictée (85,3 %) et de compréhension de l'écrit (texte 83,2 % et phrases 83,1 %).

FIGURE 4 • Répartition des élèves dans les groupes selon le domaine évalué en français en début de CE1 à la rentrée 2022

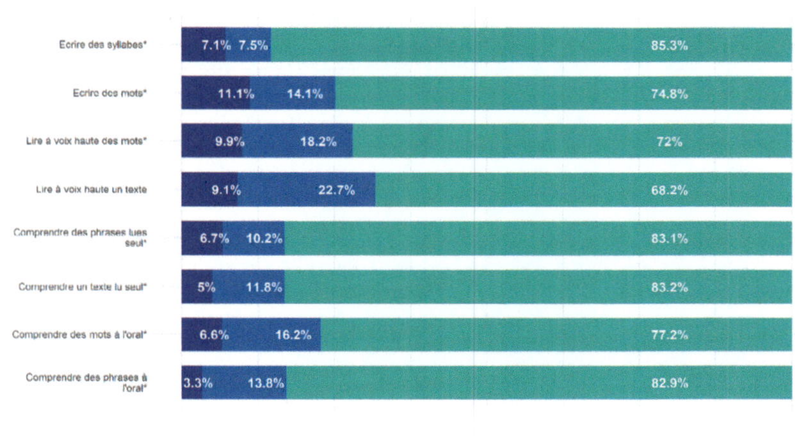

Source : MENJ-DEPP, Repères CP-CE1
© DEPP
Champ : France métropolitaine + DROM, Polynésie française et Saint-Pierre-et-Miquelon. Public + Privé sous contrat
Lecture : En septembre 2022, 85,3 % des élèves évalués en début de CE1 sont au-dessus du seuil 2 (groupe satisfaisant) dans le domaine « écrire des syllabes simples et complexes ».

Document 2. Eduscol, extraits des programmes d'enseignement du cycle des apprentissages fondamentaux (cycle 2), p. 14

Attendus de fin de cycle

- Identifier des mots rapidement : décoder aisément des mots inconnus réguliers, reconnaître des mots fréquents et des mots irréguliers mémorisés.
- Lire et comprendre des textes variés, adaptés à la maturité et à la culture scolaire des élèves.
- Lire à voix haute avec fluidité, après préparation, un texte d'une demi-page (1 400 à 1 500 signes) ; participer à une lecture dialoguée après préparation.
- Lire au moins cinq à dix œuvres en classe par an.

Lire à voix haute	
CONNAISSANCES ET COMPÉTENCES ASSOCIÉES	**EXEMPLES DE SITUATIONS, D'ACTIVITÉS ET D'OUTILS POUR L'ÉLÈVE**
(lien avec le langage oral) • savoir décoder et comprendre un texte ; • identifier les marques de ponctuation et les prendre en compte ; • montrer sa compréhension par une lecture expressive.	• séances de travail visant à développer la vitesse et la fluidité de la lecture, à distinguer de celles qui portent sur l'expressivité de la lecture ; • situations de lecture à voix haute n'intervenant qu'après une première découverte des textes, collective ou personnelle (selon le moment du cycle et la nature du texte) ; • entraînement régulier à la lecture à voix haute ; • entraînement à deux ou en petit groupe homogène (lire, écouter, aider à améliorer, etc.) ; • enregistrements (écoute, amélioration de sa lecture) ; • pratiques nombreuses et fréquentes sur une variété de genres de textes à lire et selon une diversité de modalités de lecture à voix haute (individuellement ou à plusieurs) à partager avec d'autres (récitation et interprétation d'un texte littéraire).

Document 3. Exercice de lecture de mots

Source : Lecture CE1, *Livret d'entrainement à la lecture fluide*, Hatier, 2019, exercice 1 p. 18

SÉANCE 12

Lire sans erreurs

1 Je lis des mots de plus en plus longs.

1

début	régi	final	parti
débutant	régime	finale	participe
débutante	régiment	finalement	participation

2

tour	fer	coupe
tourne	ferme	couper
tournevis	fermeture	couperet

3

heure	jour
heureuse	journal
heureusement	journaliste

A - CONNAISSANCES DIDACTIQUES ET PÉDAGOGIQUES À MOBILISER

1. DÉFINITIONS :

Extraites de : Eduscol, *Pour enseigner la lecture et l'écriture au CP*

Le déchiffrage ou décodage : p. 8
« Le déchiffrage ou décodage est l'association de lettres ou groupes de lettres (les graphèmes) à des sons de la langue (les phonèmes) qui, combinés entre eux, forment des syllabes et des mots, reconnus à partir de leur forme orale. [C'est ce] qu'on appellera la voie graphophonologique puisqu'il s'agit d'apprendre à faire correspondre des graphèmes et des phonèmes. Si la forme sonore de ce mot est déjà connue du lecteur, elle renvoie à son sens, présent dans la mémoire lexicale. Si le mot est inconnu, le lecteur peut le prononcer et devra en rechercher et en apprendre le sens. »

La fluidité ou la fluence de lecture p. 9
« L'identification des mots par le décodage [est] suffisamment automatisée pour permettre d'accéder à la compréhension.
Cette automatisation, qui suppose rapidité et précision, concerne d'abord la lecture des mots isolés. Pour l'évaluer, on mesure un score de fluence, c'est-à-dire le nombre de mots (fréquents ou inventés) lus correctement dans le temps imparti. La fluence concerne également la lecture de mots en contexte. Estimée à partir d'une lecture oralisée, elle est

définie comme la capacité à lire correctement et dans un temps imparti un texte continu, au rythme de la conversation, et avec la prosodie appropriée. Elle suppose à la fois d'identifier les mots à un rythme rapide, en les groupant en unités syntaxiques de sens, et de faire un usage rapide de la ponctuation, tant pour repérer les groupes et relations syntaxiques que pour choisir l'intonation qui convient. C'est la condition pour accéder au sens d'unités plus grandes que le mot (phrase, texte). En effet, la mémoire de travail est limitée à quatre ou cinq unités de traitement : une lecture mot à mot la saturera donc très vite. En revanche, lorsque les mots sont lus ensemble, en tant que groupe syntaxique, ils constituent une seule unité de sens ce qui accroît les capacités de traitement de la mémoire de travail et permet de donner du sens à des phrases plus longues.
Exemple : « Il était une fois/une petite fille de village,/la plus jolie/qu'on eût su voir ; / sa mère/en était folle,/et sa mère-grand/plus folle encore. » (Charles Perrault, *Le Petit Chaperon rouge*).
La fluidité de la lecture en contexte indique une automatisation du décodage qui libère des ressources cognitives pour la compréhension.
Elle se développe par un entraînement à la lecture à haute voix, à partir de mots isolés, au moment des premiers apprentissages puis de textes préparés. »

2. LA PONCTUATION

Extrait de : Eduscol, *Pour enseigner la lecture et l'écriture au CE1*, p. 25

« L'intonation dynamise la lecture à voix haute et facilite l'accès à la compréhension du texte lu. Elle se marque, tout d'abord, dans chaque phrase, par le respect des signes de ponctuation. Les élèves qui n'en tiennent pas compte ont souvent de grandes difficultés pour créer les liens nécessaires donnant accès au sens.
Pour s'aider, les élèves peuvent utiliser un codage, avec des flèches par exemple, pour indiquer à quel moment la voix baisse, monte, ou reste en suspens, afin de marquer une pause. Ce travail succède nécessairement à celui de la compréhension. »

3. LIRE SANS ERREUR ET RAPIDEMENT DES MOTS COMPLEXES GRÂCE À UNE IDENTIFICATION MAÎTRISÉE

Extrait de : Eduscol, *Pour enseigner la lecture et l'écriture au CE1*, p. 22

« Certaines activités aident particulièrement les élèves à identifier aisément et rapidement les mots en se détachant progressivement du décodage.
Les listes analogiques de mots comprenant une partie commune qui se prononce et qui s'écrit de la même façon sont des supports intéressants. Ces occurrences graphiques permettent au professeur d'attirer l'attention des élèves sur les régularités du système orthographique et viennent renforcer la mémorisation orthographique des mots. Ces listes constituent alors des modèles d'identification à partir desquels les mots nouveaux, par rapprochement, sont ensuite assimilés.
Pour ce faire, le choix des mots s'appuie nécessairement sur la progression des graphèmes complexes étudiés et propose à la lecture des mots de la même famille (voyager, voyageur, voyageuse) ou des mots qui riment (praline, tartine, sardine).
Des mots de plus en plus longs sont progressivement proposés afin de développer l'empan visuel 5. Ils sont repris ensuite dans différentes phrases afin de favoriser leur lecture en contexte et de conforter leur identification rapide. »

4. LIRE AVEC AISANCE EN RESPECTANT UN RYTHME « NATUREL »

Extrait de : Eduscol, *Pour enseigner la lecture et l'écriture au CE1*, p. 22

> « Pour que les élèves parviennent à respecter le rythme de lecture induit par le texte, des séances spécifiques visant le repérage des groupes de sens (ou groupes de souffle) sont à organiser. Elles doivent aider les élèves à relier les mots entre eux, en procédant à un véritable découpage du texte.
> Le professeur lit à voix haute le texte écrit au tableau et demande aux élèves de repérer les signes de ponctuation (point, virgule, etc.). Il propose une nouvelle lecture du texte et attire l'attention des élèves sur les pauses qu'induisent ces éléments.
> Les élèves s'entraînent ensuite à lire le texte, seuls ou à deux, en tenant compte de cette ponctuation.
> Après un temps d'appropriation du texte, on invite les élèves à repérer, pour chaque phrase, les groupes de souffle qui facilitent la compréhension. Des élèves relisent à voix haute les phrases en tenant compte des propositions. La compréhension doit permettre à la classe de les valider ou non. Ces groupes de souffle sont ensuite séparés dans le texte à l'aide d'une barre oblique. Les élèves peuvent s'exercer à lire le texte en respectant les groupes constitués. »

5. ÉVALUER

Extrait de : Eduscol, *Pour enseigner la lecture et l'écriture au CE1*, p. 31

> « Pour l'élève, l'évaluation permet une distanciation sur l'acte de lire et offre un retour sur la performance au regard du projet de lecture initial. Qu'elle s'exerce individuellement ou collectivement, l'évaluation doit pouvoir orienter la suite du travail à engager pour répondre aux objectifs attendus. Des régulations systématiques, guidées par le professeur, réalisées en autonomie et à l'aide des pairs, s'avèrent indispensables durant les temps d'entraînement pour aider l'élève à dépasser pas à pas les obstacles identifiés et le faire progresser de façon à le conduire à une restitution de qualité. »

B - TRAITEMENT DU SUJET

1. LECTURE ET ANALYSE DES DOCUMENTS DU CORPUS

Document 1. **Résultats des évaluations nationales CE1, septembre 2022**

Les évaluations nationales ont pour objectif premier de permettre aux enseignants d'adapter leur pratique aux besoins des élèves.

> Elles « sont conçues par la Direction de l'évaluation, de la prospective et de la performance (Depp) en collaboration étroite avec le Conseil scientifique de l'éducation nationale (Csen), l'Inspection générale de l'éducation, du sport et de la recherche (IGESR) et la Direction générale de l'enseignement scolaire (Dgesco). L'implication du Csen permet de bénéficier des dernières avancées de la recherche en vue d'accroître l'efficacité de ces évaluations et ainsi de mieux répondre aux besoins des élèves. »[1]

1. https://eduscol.education.fr/2295/evaluations-des-acquis-et-besoins-des-eleves-au-cp

Ce document institutionnel fait état des premiers résultats, à l'échelle nationale, de l'évaluation en français au CP au mois de septembre 2022.
Chaque barre est divisée en trois tonalités de bleu : la plus à gauche correspond aux élèves dits « à besoins » (sous le seuil 1), la seconde correspond aux élèves dits « fragiles », entre les seuils 1 et 2, la plus à droite correspond aux élèves dont les résultats se situent au-dessus du seuil 2.
Les plus grandes difficultés apparaissent dans les exercices de lecture à voix haute de texte et de mots.
Seuls 68,2 % des élèves parviennent à un score supérieur au seuil 2 pour la lecture de texte et 72 % pour la lecture de mots.
9,1 % des élèves ont des résultats sous le seuil 1 pour la lecture à voix haute de texte et près de 10 % (9,9 %) ont des résultats sous le seuil 1 pour la lecture à voix haute de mots.
Les exercices concernant la compréhension orale de mots et l'écriture des mots sont ensuite les moins réussis.
Les exercices les mieux réussis concernent l'écriture de syllabes sous la dictée et la compréhension de l'écrit (texte et phrases).

Document 2. Extraits des Programmes d'enseignement du cycle des apprentissages fondamentaux (cycle 2) p. 14

Ce document présente un extrait des programmes de français pour le cycle 2. Il s'agit donc d'un document institutionnel que l'enseignant se doit de connaître et dont il doit tenir compte pour concevoir son enseignement, afin de permettre à ses élèves d'atteindre les objectifs fixés.
Il est attendu des élèves qu'ils sachent identifier les mots par le décodage mais aussi qu'ils accèdent à la compréhension du texte par une lecture suffisamment fluide, prenant en compte la ponctuation et le sens des phrases. Cette compréhension sera traduite par l'expressivité de la lecture faite à haute voix.
La pratique de cet entraînement soit être régulière et fréquente.

Document 3. Exercice de lecture de mots

Ce document est extrait d'un fichier d'entraînement à la lecture fluide proposé par les éditions Hatier pour le CE1.
Il s'agit d'un exercice dont l'objectif annoncé est de « Lire sans erreurs ». Il correspond à la douzième séance proposée.
La consigne est « Je lis des mots de plus en plus longs ».
Il s'organise sur trois niveaux correspondant à des degrés de difficulté croissants, matérialisés par les points bleus qui bordent l'exercice : Un rond bleu pour le niveau le plus facile : les trois mots de chaque liste appartiennent à la même famille de mots, ils sont donc reliés par le sens, ce qui en facilite la lecture.
Un rond et demi pour la seconde partie : les trois mots de chaque liste débutent par la même syllabe mais les mots ne sont pas liés par le sens. Ils n'appartiennent pas à la même famille.

Deux ronds bleus pour la dernière partie de l'exercice. Pour la liste « heure, heureuse, heureusement », la difficulté est liée au changement de correspondance entre le graphème « eu » et sa correspondance phonologique. Dans le mot « heure », le graphème « eu » se lit [œ], comme dans « sœur », alors que dans les deux mots suivants, il se lit [ə] comme dans « bleu ».
La liste suivante « jour, journal, journaliste » revient à une régularité de la relation graphème-phonème qui a été perturbée dans la liste précédente, ce qui fait donc appel à une capacité d'inhibition et de flexibilité mentale, par le retour à la « normalité » après la perturbation ayant pu être occasionnée par l'irrégularité de le liste précédente.
Chaque liste de trois mots est bordée d'une flèche verticale allant de haut en bas et qui rappelle à l'élève le sens de lecture attendu.

2. FICHE DE PRÉPARATION

Construire une fiche de séance sur le modèle d'une fiche de préparation. Cette fiche sera le support de votre présentation.

<table>
<tr><td colspan="4">SÉANCE - Lecture à voix haute - fluence</td></tr>
<tr><td colspan="2">DATE : P1</td><td colspan="2">Domaine du socle : 1</td></tr>
<tr><td>NIVEAU DE CLASSE :
CE1</td><td>NOMBRE D'ÉLÈVES :
24</td><td>SÉANCE N° : 4/5</td><td>DURÉE :
30 minutes</td></tr>
<tr><td colspan="2">PLACE DE LA SÉANCE DANS LA SÉQUENCE :
Séance 1 – Lire des mots qui riment
Séance 2 – Lire des mots de la même famille
Séance 3 – Lire des mots qui se ressemblent
Séance 4 – Lire des mots de plus en plus longs
Séance 5 – Lire ces mots étudiés dans des phrases puis dans un texte</td><td colspan="2">INTITULÉ DE LA SÉQUENCE :
Améliorer la fluidité de la lecture des mots</td></tr>
<tr><td colspan="2">OBJECTIFS DE LA SÉANCE :
G1 : Développer l'identification des mots (déchiffrage)
G2 : Développer la fluence dans la lecture de mots
G3 : Développer la fluence dans la lecture de texte.</td><td colspan="2">PRÉREQUIS :
Maîtrise des correspondances graphophonologiques (simples pour le G1)
Utilisation du logiciel Lalilo (G1)
Identification des signes de ponctuation et leur rôle dans le texte (G3)
Savoir coder un texte pour préparer sa lecture à voix haute (repérage des signes de ponctuation et des groupes de souffle/groupes de sens)</td></tr>
<tr><td colspan="2">COMPÉTENCES VISÉES :
• Déchiffrer avec aisance.
• Lire à voix haute des mots et un texte de façon fluide.
• Lire avec expressivité (G3)</td><td colspan="2">MATÉRIEL/SUPPORTS :
• G1 : Logiciel Lalilo (6 tablettes numériques)
• G2 : Diaporama avec 9 diapositives présentant chacune une série de mots. Ces listes sont celles que les élèves retrouveront sur la fiche d'entraînement.</td></tr>
</table>

	• Une fiche d'exercice par élève (Lecture CE1 Ed. 2019 - Livret d'entrainement à la lecture fluide – Hatier p18) • G3 : tapuscrit du texte *La Brouille*, de Claude Boujon avec le nombre de mots précisé au bout des lignes, un crayon de couleur rouge et un crayon à papier.

PHASE 1
DURÉE PRÉVUE : 5 minutes
MODALITÉ : oral/collectif

Consigne	**Tâche des élèves**	**Rôle de l'enseignant**
Présentation des ateliers « Nous allons aujourd'hui poursuivre le travail de fluence en lecture. Comme les fois précédentes, nous allons travailler en groupes : Le premier groupe (G1) va poursuivre le travail sur tablette avec le logiciel Lalilo. Qui peut me rappeler quel est l'objectif de ce travail ? Le second groupe va travailler avec moi sur la lecture de mots afin de s'entraîner à les lire de façon de plus en plus aisée. (cf doc 3) Je rappelle que plus on est à l'aise pour déchiffrer les mots, plus il est facile de comprendre le texte. Le troisième groupe va poursuivre son travail à partir du texte de *La Brouille*. Vous allez relire les parties codées. Puis, par 2, vous coderez la dernière partie du texte. Q1 : Qui peut me rappeler le codage que nous utilisons ?	G1 : Réponse attendue : Revoir la correspondance entre les lettres/groupes de lettres et les sons comme ou, oi, an, in... G3 : Q1 : Réponse attendue : Nous repassons sur les points, points d'exclamation, points d'interrogation et les virgules avec le crayon de couleur rouge. Sous les points nous faisons une petite flèche pour indiquer si on doit monter ou baisser le ton. Ensuite, avec le crayon à papier, nous lisons plusieurs fois chaque phrase, nous discutons pour repérer les groupes de souffle et lorsque nous sommes d'accord, nous traçons un trait oblique. Nous relisons ensuite la phrase pour entendre si ces groupes de souffle correspondent aux groupes de sens et permettent la compréhension du texte.	G1 : Le logiciel permet à l'enseignant de voir *a posteriori* les réussites et difficultés rencontrées par les élèves. Le feedback immédiat est fait par le logiciel. En cas d'erreur, la réponse correcte est livrée à l'élève qui a ainsi un feedback immédiat sur son travail, validé ou corrigé. Le mot (ou la syllabe) mal identifié sera reproposé un peu plus tard dans l'exercice.

Q2 : Pourquoi est-il important d'avoir une lecture à voix haute expressive ?	Q2 : La lecture à voix haute est destinée à être partagée avec un auditoire. Une lecture expressive permettra de faire comprendre le texte et de favoriser l'attention et l'intérêt des auditeurs.	

Critère de réussite/évaluation :
Ecoute, attention, participation au questionnement de l'enseignant.

REMARQUES

Travail différencié :
Les groupes sont constitués en fonction de leurs résultats aux évaluations nationales sur ces exercices de fluence de mots et de textes. (cf doc 1)

- *6 élèves ont obtenu un score inférieur à 45 mots lus par minute. C'est le groupe G1 qui travaille le déchiffrage.*
- *10 élèves ont obtenu un score compris entre 55 et 75 mots lus par minute. C'est le groupe G2 qui travaille la lecture de mots à voix haute.*
- *8 élèves ont obtenu des scores supérieurs à 95 mots lus par minute. C'est le groupe G3 qui travaille la lecture de texte à voix haute (ponctuation, groupe de souffle).*

Chaque exercice correspond au développement de compétences spécifiques (déchiffrage, lecture fluide mots, de texte) attendues en lecture à voix haute en fin de cycle 2 (cf doc 2)

PHASE 2
DURÉE PRÉVUE : 20 minutes
MODALITÉ : oral/coll.

Consigne	Tâche des élèves	Rôle de l'enseignant
Mise en ateliers G1 (en autonomie) : Chaque élève est en autonomie sur la tablette.	G1 : Réaliser les exercices de lecture proposés par le logiciel.	L'enseignant s'assure de l'implication des élèves dans la tâche qui leur est proposée (tous les groupes)
G2 (avec l'enseignant)	G2 : Lire les mots de façon de plus en plus aisée. S'appuyer sur les attaques identiques pour faciliter le décodage.	L'enseignant présente chaque diapositive (D) de son diaporama en faisant apparaître les mots dans l'ordre suivant : D 1 : le 1er mot : début D 2 : le 2e mot : débutant D 3 : ces 2 premiers mots : début et débutant, placés l'un sous l'autre. D 4 : le 3e mot : débutante D 5 : Les trois mots placés les uns sous les autres.

		L'observation de cette diapositive permet de mettre en évidence la construction des mots, leurs similarités, les relations de sens qu'ils peuvent avoir ou pas. Chaque diapositive est lue par un ou deux élèves. Puis, la D 5 est relue, x2, de façon collective par l'ensemble du groupe.
	Ce déroulé est identique pour chacune des 4 séries de niveau 1 (1 rond bleu). Les élèves peuvent ensuite s'entraîner à lire ces listes sur leur fiche, à voix haute, seuls puis en binômes.	Si les élèves parviennent à réaliser ce premier niveau. L'enseignant proposera le même travail avec les mots de niveau 2, puis de niveau 3.
G3 (en binômes)	G3 : Les élèves commencent par une lecture individuelle, à voix haute, des 2 premières parties du texte codées en début de semaine (lundi – mardi) et font une première lecture de la dernière partie du texte. Ils se mettent ensuite en binômes, lisent chacun, à voix haute, une partie codée. Ils lisent ensuite chaque phrase de la dernière partie, repassent en rouge sur la ponctuation, échangent sur le sens de la flèche à tracer pour identifier le ton à employer puis dans un dernier temps, ils échangent sur le repérage des groupes de souffle, se mettent d'accord et tracent les traits obliques.	À l'issue de ce travail et pendant que le G2 s'entraine à lire de façon fluide les listes de mots qui ont été travaillées, l'enseignant réunit ce groupe de 8 élèves et demande aux binômes de justifier leur codage. Une correction est apportée sur la base de cette argumentation avec lecture à voix haute des phrases pour vérification. La dernière séance (le lendemain) sera évaluative.

	Respect des règles du travail en groupe. Les élèves codent le texte puis s'entraînent à sa lecture. Les élèves qui le souhaitent peuvent lire à la classe les mots, phrases ou textes qu'ils ont lus au cours de leur atelier.	
Clôture de la séance : Chaque groupe restitue ce qui s'est passé dans son groupe au cours de l'activité : les difficultés rencontrées et les progrès constatés.		
Que retient-on pour la prochaine fois ?	Réponse possible : L'entrainement favorise la fluidité de lecture. Plus je m'entraîne, plus je lis vite !	

Critère de réussite/Evaluation :
Les élèves participent aux échanges.
G1 : Les élèves s'investissent dans la réalisation des exercices proposés.
G2 : Les élèves lisent les listes de mots de façon de plus en plus aisée.
G3 : L'enseignant écoute 3 élèves lire le paragraphe du texte étudié. (3 ou 4 élèves chaque jour)

REMARQUES

G1 : Le logiciel Lalilo (https://lalilo.com) permet à chaque élève, par le recours à une intelligence artificielle de suivre le parcours de lecture de chaque élève. Les exercices qui lui sont proposés varient en fonction de ses résultats à l'évaluation initiale qu'il a réalisée. Le logiciel détermine les CGP et les compétences à travailler. L'enseignant peut aussi concevoir des exercices qui seront proposés à l'élève par le biais de ce logiciel.

G2 : Selon les notions de grammaire et de vocabulaire qui ont pu être abordées au cours des deux premiers mois de l'année, l'observation de la construction des mots sur la diapositive 5 permettra de réactiver en mémoire les notions de famille de mots (suffixes), de genre : masculin, féminin, de nature de mots (nom verbe, adverbe, adjectif…), les lettres muettes…

G3 : Le texte La Brouille *a été étudié en séance de compréhension afin de faciliter la lecture fluide, les ambiguïtés de vocabulaire et les difficultés éventuelles de compréhension ont été levées.*

Séance 3/4 et non pas 12 (cf doc 3) car comme tout outil proposé par les éditeurs, il ne prend pas en compte les particularités de chaque classe. Le fichier est établi pour une année de CE1. Il convient à l'enseignant d'adapter l'outil-support aux besoins de ses élèves.

Prolongement/Réinvestissement :
G1 : Suite à l'observation des résultats des élèves du G1, l'enseignant pourra s'appuyer sur les résultats obtenus dans les exercices Lalilo pour proposer de nouveaux exercices en classe. Ces nouveaux exercices renforceront les compétences insuffisamment maîtrisées par chaque élève.

3. PRÉPARER L'ENTRETIEN

a) Introduction

La séance d'enseignement de lecture à voix haute que je vais vous présenter a pour objectif de développer les compétences identifiées comme insuffisamment maîtrisées par les élèves de cette classe de CE1 au moment de la passation des évaluations nationales au mois de septembre. Les exercices portant sur la lecture de mots et de texte à voix haute sont particulièrement chutés au niveau national. Seuls 68,2 % des élèves parviennent à un score supérieur au seuil 2 pour la lecture de texte et 72 % pour la lecture de mots. 9,1 % des élèves ont des résultats sous le seuil 1 pour la lecture à voix haute de texte et près de 10 % (9,9 %) ont des résultats sous le seuil 1 pour la lecture à voix haute de mots (document 1).
Pour cette classe de 24 élèves de CE1, 6 élèves ont obtenu un score inférieur à 45 mots lus par minute, 10 élèves ont obtenu un score compris entre 55 et 75 mots lus par minute et 8 élèves ont obtenu des scores supérieurs à 95 mots lus par minute.
Il convient donc d'apporter une réponse à ce constat en mettant en place au sein de la classe un dispositif qui favorise la remédiation nécessaire pour que les élèves atteignent les attendus de fin de cycle (document 2) et permettent à ceux qui ne sont considérés ni « fragiles », ni « à besoin » de poursuivre leur parcours de lecteur en développant des compétences d'expressivité. Le guide *Enseigner la lecture et l'écriture au CE1* précise que tous les élèves devraient pouvoir lire au minimum 50 mots en une minute à la fin du CP. Six de nos élèves n'atteignent pas ce score.
On pourra s'appuyer sur le document 3, qui est extrait d'un fichier d'entraînement à la lecture fluide proposé par les éditions Hatier pour le CE1. Il s'agit d'un exercice dont l'objectif annoncé est de « Lire sans erreurs ». Il correspond à la douzième séance proposée. La consigne est « Je lis des mots de plus en plus longs ».
La séance dure 30 minutes, elle se déroule en octobre (période 1). Les élèves sont répartis en 3 groupes. Les six élèves identifiés comme les plus fragiles constituent le groupe 1. Les dix élèves qui se situent entre les seuils 1 et 2 formeront le groupe 2, les autres constituant le groupe 3. Il s'agit donc de différencier le travail proposé pour répondre aux besoins des élèves.
Cette séquence se déroule sur la semaine. La 5e séance permettra d'introduire les mots travaillés au fil des jours, dans des phrases puis dans un texte pour mobiliser l'ensemble des compétences de la fluence : vitesse, précision, expressivité. Le travail proposé aux élèves la semaine suivante découlera de ces résultats. Le premier atelier est en autonomie.

Les élèves travaillent sur tablette, avec le logiciel d'entraînement personnalisé à la lecture Lalilo. Le second atelier sera dirigé par l'enseignant, il vise la lecture fluide de mots et le dernier sera réalisé selon trois modes : individuel, en autonomie et en groupe. Il a pour objectif la lecture expressive d'un texte.

b) Conclusion

Cette séance de lecture à voix haute construite en appui sur les résultats des élèves aux évaluations nationales de septembre illustre l'intérêt de la prise en compte de ces résultats par les enseignants pour conduire leur enseignement et répondre au plus près aux besoins des élèves.

Elle s'inscrit dans la prise en compte de la zone proximale de développement (ZPD) mise en évidence par Vygotski. Il importe de faire en sorte que chaque élève puisse prochainement faire seul ce qu'il réalise, pour l'instant, avec de l'aide.

L'étayage enseignant reste l'un des meilleurs vecteurs de progrès. Les retours qu'il peut faire aux élèves sur leurs points d'amélioration possible guident l'élève sur le chemin parcouru et sur celui qu'il lui reste à parcourir.

L'explicitation de l'intérêt de l'entraînement et de la répétition, s'appuyant sur les travaux en sciences cognitives, favorisera l'engagement de l'élève. Il saura que ses efforts ne sont pas vains.

L'acquisition des compétences en lecture s'inscrit dans un temps long, qui nécessite des entraînements réguliers et fréquents. Il importe que les élèves lisent chaque jour à voix haute, dans toutes les disciplines.

Cette fréquence permet le développement des automatismes nécessaires à l'accès à la compréhension.

Il est important de préciser que le travail sur la fluence de mots est un outil possible pour travailler les compétences de fluence mais il doit rester un outil ponctuel car s'il permet de travailler les compétences de vitesse et précision, essentielles à la fluence, il ne permet pas de travailler l'expressivité, le phrasé, les groupes de sens/groupes de souffle, la prosodie... qui donnent tout son sens à la lecture à voix haute et témoignent de la compréhension du lecteur, but ultime de tout travail d'apprentissage de la lecture.

D'autres modalités de travail pourront être envisagées au fil de l'année pour conserver la motivation et l'engagement dans la tâche. Il est possible de mettre en scène certains textes, de dire de la poésie... Il peut être intéressant d'organiser des soirées théâtre et poésie offertes aux parents, aux familles... On se sera entrainé devant d'autres classes de l'école auparavant pour s'habituer au public. Ces projets sont moteurs et décuplent l'implication des élèves. Il faut alors veiller à ce que chaque élève ait une place qui le valorise.

c) Question du jury

Vous évoquez les sciences cognitives, en quoi nous apportent-elles des éléments sur la fluence en lecture ?

Les guides proposés sur Eduscol, dont celui *Enseigner la lecture et l'écriture au CE1* précisent sur leur couverture : « Guide fondé sur l'état de la recherche ».

Parmi ces études, les résultats de la recherche en sciences cognitives mettent en avant l'importance du développement des automatismes en lecture par l'entrainement et la répétition. Le modèle de Hebb est souvent mentionné. Pour l'expliquer aux élèves, on peut prendre l'image du chemin dans la forêt. Lorsque l'on passe sur un chemin la première fois,

le passage peut être difficile, les herbes hautes, les branchages... rendent la progression difficile. Mais si on emprunte souvent ce même passage et que l'on repasse fréquemment sur ses pas, on trace un chemin. L'accès est facilité et l'on avance bien plus vite.
Il en va de même avec les neurones qu'abrite notre cerveau. Plus les neurones qui reconnaissent les lettres sont mis en interaction avec ceux qui y associent un son, plus les connexions seront rapides. On développe des automatismes. La lecture devient fluide, ce qui libère la mémoire de travail pour lui permettre l'accès à la compréhension.
De nombreux outils sont proposés aux enseignants par des laboratoires de recherche. Parmi eux, l'Inserm (Programme Atole, J.-P. Lachaux) ou le LaPsyDé (*Entrainer le cerveau à résister* G. Borst-O. Houdé, Nathan/Lea) permettent aux élèves de découvrir le fonctionnement de leur cerveau et explicitent comment apprendre.

Sur Lea.fr

Retrouvez deux autres questions du jury

Sujet n° 3 : Comprendre un texte littéraire au cycle 3

À partir du corpus proposé, vous concevrez une séance visant l'acquisition de stratégies pour aider les élèves à comprendre un texte littéraire en classe de CM1. La séance s'inscrit dans une séquence visant le développement de compétences en lecture. Elle se situe en période 1. Vous détaillerez le déroulement de cette séance en prenant soin d'expliciter vos choix didactiques et pédagogiques.

CORPUS DE 3 DOCUMENTS

Document 1. Programmes, Attendus de fin d'année de CM1, Français, Bulletin officiel n° 22 du 29 mai 2019.

Comprendre un texte littéraire et se l'approprier
Ce que sait faire l'élève
- Dans un texte, il repère les informations explicites et pointe les informations qui ne sont pas données.
- Il distingue, par la mise en page, un extrait de théâtre, un poème et un texte narratif.
- Il met en relation le texte lu avec un autre texte étudié en classe.

Exemples de réussite :
- Il répond à des questions en justifiant les réponses par une phrase du texte lorsque le texte le permet.
- Il identifie le narrateur, les personnages (dont le personnage principal).
- Il choisit un titre qui résume l'histoire.
- En se référant à des outils (cahier de littérature, manuels...), il identifie un genre littéraire grâce à des caractéristiques marquantes (« Il était une fois » pour un conte ; des rimes pour un poème...).
- Il argumente sur la base de connaissances et/ou de lectures antérieures.
- Il formule des hypothèses d'interprétation en comparant avec des histoires connues.

Document 2. Manuel *Le nouveau Millefeuille*, © Éditions Nathan, 2019, pp. 14-15.

Lire des récits avec des personnages insolites

• Que peuvent bien faire ces deux-là ?

Il faut faire quelque chose !

Max vit dans un appartement avec son vieux chat Mix, qui est aveugle. Partant au travail, il doit pendant de longues heures laisser son fidèle compagnon. Mais celui-ci n'est pas seul : il a rencontré depuis peu un ami original… une souris, Mex. Celle-ci, grimpée sur le rebord de la fenêtre, raconte à Mix ce qu'elle voit dehors.

Mix voulut savoir comment était le ciel, et la rue, et l'herbe du jardin.

– Le ciel est clair, transparent, on ne voit pas un nuage. Dans la rue, il y a beaucoup d'autos et de bicyclettes, de gens qui se saluent et, dans l'herbe, de petites fleurs blanches qui ressemblent à de délicieux flocons de céréales commencent à pousser.

Elle lui raconta aussi que les branches des marronniers étaient couvertes de bourgeons qui deviendraient bientôt des feuilles vertes et que, dans le nid de la pie, on apercevait les têtes de trois oisillons qui, dans quelques semaines, prendraient possession de l'air pour leurs premiers vols. Les heures de la matinée s'écoulèrent très tranquillement, Mix, allongé à sa place favorite, et Mex, debout sur le rebord de la fenêtre, lui décrivant tout ce qui se passait.

Peu avant midi, un bruit de pas qui s'arrêtaient près de la porte fit sursauter les deux amis. Max avait sans doute oublié quelque chose, se dirent-ils tout d'abord,

Je comprends

1. Qui sont Max, Mix et Mex ? À la lecture du texte, que sait-on de chacun d'eux ?
2. Pourquoi le chat demande-t-il à son amie de lui dire ce qu'elle voit ?
3. À quelle saison se passe cette histoire ? Justifie ta réponse.
4. Comment Max reconnait-il les pas du voleur ?
5. Relève les mots ou les expressions qui montrent l'inquiétude soudaine des deux amis.
6. Que pense la souris d'elle-même ? A-t-elle raison ? Justifie ta réponse.
7. Comment les deux amis veulent-ils empêcher la porte de s'ouvrir ?
8. D'où vient la voix mélodieuse de la femme ?
9. Pourquoi le voleur s'enfuit-il ?
10. De quel livre est extrait ce passage ? Cherche un autre livre de cet auteur dont le titre ressemble à celui-ci.

14

mais Mix dit que ce n'était pas les pas décidés et joyeux de Max. Ils étaient différents, précautionneux, méfiants, et leur émoi grandit en entendant le bruit métallique d'un trousseau de clés.

– Je meurs de peur ! Je suis une souris très trouillarde, la plus trouillarde des souris, je te l'ai dit, cria Mex en cherchant refuge entre les pattes de son ami.

– Qui que ce soit, il est en train d'essayer d'ouvrir la porte. Nous devons faire quelque chose, Mex. Une fois, j'ai entendu parler de gens qui pénètrent dans les maisons et emportent les choses.

– On les appelle des voleurs, dit Mix.

– Parfaitement, c'est un voleur qui veut nous dévaliser ! Je meurs de peur ! Qu'est-ce que nous pouvons faire, nous, un chat aveugle et une souris trouillarde ! dit Mex mais elle suivit son ami jusqu'à la porte alors que le bruit de différentes clés essayant d'entrer dans la serrure leur faisait éprouver un froid très distinct de celui de l'hiver.

– On doit faire quelque chose, Mex, s'écria Mix, et tous deux pesèrent de tout leur poids contre la porte jusqu'au moment où Mex, criant toujours qu'elle avait peur, très peur, courut jusqu'à la table du salon, poussa la télécommande du téléviseur pour la faire tomber et, sans cesser de manifester sa peur, commença à sauter sur le clavier.

À l'instant où un « clic » indiquait que le voleur avait trouvé la bonne clé, la voix mélodieuse d'une femme saluant le début du printemps remplit tous les coins de la maison.

Mix cessa de pousser contre la porte en entendant les pas s'éloigner précipitamment et appela son amie.

– Très bien, Mex ! très bonne idée ! On l'a bien eu. Quand les amis s'unissent, ils ne peuvent pas être vaincus.

LUIS SEPULVEDA, *Histoire du chat et de la souris qui devinrent amis*, Éd. Métailié.

Je lis à haute voix

- Lis le dialogue entre Mix et Mex (lignes 17 à 28). Il faudra montrer la peur de Mex.

débat **Échangeons autour du texte**

- À quel autre genre de texte cet extrait peut-il faire penser ? Pourquoi ?

J'ajoute des phrases à l'histoire

- Écris une phrase que Max pourrait dire à son chat à son retour du travail. Que pourrait lui répondre Mix ?

Document 3. Cécile Bessis, Raphaële Sallantin, « La compréhension en lecture au cycle 3 : des concepts, un outil diagnostique », *Développements* 2012/2 (n° 11), éditions De Boeck, pp. 25-35, DOI : 10.3917/devel.011.0025. URL : https://www.cairn.info/revue-developpements-2012-2-page-25.htm.

2.3.2 – La production d'inférences

Amené à chercher les liens que l'auteur n'a pas explicités, le lecteur complète le contenu propositionnel par des connaissances qui lui sont propres. Ce phénomène a lieu à tous les niveaux du texte. Il peut être très simple et quasiment automatique dans le cas des *inférences « de liaison »* ou *« locales »*. Par exemple dans le cas d'un pronom anaphorique, l'attribution de son antécédent se fait au moyen d'une inférence qui s'appuie sur des déductions d'ordre morphosyntaxique (« elle » se rapporte à l'infirmière puisque l'infirmière est féminin). Ce type d'inférences est considéré comme généralement moins coûteux sur le plan cognitif que le deuxième type d'inférences.

Le deuxième type d'inférences est celui que désigne en général dans les corpus orthophonique et pédagogique le terme d'« inférences » : utilisation d'une culture personnelle pour comprendre le texte. Ces inférences « *globales* » sont, selon le cas, *prédictives, associatives* ou *explicatives*. Elles interviennent lorsque l'information à traiter est *discontinue* avec le contexte situationnel antérieur, c'est-à-dire lorsque le texte n'est pas suffisamment explicite et demande au lecteur une démarche active de production de sens pour intégrer la nouvelle proposition.

Un type particulier de production d'inférences, au niveau lexical, est le *calcul sémantique* (Goigoux, 2002), qui consiste devant un mot nouveau à reconnaître qu'on ignore ce qu'il veut dire et à lui attribuer une signification provisoire, en trouvant dans le mot lui-même la ressource (morphologie), ou en « regardant autour du mot » (contexte).

2.3.3 – La construction d'une représentation mentale

Il s'agit bien de se représenter non le texte directement, mais ce dont il parle. Cette représentation rend possible la mise en mémoire et l'intégration au fur et à mesure des nouveaux éléments qui, eux-mêmes, la feront évoluer. On parle aussi de la construction d'un « modèle de situation » ou « modèle situationnel » multidimensionnel. Certains auteurs estiment aujourd'hui que les différences interindividuelles en compréhension en lecture peuvent s'expliquer par la capacité plus ou moins développée chez le sujet à construire un modèle de situation.

À la lecture d'un texte, le lecteur forme en mémoire une représentation mentale de la situation décrite (Johnson-Laird, 1983; Van Dijk & Kintsch, 1983). Il suit simultanément les différentes dimensions qui participent au processus de compréhension, à savoir les dimensions causale, temporelle et spatiale, ainsi que celle relative aux personnages.

A - CONNAISSANCES DIDACTIQUES ET PÉDAGOGIQUES À MOBILISER

Tout au long de l'école primaire, les élèves vont acquérir des compétences pour comprendre les textes littéraires : il s'agit d'un apprentissage continu et progressif qui commence dès la maternelle.

ATTENTION!

Pour pouvoir traiter le sujet lié au cycle 3, il est nécessaire de maitriser les connaissances didactiques et pédagogiques des cycles 1 et 2, disponibles sur Lea.fr

1. FORMER L'ÉLÈVE LECTEUR

Au cycle 3 est poursuivi l'enseignement explicite de la compréhension afin de donner aux élèves des capacités de lecteurs autonomes en les confrontant à des textes de plus en plus complexes. Les différentes stratégies du lecteur expert sont les suivantes :

- « assigner un but à son activité avant de commencer la lecture en s'interrogeant sur la ou les raisons qui amènent à lire un texte particulier (apprendre, s'informer, etc.)
- s'intéresser aux relations causales;
- fabriquer une représentation mentale de ce qui est lu;
- déterminer ce qui est important et le mémoriser;
- répondre à des questions et savoir s'en poser tout seul;
- produire des inférences;
- utiliser ses connaissances antérieures;
- prévoir la suite;
- résumer;
- contrôler et réguler sa compréhension »[2].

L'accent est mis sur l'appropriation du texte littéraire par l'élève, en lien avec son expérience, ses lectures et ses connaissances personnelles. L'élève est amené à effectuer des choix de lectures personnelles afin de stimuler son intérêt et de construire une première culture littéraire et artistique.

2. LIER LA COMPRÉHENSION ET LES AUTRES DOMAINES DU FRANÇAIS

Les activités de lecture sont indissociables des activités d'écriture :

- les écrits qui accompagnent la lecture comme le carnet de lecture;
- les écrits liés au travail de compréhension (réponse à des questionnaires, résumés, schémas...);
- les écrits d'invention prenant appui sur les textes lus.

---

1. Les principes clés sont extraits des contenus ministériels :
   - « J'enseigne au cycle 3 » https://eduscol.education.fr/87/j-enseigne-au-cycle-3
   - « Lecture et compréhension de l'écrit au cycle 3 » : https://eduscol.education.fr/242/francais-cycle-3-lecture-et-comprehension-de-l-ecrit
2. Guide « Les stratégies de compréhension », Eduscol, 2016 et guide « La compréhension au cours moyen », Eduscol, 2022.

De même, lecture et étude de la langue doivent être constamment articulées : travail d'appropriation du lexique, grammaire de phrase et de texte (reprises anaphoriques ; choix des temps verbaux).
La lecture doit ainsi permettre l'observation, l'imitation et le réinvestissement dans l'écriture.

3. ÉVALUER

L'évaluation de la compréhension est complexe car l'activité de construction du sens requiert de nombreuses compétences : lire avec fluidité, faire des inférences, interpréter, prélever des informations dans un texte, dégager le thème d'un texte, réguler sa compréhension, déployer des stratégies pour surmonter un problème de compréhension.
Les attendus de fin de cycle sont :

- lire, comprendre et interpréter un texte littéraire adapté à son âge et réagir à sa lecture ;
- lire et comprendre des œuvres de plus en plus longues et de plus en plus complexes :
  - CM1 : 5 ouvrages de littérature de jeunesse et 2 œuvres du patrimoine ;
  - CM2 : 4 ouvrages de littérature de jeunesse et 3 œuvres du patrimoine.

REMARQUE

Pour choisir les œuvres à étudier, l'enseignant peut s'appuyer sur les listes d'œuvres préconisées par le ministère de l'Éducation nationale[1].

1. https://eduscol.education.fr/114/lectures-l-ecole-des-listes-de-reference

B - TRAITEMENT DU SUJET

1. LIRE ET ANALYSER LES DOCUMENTS DU CORPUS

Le **document 1** est un extrait du programme qui présente les attendus de fin de cycle 3 en ce qui concerne la compréhension et l'appropriation d'un texte littéraire. Les compétences à maitriser par les élèves sont suivies par des exemples de réussite plus précis, qui peuvent servir à construire des activités.
Le **document 2** est un extrait du manuel *Le nouveau Millefeuille*, publié par les Éditions Nathan en 2019. L'objectif de ces deux pages est d'amener les élèves à lire et comprendre un récit mettant en scène des personnages insolites. Il se compose d'un texte littéraire de Luis Sepulveda, *Histoire du chat et de la souris qui devinrent amis,* suivi d'un dispositif didactique visant la compréhension de l'extrait. Ce dernier comprend plusieurs étapes : des questions de compréhension littérales et fines ; une activité de lecture à voix haute qui met l'accent sur les sentiments d'un des personnages ; un débat autour des genres littéraires sollicitant la culture littéraire des élèves et enfin une production d'écrit, prenant ici la forme d'un dialogue.
Le **document 3** est un article écrit par Cécile Bessis et Raphaële Sallantin, intitulé « La compréhension en lecture au cycle 3 : des concepts, un outil diagnostique », et publié dans la revue *Développements* en 2012. Elles y définissent les inférences en distinguant deux types parmi elles. Elles rappellent également la nécessité de se représenter mentalement une histoire pour en mémoriser les informations principales et la comprendre.

2. RÉDACTION DE LA FICHE DE PRÉPARATION

SÉANCE : Construction d'un outil d'aide à la compréhension : les procédures pour répondre à des questions de compréhension			
DATE : Octobre		**DOMAINE DU SOCLE COMMUN :** 1	
NIVEAU DE CLASSE : CM1	**NOMBRE D'ÉLÈVES :** 26	**SÉANCE N° :** 3	**DURÉE :** 55 minutes
PLACE DE LA SÉANCE DANS LA SÉQUENCE : Séance 1 - Construire une représentation mentale Séance 2 - Entrainement : combler les blancs du texte pour construire progressivement une représentation mentale, extrait de *Les Passe-vents* de A. Grousset **Séance 3 - Construction d'un outil d'aide à la compréhension : les procédures pour répondre à des questions de compréhension** Séance 4 - Entrainement pour l'appropriation de la procédure avec un autre texte, extrait de *Pinocchio* de C. Collodi Séance 5 - Atelier : réaliser des inférences (sur des énoncés courts)		**INTITULÉ DE LA SÉQUENCE :** L'enseignement explicite de la compréhension	
OBJECTIFS DE LA SÉANCE : Construire un outil d'aide à la compréhension : les différentes procédures pour répondre à des questions de compréhension.		**PRÉREQUIS :** Identifier les principales informations dans un texte. Relever des indices textuels.	
COMPÉTENCES VISÉES : Identifier des stratégies utilisées pour répondre à des questions. Répondre à des questions de compréhension en prenant conscience de la manière de répondre. Comprendre un texte littéraire (compréhension littérale et fine).		**MATÉRIEL – SUPPORTS :** Extrait du texte de L. Sepulveda, *Histoire du chat et de la souris qui devinrent amis* : une photocopie par élève.	

PHASE 1
DURÉE PRÉVUE : 15 minutes
MODALITÉ : individuel

Consigne	Tâche des élèves	Rôle de l'enseignant
1. Explicitation de l'objectif de la séquence aux élèves *Vous allez apprendre des stratégies pour vous aider à mieux comprendre les textes. Est-ce que quelqu'un sait ce que signifie le mot « stratégie » ?*	1. Les élèves proposent des définitions.	1. Valider ou invalider les réponses, proposer de vérifier la définition dans le dictionnaire.
2. Découverte du texte de Sepulveda *Vous allez lire cet extrait d'un texte littéraire.*	2. Les élèves lisent silencieusement l'extrait.	2. Répondre aux questions concernant le lexique inconnu.
3. Discussion collective autour de la réception du texte *Que pensez-vous de ce texte ? Avez-vous aimé cette histoire ?*	3. Les élèves expriment leur ressenti face à cette œuvre littéraire.	

Différenciation :
Il est possible d'accompagner les élèves dans leur lecture afin qu'ils ne se découragent pas. Pour les élèves en grande difficulté de décodage, l'enseignant peut résumer l'histoire avant la découverte du texte.

REMARQUE
Il est très important d'expliciter l'objectif de la séquence afin que les élèves donnent du sens aux apprentissages.

PHASE 2
DURÉE PRÉVUE : 10 minutes
MODALITÉ : individuel

Consigne	Tâche des élèves	Rôle de l'enseignant
Questionnaire de lecture *Vous allez répondre aux questions 1, 3 et 9 p. 14* (cf. doc 2) *et pour chacune des questions, vous allez souligner dans le texte ce qui vous a permis de répondre.* 1) Qui sont Max, Mix et Mex ? À la lecture du texte, que sait-on de chacun d'eux ? 3) À quelle saison se passe cette histoire ? Justifie ta réponse. 9) Pourquoi le voleur s'enfuit-il ?	Certains élèves reformulent ce qu'ils ont compris des questions.	S'assurer que tous les élèves ont compris le travail à effectuer. Pour la première question, mentionner le portrait physique et moral.

Critères de réussite :
Être capable de répondre précisément à une question.

REMARQUE
Les trois questions de la rubrique « Je comprends » ont été retenues pour répondre à l'objectif visé : l'identification des procédures pour répondre aux questions. Elles font appel à des procédures variées et portent sur les différents éléments narratifs.

PHASE 3 **DURÉE PRÉVUE :** 10 minutes **MODALITÉ :** oral/collectif		
Consigne	**Tâche des élèves**	**Rôle de l'enseignant**
Mise en commun des réponses par groupe *En groupe vous allez mettre en commun vos réponses et ce que vous avez souligné. Il faudra que vous expliquiez au reste de la classe comment vous avez fait pour répondre aux questions.*	Les élèves échangent en groupes de 3. Ils désignent un rapporteur pour la phase de correction collective orale.	Passer dans les groupes, repréciser les consignes. Recadrer les échanges si ces derniers s'éloignent de l'objectif visé.
Critères de réussite : Être capable de participer à un échange : écouter les autres, prendre la parole, défendre une idée.		
REMARQUE *L'échange entre pairs autour des stratégies utilisées s'avère fructueux car certains élèves en difficulté peuvent observer comment les autres élèves font pour trouver les réponses.*		

PHASE 4 **DURÉE PRÉVUE :** 20 minutes **MODALITÉ :** oral/collectif		
Consigne	**Tâche des élèves**	**Rôle de l'enseignant**
1. Mise en commun des réponses Identification des différentes stratégies utilisées par les élèves.	1. Un rapporteur par groupe donne la réponse et explique comment celui-ci a procédé pour trouver la réponse. Les autres élèves vérifient ce qu'ils ont surligné dans le texte et complètent si besoin. Les élèves discutent des différentes stratégies.	1. Faire préciser aux élèves les procédures qu'ils ont utilisées pour répondre. Les aider à les formuler si nécessaire.

	Réponses attendues : *1) Max est un homme qui est souvent absent cf. paratexte* « partant au travail ». *Pour répondre j'ai relevé une information écrite dans le texte.* *Mix est un chat aveugle, cf. paratexte* « vieux » « aveugle ». *Mex est une souris peureuse (cf.* « Je suis une souris très trouillarde, la plus trouillarde des souris, je te l'ai dit, cria Mex en cherchant refuge entre les pattes de son ami. » *l. 17-19*; « je meurs de peur » répété l. 17 et 26; *l. 27-28* « une souris trouillarde »*). Pour répondre j'ai mis en relation plusieurs informations relevées dans le texte.* *3) Au printemps. Pour répondre j'ai relevé une information écrite dans le texte* « le début du printemps ». *9) Le voleur s'enfuit parce qu'il croit qu'il y a quelqu'un dans l'appartement. Pour répondre, j'ai déduit la réponse à partir des données du texte et de mes connaissances personnelles.*	

2. <u>Réalisation d'une fiche synthétisant les stratégies retenues précédemment, représentées avec des symboles</u> « J'ai répondu à la question en : 1. reformulant un élément relevé dans le texte 2. réunissant plusieurs informations relevées dans le texte 3. ajoutant mes propres connaissances aux informations relevées dans le texte »	2. Les élèves recopient la fiche.	2. Passer dans les rangs pour regarder la trace écrite recopiée par les élèves.
3. <u>Bilan</u> *Aujourd'hui vous avez identifié plusieurs procédures pour répondre à des questions et comprendre un texte. Lors de la prochaine séance, vous vous entrainerez à utiliser ces procédures pour comprendre un nouveau texte.*	3. Les élèves écoutent le bilan.	3. Récapituler ce que les élèves ont appris pendant la séance.

Critères de réussite :
Être capable de prendre la parole devant le groupe classe.
Pour le rapporteur, être capable de restituer ce qui a été dit dans le groupe.
Être capable d'écouter les réponses des autres groupes et de compléter ses réponses (relevé textuel).

REMARQUES

1. Choix de la mise en commun collective : l'enseignement de stratégies passe par l'explicitation et la prise de conscience de l'élève à travers la verbalisation, la discussion et le débat.
Réponse à la question 3 : au début du texte, la réponse n'est pas écrite : les élèves peuvent inférer et la déduire à partir des indices relevés dans le texte et leurs connaissances personnelles
Réponse à la question 9 : l'élève doit inférer. Il déduit la réponse des éléments du texte et de sa réflexion ; en effet, la souris appuie sur la télécommande, la télévision s'allume et on entend une femme parler : « la voix mélodieuse d'une femme saluant le début du printemps remplit tous les coins de la maison » l. 41-42. Le voleur pense alors que l'appartement est occupé et s'enfuit.

2. Représenter chacune des stratégies par un symbole permet aux élèves de désigner les procédures utilisées plus facilement et rapidement lors des exercices ultérieurs.

3. Pour donner du sens aux apprentissages, il est utile de faire un bilan en fin de séance pour synthétiser ce que les élèves ont appris lors de la séance.

3. PRÉPARER L'EXPOSÉ ET L'ENTRETIEN

a) Introduction

La séance que je vais vous présenter concerne l'enseignement explicite de la compréhension dans une séquence de français en classe de CM1. Elle se déroule au cours de la période 1. Elle aura une durée de 50 minutes. Il s'agit de la troisième séance de la séquence. Lors des deux premières séances, les élèves ont travaillé sur la construction d'une représentation mentale au fil de la lecture d'un texte : il s'agit de les amener à construire le film de l'histoire au fur et à mesure de la lecture. Pour construire cette séance, je me suis appuyé(e) sur le corpus de documents fournis par le dossier. Le **document 1** rappelle les attendus de fin d'année de CM1 dans le domaine de la compréhension. Le **document 2**, extrait du manuel *Le nouveau Millefeuille* publié par les Éditions Nathan en 2019, vise la compréhension d'un texte littéraire, l'*Histoire du chat et de la souris qui devinrent amis* de L. Sepulveda. Cet extrait contient des informations implicites. Pour le comprendre, le lecteur doit se faire une représentation mentale de la scène et des motivations des personnages. Le **document 3** explicite différents types d'inférences et la nécessité d'une construction mentale. L'objectif de cette séance est de construire un outil d'aide à la compréhension comprenant les différentes stratégies pour répondre à des questions de compréhension. Plus précisément, les sous-objectifs de cette séance sont de rendre l'élève capable de :

- identifier des stratégies utilisées pour répondre à des questions ;
- répondre à des questions de compréhension en prenant conscience de la manière de répondre ;
- comprendre un texte littéraire (compréhension littérale et fine).

Voici le déroulé et les composantes didactiques et pédagogiques de cette séance.

b) Conclusion

Dans cette séance, les élèves ont appris à identifier des stratégies pour répondre à des questions visant la compréhension d'un texte littéraire. Dans la séance suivante, les élèves vont s'entrainer à repérer ces procédures pour comprendre un extrait de *Pinocchio* de Collodi. L'enseignant pourra fournir aux élèves un questionnaire renseigné et ils auront à classer les réponses dans les trois procédures mises en lumière dans la séance 1. Par la suite, lors de chaque séance de compréhension, grâce à l'affichage dans la classe, les élèves se référeront aux différentes stratégies. Dans toutes les séances de cette séquence, il s'agit d'amener les élèves à être actifs lors de l'acte de lecture, à adopter une attitude réflexive, en suscitant chez eux un questionnement par rapport au texte et à l'activité de la lecture.

c) Question du jury

Quelles autres stratégies pouvez-vous faire acquérir aux élèves pour les aider à mieux comprendre les textes littéraires ?

Plusieurs stratégies peuvent être envisagées :

- déterminer les informations importantes et les mémoriser ;
- construire des représentations mentales intermédiaires ;
- s'intéresser aux relations logiques (en particulier causales) ;
- apprendre à questionner le texte ;
- contrôler et réguler sa compréhension, par exemple moduler son rythme de lecture.

Sur Lea.fr

Retrouvez deux autres questions du jury

Sujet n° 4 : Lire dans toutes les disciplines au CM2

Vous souhaitez travailler la compréhension des textes documentaires en classe de CM2. Quelle séance de découverte proposeriez-vous en période 5 ? Vous préciserez le déroulement de votre séance, l'activité des élèves et le rôle de l'enseignant.

CORPUS DE 3 DOCUMENTS

Document 1. Programme du cycle 3

Comprendre des textes, des documents et des images et les interpréter **Contrôler sa compréhension et devenir un lecteur autonome**	
CONNAISSANCES ET COMPÉTENCES ASSOCIÉES	EXEMPLES DE SITUATIONS, D'ACTIVITÉS ET DE RESSOURCES POUR L'ÉLÈVE
• Être capable de s'engager dans une démarche progressive pour accéder au sens. • Être capable de mettre en relation différentes informations. • Être capable d'identifier les différents genres représentés et de repérer leurs caractéristiques majeures.	• Identification de la nature et de la source des documents. • Apprentissage explicite de la mise en relation des informations dans le cas de documents associant plusieurs supports (texte, image, schéma, tableau, graphique...) ou de documents avec des liens hypertextes. • Activités permettant de construire la compréhension : recherche d'informations, mobilisation des connaissances lexicales, écrits de travail (listes, prise de notes); repérage de mots de liaison; réponses à des questions demandant la mise en relation d'informations, explicites ou implicites (inférences), dans un même document ou entre plusieurs documents; justifications de réponses. **Supports :** textes documentaires simples, documents composites (associant textes, images, schémas, tableaux, graphiques, etc., comme une double-page de manuel), documents iconographiques (tableaux, dessins, photographies), documents numériques (documents avec des liens hypertextes, documents associant texte, images - fixes ou animées -, sons).

Document 2. Manuel *Le nouveau Millefeuille*, © Éditions Nathan, 2019, pp. 36-37.

3 Lire des textes documentaires géographiques

• Quand tu entends le mot « pôle », à quoi penses-tu ?

LES DEUX BOUTS DU MONDE

Aux extrémités nord et sud de la Terre se trouvent de vastes étendues de glace : les régions polaires. Le pôle Nord est situé dans l'océan glacial arctique. La plus grande île arctique est le Groenland. Le pôle Sud se trouve au cœur d'un continent, l'Antarctique. Plus on approche des pôles, plus les jours et les nuits durent longtemps. Il fait très froid, car les rayons du soleil sont rasants et la blancheur du paysage renvoie 90 % de la chaleur. Le blizzard est un vent glacial, qui peut atteindre 200 km/h !

Différents pôles

Notre planète tourne sur elle-même autour d'un axe imaginaire qui la traverse de part en part. Aux extrémités de cet axe se situent le pôle Nord et le pôle Sud géographiques. Les pôles magnétiques sont ceux vers lesquels se dirigent les aiguilles des boussoles.

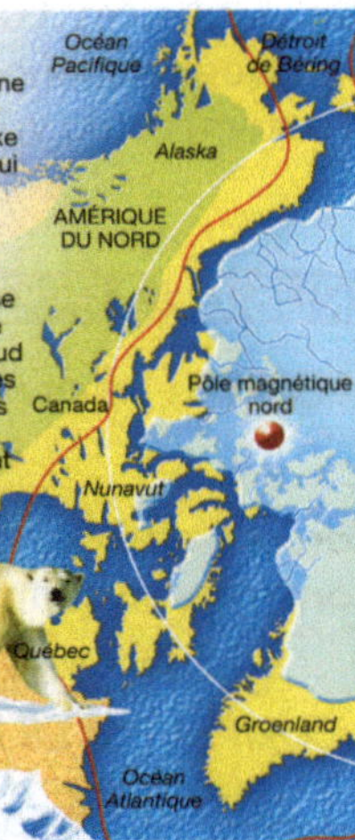

Les frontières de l'Antarctique

La zone antarctique se situe à l'intérieur d'une « ligne de convergence », bande de 30 à 50 km de large recouverte d'épaisses brumes, où les eaux froides de l'océan Austral rencontrent les eaux plus chaudes des océans Pacifique, Indien et Atlantique. Au nord de cette ligne, la faune et la flore se diversifient.

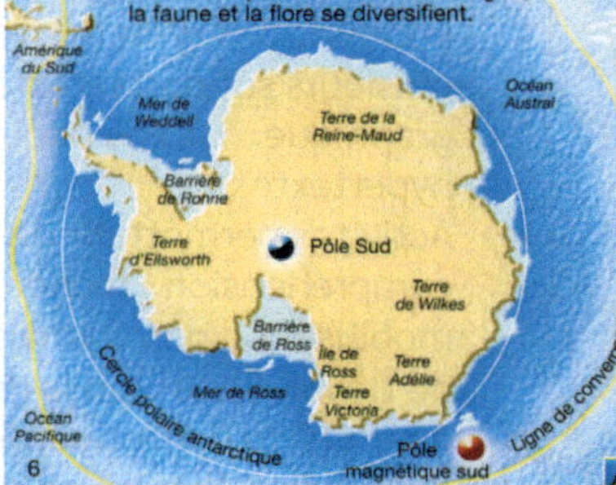

« Si un jour vous êtes perdu au pôle, sans savoir lequel, il existe un moyen sûr de vous y reconnaître. Vous croisez un ours blanc, c'est le pôle Nord... Vous rencontrez un manchot, c'est le pôle Sud... » disait le commandant Charcot, explorateur et scientifique.

Soleil de minuit

Le poids de la glace

Une couche de glace et de neige, qui atteint par endroits 4 800 m d'épaisseur, recouvre le continent Antarctique. Sous le poids de cette calotte glaciaire, la majeure partie des terres se sont enfoncées en dessous du niveau de la mer. Seuls dépassent quelques sommets montagneux, appelés « nunataks ».

Je comprends

1. Quels éléments composent ce document ?
2. Qu'est-ce qui caractérise les régions polaires ?
3. Trouve-t-on des manchots au pôle Nord ?
4. Par quoi sont produites les aurores polaires ?
5. Où se trouve la toundra ? Comment as-tu fait pour répondre ?
6. Pourquoi dit-on « l'océan » Arctique et « le continent » Antarctique ?
7. Quelle est l'épaisseur de la couche de glace au pôle Sud ?
8. Quelles plantes rencontre-t-on dans la taïga ? dans la toundra ?
9. Cherche le nom d'explorateurs des pôles.

36

Les frontières de l'Arctique

La zone arctique englobe l'océan glacial arctique et les régions du nord de l'Europe, de l'Asie et de l'Amérique du Nord. Elle se situe à l'intérieur de l'isotherme 10, une ligne fictive qui relie les points où la température du mois le plus chaud ne dépasse pas 10 °C. Cette ligne se confond avec la limite des arbres, là où les mousses et les arbustes rampants de la toundra prennent le pas sur la taïga, ou forêt boréale.

Soleil de minuit et nuit polaire

La Terre tourne sur elle-même en 24 heures. En même temps, elle tourne autour du Soleil en une année. À cause de son inclinaison, les régions polaires se trouvent chacune à leur tour privées de soleil (c'est la longue nuit polaire) ou privées de nuit (le soleil brille à minuit), pendant une période qui dure 6 mois aux pôles géographiques.

Les aurores polaires

Ces extraordinaires voiles de lumière rouges, jaunes ou verts animent le ciel des régions polaires et s'observent la nuit. Ils sont produits par des particules électriques émises par le soleil, qui sont déviées vers les pôles et qui émettent des ondes lumineuses au contact de l'atmosphère. L'aurore polaire est boréale au nord et australe au sud.

Je lis à haute voix

- Lis un paragraphe de ton choix. Entraine-toi à prononcer les noms propres ou les mots rares.

débat — Échangeons autour du texte

- Aimerais-tu randonner dans un des pôles ? Lequel ? Pourquoi ?

J'ajoute une phrase au documentaire

- Écris une phrase pour dire quels animaux vivent en Antarctique. Tu peux t'aider en consultant d'autres documentaires sur cette partie du monde.

Document 3. Trace écrite élaborée au cours de l'année et complétée au fur et à mesure

> Il existe différents types de textes :
> **Le texte narratif**
> **La finalité** : raconter un événement, une histoire
> **Les indices** : des verbes d'actions, des compléments circonstanciels de temps et de lieu, des verbes au passé simple et à l'imparfait
> **Où le trouve-t-on ?** dans les romans, les albums, les journaux
>
> **Le texte descriptif**
> **La finalité** : donner à voir, représenter un objet, une personne, un paysage
> **Les indices** : des GN contenant des expansions, un champ lexical précis, le lexique des sensations, des verbes au présent ou à l'imparfait, un texte organisé
> **Où le trouve-t-on ?** dans les romans, les albums

A - CONNAISSANCES DIDACTIQUES ET PÉDAGOGIQUES À MOBILISER

Aux cycles 2 et 3, dans l'ensemble des domaines scolaires, les élèves sont amenés à lire et à comprendre différents types de textes et documents (textes informatifs, explicatifs, documentaires, images, schémas, graphiques, tableaux, etc.). Au cycle 2, les élèves travaillent les textes informatifs : « La pratique de ces textes les conduit à élargir le champ de leurs connaissances, à accroître les références et les modèles pour écrire, à multiplier les objets de curiosité ou d'intérêt, à affiner leur pensée. »[2] Au cycle 3, l'apprentissage du texte informatif et documentaire s'intensifie.

REMARQUE

Se reporter aux principes généraux sur la compréhension dans la Partie 1, sujet n° 2 « Comprendre un texte littéraire au cycle 3 ».

1. APPRENDRE UN NOUVEAU MODE DE LECTURE

L'enseignant doit amener les élèves à identifier la nature et la source du document, ainsi qu'à mettre en relation les informations quand le document comporte des supports différents (image, texte…). Les élèves sont davantage habitués aux textes narratifs. Il s'agit d'apprendre aux élèves un nouveau mode de lecture lié aux différents types de

1. Les principes clés sont extraits des contenus ministériels :
   - Programme cycle 2 : https://cache.media.eduscol.education.fr/file/A-Scolarite_obligatoire/24/5/Programme2020_cycle_2_comparatif_1313245.pdf
   - Programme cycle 3 : https://cache.media.eduscol.education.fr/file/A-Scolarite_obligatoire/37/5/Programme2020_cycle_3_comparatif_1313375.pdf
   - Ressources Eduscol : « La compréhension des textes informatifs et documentaires » : https://cache.media.eduscol.education.fr/file/Lecture_Comprehension_ecrit/88/2/RA16_C3_FRA_07_lect_comp_compr_N.D_612882.pdf
   - « Lire et comprendre des documents qui associent textes, images et schémas : Un exemple de séquence » https://cache.media.eduscol.education.fr/file/Lecture_Comprehension_ecrit/90/8/RA16_C3_FRA_19_lect_activ_biod_N.D_612908.pdf
2. Programme du cycle 2, p. 11.

textes et types d'écrits rencontrés. Les textes informatifs et les documentaires composites supposent une lecture non linéaire : les élèves doivent appréhender la globalité de la page en repérant les blocs d'informations (identifier les paragraphes avec leur titre; faire un va-et-vient entre les différents supports qui se complètent, par exemple relier les mots spécialisés et leur définition qui se trouvent dans la page soit sur le côté, soit en note de bas de pages, mettre en relation le texte et les schémas, illustrations...); la **démarche** de compréhension est ainsi rétrospective : les élèves mettent en relation les informations nouvelles avec celles déjà lues.

2. CONNAITRE LES CARACTÉRISTIQUES DU TEXTE INFORMATIF ET DOCUMENTAIRE

Le texte informatif ou documentaire a pour but d'apporter des connaissances et de fournir des explications sur un sujet donné. Il présente les caractéristiques suivantes qu'il convient d'analyser avec les élèves :

- le découpage en paragraphes qui traitent chacun d'une idée principale avec des titres visibles,
- un lexique spécialisé,
- une énonciation objective (absence du « je »),
- des mots clés souvent mis en relief (en gras),
- l'utilisation du présent de l'indicatif,
- la présence de différents éléments visuels qui peuvent faire l'objet d'un classement : voir le tableau[1] ci-après.

LES ÉLÉMENTS VISUELS DU TEXTE INFORMATIF	
FONCTION	**ÉLÉMENTS**
Éléments qui organisent l'information	Chapitres Titres Sous-titres Intertitres
Éléments qui expliquent l'information	Diagrammes Tableaux Graphiques Glossaire
Éléments qui illustrent l'information	Photographies Illustrations
Éléments qui mettent en évidence l'information	Caractères gras Caractères en italique et autres changements de caractères

Pour amener les élèves à identifier ces différentes caractéristiques, l'enseignant propose des activés de tri, de classement, de comparaison de plusieurs documents, de transcodage (c'est-à-dire transformer un support en un autre support, par exemple transformer une illustration en texte).

1. « La compréhension des textes informatifs et documentaires », *op. cit, p. 2.*

3. METTRE EN PLACE DES ACTIVITÉS SPÉCIFIQUES POUR FACILITER LA COMPRÉHENSION DES TEXTES DOCUMENTAIRES

Différentes activités peuvent être proposées aux élèves pour travailler la compréhension, notamment pour identifier et comprendre les différentes informations fournies par le document :

- repérer le thème d'un paragraphe,
- ajouter les connecteurs entre deux paragraphes,
- écrire les mots clés en marge du texte,
- réaliser une carte mentale,
- identifier l'information essentielle (explicite ou implicite) d'un paragraphe,
- écrire un texte informatif.

4. ÉVALUER

Les activités spécifiques pour faciliter la compréhension des textes documentaires peuvent être également utilisées pour évaluer la compréhension des textes documentaires. Les attendus de fin de cycle sont les suivants :

- pour le cycle 2 : lire et comprendre des textes variés, adaptés à la maturité et à la culture scolaire des élèves ;
- pour le cycle 3 : lire et comprendre des textes et des documents (textes, tableaux, graphiques, schémas, diagrammes, images) pour apprendre dans les différentes disciplines.

B - TRAITEMENT DU SUJET

1. LECTURE ET ANALYSE DES DOCUMENTS DU CORPUS

Le **document 1** est un extrait du programme du cycle 3 : ce tableau présente dans la colonne de gauche les compétences visées et dans la colonne de droite des exemples d'activités possibles pour travailler ces compétences. On retiendra notamment l'apprentissage explicite de la mise en relation des différentes informations quand le document est composite et le travail de la compréhension au travers de questions, de relevés d'indices textuels.
Le **document 2** est un extrait du manuel *Nouveau Millefeuille CM2*, publié par les Éditions Nathan en 2019. L'objectif de ces deux pages est d'amener les élèves à lire et comprendre un texte documentaire qui porte sur les régions polaires. Il commence par aborder la notion dans une introduction générale, puis associe différents textes à plusieurs illustrations (photographies, schémas). Cette double page de manuel présente les différentes caractéristiques des textes informatifs : des éléments composites et des textes écrits au présent de l'indicatif, contenant des champs lexicaux précis et des données chiffrées. Le document est suivi d'un dispositif didactique visant la compréhension de l'extrait. Ce dernier comprend plusieurs étapes : des questions de compréhension littérale et fine ; une activité de lecture à voix haute qui met l'accent sur les mots rares ou les noms propres à prononcer correctement ; une discussion sur l'expression d'un choix entre les deux pôles ; enfin la production d'une phrase comme complément au texte documentaire.
Le **document 3** est formé de deux traces écrites rédigées par les élèves de la classe en cours d'année. Elles définissent les types de textes narratif et descriptif en précisant leurs caractéristiques formelles, l'enjeu de communication et les documents dans lesquels on peut les trouver.

2. RÉDACTION DE LA FICHE DE PRÉPARATION

<table>
<tr><td colspan="4">SÉANCE : Découverte et analyse de plusieurs textes informatifs/documentaires</td></tr>
<tr><td colspan="2">DATE : Mai</td><td colspan="2">DOMAINE DU SOCLE COMMUN : 1</td></tr>
<tr><td>NIVEAU DE CLASSE :
CM2</td><td>NOMBRE D'ÉLÈVES :
23</td><td>SÉANCE N° :
1</td><td>DURÉE :
50 minutes</td></tr>
<tr><td colspan="2">PLACE DE LA SÉANCE DANS LA SÉQUENCE :
Séance 1 - Découverte et analyse de plusieurs textes informatifs/ documentaires
Séance 2 - Mise en commun et trace écrite : les caractéristiques du texte informatif/ documentaire
Séance 3 - Écriture d'un texte informatif/ documentaire en groupes : phase de recherche des idées (recherche documentaire)
Séance 4 - Écriture et révision
Séance 5 - Finalisation de l'écrit sous forme d'une affiche (choix des images, tableaux… à ajouter au texte)</td><td colspan="2">INTITULÉ DE LA SÉQUENCE :
Connaitre les textes informatifs et documentaires</td></tr>
<tr><td colspan="2">OBJECTIFS DE LA SÉANCE :
Découvrir les caractéristiques des textes informatifs.</td><td colspan="2">PRÉREQUIS :
Repérer le thème d'un texte.
Identifier les principales informations dans un texte.
Relever des indices textuels.</td></tr>
<tr><td colspan="2">COMPÉTENCES VISÉES :
Être capable de :
• comparer des documents ;
• mettre en relation différentes informations dans le cas de documents associant plusieurs supports : image, texte, carte ;
• comprendre un texte informatif (compréhension littérale et fine).</td><td colspan="2">MATÉRIEL – SUPPORTS :
Corpus de 5 documents composé de trois textes informatifs et de deux textes narratifs[1], dont E. Beaumont, C. Franco, Les Pôles, Fleurus, 2005 (doc 2) ; tableau d'analyse des documents (phase 4).</td></tr>
</table>

1. Suggestion de corpus :
Texte 2 : Extrait de J. London, *Croc-Blanc*, 1906 ;
Texte 3 : « Même pas froid ! Les animaux des pôles », Éléphant junior, aout 2019 ;
Texte 4 : Extrait de C. Solé, *Alika et les Grizzlis*, École des loisirs, 2019 ;
Texte 5 : Extrait de L. Quentin, C. Reisser, *Les Terres de glace*, Éditions Nathan, 2005.

PHASE 1
DURÉE PRÉVUE : 5 minutes
MODALITÉ : individuel

Consigne	Tâche des élèves	Rôle de l'enseignant
<u>Découverte et lecture individuelle des textes</u> *Vous vous rappelez le travail que nous avons fait sur le texte narratif et descriptif. Dans cette nouvelle séquence, nous allons aborder un autre type de texte : le texte informatif/documentaire. Je vous distribue cinq documents. Vous allez en prendre connaissance, c'est-à-dire les observer silencieusement (identifier leur source, leur organisation, les différents éléments qui les composent).*	Les élèves observent les documents en silence.	Répondre aux questions liées au vocabulaire. En profiter pour rappeler la procédure utilisée depuis le début de l'année pour définir un mot que l'on ne connait pas (formation du mot + contexte).

Critères de réussite :
Être capable d'observer des documents de manière fine, d'effectuer une lecture en diagonale pour en repérer les principaux éléments.

REMARQUE
Apprendre aux élèves la lecture sélective ou de « survol » permet de les faire entrer progressivement dans la compréhension du texte.

PHASE 2
DURÉE PRÉVUE : 10 minutes
MODALITÉ : oral/groupes

Consigne	Tâche des élèves	Rôle de l'enseignant
<u>Tri et classement des textes</u> *Vous allez vous mettre par groupes de 5.* *Vous allez trier et classer ces différents textes. Je ne vous donne pas de critère. C'est à vous d'en trouver un.*	Les élèves discutent et argumentent. Ils se mettent d'accord sur un critère de classement.	Passer dans les groupes. Préciser aux élèves qu'une fois leur critère trouvé, ils doivent vérifier s'il permet de classer tous les textes. Si ce n'est pas le cas, ils doivent en trouver un autre.

Critères de réussite :
Être capable de comparer des textes, de trouver des points communs et des différences.

REMARQUE

La classe est répartie en 4 groupes constitués de manière hétérogène afin que les élèves puissent confronter les démarches utilisées et apprendre de leurs pairs.

PHASE 3
DURÉE PRÉVUE : 10 minutes
MODALITÉ : oral/collectif

Consigne	Tâche des élèves	Rôle de l'enseignant
Correction collective *Chaque groupe va expliquer comment il a classé ces 5 textes et quel critère il a retenu.*	Les différents groupes donnent leur réponse. Chaque critère est discuté et validé par la classe. Réponses attendues : • soit documents composés uniquement d'un texte/documents contenant plusieurs supports (image, schéma) ; • soit 2 textes narratifs/3 textes explicatifs.	Noter les différents critères au tableau. Demander aux élèves de justifier leur classement par des indices textuels.

Critères de réussite :

- Être capable de s'exprimer devant le groupe classe pour le rapporteur du groupe.
- Être capable de participer à un échange, d'émettre un avis sur les réponses des autres élèves.

REMARQUE

Il est important de demander aux élèves de justifier leurs réponses par un retour au texte, ce qui permet de travailler la prise d'indices pertinents et donc la compréhension littérale et fine (cf. doc 1). Pour ce type de documents, les élèves préciseront dans quel support ils ont trouvé la réponse (dans le texte, les illustrations, les cartes...).

PHASE 4 **DURÉE PRÉVUE :** 25 minutes **MODALITÉ :** écrit/binômes, oral/binômes		
Consigne	**Tâche des élèves**	**Rôle de l'enseignant**
Approfondissement de l'analyse des textes documentaires en comparaison avec les textes narratifs *1. Vous allez maintenant remplir le tableau suivant*[1]. *Nous allons lire les entrées du tableau ensemble. Vous vous en souvenez peut-être ; ce sont les mêmes que pour les textes narratifs et descriptifs que nous avons déjà étudiés :* a) Dans quel but ce document a-t-il été écrit ? b) Quels sont les éléments présents dans le document (texte, image, graphique...) ? c) Quelles sont les caractéristiques du texte (structure, style, lexique) ? d) Où peut-on trouver ce document ? Dans quel type d'ouvrages ? *Nous allons remplir ensemble le tableau pour le texte 1. Relisez d'abord le texte.*	1. Les élèves écoutent l'enseignant expliciter les consignes et certains les reformulent avec leurs propres mots. Les élèves répondent aux questions de l'enseignant correspondant aux entrées du tableau : *a) Il a été écrit pour donner des informations et des explications sur les pôles.* *b) Il comprend des textes, des images, des cartes, de photos, des schémas.* *c) Il y a des verbes au présent, des champs lexicaux spécialisés, des données chiffrées.* *d) On le trouve dans des magazines, des encyclopédies, des manuels.*	Expliciter les consignes. Si besoin, demander aux élèves de retrouver dans leur cahier le même tableau rempli pour les textes narratifs et descriptifs. Revenir en particulier sur l'entrée « Les caractéristiques du texte (structure, style, lexique) » en donnant des exemples (les GN, le temps des verbes, les mots utilisés...) Demander ensuite à plusieurs élèves de reformuler les consignes. Donner à chaque groupe un texte narratif et un texte informatif à analyser.

1. Tableau d'analyse des documents

Documents	**Dans quel but ce document a-t-il été écrit ?**	**Éléments présents dans le document (texte, image, graphique...)**	**Les caractéristiques du texte (structure, style, lexique)**	**Où peut-on trouver ce document ? dans quel type d'ouvrages ?**
1				
2				
3				
4				
5				

2. *Je vais passer vous donner le numéro des textes que vous aurez à analyser en groupes.* Nous mettrons en commun et corrigerons vos réponses lors de la prochaine séance.	2. Les élèves remplissent ensuite les autres lignes du tableau.	2. Passer dans les groupes pour répondre aux questions éventuelles des élèves. Leur rappeler de chercher les réponses dans les documents.
Critères de réussite : Être capable de prélever des informations dans un texte pour répondre à une question..		

REMARQUE

Reprendre le même tableau que celui utilisé lors de précédentes séquences permet aux élèves de réinvestir leurs connaissances. Il favorise aussi le travail autonome.

Pour remplir le tableau, les élèves doivent relire les textes, prélever des indices textuels, mettre en relation les différentes informations relevées (cf. doc 1).

3. PRÉPARATION DE L'ENTRETIEN

a) Introduction

La séance que je vais vous présenter concerne l'enseignement explicite de la compréhension dans une séquence de français en classe de CM2. Elle se déroule au cours de la période 5. Elle a une durée de 50 minutes. Il s'agit de la première séance de la séquence : le groupement de textes proposé aux élèves se compose de deux textes narratifs et de trois textes informatifs et documentaires. Pour construire cette séance, je me suis appuyée sur le corpus de documents fournis par le dossier. Le document 1 est un extrait du programme du cycle 3 qui décrit les activités utiles à la compréhension des textes informatifs et documentaires. Le document 2 est un extrait du manuel *Nouveau Millefeuille* publié par les Éditions Nathan en 2019. Il propose un texte documentaire sur les pôles et un dispositif didactique visant sa compréhension. Le document 3 présente deux traces écrites définissant les caractéristiques des types de textes narratif et descriptif. L'objectif de cette séance est d'amener les élèves à découvrir des textes informatifs et documentaires en les comparant à des textes narratifs. Plus précisément, les sous-objectifs de cette séance sont de rendre l'élève capable de :

- mettre en relation différentes informations dans le cas de documents associant plusieurs supports : image, texte, carte ;
- comparer des documents ;
- comprendre un texte informatif (compréhension littérale et fine).

Voici le déroulé et les composantes didactiques et pédagogiques de cette séance.

b) Conclusion

Dans cette séance, les élèves ont comparé des textes narratifs et documentaires, afin d'observer les différentes caractéristiques du texte informatif et documentaire. Dans la séance suivante aura lieu la correction collective du tableau qui permettra de faire la synthèse des caractéristiques de ce type de texte. À la suite de cette séance, les élèves construiront la trace écrite qui viendra s'ajouter à celles proposées dans le document 3. Puis ils seront amenés à réinvestir ces connaissances dans la production écrite d'un texte documentaire.

c) Question du jury

Vous ne proposez pas de différenciation dans votre séance. En quoi pourrait-elle consister ?

L'enseignant pourrait prendre un groupe en charge lors des phases de recherche pour accompagner les élèves à prélever des informations dans le document ; il pourra rappeler aux élèves les procédures à utiliser pour rechercher une information explicite dans un texte, pour faire des inférences (informations implicites), pour dégager le thème d'un paragraphe. Ce groupe d'élèves pourra également ne traiter qu'un seul document (au lieu des deux documents traités par les autres groupes). L'enseignant pourrait également en amont de la séance montrer les documents à quelques élèves, leur résumer les textes afin qu'ils puissent plus rapidement entrer dans la phase de recherche avec les autres élèves lors du travail en groupes.

Sur Lea.fr

Retrouvez deux autres questions du jury

PARTIE 2

DIRE

- Sujet n° 1 : CONSCIENCE PHONOLOGIQUE EN GRANDE SECTION
- Sujet n° 2 : LANGAGE ORAL EN GRANDE SECTION
- Sujet n° 3 : LANGAGE ORAL AU CE1

Sujet n° 1 : Conscience phonologique en Grande Section

Dans le cadre de l'enseignement visant à préparer l'apprentissage de la lecture et de l'écriture à l'école maternelle, proposez une séance visant le développement des compétences liées à la conscience phonologique en classe de Grande Section. La séance s'inscrit dans une séquence portant sur les habiletés phonologiques. Elle se situe en début de période 2. Vous détaillerez le déroulement de cette séance en prenant soin d'expliciter vos choix didactiques et pédagogiques.

CORPUS DE 4 DOCUMENTS

Document 1. Extrait de « Pour préparer l'apprentissage de la lecture et de l'écriture à l'école maternelle », Eduscol, février 2020, pp. 30–31.

Évaluation des habiletés phonologiques
Évaluer régulièrement les habiletés phonologiques des élèves en portant une attention particulière à leurs progrès permet au professeur de réguler son enseignement et de proposer les activités les mieux adaptées aux besoins individuels qu'il identifie.

Attendus de fin de cycle 1 et observables
Objectif(s) visé(s)
Commencer à réfléchir sur la langue et acquérir une conscience phonologique.
Ce qui est attendu des élèves en fin d'école maternelle

- Repérer les régularités dans la langue à l'oral en français. Manipuler des syllabes ;
- Discriminer des sons (syllabes, sons voyelles ; quelques sons consonnes hors des consonnes occlusives).

L'enseignant observe que l'élève commence à réussir ou réussit régulièrement à...

- synchroniser le débit de la comptine ou jeu de doigts récité avec la gestuelle associée ;
- réciter comptines et virelangues en prêtant attention aux assonances, aux allitérations et à l'articulation en jeu ;
- scander et dénombrer les syllabes phoniques d'un mot en respectant les variations régionales. Ex : « e » final prononcé dans le sud de la France ;
- reconnaître et discriminer une syllabe dans une liste de mots, dans un texte ;
- trouver les mots pour produire de nouvelles rimes et assonances ;
- pratiquer des opérations sur les syllabes de mots de points : enlever, ajouter, inverser, localiser, substituer (avec augmentation progressive de la longueur des mots à transformer) ;
- produire des pseudo-mots par combinaison de syllabes ;
- isoler et discriminer un phonème dont l'articulation peut être maintenue (voyelles, /s/, /f/, /z/, etc.) ;
- localiser et coder la place d'un phonème dans le mot (première, deuxième... syllabe / début, milieu ou fin de mot) ;
- distinguer des sons proches (f/v, s/ch, s/z, ch/f, etc.).

Contexte, circonstances, dispositifs, activités…
Avec les supports suivants :
- comptines ;
- jeux de doigts ;
- virelangue ;
- jeux de langage : mots tordus, etc. ;
- listes de mots ;
- boîtes à mots ;
- images ;
- texte.

Pour les apprentissages suivants…
Réfléchir sur les unités sonores de la langue en se détachant du sens des mots.

Document 2. « Principes pour conduire son enseignement », Eduscol, février 2020

PRINCIPES POUR CONCEVOIR SON ENSEIGNEMENT

Principes généraux

Afin d'installer les conditions d'une écoute active, il s'agit d'éviter les distracteurs potentiels (bruit, affichages trop présents…). Pour cela l'enseignant est vigilant à installer les conditions d'une réelle autonomie des élèves qui ne participent pas à l'atelier de phonologie. Dans les séquences proposées, une organisation prenant en compte cette nécessité est suggérée.

Principe 1 : Un enseignement progressif au cycle 1

Les éléments ci-dessous permettent d'envisager une progressivité de cet apprentissage :
- La taille des unités phonologiques (mot puis syllabe puis phonème)
- La position de l'unité (début, fin, milieu pour les syllabes, rime, attaque, milieu du mot pour les phonèmes)
- Le degré de conscience de l'analyse : d'une sensibilité à… (manipulation sans intention particulière) vers une conscience de… (manipulation intentionnelle)
- Les opérations réalisées, certaines sont plus complexes que d'autres : comptage, manipulation (suppression, ajout, substitution, inversion…)

Principe 2 : Des modalités d'enseignement spécifiques

L'enseignement de la conscience phonologique est fondé sur des *activités courtes, fréquentes,* durant lesquelles l'enseignant mobilise fortement l'attention des élèves *dans une écoute active*. Cela nécessite
- Une sensibilisation grâce à des comptines, en amont d'une séance d'apprentissage pourra concerner l'ensemble des élèves.
- L'organisation *de petits groupes d'élèves* aux compétences assez homogènes lors *des activités guidées.*
- Les tâches de consolidation peuvent être réalisées sous forme de jeux, de manière autonome pour favoriser la répétition sous forme ludique. La création d'un espace dédié au sein de la classe favorise cette mise en œuvre.

Principe 3 : Des gestes professionnels à privilégier

Au début de chaque séance, il est nécessaire de rappeler ce qui a été appris précédemment afin de permettre aux élèves d'avoir une idée claire de ce qu'ils doivent activer pour réaliser le nouvel apprentissage ou l'entraînement demandé. En fin de séance un temps court de verbalisation de ce qui a été appris (et non de ce qui a été fait) facilitera la remobilisation durant la séance suivante.

Lorsque des supports imagés sont utilisés, s'assurer que les mots représentés sur les images sont connus des élèves et bien prononcés, ce point est encore plus crucial dans les activités autonomes.
Il est nécessaire de faire comprendre aux élèves que l'activité vise la forme sonore des mots mais pas leur sens (au contraire des activités de compréhension). Ils doivent donc se concentrer sur ce qu'ils vont entendre. L'enseignant veillera à bien articuler les mots pour faciliter cette analyse.
Point de vigilance : les syllabes traitées sont des syllabes orales, il faut donc veiller à ne pas prononcer les E en fin de mot (ex : girafe comprend deux syllabes orales : GI et RAF).

Principe 4 : Des obstacles potentiels pour les élèves

- La place des unités phonologiques à analyser (début, fin ou milieu du mot), ainsi que la longueur des mots peuvent être sources de difficultés chez certains élèves. Ces éléments constituent des variables de différenciation.
- Une des difficultés pour un jeune enfant est la capacité à se décentrer du sens du mot pour se concentrer sur sa forme sonore (exemple, analyser OURS comme un mot d'une syllabe et non pas comme un animal).
- L'écoute active reste difficile à obtenir chez certains élèves, la fréquence et la courte durée des activités phonologiques permettent un entraînement progressif de cette capacité. Les activités d'écoute musicale peuvent contribuer à l'améliorer.

Document 3. Activité pour dénombrer les syllabes

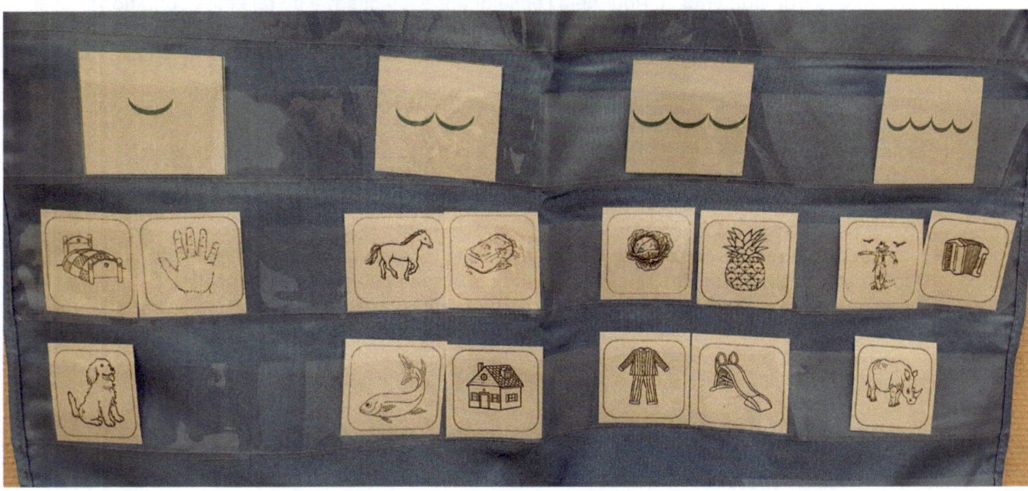

Document 4. Fiche jeu (d'après http//laclassedelaurene.blogspot.fr)

Fiche jeu : La bataille des syllabes

Domaine : Mobiliser le langage dans toutes ses dimensions

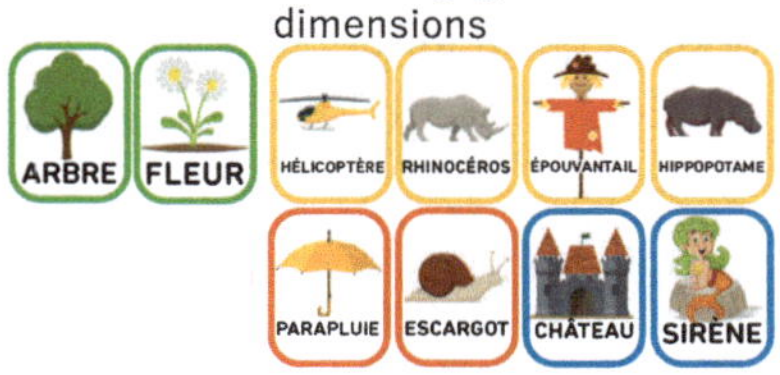

(Commencer à réfléchir sur la langue et acquérir une conscience phonologique)

Compétences :
Savoir dénombrer les syllabes dans un mot

Objectif : Gagner les batailles jusqu'à avoir récupéré toutes les cartes

Titre / n°	Déroulement	Enseignant/ATSEM	Matériel	Temps
1 Présentation du jeu	L'enseignant présente le jeu : chacun retourne la première carte de son paquet. Le mot qui comporte le + de syllabes l'emporte.	L'adulte questionne les enfants sur les illustrations utilisées pour vérifier que tout est clair et connu.	Cartes	25 min
2 Jeu dirigé	Note : cartes vertes / mots 1 syllabe Cartes bleues / 2 syllabes Cartes oranges / 3 syllabes Cartes jaunes / 4 syllabes	L'enseignant valide avec le comptage des syllabes.		25 min
3 Autonomie	Lorsque la règle est bien assimilée, les enfants peuvent jouer au jeu en atelier autonome.			25 min

A - CONNAISSANCES DIDACTIQUES ET PÉDAGOGIQUES À MOBILISER

1. FAIRE LE LIEN AVEC LES PROGRAMMES : L'ACQUISITION ET LE DÉVELOPPEMENT DE LA CONSCIENCE PHONOLOGIQUE

« Pour pouvoir lire et écrire, les enfants devront réaliser deux grandes acquisitions :

- identifier les unités sonores que l'on emploie lorsqu'on parle français (conscience phonologique)
- comprendre que l'écriture du français est un code au moyen duquel on transcrit des sons (principe alphabétique).

Au cycle 1, les élèves apprennent à manipuler les sons de manière consciente, à les identifier, les dissocier, les observer pour les comparer. L'attention est portée sur les unités sonores du mot (syllabes, phonèmes) et non plus sur son sens.
L'enseignement suit une progression en démarrant par le plus simple : les syllabes et les sons voyelles, plus facilement identifiables. Les sons consonnes, parmi les plus accessibles, sont ensuite abordés.

1. Les principes clés sont extraits des guides ministériels « Pour enseigner le vocabulaire à l'école maternelle » et « Pour préparer l'apprentissage de la lecture et de l'écriture à l'école maternelle » https://eduscol.education.fr/124/deux-guides-pour-les-apprentissages-en-maternelle

Pour développer la conscience phonologique, l'enseignant privilégie le travail en petits groupes. Il conduit les enfants à décomposer volontairement ce qu'ils entendent en syllabes orales : en utilisant le frappé d'une suite sonore, en "découpant" oralement des mots connus en syllabes, en repérant une syllabe identique dans des mots à deux syllabes, puis en intervertissant des syllabes, toujours sans support matériel, ni écrit ni imagé. Ces jeux et activités structurées sur les constituants sonores de la langue n'occupent qu'une part des activités langagières. »[1]

2. LEXIQUE À MAITRISER SUR LE SUJET

Les termes à maitriser sont :

- **La syllabe** : unité de la langue qui se prononce en une seule fois. On parle ici de syllabe orale : phonème ou combinaison de phonèmes dont le noyau est une voyelle prononcée, parfois entourée d'une ou plusieurs consonnes. Exemple : « é-lé-phant » compte 3 syllabes.
- **Le phonème** : la plus petite unité sonore du langage oral représentée par une lettre ou un groupe de lettres. Exemple : la lettre « f » correspond au phonème [f], qui se prononce « fffff ». Il existe 36 phonèmes qui permettent de prononcer l'ensemble des mots de la langue française.
- **Le graphème** : lettre ou groupe de lettres qui transcrit un phonème.
- **Le principe alphabétique** : système selon lequel les mots écrits sont composés de lettres qui marquent les unités linguistiques, les phonèmes.
- **La conscience phonologique** : capacité à percevoir, à découper et à manipuler de façon intentionnelle les unités sonores d'un mot (syllabe, phonème).

3. DÉCOUVRIR LES SONS DE LA LANGUE

Avant l'apprentissage du principe alphabétique, les élèves n'ont pas conscience que les mots oraux peuvent être décrits comme des séquences de phonèmes. Par exemple, ils ne sont pas en capacité d'indiquer qu'il y a quatre phonèmes dans le mot « papa » car ils ont des difficultés à se représenter mentalement le /p/ et le /a/ du son [pa] comme deux entités distinctes. Les connaissances phonologiques dont ils disposent leur permettent au mieux de différencier des mots mais elles sont insuffisantes pour qu'ils puissent décomposer une syllabe en unités phonémiques. Toutefois, avant la prise de conscience des phonèmes, l'élève est capable d'opérer une analyse phonologique du langage oral indépendamment du sens des mots : il est capable par exemple de reconnaitre que deux mots se ressemblent sur le plan sonore parce qu'ils riment, ou de segmenter un mot oral en syllabes. Ces capacités, qui existent à l'âge de trois ans, reposent sur une sensibilité phonologique (être sensible aux sons qui composent un mot) et sur une conscience syllabique. La conscience phonémique relève d'un apprentissage systématique.

4. IDENTIFIER LES PHONÈMES

Il ne suffit pas de maitriser le langage oral pour accéder directement à la conscience phonémique. Le phonème étant la plus petite unité de la langue orale, il est plus complexe à isoler que la syllabe. En effet :

1. Programme d'enseignement de l'école maternelle, Arrêté du 18 février 2015, BOEN spécial n°2 du 26 mars 2015.

- les voyelles se prononcent isolément en raison de leurs caractéristiques articulatoires puisque, d'un seul geste phonatoire, ces phonèmes s'insèrent dans le nom de la lettre (sauf le Y) : ce sont des phonèmes vocaliques. Le « a » se prononce [a], le « i » se prononce [i]... Les voyelles sont à la fois des sons autonomes et des phonèmes. En français, les phonèmes vocaliques correspondent aussi à des syllabes (de type voyelle) et même à des mots (à, eux, y, eau, eut, ou, un, on);
- les consonnes ne sont pas des sons qu'on peut isoler; ce sont des phonèmes encodés de manière complexe dans un son, appelés phonèmes consonantiques. Il est plus difficile de se les représenter. Les consonnes ne se prononcent qu'en coarticulation avec une voyelle. Les phonèmes fricatifs (/f/, /s/, /v/, /z/, etc.) sont toutefois plus faciles à isoler car leur représentation peut être facilitée en prolongeant leur son (/ssss/). La représentation des phonèmes occlusifs est plus difficile car pour prononcer un phonème tel que /b/, /p/, /d/, /t/, /k/, ou /g/, il faut nécessairement lui associer un phonème vocalique.

5. PRÉPARER L'ENTRÉE DANS LA LECTURE

Lorsque l'enseignant amorce avec les élèves le développement de la conscience phonémique, les voyelles et les consonnes constrictives sont à privilégier car elles peuvent être plus facilement perçues et prolongées.
Grâce à l'apprentissage du système alphabétique, l'élève prend conscience des phonèmes. La prise de conscience des phonèmes consonantiques (au nombre de 17 parmi les 20 consonnes de l'alphabet) est facilitée par la présentation des lettres qui leur sont associées. Les capacités précoces d'analyse phonémique permettent de pronostiquer le futur niveau de lecture des enfants, même quand leur niveau de pré-lecture est pris en compte (vocabulaire, conscience syllabique, concepts sur l'écrit, etc.). Des corrélations élevées ont été mises en évidence entre les capacités d'analyse phonémique précoces et le niveau ultérieur de lecture, ce qui fournit un puissant argument en faveur de l'importance de ces capacités dans l'acquisition de la lecture.

6. CONSCIENTISER, FAIRE MANIPULER LES UNITÉS DE LA LANGUE

La prise de conscience des unités de la langue n'est pas spontanée. Il est nécessaire de mettre en place un enseignement spécifique, continu, structuré, progressif pour que l'élève, tout au long de l'école maternelle, puisse développer les différentes compétences dans le domaine de la phonologie : écouter, discriminer et manipuler les unités de langue.
Les activités de manipulation des unités de la langue doivent être diversifiées pour développer chez les élèves des opérations intellectuelles qui leur permettent d'acquérir et de mobiliser des procédures (fusion, suppression, substitution, localisation).

7. ADAPTER LES MODALITÉS D'ORGANISATION

Les modalités d'organisation sont variées et s'adaptent en fonction des besoins repérés chez les élèves et de leur avancée dans l'apprentissage.
Les activités dirigées peuvent être menées en grand groupe ou en petit groupe :
- du grand groupe vers le petit groupe : l'enseignant mène l'activité avec les élèves qui en ont le plus besoin;
- du petit groupe vers le grand groupe : à partir d'un nouvel apprentissage introduit en petit groupe, proposer des entrainements collectifs qui tiennent compte également de groupes de besoin.

Le petit groupe est à privilégier pour débuter un nouvel apprentissage ou pour les élèves les plus fragiles.

8. ÉVALUER

a) Attendus de fin de cycle 1

Les attendus en fin d'école maternelle sont :

- dire de mémoire et de manière expressive plusieurs comptines et poésies ;
- repérer des régularités dans la langue à l'oral en français (éventuellement dans une autre langue) ;
- manipuler des syllabes ;
- discriminer des sons (syllabes, sons-voyelles ; quelques sons-consonnes hors des consonnes occlusives).

b) L'évaluation des acquis des élèves

Le suivi des acquis permet aux élèves de constater leur évolution. Cette évaluation s'effectue régulièrement en situation d'apprentissage, au cours des activités. L'enseignant conserve des traces de ces progrès dans le carnet de suivi des apprentissages.

c) Évaluer les progrès des élèves : conscience phonologique

L'enseignant définit les critères d'évaluation au moment de la conception de ses séances. Il se fixe des objectifs à atteindre et les critères qu'il utilise pour évaluer les élèves. En fonction de ces choix, il met en place les activités leur permettant de développer les compétences visées. Il leur explique ce sur quoi ils vont être évalués et dans quel but.
L'évaluation porte aussi sur la capacité de l'élève à transférer ces compétences. Par exemple :

- observer si les élèves sont capables de réaliser une segmentation syllabique pour pouvoir écrire un mot dans une situation d'encodage,
- observer si les élèves peuvent effectuer une épellation phonémique : [m][o][t][o] pour écrire « moto ». C'est le but des activités de conscience phonologique en maternelle.

B - TRAITEMENT DU SUJET

1. LECTURE ET ANALYSE DES DOCUMENTS DU CORPUS

Le **document 1** est un outil institutionnel extrait du guide « Pour préparer l'apprentissage de la lecture et de l'écriture à l'école maternelle », édité par le ministère de l'Éducation nationale en février 2020. Il s'agit d'un focus sur l'évaluation des habiletés phonologiques.
Le **document 2** est extrait des ressources Eduscol et s'intitule : « Principes pour concevoir son enseignement ». Après avoir présenté les principes généraux visant à favoriser l'écoute et l'implication des élèves, il présente les quatre principes clés à prendre en compte dans une séance de conscience phonologique : la progressivité de l'apprentissage tout au long du cycle, des modalités de travail spécifiques, des gestes professionnels à mettre en œuvre, des obstacles potentiels à connaitre.
Le **document 3** est une photographie présentant le résultat d'une activité de tri de syllabes conduite en classe. Les élèves ont positionné les images en fonction du nombre de syllabes qui composent le mot illustré. Les mots choisis contiennent entre une et quatre syllabes.

Le document 4 est un outil enseignant issu du site Internet « http://laclassedelaurene.blogspot.fr ». Il présente la séquence de travail autour du jeu « La bataille des syllabes ». La compétence visée est de savoir dénombrer les syllabes d'un mot. La fiche présente la règle du jeu, le déroulement de la séquence en trois temps de 25 minutes chacun : présentation, jeu dirigé et atelier autonome. Il précise également le matériel nécessaire et le rôle des adultes : enseignant et Atsem.

2 - RÉDACTION DE LA FICHE DE PRÉPARATION

<table>
<tr><td colspan="4">SÉANCE : Localiser une syllabe dans le mot</td></tr>
<tr><td colspan="2">DATE : Novembre</td><td colspan="2">DOMAINE DU SOCLE COMMUN : 1</td></tr>
<tr><td>NIVEAU DE CLASSE :
Grande Section</td><td>NOMBRE D'ÉLÈVES :
19 (2 groupes de 6 + 1 groupe de 7)</td><td>SÉANCE N° :
4</td><td>DURÉE :
25 minutes</td></tr>
<tr><td colspan="2">PLACE DE LA SÉANCE DANS LA SÉQUENCE :
Séance 1 - Apprendre à frapper et à dénombrer le nombre de syllabes orales d'un mot. Découverte du symbole de la vague représentant une syllabe
Séance 2 - Apprendre à identifier une syllabe orale en début de mot
Séance 3 - Apprendre à identifier une syllabe orale en fin de mot
Séance 4 - Localiser une syllabe dans le mot
Séance 5 - Apprendre à transformer un mot en ajoutant une syllabe
Séance 6 - Apprendre à transformer un mot en supprimant une syllabe
Séance 7 - Apprendre à transformer un mot en remplaçant une syllabe
Séance 8 - Évaluation</td><td colspan="2">INTITULÉ DE LA SÉQUENCE :
Manipuler des syllabes</td></tr>
<tr><td colspan="2">OBJECTIFS DE LA SÉANCE :
Groupes en autonomie : apprendre à dénombrer les syllabes d'un mot. Renforcement de la notion découverte en séance 1.
Groupe dirigé : apprendre à dénombrer les syllabes orales d'un mot et à localiser une syllabe à l'intérieur du mot.</td><td colspan="2">PRÉREQUIS :
Identifier les syllabes d'un mot.</td></tr>
</table>

COMPÉTENCES VISÉES :	MATÉRIEL – SUPPORTS :
Être capable de : • dénombrer les syllabes orales qui composent un mot, • comparer le nombre de syllabes pour classer des mots, • identifier une syllabe orale en début de mot, • identifier une syllabe orale en fin de mot, • identifier une syllabe orale à l'intérieur du mot.	2 ateliers autonomes : 1 jeu de « La bataille des syllabes » par trinôme. 1 atelier dirigé : 1 ardoise et 1 feutre par élève ; étiquettes-images et étiquettes vagues ; tableau d'affichage mural à poches.

PHASE 1
DURÉE PRÉVUE : 2 minutes
MODALITÉ : oral/collectif

Consigne	Tâche des élèves	Rôle de l'enseignant
<u>Rappel des séances précédentes</u> *Qui peut rappeler comment on compte le nombre de syllabes d'un mot ?*	Réponse attendue : *On dit le mot et on lève un doigt à chaque syllabe prononcée. Le nombre de doigts levés correspond au nombre de syllabes dans le mot.*	Réguler les échanges, faire préciser, reformuler, solliciter la parole.

Critères de réussite :
Être capable d'expliquer comment dénombrer des syllabes orales à l'aide des doigts.

PHASE 2 **DURÉE PRÉVUE :** 5 minutes **MODALITÉ :** oral/collectif		
Consigne	**Tâche des élèves**	**Rôle de l'enseignant**
<u>Passation des consignes</u> *Les groupes 1 et 2, vous vous mettrez par 3 pour jouer au jeu de « La bataille des syllabes. »* *Qui peut nous expliquer les règles ?* (cf. doc 2) *Ces jeux vont vous permettre de vous entrainer à compter les syllabes. Cet entrainement vous prépare à l'apprentissage de la lecture que vous ferez au CP. Pour lire, on lit chaque syllabe du mot.* *Deux élèves joueront et le troisième sera l'arbitre, il vérifiera que le nombre de syllabes annoncé est correct. Il jouera ensuite contre le gagnant et le perdant deviendra arbitre à son tour. Enfin, c'est celui qui n'aura pas été arbitre qui le sera.* *Le groupe 3 va travailler avec moi, nous allons compter les syllabes et apprendre à situer une syllabe dans un mot.*	Réponse attendue : *On retourne une carte en même temps, chacun dit le mot et compte les syllabes. Celui qui a le plus de syllabes gagne les deux cartes. À la fin de la partie, c'est celui qui a le plus de cartes qui a gagné.*	Présenter chaque atelier en précisant l'objectif et les modalités de travail. Rappeler les règles du travail en groupe : parler doucement, participer, attendre son tour, écouter celui qui parle…
REMARQUE *Expliciter les objectifs et les compétences visées. Expliquer aux élèves pourquoi il leur est demandé de pratiquer telle activité. Cela favorise leur implication dans la tâche et guide leur attention sur l'objectif fixé (cf. doc 2).*		

PHASE 3 **DURÉE PRÉVUE :** 13 minutes **MODALITÉ :** oral /groupes		
Consigne	**Tâche des élèves**	**Rôle de l'enseignant**
Mise en ateliers • Groupes 1 et 2, en autonomie (cf. doc 4) • Groupe 3 avec l'enseignant (cf. doc 3) Les élèves sont assis en cercle sur un banc, face au tableau d'affichage mural à poches. *Aujourd'hui, nous allons revoir comment compter les syllabes qui composent un mot et nous apprendrons ensuite à trouver la place d'une syllabe que je vous dirai dans les mots.* 1. *Tout d'abord, combien de syllabes y a-t-il dans votre prénom ?*	Les élèves en autonomie se mettent en activité avec l'aide de l'Atsem, si nécessaire. 1. Chacun à leur tour, les élèves disent leur prénom en levant les doigts pour chaque syllabe prononcée.	Avoir préparé (ou fait préparer par l'Atsem) les espaces en amont. 1. Écouter, valider, demander de recommencer si besoin, faire valider par les pairs.
2. *Nous allons maintenant classer les cartes – images en fonction du nombre de syllabes dans le mot. Vous vous souvenez des vagues* (les montrer) *qui représentent les syllabes : 1 vague pour les mots d'une syllabe, 2 vagues pour les mots de 2 syllabes, etc.*	2. Les vagues sont placées dans le tableau à poches. Les élèves viennent tour à tour placer une carte image sous le symbole qui correspond à leur mot (cf. doc 3).	2. Demander à chaque élève de dire le mot à voix haute, d'annoncer le nombre de syllabes et de placer la carte sous le symbole qui convient, puis de vérifier sur ses doigts. Faire ensuite valider par le groupe.

3. *Maintenant, vous allez prendre votre ardoise et votre feutre. Je vais dire des mots et vous dessinerez une vague pour chaque syllabe.* Écoutez bien : « riz ». Recommencer de la même façon avec « rideau », « ordinateur », « rôti », « chameau », « parapluie », « gâteau ».	3. Les élèves écoutent le mot et dessinent les vagues correspondant au nombre de syllabes du mot : *riz* = 1 syllabe = 1 vague.	3. Dire le mot, laisser un temps de réflexion aux élèves et un temps pour tracer les vagues puis demander de montrer les ardoises. Valider ou faire valider par les pairs. Demander ensuite à un élève de lever les doigts pour valider : l'élève dit *riz*, il a levé un doigt et annonce : *Une syllabe.*
4. *C'est bien, nous allons maintenant apprendre à chercher la place d'une syllabe dans le mot. Vous allez d'abord dessiner les vagues, comme vous venez de le faire. Je dis le mot « mamie ».* Après que les élèves ont dessiné les vagues et s'être assuré que chacun a bien dessiné 2 vagues, ajouter : *Vous allez maintenant faire une croix dans la vague qui représente la syllabe « mi ».* Après validation, recommencer avec les mots suivants : « midi », « endormi », « demi », « mimer », « emmitoufler », « timide » et « minuit ».	4. Les élèves dessinent les vagues qui correspondent au nombre de syllabes dans le mot. Exemple pour « mamie » : 	4. Faire justifier par un élève et montrer chaque vague en prononçant les syllabes de façon distincte, afin que les élèves perçoivent aisément la place de « mi ».

Critères de réussite :
Être capable de :
- segmenter un mot en syllabes,
- dénombrer les syllabes d'un mot,
- localiser une syllabe dans un mot.

REMARQUE
« Évaluer régulièrement les habiletés phonologiques des élèves en portant une attention particulière à leurs progrès permet au professeur de réguler son enseignement et de proposer les activités les mieux adaptées aux besoins individuels qu'il identifie. » (cf. doc 1)

PHASE 4 **DURÉE PRÉVUE :** 5 minutes **MODALITÉ :** oral/ collectif		
Consigne	**Tâche des élèves**	**Rôle de l'enseignant**
<u>Bilan de la séance en regroupement</u> *Qu'avez-vous appris au cours de cette séance ?*	Un élève de chaque groupe présente l'activité réalisée.	Faire préciser par les élèves ce que cette activité leur a permis d'apprendre.

3 - PRÉPARATION DE L'ENTRETIEN

a) Introduction

Je vais vous présenter une séance de conscience phonologique qui a lieu en novembre dans une classe de Grande Section comptant 19 élèves. Cette séance est la 4e d'une séquence qui vise à apprendre à manipuler les syllabes d'un mot. Les élèves vont pouvoir s'entrainer à dénombrer des syllabes et vont aussi apprendre à situer une syllabe-cible dans le mot.
Pour concevoir cette séance, je me suis appuyé(e) sur les 4 documents du corpus proposé :
Le **document 1** est extrait du guide « Pour préparer l'apprentissage de la lecture et de l'écriture à l'école maternelle », publié par le ministère de l'Éducation nationale en février 2020. Il s'agit d'un focus sur l'évaluation des habiletés phonologiques.
Le **document 2** est extrait du site ministériel Eduscol. Il pose les principes pour concevoir son enseignement. En effet, l'enseignement de la conscience phonologique au cycle 1 prépare les élèves à l'apprentissage de la lecture qui se fera au CP. Les élèves de Grande Section doivent prendre conscience de l'importance de ce travail dans la progression de leurs apprentissages. Le **document 3** est la photographie d'une activité que je vais vous présenter dans le cadre d'un atelier dirigé. Elle a pour objectif de comparer le nombre de syllabes pour classer des mots. Le **document 4** est extrait d'un site Internet et présente la progression dans la découverte d'un jeu : « La bataille des syllabes ». Après une phase de présentation et de découverte en atelier dirigé, les élèves sont désormais capables de jouer à ce jeu en autonomie.
La séance dure 25 minutes et vise les compétences suivantes :

- dénombrer les syllabes orales qui composent un mot,
- comparer le nombre de syllabes pour classer des mots,
- identifier une syllabe orale en début de mot,
- identifier une syllabe orale en fin de mot,
- identifier une syllabe orale à l'intérieur du mot.

Dans cette séance, 2 groupes de 6 élèves seront en autonomie. Il y aura donc 4 groupes de 3 qui joueront à « La bataille des syllabes ». Les sept élèves restants travailleront avec l'enseignant dans le cadre d'un atelier dirigé.
Voici le déroulé et les composantes didactiques et pédagogiques de cette séance.

b) Conclusion

Cette séance a permis aux élèves de réfléchir sur la langue, sur les mots. Le côté ludique du jeu de « La bataille des syllabes » favorise l'implication des élèves et leur focalisation sur l'objectif fixé, à savoir dénombrer des syllabes.

Les mots utilisés par l'enseignant dans l'atelier dirigé ont été choisis avec soin. Ils correspondent à des mots sans « e » muet en fin de mot pour éviter tout dilemme entre syllabe orale et syllabe écrite. La séance se situe effectivement en début de période 2 et il m'a semblé important de ne pas proposer de mots qui soient source de difficultés. Il pourra être intéressant, plus tard dans l'année, d'expliciter cette différence entre syllabe orale et syllabe écrite. Par exemple, le mot « jupe » compte une syllabe orale, /jup/, et 2 syllabes écrites, /ju/ - /pe/.
La syllabe s'organise en effet autour de la voyelle : le « e » final des mots est souvent muet à l'oral. Il n'y a donc pas de nouvelle syllabe, alors qu'à l'écrit cette voyelle est visible, elle forme donc une nouvelle syllabe avec la consonne qui la précède.
Ce travail sur la conscience phonologique complète le travail conduit dans l'ensemble des activités portant sur l'oral et l'écrit. Il est un tremplin vers la lecture.

c) Questions du jury

Quel(s) lien(s) faites-vous entre conscience phonologique et principe alphabétique ?
Le principe alphabétique est le système selon lequel les mots écrits sont composés de lettres qui marquent les unités linguistiques, les phonèmes.
La conscience phonologique est la capacité à percevoir, à découper et à manipuler de façon intentionnelle les unités sonores d'un mot (syllabe, phonème).
Principe alphabétique et conscience phonologique sont deux des cinq piliers de la lecture mis en évidence en 2000 par le *National Reading Panel*[1]. Ces piliers sont la conscience phonologique, le principe alphabétique et la fluence qui permettent l'identification des mots écrits. À ces trois piliers, on ajoute le vocabulaire et la compréhension orale qui conditionnent la compréhension de l'écrit.
Chacune de ces compétences doit faire l'objet d'un apprentissage systématique et explicite. Le travail conduit en maternelle sur la connaissance des lettres et la conscience phonologique facilite l'entrée des élèves dans le principe alphabétique. L'apprentissage de ce principe alphabétique renforce à son tour la prise de conscience des phonèmes. Il a été montré que le recours à ce lien oral-écrit (sons-lettres par exemple) rend l'enseignement plus efficace que l'utilisation seule de l'oral ou de supports imagés.

Sur Lea.fr

Retrouvez deux autres questions du jury

1. https://www.treaq.ca/wp-content/uploads/2019/05/Resume_rapport_National_ReadingPanel.pdf

Sujet n° 2 : Langage oral en Grande Section

En vous appuyant sur les documents fournis, proposez une séance visant le développement du langage oral en production en classe de Grande section. La séance s'inscrit dans une séquence ayant pour objectif la compréhension d'un texte littéraire en maternelle. Elle se situe en période 5. Vous détaillerez le déroulement de cette séance en prenant soin d'expliciter vos choix didactiques et pédagogiques.

CORPUS DE 3 DOCUMENTS

Document 1. Lecture de l'album *Un peu beaucoup,* Olivier Tallec, École des loisirs, 2020 : https://www.youtube.com/watch?v=fEy3-rUMyK8[1]

Document 2. Retranscription d'un rappel de récit de l'album *Un peu beaucoup* d'Olivier Tallec en classe de Grande Section, lors d'un atelier de langage avec 5 élèves

Enseignant : *Vous allez essayer de me raconter l'histoire que je viens de vous lire. C'est l'histoire de…*
Élève 1 : *D'un arbre.*
Élève 2 : *Dans une forêt… et…*
Élève 3 : *Dans un arbre, avec des animaux.*
Enseignant : *Oui, que se passe-t-il dans cette forêt ? Élève 4, tu n'as rien dit ? tu veux nous dire ce qui se passe dans cette histoire ?*
Élève 4 : *Y'a un écureuil… un…*
Élève 1 : *L'écureuil, y mange tout !*
Enseignant : *Il mange tout, c'est-à-dire ? Vous pouvez me dire ce que mange l'écureuil ?*
Élève 2 : *Des noisettes !*
Élève 1 : *Nan, i mange pas des noisettes : il mange l'arbre.*
Élève 3 : *Oui mais il dit y faut en prendre soin.*
Enseignant : *Très bien, c'est très bien. Et comment se termine cette histoire ? que se passe-t-il à la fin ?*
Élève 1 : *L'écureuil, il est tout seul.*
Élève 3 : *Non y a des enfants à la fin…*
Enseignant : *Et où est l'arbre ?*
Élève 2 : *Chais pas…*
Élève 3 : *Il est parti.*

1. Dans le cadre de l'épreuve sera fourni le texte l'album et éventuellement une ou deux illustrations.

Document 3. Liste de critères de réussite élaborée par un enseignant pour évaluer le rappel de récit en Grande Section

L'élève a réussi :
- à se souvenir des principales actions du récit
- à restituer les principales actions du récit
- à faire des phrases compréhensibles
- à utiliser un vocabulaire précis
- à participer à l'échange
- à compléter les réponses de ses camarades

A - CONNAISSANCES DIDACTIQUES ET PÉDAGOGIQUES À MOBILISER

1. STIMULER ET STRUCTURER LE LANGAGE ORAL

À l'école maternelle, l'enfant découvre les caractéristiques de la langue française; il s'approprie le langage au contact des adultes qui deviennent des référents. Les élèves apprennent à utiliser le langage en interaction, en réception et en production pour communiquer, apprendre, comprendre, interagir. Pour ce faire, l'enseignant doit solliciter et stimuler les élèves dans toutes les activités de la classe. Il vise l'enrichissement lexical et syntaxique du langage oral des élèves. Afin de déterminer les différents objectifs d'apprentissage selon les niveaux (PS, MS, GS), il se réfère aux différents tableaux d'indicateurs (de vigilance, de repères de développement du langage et de progrès)[2].

2. FAIRE DÉCOUVRIR DEUX FORMES DE LANGAGE

L'élève apprend à distinguer deux formes de langage :
- Le langage en situation : il correspond au langage produit en accompagnement de ce que l'on est en train de faire ou de vivre. Le langage oral est alors limité car d'autres facteurs entrent en jeu dans la compréhension des échanges, notamment la communication non verbale. Par exemple, pour demander un crayon, le locuteur n'est pas obligé de dire le mot et peut seulement montrer l'objet qu'il souhaite obtenir.
- Le langage d'évocation : c'est un langage décontextualisé, c'est-à-dire du « dit » qui est décroché du « faire ». Il s'utilise *a posteriori* pour décrire, raconter, informer, argumenter, rendre compte... mais aussi *a priori* pour formuler des hypothèses, prévoir, imaginer, se projeter dans un avenir proche. Les interlocuteurs en présence ne partagent pas nécessairement les mêmes références. En cela, le langage d'évocation relève du langage écrit. Il se veut précis, cohérent et intelligible.

1. Les principes clés sont extraits des contenus ministériels :
   - « L'école maternelle, école du langage », recommandations pédagogiques du B.O. n°22 du 29 mai 2019 : https://www.education.gouv.fr/bo/19/Hebdo22/MENE1915456N.htm?cid_bo=142293
   - Ressources maternelle « Mobiliser le langage dans toutes ses dimensions » : https://eduscol.education.fr/105/mobiliser-le-langage-dans-toutes-ses-dimensions

2. Ressources maternelle « Mobiliser le langage dans toutes ses dimensions. Partie I - L'oral - Tableaux d'indicateurs » :
https://cache.media.eduscol.education.fr/file/Langage/41/3/Ress_c1_langage_oral_tableaux_456413.pdf

3. VISER PLUSIEURS OBJECTIFS

Les objectifs du langage en maternelle sont :

- Entrer en communication : l'enfant apprend à faire des efforts pour communiquer avec les autres, afin qu'ils comprennent ce qu'il veut dire.
- Comprendre et apprendre : les moments d'écoute active (langage en réception) sont de réels temps d'apprentissage langagier pour les élèves qui sont amenés à construire des outils cognitifs comme catégoriser, rapprocher des informations, construire des représentations mentales, etc.
- Échanger et réfléchir avec les autres. À l'école maternelle, les temps d'échange entre élèves sont nombreux : ils permettent aux élèves de se questionner, d'argumenter, de montrer un intérêt pour ce que pensent les autres.

4. DISTINGUER DEUX PÉDAGOGIES DU LANGAGE

On distingue deux approches pédagogiques :

- Une approche intégrée qui renvoie à tous les moments où le langage est travaillé sans être le but d'un apprentissage spécifique. Les enfants mobilisent le langage oral dans toutes les activités scolaires et extrascolaires. Le langage est ainsi sollicité dans les autres domaines d'apprentissage où sont convoqués un lexique et des types de discours spécifiques (expliquer, décrire…).
- Des moments structurés qui ciblent des objectifs langagiers spécifiques. Pour ce faire, l'enseignant peut mettre en place des activités ritualisées. Par exemple, pour la description, il met en place des jeux de devinettes. Pour travailler la narration, l'enseignant propose aux élèves des supports comme des marottes, des décors, des maquettes pour les aider à raconter une histoire qui a été travaillée au préalable.

5. ACCOMPAGNER LES ÉLÈVES

Le rôle de l'enseignant est essentiel. Il doit mettre en place :

- Un climat propice et sécurisant afin que tous les élèves osent prendre la parole. Il accorde un grand intérêt à chaque parole prononcée par les enfants. Il varie les dispositifs pour favoriser la parole de tous (relation duelle, groupes limités, variation des sujets de l'échange, alternance des rôles joués par les élèves au sein du groupe).
- Un étayage permanent : l'enseignant régule et dynamise les échanges, il veille à ce que tous les élèves s'expriment, il annonce systématiquement l'objectif de l'activité (par exemple : *Je vais vous lire une histoire et quand j'aurai terminé, vous me direz si elle vous a plu.*), il valide ou corrige les formulations des élèves (cf. Partie 2 sujet n° 3 « Langage oral au CE1 »).
- Un travail associant les parents. L'enseignant engage les parents à prêter attention au langage dans les situations usuelles : bain, repas, sorties, et à solliciter leur enfant afin qu'il s'exprime.

6. L'ÉVALUATION

L'enseignant met en place une évaluation quotidienne, positive et directe des élèves dans des situations variées (les temps informels de changements d'activité ou de jeux sont propices à cette observation des compétences communicationnelles des élèves). Il peut se référer à des indicateurs de réussite.

INDICATEURS DE RÉUSSITE	
L'élève ose parler.	Il ne le fait que quand il est sollicité : • dans un cercle restreint, voire seulement en tête-en-tête; • dans le groupe classe rassemblé. Il engage lui-même la conversation avec un pair. Il engage la conversation avec un adulte.
L'élève parle de plus en plus et dans des situations variées. Il sait répondre aux sollicitations de l'adulte.	Il respecte le sujet de conversation. Il peut tenir un échange au-delà de la première réponse. Il s'adapte à des enjeux divers (narrer ce qui s'est passé, expliquer, reformuler, etc.). Il utilise spontanément les formules de politesse usuelles pour saluer, remercier, s'excuser, demander.
L'élève régule sa prise de parole.	Il le fait de manière réactive et adaptée à la situation de communication et au contenu du discours pertinente. Il ne coupe pas la parole. Il articule son propos avec des propos antérieurs pour dire son accord ou son désaccord, pour apporter un exemple ou une contradiction, pour compléter; il sait dire *Je n'ai pas compris*.
L'élève accepte et respecte les règles posées pour les échanges.	Il accepte le temps de parole des autres et respecte les hésitations. Il sait dire ce qui ne marche pas dans un échange. Il peut piloter un moment d'échange (type conseil d'élèves, à partir de la Grande Section).

Les attendus de fin de cycle sont les suivants :

- communiquer avec les adultes et avec les autres enfants par le langage, en se faisant comprendre;
- s'exprimer dans un langage oral syntaxiquement correct et précis;
- utiliser le lexique appris en classe de façon appropriée;
- reformuler son propos pour se faire mieux comprendre;
- reformuler le propos d'autrui;
- pratiquer divers usages de la langue orale : raconter, décrire, évoquer, expliquer, questionner, proposer des solutions, discuter un point de vue;
- dire de mémoire et de manière expressive plusieurs comptines et poésies.

B - TRAITEMENT DU SUJET

1. LECTURE ET ANALYSE DES DOCUMENTS DU CORPUS

Le document 1 est un album de littérature de jeunesse : *Un peu beaucoup* d'Olivier Tallec, publié par l'École des loisirs en 2020. Cet ouvrage présente de nombreux intérêts littéraires : une fin ouverte, qui laisse la place à plusieurs interprétations; la thématique de l'environnement (l'impact des comportements humains sur l'environnement); une structure répétitive (la phrase : « C'est fragile un arbre, il faut en prendre soin » et la répétition des actions de l'écureuil : il mange toutes les pommes de pin, puis toutes les aiguilles, puis toutes les branches) ; la mauvaise foi du personnage qui trouve de nombreuses excuses pour justifier sa gourmandise et ne se rend pas compte qu'il est en train de provoquer sa propre perte ; l'humour dans le texte et dans les illustrations. Ces différentes caractéristiques peuvent générer chez des élèves de Grande Section des obstacles à la compréhension : il peut être difficile pour certains de comprendre le décalage entre le discours de l'écureuil et ses actions (entre le texte et les illustrations), de comprendre que, sur l'avant-dernière image (après une ellipse narrative), le tronc sur lequel est posée la petite maison de l'écureuil correspond à l'arbre du début de l'histoire, que l'écureuil a fini par détruire presque totalement.

Le **document 2** est la retranscription d'une séance d'atelier de langage en Grande Section. Les élèves y manifestent plusieurs compétences : ils parviennent à restituer les personnages et quelques actions du récit ; ils participent à l'échange (sauf un élève qui ne dit rien) ; ils prennent en compte les réponses de leurs camarades. Cependant on peut remarquer qu'ils ont des difficultés à faire des liens entre les différentes actions du récit (liens de causalité notamment) et qu'ils détaillent peu leurs réponses.

Le **document 3** est une grille d'indicateurs de réussite pour évaluer le rappel de récit en Grande Section. Elle porte à la fois sur des compétences narratives et des compétences communicationnelles. Une telle grille peut être utilisée pour évaluer les différents rappels de récit effectués par les élèves tout au long de l'année afin de mesurer les progrès de chaque élève.

2. RÉDACTION DE LA FICHE DE PRÉPARATION

<table>
<tr><td colspan="4">SÉANCE : Le rappel de récit en atelier de langage dirigé</td></tr>
<tr><td colspan="2">DATE : Mai</td><td colspan="2">DOMAINE DU SOCLE COMMUN : 1</td></tr>
<tr><td>NIVEAU DE CLASSE :
Grande Section</td><td>NOMBRE D'ÉLÈVES :
19 élèves
(5 élèves en atelier dirigé et 7 dans 2 autres groupes)</td><td>SÉANCE N° :
3</td><td>DURÉE :
40 minutes</td></tr>
<tr><td colspan="2">PLACE DE LA SÉANCE DANS LA SÉQUENCE :
Séance 1 - Lecture et découverte de l'album
Séance 2 - Les éléments du récit (personnages, lieu, objets)
Séance 3 - Le rappel de récit en atelier de langage dirigé
Séance 4 - Discussion sur le respect de l'environnement et de la nature</td><td colspan="2">INTITULÉ DE LA SÉQUENCE :
Comprendre un album</td></tr>
<tr><td colspan="2">OBJECTIFS DE LA SÉANCE :
Groupes en autonomie : réinvestir le vocabulaire vu précédemment (champ lexical de la nature).
Groupe dirigé : être capable de raconter une histoire à l'oral.</td><td colspan="2">PRÉREQUIS :
Oser prendre la parole.
Avoir compris globalement l'histoire entendue.</td></tr>
</table>

COMPÉTENCES VISÉES :	**MATÉRIEL – SUPPORTS :**
Rappeler une histoire avec ses propres mots. Respecter l'ordre chronologique d'une histoire. Formuler des phrases correctes et compréhensibles. Utiliser un vocabulaire précis.	L'album *Un peu beaucoup* d'O. Tallec ; 1 arbre sous forme de jeu démontable et 1 écureuil en peluche (différenciation) ; 5 illustrations de l'histoire sous forme d'étiquettes ; 2 jeux de memory sur le thème de la nature (arbre, pomme de pin, aiguille, branche, écureuil, tronc, racine…).

PHASE 1
DURÉE PRÉVUE : 10 minutes
MODALITÉ : en grand groupe

Consigne	Tâche des élèves	Rôle de l'enseignant
<u>Rappel de la séance précédente</u> *Vous vous rappelez la dernière fois : nous avons lu l'album* Un peu beaucoup *d'Olivier Tallec.* *Que se passe-t-il dans cette histoire ?* *Nous allons relire l'album pour vous aider à vous souvenir.*	Les élèves disent ce dont ils se rappellent de l'histoire.	Montrer l'album aux élèves. Accueillir toutes les réponses des élèves sans chercher à reconstituer l'ordre chronologique. Revenir sur les réponses erronées. Relire l'album.

Critères de réussite :
Être capable de se souvenir d'une histoire entendue.

PHASE 2
DURÉE PRÉVUE : 5 minutes
MODALITÉ : en grand groupe

Consigne	Tâche des élèves	Rôle de l'enseignant
<u>Passation des consignes pour les ateliers</u> *Les groupes 2 et 3, vous allez jouer au jeu du memory. Vous le connaissez bien maintenant : qui peut nous rappeler les règles ?* *Le groupe 1 va travailler avec moi : nous allons raconter l'histoire de l'album* Un peu beaucoup.	Réponse attendue : *On doit nommer l'image qu'on retourne et trouver où se trouve la deuxième image. Celui qui a le plus de cartes a gagné.*	Constituer des groupes homogènes. Expliciter les consignes des différents ateliers.

REMARQUE
La constitution de groupes homogènes pour les ateliers de langage (c'est-à-dire faire des groupes de « petits », « moyens » ou « grands parleurs ») est importante afin de ne pas reproduire la situation du groupe classe et permettre à chaque élève de pouvoir s'exprimer à son rythme.
Les cartes du memory seront en lien avec la thématique de l'album, c'est-à-dire sur le thème de la nature. Préparer avec l'Atsem le matériel nécessaire pour chaque atelier avant la séance.

PHASE 3
DURÉE PRÉVUE : 20 minutes
MODALITÉ : en groupes

Consigne	Tâche des élèves	Rôle de l'enseignant
Mise en ateliers 1. Groupes 2 et 3, en autonomie. 2. Groupe 1 avec l'enseignant. a) *Vous allez raconter l'histoire de l'album mais avant je vous distribue des étiquettes qui représentent des images de l'album. Vous allez dire chacun votre tour ce que vous voyez sur votre étiquette. Maintenant nous allons tous ensemble remettre ces étiquettes dans le bon ordre. D'après vous, quelle est la première image de l'histoire ?* b) *Maintenant que nous avons mis toutes les images dans le bon ordre, vous pouvez raconter l'histoire. Qui veut commencer ? Je vais répéter tout ce que vous avez dit. [...] Êtes-vous d'accord ?*	1. Les élèves en autonomie se mettent en activité, avec l'aide de l'Atsem si nécessaire. 2. a) Les élèves s'installent sur le banc en face du tableau (pour pouvoir afficher les illustrations de l'album). Chaque élève décrit son étiquette. Les élèves discutent, réfléchissent à l'ordre des images. b) Les élèves prennent la parole à tour de rôle pour raconter l'histoire à partir des étiquettes affichées au tableau.	2. Veiller à ce que les élèves utilisent un vocabulaire précis. Les encourager afin qu'ils osent prendre la parole. Leur demander de justifier l'ordre qu'ils proposent. Afficher les étiquettes au tableau. Désigner l'élève qui doit s'exprimer. Noter ce que disent les élèves pour leur restituer ensuite. Demander des précisions chaque fois que nécessaire. Amener les élèves à lier leurs idées, à établir des relations causales entre les différentes actions (cf. doc 2). Évaluer chaque élève avec une grille d'indicateurs de réussite (cf. doc 3).

Critères de réussite :
Être capable de :
- décrire une illustration en utilisant un vocabulaire précis,
- se rappeler l'ordre des événements d'une histoire entendue,
- prendre la parole devant ses camarades,
- restituer une action,
- établir des liens entre les différentes actions du récit.

Différenciation :
L'enseignant peut utiliser un arbre sous forme de jeu démontable et un écureuil en peluche pour mimer les actions et aider les élèves à se souvenir de l'histoire.

REMARQUES
Pour les activités de langage, il est important de prévoir un support sur lequel les élèves pourront prendre appui pour s'exprimer (objets, étiquettes, maquettes...). L'activité de rappel de récit est une activité complexe qui nécessite que les élèves mémorisent, sélectionnent et organisent les éléments essentiels du récit. Elle requiert ainsi un fort étayage de l'enseignant.

PHASE 4
DURÉE PRÉVUE : 5 minutes
MODALITÉ : écrit/binômes, oral/binômes

Consigne	Tâche des élèves	Rôle de l'enseignant
Bilan de la séance en regroupement *Qu'avez-vous appris au cours de cette séance ?*	Un élève de chaque groupe répond à la question, les autres élèves du groupe apportent des précisions si besoin.	Aider les élèves à verbaliser ce qu'ils ont appris.

3. PRÉPARATION DE L'ENTRETIEN

a) Introduction

La séance que je vais vous présenter concerne le langage en production dans une classe de Grande Section. Elle s'inscrit dans une séquence visant la compréhension d'un album de littérature de jeunesse : *Un peu beaucoup* d'Olivier Tallec, publié par l'École des loisirs en 2020. Elle se déroule au cours de la période 5. Elle aura une durée de 40 minutes. Il s'agit de la troisième séance de la séquence. Lors des deux premières séances, les élèves ont découvert l'album et répondu à des questions de compréhension globale. Ils ont également travaillé sur les différents éléments de l'histoire : le lieu, les personnages, les objets.
Pour construire cette séance, je me suis appuyé(e) sur le corpus de documents fournis par le dossier. Le **document 1** est un album de littérature de jeunesse : *Un peu beaucoup* d'O. Tallec qui présente plusieurs intérêts littéraires qui constituent autant de difficultés pour des élèves de Grande Section (le décalage entre le texte et les illustrations, entre le discours du personnage et ses actions ; la thématique de la protection de l'environnement...). Le **document 2** est la retranscription d'une séance de rappel de récit concernant cet album en Grande Section. Le **document 3** est une grille d'indicateurs de réussite pour l'activité de rappel de récit comprenant à la fois des compétences narratives et communicationnelles.

L'objectif de cette séance est de rendre les élèves capables de raconter une histoire à l'oral. Plus précisément, les sous-objectifs de cette séance sont de rendre l'élève capable de :
- rappeler une histoire avec ses propres mots,
- respecter l'ordre chronologique d'une histoire,
- formuler des phrases correctes et compréhensibles,
- utiliser un vocabulaire précis.

Voici le déroulé et les composantes didactiques et pédagogiques de cette séance.

b) Conclusion

Pendant cet atelier de langage, les élèves ont été amenés à travailler la conduite discursive narrative correspondant à l'un des attendus de fin de cycle : « Pratiquer divers usages de la langue orale : raconter, décrire, évoquer, expliquer, questionner, proposer des solutions, discuter un point de vue ». Quand tous les groupes auront réalisé l'atelier de langage, l'enseignant relira l'album à toute la classe. La dernière séance de la séquence est consacrée à une discussion sur le respect de l'environnement et de la nature. Pour démarrer la discussion, l'enseignant reprendra la première phrase de l'album : « C'est fragile un arbre, il faut en prendre bien soin. » et posera la question suivante : *D'après vous, comment peut-on prendre bien soin de la nature ?* Tout au long de la discussion, l'enseignant amènera les élèves à s'appuyer sur les lectures faites en classe (*L'arbre roux* de J.-P. Idatte, *Voyage à poubelle plage* d'E. Brami, B. Jeunet ; *Un peu beaucoup* d'O. Tallec).

c) Question du jury

Quel est le rôle de l'enseignant dans les ateliers de langage ? Soyez précis.

L'étayage de l'enseignant est particulièrement important dans les ateliers de langage : il incite les élèves à participer aux échanges verbaux en créant un climat bienveillant. Il accorde une grande attention à toutes les paroles prononcées par les élèves. Il accompagne progressivement les élèves dans leurs prises de parole : il les encourage, reformule les propos, les synthétise, demande des précisions, corrige les formulations erronées. Il favorise les interactions verbales entre les élèves.

Sur Lea.fr

Retrouvez deux autres questions du jury

Sujet n° 3 :
Langage oral au CE1

À partir des documents proposés dans ce corpus, vous concevrez une séance visant à développer les compétences langagières d'élèves de CE1. La classe compte 24 élèves et la séance se déroule au début de la deuxième période. Ces élèves ont construit la grille du conteur à partir de séances réalisées au cours de la période 1. Vous détaillerez le déroulement de cette séance en explicitant vos choix didactiques et pédagogiques.

CORPUS DE 4 DOCUMENTS

Document 1. La grille du conteur

Grille simplifiée construite avec les élèves au cours de la période 1

conte :	date : ___/___/___		
La grille du conteur			
Nom du conteur : ____________ Nom du maître conteur : ____________			
Si la consigne est respectée, mettre une croix :	*maître conteur*	*auditeurs*	*annotations éventuelles de l'enseignante*
Met le ton pour rendre l'histoire vivante.			
Ne pas parle trop vite, articule.			
Raconte les différents moments de l'histoire dans l'ordre.			
Fait les voix des personnages.			

Grille enrichie par l'enseignant avec des contraintes lexicales

conte : *Le loup et les sept chevreaux*	date : __/__/__		
La grille du conteur			
Nom du conteur : __________ Nom du maître conteur : __________			
Si la consigne est respectée, mettre une croix : Le conteur….	*maître conteur*	*auditeurs*	*annotations éventuelles de l'enseignante*
Met le ton pour rendre l'histoire vivante.			
Ne parle pas trop vite, articule.			
Raconte les différents moments de l'histoire dans l'ordre.			
Utilise **les mots des émotions** pour dire : ce que ressentent les chevreaux quand le loup entre dans la maison.			
ce que ressent la chèvre quand elle retrouve sa maison vide.			
ce que ressentent les chevreaux et leur mère à la fin de l'histoire.			

Document 2. Jakob et Wilhelm Grimm, Claudine Routiaux, *Le Loup et les Sept Chevreaux*, collection « Les Petits Cailloux », © Éditions Nathan, 2011.

Étayage : l'album est le support utilisé par l'enseignant lors de la phase de découverte de l'histoire, en amont de la contée. Ce document imagé a pour fonction de soutenir la mémoire de travail de l'élève conteur.

Document 3. Présentation du dispositif des « contées »

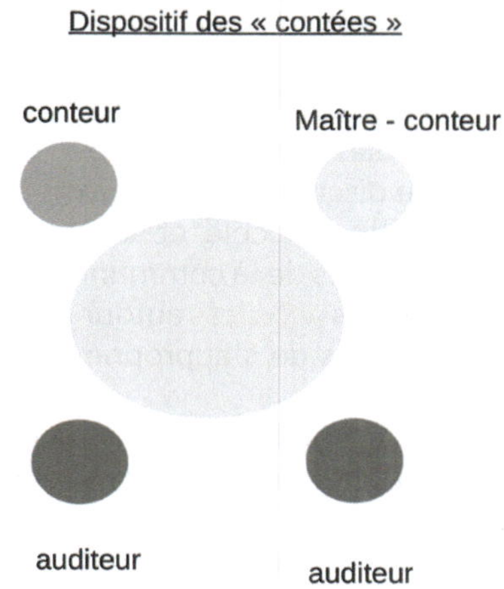

Rôle de chaque membre du groupe :

- Le **conteur** conte l'histoire lue ou entendue au préalable
- Le **maître-conteur** évalue le respect des critères définis par le groupe classe et l'enseignant. Lors de la mise en commun, il est le rapporteur de son groupe.
- Les **auditeurs** écoutent la narration puis dans le temps d'échange qui suit la contée, ils valident ou invalident l'évaluation faite par le maître-conteur.

Document 4. Affichage permanent dans la classe, Eduscol, « Organiser l'enseignement de l'oral », 2018.

A - CONNAISSANCES DIDACTIQUES ET PÉDAGOGIQUES À MOBILISER

1. TRAVAILLER L'ORAL EN CLASSE AVEC 3 ENTRÉES DIDACTIQUES

Trois approches co-existent dans les pratiques orales en classe : l'approche communicationnelle, l'approche discursive et l'approche intégrée :

- Approche communicationnelle : l'école et la classe sont des micro-sociétés dans lesquelles s'apprennent les règles de la communication en réception et en production. Cette approche se traduit par des **activités** autour de la vie collective : conseils d'élèves, projets… Il s'agit pour les élèves de s'approprier les enjeux de la communication et d'apprendre à se faire comprendre.
- Approche discursive : l'école est un lieu de construction des savoirs où l'oral sert pour apprendre. Il s'agit de verbaliser et interagir dans toutes les disciplines, de passer d'un oral pratique à un oral scriptural. L'oral s'inscrit dans la construction des **séquences** d'apprentissage : place de l'erreur, confrontation, **institutionnalisation** (mise en commun, retour sur ce qui vient d'être fait pour construire les savoirs). Les conduites discursives sont : raconter, décrire, expliquer, justifier, argumenter. Les mini-conduites langagières sont : catégoriser, caractériser, exposer, rapprocher, décomposer…
- Approche intégrée : l'oral est un objet d'apprentissage qui permet un travail sur le langage et les discours. Cette approche aborde différents genres dont les règles sont explicitées aux élèves : débat littéraire, débat en EMC, délibération, démonstration, exposé, récit oral (compte-rendu de visite, par exemple), dialogue, interview, enquête…

2. PRENDRE EN CONSIDÉRATION 3 NIVEAUX DE GESTES PROFESSIONNELS

Les gestes professionnels sont à considérer à 3 échelles différentes :

- Macro, des gestes professionnels à « grande échelle » : **programmation** de l'oral par période, par année scolaire, voire par cycle ;
- Méso, des gestes professionnels à « échelle moyenne » : programmation à la semaine. L'enseignant intègre l'oral dans la construction de ses **séances** et se questionne sur la place de l'oral dans la séquence, dans la séance. Il identifie les genres oraux travaillés :
  - › dans un oral monogéré : micro exposé, lecture à voix haute, récitation, compte-rendu oral, commentaire d'image ou de schéma ;
  - › dans un oral polygéré : questionnement, débat.
- Micro, des gestes professionnels à « échelle fine » : le savoir-faire de l'enseignant (avoir un langage modélisant, reformuler si besoin les propos des élèves, réguler les prises de parole, l'écoute, recentrer sur le sujet…).

3. ENSEIGNER : LES 6 FONCTIONS D'ÉTAYAGE DE BRUNER

Jérôme S. Bruner accorde un rôle majeur à l'enseignant, médiateur des apprentissages. Il parle d'interaction de tutelle. Il définit six fonctions d'**étayage**[2] :

- L'enrôlement : engager l'adhésion de l'enfant aux exigences de la **tâche**.

1. Les principes clés sont extraits des contenus ministériels :
   - Programme Cycle 2, BOEN n° 31 du 30 juillet 2020
   - « Français cycle 2 - Le langage oral », Eduscol : https://eduscol.education.fr/152/francais-cycle-2-le-langage-oral
2. Jérome S. Bruner, *Le Développement de l'enfant, Savoir faire, savoir dire*, PUF, 1981.

- La réduction des degrés de liberté : simplifier la tâche en réduisant la difficulté du processus de résolution. L'enseignant décompose l'objectif principal de la tâche en sous-buts que l'enfant parviendra aisément à atteindre.
- Le maintien de l'orientation : faire en sorte que l'enfant ne s'écarte pas de l'objectif à atteindre durant la résolution de la tâche, qu'il conserve le but initialement fixé. Il doit aussi maintenir l'intérêt et la motivation de l'élève de manière qu'il poursuive l'objectif défini.
- La signalisation des caractéristiques dominantes : signaler ou souligner par de multiples moyens les caractéristiques de la tâche qui sont pertinentes pour son exécution.
- Le contrôle de la frustration : éviter que les erreurs de l'élève ne se transforment en sentiment d'échec, voire en résignation. Essayer de maintenir l'intérêt et la motivation de l'élève en utilisant divers moyens pour contrôler l'ennui, le découragement, la prise de risque...
- La démonstration ou présentation des modèles de solution : présenter un modèle, un essai de solution que l'élève peut imiter pour accomplir sa tâche.

4. LES COMPÉTENCES ORALES

Les compétences mobilisées à l'oral sont nombreuses :

- Les compétences instrumentales qui portent sur la voix, la prononciation : articuler, moduler l'intonation, adapter le volume de la voix...
- Les compétences textuelles :
  - au niveau de la syntaxe : choix des pronoms, temps des verbes, concordance des temps, etc. ;
  - au niveau du sens ;
  - au niveau du lexique : avoir un vocabulaire précis, adapté à la situation de communication.
- Les compétences communicationnelles : prendre part à un dialogue, une conversation, participer à un débat, argumenter, justifier, rester dans le propos, écouter, répondre et même utiliser des formes de discours variées : poème, récit...

5. ÉVALUER

L'évaluation de l'oral nécessite une organisation anticipée. En effet, il est impossible d'évaluer tous les élèves d'une même classe simultanément. L'enseignant peut choisir d'évaluer quelques élèves à chaque séance avec une grille de critères définis au préalable[1]. Le nombre de critères doit être restreint car en plus d'évaluer ces élèves, il doit rester disponible pour conduire la séance : gérer le temps, veiller au respect des règles, être attentif aux échanges...

1. « Langage oral - Le débat réglé » : https://cache.media.eduscol.education.fr/file/Francais/78/6/EV16_C2_Francais_Langage_oral_debat-regle_839786.pdf

GRILLE D'ÉVALUATION DES ÉLÈVES EN LANGAGE ORAL AU CYCLE 2	
CRITÈRES	NOM DE L'ÉLÈVE
PRISE DE PAROLE	
Demande la parole en silence	
Attend son tour de parole	
Manifeste par son attitude une écoute attentive et respectueuse des autres	
EXPRESSION : exprimer une opinion et tenir compte de l'objet du propos et des interlocuteurs	
Manifeste son écoute en posant une question pour demander une précision, en faisant part de son incompréhension	
Exprime son point de vue en tenant compte de l'objet du propos	
Exprime son point de vue par rapport à ses interlocuteurs	
Respecte la pluralité des opinions	
Prend en compte les récepteurs ou interlocuteurs	
Participe avec pertinence à un échange	
EXPRESSION : énoncés audibles, moyens langagiers de l'expression et formes de discours	
Intervient avec clarté et de manière audible	
Mobilise des techniques pour être écouté	
Organise son propos	
Emploie un vocabulaire en adéquation avec l'idée exprimée	
Organisation syntaxique correcte	
Utilise quelques connecteurs pour marquer les enchaînements	
Utilise de manière pertinente les temps du discours	
Utilise un registre langagier adapté à la situation de classe.	
ARGUMENTATION	
L'élève s'appuie sur des exemples précis pour exprimer sa pensée.	
Le raisonnement est logique.	

B - TRAITEMENT DU SUJET

1. LIRE ET ANALYSER LES DOCUMENTS DU CORPUS

Le **document 1** présente deux grilles de critères permettant l'évaluation de la production orale du conteur par le maitre-conteur et par les auditeurs. La première grille a été construite avec les élèves au cours de la période 1. L'enseignant peut y ajouter des remarques. La seconde grille reprend les trois premiers critères de la précédente auxquels l'enseignant a ajouté 3 nouveaux critères visant l'utilisation du vocabulaire des émotions et des sentiments. Elle est un outil de **différenciation** car elle s'adapte aux différents niveaux de compétences langagières.

Le **document 2** est un support-élève. Il permet de soutenir la mémoire de travail de l'élève conteur. Les images sont extraites de l'album du conte des frères Grimm, illustré par Claudine Routiaux, *Le Loup et les sept chevreaux*, paru aux Éditions Nathan en 2011. Cet album est le support utilisé par l'enseignant lors de la **phase** de découverte de l'histoire, en amont de la contée.

Le **document 3** est un support-enseignant. Il précise le dispositif de contée et le rôle de chacun des élèves au sein du groupe : le conteur, le maitre-conteur qui est en charge de l'évaluation de la contée à l'aide de la grille critériée et les auditeurs qui interviennent dans un second temps dans l'évaluation de la contée.

Le **document 4** est un outil officiel proposé par Eduscol, site du ministère de l'Éducation nationale, qui a pour vocation d'informer et d'accompagner les enseignants dans la mise en place des programmes. Ce document reprend les trois entrées **didactiques** de l'enseignement de l'oral : l'approche communicationnelle, l'approche discursive et l'approche intégrée. Cet affichage favorise l'explicitation des compétences travaillées.

2. RÉDIGER LA FICHE DE PRÉPARATION

<table>
<tr><td colspan="4">SÉANCE - ORAL : Contée</td></tr>
<tr><td colspan="2">DATE : Novembre</td><td colspan="2">DOMAINE DU SOCLE COMMUN : 1</td></tr>
<tr><td>NIVEAU DE CLASSE :
CE1</td><td>NOMBRE D'ÉLÈVES :
24 élèves (6 groupes de 4)</td><td>SÉANCE N° :
3</td><td>DURÉE :
30 minutes</td></tr>
<tr><td colspan="2">PLACE DE LA SÉANCE DANS LA SÉQUENCE :
Séance 1 - Écouter l'histoire La Chèvre et les 7 Chevreaux (seulement les conteurs)
Séance 2 - S'entrainer à conter l'histoire, avoir une écoute active
Séance 3 - Contée
Séance 4 - Analyse des contées</td><td colspan="2">INTITULÉ DE LA SÉQUENCE :
Contées</td></tr>
<tr><td colspan="2">OBJECTIFS DE LA SÉANCE :
Raconter une histoire.
Écouter celui qui raconte.
Évaluer une pratique orale.</td><td colspan="2">PRÉREQUIS :
Avoir lu ou entendu l'histoire.
S'être entrainé à la conter.
Connaitre les critères d'évaluation.</td></tr>
</table>

COMPÉTENCES VISÉES :	MATÉRIEL – SUPPORTS :
Pour les auditeurs : • écouter, maintenir son attention ; • repérer et mémoriser des informations importantes. Les relier entre elles pour leur donner du sens : comprendre. Pour le maitre-conteur : • écouter, maintenir son attention ; • évaluer le respect des critères définis. Pour le conteur : • raconter : restituer un récit en respectant la chronologie et les moments clés ; • s'exprimer distinctement : poser sa voix, articuler ; • produire des phrases orales syntaxiquement correctes ; • utiliser le vocabulaire appris en classe.	Grille du conteur (doc 1), 1 crayon à papier, le support images pour les élèves les plus fragiles (doc 2).

PHASE 1
DURÉE PRÉVUE : 7 minutes
MODALITÉ : oral/collectif

Consigne	Tâche des élèves	Rôle de l'enseignant
<u>Rappel des séances précédentes</u> *Nous allons faire une nouvelle contée. Qui peut nous rappeler comment se déroulent les contées ? Quels sont les critères que nous avons inscrits dans la grille du conteur pour qu'une contée soit réussie ? Je rappelle les règles du travail en groupe : on écoute celui qui parle, seul le conteur peut s'exprimer à voix haute et ne pas hésiter à lever la voix pour mettre le ton et on respecte les tours de parole.*	Rappel du déroulement : 1) narration par le conteur ; 2) évaluation par le maitre-conteur ; 3) temps d'échange à partir de la grille du conteur. Les auditeurs valident ou invalident l'évaluation du maitre-conteur ; 4) bilan en groupe classe : chaque maitre-conteur explique ce qui s'est passé dans son groupe.	Constituer en amont 6 groupes de 4 élèves (cf. doc 3). Conserver la même organisation spatiale de la classe pour chaque contée : les groupes sont le plus éloignés possible les uns des autres pour ne pas que les conteurs soient gênés par un groupe trop proche. Préciser, compléter les propos des élèves. Rappeler ou faire préciser la signification de chacun des critères en faisant appel au vécu des séances précédentes.

Critères de réussite :
Être capable de :
- expliciter chacun des critères,
- rappeler les différentes phases de la séance.

REMARQUE

Les différents temps de la séance engagent différents types de pratiques langagières (cf. doc 4) :

- *narration : restitution de récit par le conteur (approche discursive : l'oral pour apprendre);*
- *argumentation : évaluation par les pairs en fonction des critères prédéfinis. Le maitre-conteur et les auditeurs doivent justifier leur évaluation pour chacun des critères (approche intégrée : l'oral à apprendre, oral = objet d'apprentissage);*
- *les règles de communication au sein du groupe doivent être respectées (approche communicationnelle; efficience de la situation de communication, responsabilisation des élèves, respect des règles de communication conversationnelles).*

Les élèves sont amenés à changer de rôle à chaque contée pour travailler chacune des compétences qui leur est associée.

PHASE 2
DURÉE PRÉVUE : 8 minutes
MODALITÉ : oral/groupe

Consigne	Tâche des élèves	Rôle de l'enseignant
La contée *Voilà, les auditeurs, vous écoutez attentivement le conteur en essayant de comprendre l'histoire contée. Les conteurs peuvent être debout, faire des gestes, théâtraliser leur récit. N'oubliez pas les critères à respecter. C'est à vous!*	Le conteur restitue le récit qu'il a lu ou qui lui a été lu (pour les élèves les plus fragiles en lecture.) Le maitre-conteur et les auditeurs écoutent le récit et tentent de le comprendre, en se « faisant un film dans la tête. » Le maitre-conteur est particulièrement vigilant sur le respect des critères de narration. Chacun est invité à s'exprimer et doit prendre la parole.	Circuler dans les groupes. Au besoin, réguler le niveau sonore. Faire respecter les règles du travail en groupe. Éventuellement apporter de l'aide à un conteur « bloqué » ou « perdu » dans son récit.

Critères de réussite :
Les critères de la « grille du conteur » sont respectés (cf. doc 1).
Les auditeurs et le maitre-conteur écoutent et comprennent le récit fait par leur pair.

Différenciation :
Il est possible de proposer un support imagé du conte (cf. doc 2) pour soutenir la mémoire de travail de l'élève. Cette activité de restitution de récit sollicite en effet une attention et une prise en compte de différents critères qui peut rendre difficile la restitution du récit.
Un autre étayage peut être envisagé : donner la grille de critères simplifiée (cf. doc 1) aux élèves qui se retrouveraient en surcharge cognitive par la contrainte d'utiliser le vocabulaire des émotions pour décrire ce que ressentent les personnages dans les différentes étapes du récit.

PHASE 3
DURÉE PRÉVUE : 7 minutes
MODALITÉ : écrit/individuel puis oral /groupes

Consigne	Tâche des élèves	Rôle de l'enseignant
La grille du conteur Évaluation par le maitre-conteur, puis échanges au sein du groupe : les auditeurs donnent leur avis, en accord ou désaccord avec le maitre-conteur.	Le maitre-conteur remplit « la grille du conteur » en cochant les critères respectés et en justifiant ses choix.	Circuler pour aider à la compréhension des critères et faire respecter les prises de parole. Inviter les élèves à préciser leurs propos, à argumenter, justifier… Noter des remarques lors du passage dans les groupes ou *a posteriori* pour accompagner au plus près cet élève lors de sa prochaine prestation.

Critères de réussite :
Être capable de :
- donner son avis, le justifier, argumenter ;
- accepter la « critique » positive ou négative, si elle est justifiée par une argumentation.

REMARQUES
La grille du conteur constitue une trace pour l'enseignant.
Féliciter le conteur à chaque contée permet de favoriser sa confiance en lui.

PHASE 4 DURÉE PRÉVUE : 8 minutes MODALITÉ : oral/ collectif		
Consigne	**Tâche des élèves**	**Rôle de l'enseignant**
Bilan *Nous allons maintenant écouter les maitres-conteurs qui vont nous rapporter ce qui vient de se passer dans leur groupe. Vous allez nous dire ce que les conteurs ont bien réussi à faire parmi les critères de la grille et les points auxquels ils devront faire attention la prochaine fois. Ensuite, le conteur prendra la parole pour éventuellement expliquer ses difficultés ou ce qui lui a permis de réussir à valider les critères.*	Le maitre-conteur, puis le conteur s'expriment.	Gérer les prises de parole de chaque groupe, établir des liens entre les différentes expériences de chaque groupe. Solliciter les auditeurs pour compléter les propos, notamment en cas de désaccord avec le maitre-conteur ou le conteur. Féliciter à chaque fois le conteur de chaque groupe pour un ou plusieurs indicateurs de progrès ou réussites.

3. PRÉPARER L'EXPOSÉ ET L'ENTRETIEN

a) Introduction

La séance que je vais vous présenter concerne l'enseignement de l'oral dans une séquence de français en classe de CE1. Elle se déroule au début de la période 2. Pour la construire, je me suis appuyé(e) sur le corpus de documents fournis par le dossier. Le **document 1** présente les grilles utilisées par les élèves lors de séances dites « de contées ». Lors de ces séances, l'élève « conteur » restitue une histoire lue ou entendue en amont. La première grille a été construite avec les élèves au fil des contées. Ils ont défini des critères à respecter pour réussir une contée. La seconde a été complétée par l'enseignant. Celui-ci, en plus des critères déjà définis, ajoute une contrainte lexicale qui vise le réemploi de mots liés aux émotions qui ont été travaillés en amont. Le **document 2** présente une aide à la narration par un support imagé qui reprend des illustrations des moments clés de l'album étudié : *Le Loup et les Sept Chevreaux*, un conte des frères Grimm, illustré par Claudine Routiaux, paru chez les Éditions Nathan en 2011. Le **document 3** décrit l'organisation de la contée et le rôle de chacun : les élèves sont répartis par groupes de 4. Chacun a un rôle défini : il y a le conteur, le maitre-conteur qui vérifie le respect des critères définis et deux auditeurs. Le **document 4** est extrait des ressources ministérielles Eduscol. Il rappelle les différentes approches de l'oral à travailler en classe et les différents types de pratiques orales qui y sont associés.
La séance que je vous présente aura une durée de 30 minutes.
Les objectifs de cette séance sont :
- raconter une histoire,
- écouter celui qui raconte,

- évaluer une pratique orale.

Voici le déroulé et les composantes didactiques et pédagogiques de cette séance.

b) Conclusion

Cette séance d'oral en CE1 a la particularité de travailler les différentes approches de pratiques langagières : discursive, intégrée et communicationnelle.
Chacune de ces approches doit faire l'objet d'un enseignement explicite. Comme nous l'avons vu, l'enseignant rappelle les règles du travail en groupe. Ceci implique que des séances spécifiques aient été conduites sur ces compétences particulières. Chacune des compétences qui apparait dans cette séance doit faire l'objet d'un travail spécifique : l'élève connait l'objectif d'apprentissage fixé par l'enseignant. Ceci lui permet de focaliser son attention sur cet objectif ; les compétences phonatoires (liées à la prononciation), textuelles (liées à la syntaxe, au lexique) ou communicationnelles (raconter, exposer une idée, écouter, utiliser un registre adapté, participer à une conversation, rapporter des arguments...).

c) Questions du jury

Certains élèves s'expriment peu lors du travail en groupe, d'autres monopolisent la parole. Que proposez-vous pour réguler les prises de parole dans le travail en groupe ?
Oser prendre la parole comme laisser un espace de parole à ses pairs sont des compétences qui doivent être enseignées explicitement.
Pour un « petit parleur », la prise de parole devant le groupe peut être difficile. Pour faciliter celle-ci, plusieurs leviers sont possibles pour l'enseignant :

- Ne jamais forcer l'élève à s'exprimer. S'il refuse de prendre la parole devant le groupe, lui proposer de restituer le récit en individuel. Au fil du temps, il pourra prendre une part de plus en plus active au sein du groupe. Il est important de laisser le temps de prendre confiance en l'incitant à participer sur des prises de parole plus courtes, au moment de l'analyse ou lorsque l'enseignant circule dans les groupes.
- Travailler en amont de la séance avec un groupe de « petits parleurs » au moment des activités pédagogiques complémentaires (APC) ou sur des temps distincts pour les préparer au travail en groupes de contée. Choisir des élèves avec lesquels l'élève se sent en confiance.
- Proposer un étayage renforcé : support images (doc 3), grille de critères allégée (doc 1, grille simplifiée).
- Accompagner l'élève pour se « lancer » : la plus grande difficulté est souvent le démarrage du récit.

Pour ceux qui ont tendance à monopoliser la parole, des activités spécifiques permettent de leur faire prendre conscience de leur difficulté à attendre leur tour de parole. Par exemple, lors d'un travail en groupe au cours duquel chacun est amené à s'exprimer, donner un jeton à chaque élève. À chaque prise de parole, chacun avance son jeton vers le centre de la table et il faut attendre que tous aient pris la parole pour pouvoir récupérer son jeton et prendre à nouveau la parole. Cette pratique doit être transitoire (une à deux séances) car elle freine la spontanéité et la fluidité des échanges.

Sur Lea.fr

Retrouvez deux autres questions du jury

PARTIE 3

ÉCRIRE

- Sujet n° 1 : RECONNAISSANCE DES LETTRES PARMI LES LETTRES EN GS
- Sujet n° 2 : ÉCRITURE ET GESTE GRAPHIQUE AU CP
- Sujet n° 3 : LES ÉCRITS COURTS EN CE2
- Sujet n° 4 : ÉCRIRE AU CM2

Sujet n° 1 : Reconnaissance des lettres parmi les lettres en GS

DOMAINE DISCIPLINAIRE : Mobiliser le langage dans toutes ses dimensions - De l'oral vers l'écrit - Vers la découverte du principe alphabétique
NIVEAU : Cycle 1 - GS
PROGRAMMATION : Période 5 (6e séance de la séquence)
Les élèves ont progressivement découvert les trois écritures (scripte majuscule et minuscule et cursive minuscule) des lettres de l'alphabet. Cette séquence vise à développer la capacité des élèves à distinguer les lettres b, d, p, q.

Dans le cadre d'une séquence d'enseignement de l'écrit en classe de GS, proposez une séance permettant de construire le principe alphabétique en vous appuyant si besoin sur les documents proposés.

CORPUS DE 3 DOCUMENTS

Document 1. Extrait du guide « Pour préparer l'apprentissage de la lecture et de l'écriture en maternelle ». pp. 36-37 – Eduscol*
*source : https://www.education.gouv.fr/evaluations-2022-reperes-cp-ce1-premiers-resultats-343393

Pourquoi est-il si important d'apprendre les lettres ?

La connaissance des lettres est un prédicteur précoce de la réussite en lecture-écriture. Des études de type corrélationnel mettent en évidence le lien existant entre les deux. D'autres travaux de type causal montrent qu'une stimulation de la connaissance des lettres (nom et/ou son) chez les jeunes élèves avant l'enseignement formel du code contribue à faciliter l'accès au principe alphabétique et à sa compréhension. Il s'agit ici de présenter des travaux illustrant l'importance de l'apprentissage précoce des lettres et de leur utilisation dans leurs différentes dimensions pour aider le jeune élève à accéder au principe alphabétique, base de l'apprentissage de la lecture-écriture. Dans cet apprentissage, doivent être distinguées la connaissance du nom des lettres, celle de leur valeur phonémique et enfin celle relative à leur forme graphique. Dans ce dernier cas, la connaissance de la forme s'appuie sur deux modalités qui tiennent compte de la composante visuelle (reconnaître que telle forme graphique est une lettre ou pas) et de la composante motrice (l'élève peut la reproduire, ce qui relève de la production écrite).

« L'une des conditions pour apprendre à lire et à écrire est d'avoir découvert le principe alphabétique selon lequel l'écrit code en grande partie, non pas directement le sens, mais l'oral (la sonorité) de ce qu'on dit. Durant les trois années de l'école maternelle, les enfants vont découvrir ce principe (c'est-à-dire comprendre la relation entre lettres et sons) et commencer à le mettre en œuvre ».

***Programme d'enseignement de l'école maternelle,* Bulletin officiel spécial n° 2 du 26 mars 2015.**

Document 2. Extrait des résultats des évaluations Nationales CP, septembre 2022

4.1.1 CP français, résultats 2022

Les deux exercices les moins bien réussis sont celui de « reconnaissance des lettres parmi des lettres » et celui de « compréhension de mots lus par l'enseignant » (respectivement 69,3 % et 71,8 %). Pour ce dernier, les difficultés de maitrise du vocabulaire se confirment donc. Les mieux réussis sont les exercices de compréhension orale de phrases et de textes (respectivement 84,8 % et 85,2 %).

FIGURE 2 • Répartition des élèves dans les groupes selon le domaine évalué en français en début de CP à la rentrée 2022

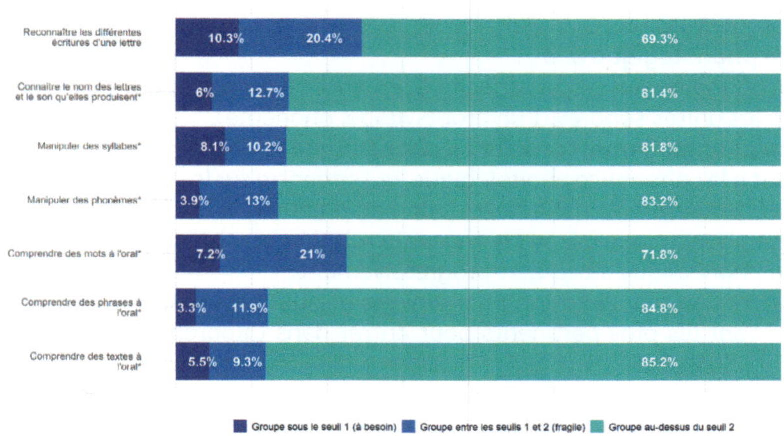

Source : MENJ-DEPP, Repères CP-CE1

Champ : France métropolitaine + DROM, Polynésie française et Saint-Pierre-et-Miquelon. Public + Privé sous contrat
Lecture : En septembre 2022, 69,3 % des élèves évalués en début de CP sont au-dessus du seuil 2 (groupe satisfaisant) dans le domaine « reconnaitre les différentes écritures d'une lettre ».

Document 3. Support de jeu Loto des lettres.

A - CONNAISSANCES DIDACTIQUES ET PÉDAGOGIQUES À MOBILISER

1. DÉFINITIONS

Extraits de : Eduscol - Pour préparer l'apprentissage de la lecture et de l'écriture en maternelle

> **Le principe alphabétique p. 3**
> Le principe alphabétique est le système selon lequel les mots écrits sont composés de lettres qui marquent les unités linguistiques, les phonèmes.
> **La conscience phonologique p. 3**
> La conscience phonologique est la capacité à percevoir, à découper et à manipuler de façon intentionnelle les unités sonores d'un mot (syllabe, phonème).
> **La conscience phonologique/conscience phonémique p. 34**
> L'entraînement à la conscience phonologique, qui se centre sur les unités de traitement des sons de parole (syllabe, rime, phonème) et leur manipulation, se distingue de l'entraînement à la conscience phonémique qui se centre sur la relation graphème-phonème.
> La conscience phonémique s'acquiert progressivement.
> Les entraînements de manipulation phonémique et de mise en lien des graphèmes avec les phonèmes sont les plus pertinents pour entrer dans l'apprentissage de la lecture et l'écriture.
> Les entraînements phonémiques sont plus efficaces quand ils portent sur le lien oral-écrit (lettres-sons, par exemple), comparativement aux entraînements effectués uniquement à l'oral ou avec des supports visuels comme des images.
> La manipulation de phonèmes sans support écrit est un exercice très difficile : les lecteurs ont tendance à mobiliser leurs connaissances de l'écrit pour réaliser des exercices de conscience phonémique.

2. LA CONNAISSANCE DU NOM DES LETTRES, UN PRÉDICTEUR IMPORTANT DE LA CAPACITÉ À ENTRER DANS LA LECTURE ÉCRITURE

De nombreuses études font apparaître la forte relation entre la connaissance du nom des lettres et les capacités des élèves à entrer plus aisément dans la lecture-écriture.
Pour exemple, un article de Nathalie Prévost et Marie-France Morin intitulé « Quel rôle joue la connaissance des lettres dans l'acquisition de l'écriture en maternelle ?[2], décrit la nécessité d'une appropriation des lettres mettant en relation leur nom, leur tracé et le son qu'elles produisent. Cet article s'appuie sur de nombreuses recherches menées sur différentes langues, notamment en français et en anglais, qui montrent la corrélation entre la connaissance du nom des lettres développée avant l'entrée au CP et l'apprentissage de la lecture et de l'écriture. « Plus précisément, la connaissance du nom des lettres contribue à la fois à l'apprentissage du son des lettres, au développement de la conscience phonémique et à l'établissement des relations lettres-sons qui est au cœur des activités de lecture et d'écriture. » (p. 36)

---

1. Les principes clés sont extraits des contenus ministériels :
    - Programme Cycle 2, BOEN n° 31 du 30 juillet 2020
    - « Français cycle 2 - Le langage oral », Eduscol : https://eduscol.education.fr/152/francais-cycle-2-le-langage-oral
2. Paru en 2015 dans *Le Français aujourd'hui* (pages 35 à 50) aux éditions Armand Colin

L'article conclut que si cet apprentissage ne suffit pas à être garant de la réussite des élèves en lecture – écriture, il apparaît que les élèves qui ont bénéficié d'un entraînement favorisant une « exploration visuo-haptique et haptique (tactilo-kinesthésique) de lettres « obtiennent des performances significativement plus importantes en première année en décodage de pseudomots, que les enfants associés au groupe-contrôle. ».
Nous en retirons l'idée qu'il importe de multiplier les modalités de travail autour des lettres de l'alphabet en associant leur nom à leur tracé et au son qu'elles produisent.

3. ECLAIRAGE SUR LA CAUSE DES FRÉQUENTES CONFUSIONS ENTRE LES LETTRES EN MIROIR

Stanislas Dehaene, dans son ouvrage *Apprendre à lire – Des sciences cognitives à la salle de classe*[1], explique les difficultés rencontrées par les élèves à identifier les lettres telles que b, d, p,et q. La naissance de l'écriture étant récente à l'échelle de l'humanité, environ 5 000 ans seulement, elle ne nous permet pas d'avoir de zone du cerveau dédié à la lecture, ni à l'écriture. Notre cerveau reconnaît un animal ou un objet quel que soit l'angle sous lequel nous le percevons. Malheureusement, il procède de la même façon pour les lettres symétriques ou en miroir. Il nous faut donc l'éduquer pour qu'il apprenne à les distinguer et ne plus les confondre. « Tous les enfants, et pas seulement les dyslexiques, confondent transitoirement les lettres en miroir. » (p. 44)

4. ÉVALUER

Les attendus de fin de cycle mentionnés sur Eduscol indiquent que l'élève sera capable de :

- Discriminer des sons (syllabes, sons-voyelles ; quelques sons-consonnes hors des consonnes occlusives) dans des mots ou dans des syllabes.
- Reconnaître les lettres de l'alphabet, connaître leur nom, savoir que le nom d'une lettre peut être différent du son qu'elle transcrit.
- Connaître les correspondances entre les trois manières d'écrire les lettres : cursive, script, capitales d'imprimerie, et commencer à faire le lien avec le son qu'elles codent. Copier à l'aide d'un clavier.
- Reconnaître son prénom écrit en lettres capitales, en script ou en cursive. Connaître le nom des lettres qui le composent.
- Copier en cursive un mot ou une très courte phrase dont le sens est connu.
- Écrire son prénom en écriture cursive, sans modèle.
- Écrire seul un mot en utilisant des lettres ou groupes de lettres empruntés aux mots connus.

B - TRAITEMENT DU SUJET

1. LECTURE ET ANALYSE DES DOCUMENTS DU CORPUS

Document 1. Extrait du guide « Pour préparer l'apprentissage de la lecture et de l'écriture en maternelle ». pp. 36-37 – Eduscol

Comme tout document Eduscol, cet extrait constitue un document institutionnel qui reprend les préconisations du ministère de l'éducation nationale. Il s'appuie sur des travaux récents de la Recherche. Il correspond donc à un outil sur lequel il convient de s'appuyer.

1. Odile Jacob, 2011.

Ces guides institutionnels constituent des outils qui accompagnent les programmes et qui guident les enseignants dans leur pratique en les formant et les informant des pratiques qu'il convient de mettre en place dans leur classe en explicitant les objectifs et processus cognitifs et métacognitifs en jeu.
Plusieurs recherches en éducation font apparaître l'importance d'enseigner le nom des lettres aux élèves de cycle 1 afin de préparer au mieux leur entrée dans la lecture-écriture. Trois dimensions sont à prendre en considération : le nom de la lettre, le son qui lui est associé et sa forme graphique. Les élèves pourront identifier les lettres et distinguer leur forme des autres signes ou symboles. Ils seront aussi conduits à les reproduire dans le cadre de la production écrite.

Document 2. Extrait des résultats des évaluations Nationales CP, septembre 2022

Ce document, lui aussi institutionnel, issu du site education.gouv.fr, fait apparaître la nécessité pour les enseignants de Cycle 1 de développer cette compétence d'identification des lettres de l'alphabet. Cet item a été l'un des plus chuté aux évaluations nationales de CP en septembre 2022.
Les enseignants de cycle 1 se doivent de prendre connaissance des résultats de leurs élèves à l'issue de ces évaluations afin de les analyser pour faire évoluer leur pratique. Ils pourront chercher à comprendre et à identifier les difficultés qu'ont pu rencontrer leurs anciens élèves.
Ces évaluations ont lieu au cours des premiers jours du CP. Les élèves mobilisent alors les connaissances et compétences acquises au cours du cycle 1, après la pause estivale.
Outre la reconnaissance des lettres, la compréhension des mots lus par l'enseignant est le deuxième item le plus chuté. Il conviendra donc à l'enseignant de CP mais aussi à celui de GS de mettre en place dans sa classe un enseignement accru du lexique.
Le métier d'enseignant implique la nécessité de savoir travailler en équipe. Les conseils des maîtres permettent ces temps d'harmonisation et d'échanges, au sein d'un même cycle ou entre les cycles, en faveur de la réussite des élèves dont ils ont la charge. Une collaboration étroite entre les enseignants de cycle 1 et de cycle 2 est nécessaire pour harmoniser leurs pratiques et favoriser la continuité pédagogique au service des élèves. Cette continuité permet une plus grande cohérence dans les pratiques et ainsi une visibilité accrue par les élèves des attendus de leurs enseignants.

Document 3. Support de jeu Loto des lettres.

Ce jeu est un support d'apprentissage, visiblement construit par l'enseignant(e). Il se compose de grilles de 6 cases vides. Chaque grille est d'une couleur différente. À ces grilles s'ajoutent des cartes-lettres. Chaque écriture correspond à un fond de couleur différent qui permet implicitement de catégoriser les lettres en majuscules scriptes (fond bleu), les lettres en minuscules scriptes (fond jaune) et les lettres en minuscules cursives (fond vert). Cette catégorisation devra être explicitée aux élèves.
À noter que les cartes sont judicieusement ornées d'une ombre en haut à droite afin de donner un repère aux élèves et d'éviter les confusions entre les lettres symétriques ou visuellement proches telles que b et d, p et q, n et u... Cette ombre permet d'éviter d'avoir recours au trait placé souvent sous les lettres ou les chiffres pour éviter les confusions (ex : , b, p. ...6-9). Ce trait pourrait ici avoir pour inconvénient d'entraîner une perturbation dans l'identification des lettres. L'ombrage est plus discret et n'altère en rien le tracé de la lettre.

La règle du jeu peut être la suivante : l'enseignant(e) ou un élève « maître du jeu » retourne une carte parmi l'ensemble des cartes d'une couleur ou parmi une sélection de ces cartes. Ici, on peut supposer que l'enseignant(e) a sélectionné les cartes b, d, p et q pour qu'elles apparaissent au cours de la partie.
Chaque élève dispose d'une grille et de 6 cartes de fond jaune.
Le but du jeu est d'écouter la lettre en majuscule scripte annoncée et de lui faire correspondre la carte en écriture scripte minuscule
Ce support créé par l'enseignant(e) offre la possibilité de décliner le jeu sous plusieurs formes :
Jeu de Memory s'il est imprimé en double exemplaire.
Jeu de Mistigri si une paire est incomplète : les élèves se défaussent des paires qu'ils parviennent à réaliser (même lettre dans deux écritures distinctes) en demandant une carte aux autres joueurs ou à défaut, en ayant recours à la pioche, ce qui permet de varier les modalités de jeu avec une économie de supports.

2. FICHE DE PRÉPARATION

Construire une fiche de séance sur le modèle d'une fiche de préparation. Cette fiche sera le support de votre présentation.

<table>
<tr><td colspan="4">SÉANCE - L'écrit – Principe alphabétique</td></tr>
<tr><td colspan="2">DATE : P5</td><td colspan="2">DOMAINE DU SOCLE : Le langage dans toutes ses dimensions</td></tr>
<tr><td>NIVEAU DE CLASSE :
GS</td><td>NOMBRE D'ÉLÈVES :
23</td><td>SÉANCE N° : 4/5</td><td>DURÉE :
30 minutes</td></tr>
<tr><td colspan="2">PLACE DE LA SÉANCE DANS LA SÉQUENCE :
Séance 1 – identification de la lettre b
Séance 2 – identification de la lettre d
Séance 3 et 4 – discrimination visuelle des lettres b et d
Séance 5 – identification de la lettre p
Séance 6 – identification de la lettre q
Séance 7et 8 : discrimination visuelle des lettres b, d, p, q
Séance 9 : évaluation formative</td><td colspan="2">INTITULÉ DE LA SÉQUENCE :
Distinguer des graphèmes proches : b, d, p, q</td></tr>
<tr><td colspan="2">OBJECTIFS DE LA SÉANCE :
Lever les confusions entre les lettres en miroir b/d/p/q</td><td colspan="2">PRÉREQUIS :
Connaissance du nom des lettres de l'alphabet
Connaissance du clavier d'ordinateur (Cet apprentissage ne doit pas être totalement nouveau pour que l'élève soit relativement autonome sur son utilisation)</td></tr>
</table>

COMPÉTENCES VISÉES :	MATÉRIEL/SUPPORTS :
• Connaître le nom des lettres de l'alphabet • Savoir distinguer les lettres b/d/p/q • Distinguer le nom de ces lettres et le son qu'elles produisent	• flashcards avec les lettres de l'alphabet • lettres en relief (type Montessori) • une ardoise (+ feutre, + chiffon) • jeu de loto (chaque lettre de l'alphabet est disponible dans les 3 écritures (scripte majuscule et minuscule et cursive minuscule) • Alphabet mural dans les 3 écritures • Alphabet individuel dans les 3 écritures

PHASE 1
DURÉE PRÉVUE : 5 min
MODALITÉ : oral/collectif

Consigne	Tâche des élèves	Rôle de l'enseignant
<u>Rappel du nom des lettres</u> Au coin regroupement. 1) « Nous allons ensemble réciter l'alphabet. Vous suivez ma baguette qui vous montre chaque lettre dans l'ordre sur l'alphabet de la classe. »	• Réciter l'alphabet • Nommer les lettres montrées par l'enseignant(e) dans l'ordre, collectivement.	L'enseignant montre chaque lettre dans l'ordre alphabétique sur l'alphabet mural de la classe.
2) « Je vais vous montrer une lettre. Vous levez la main pour me dire le nom de cette lettre. »	Les élèves sollicitent la parole en levant la main pour nommer la lettre montrée par l'enseignant. (Lettres dans le désordre)	L'enseignant montre une carte et interroge un élève afin qu'il nomme la lettre montrée.
3) Nous avons travaillé au cours des séances précédentes autour de lettres qui se ressemblent et que nous devons apprendre à distinguer. Qui peut me rappeler le nom de ces quatre lettres ?	Les élèves nomment les lettres découvertes au cours des 6 séances de cette séquence : b/d/p/q	L'enseignant sollicite les élèves pour les inviter à se remémorer les lettres étudiées au cours de la séquence.

REMARQUE
Rappel du nom des lettres pour favoriser la mémorisation de l'alphabet dans l'ordre puis le désordre.

PHASE 2 **DURÉE PRÉVUE :** 20 min **MODALITÉ :** oral/coll.		
Consigne	**Tâche des élèves**	**Rôle de l'enseignant**
Mise en ateliers * Nous allons aujourd'hui entraîner notre cerveau à ne pas confondre ces 4 lettres qui se ressemblent beaucoup. Pour cela nous allons faire 4 ateliers : * Le 1er groupe sera avec l'Atsem pour s'entrainer à tracer ces lettres en passant leur doigt sur les lettres rugueuses en nommant les lettres qu'ils tracent ainsi. Il est important de dire le nom de la lettre en même temps que vous l'écrirez. Vous pourrez ensuite dire le son qu'elle produit. Ensuite, vous vous entraînerez à l'écrire sur votre ardoise, toujours en disant le nom de la lettre que vous écrirez et le son qu'elle produit quand on la lit. Si vous tracez le « p ». Vous pourrez dire : « C'est la lettre « p », elle se prononce [p] ».	Au cours des ateliers les élèves réalisent l'activité demandée et peuvent si besoin solliciter leur pair ou un adulte pour les aider.	
* Le 2e groupe sera en autonomie et travaillera sur cette fiche. Regardez bien, vous pouvez voir 4 colonnes : Quelle lettre est écrite en haut de la première colonne ? De la deuxième ? De la troisième ? et enfin de la quatrième ?	Les élèves nomment les lettres écrites en haut des colonnes : b, d, p et q Ils rappellent aussi le son produit par chaque lettre : [b], [d], [p], [k]. *réponse attendue : dans la colonne « b »	

Vous découperez les images et les collerez dans chaque colonne correspondant au son contenu dans le mot. Par exemple, « le bateau » devra être collé dans quelle colonne ? Vous pouvez vous aider de votre alphabet pour le réciter dans l'ordre et retrouver le nom de la lettre que vous cherchez. Que représentent ces images ?		
* Le 3e groupe sera lui aussi en autonomie, il saisira à l'ordinateur la série de lettres écrites en lettres cursives minuscules visibles sur cette fiche (la montrer). Pour réussir cette activité, vous devrez faire correspondre la lettre écrite en cursive minuscule avec les lettres des touches du clavier sur lesquelles les lettres sont en scripte majuscule. Vous verrez alors apparaître les lettres en minuscules scriptes. Vous aurez ainsi entrainé votre cerveau à associer les 3 écritures d'une même lettre.		* Amener les élèves à observer l'alphabet mural pour en faire un outil d'étayage auquel les élèves pourront ensuite se référer. Leur indiquer qu'ils peuvent aussi utiliser leur propre alphabet pour pouvoir suivre chaque lettre nommée avec son doigt. L'enseignant montre la fiche avec une série de lettres telle que : b, d, d, p, p, q, b.
* Le 4e groupe sera avec moi pour jouer au jeu du loto. Chaque joueur dispose d'une grille et de 6 cartes lettres, écrites en scripte minuscule. Je montrerai une carte avec des lettres en scripte majuscule, vous nommerez cette lettre et chercherez si elle se trouve parmi vos cartes. Si c'est le cas, vous pourrez la poser sur votre grille après l'avoir		

nommée et avoir exprimé le son qu'elle produit : « le « b » se prononce [b] ». Le premier joueur à avoir complété sa grille aura gagné. **Clôture de la séance :** Chaque groupe restitue ce qui s'est passé dans son groupe au cours de l'activité, en nommant les lettres et en montrant le travail réalisé.		

REMARQUE

L'Atsem veillera au respect du sens du tracé.
(Chaque groupe compte 6 élèves)
Le son n'est pas nécessairement en début de mot.
Le travail sur ordinateur offre la possibilité à l'enseignant d'observer la trace laissée par l'élève du travail qu'il a accompli.
L'atelier dirigé par le professeur regroupe des élèves plus fragiles pour qui le feedback immédiat est nécessaire et pour qui la verbalisation a besoin d'être soutenue.

3. PRÉPARER L'ENTRETIEN

a) Introduction

La séance d'enseignement du principe alphabétique que je vais vous présenter a pour objectif d'entraîner les élèves à identifier les lettres symétriques b, d, p et q. Stanislas Dehaene s'appuie sur les résultats des recherches en sciences cognitives pour expliquer les confusions qu'elles occasionnent et les difficultés liées à l'identification de ces lettres en miroir. Il convient d'éduquer le cerveau des élèves en variant les modalités de travail pour favoriser leur identification nécessaire en situation de lecture-écriture. Pour cela, les élèves vont devoir associer de façon répétée le nom de la lettre, son tracé et le son qu'elle produit (document 1). Les résultats aux évaluations nationales de septembre 2022 font apparaître les difficultés rencontrées par les élèves de CP dans la reconnaissance des lettres. Cet item est le plus chuté (document 2). Il convient donc de se pencher sur une réponse à apporter pour y remédier. Le document 3 propose un jeu du loto : ce support d'apprentissage, visiblement construit par l'enseignant(e), se compose de grilles de 6 cases vides et de cartes-lettres. Chaque écriture correspond à un fond de couleur différent qui permet implicitement de catégoriser les lettres en majuscules scriptes (fond bleu), les lettres en minuscules scriptes (fond jaune) et les lettres en minuscules cursives (fond vert). La séance que je vous présente dure 30 minutes, elle se déroule en période 5 après un long cheminement qui a permis à ces élèves de GS de découvrir peu à peu l'ensemble des lettres de l'alphabet. L'entraînement à l'association des 3 écritures (scripte minuscule et majuscule et cursive minuscule) se poursuit. Cette séquence a débuté par une séance spécifique accordée à chacune de ces quatre lettres b, d, p et q puis à; suivent deux séances les opposant deux à deux : une séance pour mettre en évidence l'opposition b/d, une autre sur l'opposition p/q. La séance d'aujourd'hui réunit ces quatre lettres. Elle se poursuivra par une dernière séance d'évaluation formative destinée à orienter le travail qui sera conduit jusqu'à la fin de l'année par chacun des 24 élèves que compte cette classe. Le dispositif retenu est celui des ateliers. Deux ateliers sont proposés en autonomie, un troisième est conduit sous la surveillance de l'Atsem pour guider le tracé des lettres et valider l'association du nom de la lettre au son produit par sa lecture, enfin, le quatrième est dirigé par l'enseignant(e) avec des élèves plus fragiles, ayant besoin d'un étayage renforcé.

Je propose de partager avec vous le déroulé et les composantes didactiques et pédagogiques de cette séance.

b) Conclusion

Cette séance de préparation à l'entrée dans la lecture et l'écriture répond à un besoin mis en évidence par les évaluations nationales et les résultats des recherches en sciences cognitives qui expliquent la cause des difficultés que peuvent rencontrer les élèves.

La prise de connaissance par les enseignants de cycle 1 des résultats des évaluations nationales conduites dans les classes de primaire permet de guider leur action au profit de la réussite des élèves. Le cœur du métier d'enseignant s'appuie sur le partage et le travail en équipe.

Les guides institutionnels construits à partir des résultats de nombreuses recherches favorisent la mise en place de démarches efficaces qui peuvent être explicitées aux élèves et à leur famille.

La conscience phonémique et *a fortiori* le travail sur ces paires de lettres en miroir nécessitent un temps long d'apprentissage. Il conviendra de poursuivre ce travail de manière continue, en multipliant les modalités liant le touché (lettres rugueuses par exemple), le tracé (kinesthésique) et le son produit pour permettre aux élèves d'automatiser leur reconnaissance et leur identification en situation de lecture et d'écriture. La fluence en lecture et donc la compréhension des textes lus en dépendent.

c) Question du jury

Le numérique peut-il apporter une plus-value dans l'apprentissage de la connaissance des lettres ?

L'un des ateliers proposés montre comment l'usage du clavier permet de travailler la correspondance entre les trois écritures du fait de la possibilité offerte d'utiliser un modèle d'écriture à saisir, les majuscules scriptes du clavier et l'écriture qui apparaît à l'écran (police de caractère qui elle, peut être choisie par l'enseignant).

Il existe de nombreux logiciels et applications qui permettent de développer les différentes compétences à mobiliser : tracé, son et nom de la lettre. Les outils numériques engagent souvent les élèves dans l'activité. L'élève n'hésite pas à recommencer plusieurs fois si nécessaire pour accéder au niveau ou à l'exercice suivant.

L'enseignant devra choisir parmi l'offre pléthorique d'outils proposés en libre accès sur des sites privés ou des supports numériques payants. Pour le guider dans ce choix, il pourra se faire aider des conseillers pédagogiques en charge du numérique ou par ses collègues qui auront pu expérimenter certains d'entre eux.

L'enseignant doit être conscient que l'outil numérique en lui-même ne garantit pas l'accès au savoir de l'élève, ni le développement des compétences visées. Il lui reste à définir les modalités de travail à mettre en place dans l'usage de cet outil comme de tout support dans sa classe.

Il reste nécessaire pour l'élève de bénéficier d'un feedback (rétroaction) sur son activité. Les interactions avec l'enseignant sont importantes pour conduire à la conscientisation des processus en jeu, à la construction de sa conscience phonologique et phonémique.
Voici quelques applications utiles : par exemple Zoum est proposé par le GAR (Le Gestionnaire d'Accès aux Ressources Numériques) qui se déploient dans les TNE (Territoires Numériques Educatifs) dans certains départements pour lutter contre la fracture numérique. De nombreuses applications permettent le tracé de lettres sur tablettes (exemple : ABC-lettres-liées).

Sur Lea.fr

Retrouvez deux autres questions du jury

Sujet n° 2 : Écriture et geste graphique au CP

Dans le cadre de l'enseignement de l'écriture au cycle 2, proposez une séance inscrite dans une séquence sur le geste graphique au CP. Elle se situe en début de période 1. Vous détaillerez le déroulement de cette séance en prenant soin d'expliciter vos choix didactiques et pédagogiques.

CORPUS DE 4 DOCUMENTS

Document 1. Extrait de « Français cycle 2 – Écriture », novembre 2020. https://eduscol.education.fr/149/francais-cycle-2-ecriture

La posture

CONSTAT	RAISONS POSSIBLES	EFFETS SUR L'APPRENTISSAGE	AIDES POSSIBLES	
La posture n'est pas correcte	• Le tonus et la stabilité du tronc sont sans doute insuffisants. • L'enfant a besoin de mouvement. • La chaise et la table ne sont pas à bonne hauteur. • L'enfant n'a pas de bons appuis au sol. • Le buste ne prend pas appui sur l'avant-bras de la main libre.	• Tendance à bouger, à s'affaisser sur son bureau ou à tenir sa tête avec son bras ce qui nuit à sa concentration, à l'exécution de ses gestes et à la persévérance. • Inconfort physique, qui entraîne une sensation de fatigue.	• Montrer, expliquer et faire verbaliser la bonne position. • Rappeler cette position avant et pendant chaque séance d'écriture. • Régler la hauteur des tables et des chaises pour que l'élève puisse poser ses pieds au sol (on pourra prévoir un marchepied). • Mettre les élèves en condition à travers des exercices corporels pour centrer l'élève sur la tâche d'écriture.	 • Les pieds sont posés au sol. • Les fesses sont au fond de la chaise. • Le dos est appuyé sur le dossier ou légèrement penché en avant. • La chaise est proche de la table.

La tenue et le maniement du crayon

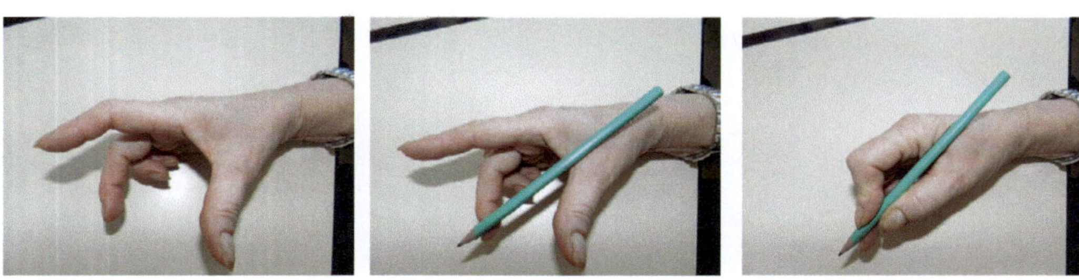

Pincer le crayon entre **le pouce** et **le majeur**.

Observation d'élèves de CP et CE1 pour écrire un mot ou une leçon copiés au tableau

Le positionnement du support

Pour un meilleur confort, le cahier doit être légèrement incliné vers la gauche pour le droitier, vers la droite pour le gaucher. En effet, lorsque le cahier est incliné, il est plus ou moins dans l'axe de l'avant-bras ce qui permet de placer la main tout naturellement dans le prolongement de l'avant-bras. Les muscles du bras sont alors en position de repos. Le coude doit être dégagé afin de pouvoir aller de gauche à droite sans s'arrêter.

La main qui n'écrit pas se place sur la page à gauche de la zone d'écriture pour assurer à la fois la fixation de la feuille et l'équilibre du corps.

Document 2. Captures d'écran de la vidéo « Finger eyes » (https://www.youtube.com/watch?v=Oe4iDhx16zc)

> Un exercice pour préparer la tenue correcte du crayon : le canard. Bouger les 3 doigts : pouce, index, majeur réunis d'avant en arrière, plusieurs fois.

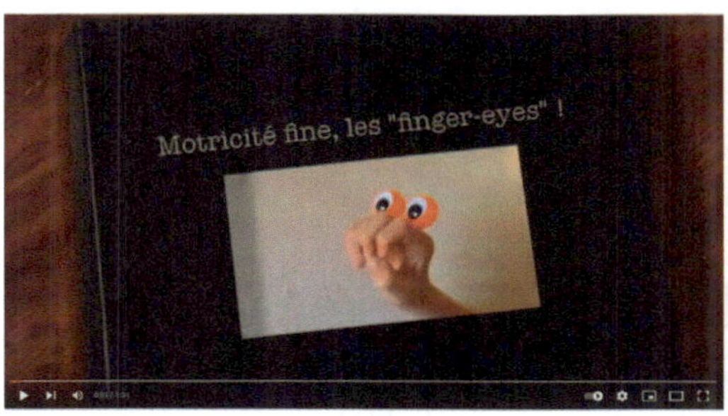

Document 3. Production d'élève : activité d'écriture

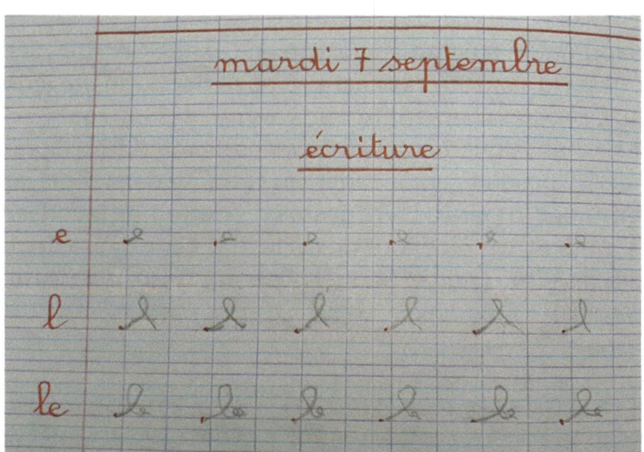

Document 4. Étayage différencié : le lignage

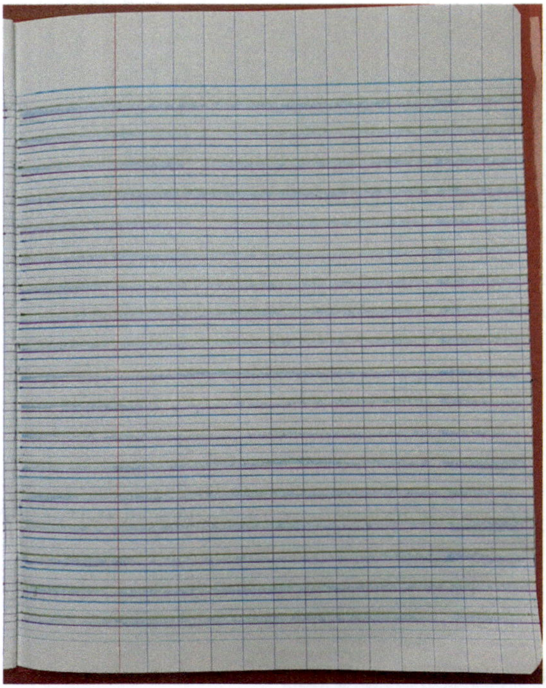

A - CONNAISSANCES DIDACTIQUES ET PÉDAGOGIQUES À MOBILISER

1. ACCOMPAGNER LES ÉLÈVES DANS L'APPRENTISSAGE DE L'ÉCRITURE

Par un enseignement structuré, explicite, progressif, et en relation avec toutes les autres composantes de l'enseignement de français, l'expression orale, la lecture, la grammaire et le vocabulaire, les élèves acquièrent les moyens d'une écriture relativement aisée.

a) Apprendre à copier

Ayant commencé à apprendre à écrire en cursive en Grande Section, les élèves complètent l'apprentissage du geste d'écriture non achevé et perfectionnent leurs acquis (sureté et vitesse), automatisant progressivement le tracé normé des lettres.
Quel que soit le niveau d'enseignement, la fréquence, la régularité des situations d'écriture et la quantité des écrits produits sont gages de progrès dans leur variété. Les activités de copie visent à entrainer les élèves aux gestes d'écriture et favorisent la mémorisation orthographique des mots écrits. Au début du cycle 2, le temps que demande toute activité d'écriture pour de jeunes élèves non experts ne doit pas dissuader de lui accorder du temps chaque jour.

1. Les principes clés sont extraits des contenus ministériels :
   - « Français cycle 2 – Écriture » https://eduscol.education.fr/149/francais-cycle-2-ecriture
   - « Programmes et horaires à l'école élémentaire » : https://www.education.gouv.fr/programmes-et-horaires-l-ecole-elementaire-9011

b) L'usage du clavier

Les élèves apprennent à utiliser les fonctions simples d'un traitement de texte, ils manipulent le clavier.

c) Des supports variés

De façon manuscrite ou numérique, les élèves apprennent à copier ou transcrire sans erreur, depuis des supports variés (livre, tableau, affiche, etc.) en veillant à la mise en page. Les exigences qui s'appliquent à la copie sont justifiées par l'usage réel qui sera fait des messages ou des textes copiés.

2. DÉVELOPPER LES COMPÉTENCES ET CONNAISSANCES ASSOCIÉES

D'autres compétences ou connaissances sont à développer en lien avec l'activité de copie :

- maitriser des gestes de l'écriture cursive exécutés avec une vitesse et une sureté croissantes ;
- transcrire un texte avec les correspondances entre diverses écritures des lettres (scripte/cursive) ;
- utiliser des stratégies de copie pour dépasser la copie lettre à lettre : prise d'indices, mémorisation de mots ou groupes de mots ;
- respecter la mise en page des textes proposés (demandes ou informations adressées aux parents, synthèses d'activités, outils de référence, résumés de leçons, poèmes et chansons à mémoriser, anthologie personnelle de textes, etc.) ;
- relire pour vérifier la conformité orthographique ;
- manier le traitement de texte pour la mise en page de courts textes.

3. AMÉLIORER LA MAITRISE DU GESTE GRAPHIQUE

Savoir écrire nécessite aussi une maitrise du geste graphique, c'est-à-dire une capacité à former correctement les lettres en écriture cursive et à enchainer leur tracé de manière suffisamment fluide et rapide. Cette maitrise suppose d'avoir appris à tenir de manière adéquate crayon ou stylo et à tracer les lettres en respectant un certain sens et une disposition spatiale, mais aussi que le geste graphique ait été suffisamment répété pour acquérir régularité, vitesse et fluidité, et développer ainsi des automatismes. C'est la condition pour libérer les ressources de mémoire et d'attention nécessaires à la rédaction. L'écriture avec le clavier, qui doit faire l'objet d'un apprentissage spécifique, ne peut remplacer l'écriture manuelle. La production manuscrite des lettres permet en effet une meilleure mémorisation des mots écrits et une meilleure reconnaissance en lecture, car la mémoire sensorimotrice vient assister la mémoire visuelle. Il est donc important de pratiquer suffisamment l'écriture manuscrite pour que des difficultés, ou une lenteur dans le geste graphique, ne nuisent pas aux autres composantes de l'écriture, et en particulier à celles mises en jeu par la rédaction d'un texte.

4. ÉVALUER

En écriture, les attendus de fin de cycle publiés par Eduscol[1] indiquent que l'élève sera capable de :

- « Copier ou transcrire, dans une écriture lisible, un texte d'une dizaine de lignes en respectant la mise en page, la ponctuation, l'orthographe et en soignant la présentation.
- Rédiger un texte d'environ une demi-page, cohérent, organisé, ponctué, pertinent par rapport à la visée et au destinataire.
- Améliorer un texte, notamment son orthographe, en tenant compte d'indications. »

Dans le domaine de la copie, en fin de cycle 2, les élèves doivent pouvoir copier un texte d'à peu près 80 mots dans un laps de temps compris entre 10 et 15 minutes.

Les critères de lisibilité sont :

- La liaison des lettres se fait en un mouvement continu, sans rupture.
- Les lettres sont bien formées en écriture cursive :
  - on distingue aisément des lettres proches telles que : *a/o, l/b, h/k, m/n, n/u*,
  - les points sont positionnés sur le « i » et le « j »,
  - la barre du « t » est présente.
- La hauteur des lettres est respectée.

B - TRAITEMENT DU SUJET

1. LECTURE ET ANALYSE DES DOCUMENTS DU CORPUS

Le **document 1** est un outil officiel proposé par Eduscol, site du ministère de l'Éducation nationale. Il présente les points de vigilance à ne pas négliger lors des **séances** d'écriture, à savoir : la posture de l'élève, la tenue du crayon et la position du support.

Le **document 2** représente deux images extraites d'une vidéo disponible sur Youtube qui présente des activités de « gymnastique des doigts ». Ici il s'agit de positionner ses doigts de façon à reproduire le bec du canard. Cette activité préparatoire à la séance d'écriture a pour **objectif** de préparer la bonne tenue du crayon : bouger les 3 doigts, pouce, index, majeur, réunis d'avant en arrière, plusieurs fois.

Le **document 3** présente le cahier de l'élève qui dès les premiers jours suivant la rentrée scolaire, le 7 septembre, a écrit les lettres « e », « l » et le mot « le ».

Le **document 4** est un support-élève. Il s'agit d'une feuille dont le lignage est mis en couleur afin de faciliter l'écriture sur la ligne (en violet), le respect de l'interligne (entre la ligne violette et la ligne verte) ainsi que la hauteur des lettres (ligne bleue). Elle constitue un outil de **différenciation**.

1. https://cache.media.eduscol.education.fr/file/30/62/2/ensel169_annexe1_985622.pdf

2. FICHE DE PRÉPARATION

<table>
<tr><td colspan="4">SÉANCE : Tenue du crayon et graphie des lettres « e », « l » et du mot « le »</td></tr>
<tr><td colspan="2">DATE : Début septembre</td><td colspan="2">DOMAINE DU SOCLE : 1</td></tr>
<tr><td>NIVEAU DE CLASSE :
CP</td><td>NOMBRE D'ÉLÈVES :
20</td><td>SÉANCE N° :
4</td><td>DURÉE :
25 minutes</td></tr>
<tr><td colspan="2">PLACE DE LA SÉANCE DANS LA SÉQUENCE :
Séance 1 - Tenue du crayon, posture et position du cahier
Séance 2 - Tenue du crayon et repérage du lignage
Séance 3 - Tenue du crayon et boucles
Séance 4 - Tenue du crayon et graphie des lettres « e », « l » et du mot « le »
Séance 5 - Tenue du crayon et écriture de « e », « l », « le » et « elle »
Séance 6 - Tenue du crayon et écriture de « le » et « elle »</td><td colspan="2">INTITULÉ DE LA SÉQUENCE :
Les boucles, les lettres « e » et « l »</td></tr>
<tr><td colspan="2">OBJECTIFS DE LA SÉANCE :
Tracer les lettres « e » et « l ».
Écrire le mot « le ».</td><td colspan="2">PRÉREQUIS :
Savoir tenir son crayon.
Savoir être correctement assis pour écrire.
Savoir se repérer dans la page et le lignage du cahier.</td></tr>
<tr><td colspan="2">COMPÉTENCE(S) VISÉE(S) :
Tenir son crayon correctement et être bien assis.
Tracer les lettres « e » et « l ».
Enchainer l'écriture de 2 lettres pour former le mot « le ».</td><td colspan="2">MATÉRIEL – SUPPORTS :
Ardoise et feutre fin ; crayon à papier ; cahier d'écriture ; lignage au TNI (ou tableau) identique à celui du cahier des élèves.</td></tr>
</table>

PHASE 1
DURÉE PRÉVUE : 5 minutes
MODALITÉ : oral/collectif

Consigne	Tâche des élèves	Rôle de l'enseignant
<u>Rappel des séances précédentes</u> 1. *Qui peut rappeler ce que nous avons fait pendant la séance d'écriture d'hier ?* 2. *Oui, nous avons tracé des boucles. Maintenant, qui peut rappeler comment faire pour bien tenir son crayon ?* 3. *Comment fait-on ensuite pour tracer des boucles ?*	Réponses attendues : 1. *Nous avons tracé des boucles.* 2. *Pour bien tenir son crayon, on le pose sur la main entre le pouce et l'index, puis on le pince entre le pouce et la première phalange du majeur. Ensuite on pose l'index sur le crayon.* 3. *Pour tracer des boucles, on fait le canard* (doc 2) : *on tient bien son crayon et on fait des petits cercles juste en étirant et reculant les doigts qui tiennent le crayon.*	Solliciter la mémoire des élèves. Montrer le geste après avoir invité un élève à le faire, en étant modélisant. Décrire verbalement chacun de ses gestes.

Critères de réussite :
Les élèves peuvent rappeler le contenu des séances précédentes, décrire la tenue du crayon et le tracé des boucles.

REMARQUES

Le « tissage » avec les séances précédentes mobilise le vocabulaire (mémoire sémantique) et rappelle la tenue du crayon et les gestes d'écriture (mémoire procédurale). Ce rappel participe ainsi à la mémorisation du lexique et du tracé des lettres. L'écriture est une situation d'enseignement qui ne peut pas être faite en autonomie.

La présence de l'enseignant est précieuse à chaque étape de la séance :

- *en amont du geste d'écriture pour montrer, verbaliser, décrire, expliquer;*
- *pendant le geste graphique des élèves pour féliciter, encourager, corriger, réexpliquer;*
- *après le geste graphique pour féliciter, évaluer avec l'élève (feedback immédiat).*

Le choix d'utiliser un feutre d'ardoise (fin pour ne pas gêner la tenue du crayon) et un crayon à papier s'inscrit dans une démarche formative : l'élève peut effacer et recommencer à volonté.

PHASE 2 **DURÉE PRÉVUE :** 2 minutes **MODALITÉ :** oral/collectif		
Consigne	**Tâche des élèves**	**Rôle de l'enseignant**
Présentation de l'objectif de la séance *Aujourd'hui nous allons apprendre à écrire des lettres : la lettre « e » et la lettre « l ».*	Les élèves écoutent.	Préciser les objectifs de la séance dans le but d'orienter l'attention des élèves.

PHASE 3 **DURÉE PRÉVUE :** 15 minutes **MODALITÉ :** écrit/individuel		
Consigne	**Tâche des élèves**	**Rôle de l'enseignant**
1. Présentation de la lettre « e » a) *Nous avons découvert cette lettre qui s'appelle « e » en lecture. Comment se prononce-t-elle ? Voici comment il faut la tracer.* Procéder à la démonstration en verbalisant le geste.	a) Réponse attendue : *Elle se lit [ə].*	a) Montrer au tableau sur un lignage vidéo-projeté (ou tracé au tableau), identique à celui des élèves, la formation de la lettre « e » : il s'agit d'une petite boucle qui se positionne entre les deux lignes. On trace une courbe qui « passe par le bas » et qui vient toucher la ligne au-dessus pour redescendre et finir la boucle.

b) *Vous allez maintenant vous assoir correctement : pied au sol, les fesses au fond de la chaise, le dos droit puis vous prenez votre crayon comme nous l'avons rappelé tout à l'heure. C'est-à-dire comme ceci :* (montrer et verbaliser) *vous le pincez entre le pouce et la première phalange du majeur. Votre index vient se poser sur le crayon. Nous allons tracer cette lettre « e » en l'air dans un premier temps. Vous mettez votre crayon devant vous et vous « faites le canard » en avançant un peu vos doigts en pince, en les faisant tourner pour faire une petite boucle.*	b) Les élèves tracent en l'air la lettre « e » 4 ou 5 fois. Ils suivent les consignes : • se positionner, • vérifier son assise, • vérifier la tenue du crayon.	b) Se positionner dans le même sens que les élèves ; c'est-à-dire leur tourner le dos, pour qu'ils puissent observer le geste et s'y référer.
c) *Vous allez maintenant vous entrainer sur votre ardoise en faisant des boucles sur les lignes. Vérifiez que vous êtes correctement assis et que votre crayon est tenu comme il se doit. Puis vous écrivez sur l'ardoise.*	c) Les élèves tracent la lettre « e » sur l'ardoise.	c) et d) Circuler dans la classe pour corriger la posture, la tenue du crayon ou le tracé de la lettre. Veiller à ce que les élèves écrivent sur les lignes. Montrer à nouveau et verbaliser en décrivant une nouvelle fois le geste.
d) *Vous allez maintenant pouvoir écrire la lettre « e » sur le cahier avec votre crayon à papier. Je vous montre à nouveau le geste au tableau.*	d) Ils tracent la lettre « e » sur le cahier.	

2. <u>Présentation de la lettre « l »</u> Reprendre le même déroulé avec la lettre « l ».	2. Idem que pour la lettre « e » en étirant la pince vers le haut.	2. Au moment de la description du geste, insister sur le fait que cette fois le canard allonge son bec pour monter de 3 interlignes avant de redescendre. Insister sur le fait qu'il s'agit du même geste mais que la hauteur de la boucle oblige à tendre les doigts pour monter.
3. <u>Présentation du mot « le »</u> a) *Vous savez maintenant écrire les lettres « e » et « l », nous allons enchainer les deux lettres pour écrire le mot « le ».* Montrer au tableau en verbalisant : *Je tiens bien mon crayon en le pinçant entre mon pouce et la première phalange de mon majeur, puis je pose mon index sur le crayon. Je pars de la ligne du bas, je monte de 3 interlignes en allongeant le bec du canard puis je redescends sur la ligne du bas et j'enchaine tout de suite avec la petite boucle qui forme le « e » sans lever mon crayon de la page.*	3. Idem mais en focalisant sur la liaison entre les deux lettres.	3. Insister sur le fait de ne pas lever la main entre les lettres. Le mot « le » s'écrit sans rupture, en un geste continu.
b) *Entrainez-vous à faire ce geste en l'air. On y va tous ensemble.* Se placer dos aux élèves (et tourner la tête vers eux) pour montrer 2 ou 3 fois, puis se placer au fond de la classe pour observer le tracé « en l'air » des élèves.	b) Les élèves observent l'enseignant et reproduisent le geste en l'air.	b) Observer les tracés en l'air, corriger si besoin et indiquer le moment à partir duquel les élèves sont prêts pour s'entrainer sur l'ardoise.

c) *Vous allez maintenant écrire le mot « le » sur votre ardoise. Je vous montre au tableau* (montrer et verbaliser en décrivant à nouveau le geste). *Allez-y.* d) *Vous pouvez maintenant écrire « le » sur votre cahier. Vérifiez que vous êtes bien assis, que votre crayon est bien tenu. Allez-y.*		c) Procéder de même pour passer de l'ardoise au cahier.

Critères de réussite :
1. b) Des différences importantes peuvent exister entre les élèves. Le guidage sera alors différent. Plusieurs variables peuvent être ajustées : nombre de lignes ou de lettres, travail sur l'ardoise uniquement dans un premier temps, tracés dans le sable, etc.

c) et d) Évaluation formative : guider les élèves, repérer les difficultés et apporter systématiquement une réponse pour y remédier.

Différenciation :
Donner aux élèves ayant des difficultés pour se repérer dans le lignage du cahier un tracé particulier sur leur cahier avec un codage qui leur sera explicité : les lettres sont posées sur la ligne violette. Les petites lettres (« e ») s'écrivent entre la ligne violette et la ligne verte. Pour les élèves qui en ont besoin cet interligne peut être coloré afin d'être rendu plus visible (doc 4). Les lettres qui montent (« l ») s'écrivent entre la ligne violette et la ligne bleue.
Apporter l'étayage nécessaire : correction du geste, de la tenue du crayon, du sens de tracé… Remontrer si besoin de façon individuelle.

PHASE 4
DURÉE PRÉVUE : 7 minutes
MODALITÉ : oral/collectif

Consigne	**Tâche des élèves**	**Rôle de l'enseignant**
Bilan *Qu'avez-vous appris au cours de cette séance ?* Expliciter le fait que plus on s'entraine, plus le geste devient automatique et plus il est rapide d'écrire. Il est important de prendre son temps au départ pour prendre de bonnes habitudes et avoir une écriture qui soit lisible par tous.	Réponse attendue : *Nous avons appris à écrire les lettres « e » et « l » et le mot « le ».*	Faire rappeler ce qui vient d'être travaillé en explicitant l'objectif de ce travail : prendre de bonnes habitudes pour pouvoir être lu. Faire rappeler le nom des lettres et le mot écrit, en lien avec le travail conduit en lecture.

Critères de réussite :
Les élèves peuvent formuler ce qu'ils ont appris : tracer les lettres « e », « l » et le mot « le ».

REMARQUE
Les élèves utilisent la mémoire kinesthésique : mémoriser le geste par le geste, par opposition à une mise en mémoire par la description – qui serait un encodage sémantique.

Ne pas verbaliser ou faire verbaliser le geste pendant que les élèves écrivent car ils seraient alors ralentis dans leur geste. La fluidité, essentielle en écriture, n'est alors plus possible. L'élève doit plutôt être encouragé à verbaliser ce qu'il écrit, ce qu'il encode. Ici [e], [l] et [le] afin de renforcer la relation gaphophonologique.

3. PRÉPARER L'ENTRETIEN

a) Introduction

La séance d'écriture que je vais vous présenter se déroule dans une classe de CP, au début du mois de septembre. Elle est la 4e séance de la séquence. En effet, Danièle Dumont, spécialiste du geste d'écriture, préconise dans son ouvrage *Le Geste d'écriture* de démarrer l'enseignement de l'écriture par ce geste de la boucle et donc l'enseignement de la graphie des lettres « e » et « l ».

Pour construire la séance, j'ai pris appui sur le corpus de documents proposés. Le **document 1** est extrait des ressources officielles Eduscol. Il rappelle les points de vigilance quant à la posture et à la tenue du crayon. Le **document 2** montre des captures d'écran d'une vidéo disponible sur Youtube qui présente un exercice de gymnastique des doigts, « le canard » à pratiquer au début de la séance pour assurer une bonne préhension de l'outil scripteur et un geste spécifique utile à la formation des boucles par le mouvement de rotation des doigts et leur allongement pour étirer la boucle, permettant de passer de l'écriture du « e » à celle du « l ». Le **document 3** présente la photographie d'une production d'élève ayant réalisé l'exercice que je vais vous présenter dans la séance. Le **document 4** correspond à un étayage spécifique pour un élève présentant des difficultés à se repérer dans le lignage.

Au cours des séances précédentes, les élèves ont découvert la tenue du crayon, la posture requise en situation d'écriture et la position du support. Ils ont pris des repères dans le lignage du cahier et ont étudié la graphie des boucles. L'objectif de cette 4e séance est l'écriture des lettres « e », « l » et du mot « le » pour travailler l'enchainement entre ces deux lettres.

Les compétences visées sont donc les suivantes :

- tenir son crayon correctement et être bien assis,
- tracer les lettres « e » et « l »,
- enchainer l'écriture de 2 lettres pour former le mot « le ».

La classe compte 20 élèves. La séance dure 25 minutes. Elle se déroulera en différentes étapes.

Voici le déroulé et les composantes didactiques et pédagogiques de cette séance.

b) Conclusion

Cette séance d'écriture se déroule au tout début de l'année, en classe de CP. Cette période de l'année est très importante en CP car de nombreuses bases du « métier d'élève » sont posées durant celle-ci. La position assise et la tenue du crayon constituent des points de vigilance particuliers pour l'enseignant. L'étayage qu'il apporte tout au long de la séance est la condition *sine qua non* de l'apprentissage du geste graphique. Les séances guidées d'écriture doivent être quotidiennes au CP pour permettre aux élèves d'atteindre une fluidité du geste suffisante. Ils doivent le reproduire à de multiples reprises pour l'automatiser afin de libérer leur mémoire de travail et leur attention, pour se focaliser sur d'autres tâches d'écriture comme la copie ou la rédaction qui requièrent d'autres compétences spécifiques.

c) Question du jury

Quels sont les critères d'évaluation en situation de copie ?

Les critères d'évaluation sont :

- la lisibilité : respect des normes de l'écriture cursive (formation des lettres, liaisons entre elles) ;
- le respect du lignage (hauteur des lettres : interligne simple, 3 interlignes pour les lettres qui « montent » (b, f, h, k, l...), 2 interlignes pour « d » et « t », 2 interlignes pour les lettres qui « descendent » sous la ligne : f, g, j, p, q, y, z ;
- la présentation et l'organisation spatiale, notamment pour la copie d'une poésie ;
- la fluidité et vitesse de copie : donner un temps imparti (pour développer ces compétences, il faut au préalable enseigner les stratégies de copie) ;
- le respect de l'orthographe et de la syntaxe ;
- la capacité à se relire, à s'auto-évaluer et à se corriger.

Sur Lea.fr

Retrouvez deux autres questions du jury

Sujet n° 3 : Écrits courts en CE2

SUJET : Vous établirez, à partir des documents proposés, une séance de rédaction d'un écrit court. Vous préciserez les objectifs visés, les activités proposées aux élèves, le rôle de l'enseignant ainsi que l'organisation matérielle.
DOMAINE : lecture/écriture
CYCLE : 2
CLASSE : CE2
PÉRIODE : 5
SÉQUENCE : compréhension de l'album Les Printemps d'Adrien Parlange
PLACE DANS LA SÉQUENCE : les élèves ont travaillé la compréhension de l'album (structure, thèmes) dans les séances précédentes

CORPUS DE 3 DOCUMENTS

Document 1. extrait de l'album *Les Printemps* d'Adrien Parlange, éd. La partie, 2022.

Document 2. *Les écrits courts*, introduction, Eduscol, p. 1.

Les compétences visées
Écrire est difficile : cela oblige la mobilisation de multiples compétences simultanément. Tous les outils de lecture - écriture de la classe sont des supports au service de la production. « Par un enseignement structuré, explicite, progressif, et en relation avec toutes les autres composantes de l'enseignement de français, l'expression orale, la lecture, la grammaire et le vocabulaire, les élèves acquièrent les moyens d'une écriture relativement aisée. ». (Programme de cycle 2, BO n° 30 du 26 juillet 2018)

Des tâches quotidiennes d'écriture sont proposées aux élèves : rédaction d'une phrase en réponse à une question, formulation d'une question, élaboration d'une portion de texte ou d'un texte entier.
Un écrit court, énoncé oralement après négociation et adhésion collective, fondé sur les échanges entre les élèves, facilite l'entrée dans une posture de sujet écrivant ainsi que la représentation de l'écrit à rédiger.
La prise de conscience de la démarche d'écriture passe par un enseignement explicite sur le long terme. Les connaissances et compétences associées abordées au travers des divers écrits courts :

- Alphabet conventionnel ;
- Sens conventionnel de l'écriture, en lien avec la lecture ;
- Forme de l'écrit (lisibilité) ;
- Code graphophonétique dans son ensemble ;
- Morphosyntaxe conventionnelle (segmentation, unité « mot » et unité « phrase ») ;
- Orthographe lexicale (notamment mots-outils) ;
- Orthographe grammaticale (notamment code de ponctuation, règles d'accord) ;
- Sens et cohérence des contenus (intention d'écriture et enchaînement des idées) ;
- Lexique d'usage courant.

Document 3. *L'enseignement de la production d'écrits à l'école primaire : état des lieux et besoins L'enseignement de la production d'écrits au CE2 à l'école élémentaire* (cycle 2) Livret 2, IGSR, juillet 2023, p. 25.

- **Un déséquilibre fréquent entre la durée de passation des consignes et le temps d'écriture effectif**

Le temps réel dédié à l'écriture proprement dite – qui ne se confond pas avec l'activité autour de l'écriture – doit constituer un point de vigilance pour les équipes. À plusieurs occasions, la mission a observé des situations où le déséquilibre entre la mise en route de l'activité et sa phase concrète a largement obéré l'efficacité de l'enseignement. Le rappel collectif de ce qui a été produit lors d'une précédente séance, sans utilisation de supports d'écrits pour faciliter la remobilisation des connaissances, a été constaté dans certaines classes réduisant le temps dédié spécifiquement à l'exercice de rédaction individuel.

- **Donner toute leur place aux activités préparatoires à l'écriture**

[...]
Les activités préparatoires peuvent aussi être au cœur de la séance de rédaction. La mission a observé des pratiques qui privilégient des temps ritualisés, quotidiens, dédiés à la production d'écrits et qui débutent par un premier écrit qui a le statut de brouillon. Les enseignants en profitent pour apporter une aide personnalisée à chaque élève, qu'il s'agisse de travaux d'écriture avec une consigne très précise ou d'un temps d'expression écrite libre (écrits d'invention). Ils demandent aux élèves de relire leur texte, leur permettent de préciser leurs intentions, les interrogent sur les possibles améliorations sur la forme ou sur le fond et leur indiquent les aides à disposition dans la classe. Cette démarche explicite s'avère très mobilisatrice pour les élèves, qui s'impliquent et prennent plaisir à écrire, le tout s'inscrivant dans la perspective de transmettre leur écrit dès qu'il sera révisé et amélioré pour qu'il puisse être lu.

Nous mesurons tout l'intérêt de ce type d'activité ritualisée, engagée sur une durée suffisante ; l'important est le passage à l'écriture, les corrections se font avec l'aide de l'enseignant, qui adapte l'accompagnement à l'élève.

2.2.3. Quelques activités emblématiques de la production d'écrits qui appellent une plus grande attention

Certaines séances observées apportent des appuis pour construire les habitudes utiles au travail des élèves en production d'écrits. La mission a identifié des activités emblématiques fréquemment associées à la production d'écrits, dont certaines sont conçues avec précision.

- **Apprendre à planifier son écrit**

La mission a observé des situations pédagogiques intéressantes, relevant d'un enseignement explicite, durant lesquelles les enseignants apprennent aux élèves à définir des intentions, à organiser leur écrit, à repérer les étapes du récit, à identifier les personnages. La préparation de l'écriture est une phase aussi importante que la phase de révision de l'écrit. Elle permet aux élèves de prendre progressivement des habitudes de repérage des outils d'aide sur la forme et le fond, à anticiper et à se projeter. Une vigilance est néanmoins nécessaire pour respecter un équilibre entre la planification de l'écrit et l'écriture elle-même ; il s'agit de structurer ce temps de préparation pour en limiter la durée.

A - CONNAISSANCES DIDACTIQUES ET PÉDAGOGIQUES À MOBILISER

1. L'ÉCRITURE AU CYCLE 2 : UNE ACTIVITÉ QUOTIDIENNE ET RÉGULIÈRE

Pour que les élèves puissent progresser et devenir autonomes dans l'acte d'écriture, ils doivent s'entrainer à écrire de manière régulière au moyen d'exercices répétitifs. Au cycle 2 deux types d'écrits peuvent être proposés : des écrits quotidiens très courts ritualisés et des productions d'écrits lors de deux séances hebdomadaires.

2. S'APPROPRIER UNE DÉMARCHE D'ÉCRITURE

a) La démarche de rédaction

◆ **La planification**

Il s'agit pour les élèves, de manière collective et avec l'aide de l'enseignant,

- › de déterminer les caractéristiques du texte à écrire et son enjeu (dans quel but ? Pour qui ?)
- › de trouver des idées liées au sujet et à en sélectionner
- › de bien comprendre les contraintes d'écriture (consignes)
- › d'élaborer un outil ou de trouver les outils à disposition dans la classe pour aider à l'écriture (se référer notamment au cahier d'écriture où les travaux antérieurs rédigés servent de ressources à l'écriture)
- › de concevoir son écrit à l'oral.

◆ **La formulation**

Avec l'aide de nombreux outils (grille élaborée lors de la planification, cahier d'écriture, banques de mots, affichages…), les élèves produisent un premier jet en se focalisant d'une part sur le choix du vocabulaire, de la syntaxe et de l'orthographe et d'autre part sur la cohérence de leur écrit. Pour rédiger ce premier essai, ils s'appuient également sur les textes qu'ils ont étudiés et qui constituent de véritables ressources nourrissant leur travail d'écriture. Les interactions entre élèves constituent une aide précieuse pour les élèves en difficultés : elles leur permettent de comprendre ce qui est précisément attendu.

◆ **La révision et l'amélioration**

La révision s'effectue en plusieurs temps : dans un premier temps grâce à une lecture à voix haute de son texte (par lui-même, un pair ou l'enseignant), l'élève peut repérer les dysfonctionnements de son texte, puis dans un second temps il l'améliore à l'aide de la grille de relecture. La révision peut également se dérouler de manière collective : l'élève lit son texte à la classe et à l'enseignant qui déterminent si toutes les contraintes d'écriture ont été respectées et proposent des améliorations que l'élève formalisera de manière individuelle.

Afin d'automatiser les compétences de réécriture des élèves, l'enseignant leur propose régulièrement des exercices

- de transpositions (écrire une phrase en changeant le temps du verbe, le genre ou le nombre du sujet ; écrire une phrase de sens contraire ; remplacer dans une phrase les noms par des pronoms, ...)
- de transformations (réécrire un texte en supprimant toutes les répétitions en choisissant des mots proposés dans une liste ; enrichir une phrase en ajoutant des mots ou des groupes de mots, ...)
- de relecture ciblée pour réinvestir un point d'orthographe, de grammaire ou de vocabulaire précédemment travaillé.

b) L'accompagnement des élèves dans leur apprentissage

L'écriture d'un texte est une activité complexe qui suppose la mise en œuvre de nombreuses compétences. Elle nécessite un accompagnement et un étayage forts de l'enseignant, particulièrement dans la phase de planification. Par ses remarques bienveillantes, il encourage les élèves dans leur travail d'écriture et valorise tous les essais. Il engage sans cesse les élèves à utiliser les outils à disposition dans la classe : affichages, fichiers, mémos, etc. Il met en œuvre une différenciation en jouant sur la longueur de l'écrit demandé, sur la nature du support, sur les aides apportées (banques de mots, amorce de phrases). Enfin, l'enseignant s'emploie à valoriser les écrits des élèves : affichages dans l'école, communication aux familles, constitution de recueils et anthologies de la classe.

3. PRODUIRE DES ÉCRITS VARIÉS

a) Les différents types d'écrits

Au cycle 2, les élèves doivent s'entrainer à produire des textes variés appartenant à tous les types, comme précisé dans le tableau qui suit[1]. L'écriture du texte narratif sera travaillée en lien étroit avec la lecture de textes littéraires et fera l'objet d'un apprentissage spécifique.

1. Guide *Pour enseigner la lecture et l'écriture au CE1*, p. 79

TABLEAU DES DIFFÉRENTS TYPES DE TEXTES À ABORDER AU CE1		
TYPES DE TEXTES	**ENJEU**	**EXEMPLES**
Narratif	Raconter	Récit, reportage, fait divers
Descriptif	Montrer, donner à voir	Description (personnage, paysage, objet)
Informatif	Apporter de l'information	Article de dictionnaire
Explicatif	Faire comprendre	Fiche documentaire, compte rendu d'expérience scientifique
Injonctif	Faire agir	Recette, notice, consigne, mode d'emploi, règle du jeu
Argumentatif	Convaincre, exposer un point de vue	Argumentation d'un raisonnement en mathématiques

b) Les écrits ritualisés, les écrits courts et les écrits longs

Les écrits très courts ritualisés sont réalisés de manière quotidienne. L'enseignant propose aux élèves de :

- réduire ou enrichir une phrase (déplacement, ajout ou suppression de groupes de mots)
- écrire une phrase à partir d'inducteurs (objet, image, musique, texte)
- réaliser un jogging d'écriture : les élèves écrivent quelques phrases à partir d'un lanceur d'écriture qui les amène à utiliser des structures syntaxiques précises (Si j'étais… je serais ; je déteste… ; j'adore… ; mon animal (plat, chanteur, auteur) préféré est… parce que… ; etc.)

« Un écrit court est un texte individuel d'élève, d'une à cinq ligne(s), rédigé dans le cadre d'une situation motivante. C'est un écrit porteur de sens, qui se suffit à lui-même. Un écrit court peut être une partie d'un écrit plus long »[1].
Les deux séances hebdomadaires, respectivement consacrées à la planification et à la formulation puis à la révision et l'amélioration de l'écrit, visent l'automatisation de l'écriture ainsi que le développement de stratégies différentes selon le type de texte visé. Après avoir analysé les caractéristiques des textes et leurs enjeux, les élèves sont amenés à produire des variations, imitations ou expansions de ces textes. L'enseignant peut également proposer aux élèves de :

- écrire une devinette en partant d'un texte
- rédiger des listes
- légender des panneaux de signalisation en les détournant
- écrire une consigne
- créer une définition en associant deux mots
- inventer une charade
- écrire une phrase à partir d'une image
- remplir les bulles d'une bande dessinée en précisant la pensée des personnages
- rédiger un texte à partir d'une image (au moyen du logiciel Photorécit)

1. Programme du cycle 2, p. 16.

- écrire un message
- ...

Les écrits longs s'inscrivent dans un projet collectif qui requiert concertation et collaboration entre les élèves à chaque étape de l'écriture : après avoir étudié les caractéristiques d'un écrit, les élèves sont amenés à le produire : il peut s'agir d'un conte, d'une nouvelle, d'un recueil de poèmes, d'un livre de recettes, d'un album, etc. Lors de la phase de planification, les élèves peuvent organiser leurs idées sous la forme d'une carte mentale.

4. ÉVALUER

L'évaluation des productions écrites est essentiellement formative. Elle peut être effectuée soit par l'enseignant soit par les pairs sous le contrôle de l'enseignant : ce dernier peut souligner les erreurs qui seront corrigées par les élèves à l'aide des outils de référence (notamment une typologie des erreurs codifiée réalisée tout au long de l'année), ou bien il peut corriger les erreurs en expliquant aux élèves les procédures qu'il utilise.
Les attendus de fin de cycle 2 sont les suivants :
« - Rédiger un texte d'environ une demi-page, cohérent, organisé, ponctué, pertinent par rapport à la visée et au destinataire.
- Améliorer un texte, notamment son orthographe, en tenant compte d'indications. »[1]

B - TRAITEMENT DU SUJET

1. LECTURE ET ANALYSE DES DOCUMENTS DU CORPUS

Le **document 1** est un extrait de l'album de littérature jeunesse *Les Printemps* écrit et illustré par Adrien Parlange en 2022. Il y raconte des moments forts de la vie, des souvenirs marquants de l'existence. Le découpage des pages avec des encoches et des lucarnes mime le travail de la mémoire en ouvrant des fenêtres sur les souvenirs. Les illustrations sont à la fois colorées et sobres. L'extrait proposé raconte le souvenir d'un événement marquant qui s'est produit à l'âge de 4 ans.
Le **document 2**, extrait des ressources Eduscol, traite de l'écriture et plus particulièrement des compétences mobilisées lors de la production des écrits courts. Il rappelle la complexité de la tâche d'écriture qui met en jeu de nombreuses compétences et requiert un enseignement explicite et structuré.
Le **document 3** est un extrait du rapport de l'inspection générale de l'éducation, du sport et de la recherche (IGSR) rédigé en juillet 2023 concernant l'enseignement de la production des écrits en CE2. Il constate un déséquilibre entre le travail préparatoire et le temps dédié à l'écriture proprement dite. Il recommande des pratiques ritualisées et quotidiennes où un temps suffisamment long est dédié à la rédaction et à la correction du brouillon avec une aide individualisée de l'enseignant. Les pratiques observées montrent qu'un enseignement explicite de la démarche d'écriture (planification, formulation et révision) ainsi que l'utilisation des outils s'avèrent très fructueux et permettent aux élèves de prendre du plaisir à écrire.

1. Programme du cycle 2, p. 16.

2. RÉDACTION DE LA FICHE DE PRÉPARATION

<table>
<tr><th colspan="4">SÉANCE : Production d'un écrit court</th></tr>
<tr><td colspan="2">DATE : mai</td><td colspan="2">DOMAINE DU SOCLE : 1</td></tr>
<tr><td>NIVEAU DE CLASSE :
CE2</td><td>NOMBRE D'ÉLÈVES :
23</td><td>SÉANCE N° : 5</td><td>DURÉE :
50 minutes</td></tr>
<tr><td colspan="2">PLACE DE LA SÉANCE DANS LA SÉQUENCE :
Séance 1 – découverte de l'album/ compréhension globale
Séance 2 – analyse des illustrations
Séance 3 – repérage des principaux éléments de l'histoire (tableau : âge ; action ; émotion)
Séance 4 – rappel de récit
Séance 5 – production d'un écrit court
Séance 6 – finalisation de l'écrit</td><td colspan="2">INTITULÉ DE LA SÉQUENCE :
Production d'un écrit court</td></tr>
<tr><td colspan="2">OBJECTIFS DE LA SÉANCE :
Produire un écrit court à la manière de A. Parlange</td><td colspan="2">PRÉREQUIS :
• avoir compris la structure et les caractéristiques de l'album Les Printemps
• être capable de rédiger une phrase</td></tr>
<tr><td colspan="2">COMPÉTENCES VISÉES :
• s'approprier la démarche d'écriture
• rechercher des idées
• développer la créativité
• formuler correctement ses idées
• savoir utiliser les outils à disposition dans la classe</td><td colspan="2">MATÉRIEL – SUPPORTS :
• cahier de brouillon
• l'album Les Printemps de A. Parlange</td></tr>
</table>

PHASE 1 **DURÉE PRÉVUE :** 5 minutes **MODALITÉ :** oral/collectif		
Consigne	**Tâche des élèves**	**Rôle de l'enseignant**
Relecture de quelques pages de l'album d' A. Parlange et rappel des caractéristiques de l'album. Je vais relire quelques pages de l'album afin que vous puissiez à votre tour écrire un souvenir d'un événement qui vous a marqué à la manière de A. Parlange et l'illustrer par un dessin. Qui peut me rappeler les caractéristiques de cet album ?	Les élèves écoutent la lecture de l'enseignant. Ils se remémorent le travail de compréhension effectué sur l'album : à chaque page correspond un souvenir d'un événement marquant pour l'auteur.	Il aide les élèves à se rappeler les principaux éléments de l'album en renvoyant aux traces écrites dans le cahier de littérature.

REMARQUE :
Les Programmes rappellent les nécessaires liens entre la lecture et l'écriture. La séance d'écriture s'appuie sur le travail de compréhension mené précédemment sur l'album et permet aux élèves d'approfondir ce dernier.

PHASE 2 **DURÉE PRÉVUE :** 15 minutes **MODALITÉ :** oral/collectif		
Consigne	**Tâche des élèves**	**Rôle de l'enseignant**
Planification 1. Vous allez maintenant chercher des idées : de quoi avez-vous besoin pour écrire votre souvenir ?	1. Les élèves notent tout d'abord leurs idées de manière individuelle puis ils en discutent de manière collectivement. Réponses attendues : • un âge • une action • un lieu • une personne/un objet (pas obligatoire) • une émotion	Pour aider les élèves à trouver des idées, l'enseignant précise aux élèves qu'ils peuvent penser à ce qu'ils ont vécu (leur expérience) mais aussi à ce qu'ils ont lu (les textes), et à ce qu'ils pourraient inventer (imaginaire).

2. Nous venons de rappeler les caractéristiques de l'album : quels éléments allez-vous reprendre pour votre écrit ?	2. Les élèves rappellent les principales caractéristiques du texte : • écrit à la première personne • utilisation du présent de l'indicatif • rédaction de deux phrases simples	Au fur et à mesure des échanges, l'enseignant construit une grille qu'il note au tableau : • j'ai utilisé le pronom « je » • les verbes sont conjugués au présent • j'ai écrit au moins deux phrases • mes phrases commencent par une majuscule et se termine par un point. • j'ai précisé mon âge, ce qui s'est passé et ce que j'ai ressenti
3. Sortez votre cahier de brouillon, de quoi avez-vous besoin pour vous aider à bien écrire votre texte ?	3. Les élèves réfléchissent aux outils de référence présents dans la classe : • le cahier d'écriture qui contient les productions antérieures • l'affichage sur la conjugaison du présent • le mémo grammaire (construction d'une phrase) • le mémo orthographe (accords dans le groupe nominal et le groupe verbal)	L'enseignant aide les élèves à lister les outils de référence en rappelant les caractéristiques du texte à écrire.

Différenciation :
Pour les élèves qui auraient des difficultés à trouver des idées, l'enseignant peut proposer un tableau à plusieurs colonnes :

âges	actions	lieux	personnes	émotion
4 ans 5 ans 6 ans 7 ans 8 ans	Jouer danser rencontrer courir ramasser découvrir parler …	À la mer à la montagne dans la forêt chez mes grands-parents chez moi au camping …	Ma mère/mon père ma petite sœur mon grand frère mes cousin(e)s ma grand-mère/ mon grand-père ma tante/mon oncle …	Joie (joyeux) peur (effrayé) tristesse (triste) excitation (excité) bonheur (heureux) énervement (énervé) amusement (amusé) …

REMARQUE :
L'enseignement explicite de la démarche à suivre est particulièrement efficace pour la production d'écrits : l'enseignant montre aux élèves comment il fait pour trouver des idées et planifier son écriture.
Cette phase de planification est très importante comme le rappellent les auteurs du document 3 car elle permet à l'élève de se projeter dans l'écriture.

PHASE 3
DURÉE PRÉVUE : 10 minutes
MODALITÉ : écrit/individuel

Consigne	Tâche des élèves	Rôle de l'enseignant
Formulation/mise en mots Vous allez maintenant pouvoir écrire votre texte. Avant, pour vous aider, vous pouvez formuler vos phrases dans votre tête ou en chuchotant.	Chaque élève écrit seul ses phrases puis il vérifie son texte en s'aidant des outils à disposition dans la classe	L'enseignant circule dans la classe et répond aux différentes sollicitations. Il renvoie systématiquement aux outils présents dans la classe : affichage, dictionnaires, cahier d'écriture, fichiers, mémos ; etc. Il encourage les élèves par des remarques bienveillantes

Différenciation :
L'enseignant peut travailler avec un petit groupe d'élèves et les aider à formuler leurs idées (dictée à l'adulte) puis à les écrire.
Il peut également demander à certains élèves de n'écrire qu'une seule phrase.

Critère de réussite :
Les élèves parviennent à construire des phrases syntaxiquement correctes (Sujet + verbe + complément) et à conjuguer correctement les verbes au présent de l'indicatif.

REMARQUE :
Le passage par l'oral scriptural avant la rédaction peut aider les élèves pour qui le passage à l'écrit est compliqué. Ils pourront dire leur phrase à l'enseignant qui les validera.

PHASE 4 **DURÉE PRÉVUE :** 20 minutes **MODALITÉ :** écrit/en binômes		
Consigne	**Tâche des élèves**	**Rôle de l'enseignant**
Révision Quand vous avez fini d'écrire, vous pouvez échanger vos cahiers avec votre voisin. Vous allez lire la production de votre camarade en remplissant la grille que l'on a construite tout à l'heure.	Les élèves lisent la production de leur camarade en se demandant si elle répond à la consigne. Ils remplissent la grille. Ils proposent des améliorations si besoin et en discutent ensemble. Ils corrigent leur texte.	Il passe dans la classe et aide les élèves qui hésitent pour tel ou tel critère en les réexpliquant. Il peut participer à la discussion entre les élèves s'ils ont un désaccord Pendant que les élèves discutent, il lit chaque production : soit il souligne certaines erreurs et les élèves les corrigent seuls, soit il les corrige en les expliquant aux élèves.
Critères de réussite : • être capable d'évaluer une production d'un pair avec des critères précis • être capable de corriger son propre écrit en suivant des conseils d'amélioration		
REMARQUE : *La coévaluation est un bon moyen pour aider les élèves à s'approprier les caractéristiques du texte à écrire en les amenant à comparer leur production à celle de leur camarade.* *Il est également très important que l'enseignant corrige les productions en présence des élèves afin de leur expliquer leurs erreurs.*		

3. PRÉPARATION DE L'ENTRETIEN

a) Introduction

La séance d'écriture que je vais vous présenter se déroule dans une classe de CE2, au mois de mai (période 5). Elle est la 5e séance d'une séquence visant la compréhension de l'album *Les Printemps* écrit par A. Parlange. La première séance est consacrée à la découverte de l'œuvre et à sa compréhension globale; la deuxième séance porte sur l'analyse des illustrations, très originales dans cet album. Dans les séances 3 et 4, les élèves sont amenés à repérer les principaux éléments de l'histoire et à faire un rappel de récit permettant de vérifier leur compréhension.
Pour construire cette séance, je me suis appuyée sur les documents fournis dans le dossier : le **document 1** est un extrait de l'album de littérature jeunesse *Les Printemps* écrit et illustré par Adrien Parlange en 2022. L'auteur raconte le souvenir d'un événement marquant qui s'est produit à l'âge de 4 ans. Le découpage des pages avec des encoches et des lucarnes mime le travail de la mémoire en ouvrant des fenêtres sur les souvenirs.

Les illustrations sont à la fois colorées et sobres. Le document 2, extrait des ressources Eduscol, traite de l'écriture et plus particulièrement des compétences mobilisées lors de la production des écrits courts. Il rappelle la complexité de la tâche d'écriture qui met en jeu de nombreuses compétences et requiert un enseignement explicite et structuré. Le document 3 est un extrait du rapport de l'inspection générale de l'éducation, du sport et de la recherche (IGSR) rédigé en juillet 2023 concernant l'enseignement de la production des écrits en CE2. Il établit plusieurs constats, notamment l'importance accordée aux différentes phases de la démarche d'écriture qu'il s'agit d'équilibrer.
La séance que je vais vous présenter a pour objectif de faire écrire un écrit court et de développer les compétences suivantes :

- s'approprier la démarche d'écriture
- rechercher des idées
- développer la créativité
- formuler correctement ses idées
- savoir utiliser les outils à disposition dans la classe

Elle permettra en outre de travailler la compréhension de l'album en approfondissant ses caractéristiques. La séance dure 50 minutes.
Voici le déroulé et les composantes didactiques et pédagogiques de cette séance.

b) Conclusion

Cette séance d'écriture avait pour objectif la production d'un écrit court à la manière de A. Parlange. L'enseignant a mis l'accent sur l'appropriation d'une démarche d'écriture : planification, mise en mots, révision. Son étayage a été particulièrement important lors de la phase de planification pour aider les élèves à se projeter dans leur travail d'écriture. Lors des phases de mise en mots et de révision, il rappelle systématiquement aux élèves de se reporter aux outils de référence de la classe afin qu'ils deviennent de plus en plus autonomes pour aborder le cycle 3, ainsi que le préconisent les repères annuels de progression du cycle 2. Suivra la dernière séance de cette séquence qui consiste en la finalisation de la production écrite : les élèves recopient leur texte au propre et l'illustrent par un dessin comme dans l'album de A. Parlange. Les productions seront valorisées en étant accrochées dans le couloir devant la classe.
Comme recommandé dans le document 3, l'enseignant mettra en place des activités d'écriture créative ritualisées et quotidiennes pendant toute la période 5 : inventer une charade, une devinette ; créer une définition ; légender une photographie ; écrire deux vers suite à l'écoute d'une musique… Un temps suffisamment long sera dédié à la rédaction et à la correction du brouillon, et l'enseignant proposera une aide individualisée.

c) Question du jury

Vous avez choisi de faire écrire à la manière de… Pouvez-vous nous parler de l'écriture créative ?
Il est important de ne pas limiter les travaux d'écriture à l'imitation des textes étudiés. Pour ce faire, l'écriture créative permet de proposer des situations plus complexes qui sollicitent la créativité et l'imagination des élèves et les placent dans une véritable posture d'écrivain. L'enseignant peut proposer aux élèves :

- des jeux sur le langage, comme, par exemple, les exercices de l'Oulipo (Ouvroir de Littérature Potentielle) : s'interdire une lettre dans la production d'une phrase, imiter une structure syntaxique, jouer avec des paronymes, s'imposer une même lettre au début de chaque mot de la phrase produite, produire un cadavre exquis…)

- des écrits tournés vers l'expression de soi, qui jouent avec l'autobiographie et la personnalité de l'élève, par exemple faire la liste des objets que j'aime, faire son autoportrait en champion du monde de..., donner sa définition de..., faire la liste de ses qualités et de ses défauts, choisir et décrire l'animal que l'on voudrait être, etc.
- des écrits correspondant aux différents genres littéraires ou aux types de textes : narratif, descriptif, informatif, argumentatif, par exemple, écrire de la poésie, des haïkus ; rédiger la quatrième de couverture pour donner envie aux autres élèves de lire l'œuvre ; inventer la suite d'un récit ; écrire un nouvel épisode inséré dans un récit ; construire un dialogue ; écrire une lettre à l'un des personnages ; imaginer l'histoire d'un album sans texte ; dresser le portrait d'un personnage ; changer de point de vue ; combler les blancs entre deux vignettes de BD, etc.

Sur Lea.fr

Retrouvez deux autres questions du jury

Sujet n° 4 : Écrire au CM2

À partir des documents proposés, vous concevrez une séance de rédaction pour une classe de CM2 en période 2. Il s'agira de faire rédiger aux élèves un premier jet puis de les amener à le réviser. Vous expliciterez les objectifs visés, le rôle de l'enseignant, ainsi que les modalités d'évaluation de la production écrite.

CORPUS DE 3 DOCUMENTS

Document 1. « Écrire au cycle 2 », Ressources Eduscol. https://eduscol.education.fr/84/j-enseigne-au-cycle-2

Le jeune élève de cycle 2, confronté à une situation d'écriture, doit gérer des compétences diverses qui concernent l'acte graphique, la rédaction de texte en elle-même et la mise en œuvre du système orthographique. La difficulté est triple : d'une part, ces compétences ne sont pas mobilisées successivement mais simultanément; d'autre part elles sont elles-mêmes complexes, leurs composantes étant autant d'objets d'enseignement/apprentissage. Enfin, à l'entrée au cycle 2 notamment, aucune de ces composantes n'est automatisée. Ainsi au CP, l'attention est très largement requise pour tracer les lettres. La maîtrise du geste graphique fait l'objet d'un sous-dossier dans ces ressources auquel se reporter.
Le schéma ci-dessous, emprunté à Sylvie Plane, montre bien la complexité de l'activité d'écriture.

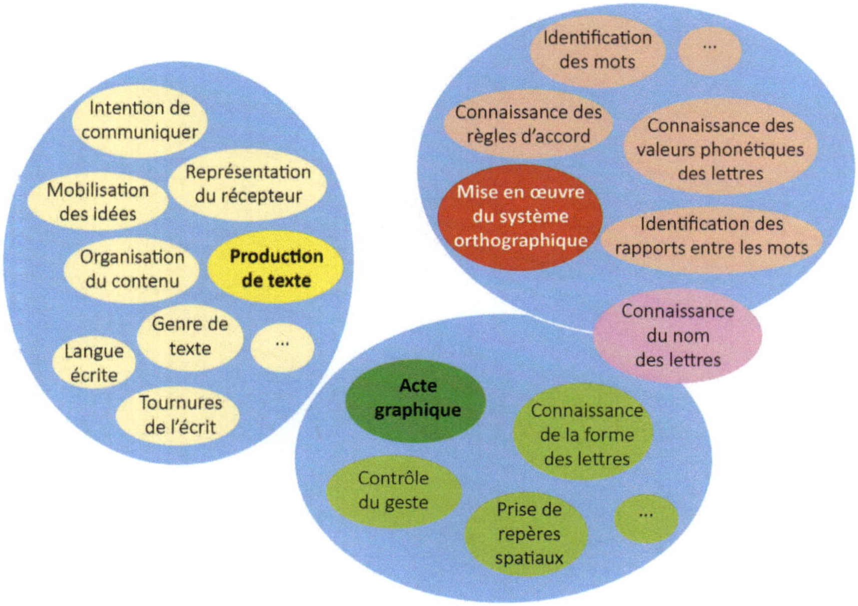

Les premières modélisations de la production d'écrit élaborées dans les années 1980 et issues des travaux d'Hayes et Flower, font émerger trois grandes opérations constitutives de l'acte d'écriture : la planification, la mise en texte et la révision. Elles sont répertoriées (et simplifiées) dans le tableau ci-dessous. La difficulté est que la mise en œuvre de ces opérations n'est pas linéaire.

LA PLANIFICATION	**LA MISE EN TEXTE**	**LA RÉVISION**
C'est se construire une vue d'ensemble du texte : • le but du texte ; • le genre du texte ; • son destinataire ; • son contenu.	C'est structurer l'ensemble du texte : • organiser les informations ; • assurer la liaison et la continuité entre les phrases ; • rédiger les phrases (dont maîtrise de l'orthographe et de la graphie).	C'est savoir repérer les dysfonctionnements et réécrire le texte : • correspondance avec le projet d'écriture ; • acceptabilité sémantique ; • grammaticalité des formes et des structures.

Toutefois, l'écriture ne peut pas être réduite à ces opérations successives de planification, de formulation ou mise en mots et de réécriture. D'abord, parce qu'encore une fois le schéma n'est pas linéaire mais aussi parce que l'écriture est un engagement, une implication. Écrire pose ainsi la question du sujet avec son identité, ses affects, ses connaissances du monde et de la langue, la représentation qu'il se fait de lui-même comme sujet écrivant et de l'autre comme destinataire... Et puisque nous sommes dans le cadre scolaire, écrire interroge aussi les modalités d'intervention du professeur.

Document 2. Manuel *Le nouveau Millefeuille CM2*, © Éditions Nathan, 2019, p. 69.

Situation 2

La grand-mère de Lilou a raconté la journée du 13 aout dans son journal. Écris ce que Lilou a pu confier de son côté à son journal en racontant cette même journée.

Mercredi 13 aout
Saint-Malo, 28 °C toute la journée. La nuit, la température ne baisse pas, c'est la canicule.
C'est formidable, nos cinq petits-enfants sont arrivés pour deux semaines sans leurs parents. Dès ce soir, Lilou a voulu sortir au cinéma avec son frère, sa sœur et ses cousins pour aller voir ***Vidocq, les mémoires d'un voleur***. Papi et moi avons trouvé que Nicolas est trop petit. Lilou, très gentille mais parfois un peu impatiente, a insisté. Papi s'est fâché. Lilou est montée bouder dans une chambre. Finalement, j'ai tout de même réussi à trouver un compromis : Papi emmènera les enfants, il ira voir le dernier Disney avec Nicolas et les autres pourront regarder tranquillement ***Vidocq***. Allez, mon cher journal, maintenant je vais aider Papi à préparer les spaghettis pour tout ce petit monde.

Je vérifie

- **J'ai utilisé le texte de départ** en me mettant à la place de Lilou.
- **J'ai imaginé et décrit** les sentiments et les émotions qu'elle a pu éprouver.

3 J'écris un extrait de journal intime

Je vérifie

- J'ai décrit les **différents sentiments** de Badia.

Badia et sa famille déménagent. Écris le journal de Badia en t'aidant des indications en italique. Tu peux choisir un ou plusieurs jours.

1er jour • Elle voit pour la dernière fois ses amis à l'école.
> *Raconte l'attitude des camarades, ce qu'elle ressent…*

2e jour • Elle part en voiture. Elle aide ses parents à porter les derniers cartons dans le coffre. Elle arrive dans son nouvel appartement qu'elle découvre.
> *Décris cet appartement, sa chambre, ce qu'elle ressent…*

3e jour • Elle déballe des cartons. Elle sort dans son nouveau quartier.
> *Écris ce qu'elle voit : des magasins, des espaces verts, des immeubles…*

4e jour • Elle arrive dans sa nouvelle école, dans sa nouvelle classe.
> *Écris ce qu'elle ressent. Décris son école, sa classe, la réaction des autres enfants…*

5e jour • Elle se fait des nouveaux amis.
> *Indique comment ils s'appellent et à quoi ils jouent, ce qu'ils se disent…*

J'améliore mon texte

Grammaire pages 146-147 J'ai utilisé différents types de phrases.
Grammaire pages 148-149 J'ai utilisé la 1re personne du singulier.
Grammaire pages 150-153 J'ai utilisé le présent de narration.

Document 3. Extrait des Programmes du cycle 3

> Dans les activités d'écriture, les élèves apprennent également à exercer une vigilance orthographique et à utiliser des outils d'écriture. Cet apprentissage, qui a commencé au cycle 2, se poursuit au cycle 3 de manière à ce que les élèves acquièrent de plus en plus d'autonomie dans leur capacité à réviser leur texte. Mais à ce stade de la scolarité, on valorise avant tout la construction d'une relation à la norme écrite, plus que le résultat obtenu qui peut tolérer une marge d'erreur, en rapport avec l'âge des élèves.
> Enfin, le regard positif du professeur qui encourage l'élève, les différentes situations proposées motivantes, porteuses de sens, la collaboration entre pairs conduisent à donner le plaisir de l'écriture et la curiosité à l'égard de la langue et de son fonctionnement.
>
> **Attendus de fin de cycle**
> - Écrire un texte d'une à deux pages adapté à son destinataire.
> - Après révision, obtenir un texte organisé et cohérent, à la graphie lisible et respectant les régularités orthographiques étudiées au cours du cycle.

A - CONNAISSANCES DIDACTIQUES ET PÉDAGOGIQUES À MOBILISER

À la fin du CM2, les élèves doivent être capables de rédiger des textes variés en mobilisant leurs connaissances en étude de la langue et en organisant leur écriture selon différentes étapes (planification, premier jet, révision). Cet apprentissage de l'écriture se fait de manière continue du cycle 2 au cycle 3.

1. ÉCRIRE AU CYCLE 2

Ayant découvert l'écriture cursive à la maternelle, au cours du cycle 2 les élèves vont progressivement automatiser le tracé des lettres; ils vont apprendre à copier sans erreur et vont être confrontés à la rédaction de textes.

a) Amener les élèves à s'exercer quotidiennement

L'enseignant propose aux élèves des tâches d'écriture tous les jours et dans tous les domaines; les écrits sont variés (rédiger une phrase pour répondre à une question, formuler une hypothèse, une question, élaborer un morceau ou un texte entier de type divers (récit, description, dialogue, etc.) et appartiennent aux différents types de textes (narratif, descriptif, informatif, explicatif, injonctif, argumentatif) dès le CE1. Ils peuvent être courts : rédiger une phrase à partir de mots donnés, inventer des mots, écrire une charade ou enrichir une phrase par exemple. Tous les jeux d'écriture permettent de rendre ludique l'activité d'écriture : tautogramme, cadavre exquis, etc. Sont également mises en place des activités de récriture (de phrases en substituant les noms par des pronoms, de

---

1. Les principes clés sont extraits des contenus ministériels :
   - « Programme du cycle 2 » : https://cache.media.eduscol.education.fr/file/A-Scolarite_obligatoire/24/5/Programme2020_cycle_2_comparatif_1313245.pdf
   - « Français cycle 2 – Écriture » : https://eduscol.education.fr/149/francais-cycle-2-ecriture
   - « Pour enseigner la lecture et l'écriture au CE1 » : https://eduscol.education.fr/document/1509/download?attachment

dialogues en modifiant les verbes de parole, de poèmes en écrivant à la manière de) et de transpositions de phrases (autre temps de la conjugaison, autre genre et nombre du sujet). L'enseignant commence également à mettre en place la rédaction d'écrits plus longs.

b) Faire acquérir la démarche de rédaction

Trois opérations entrent en jeu dans l'acte d'écriture : la planification (concevoir une vue d'ensemble du texte à écrire); la mise en mots (rédaction du texte, formulation d'un message en oral scriptural, mobilisation de connaissances orthographiques et syntaxiques, élaboration d'un sens, maitrise du geste graphique) et la révision (repérer les dysfonctionnements de son écrit et l'améliorer). S'ajoute à ces opérations l'implication du scripteur dans la tâche d'écriture. En début de cycle 2, ces différentes opérations sont difficiles. La mise en mots peut être facilitée par la dictée à l'adulte. L'enseignant se montre très bienveillant afin de susciter et de maintenir l'engagement de l'élève dans la tâche d'écriture : il se focalise sur ce que l'élève veut dire en priorité. La correction des textes produits est un temps d'apprentissage pour les élèves qui apprennent à réviser leur texte. L'enseignant met en place une **différenciation** avec différentes variables : la nature et la longueur de l'activité, le temps imparti pour réaliser l'activité, la nature de l'**étayage**.

c) Lier écriture et lecture

L'écriture s'appuie sur le travail de lecture des textes : l'enseignant travaille les caractéristiques des différents types de textes sur lesquelles les élèves peuvent s'appuyer pour en écrire à leur tour. De même, la lecture de textes permet la constitution de ressources à disposition des élèves lors des tâches d'écriture pour nourrir leurs écrits : banques de mots, de thèmes, de modèles d'organisation, de textes, etc.

d) Évaluer

Les attendus de fin de cycle sont les suivants :
- copier ou transcrire, dans une écriture lisible, un texte d'une dizaine de lignes en respectant la mise en page, la ponctuation, l'orthographe et en soignant la présentation;
- rédiger un texte d'environ une demi-page, cohérent, organisé, ponctué, pertinent par rapport à la visée et au destinataire;
- améliorer un texte, notamment son orthographe, en tenant compte d'indications.

2. ÉCRIRE AU CYCLE 3

a) Proposer un entrainement quotidien

Pour que les élèves puissent s'approprier les nombreuses **compétences** en jeu dans l'activité d'écriture, l'enseignant leur propose des « gammes », c'est-à-dire des productions d'écrits courts et variés : jeux d'écriture inspirés des travaux de l'Oulipo ou jogging d'écriture (entrainement court et répété consistant à faire écrire les élèves à partir d'un lanceur d'écriture)... Ceux-ci permettent aux élèves d'affirmer leur personnalité, en décrivant par exemple l'animal qu'ils souhaiteraient être ou le cadeau qui leur ferait le plus plaisir. Est ainsi développée l'écriture créative. Les élèves sont également amenés à produire des écrits qui servent à apprendre et à réfléchir dans toutes les disciplines (des écrits de travail comme élaborer un jugement sur une œuvre et des écrits réflexifs comme justifier une réponse) : l'écriture peut être un outil d'apprentissage.

Enfin, des écrits plus longs sont proposés aux élèves, pouvant prendre la forme de projets d'écriture (journal de classe, blog, concours de nouvelles...) qui fédèrent la classe et visent la production d'un produit final ayant un destinataire extérieur à la classe. Tous ces écrits sont lus, partagés et discutés au sein de la classe.

b) La démarche d'écriture

Les élèves de cycle 3 acquièrent progressivement une autonomie dans les différentes étapes de la démarche d'écriture, en particulier la révision. Ils s'engagent de plus en plus dans l'acte d'écriture et s'intéressent davantage aux effets visés par leurs écrits. Les élèves conservent les différents brouillons et différentes versions d'un écrit afin de mettre en lumière et de valoriser le processus d'écriture. L'enseignant travaille avec ses élèves la récriture de plusieurs façons possibles :

- en donnant la même consigne à quelques jours d'intervalle,
- en variant la consigne sur un même thème,
- en proposant aux élèves de lire des textes d'auteurs liés à leur production écrite pour qu'ils s'en nourrissent.

c) Établir un lien entre lecture, écriture et étude de la langue

L'écriture est réalisée en lien avec l'étude des différents genres littéraires mais aussi en lien avec l'étude de la langue : l'enseignant propose des situations d'écriture en prolongement à des leçons de grammaire et de vocabulaire. De même il renvoie aux leçons d'orthographe lors de la phase de révision des textes.

d) Évaluer

L'évaluation doit être positive : l'enseignant pointe les réussites de l'élève qui ne sauraient se limiter à la cohérence narrative ou au respect des normes orthographiques et syntaxiques. Elle s'intéresse aux effets produits par le texte sur le lecteur, ce qui permet de valoriser tous les textes. L'évaluation tient compte de l'implication de l'élève dans la tâche d'écriture. Elle est effectuée par l'enseignant mais aussi par les pairs dans un partage oral des productions qui donne lieu à des conseils personnalisés de récriture. L'enseignant s'appuie sur trois indicateurs pour évaluer les progrès de chaque élève :

- ce que l'élève a produit (A-t-il respecté la consigne ? Les normes orthographiques et syntaxiques sont-elles respectées ?) ;
- ce qu'il dit de sa production (Comment décrit-il son activité d'« écrivain » ?) ;
- ce qu'il fait quand il écrit (Quelles stratégies utilise-t-il pour écrire ?).

Les attendus de fin de cycle sont les suivants :

- écrire un texte d'une à deux pages adapté à son destinataire ;
- après révision, obtenir un texte organisé et cohérent, à la graphie lisible et respectant les régularités orthographiques étudiées au cours du cycle.

B - TRAITEMENT DU SUJET

1. LECTURE ET ANALYSE DES DOCUMENTS DU CORPUS

Le **document 1** est un extrait des ressources officielles Eduscol qui accompagnent le programme. Il montre la complexité de l'activité d'écriture en précisant les différentes compétences entrant en jeu dans l'acte d'écriture. Il aborde également la démarche d'écriture en détaillant les différentes opérations qui constituent l'acte d'écrire. Il s'appuie sur des travaux de chercheurs : ici Sylvie Plane (spécialiste de la production d'écrit et de son apprentissage).

Le **document 2** est un extrait du manuel *Le Nouveau Millefeuille CM2*, publié par les Éditions Nathan en 2019. Il propose aux élèves la trame d'un journal intime contenant une idée principale pour chacun des cinq jours ainsi qu'une indication du type de texte à écrire. Le document correspond à la phase de planification (recherche des idées et élaboration d'un sens global de l'écrit)

Le **document 3** est un extrait du programme du cycle 3 qui rappelle que l'enseignant doit viser l'autonomie des élèves dans leur capacité à réviser leur texte et développer le plaisir d'écrire. Il précise les attendus de fin de cycle 3, c'est-à-dire les compétences que l'élève doit acquérir à la fin des trois années du cycle.

2. RÉDACTION DE LA FICHE DE PRÉPARATION

<table>
<tr><td colspan="4">SÉANCE : Écriture d'un extrait de journal intime</td></tr>
<tr><td colspan="2">DATE : Décembre</td><td colspan="2">DOMAINE DU SOCLE : 1</td></tr>
<tr><td>NIVEAU DE CLASSE :
CM2</td><td>NOMBRE D'ÉLÈVES :
27</td><td>SÉANCE N° :
4</td><td>DURÉE :
55 minutes</td></tr>
<tr><td colspan="2">PLACE DE LA SÉANCE DANS LA SÉQUENCE :
Séance 1 - Découverte et compréhension de plusieurs extraits de journaux intimes (Journal d'un chat assassin, A. Fine ; Le Journal de Zlata, Z. Filipovic, Le Journal d'Adèle, P. du Bouchet)
Séance 2 - Comparaison des extraits et trace écrite : les caractéristiques du journal intime
Séance 3 - Séance décrochée : le lexique des sentiments
Séance 4 - Écriture d'un extrait de journal intime
Séance 5 - Révision des textes annotés par l'enseignant</td><td colspan="2">INTITULÉ DE LA SÉQUENCE :
Lire et écrire un journal intime</td></tr>
<tr><td colspan="2">OBJECTIFS DE LA SÉANCE :
Rendre les élèves capables d'écrire un extrait de journal intime.</td><td colspan="2">PRÉREQUIS :
Connaitre les différents types de texte.</td></tr>
</table>

COMPÉTENCES VISÉES :	**MATÉRIEL – SUPPORTS :**
Respecter des consignes d'écriture. Écrire un texte d'au moins une page. Être capable d'évaluer le texte d'un camarade à l'aide de critères.	Affiche sur les caractéristiques du journal intime réalisée en séance 2 ; banque de mots sur le lexique des sentiments ; textes ressources à disposition des élèves : textes étudiés en séance 1, *Journal d'une sœur cadette* de H. Colman, *Le Journal d'Aurore* de M. Depleschin.

PHASE 1
DURÉE PRÉVUE : 15 minutes
MODALITÉ : oral/écrit/collectif

Consigne	Tâche des élèves	Rôle de l'enseignant
1. <u>Rappel de la séance 2 sur les caractéristiques du journal intime</u> *Qui peut rappeler les caractéristiques du journal intime que nous avons travaillées la dernière fois ?*	1. Les élèves rappellent les caractéristiques du journal intime.	1. Compléter les réponses des élèves en se référant à l'affiche.
2. <u>Lecture du plan proposé par le manuel comme support à l'écriture</u> *Aujourd'hui vous n'allez pas complètement inventer votre texte. Vous allez partir d'une trame qui va vous donner des idées. Il faudra respecter ces idées. Nous allons lire ensemble ce document* (cf. doc 2).	2. Certains élèves reformulent la consigne. Ils donnent pour chaque jour le type de texte attendu : jour 1 → texte narratif ; jours 2-3-4 → texte descriptif ; jour 5 → texte narratif et descriptif.	2. Bien s'assurer que tous les élèves ont compris la tâche à effectuer afin qu'ils puissent travailler de manière autonome.
3. <u>Construction d'une grille de critères pour aider les élèves à écrire leur texte</u> *Pour vous aider à écrire votre texte, nous allons lister les critères à suivre. Quels sont les éléments que l'on doit trouver dans votre texte ?*	3. Réponses attendues : *J'indique le jour où j'écris.* *Je raconte les évènements que je juge intéressants et dont je veux me souvenir.* *Je précise ce que je pense ou ce que je ressens.* *J'écris à la 1re personne du singulier.* *J'ai utilisé le présent et le passé composé.*	3. Afficher les critères sur le TNI et les laisser visibles pendant tout le reste de la séance.

Critères de réussite :
2. Être capable de comprendre une consigne.
3. Être capable de participer à un échange collectif (donner des idées, rebondir, compléter le propos d'un camarade).

Différenciation :
Si besoin, reprendre l'explicitation des consignes avec un groupe d'élèves en début de phase 2.

Évaluation formative :
La construction de la grille de critères permet de retravailler les caractéristiques du journal intime.

REMARQUE
2. Le choix de donner la trame du journal intime permet de réduire la complexité de la tâche des élèves et d'évacuer pour cette production la phase de recherche d'idées (cf. doc 1).

PHASE 2
DURÉE PRÉVUE : 20 minutes
MODALITÉ : individuel

Consigne	Tâche des élèves	Rôle de l'enseignant
Écriture du premier jet *Nous avons rappelé les caractéristiques du journal intime, vous allez maintenant en écrire un à votre tour.* *Votre texte devra faire au moins une page. Vous pouvez choisir de ne traiter qu'un seul jour ou les 5.* *Si vous ne traitez qu'un seul jour, vous devrez développer vos idées.*	Les élèves passent à l'étape de la mise en texte (cf. doc 1). Ils écrivent le premier jet.	Passer donner des conseils personnalisés. Encourager les élèves. Renvoyer les élèves vers les outils à disposition : affichages (accords dans le groupe nominal et le groupe verbal), banque de mots, textes ressources.

Critères de réussite :
Être capable d'écrire seul un texte d'une page en respectant des consignes.

REMARQUE
L'étayage de l'enseignant est essentiel lors des tâches d'écriture, car il rassure et conduit vers le plaisir d'écrire les nombreux élèves qui ont une représentation négative de cet acte (cf. doc 3).
Les élèves choisissent s'ils veulent écrire un, plusieurs ou les 5 jours du journal intime proposé. Ils peuvent préférer développer un seul jour ou au contraire écrire tous les types de textes demandés et donc les 5 jours, le but étant de développer le plaisir d'écrire.
Ils peuvent puiser de l'inspiration dans les textes littéraires adaptés au CM2 qui ont été ajoutés au corpus du dossier. Comme le préconisent les programmes, le lien entre l'écriture et la lecture est important : les textes littéraires peuvent servir de modèle ou de source d'inspiration.

PHASE 3
DURÉE PRÉVUE : 10 minutes
MODALITÉ : écrit/par binômes

Consigne	Tâche des élèves	Rôle de l'enseignant
Évaluation par binômes à l'aide de la grille *Vous allez échanger votre copie avec celle de votre voisin et la corriger à l'aide de la grille de critères.* Discussion entre binômes sur les deux productions.	Chaque élève échange son texte avec son voisin qui évalue la production écrite à l'aide de la grille construite en phase 1. Les élèves discutent ensuite de leurs productions.	Passer voir les binômes. Répondre aux questions. Préciser à nouveau les critères d'évaluation. Faire verbaliser, argumenter, justifier les remarques portées sur l'écrit par les pairs.

Critères de réussite :
Être capable de corriger une production à l'aide d'une grille de critères.

REMARQUE
L'enseignant doit développer chez les élèves l'autonomie dans la capacité à réviser un texte (cf. doc 3). Ils s'entrainent ainsi en commençant par réviser la production d'un pair.

PHASE 4 **DURÉE PRÉVUE :** 10 minutes **MODALITÉ :** oral / collectif		
Consigne	**Tâche des élèves**	**Rôle de l'enseignant**
<u>Mise en commun orale des productions</u> *Maintenant certains d'entre vous vont lire leur production au reste de la classe. Vous allez utiliser la grille de critères pour évaluer le texte de votre camarade. Nous lui donnerons ensuite des conseils pour améliorer son texte.*	1. Quelques élèves lisent leur texte à la classe. 2. L'élève qui lit sa production explique ensuite l'effet qu'il a voulu créer sur le lecteur. Les élèves et l'enseignant se placent en tant que récepteurs, expriment ce qu'ils ont ressenti à la lecture du texte et donnent des conseils pour améliorer la production.	1. Veiller à ce que les conditions d'écoute soient optimales (écoute active et attitude bienveillante des « auditeurs »). 2. Commencer à dire son ressenti en premier pour faire démarrer les échanges.
Critères de réussite : 1. Être capable d'écouter attentivement la production d'un autre élève. Se positionner comme lecteur et donner son avis sur une production. 2. Pour l'élève qui lit sa production, être capable d'expliquer l'effet qu'il a voulu produire.		

REMARQUE

Cette modalité de correction des productions écrites permet de créer une communauté de scripteurs comme préconisé par les documents officiels[1].
L'enseignant s'assure que, sur une période, tous les élèves de la classe ont pu lire leur production au reste de la classe.
Il est intéressant que l'élève scripteur se positionne comme un auteur en réfléchissant à l'effet qu'il veut produire avant d'écrire son texte.

1. « Évaluer autrement les écrits scolaires » : https://cache.media.eduscol.education.fr/file/Ecriture/09/7/15_RA_C3_Francais_Ecriture_EVALUER_591097.pdf

3. PRÉPARATION DE L'ENTRETIEN

a) Introduction

La séance que je vais vous présenter concerne l'enseignement de l'écriture dans une séquence de français en classe de CM2. Elle se déroule en période 2. Elle a une durée de 55 minutes. Il s'agit de la quatrième séance de la séquence. Les programmes insistent sur le nécessaire lien entre la lecture et l'écriture : lors des premières séances, les élèves ont travaillé sur les caractéristiques du journal intime ainsi que sur le lexique des sentiments. Pour construire cette séance, je me suis appuyé(e) sur le corpus de documents fournis par le dossier. Le **document 1**, extrait des ressources officielles Eduscol qui accompagnent les programmes, montre la complexité de l'activité d'écriture et détaille les différentes opérations qui constituent l'acte d'écrire. Le **document 2** est un extrait du manuel *Le Nouveau Millefeuille CM2* publié par les Éditions Nathan en 2019 ; il propose la trame d'un journal intime à rédiger. Le document 3, extrait du programme du cycle 3, rappelle que l'enseignant doit viser l'autonomie des élèves dans leur capacité à réviser leur texte et développer le plaisir d'écrire. L'objectif de cette séance est de rendre les élèves capables d'écrire un extrait de journal intime. Plus précisément, les sous-objectifs de cette séance sont de rendre l'élève capable de :

- respecter des consignes d'écriture,
- écrire un texte d'au moins une page,
- être capable d'évaluer le texte d'un camarade à l'aide de critères.

Voici le déroulé et les composantes didactiques et pédagogiques de cette séance.

b) Conclusion

Dans cette séance d'écriture construite en lien avec la lecture, les élèves se sont confrontés à la production d'un extrait de journal intime. À l'aide de leurs pairs et de l'enseignant, ils ont été amenés à réfléchir sur leur production et ont reçu du groupe classe divers conseils. Dans la séance suivante, les élèves vont reprendre leur premier jet (l'enseignant aura corrigé et annoté les productions entre les deux séances) afin de l'améliorer à partir des conseils prodigués par leurs pairs et par l'enseignant. La révision d'un texte fait partie des attendus de fin de cycles 2 et 3. Au cycle 2, les élèves doivent être capables d'améliorer leur texte, notamment en orthographe, en tenant compte d'indications. Au cycle 3, ils doivent être capables de réviser entièrement leur production. L'enseignant veillera ainsi progressivement à rendre les élèves autonomes dans cette phase de révision en leur proposant des outils et des affichages, ainsi que des procédures à mettre en place quotidiennement.

c) Questions du jury

Comment accompagnez-vous les élèves en difficulté lors de votre phase 2 d'écriture du premier jet ?

La différenciation est très importante dans l'accompagnement à l'écriture. L'enseignant peut travailler avec un petit groupe à la mise en mots orale des idées : ce passage par l'oral peut aider les élèves à travailler la syntaxe et diminue la charge cognitive, très importante dans l'acte d'écriture. Si c'est le geste graphique qui pose problème, on peut recourir au traitement de texte sur ordinateur ou au dictaphone pour les écrits courts. Par exemple, lors des joggings d'écriture qui ont pour but de désacraliser l'acte d'écriture et de privilégier les idées des élèves (les productions ne faisant pas obligatoirement l'objet d'une correction orthographique), il est envisageable de permettre à certains élèves en difficulté d'enregistrer leur production au lieu de l'écrire.

Sur Lea.fr

Retrouvez deux autres questions du jury

PARTIE 4

LANGUE

- Sujet n° 1 : ORTHOGRAPHE AU CE1
- Sujet n° 2 : LEXIQUE EN GRANDE SECTION
- Sujet n° 3 : LEXIQUE AU CE1
- Sujet n° 4 : GRAMMAIRE EN CM1

Sujet n° 1 : Orthographe au CE1

Au cours d'une séquence ayant pour objectif l'écriture d'un conte, vous constatez que vos élèves de CE1 ne maitrisent pas l'accord sujet-verbe. Établissez une séance d'apprentissage de l'orthographe en période 5. Vous préciserez le déroulement de votre séance et expliciterez vos choix, les compétences visées, les différentes activités, le rôle de l'enseignant ainsi que les modalités de mise en œuvre.

CORPUS DE 3 DOCUMENTS

Document 1. *Mon année de français CE1*, Fichier élève 1, © Éditions Nathan, 2019, p. 30.

Grammaire

La relation sujet-verbe au présent (3)

oral **1** **Lis** le texte. Puis **relis**-le en remplaçant **Un garçon** par **Deux garçons**.

> Un garçon a envie d'un bon repas.
> Il va dans la cuisine. Mais il ne trouve rien à manger.

Écris les mots en orange en remplaçant **Le garçon** par **Deux garçons**.

Un garçon a envie d'un bon repas.

______________ envie d'un bon repas.

Il va dans la cuisine.

______________ dans la cuisine.

Mais il ne trouve rien à manger.

Mais ________ ne ________ rien à manger.

2 **Colle** les étiquettes à la bonne page dans ton cahier de grammaire.

3 **Écris** le texte en remplaçant **Un garçon** par **Deux garçons**.

Un garçon a faim. Il va à la boulangerie.

Il ne trouve pas de croissants.

____

____

AIDES !

Un garçon a Deux garçons ont	Il va Ils vont	Il ne trouve pas Ils ne trouvent pas

4 **Écris** le texte suivant en remplaçant **Le chat** par **Les chats**.

Le chat a faim. Il va dans le grenier.

Il ne trouve pas de souris.

____

____

30 Fiche 17 + et ++

Document 2. Productions écrites d'élèves de CE1 sur l'écriture d'un conte (séries d'actions qui suivent l'élément perturbateur)

Élève 1

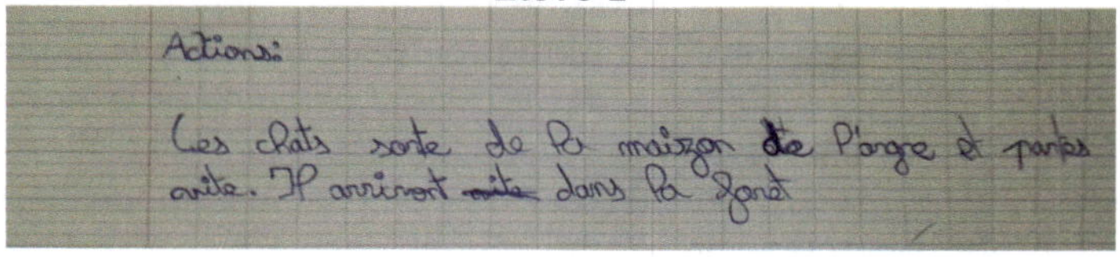
Actions:
Les chats sorte de la maizon ~~de~~ l'ogre et partes vite. Il arrivont ~~vite~~ dans la forêt

Élève 2

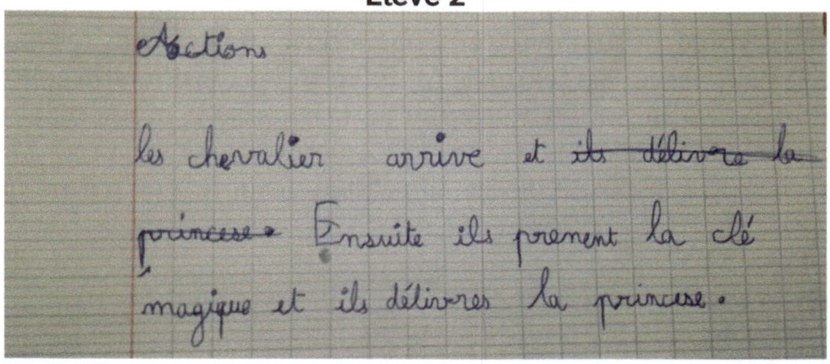
Actions
les chevalier arrive et ~~ils délivre la princesse~~ Ensuite ils prenent la clé magique et ils délivres la princese.

Document 3. Danièle Cogis, Michelle Ros, « Les verbalisations métagraphiques : un outil didactique en orthographe », et un outil de « Correction de texte au cours préparatoire » « L'Atelier de révision » (pp.92-93), Revue *Les Dossiers des Sciences de l'Éducation*, n° 9, 2003.

L'atelier de révision

Les élèves débutants ne peuvent écrire sans « inventer » l'orthographe. Cette invention fait partie du processus normal de conceptualisation et d'apprentissage. C'est pourquoi « on écrit comme on pense que ça s'écrit » puisqu'« on en parle après ». Les textes individuels, inscrits sur une feuille de format A3 pour en faciliter la lecture, sont révisés pendant la semaine qui suit la production. L'enseignante rassemble dans un atelier quatre ou cinq producteurs dont elle accompagne l'activité pendant une vingtaine de minutes, tandis que le reste de la classe travaille de façon autonome. Le groupe découvre le texte par une lecture orale qui fait apparaitre les difficultés. Chacun intervient pour les identifier, proposer sa solution, tenter une réécriture. La collection d'exemples provenant des albums apporte les réponses de l'usage. À chaque fois, les apprentis sont confrontés à une véritable situation-problème : pour passer de *ils rencontre* à *ils rencontrent*, les élèves sont conviés à observer les premières phrases déjà révisées ; puis, par analogie avec ces formes verbales modifiées (*ils tombent, ils s'envolent*), ils parviennent à *ils rencontrent* qu'ils vérifient à nouveau en se référant aux affiches. La comparaison avec le texte normé peut être également proposée aux élèves quand ils ne sont pas à même de trouver la graphie attendue, ou si l'enseignante tient à les placer en situation d'observation de *l'écart orthographique*, par exemple quand Milan écrit *ils se rendent conte*. Pour réécrire un texte selon la norme, l'interaction entre élèves joue un rôle primordial : découvrant un point de vue autre dans une graphie différente, les élèves s'interrogent, s'expliquent, opposent leurs façons de faire. Ainsi se révèlent les procédures de gestion des jeunes scripteurs qui se manifestent dans leurs choix graphiques (Jaffré, 1997) : par exemple, en février, Élodie affirme que *les lapins sautent* s'écrit avec *s* à la fin de *saute* parce qu'on écrit *les lapins jaunes*.

La maitresse oriente la réflexion en fonction des savoirs qui s'expriment et des procédures utilisées, ici l'analogie. Lorsque Justine écrit *les dofin*, le groupe propose : « *do... deau... dau... f... 2f...* » ; la maitresse refuse les graphies inexactes du /O/, mais donne *ph* et renvoie aux outils analogiques pour l'identification du pluriel *les dauphins*. Lorsque la solution est inaccessible, l'enseignante fournit l'information nécessaire : elle explique au groupe d'Élodie que *jaune* et *tombe* ne sont pas des mots qui peuvent se remplacer même si la séquence peut le laisser penser (*des lapins jaunes/des lapins sautent*) ; elle renvoie alors aux ORA, qui prennent tout leur sens. Après lecture de l'affiche analogique, les élèves peuvent relever l'indice morphosyntaxique propre au pluriel des verbes et proposer la réponse normée. Ainsi, dès le CP, l'activité métagraphique en atelier s'avère un outil réel et pluriel d'apprentissage : l'enseignant connait mieux les procédures de résolution de problème utilisées par ses élèves et mesure directement l'efficacité des outils mis en œuvre. De son côté, l'élève apprend à réviser les textes et renforce son acquisition du code, son usage des outils, sa réflexion. La verbalisation métagraphique favorise la métacognition : chacun est conduit à réfléchir à la fois sur l'objet (ici la langue écrite) et sur son propre fonctionnement face à cet objet. Un autre dispositif interactif produit des effets du même ordre.

A - CONNAISSANCES DIDACTIQUES ET PÉDAGOGIQUES À MOBILISER

REMARQUE

Se reporter à la Partie 4, sujet n° 4 « Grammaire en CM1 » pour les principes généraux sur l'étude de la langue aux cycles 2 et 3.

1. MAITRISER LA RELATION ORAL/ÉCRIT AUX CYCLES 2 ET 3

L'acquisition de l'orthographe lexicale et grammaticale repose sur la compréhension et la mémorisation des régularités. En comparant l'oral et l'écrit, les élèves repèrent les éléments qui ne s'entendent pas mais qu'il faut écrire. L'enseignant travaille ainsi sur les variations qui modifient les classes grammaticales (adjectifs, verbes...) en commençant par celles qui s'entendent pour ensuite aborder les marques silencieuses. Selon Nina Catach[2], les graphèmes[3] jouent différents rôles dans l'orthographe lexicale et grammaticale :

1. Les principes clés sont extraits des contenus ministériels :
   - Programme du cycle 2 : https://cache.media.eduscol.education.fr/file/A-Scolarite_obligatoire/24/5/Programme2020_cycle_2_comparatif_1313245.pdf
   - Programme du cycle 3 : https://cache.media.eduscol.education.fr/file/A-Scolarite_obligatoire/37/5/Programme2020_cycle_3_comparatif_1313375.pdf
   - « Maitriser la relation entre l'oral et l'écrit » : https://cache.media.eduscol.education.fr/file/Etude_de_la_langue/31/4/RA16_C2C3_FRA_4_Relation-oral-ecrit_636314.pdf
   - « Enseigner l'orthographe » : https://eduscol.education.fr/248/francais-cycles-2-et-3-etude-de-la-langue
2. Nina Catach, *L'Orthographe française*, Éditions Nathan, 2003.
3. Le graphème désigne la plus petite unité distinctive de la chaine écrite. Il correspond à l'unité orale qu'est le phonème ou sert à donner une information d'ordre grammatical, lexical ou étymologique.

« - Des lettres donnant des informations grammaticales (les morphogrammes grammaticaux souvent non audibles) > en genre et nombre (la fleur est bleu**e**/les chat**s**/ les gâteau**x**)/les marques de personne pour les verbes (tu danse**s**/tu veu**x**/ils joue**nt**).
- Des lettres qui donnent des informations lexicales (les morphogrammes lexicaux souvent non audibles que l'on peut retrouver par les familles de mots) > le plom**b** (plombier), gran**d** (grande).
- Des éléments qui pourraient être perçus comme "non fonctionnels" (selon Danièle Cogis) > une souri**s** (un lien avec l'origine latine "*sorex/soricis*"), un lou**p** (du latin "lupus")/ l'estoma**c** (stomacal)/bungalo**w** (mot emprunté à l'anglais). »[1]

Il s'agit d'amener les élèves à clarifier ces différents rôles des graphèmes. Pour ce faire, l'enseignant peut mettre en place différentes activités ritualisées : souligner des lettres que l'on n'entend pas dans un énoncé; placer chaque syllabe d'un mot dans des cases et colorier les cases quand la lettre ne transcrit pas un son; classer des mots selon qu'ils comportent des lettres muettes ou non...

2. INITIER UNE APPROCHE RÉFLEXIVE DE L'ORTHOGRAPHE AU CYCLE 3

Les ressources officielles préconisent deux démarches pour amener les élèves à réfléchir au fonctionnement de la langue :

- À partir des travaux de N. Catach sur le plurisystème graphique du français, l'enseignant construit avec les élèves une grille typologique des erreurs orthographiques[2].

MODÈLE DE GRILLE TYPOLOGIQUE DES ERREURS ORTHOGRAPHIQUES	
Les erreurs d'accords (GN/GV)	**Morphogrammes**
Les erreurs sur les désinences verbales	
Les erreurs de participes passés	
Les erreurs sur les homophones	**Logogrammes**
Les erreurs de transcription (lois de position...)	**Phonogrammes**
Autres erreurs	

Le but de cette grille est d'aider les élèves à identifier leurs erreurs dans les productions écrites et ainsi à cibler leurs besoins. Il s'agit d'un outil de vigilance orthographique pour les élèves.

- Les chantiers orthographiques[3]. Ces derniers ont pour but de placer l'élève dans une position de chercheur face au fait orthographique travaillé. L'enseignant propose aux élèves un corpus d'énoncés (extraits de livres ou de productions écrites des élèves) à partir duquel ils vont devoir construire la notion. Après avoir observé, trié, classé les énoncés, ils émettent un premier constat qu'ils vont vérifier à l'aide d'un second corpus.

1. « Maitriser la relation entre l'oral et l'écrit », *op. cit.*, p. 3.
2. « Enseigner l'orthographe du cycle 3 au cycle 4 » : https://cache.media.eduscol.education.fr/file/Etude_de_la_langue/31/5/RA16_C3-C4_Francais_Etude_langue_Enseigner_orthographe_774315.pdf
3. Danièle Cogis, *Pour enseigner et apprendre l'orthographe*, Delagrave, 2005.

3. PRATIQUER DIFFÉRENTES FORMES DE DICTÉES

Les différentes formes de dictées qui suivent ont pour but d'amener les élèves à réfléchir au fonctionnement de la langue en en faisant un objet d'étude, à argumenter, à mémoriser les règles, à verbaliser les procédures et le raisonnement mis en œuvre pour parvenir à une graphie correcte :

- Les ateliers de négociation graphique : un court texte est dicté à un groupe de cinq/six élèves (les autres travaillent en autonomie); ils l'écrivent sur une grande affiche. Le texte est ensuite affiché au tableau et chaque graphie est commentée et discutée; les élèves débattent et explicitent leur raisonnement. L'enseignant les amène à conclure sur le problème que pose le texte. Quand tous les groupes sont passés, une synthèse collective est réalisée.
- La phrase dictée du jour : l'enseignant dicte une phrase aux élèves qui matérialisent les accords et les mots qui s'accordent; la phrase est notée au tableau et l'enseignant note sous forme de colonne toutes les graphies proposées par les élèves pour un même mot. Les élèves débattent et argumentent sur le fait de garder ou non certaines graphies.
- La phrase donnée du jour : l'enseignant donne aux élèves une phrase correctement orthographiée, extraite de lectures faites en classe; les élèves doivent individuellement justifier les différentes graphies sur leur cahier de brouillon. S'ensuit une mise en commun orale où les différentes justifications sont discutées.
- La dictée négociée : le déroulement de cette activité est identique à celui de l'atelier de négociation graphique mais il s'effectue en classe entière répartie en plusieurs groupes. Après avoir écrit la dictée, les élèves débattent sur les différentes graphies sans aucune aide, puis dans un second temps en s'appuyant sur les affichages, le fichier outil, le dictionnaire. Les différents textes sont affichés au tableau. Pendant la discussion collective, l'enseignant écrit au tableau les différents savoirs mobilisés et construits.
- La dictée dialoguée : elle porte sur deux ou trois phrases. Le déroulement est identique pour chaque phrase. Chacune est lue plusieurs fois par l'enseignant, les élèves l'écrivent ensuite d'un seul jet. Ils peuvent alors poser des questions sur l'orthographe de certains mots mais sans nommer les lettres; par exemple, dans la phrase « on mange », demander si le verbe est au singulier ou au pluriel et non si le verbe s'écrit avec *-e* ou *-ent*.

La dictée sans erreur : une dictée est préparée lors de séances précédentes au cours desquelles les élèves repèrent eux-mêmes les difficultés du texte dicté; ils travaillent à la mémorisation des mots et repèrent les termes engendrant les accords. À la séance suivante, le texte est dicté et la version normée est collée au dos de la feuille : les élèves peuvent vérifier certains mots en les soulignant dans leur dictée. L'évaluation consiste à compter le nombre de mots soulignés et le nombre d'erreurs d'accord.

4. ÉVALUER

Les dictées peuvent servir à la fois d'évaluation diagnostique, formative ou sommative. Pour cette dernière, la notation est positive : l'enseignant évalue les réussites par rapport au fait de langue travaillé. L'orthographe lexicale et grammaticale est également évaluée dans les productions d'écrits.

Les attendus de fin de cycle 2 sont les suivants :

- orthographier les mots les plus fréquents (notamment en situation scolaire) et les mots invariables mémorisés,
- raisonner pour réaliser les accords dans le groupe nominal d'une part (déterminant, nom, adjectif), entre le verbe et son sujet d'autre part (cas simples : sujet placé avant le verbe et proche de lui ; sujet composé d'un groupe nominal comportant au plus un adjectif).

Les attendus de fin de cycle 3 sont les suivants : en rédaction de textes dans des contextes variés, maitriser les accords dans le groupe nominal (déterminant, nom, adjectif), entre le verbe et son sujet dans des cas simples (sujet placé avant le verbe et proche de lui, sujet composé d'un groupe nominal comportant au plus un adjectif ou un complément du nom ou sujet composé de deux noms, sujet inversé suivant le verbe) ainsi que l'accord de l'attribut avec le sujet.

B - TRAITEMENT DU SUJET

1. LECTURE ET ANALYSE DES DOCUMENTS DU CORPUS

Le **document 1** est un extrait du fichier élève *Mon année de français CE1*, publié par les Éditions Nathan en 2019. Pour aborder la relation sujet-verbe sont proposés aux élèves trois exercices de transposition qui portent sur les verbes *avoir, aller* et *trouver*. Les élèves doivent récrire des phrases en remplaçant le sujet singulier par un sujet pluriel (GN et pronom). Dans le premier exercice, il est proposé aux élèves de passer par l'oralisation du texte afin d'entendre les changements entre l'oral et l'écrit. Une aide est également proposée : le manuel donne les formes verbales transposées correctement orthographiées.
Le **document 2** contient deux productions d'élèves correspondant à l'étape de la série d'actions dans l'écriture du conte. On note dans les deux productions des erreurs concernant l'accord sujet-verbe : soit l'absence d'accord, soit une marque d'accord erronée. Sur les trois verbes conjugués, seul un accord a été réussi. Pour l'élève 1, on relève également une erreur d'accord dans le groupe nominal et pour l'élève 2, une erreur dans le choix du pronom singulier « il » au lieu de « ils ». Tous les accords des verbes conjugués de ces productions ne s'entendent pas : il est donc plus difficile pour les élèves de les orthographier correctement lors du premier jet.
Le **document 3** est un extrait d'un article écrit par Danièle Cogis et Michelle Ros en 2003, intitulé « Les verbalisations métagraphiques : un outil didactique en orthographe ? ». Elle y décrit les ateliers de révision. Le déroulement de cette activité est le suivant : l'enseignant dicte un texte. Les élèves l'écrivent sur une grande feuille qui sera par la suite affichée au tableau. L'enseignant travaille avec un groupe d'élèves, le reste de la classe est en autonomie. Une lecture orale fait apparaitre les difficultés. Les élèves interagissent pour identifier les erreurs, proposer une solution, expliciter comment ils feraient pour bien orthographier le mot. S'ils ne parviennent pas à trouver de solutions, l'enseignant les renvoie vers les affichages ou les amène à comparer la production et sa version normée. L'autrice rappelle l'importance des interactions entre élèves dans l'activité de révision d'un texte : en corrigeant la production de leur camarade, ils observent un autre point de vue, une autre manière de faire, ce qui les amène à se questionner, à se justifier en explicitant les procédures qu'ils utilisent pour réaliser l'accord.

2. RÉDACTION DE LA FICHE DE PRÉPARATION

<table>
<tr><td colspan="4">SÉANCE DÉCROCHÉE EN ORTHOGRAPHE : L'accord sujet-verbe</td></tr>
<tr><td colspan="2">DATE : Juin</td><td colspan="2">DOMAINE DU SOCLE : 1</td></tr>
<tr><td>NIVEAU DE CLASSE :
CE1</td><td>NOMBRE D'ÉLÈVES :
24</td><td>SÉANCE N° :
5</td><td>DURÉE :
45 minutes</td></tr>
<tr><td colspan="2">PLACE DE LA SÉANCE DANS LA SÉQUENCE :
Séance 1 - Planification : carte d'identité du conte
Séance 2 - Écriture de la situation initiale et de l'élément perturbateur
Séance 3 - Mise en commun/révision
Séance 4 - Écriture de la série d'actions
Séance 5 - Séance décrochée en orthographe : l'accord sujet-verbe
Séance 6 - Écriture de la résolution et de la situation finale
Séance 7 - Mise en commun/révision
Séance 8 - Finalisation des productions</td><td colspan="2">INTITULÉ DE LA SÉQUENCE :
Écrire un conte</td></tr>
<tr><td colspan="2">OBJECTIFS DE LA SÉANCE :
Raisonner pour réaliser les accords entre le verbe et son sujet.</td><td colspan="2">PRÉREQUIS :
Identifier le verbe et le sujet dans une phrase.</td></tr>
<tr><td colspan="2">COMPÉTENCES VISÉES :
Être capable de :
• réfléchir au fonctionnement de la langue ;
• réviser un texte avec l'aide de l'enseignant ;
• expliciter les procédures utilisées pour réaliser un accord ;
• utiliser des outils à disposition dans la classe pour réviser un texte.</td><td colspan="2">MATÉRIEL – SUPPORTS :
Productions écrites des élèves, affichage sur les règles d'accords.</td></tr>
</table>

PHASE 1
DURÉE PRÉVUE : 20 minutes
MODALITÉ : oral/groupes

Consigne	Tâche des élèves	Rôle de l'enseignant
Atelier de révision 1. *Aujourd'hui nous allons revenir sur vos productions écrites.* *Vous allez travailler en petits groupes. Je vous distribue la production écrite d'un des groupes (cf. doc 2 élève 2) et vous allez devoir repérer les erreurs concernant les accords dans le groupe verbal et proposer des solutions pour les corriger.* 2. Mise en commun au tableau.	1. Les élèves repèrent les verbes et discutent des accords. 2. Les élèves comparent les différentes corrections effectuées sur les feuilles. Ils en discutent, justifient leur point de vue, identifient les sujets qui donnent leur accord aux verbes. Réponses attendues : relever que l'accord de « prenent » est correct ; que « arrive » n'est pas accordé ; que « délivres » est accordé mais de manière erronée (la marque « s » correspondant aux noms et aux adjectifs). Les trois verbes doivent se terminer par *-ent* puisque leur sujet (« les chevaliers » et le pronom « ils ») sont au pluriel.	1. Demander aux élèves de rappeler comment on identifie le verbe dans la phrase : soit en le mettant à la forme négative, soit en conjuguant le verbe. Leur indiquer de commencer par souligner le verbe et d'identifier son sujet (les renvoyer aux manipulations décrites dans les affichages de la classe), puis de matérialiser l'accord. Passer dans les groupes pour accompagner les élèves dans leurs discussions. 2. Afficher les feuilles au tableau. Amener les élèves à les comparer, puis à justifier leurs propositions de correction. Inciter les élèves à expliciter les procédures qu'ils ont utilisées pour corriger les erreurs identifiées.

Critères de réussite :
Être capable de participer à des échanges : écouter les autres, donner son avis, le justifier, expliciter une procédure.

Différenciation :
S'occuper d'un groupe d'élèves en difficulté pour reprendre le travail sur l'identification du verbe, ou de ses accords, ou simplement pour guider leur démarche dans la réflexion sur les mêmes phrases ou des phrases plus adaptées à leur niveau de compétence.

REMARQUE
Les élèves de cette classe ont l'habitude de cette activité de révision des textes (cf. doc 3). Ils connaissant les règles et la manière de procéder.
Comme le suggèrent D. Cogis et M. Ros (cf. doc 3), ce sont les interactions langagières entre les élèves qui vont leur permettre de réfléchir au fonctionnement de la langue.

PHASE 2
DURÉE PRÉVUE : 5 minutes
MODALITÉ : oral/collectif

Consigne	Tâche des élèves	Rôle de l'enseignant
<u>Rappel de la règle</u> *Nous allons revenir sur ce qui a été dit lors de la correction au tableau : quelle est la règle pour accorder le verbe ? Comment faites-vous concrètement pour accorder le verbe ?*	Les élèves reformulent ce qui a été dit dans les échanges de la phase précédente.	Aider les élèves à formuler la règle d'accord et répéter les procédures à utiliser en relisant l'affichage réalisé en cours d'année.

REMARQUE
Il est important que la trace écrite correspondant au savoir à retenir contienne les manipulations à effectuer.

PHASE 3
DURÉE PRÉVUE : 10 minutes
MODALITÉ : individuel

Consigne	Tâche des élèves	Rôle de l'enseignant
<u>Automatisation : exercices d'entrainement</u> *Vous allez appliquer tout ce qu'on vient de rappeler en faisant des exercices. Nous allons lire les consignes et faire le premier exercice ensemble.*	Un ou deux élèves reformulent la consigne. Les élèves écoutent et participent à la réalisation du premier exercice. Ils font ensuite deux exercices seuls.	Faire la transposition à l'oral pour le premier exercice et demander aux élèves s'ils entendent des changements. Puis leur dicter la réponse. S'ils n'arrivent pas à l'orthographier, écrire la réponse au tableau.

Critères de réussite :
Être capable de répondre à une consigne écrite seuls.
Pour les élèves en difficulté, faire oraliser chaque énoncé avant de transposer celui-ci au pluriel.

Différenciation :
Ne donner qu'un seul exercice à certains élèves et les accompagner lors de cette phase de travail individuel.
Ne pas donner la rubrique « aide » du fichier à certains élèves.

REMARQUE
Cette phase d'entrainement est importante dans l'appropriation de la notion orthographique : elle permet aux élèves de mémoriser la règle et les procédures.

<table>
<tr><td colspan="3">PHASE 4
DURÉE PRÉVUE : 10 minutes
MODALITÉ : individuel</td></tr>
<tr><td>Consigne</td><td>Tâche des élèves</td><td>Rôle de l'enseignant</td></tr>
<tr><td><u>Révision des productions écrites</u>
Maintenant je vais vous distribuer vos productions sur le conte et vous allez reprendre votre texte en vérifiant les accords sujet-verbe comme vous l'avez fait en début de séance, mais cette fois tout seuls, pour voir si vous avez bien compris comment faire.</td><td>Les élèves révisent leur texte.</td><td>Rappeler aux élèves tous les outils dont ils disposent pour réviser leur texte : affichages, fichier-outil…</td></tr>
<tr><td colspan="3">Différenciation :
Prendre en charge un groupe d'élèves.</td></tr>
<tr><td colspan="3">REMARQUE
Pour les élèves en difficulté, l'enseignement explicite est très important lors de ces phrases de révision de texte. L'enseignant accompagne pas à pas les élèves en leur montrant comment il fait.</td></tr>
</table>

3. PRÉPARATION DE L'ENTRETIEN

a) Introduction

Je vais vous présenter une séance d'étude de la langue qui a lieu en juin dans une classe de CE1. Elle s'inscrit dans une séquence visant l'écriture d'un conte. Il s'agit de la cinquième séance qui porte sur l'étude de la langue et plus précisément sur l'accord sujet-verbe. Dans les premières séances, les élèves ont été amenés à planifier leur écriture en remplissant une fiche d'identité du conte. Ils ont ensuite successivement écrit la situation initiale, l'élément perturbateur et la série d'actions. Lors des corrections de ces premières versions, l'enseignant a constaté que beaucoup d'élèves ne maitrisaient pas l'accord sujet-verbe en production autonome. Il a ainsi inclus dans sa séquence une séance d'orthographe décrochée.
Pour concevoir cette séance, je me suis appuyé(e) sur les quatre documents du corpus proposé. Le **document 1** est un extrait du fichier élève *Mon année de français CE1*, publié en 2019, qui propose des exercices de transposition du singulier au pluriel. Le **document 2** contient deux productions d'élèves correspondant à l'étape de la série d'actions dans l'écriture du conte. On note dans les deux productions des erreurs concernant l'accord sujet-verbe. Le **document 3** est un extrait d'un article écrit par Danièle Cogis et Michelle Ros en 2003, intitulé « Les verbalisations métagraphiques : un outil didactique en orthographe ? ». Elles y décrivent les ateliers de révision.

Cette séance a pour objectif d'amener les élèves à raisonner pour réaliser les accords entre le verbe et son sujet. La séance dure 50 minutes et vise les compétences suivantes :

- être capable de réfléchir au fonctionnement de la langue,
- être capable de réviser un texte avec l'aide de l'enseignant,
- être capable d'expliciter les procédures utilisées pour réaliser un accord,
- être capable d'utiliser des outils à disposition dans la classe pour réviser un texte.

Voici le déroulé et les composantes didactiques et pédagogiques de cette séance.

b) Conclusion

Dans cette séance, les élèves ont été amenés à réfléchir sur l'accord sujet-verbe à partir de la révision de leurs productions écrites et d'exercices d'entrainement. L'enseignant pourra dans les séances suivantes proposer à ses élèves une dictée négociée afin d'automatiser les procédures à utiliser pour accorder le verbe et de mémoriser les règles d'accord. Proposer cette activité de manière régulière lui permettra de mesurer plus facilement les progrès de ses élèves.

c) Questions du jury

Quels sont les usages possibles de la dictée dans l'apprentissage de l'orthographe ?

La dictée peut servir d'évaluation finale pour mesurer les acquis orthographiques des élèves. Elle est également utilisée comme support d'apprentissage et d'entrainement pour engager les élèves à une réflexion sur le fonctionnement de la langue. Certains types de dictées comme la dictée négociée ou la dictée dialoguée permettent aux élèves d'échanger et de partager les stratégies à mettre en place pour choisir la bonne orthographe. D'autres types de dictées permettent d'automatiser les connaissances grammaticales et orthographiques.

Sur Lea.fr

Retrouvez deux autres questions du jury

Sujet n° 2 :
Lexique en Grande Section

À partir du corpus proposé, vous concevrez une séance visant l'enrichissement du lexique en Grande Section. La séance s'inscrit dans une séquence portant sur la mémorisation du vocabulaire lié au champ lexical de « la classe ». Elle se situe en période 1. Vous détaillerez le déroulement de cette séance en prenant soin d'expliciter vos choix didactiques et pédagogiques.

CORPUS DE 4 DOCUMENTS

Document 1. Extrait du guide « Pour enseigner le vocabulaire à l'école maternelle » Eduscol, février 2020, pp. 29-30.

Une démarche qui aide à la mémorisation

Les opérations mentales de mémorisation chez les jeunes enfants ne sont pas volontaires et une simple exposition aux mots, sans analyse, ne suffit pas pour les mémoriser.

Trois étapes permettent de mémoriser des informations dans le cerveau et surtout, de s'en rappeler :

- **l'encodage** : à partir d'un stimulus visuel, auditif, olfactif, moteur, l'information est traitée pour être mise en mémoire;
- **le stockage** : l'information est mise en lien avec les connaissances antérieures, pour la faire durer dans le temps. La mémoire stocke les mots en réseau ou en toile. Pour aider au stockage d'un mot nouveau, il est utile de l'associer à des mots synonymes ou appartenant à la même catégorie, à des phrases, etc.;
- **la récupération** : l'information est extraite de la mémoire. C'est une opération complexe qui peut nécessiter l'aide du professeur par une contextualisation, une réactivation des liens avec les autres apprentissages (place du mot, synonyme, etc.) ou une activité de reconnaissance (retrouver dans une liste par exemple).

Ebbinghaus, psychologue allemand du XIXe siècle, et de nombreux chercheurs contemporains, ont étudié la mémoire et notamment les façons d'associer les informations entre elles pour mieux les retenir. La courbe d'oubli d'Ebbinghaus montre que nous apprenons très vite mais oublions également très vite.

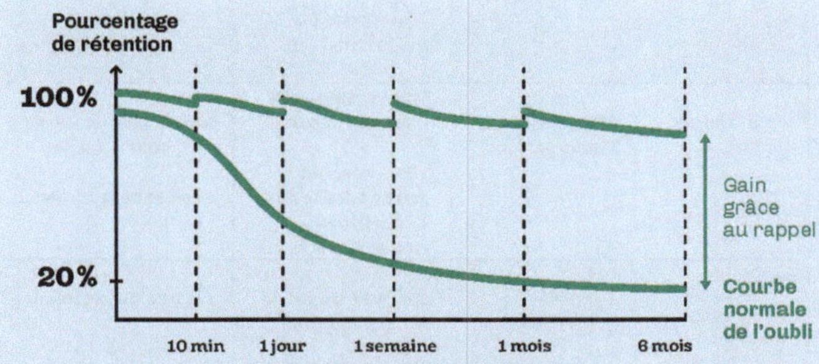

La courbe d'Ebbinghaus

Sa théorie a une incidence directe sur l'enseignement. Quand le jeune enfant étudie des mots nouveaux qui n'appartiennent pas à son lexique habituel, il les retient pendant un temps très court. **L'apprentissage répété à intervalles réguliers améliore la mémorisation.**
Mémoriser les mots, c'est pouvoir les réemployer et transférer à d'autres situations et contextes ce que l'on a déjà appris de certains mots et de leurs usages. Faire mémoriser les mots appris ne se limite pas à archiver leur trace sur des supports divers (cahiers, imagiers de la classe, affiches murales illustrées, boîtes à mots, guirlandes d'illustrations représentant des mots). La mémorisation du vocabulaire est facilitée par des moyens mnémotechniques multiples qui vont activer le rappel du mot dans toutes ses dimensions : sa forme sonore, son champ sémantique, ses représentations variées. Pour faciliter le rappel, le professeur évoque les contextes d'utilisation expérimentés en classe et les propriétés perceptives, fonctionnelles et catégorielles du mot. Cette mise en résonance, associée à l'utilisation des traces, réactive les mots.
La mémorisation est encouragée très régulièrement avec des activités d'entraînement portant sur les mots nouveaux intégrés à des ensembles organisés.

Document 2. Dispositif Apprentilangue – Grande Section : Même progression pour chaque thème (Extraits du site https://apprentilangue.jimdo.com)

Extrait du guide pédagogique

GUIDE PEDAGOGIQUE

Thème 1 L'école	Dire Lire Écrire	Dire	Écrire Lire
	RITUEL	APPRENTISSAGE ET ENTRAINEMENT	PRODUCTION D'ECRIT
Semaine 1	Devinettes: 2 mots par jour		Constitution de l'imagier pour la classe
Semaine 2	Devinettes : 2 mots par jour	Avec l'enseignant Jeu « bataille des syllabes »	Constitution de l'imagier pour la classe Apprentissage de la comptine
Semaine 3	Devinettes : 2 mots par jour	Avec l'enseignant Jeu « les paires » En autonomie Jeu de bataille des syllabes	Constitution de l'imagier pour la classe Lecture de la comptine
Semaine 4	Devinettes : 2 mots par jour	Avec l'enseignant : Jeu de l'intrus En autonomie : - Jeu de bataille des syllabes - Jeu « les paires »	Constitution de l'imagier pour la classe Lecture de la comptine
Semaines 5 et 6	Reprise des devinettes	Diaporamas « révision » Fluence / Familles de mots - Synonymes Jeux avec l'enseignant (remédiation) ou en autonomie	Écriture de la comptine

Liste des mots – Thème « la classe », Grande Section

1. gommette - imagier
2. horizontal - vertical
3. coloriage - relier
4. boulier - cercle
5. identique - pinceau
6. nombre - ligne
7. chiffre - enfiler
8. encastrement - oblique
9. courbe - rouleau
10. tracer - boucle
11. perle - brisée
12. copier - spirale
13. à l'endroit - à l'envers
14. disque - dessiner
15. pâte à modeler - entourer
16. tiret - écrire
17. Révision 1
18. Révision 2
19. Révision 3

Document 3. Dispositif Apprentilangue – Grande Section : thème « la classe » (Captures d'écran issues du site https://apprentilangue.jimdo.com)

Diaporama de présentation des deux mots par jour sous forme de devinette :
1) L'enseignant lit la devinette. Les élèves émettent des hypothèses.
2) L'enseignant fait apparaitre la première lettre du mot, les élèves émettent à nouveau des hypothèses. Il fait ainsi apparaitre une par une la graphie de chaque son.
3) Le mot est affiché en écriture cursive.
4) Une illustration du mot apparait.
5) Une phrase contenant le mot est affichée et lue par l'enseignant.
6) Les deux mots sont présentés avec pour certains d'entre eux : des mots de la même famille, des synonymes, des contraires...

Les pastilles de couleur en haut des cartes précisent la catégorie grammaticale à laquelle appartient le mot : bleu pour les noms, rouge pour les verbes…

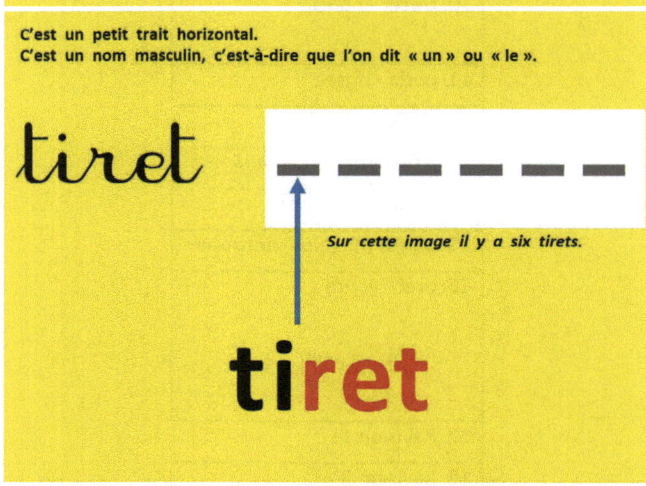

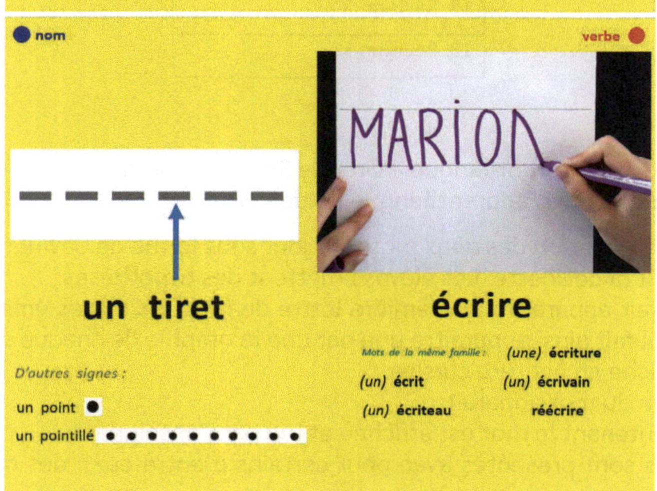

Document 4. Étiquettes mots créées par l'enseignante à partir du dispositif « Apprentilangue GS » sur le thème de la classe

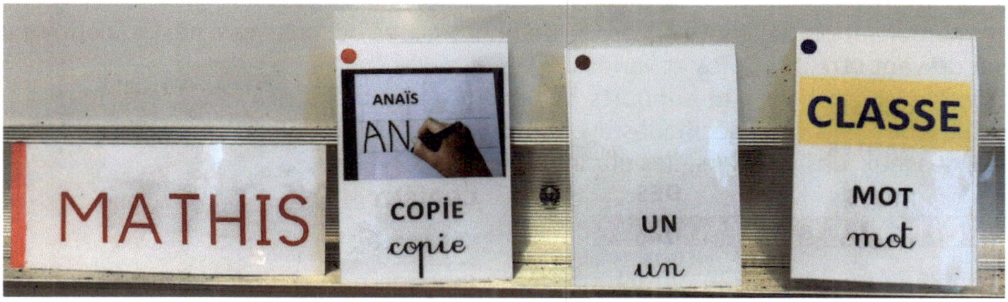

A - CONNAISSANCES DIDACTIQUES ET PÉDAGOGIQUES À MOBILISER

1. DÉFINITIONS

Le lexique est une notion théorique : il désigne l'ensemble complet des mots d'une langue. Il est à distinguer du vocabulaire qui correspond à l'ensemble des mots effectivement employés par un individu dans un énoncé écrit ou oral. Dans le langage courant, on emploie indifféremment les termes « vocabulaire » et « lexique », ceux-ci étant considérés comme synonymes.

2. DÉVELOPPER LE VOCABULAIRE : UN ENJEU FONDAMENTAL

Le développement du vocabulaire est un enjeu fondamental à l'école maternelle.
Le temps de l'école maternelle (3-5 ans) correspond, dans le développement de l'enfant, à une période d'explosion lexicale. C'est donc le moment idéal pour aider tous les enfants à élargir leur capital lexical.

3. PASSER D'UN VOCABULAIRE PASSIF À UN VOCABULAIRE ACTIF

De nombreux mots sont acquis par les élèves de façon informelle, à travers les échanges qu'ils ont dans la sphère familiale ou scolaire.
Les programmes de l'école maternelle précisent la nécessité de développer « une conscience de la langue, des mots et des unités sonores. »
L'élève doit passer d'un vocabulaire passif, compris en réception, à un vocabulaire actif qu'il sera capable de comprendre et d'émettre en situation de production, orale dans un premier temps et plus tard écrite.

---

1. Les principes clés sont extraits des contenus ministériels :
   - Programme Cycle 1 : https://www.education.gouv.fr/bo/19/Hebdo22/MENE1915456N.htm?cid_bo=142293
   - « Pour enseigner le vocabulaire à l'école maternelle » : https://eduscol.education.fr/document/299/download
   - « Ressources maternelle - Partie II.1- Lien oral-écrit, Lexique et syntaxe » : https://eduscol.education.fr/document/13357/download

Pour cela, il lui faut mémoriser les mots découverts en contexte, les observer, les analyser dans des activités qui les décontextualisent pour enfin être capable de les réemployer de façon spontanée.
Cette mémorisation des mots nécessite de nombreuses occurrences. Les rencontres avec le mot doivent être multiples et variées.
De nombreuses activités et supports favorisent cette mémorisation. L'enseignant peut construire des séances spécifiques avec des objectifs bien définis en s'appuyant sur des objets, des jeux, des imagiers, des albums...

4. ACCROITRE LE CAPITAL MOTS

Le vocabulaire ne constitue qu'une partie du langage oral dont l'école maternelle vise l'appropriation mais son importance n'est pas négligée par les enseignants : ceux-ci sont attentifs au niveau lexical atteint par les enfants car ils en connaissent l'impact dans les domaines d'apprentissage et le poids dans la réussite scolaire. Il y a de fortes variabilités interindividuelles dont certaines sont d'ordre socio-culturel ; il est donc nécessaire dans le cadre de la lutte contre les inégalités de doter tous les enfants d'un vocabulaire de plus en plus étendu. Il devrait être d'environ 2 000 à 2 500 mots à la fin de l'école maternelle, stock jugé nécessaire pour faciliter l'apprentissage de la lecture au CP.
Pour le petit enfant, acquérir des mots, c'est mettre en correspondance des unités du langage avec :

- des objets ou des personnes (désignées par des noms) ;
- des actions (désignées par des verbes et précisées par des adverbes) ;
- des propriétés ou des qualités des objets et des personnes désignées (rôle des adjectifs qualificatifs) ;
- l'expression des relations spatiales, temporelles ou logiques.

5. ACCOMPAGNER VERS LA COMPRÉHENSION DU MONDE

Enrichir le vocabulaire d'un enfant, c'est lui ouvrir les portes pour accéder à la compréhension du monde. En effet, les mots nomment les choses. Ils lui permettent aussi de les décrire, de les comparer, de les évoquer...

6. ENSEIGNER LE VOCABULAIRE EN GROUPE RESTREINT

Pour comprendre le sens d'un mot inconnu, les élèves s'appuient sur le contexte. À l'oral, ce peut être ce qui les entoure, les expressions du visage de la personne qui s'exprime, les autres phrases ou mots du discours... À l'écrit, de la même façon, le contexte permet souvent d'accéder au sens d'un mot. C'est un cercle vertueux : plus l'élève connait de mots, plus il peut en découvrir en contexte.
A contrario, les lacunes dans le vocabulaire de base peuvent pénaliser un élève puisqu'il ne peut pas s'appuyer sur ce contexte. Les différences de niveaux entre élèves ne dépendent pas de la quantité de vocabulaire à laquelle ils ont été exposés mais surtout de sa qualité. Il existe de grandes disparités entre le niveau verbal des élèves, dès le cycle 1.
Pour accompagner les élèves dans l'enrichissement de leur lexique, l'enseignant doit travailler en groupe restreint, voire en tête-à-tête, et se placer un peu au-delà des productions : « sur la marche supérieure » pour ainsi dire, afin d'amener les enfants vers ce niveau. Il est important de proposer des activités avec un niveau de langage qui leur permette de faire décoller leur système d'apprentissage du langage, jusqu'à ce qu'ils puissent rattraper leurs pairs dans les activités communes.

7. IMPLIQUER LES ÉLÈVES

L'enseignement du vocabulaire doit être structuré et progressif. Il convient de proposer aux élèves des supports motivants (textes de littérature de jeunesse, contes, œuvres d'arts...) et de veiller à l'emploi de mots précis et justes dans toutes les interactions quotidiennes et même dans les échanges informels, notamment avec les plus petits.
Pour affiner le sens d'un mot, il convient de multiplier et de diversifier les contextes dans lesquels il apparait. Ce mot peut être « travaillé » dans des situations ordinaires, régulières comme le retour d'activités, dans les disciplines où il est à la fois outil, vecteur des apprentissages mais aussi objet (dans la rétention du vocabulaire spécifique à la discipline).
Il est nécessaire pour l'enseignant de varier les entrées : croiser plusieurs types de situations d'apprentissage car le vocabulaire concerne le quotidien, tous les domaines d'apprentissage, les activités sur la littérature et les documentaires.
L'enseignant ne survalorise pas les noms et pense à laisser toute leur place aux verbes.

8. FAIRE DE L'ACQUISITION DU VOCABULAIRE UN SOUCI PERMANENT

« L'enseignant doit adopter une posture d'écoute active dans l'échange pour conduire l'élève à dire ce qu'il veut dire. Il faut donc lui laisser le temps, ne pas le couper, ni terminer son propos à sa place, sans quoi, très vite, le très jeune élève s'adapte et se contente d'évoquer au lieu de dire, ou de dire ce qu'il croit que l'enseignant attend. »[1]
L'enseignant doit veiller à ce que sa langue cible puisse constituer un modèle pour les élèves. Pour les faire progresser, il doit avant tout proposer un modèle langagier permanent et faire un usage abondant de la reformulation des propos des enfants. L'utilisation du langage en accompagnement de l'action et du vécu est l'objectif premier en Petite Section, mais les enfants doivent entendre l'adulte utiliser, très régulièrement, le niveau de langue mobilisé pour le rappel ou l'anticipation de réalités hors situation.

9. ÉVALUER

En fin de Grande Section, tous les élèves devraient :

- s'appuyer sur des verbes très fréquents (dire, faire, mettre, aller, prendre, avoir, être, etc.) et des pronoms pour s'exprimer ;
- s'emparer du vocabulaire travaillé en classe et l'utiliser à bon escient dans les tâches langagières ;
- corriger et reprendre leurs propos pour remplacer un mot par un autre, plus précis ;
- employer un vocabulaire usuel (vie quotidienne à l'école) suffisamment développé pour être précis dans leurs prises de parole et dans les activités ordinaires de la classe ;
- réutiliser dans un autre contexte les mots appris dans un certain contexte ;
- utiliser régulièrement des adjectifs et des adverbes pour spécifier leur propos ;
- s'interroger sur un mot dont on ignore le sens ;
- utiliser des connecteurs logiques et temporels.

L'enseignant fait le choix d'évaluer quelques élèves sur une séance. Il peut compléter une grille d'observation sur laquelle il aura défini quelques critères tels que l'emploi du lexique travaillé, le vocabulaire spatial (sur, sous, dans...), la syntaxe (je + verbe + complément), etc.

1. « Pour enseigner le vocabulaire à l'école maternelle », *op. cit.*

B - TRAITEMENT DU SUJET

1. LECTURE ET ANALYSE DES DOCUMENTS DU CORPUS

Le **document 1** est extrait du guide « Pour enseigner le vocabulaire à l'école maternelle » publié par le ministère de l'Éducation nationale en février 2020. Il présente trois étapes qui permettent la mémorisation : l'encodage (mise en mémoire de l'information suite à un stimulus), le stockage (mise en réseau de la connaissance) et la récupération (extraction de la mémoire qui peut nécessiter l'aide du professeur). Il contient aussi la courbe d'Ebbinghaus témoignant de la nécessité des rappels à un rythme expansé.

Le **document 2** est extrait du guide pédagogique du dispositif « Apprentilangue GS ». Il présente la **démarche** qui est à suivre de la même façon pour chaque thème : le rituel de devinettes (2 mots par jour), les phases d'apprentissage et d'entrainement dans lesquelles sont liés le dire-lire-écrire et la partie production d'écrits.

Le **document 3** présente le déroulement d'une séance de rituel « Apprentilangue GS », la découverte de deux mots par jour à l'aide du diaporama-support. Ce document présente des indices progressifs : la devinette suivie des hypothèses avancées par les élèves, l'apparition progressive du mot en écriture scripte, avec émission d'hypothèses des élèves à chaque fois, le mot affiché en cursif, une illustration du mot, le mot dans une phrase, puis des éléments variables selon les mots : synonymes, contraires, mots de la même famille… La catégorie grammaticale des mots est codée par une pastille de couleur.

Le **document 4** est une photographie montrant une phrase rédigée par un élève à partir du dispositif « Apprentilangue GS » – thème la classe : *Mathis copie un mot.*

2. RÉDACTION DE LA FICHE DE PRÉPARATION

<table>
<tr><th colspan="4">SÉANCE : Ateliers jeux autour du vocabulaire de la classe</th></tr>
<tr><td colspan="2">DATE : Début octobre</td><td colspan="2">DOMAINE DU SOCLE : 1</td></tr>
<tr><td>NIVEAU DE CLASSE :
GS</td><td>NOMBRE D'ÉLÈVES :
19 (2 groupes de 6 et 1 groupe de 7)</td><td>SÉANCE N° :
16</td><td>DURÉE :
35 minutes</td></tr>
<tr><td colspan="2">PLACE DE LA SÉANCE DANS LA SÉQUENCE :
Rituel quotidien : 2 mots découverts sous le mode de devinette (cf. diaporama doc 3) et constitution de l'imagier tout au long de la séquence
Semaine 1 - 2 mots par jour et imagier
Semaine 2 - Jeu « Syllabes en bataille » (avec l'enseignant), apprentissage de la comptine et production d'écrits
Semaine 3 - Jeu des paires (avec l'enseignant), jeu « Syllabes en bataille » en autonomie, lecture de la comptine et production d'écrits
Semaine 4 - Ateliers jeux autour du vocabulaire de la classe
Semaine 5 et 6 - Reprise des devinettes : diaporamas « révision »
Fluence / Familles de mots - Synonymes et jeux avec l'enseignant (remédiation) ou en autonomie</td><td colspan="2">INTITULÉ DE LA SÉQUENCE :
Mémoriser le vocabulaire lié à la classe.</td></tr>
<tr><td colspan="2">OBJECTIFS DE LA SÉANCE :
Groupes en autonomie : mémoriser le vocabulaire découvert en rituels sur le thème de « La classe ».
Groupe dirigé : produire une phrase à l'aide des étiquettes-mots issus des rituels.</td><td colspan="2">PRÉREQUIS :
Avoir découvert en amont les mots qui seront utilisés dans les activités (cf. liste doc 2).
Avoir compris ces mots.</td></tr>
<tr><td colspan="2">COMPÉTENCES VISÉES :
Enrichir son vocabulaire.
Mémoriser et réactiver les mots appris.
Réinvestir les mots appris en situation de production.
Produire une phrase syntaxiquement correcte et qui a du sens.
Mettre un point à la fin de la phrase.</td><td colspan="2">MATÉRIEL – SUPPORTS :
Cartes images : les prénoms des élèves du groupe, 2 verbes : « copie » et « dessine », 1 déterminant : « un », 5 noms : « mot », « nombre », « chiffre », « disque », et « cercle » + cartes « point » (fin de phrases).</td></tr>
</table>

PHASE 1
DURÉE PRÉVUE : 10 minutes
MODALITÉ : oral/collectif

Consigne	Tâche des élèves	Rôle de l'enseignant
<u>Rituel (doc 2)</u> *Comme nous le faisons chaque jour, vous allez devoir deviner 2 mots à l'aide des indices du diaporama. Ces mots sont utilisés en classe.* Découverte des 2 derniers mots de la liste : « tiret » (doc 3) et « écrire » à partir du diaporama qui dévoile progressivement les indices permettant de découvrir le mot : • devinette, • apparition progressive des graphèmes qui composent le mot, • apparition de l'illustration, • épellation du mot découvert, • lecture de la phrase. À l'issue des échanges autour ces 2 nouveaux mots, ils apparaissent sur une diapositive correspondant aux cartes qui s'ajouteront à la collection de mots de la classe.	Les élèves émettent des hypothèses, proposent des mots pouvant correspondre à la devinette. Ils échangent sur les possibilités : des indices comme le genre permettent d'écarter certaines propositions. Le mot identifié est épelé par l'ensemble du groupe classe. Ils échangent sur les mots rencontrés : dans quelles situations les utilise-t-on ? Les élèves proposent des phrases dans lesquelles ils emploient les mots étudiés. Ils redisent l'ensemble des mots découverts dans le thème, avec le support visuel des cartes.	Lire la devinette. Noter au tableau les propositions des élèves, puis faire apparaitre peu à peu les indices. Afficher ensuite le mot en écriture cursive, puis une illustration du mot. Lire la phrase contenant le mot. Les cartes sont présentées et ajoutées à la collection de mots. Les deux mots du jour sont rappelés par la dernière diapo avec des mots de la même famille, des synonymes ou des contraires.

Critères de réussite :
Être capable de :
- faire des propositions de mots à partir d'une devinette (approche de la définition d'un mot),
- se remémorer l'ensemble des mots travaillés.

REMARQUE
Ce « rituel » peut être fait en amont de la séance, à un autre moment de la journée. Ici, le choix a été fait de le faire avant l'atelier pour introduire les deux mots dans les jeux. Cette séance s'appuie sur le dispositif « Apprentilangue ». Il correspond à une adaptation de cet outil faite par l'enseignant.

PHASE 2 **DURÉE PRÉVUE :** 5 minutes **MODALITÉ :** oral/collectif		
Consigne	**Tâche des élèves**	**Rôle de l'enseignant**
Passation des consignes 1. *Les groupes 1 et 2, vous jouerez par 2.* *Le groupe 1 va jouer au « jeu des paires » : qui peut rappeler la règle ?* *Le groupe 2 va jouer à « Syllabes en bataille ». Qui peut rappeler la règle ?* *Ces jeux vont vous permettre de mémoriser les mots pour pouvoir les utiliser lorsque vous en aurez besoin.* *Le groupe 3 va travailler avec moi, nous allons écrire des phrases à l'aide des cartes de mots.*	Un élève énonce la règle du jeu (règle du memory). Retourner 2 cartes et les nommer. Si elles sont identiques, elles sont gagnées. Un élève explique la règle de « Syllabes en bataille » : les élèves retournent en même temps la carte du dessus de leur paquet. Chacun compte le nombre de syllabes qui composent son mot. Le plus grand nombre gagne les deux cartes. L'élève qui a le plus de cartes à la fin de la partie a gagné.	Réguler les échanges, préciser, reformuler, solliciter les « petits parleurs ». Expliciter l'objectif de chaque atelier.
REMARQUE *La passation de consignes est rapide car les jeux sont connus des élèves qui les pratiquent régulièrement.* *Les groupes sont constitués pour l'ensemble de la période.*		
PHASE 3 **DURÉE PRÉVUE :** 15 minutes **MODALITÉ :** oral/groupes		
Consigne	**Tâche des élèves**	**Rôle de l'enseignant**
Mise en ateliers 1. Groupes 1 et 2, en autonomie (cf. doc 2).	1. Les élèves en autonomie se mettent en activité avec l'aide de l'Atsem, si nécessaire.	1. L'Atsem ou l'enseignant ont préparé les espaces en amont.

2. Groupe 3 avec l'enseignant : *Aujourd'hui, nous allons écrire des phrases avec les mots que nous avons appris.* a) Présentation de chaque carte par l'enseignant qui la montre et la nomme : *Voici le mot « dessine »...* b) Les élèves montrent les cartes nommées par l'enseignant : *Montre-moi le mot « un »...* c) L'enseignant montre les cartes une à une et demande aux élèves de les nommer : *Vous allez maintenant me dire le mot que je vous montre.* d) L'enseignant pose les cartes alignées en nommant chacune d'elle au fur et à mesure : *Léo – dessine – un – cercle.* Il relit la phrase et ajoute la carte « point » en justifiant : *« Léo dessine un cercle. » est une phrase. Les phrases se terminent par un point. Je pose la carte « point. »* e) Lecture de la phrase. f) Lecture de nouvelles phrases : *Clara copie un mot.* *Nathan copie un chiffre.* *Amir dessine un cercle.* *Léo dessine un cercle.* g) Les cartes sont mélangées. Production de phrases.	2. a) Les élèves écoutent l'enseignant nommer chaque carte et les regardent. b) Ils montrent les cartes nommées par l'enseignant. c) Ils nomment ensuite les cartes montrées par l'enseignant. d) Ils observent la phrase composée par l'enseignant. e) Ils lisent la phrase en pointant chaque carte. f) Ils lisent les phrases en pointant chaque carte. g) Les élèves composent chacun à leur tour, une phrase de 4 mots et la lisent en pointant chaque carte. Ils montrent la carte « point ». Par exemple : *Mathis copie un mot.* (doc 4)	2. a) Poser une à une les cartes sur la table et les nommer. b) Puis nommer une carte et demander à un élève de la montrer. c) Montrer les cartes et la faire nommer. d) Poser les cartes, en ligne sur la table pour composer une phrase : « Léo dessine un cercle. » Et ajouter la carte « point », en justifiant. e) Valider ou faire valider/corriger par les pairs. f) Construire de nouvelles phrases. g) Valider ou faire valider/corriger par les pairs.
Critères de réussite : Parvenir à produire une phrase syntaxiquement correcte, qui a du sens et se termine par un point.		

REMARQUE
L'objectif des ateliers autonomes est la mémorisation du vocabulaire découvert lors des rituels depuis la rentrée sur le thème de la classe. Il s'agit d'une démarche spiralaire qui permet la multiplicité des rencontres avec le mot (cf. doc 1).
Les catégories grammaticales symbolisées par les pastilles de couleur prennent ici tout leur sens : pour produire une nouvelle phrase, l'élève peut remplacer le verbe par un autre verbe et le nom par un autre nom.

PHASE 4
DURÉE PRÉVUE : 5 minutes
MODALITÉ : oral/collectif

Consigne	Tâche des élèves	Rôle de l'enseignant
Bilan de la séance en regroupement *Qu'avez-vous appris au cours de cette séance ?*	Un élève de chaque groupe rappelle l'activité de son groupe et la compétence travaillée.	Réguler les échanges, distribuer la parole, reformuler éventuellement.

Critères de réussite :
Les élèves connaissent les objectifs d'apprentissage de la séance :
- Groupes 1 et 2 : mémoriser les mots appris sur le thème de la classe pour savoir les comprendre, les dire et un jour les lire.
- Groupe 3 : savoir écrire une phrase avec les mots appris. Elle doit avoir du sens et se terminer par un point.

3. PRÉPARATION DE L'ENTRETIEN

a) Introduction

La séance de lexique que je vais vous présenter se déroule au cycle 1, en Grande Section dans une classe de 19 élèves au début du mois d'octobre. Sa construction s'appuie sur le corpus de documents proposés.
Le **document 1** est extrait du guide « Pour enseigner le vocabulaire à l'école maternelle », publié par le ministère de l'Éducation nationale en février 2020. Il traite de la mémorisation nécessaire à l'enrichissement du vocabulaire. Les trois documents suivants prennent appui sur le dispositif « Apprentilangue », en accès gratuit sur Internet. Le **document 2** est un extrait du guide pédagogique et présente le déroulement de la séquence. Le **document 3** montre des captures d'écran du diaporama utilisé lors du rituel permettant aux élèves de découvrir 2 mots par jour et le **document 4** est la photographie d'une phrase produite par un élève : « Mathis copie un mot. »
La séance que je vais détailler est la 16ᵉ de cette séquence qui en compte 24, soit 4 séances hebdomadaires sur 6 semaines. Elle s'appuie sur le dispositif « Apprentilangue ». La séance dure 35 minutes et vise les compétences suivantes :
- enrichir son vocabulaire,
- mémoriser et réactiver les mots appris,
- réinvestir les mots appris en situation de production,
- produire une phrase syntaxiquement correcte et qui a du sens,
- mettre un point à la fin de la phrase.

La première partie de la séance est le rituel permettant la découverte de 2 mots par jour, la seconde partie est le travail en ateliers : 2 ateliers autonomes et 1 atelier dirigé.
Voici le déroulé et les composantes didactiques et pédagogiques de cette séance.

b) Conclusion

L'enseignement du vocabulaire est une des priorités de l'école maternelle et élémentaire. Les travaux de la recherche ont démontré son importance et l'impact qu'il peut avoir sur l'ensemble des apprentissages. Il vise à réduire les inégalités liées à la maitrise de la langue. Les séances doivent être régulières, structurées et explicites. Le dispositif « Apprentilangue » propose un rituel quotidien du lexique par la découverte de 2 mots par jour. Il permet à la classe de collecter des mots, sous forme de cartes dont l'utilisation va favoriser la mémorisation. Les élèves utilisent les cartes pour différentes activités de mémorisation, de catégorisation, de production de phrases qui peuvent être ensuite recopiées pour lier l'oral et l'écrit.
C'est un dispositif qui permet une approche multiple de la maitrise de la langue : en réception, en production, oral, écrit. Le travail de catégorisation est très riche. L'élève travaille à partir des catégories grammaticales, comme nous avons pu le voir en situation de production d'écrits dans cette séance, mais il peut aussi jouer à catégoriser les mots en fonction de différents critères liés :

- à la perception visuelle en fonction de la taille, la forme, la couleur;
- aux propriétés de ce qu'ils représentent : les animaux, les fruits, etc.;
- au thème.

c) Questions du jury

Pouvez-vous préciser en quoi la catégorisation est importante dans l'enseignement du lexique ?
Par des activités de catégorisation, l'élève va être amené à manipuler le mot. Il va devoir porter son attention sur les différentes propriétés des objets, des végétaux ou des animaux représentés : formes, couleurs, particularités, fonctions, usages... Il va ainsi pouvoir trier des cartes pour associer des représentations qui partagent des caractéristiques communes, en isoler d'autres qui en sont éloignées. L'élève va ainsi enrichir ses connaissances sur le monde qui l'entoure, ses capacités à observer, décrire et organiser un ensemble d'éléments en fonction de leurs caractéristiques.
Les activités de catégorisation peuvent porter sur les mots eux-mêmes en fonction de leurs caractéristiques linguistiques : grammaticales, phonologiques. L'élève peut être conduit à trier, classer les mots en fonction de leurs attaques (*les mots qui commencent comme...*), leurs rimes (*les mots qui se terminent comme..., les mots dans lesquels on entend le son...*), à découvrir lui-même la catégorie correspondant à un groupement de mots déjà constitué...
Le travail de catégorisation favorise la mémorisation.

Sur Lea.fr

Retrouvez deux autres questions du jury

Sujet n° 3 :
Lexique au CE1

À partir du corpus proposé, vous concevrez une séance visant l'enrichissement du vocabulaire en CE1. La séance s'inscrit dans une séquence portant sur le vocabulaire des émotions, et plus particulièrement sur la peur. Elle se situe en période 3. Vous détaillerez le déroulement de cette séance en prenant soin d'expliciter vos choix didactiques et pédagogiques.

CORPUS DE 4 DOCUMENTS

Document 1. Micheline Cellier, « Le vocabulaire et son enseignement - Des outils pour structurer l'apprentissage du vocabulaire », Eduscol, 2011.

Application à la réflexion pédagogique

Cet article aborde la question de l'équilibre entre une approche implicite du vocabulaire en situation et une construction organisée, explicite et raisonnée.

Il propose également une démarche liée à des procédures de catégorisation, de classement et d'organisation du vocabulaire par des pratiques régulières de contextualisation, puis de décontextualisation et recontextualisation. Autant d'actions qui favorisent la mémorisation des mots et leur future exploitation choisie en production.

La question de l'apprentissage du vocabulaire est indissociable de celle des outils à créer et à utiliser dans une classe mais il faut tenir compte au moins de deux éléments.

Le premier est en rapport avec une caractéristique de la langue : le lexique est un ensemble structuré, non réductible à la seule accumulation de mots. Il faut l'envisager non comme du « vrac » – mille mots ajoutés à mille mots et à mille autres encore – mais comme un réseau de termes reliés entre eux par des relations de sens (synonymie, antonymie, champ lexical...), de hiérarchie (hyperonymie), de forme (dérivation), d'histoire (étymologie et emprunts divers). L'approche du lexique doit donc être organisée et les outils, structurants, doivent en rendre compte.

Le deuxième ressortit à l'apprentissage : une simple exposition aux mots nouveaux ne suffit pas ; il faut qu'un processus puisse s'enclencher dans la mémoire à long terme – qui renvoie à « notre capacité à conserver des informations de façon stable et à les réutiliser longtemps après les avoir acquises »[1] –, pour que les termes soient disponibles dans le discours et fassent réellement partie du vocabulaire actif de l'élève. Les bons outils doivent donc être récapitulatifs et évolutifs pour soutenir l'effort de mémorisation et de réactivation.

Document 2. Affichage mural

Les fleurs des émotions permettent la catégorisation des mots en reprenant le code couleur de l'outil personnel des élèves, le « Mémo des mots » : jaune pour les noms, orange pour les adjectifs, rouge pour les verbes, vert pour les expressions et bleu pour les familles de mots.

Document 3. Collecter : les bocaux de mots

Document 4. Catégoriser : le « Mémo des mots »

L'outil « Mémo des mots » collecte les mots rencontrés au fil de l'année dans les différentes disciplines. Il est un outil d'aide à l'écriture. Les élèves s'y réfèrent quotidiennement en situation de production d'écrits.
Les mots y sont classés par catégories : les noms (pages jaunes), les adjectifs (pages orange), les verbes (pages rouges), les petits mots (pages violettes), les expressions et débuts de phrases (pages vertes), les mots de la même famille, synonymes et mots contraires (pages bleues).
Il est utilisé tout au long du cycle 2 : il accompagne l'élève du CP au CE2.

A - CONNAISSANCES DIDACTIQUES ET PÉDAGOGIQUES À MOBILISER

1. DÉFINIR LE LEXIQUE ET LE VOCABULAIRE

Le lexique est une notion théorique : il désigne l'ensemble complet des mots d'une langue. Il est à distinguer du vocabulaire qui correspond à l'ensemble des mots effectivement employés par une personne dans un énoncé écrit ou oral. Cependant, dans le langage courant, on emploie indifféremment les termes vocabulaire et lexique, ceux-ci étant considérés comme synonymes.

1. Les principes clés sont extraits des contenus ministériels :
   - Programme cycle 2 : https://eduscol.education.fr/84/j-enseigne-au-cycle-2
   - Guide « Pour enseigner la lecture et l'écriture au CE1 » : https://eduscol.education.fr/document/1509/download?attachment
   - Guide « Ressources maternelle - Mobiliser le langage dans toutes ses dimensions - Partie II.1 – Lien oral-écrit, Lexique et syntaxe » : https://cache.media.eduscol.education.fr/file/Langage/59/4/Ress_c1_Section_2_partie_1_Lexique_et_syntaxe_569594.pdf

2. DÉVELOPPER LES COMPÉTENCES ET LES CONNAISSANCES ASSOCIÉES

a) Construire le lexique

Les compétences et connaissances à développer pour construire le lexique sont :

- mobiliser des mots en fonction des lectures et des activités conduites, pour mieux parler, mieux comprendre, mieux écrire ;
- savoir trouver des synonymes, des antonymes, des mots de la même famille lexicale, sans que ces notions ne constituent des objets d'apprentissage ;
- percevoir les niveaux de langue familier, courant, soutenu ;
- être capable de consulter un dictionnaire et de se repérer dans un article, sur papier ou en version numérique.

b) S'initier à l'orthographe lexicale

Les compétences et connaissances à développer pour s'initier à l'orthographe lexicale sont :

- mémoriser l'orthographe du lexique le plus couramment employé :
  - vocabulaire des activités scolaires et des domaines disciplinaires ;
  - vocabulaire de l'univers familier à l'élève : maison, famille, jeu, vie quotidienne, sensations, sentiments.
- mémoriser les principaux mots invariables ;
- être capable de regrouper des mots par séries (familles de mots, mots reliés par des analogies morphologiques).

3. FAVORISER UN ENSEIGNEMENT EXPLICITE, PROGRESSIF ET ORGANISÉ POUR RÉDUIRE LES DISPARITÉS

Les élèves qui arrivent du CP maitrisent un capital lexical très variable. Celui-ci a été constitué depuis l'école maternelle au travers des activités dans les différents enseignements. En particulier, ils maitrisent l'ensemble des mots qui ont constitué les textes de leur méthode de lecture de CP. L'autre partie de ce capital dépend de ce qui s'est passé, de ce qui se passe en dehors de l'école. Elle est évidemment corrélée aux sollicitations apportées par les familles et on mesure facilement toute sa variabilité tant en ce qui concerne la quantité, la qualité et la variété de champs explorés.
Au CE1, l'enseignement explicite, progressif et organisé du vocabulaire doit assurer aux élèves les plus fragiles sur le plan linguistique des points de repère ainsi que des fondamentaux leur permettant d'étendre et de structurer leur capital lexical.

4. ORGANISER ET STRUCTURER LE LEXIQUE

L'organisation de l'enseignement sur l'année aborde l'étude des mots tant du point de vue de leur signification que de celui de leur construction.
Parfois, les élèves peuvent être inquiétés à l'occasion des différents enseignements ou des lectures scolaires et personnelles, par l'immensité du lexique de la langue française, et être tentés de le concevoir comme une liste infinie de mots isolés, chacun dans un sens particulier. Il est du ressort de l'école de faire percevoir aux élèves la structure et l'organisation du lexique, et de leur apprendre que les mots fonctionnent très souvent avec d'autres mots :

- en fonction de relations de sens (sémantiques) : monosémie/polysémie, synonymie/antonymie, mots génériques/mots spécifiques (hiérarchies) ;

- en fonction de relations de forme (morphologiques) : dérivations, compositions, flexions.

Au CE1, ces relations sont systématiquement observées, explorées sans pour autant donner lieu à un apprentissage des terminologies afférentes. Elles donnent lieu à des classements, à la collecte et l'établissement de séries identifiées (démonter, défaire, dévisser, etc.) qui constituent autant de références dans la connaissance des relations entre les mots.
L'enseignement structuré, explicite, régulier va permettre la mémorisation du mot, la construction de plus en plus fine de son ou ses sens par la multiplicité des rencontres dans des contextes variés.

5. METTRE LES MOTS EN RÉSEAUX

L'enseignement du vocabulaire s'appuie sur la mise en réseau des mots. « Le lexique est un ensemble organisé : un mot n'est jamais isolé, il prend son sens par rapport à d'autres mots avec lesquels il entretient des relations de sens (synonymes, antonymes, champ lexical), des relations hiérarchiques (termes génériques, termes spécifiques) et des relations morphologiques (mots de la même famille). »[1]
La pratique de classe gagne à associer aux séances de lecture et de rédaction des activités de réinvestissement des connaissances et savoir-faire acquis en étude de la langue. L'enseignant explicite à cette occasion les liens entre les leçons de grammaire et de vocabulaire, la compréhension en lecture et la qualité de l'expression écrite. Il s'agit d'enrichir la mémoire sémantique de l'élève (mémoire à long terme).

6. FAIRE PASSER LES ÉLÈVES D'UN VOCABULAIRE PASSIF À UN VOCABULAIRE ACTIF

Le vocabulaire découvert en classe (et en dehors de la classe) constitue le vocabulaire passif de l'élève. C'est le vocabulaire compris, l'ensemble des mots que l'enfant comprend en situation de réception. L'objectif est de faire passer ce vocabulaire passif en vocabulaire actif. Ce vocabulaire actif est le vocabulaire produit, soit l'ensemble des mots que l'enfant emploie à l'oral ou à l'écrit[2].
La finalité demeure que l'élève s'approprie le vocabulaire pour le mobiliser en situation de production d'énoncés oraux ou écrits. Ces mots appartiendront alors à son vocabulaire actif.

7. ÉVALUER

Il est difficile de mesurer les apprentissages lexicaux des élèves. S'il est possible de faire des évaluations qui visent la vérification de la connaissance des mots rencontrés, ce qui est visé est tout autre : il s'agit de l'emploi spontané de ces mots. L'évaluation peut porter sur la recontextualisation.
Il est possible à l'enseignant d'évaluer la compréhension des mots, de mesurer la quantité et la nature des mots employés par un élève en situation de production orale ou écrite.

1. Guide « Ressources maternelle - Mobiliser le langage dans toutes ses dimensions - Partie II.1 – Lien oral-écrit, Lexique et syntaxe », *op. cit.*
2. Micheline Cellier, *Guide pour enseigner le vocabulaire à l'école primaire,* Retz, 2008.

B - TRAITEMENT DU SUJET

1. LECTURE ET ANALYSE DES DOCUMENTS DU CORPUS

Le **document 1** est extrait des ressources officielles Eduscol, site du ministère de l'Éducation nationale en accompagnement des programmes. Il reprend un article de Micheline Cellier paru en 2011. Il explique la nécessité d'un enseignement organisé du lexique avec des outils favorisant cette structuration. Il ne s'agit pas d'accumuler les mots mais de les organiser en réseau. L'autrice insiste aussi sur la nécessité d'une approche qui favorise la mémorisation pour permettre aux apprenants de passer d'un vocabulaire passif (en réception) à un vocabulaire actif (en production orale ou écrite).
Le **document 2** est une photographie d'un affichage de classe faisant apparaitre « les fleurs des émotions ». Il s'agit d'une présentation codée de la catégorisation des mots en reprenant le code couleur de l'outil personnel des élèves, le « Mémo des mots » : jaune pour les noms, orange pour les adjectifs, rouge pour les verbes, vert pour les expressions et débuts de phrases, et bleu pour les familles de mots, mots contraires et synonymes.
Le **document 3** est la photographie de bocaux de mots renfermant chacun des mots liés au champ lexical de l'émotion ou du sentiment en question, dont le terme générique figure sur le bocal. Sur la photographie du bocal « la peur » ouvert, on peut voir des mots liés à cette émotion et appartenant à des catégories grammaticales diverses : adjectifs, verbes, noms.
Le **document 4** est une photographie présentant l'outil « Mémo des mots ». Cet outil-élève permet de collecter les mots rencontrés au fil de l'année dans les différentes disciplines. Il est un outil d'aide à l'écriture. Les élèves s'y réfèrent quotidiennement en situation de production d'écrits.
Les mots sont classés par catégories : les noms (pages jaunes), les adjectifs (pages orange), les verbes (pages rouges), les petits mots (pages violettes), les expressions et débuts de phrases (pages vertes), les mots de la même famille, synonymes et mots contraires (pages bleues). Il est utilisé tout au long du cycle 2 : il accompagne l'élève du CP au CE2.

2. RÉDACTION DE LA FICHE DE PRÉPARATION

<table>
<tr><td colspan="4">SÉANCE : Étude des mots décontextualisés pour les relier à leur appartenance grammaticale</td></tr>
<tr><td colspan="2">DATE : Janvier</td><td colspan="2">DOMAINE DU SOCLE COMMUN : 1</td></tr>
<tr><td>NIVEAU DE CLASSE :
CP</td><td>NOMBRE D'ÉLÈVES :
20</td><td>SÉANCE N° :
4</td><td>DURÉE :
30 minutes</td></tr>
<tr><td colspan="2">PLACE DE LA SÉANCE DANS LA SÉQUENCE :
Séance 1 - Découverte du vocabulaire en contexte (lecture d'un nouvel album)
Séance 2 - Relecture de l'album et collecte du vocabulaire lié aux émotions sur des étiquettes
Séance 3 - Décontextualisation : catégorisation. Répartition des étiquettes dans les bocaux en fonction de leur appartenance au champ lexical
Séance 4 - Étude des mots décontextualisés pour les relier à leur appartenance grammaticale
Séance 5 - Recontextualisation : production d'un écrit permettant l'emploi des mots collectés</td><td colspan="2">INTITULÉ DE LA SÉQUENCE :
Le vocabulaire de la peur</td></tr>
<tr><td colspan="2">OBJECTIFS DE LA SÉANCE :
Identifier l'appartenance grammaticale des mots collectés.
Mémoriser le vocabulaire de la peur.</td><td colspan="2">PRÉREQUIS :
Avoir collecté des mots issus du champ lexical de la peur.</td></tr>
<tr><td colspan="2">COMPÉTENCES VISÉES :
Identifier un nom.
Identifier un verbe.
Identifier un adjectif.
Identifier une expression.</td><td colspan="2">MATÉRIEL – SUPPORTS :
Étiquettes dans les bocaux de mots ; fleur des émotions : la peur (affichage mural) ; feutre ; les cahiers « Mémo des mots ».</td></tr>
</table>

PHASE 1 **DURÉE PRÉVUE :** 5 minutes **MODALITÉ :** oral/collectif		
Consigne	**Tâche des élèves**	**Rôle de l'enseignant**
<u>Rappel des séances précédentes</u> *Depuis le début de l'année, nous avons lu plusieurs albums dans lesquels nous avons trouvé de nombreux mots liés aux émotions et aux sentiments. Nous les avons écrits sur des étiquettes que nous avons placées dans les bocaux* (cf. doc 3)*.* *Aujourd'hui, nous allons nous intéresser au bocal des mots de la peur. Pouvez-vous me dire quels sont les mots de la peur que nous avons collectés au fil de nos lectures et de nos recherches ?*	Les élèves lèvent la main pour proposer des mots : terrifié, apeuré, peureux, hurler, la panique…	Réguler les prises de parole, solliciter les « petits parleurs », s'assurer que chacun a pris la parole. Faire valider ou invalider les propositions par les pairs (mot n'appartenant pas au champ lexical des émotions, de la peur…).
Critères de réussite : Pouvoir énoncer les mots liés à la peur.		

REMARQUE

Cette activité de rappel du vocabulaire vise à renforcer la mémorisation des mots en mémoire lexicale.

L'usage quotidien du « Mémo des mots » en situation de production d'écrits favorise :

- *la lecture (recherche des mots),*
- *l'identification des catégories grammaticales,*
- *l'orthographe lexicale : par la récurrence de la rencontre avec les mots et le travail sur la morphologie (pages bleues),*
- *la mémorisation du vocabulaire : récurrence, mise en réseau,*
- *l'enrichissement du lexique : les mots étant rencontrés en contexte et retrouvés dans d'autres contextes, le sens des mots s'affine.*

PHASE 2 **DURÉE PRÉVUE :** 5 minutes **MODALITÉ :** oral/collectif		
Consigne	**Tâche des élèves**	**Rôle de l'enseignant**
<u>Présentation de l'activité</u> *Aujourd'hui, je vais vous demander de travailler en binômes pour classer ces mots sur les pétales de la fleur de la peur.* *Nous pourrons ainsi les classer dans le « Mémo des mots » pour que vous puissiez les utiliser lorsque vous écrirez des textes.* *Qui peut rappeler le code couleur des fleurs et du « Mémo des mots » ?* (cf. doc 2 et 4)	Les élèves rappellent les différentes catégories : les noms (pages jaunes), les adjectifs (pages orange), les verbes (pages rouges), les petits mots (pages violettes), les expressions et débuts de phrases (pages vertes), les mots de la même famille, synonymes et mots contraires (pages bleues).	Faire rappeler pour chaque catégorie les critères d'identification. Exemple : *Les noms désignent une personne, un animal, une chose, une émotion, un sentiment. Ils peuvent être précédés d'un déterminant* : « *un* » *ou* « *une* », « *le* », « *la* » *ou* « *l'* ».
Critères de réussite : Savoir identifier les noms, les verbes, les adjectifs. Être capable de reconnaitre les expressions.		

PHASE 3 **DURÉE PRÉVUE :** 5 minutes **MODALITÉ :** écrit/binômes		
Consigne	**Tâche des élèves**	**Rôle de l'enseignant**
1. Annonce de la consigne *Un élève va venir prendre un mot dans le bocal de la peur, puis vous allez réfléchir par deux à quelle catégorie il appartient. : nom, verbe ou adjectif. Nous verrons aussi si nous trouvons des expressions liées à la peur pour les écrire sur le pétale vert. Nous allons tout d'abord faire un exemple ensemble.* Écriture du mot sur le pétale jaune de la fleur « peur ». 2. Recherche pour une dizaine de mots Reprendre le même déroulé pour une dizaine de mots : la terreur, avoir la chair de poule, épouvanté, inquiétude, la crainte, s'inquiéter, l'horreur, angoissé…	1. Un élève vient choisir une étiquette. Il lit le mot. Enseignant : *X, peux-tu venir prendre une étiquette dans le bocal de « la peur » et nous lire le mot ?* Élève 1 : *« Panique ».* Enseignant : *À quelle catégorie appartient ce mot ?* Élève 2 : *C'est un nom car il désigne une émotion et on peut mettre « la » devant.* Enseignant : *Parfait ! Sur quel pétale dois-je l'écrire ?* Élève 3 : *Le jaune.* 2. Les élèves échangent et peuvent s'appuyer sur leur « Mémo des mots ».	Interroger sur l'appartenance grammaticale du mot puis faire justifier la réponse. Repérer les élèves en difficulté pour pouvoir les accompagner.
Critères de réussite : Parvenir à identifier la nature du mot.		
Différenciation : L'enseignant peut rassembler les 3 ou 4 élèves plus en difficulté sur ce type d'exercice et les accompagner dans la recherche des catégories d'appartenance en s'appuyant sur le « Mémo des mots » ou par un questionnement qui leur fournit des indices d'identification de la catégorie grammaticale.		

PHASE 4 DURÉE PRÉVUE : 15 minutes MODALITÉ : écrit/binômes, oral/binômes		
Consigne	**Tâche des élèves**	**Rôle de l'enseignant**
Bilan *Qu'avons-nous appris au cours de cette séance ?*	Réponse attendue : *Nous avons appris à trouver à quelle catégorie appartient le mot pour pouvoir l'écrire sur le pétale de la fleur qui convient. Tu vas les recopier sur des fiches que l'on va coller dans le « Mémo des mots ». On va pouvoir utiliser ces mots dans les textes que nous allons écrire ou quand nous parlerons de la peur.*	Faire énoncer la finalité de l'exercice si elle n'apparait pas dans la réponse des élèves : enrichissement du lexique en situation de production d'un langage oral ou écrit. Les mots sont découverts en contexte (albums, recherche…), décontextualisés pour être recontextualisés.
Critères de réussite : Avoir compris l'objectif double de la séance : travailler la catégorisation grammaticale des mots et mémoriser le vocabulaire rencontré.		

3. PRÉPARATION DE L'ENTRETIEN

a) Introduction

La séance de vocabulaire que je vais vous présenter se déroule dans une classe de CE1, au mois de janvier. Elle est la 4e séance de la séquence. Après avoir découvert le vocabulaire lié aux émotions et aux sentiments dans des albums de littérature de jeunesse notamment, au cours des deux premières séances, la séance 3 a permis un classement des mots en fonction de leur champ lexical d'appartenance : joie, peur, colère… Cette 4e séance a pour objectif de mémoriser le vocabulaire collecté et d'identifier la nature grammaticale des mots. La séance suivante permettra aux élèves de réemployer ces mots en situation de production d'écrits.

Pour construire cette séance, j'ai pris appui sur le corpus de documents proposés. Le document 1 est extrait des ressources ministérielles Eduscol. Il s'agit de l'extrait d'un article de Micheline Cellier, intitulé « des outils pour structurer l'apprentissage du vocabulaire ». Il souligne l'importance d'une pratique régulière de contextualisation, de décontextualisation puis de recontextualisation du lexique. Le document 2 est la photographie d'un affichage mural. Il introduit une fleur de la « peur » qui permet la catégorisation des mots en fonction de la couleur des pétales : jaune pour les noms, orange pour les adjectifs, rouge pour les verbes, vert pour les expressions et bleu pour les familles de mots. Le document 3 présente les bocaux dans lesquels les mots sont collectés. Le document 4 est une photographie de l'outil individuel des élèves, le « Mémo des mots ».

Les compétences visées sont les suivantes :

- identifier un nom,
- identifier un verbe,
- identifier un adjectif,

- identifier une expression.

La classe compte 20 élèves. La séance dure 30 minutes.
Voici le déroulé et les composantes didactiques et pédagogiques de cette séance.

b) Conclusion

La séance de vocabulaire que je viens de vous décrire est une étape dans le passage d'un vocabulaire passif, entendu, compris à un vocabulaire actif, employé en situation de production à l'oral ou à l'écrit. Ce passage constitue la finalité de l'enseignement du vocabulaire à l'école élémentaire et ne peut se produire que par un enseignement structuré, explicite et régulier. C'est la fréquence des rencontres avec les mots qui permet leur acquisition dans la mémoire sémantique, mémoire à long terme, des élèves.
L'étude du champ lexical des émotions est prévue dans les programmes du cycle 2. Micheline Cellier, dans son article « Des outils pour structurer l'apprentissage du vocabulaire », souligne l'importance de structurer cet enseignement : découvrir les mots en contexte, les décontextualiser pour les analyser et ensuite les recontextualiser en situation de production oral ou écrite. Le travail conduit sur les familles de mots est l'occasion de rencontrer à nouveau ces mots issus de différentes catégories grammaticales pour les rassembler en familles. Par exemple, « une inquiétude » (jaune), « inquiet » (orange), « s'inquiéter » (rouge) se retrouvent rassemblés sur le pétale bleu, celui des familles de mots, où leur appartenance à une même famille devient visible, ce qui peut constituer un soutien visuel à la compréhension de la constitution des familles de mots. Lorsque l'élève devra chercher des mots de la même famille, il pourra s'appuyer sur les catégories grammaticales : existe-t-il un adjectif, un verbe... qui soit construit sur la même base ? Sont ainsi constitués différents réseaux de mots propices à leur mémorisation.

c) Questions du jury

Quel(s) lien(s) établissez-vous entre vocabulaire et lecture ?
Depuis sa naissance, l'enfant se constitue une mémoire sémantique dans laquelle il capitalise le sens des mots découverts. Dès le cycle 1, il existe de grandes disparités entre les élèves sur la richesse de cette mémoire sémantique. Cette quantité de vocabulaire disponible en mémoire va influer sur la capacité de l'élève à accéder au sens de ce qu'il lit. L'élève qui lit voit le mot. Ce mot est alors « traduit » en sons par la correspondance des graphèmes et des phonèmes. C'est le déchiffrage. Ce mot traduit en sons est alors « entendu ». À partir de là, ce sont les compétences liées au langage oral qui s'exercent. Si le mot est présent dans la mémoire lexicale de l'élève, s'il lui donne sens; le mot sera compris. Si ce mot n'est pas présent, l'élève peut tenter d'utiliser le contexte. S'il possède suffisamment de vocabulaire pour comprendre le contexte, il lui sera peut-être possible de découvrir le sens de ce mot. Dans le cas contraire, l'accès au sens lui sera impossible.
Le lien lecture-vocabulaire constitue un cercle vertueux : plus l'élève possède de vocabulaire, plus il peut en acquérir. D'où la nécessité pour les enseignants de travailler en priorité l'enrichissement du lexique, dès le cycle 1. Il faut aussi veiller à donner aux élèves des textes accessibles, avec un vocabulaire qui corresponde à leur niveau de compréhension.

Sur Lea.fr

Retrouvez deux autres questions du jury

Sujet n° 4 : Grammaire en CM1

À partir du corpus proposé, vous concevrez une séance en étude de la langue pour une classe de CM1. La séance s'inscrit dans une séquence portant sur la lecture de textes littéraires. Elle visera l'acquisition des différents types de phrase. Elle se situe en période 2. Vous détaillerez le déroulement de cette séance et préciserez le domaine d'activité, les compétences visées, les activités proposées et l'organisation matérielle.

CORPUS DE 4 DOCUMENTS

Document 1. *Grammaire du français, terminologie grammaticale*, Ministère de l'Éducation nationale, 2020, pp. 25-26.

« La phrase est d'abord une structure grammaticale. Mais cette structure peut être employée pour réaliser des types d'actes (verbaux) distincts. On distingue trois types d'actes fondamentaux : le type déclaratif correspondant à l'assertion (affirmer quelque chose, donc présenter ce que l'on dit comme vrai), le type interrogatif correspondant à l'interrogation (poser une question, demander une information), le type impératif correspondant à l'injonction (donner un ordre). Toute phrase appartient nécessairement à l'un de ces trois types d'actes, qui correspondent canoniquement à trois structures distinctes :

Les trois types de phrase

Type déclaratif
Cette chimiste travaille dans un laboratoire.

Type interrogatif
Avez-vous terminé ?
Est-ce que vous avez terminé ?
Vous avez terminé ?
Qui a parlé ?
Quelle femme était-elle ?

Type impératif
Ouvrez la fenêtre.
Mets le livre dans la bibliothèque.
Qu'il sorte.

Remarques
L'exclamation n'est pas un type d'acte spécifique mais une nuance susceptible de s'ajouter à l'un des trois types d'actes fondamentaux. Elle sera par conséquent classée parmi les formes de phrases. »

Document 2. Manuel *Terre des mots* CM1, © Éditions Nathan, 2018, p. 59.

Je m'entraine — Parcours 1

GRAMMAIRE

Reconnaitre les différents types de phrases

ORAL

1 Identifie les phrases interrogatives.

a. J'arrive à Paris par le train de 17 heures.
b. Viens-tu au cinéma avec moi ?
c. Range tes affaires.
d. Est-ce que Romain est arrivé ?

2 Indique le type de chaque phrase : déclarative (D), exclamative (E) ou injonctive (I).

Exemple : Ouvre ton livre page 23. → I

a. Le président va parler à la télévision.
b. Quelle tête de mule, cet animal !
c. Passe-nous le pain.
d. Quelle bonne surprise, votre venue !
e. Arrête de faire du bruit !
f. C'est une excellente nouvelle !

Utiliser les signes de ponctuation

3 Complète chaque phrase avec le signe qui convient : [.] ou [?].

a. Jean est venu me voir ce matin
b. Depuis quand es-tu rentré
c. L'ancêtre de la bicyclette s'appelle la draisienne
d. Viendrez-vous voir le bébé

4 Complète chaque phrase avec le signe qui convient : [.] – [!] – [?].

a. Mais pas du tout
b. Mangez avant que le plat ne refroidisse
c. Oh non, nous avons raté notre train
d. Qui a pris mon vélo
e. Pour aller dans le gymnase, tu prends l'escalier qui descend
f. Attention, ne bougeons plus

Transformer les types de phrases

5 Transforme ces phrases injonctives en phrases déclaratives.

Exemple : Lis ce livre. → Tu lis ce livre.

a. Fais ton lit.
b. Chante cette chanson.
c. Achetez du pain.
d. Lave toutes les assiettes.

6 Transforme ces phrases déclaratives en phrases interrogatives.

Exemple : C'est très loin. → Est-ce que c'est très loin ?

a. Le chien va attraper le chat.
b. Il pleut depuis ce matin.
c. La route est inondée.
d. Il est arrivé à deux heures du matin.

7 À partir d'une phrase interrogative, construis une phrase déclarative.

Exemple : Est-il arrivé par le train de huit heures ?
→ Il est arrivé par le train de huit heures.

a. Est-ce le président de la République qui parle à la télévision ?
b. Viendrez-vous écouter le concert demain soir ?
c. Tokyo est-elle la ville la plus peuplée du monde ?
d. Est-ce que les marchandises seront livrées demain matin ?

J'écris

8 En t'inspirant du dialogue entre Jasmine et Édouard, écris une discussion entre un enfant qui veut faire du vélo et un autre qui lui apprend.
Écris quatre phrases de types différents.

Document 3. Exercice 7 du manuel réalisé par un élève de CM1

Exercice 6
a) le présidant qui parle à la télévision.
b) Vous écouteroz le concert demain soir?
c) Tokyo est la aville la plus peuplé au monde.
d) les marchandises serons livrer demain matin?

Document 4. Extrait du roman *Les Doigts rouges* de M. Villard, « Mini Syros Polar » © Syros, 2007, pp. 17-18.

> « – Prends ton masque, Ricky, on va se baigner sur les rochers de Cavalaire.
> – Tu as déjà fini de couper ton bois ?
> – Eh oui, je suis un rapide. Allez, dépêche-toi !
> Leur crique préférée vibrait sous un beau soleil et l'eau, profonde à cet endroit, en devenait transparente. On apercevait à l'œil nu des massifs de fleurs sous-marines que Ricky adorait contempler.
> L'enfant, toujours inquiet, parvint quand même à s'amuser et une partie de ballon endiablée mit un terme à cet après-midi de baignade.
> Pendant le repas du soir, Georges et Sophie paraissant d'excellente humeur, Ricky se risqua à poser à son frère des questions qui lui démangeaient la langue :
> – Alors, comme ça, tu n'as pas revu Bruno ces jours-ci ?
> – Nous sommes fâchés, tu le sais bien. Si je l'avais vu, je l'aurais dit à Pluto.
> – Pourquoi la grange est-elle fermée à clé ?
> Georges parut fort embêté pour répondre mais Sophie vola à son secours :
> – C'est pour faire parler les curieux !
> Ricky n'était qu'un petit de huit ans et on le lui faisait sentir. Il garda ses dernières questions pour lui et se laissa entrainer dans une partie de Monopoly. »

A - CONNAISSANCES DIDACTIQUES ET PÉDAGOGIQUES À MOBILISER

Les ressources d'accompagnement ministérielles[1] dont sont issues ces connaissances à mobiliser traitent de manière conjointe l'enseignement de la langue aux cycles 2 et 3. Ce dernier a deux buts essentiels : amener les élèves à acquérir des connaissances grammaticales, orthographiques et lexicales et leur permettre d'approfondir leur réflexion sur le fonctionnement de la langue. À une première approche des faits grammaticaux au cycle 2 succède une étude plus réflexive au cycle 3.

1. ORGANISER LES APPRENTISSAGES ET LES ACTIVITÉS

L'étude de la langue s'effectue en articulant :

- des **activités** intégrées aux autres apprentissages (oral, lecture et écriture) visant le passage de l'oral à l'écrit, par exemple au cycle 2, le développement de la conscience phonologique, l'acquisition du principe alphabétique, l'automatisation des correspondances grapho-phonologiques.

---

1. • Guide « Pour enseigner la lecture et l'écriture au CE1 » (partie V : comment conduire les élèves à comprendre le fonctionnement de la langue pour mieux lire et écrire) : https://eduscol.education.fr/document/1509/download?attachment
   • Ressources d'accompagnement du programme de français aux cycles 2 et 3 : https://eduscol.education.fr/248/francais-cycles-2-et-3-etude-de-la-langue
   • Programmes des cycles 2 et 3 :
     › https://cache.media.eduscol.education.fr/file/A-Scolarite_obligatoire/37/5/Programme2020_cycle_3_comparatif_1313375.pdf
     › https://cache.media.eduscol.education.fr/file/A-Scolarite_obligatoire/24/5/Programme2020_cycle_2_comparatif_1313245.pdf

- des activités spécifiques dédiées à l'étude des faits grammaticaux. Les leçons de grammaire sont l'occasion pour les élèves d'observer le fonctionnement de la langue et notamment de se repérer dans la phrase. Elles comprennent plusieurs phases distinctes : l'observation et la manipulation; la mise en commun des travaux; l'institutionnalisation; l'automatisation des connaissances et l'évaluation.

Toutes ces activités reposent sur un travail basé sur des corpus constitués en fonction du fait de langue étudié (productions écrites des élèves, textes à lire, banques d'énoncés, prises de parole d'élèves). Par exemple, l'enseignant souhaitant travailler l'accord du participe passé choisit un texte comprenant plusieurs occurrences de participes passés. Il s'agit d'y observer les régularités de la langue pour formuler des règles.
L'enseignant mène conjointement trois types d'activités :

- des activités longues de recherche pour manipuler, observer, comparer les faits de langue : elles reposent sur le tri et le classement et la manipulation (substitution, déplacement, ajout, suppression) d'énoncés oraux ou écrits;
- des activités régulières de réinvestissement pour automatiser les connaissances et l'application de procédures et s'entrainer : elles peuvent prendre la forme d'exercices ritualisés;
- des activités de structuration et de renforcement pour consolider les connaissances.

2. SOLLICITER DIFFÉRENTES ACTIVITÉS COGNITIVES

L'étude des faits de langue repose sur deux activités cognitives conjointes : raisonner sur le fonctionnement de la langue et mémoriser. L'enseignant doit donc apprendre aux élèves :

- « à mémoriser des faits de langue stables (séries de mots présentant une analogie morphologique, marques verbales régulières, redondance des marques de nombre dans le groupe nominal, etc.);
- à raisonner pour gérer des variations en utilisant systématiquement la comparaison, le remplacement ou d'autres manipulations syntaxiques ou pour induire des analogies (c'est comme...);
- à utiliser des outils de références qu'ils ont construits ou des outils usuels (imagiers, répertoires, dictionnaires, mémos de conjugaison, etc.). »[1]

L'enseignant amène également l'élève à raisonner sur la langue lors des activités de productions écrites autonomes.

3. LIER L'ÉTUDE DE LA LANGUE AVEC LA LECTURE ET L'ÉCRITURE

L'étude de la langue est au service de la compréhension, de l'expression, de l'écriture de textes. Elle permet d'éclairer les textes lus et d'accompagner la phase de mise en mots des productions écrites.

4. ÉVALUER

L'évaluation peut avoir lieu immédiatement après la leçon afin d'ajuster les connaissances et savoir-faire acquis pendant la séance. Elle peut également être différée afin d'évaluer plus spécifiquement la mémorisation des faits de langue par les élèves, la capacité des élèves à mobiliser la notion étudiée dans des situations simples; la capacité des élèves à transférer ses connaissances grammaticales dans des situations de lecture et d'écriture.

1. « Principes généraux pour l'étude de la langue » : https://cache.media.eduscol.education.fr/file/Etude_de_la_langue/30/8/RA16_C2C3_FRA_4_principes-generaux_636308.pdf

Les attendus de fin de cycle 2 sont les suivants : utiliser ses connaissances sur la langue pour mieux s'exprimer à l'oral, pour mieux comprendre des mots et des textes, pour améliorer des textes écrits.
Les attendus de fin de cycle 3 sont les suivants : être capable de repérer les principaux constituants d'une phrase simple et complexe.

B - TRAITEMENT DU SUJET

1. LECTURE ET ANALYSE DES DOCUMENTS DU CORPUS

Le **document 1** est un extrait de la nouvelle *Grammaire du français*, publiée en 2020 par le ministère de l'Éducation nationale. Il aborde le type des phrases en donnant une définition et en présentant les trois types de phrases avec des exemples. Il précise le fait de ne plus considérer l'exclamation comme un type de phrase, ainsi que l'explique la « remarque » de cet extrait, ce qui n'est pas le cas dans toutes les grammaires.
Le **document 2** est un extrait du manuel *Terre de mots,* publié par les Éditions Nathan en 2018. Il propose une série d'exercices d'entrainement sur les types de phrase. Ces exercices suivent une **progression** classique (identifier, compléter, transformer, produire) : l'élève doit d'abord s'entrainer à reconnaitre les différents types de phrase (exercices 1 et 2), puis il travaille sur les marques de ponctuation en ajoutant un signe de ponctuation (exercices 3 et 4); suivent des exercices de transformation d'un type à l'autre (exercices 5 à 7). Enfin, l'élève est amené à inventer un dialogue comprenant les différents types de phrases. Les supports utilisés pour ces exercices sont des phrases. Le manuel n'utilise pas de textes. Le titre « parcours 1 » semble signifier que le manuel propose plusieurs parcours différenciés aux élèves.
Le **document 3** est un exercice réalisé par un élève. Les réponses de l'élève montrent qu'il ne maitrise pas les caractéristiques de chaque type de phrase : par exemple, le point qui marque la fin d'une phrase déclarative. De même, il n'a pas compris le principe de transformation d'une phrase interrogative en phrase déclarative : il supprime le début de la phrase, croyant ainsi enlever les marques de la phrase interrogative en supprimant les termes interrogatifs. On peut également observer plusieurs erreurs de copie concernant l'orthographe grammaticale.
Le **document 4** est un extrait de roman policier : *Les Doigts rouges* de M. Villard, publié par Syros en 2007. Il se compose d'un récit et d'un dialogue. Les dialogues contiennent les trois types de phrases qui sont l'objet de la séance à construire. Pour le type interrogatif, on relève deux constructions différentes correspondant à la norme écrite (inversion sujet-verbe) et orale (absence d'inversion sujet-verbe).

2. RÉDACTION DE LA FICHE DE PRÉPARATION

SÉANCE : Grammaire : les types de phrases

DATE : Novembre

DOMAINE DU SOCLE COMMUN : 1

NIVEAU DE CLASSE :
CM1

NOMBRE D'ÉLÈVES :
28

SÉANCE N° :
3

DURÉE :
50 minutes

PLACE DE LA SÉANCE DANS LA SÉQUENCE :
Séance 1 - Découverte et compréhension d'extraits de romans policiers (*Les Doigts rouges,* M. Villard; *La Villa d'en face,* P. Boileau et T. Narcejac; *Sherlock, Lupin et moi,* I. Adler; *Drôle de samedi soir,* C. Klotz)
Séance 2 - Les caractéristiques du genre policier
Séance 3 - Grammaire : les types de phrases
Séance 4 - Écriture : la suite d'un dialogue
Séance 5 - Révision et finalisation des productions écrites
Séance 6 - Lecture : *Les Enquêtes de l'inspecteur Lafouine*

INTITULÉ DE LA SÉQUENCE :
Le genre policier

OBJECTIFS DE LA SÉANCE :
Se repérer dans la phrase simple : approfondir la connaissance les différents types de phrase.

PRÉREQUIS :
Savoir ce qu'est une phrase.
Différencier dialogue et récit.
Maitriser les signes de ponctuation.

COMPÉTENCES VISÉES :
Être capable de réfléchir sur le fonctionnement de la langue.
Connaitre les caractéristiques syntaxiques des différents types de phrases (ordre des mots dans la phrase, ponctuation).
Comprendre pourquoi un interlocuteur utilise tel ou tel type de phrases.

MATÉRIEL – SUPPORTS :
Extrait du roman *Les Doigts rouges* de M. Villard, tableau des caractéristiques des types de phrases (phase 2).

Types de phrase	Phrases relevées	Intention de celui qui parle	Ponctuation	Ordre des mots dans la phrase
Déclaratif				
Interrogatif				
Impératif				

PHASE 1
DURÉE PRÉVUE : 20 minutes
MODALITÉ : oral/groupes

Consigne	**Tâche des élèves**	**Rôle de l'enseignant**
<u>Découverte de la notion</u> 1. Tri et classement de phrases : *Vous allez relire l'extrait des* Doigts rouges *que l'on a travaillé l'autre jour et cette fois, nous allons travailler la grammaire. Vous allez essayer de classer les phrases qui appartiennent au dialogue en cherchant leurs points communs. Vous allez travailler en groupes et vous devez vous mettre d'accord sur un classement. Je ne vous donne pas de critère : c'est à vous d'en trouver un. Commencez par surligner les dialogues dans le texte.*	1. Les élèves relèvent toutes les phrases du dialogue de l'extrait et discutent pour les classer.	1. Passer dans le groupe pour repréciser la consigne si nécessaire. Vérifier que les différents groupes ont bien souligné le dialogue.
2. Correction des différents classements.	2. Les élèves donnent leurs critères de classement et en discutent.	2. Noter les différents critères au tableau. Amener les élèves à justifier leurs critères en précisant les caractéristiques des phrases (ponctuation, place du verbe…).
3. Observation des caractéristiques des différentes phrases : *Vous allez à nouveau vous mettre par petits groupes et vous allez remplir le tableau des caractéristiques des types de phrases.*	3. Les élèves se mettent d'accord sur une réponse avant de la noter dans le tableau.	3. Passer dans les groupes pour aider les élèves.

Critères de réussite :
Être capable de :
- faire un relevé grammatical,
- échanger avec ses pairs : écouter les autres, prendre la parole, défendre ses idées.

Participer à un échange.

REMARQUE
Les documents officiels préconisent les activités de tri et de classement afin d'amener les élèves à réfléchir au fonctionnement de la langue.

PHASE 2
DURÉE PRÉVUE : 10 minutes
MODALITÉ : oral/collectif

Consigne	Tâche des élèves	Rôle de l'enseignant
Institutionnalisation : correction du tableau *Nous allons synthétiser tout ce que l'on vient de dire pour faire la leçon que nous afficherons ensuite dans la classe.* « Il existe trois types de phrases : La phrase déclarative permet de donner une information. Elle se termine par un point. L'ordre des mots dans la phrase est le suivant : sujet + verbe + complément. Ex : On va se baigner sur les rochers de Calavaire. La phrase interrogative permet de poser une question. Elle se termine par un point d'interrogation et se caractérise par l'inversion du sujet et du verbe et par un ton employé à l'oral. Ex : Pourquoi la grange est-elle fermée à clé ? La phrase impérative sert à donner un ordre ou à exprimer un conseil. Elle se termine par un point ou un point d'exclamation. Elle ne comporte pas de sujet puisque le verbe est à l'impératif. Ex : Allez, dépêche-toi. »	Les élèves participent à la correction du tableau. Ils copient la trace écrite dans leur cahier.	Corriger le tableau au TNI. Écrire la synthèse sur une grande affiche qui sera ensuite accrochée dans la classe.

Critères de réussite :
Être capable de reformuler ce qui a été travaillé.

REMARQUE

La trace écrite reprend les exemples analysés dans la phase d'observation pour aider à la mémorisation des élèves. Les différentes phases de la séance sont ainsi cohérentes.

Corrigé du tableau des caractéristiques des types de phrases (phase 2)

Types de phrase	Phrases relevées	Intention de celui qui parle	Ponctuation	Ordre des mots dans la phrase
Déclaratif	- On va se baigner sur les rochers de Calavaire. - Eh oui, je suis un rapide. - Nous sommes fâchés, tu le sais bien. - Si je l'avais vu, je l'aurais dit à Pluto. - C'est pour faire parler les curieux !	Il déclare un fait.	Un point	S + V + complément
Interrogatif	- Tu as déjà fini de couper le bois ? - Alors, comme ça, tu n'as pas revu Bruno ces jours-ci ? Pourquoi la grange est-elle fermée à clé ?	Il pose une question.	Un point d'interrogation	V + S + complément
Impératif	- Prends ton masque. - Allez, dépêche-toi.	Il donne un ordre/un conseil.	Un point ou un point d'exclamation	Verbe + complément

PHASE 3
DURÉE PRÉVUE : 20 minutes
MODALITÉ : individuel/écrit, collectif

Consigne	Tâche des élèves	Rôle de l'enseignant
1. Entrainement *Vous allez maintenant faire les exercices 1, 3 et 7 pour vous entrainer. Nous allons lire les consignes ensemble.*	1. Les élèves lisent les consignes en silence. Plusieurs élèves reformulent ce qu'ils en ont compris. Ils font les exercices d'entrainement.	1. S'assurer que tous les élèves savent ce qu'ils doivent faire pour ce temps de travail individuel.
2. Correction des exercices	2. Les élèves donnent leurs réponses. Réponses attendues : 1) b et d 3) a .; b ?; c .; d ? 7) a. C'est le président de la République qui parle à la télévision. b. Vous viendrez écouter le concert demain soir. c. Tokyo est la ville la plus peuplée du monde. d. Les marchandises seront livrées demain matin.	2. Renvoyer les élèves à l'affiche réalisée plus tôt.
3. Bilan de la séance *Vous avez travaillé sur les différents types de phrases. Nous y reviendrons demain quand vous écrirez la suite du texte.*		3. Corriger les exercices sur le TNI. Demander aux élèves d'expliquer comment ils ont effectué les transpositions des phrases pour l'exercice 7. Reformuler les procédures utilisées.

Critères de réussite :
Être capable de :
- lire et comprendre une consigne,
- transférer un savoir, l'appliquer dans la réalisation d'exercices.

Différenciation :
L'enseignant prend en charge un petit groupe d'élèves. Il leur demande de reformuler ce qu'ils doivent faire. Il les accompagne pas à pas dans la réalisation des exercices.

REMARQUE
Le document 3 montre que l'élève transpose les phrases déclaratives en interrogatives en supprimant le début de la phrase. Il n'a pas compris la transformation syntaxique à effectuer (inversion sujet-verbe).

3. PRÉPARATION DE L'ENTRETIEN

a) Introduction

Je vais vous présenter une séance d'étude de la langue qui a lieu en novembre dans une classe de CM1. Elle s'inscrit dans une séquence de lecture portant sur le roman policier. Il s'agit de la troisième séance qui porte sur l'étude de la langue et plus précisément sur les types de phrases. Dans les deux premières séances, les élèves ont été amenés à découvrir les caractéristiques du genre policer à travers l'étude des extraits des romans suivants : *Les Doigts rouges* de M. Villard, *La Villa d'en face* de P. Boileau et T. Narcejac, *Sherlock, Lupin et moi* d'I. Adler, *Drôle de samedi soir* de C. Klotz. L'une des caractéristiques du roman policier est l'importance de la parole des personnages à travers les dialogues. L'étude des types de phrases permettra aux élèves de mieux comprendre les intentions des personnages du roman policier : l'enquêteur, les suspects, les témoins, le coupable (interroger, piéger, mentir, se défendre...). Pour concevoir cette séance, je me suis appuyé(e) sur les quatre documents du corpus proposé. Le **document 1** est un extrait de la nouvelle *Grammaire du français*, publiée en 2020 par le ministère de l'Éducation nationale et présentant les trois types de phrases. Le **document 2** est un extrait du manuel *Terre de mots,* publié par les Éditions Nathan en 2018. Il propose une série d'exercices d'entrainement sur les types de phrase. Le **document 3** est l'exercice 7 du précédent document réalisé par un élève : ce dernier ne semble pas maitriser les caractéristiques de la phrase déclarative. Le **document 4** est un extrait de roman policier : *Les Doigts rouges* de M. Villard publié par Syros en 2007 : il comprend des dialogues où sont présents les trois types de phrases.
Cette séance a pour objectif d'approfondir la connaissance des différents types de phrases. La séance dure 50 minutes et vise les compétences suivantes :

- être capable de réfléchir sur le fonctionnement de la langue,
- connaitre les caractéristiques syntaxiques des différents types de phrases (ordre des mots dans la phrase, ponctuation),
- comprendre pourquoi un interlocuteur utilise tel ou tel type de phrases.

Voici le déroulé et les composantes didactiques et pédagogiques de cette séance.

b) Conclusion

Cette séance est construite sur une démarche préconisée par les ressources ministérielles et propre à construire un savoir grammatical chez les élèves. Ces derniers ont mené une réflexion sur les types de phrases en observant, triant et classant des énoncés écrits. Lors de la séance suivante, ces connaissances vont être immédiatement réinvesties dans une activité d'écriture : les élèves seront amenés à produire la suite d'un dialogue extrait d'un roman policier. Comme le stipule le programme, l'étude de la langue est au service de l'écriture de textes. La dernière séance de la séquence sera consacrée à la lecture d'un texte des *Enquêtes de l'inspecteur Lafouine* afin de réinvestir le savoir grammatical dans la compréhension de textes.

c) Questions du jury

Quelles activités ritualisées proposeriez-vous à vos élèves pour travailler l'étude de la langue ?
L'enseignant peut proposer différentes activités ritualisées pour travailler la grammaire, l'orthographe et le lexique. Il s'agit de mettre en place des activités courtes, régulières voire ludiques qui amènent les élèves à mémoriser les connaissances grammaticales et à réutiliser les procédures travaillées lors des leçons de langue. Il peut proposer par exemple aux élèves :

- Le mot du jour. Il est défini puis réutilisé dans un contexte différent.
- La phrase du jour. L'enseignant souligne un accord que les élèves doivent justifier ou entoure des mots dont les élèves doivent trouver la nature grammaticale. Les procédures utilisées par les élèves sont systématiquement verbalisées.
- Des devinettes orthographiques. On amène les élèves à être attentifs aux faits de langue de manière ludique. Par exemple : *Je suis fatiguée. Je suis Marie ou Paul.*
- Le jeu de l'oie pour travailler la conjugaison : les différentes cases contiennent un pronom et un verbe que les élèves doivent conjuguer.
- Jeu de l'intrus : les élèves doivent trouver l'intrus dans une liste de mots.
- L'expansion d'une phrase. On donne aux élèves une phrase comprenant un groupe nominal et un groupe verbal qu'ils doivent enrichir.

Sur Lea.fr

Retrouvez deux autres questions du jury

ANNEXE

GLOSSAIRE

ATTENTION !

Dans la perspective du concours, il est important de maitriser le vocabulaire didactique et institutionnel.

- **Activité**

Travail réel effectué par les élèves.

- **Compétence**

« Une compétence est l'aptitude à mobiliser ses ressources (connaissances, capacités, attitudes) pour accomplir une tâche ou faire face à une situation complexe ou inédite. Compétences et connaissances ne sont ainsi pas en opposition. Leur acquisition suppose de prendre en compte dans le processus d'apprentissage les vécus et les représentations des élèves, pour les mettre en perspective, enrichir et faire évoluer leur expérience du monde. »[1]

Les trois types de compétences à développer sont :

› les savoirs : connaissances (par exemple, identifier un verbe);
› les savoir-faire : capacités (par exemple, utiliser les inférences pour comprendre un texte);
› les savoir-être : attitudes (par exemple, savoir attendre son tour pour prendre la parole).

- **Démarche**

La démarche pédagogique correspond à l'ensemble des situations mises en place par l'enseignant pour atteindre les objectifs qu'il s'est fixés pour la séance ou la séquence dans le but de développer les compétences attendues chez ses élèves.

- **Didactique**

« La didactique s'intéresse :

› à la transmission d'un savoir savant.
› au niveau des élèves, à leurs représentations initiales et à leurs difficultés.
› aux problématiques qui naissent de l'observation d'un monde complexe. »[2]

La didactique ne doit pas être confondue avec la pédagogie.

- **Différenciation**

La différenciation consiste à réfléchir à des variables pédagogiques afin de permettre à tous les élèves d'atteindre l'objectif visé. Elle prend en compte la diversité des élèves au niveau des connaissances acquises, des méthodes de travail, du rapport au savoir... Quatre variables peuvent être interrogées[3] :

---

1. Socle commun de connaissances, de compétences et de Culture, BO du 17 au 23 avril 2015, p. 2-3.
2. https://pedagogie.ac-rennes.fr/spip. php?article4722
3. Ressource Eduscol : « Mise en œuvre de la différenciation pédagogique » https://cache.media.eduscol.education.fr/file/Reussite/39/9/RA16_C2_FRA_DifferenciationCP_843399.pdf

- le contenu (varier supports, tâches proposées, étayage pour faire acquérir une même compétence);
- les structures (varier les modalités d'organisation des groupes, de la classe : espace, temps, ressources matérielles);
- les processus (varier les démarches des élèves et celles de l'enseignant);
- les productions (varier le type de productions : orales, écrites, multimédia).

- **Étayage**

Le concept d'étayage est défini par Jérôme. S. Bruner comme « l'ensemble des interactions d'assistance de l'adulte permettant à l'enfant d'apprendre à organiser ses conduites afin de pouvoir résoudre seul un problème qu'il ne savait pas résoudre au départ. »[1]
L'auteur décrit six fonctions de l'étayage caractérisant ce soutien temporaire de l'activité de l'enfant par l'adulte :

- l'enrôlement : susciter l'adhésion de l'enfant aux exigences de la tâche;
- la réduction des degrés de liberté : simplifier la tâche en réduisant la difficulté du processus de résolution;
- le maintien de l'orientation : faire en sorte que l'enfant ne change pas d'objectif durant la résolution de la tâche et qu'il conserve le but initialement fixé;
- la signalisation des caractéristiques dominantes : faire prendre conscience à l'enfant des écarts qui existent entre ce que l'élève réalise et ce qu'il voudrait réaliser;
- le contrôle de la frustration : essayer de maintenir l'intérêt et la motivation de l'élève en utilisant divers moyens et en se prémunissant d'une trop grande dépendance;
- la démonstration ou présentation des modèles de solution : présenter sous une forme « stylisée » la solution de l'élève, pour que l'élève tente de l'imiter en retour sous la forme appropriée.

- **Évaluation**

Évaluer consiste à recueillir les informations permettant à l'enseignant de mesurer l'écart entre la production de l'élève et les attendus fixés par l'objectif d'apprentissage. La mesure de cet écart lui permettra d'orienter sa pratique. Il existe différents types d'évaluation pour faire le point sur l'état des connaissances des élèves :

- L'évaluation diagnostique se situe avant l'action de formation. Elle vise à faire le point sur les compétences des élèves, en lien avec celles qui seront à mobiliser au cours de la séquence. Elle permet à l'enseignant d'adapter, d'orienter sa démarche.
- L'évaluation formative se situe au cours de l'action de formation. Elle a pour fonction de réguler et de faciliter l'apprentissage.
- L'évaluation sommative se situe après l'action de formation. Elle vérifie, voire certifie l'acquisition de la compétence par l'élève.

- **Institutionnalisation**

L'institutionnalisation est le geste professionnel par lequel l'enseignant reconnait les apprentissages réalisés par les élèves et leur assigne un nouveau statut de savoir ou de savoir-faire. Elle peut prendre diverses formes constituant une trace écrite : définitions, résumés, règles, cartes mentales, etc.

1. Jérôme. S. Bruner, *Le Développement de l'enfant : Savoir faire, savoir dire,* PUF, 1983.

- **Objectif**

L'objectif précise ce que l'élève sera capable de faire à l'issue de la formation : *L'élève sera capable de* + verbe d'action. Exemple : *L'élève sera capable d'identifier le verbe dans la phrase*.

- **Pédagogie**

« La pédagogie s'intéresse :
  - aux relations élèves/élèves.
  - aux relations maître/élèves.
  - à l'organisation de la classe pour favoriser les apprentissages.

En somme, la didactique est une réflexion sur la transmission des savoirs, alors que la pédagogie est orientée vers les pratiques en classe. »[1]
La pédagogie ne doit pas être confondue avec la didactique.

- **Phase**

Différents types de phases sont possibles au sein d'une séance en fonction de l'objectif visé :
  - Phase d'appropriation : rappel des acquis en lien avec les objectifs de la séance, explicitation de(s) l'objectif(s) de la séance, présentation du cadre, des contraintes de temps, des besoins en matériel et outils...
  - Phase de recherche : situation-problème
  - Phase de mise en commun : les élèves présentent leur démarche, justifient, argumentent, échangent avec leurs pairs sur les écarts de résultats. Le statut de l'erreur est primordial : droit de se tromper.
  - Phase d'institutionnalisation, de structuration : formuler clairement et explicitement le savoir à mémoriser.
  - Phase d'application : l'élève est invité à appliquer la règle, la connaissance nouvellement découverte.

Au cours de la séquence et au-delà, il y a :
  - des phases d'entrainement : pour fixer la connaissance dans la mémoire à long terme, développer des automatismes, rendre l'élève plus autonome.
  - une phase d'évaluation : les élèves vont pouvoir réaliser seuls une tâche proche de celle découverte au cours de la séance.
  - des phases de transfert, de réinvestissement : l'élève sera conduit à réinvestir et/ou à transférer ce savoir dans des situations nouvelles.

- **Programmation**

La programmation est établie par l'enseignant à partir des programmes et des textes officiels. Les éléments du programme sont répartis dans le temps pour être échelonnés sur l'ensemble des périodes de l'année (programmation annuelle) ou du cycle (programmation de cycle). Ainsi, elle prévoit pour chaque période les éléments du programme qui sont abordés.

- **Progression**

La progression correspond aux réelles avancées de la classe dans l'acquisition des éléments du programme. Le calendrier de programmation peut donc différer de celui des progressions.

1. https://pedagogie.ac-rennes.fr/spip. php?article4722

- **Remédiation**

La remédiation est le processus visant à pallier les difficultés d'apprentissage. Elle consiste à proposer aux élèves de nouvelles activités d'apprentissage visant à combler les lacunes repérées lors d'une évaluation.

- **Séance**

Chaque séance doit avoir ses propres objectifs, en nombre limité mais clairement et précisément formulés. Ces objectifs sont à atteindre en développant les savoirs, savoir-faire et savoir-être. Au sein d'une séance, différents types de phases sont possibles en fonction de l'objectif visé.

- **Séquence**

Le terme « séquence » est défini dans le BOEN n°35, 17 septembre 1992 : « Ensemble continu ou discontinu de séances articulées entre elles dans le temps et organisées autour d'une ou plusieurs activités en vue d'atteindre les objectifs fixés par les programmes d'enseignement. »

- **Tâche**

La tâche est un travail prescrit par l'enseignant, à effectuer par l'élève.

CRÉDITS

AdobeStock : p. 42 lamax; p. 92 coffre thruer, besace hadeev, piece MicrostockerPro; p. 97 jeu gamelover; p. 97 construction gamelover, bois Svitlana; p. 99 puzzle Free_styler, tangram bankrx, maison Nisit, personnage Iryna; p. 100 figures tangram Olga; p. 116 oiseaux lembergvector; p. 117 main Dejan Jovanovic; p. 130 bouteille frikota, chrono Aleksandr Bryliaev; p. 164 tangram Vikivector; rame © Michael Burrell p. 273; loupe © Chief Design p. 312; ampoule © FourLeafLover p. 312; arbre © surachet99 p. 331; fleur © Dejan Jovanovic p. 331; hélicoptère © Thruer p. 331; rhinocéros © Paul Kovaloff p. 331; épouvantail © Irina p. 331; hippopotame © Paul Kovaloff p. 331; parapluie © Rogatnev p. 331; escargot © Npaveln p. 331; château © Eyewave p. 331.

Shutterstock. Sirène © Denis Cristo p. 331.

Autres.
p. 331 La fiche jeu a été reprise du site http//laclassedelaurene.blogspot.fr avec l'aimable autorisation de l'enseignante.
pp. 428-429 Nous remercions le site https://apprentilangue.jimdo.com/ pour l'autorisation de publier des extraits du dispositif « Apprentilangue ».
Les photographies ont été prises par les autrices de l'ouvrage.

IMPRIM'VERT®

Achevé d'imprimer par ISIPRINT en décembre 2024
N° de projet : 10303830
N° d'impression : 202411.0312
Dépôt légal : janvier 2025
Imprimé en France

Ce livre est imprimé sur du papier issu de forêts gérées durablement.